교회를 위한 얼마나 값진 선물인가! 이 책은 포로기 이후 이스라엘의 삶에서 형성된 하나님 나라의 거룩한 이야기 속으로 우리를 데려가고, 교회로 하여금 이와 동일한 이야기가 오늘 우리 세계에서도 계속되고 있음을 깨닫게 도와준다. 카민스키는 매력적인 문체와 명쾌한 설명, 풍부한 신학적 통찰력으로, 역대기를 깊이 음미하고자 하고 다른 사람들도 그렇게 인도하기 원하는 목회자와 성경 공부 인도자를 위한 믿음직한 자료를 만들어 냈다.

앤드루 애버네시 휘튼 칼리지 구약학 교수

캐롤 카민스키의 역대기 주석은 교회를 위한 훌륭한 선물이다. 그녀의 본문 해석은 역사적으로 해박하고, 문학적으로 민감하며, 신학적으로 유용하고, 목회적으로 예리하다. 역대기는 교회에서 소홀히 다루어지기도 했지만, 이제 더 이상 그렇지 않을 것이다.

데이비드 퍼스 브리스틀 트리니티 칼리지 구약학 교수

불안정하고 불확실한 시대에 하나님을 따르는 이들에게 확신을 심어 주기 위해 저술된 역대기는, 하나님의 목적이 성취되리라는 희망을 주는 동시에 겸손한 기도가 얼마나 중요한지를 일깨워 준다. 카민스키의 이 주석은 최근 밝혀진 최고의 연구를 바탕으로 역대기와 현대 독자들과의 상관성을 살피도록 도와주는 쉽고도 신중한 해설서다. 역대기에 관심이 있는 성경 독자들은 이 책이 의심의 여지없이 가치 높은 자료임을 알게 될 것이다.

데즈먼드 알렉산더 유니언 신학대학 성서학 부교수 및 대학원 연구 책임자

오래 기다려 온 만큼 대단히 가치 있는 주석 시리즈가 드디어 탄생했다. 이 주석서는 본문의 문화적 맥락에 대한 설명과 세밀한 주해, 우리의 구주요 주님이신 그리스도를 증거하는 통일체로 성경 전체를 읽는 지침을 담고 있다.

그레엄 골즈워디 무어 신학교 구약학 은퇴교수

성경의 메시지를 명확히 전달하고, 독자들로 하여금 성경 본문을 오늘의 삶에 적용하도록 안내하는 이 새로운 주석 시리즈를 목회자와 평신도 모두 환영할 것이다.

대니얼 블록 휘튼 칼리지 구약학 명예교수

이야기를 알게 되는 것은 단순히 즐기는 것 이상이다. 그것은 이야기를 듣고 이해하며, 무엇보다 그 이야기의 영향을 받는 것을 의미한다. '하나님의 이야기 주석' 시리즈는 독자들이 이야기를 듣고 이해하는 데 그치지 않고 성경 말씀의 영향을 받아 그리스도인다운 방식으로 살아가는 것을 돕고자 기획되었다. 편집자들과 저자들은 아주 잘 차려진 식탁을 마련하여, 우리가 감수성과 이해력을 갖고 행동하도록 이끄는 방식으로 성경 이야기를 펼쳐 낸다. 따라서 이들이 들려주는 이야기에 귀 기울이는 것은 시간을 할애할 만한 가치가 있다.

대럴 벅 댈러스 신학교 신약학 교수

나는 이 주석 시리즈를 사랑한다. 성경 본문이 노래하게 만들고 우리가 새롭게 하나님의 이야기를 듣도록 도와주기 때문이다.

존 오트버그 전 멘로파크 장로교회 담임목사

나는 이야기꾼이다. 나는 성경을 관통하는 하나님 이야기를 이해하는 것에 대해, 그리고 우리가 그분의 이야기를 살아낼 때 그 이야기를 더 많이 드러낼 수 있다고 가르쳐 왔다. 그래서 하나님의 이야기를 경청하도록 돕고 그 이야기를 설명하며, 어떻게 그 이야기를 살아내야 하는지 탐구하고 격려하는 책들을 갖게 되어 전율할 만큼 기쁘다. 이 주석 시리즈는 모든 예수님의 제자들이 하나님께서 우리를 위해 쓰고 계신 이야기 안에서 살아가도록 돕는 완벽한 도구다.

주디 더글러스 Cru 여성인력자원 책임자

성경은 하나님의 이야기이자 그분이 창조부터 새로운 창조까지 인류를 다루시는 이야기다. 성경은 다른 어떤 문학 장르보다 많은 이야기로 구성되어 있다. 시편, 잠언, 예언서, 서신서, 요한계시록도 성경 전체의 장대한 내러티브 맥락에 놓일 때 완전히 이해가 된다. 이 주석 시리즈는 이런 고찰들을 진지하게 받아들여 성경 주석의 새로운 지평을 열었다. 각 책들은 독자에게 본문을 경청하고, 본문을 설명하며, 본문을 살아내도록 요청한다. 이 시리즈에서 가장 흥미롭고 가치 있는 부분은, 세계 모든 지역과 교회사 모든 시대에서 나온 이야기들이 등장하며 본문을 설명한다는 점이다. 설교와 가르침에 최적이라 하겠다.

크레이그 블롬버그 덴버 신학교 신약학 명예교수

'하나님의 이야기 주석' 시리즈는 본문의 메시지가 오늘 우리의 상황과 어떤 관련이 있는지 면밀히 살펴보라고 독자들을 초대한다. 매력적이고 읽기 쉬운 이 주석은 성경 본문을 탐구하면서 다양한 적용과 흥미로운 예화를 제공한다.

크레이그 키너 애즈버리 신학교 신약학 교수

이 새로운 주석 시리즈에서 신실한 성서학자들은 자신의 전문 지식뿐 아니라 예수님에 대한 헌신과 현대 문화에 대한 통찰을 성경에 접목한다. 그 결과, 성경 본문에 닻을 내리고 있으면서도 각양각색의 사회 경제적·민족적·국가적 다양성을 지닌 오늘날 교회 세계에서 살아 숨 쉬는 주석 시리즈가 탄생했다. 성경을 통해 실제적이고 실천적인 지침을 찾고 있는 목회자와 성경 공부 인도자를 비롯해 수많은 그리스도인들이 도움을 얻을 것이다.

프랭크 틸먼 비슨 신학교 신약학 교수

역대기

Copyright © 2023 by Carol M. Kaminski
Originally published in English as *1-2 Chronicles* (The Story of God Bible Commentary)
by Zondervan, Nashville, TN, U.S.A.
All rights reserved.

This Korean translation edition © 2025 by Scripture Union Korea,
Seoul, Republic of Korea.
Published by arrangement with HarperCollins Christian Publishing, Inc. through rMaeng2,
Seoul, Republic of Korea.

이 한국어판의 저작권은 알맹2를 통하여 HarperCollins Christian Publishing, Inc.와
독점 계약한 성서유니온에 있습니다. 신 저작권법에 의하여 한국 내에서 보호받는 저작물이므로
무단 전재와 무단 복제를 금합니다.

SGBC

하나님의 이야기 주석

역대기

캐롤 카민스키 지음
이철민 옮김

나의 박사학위 지도교수이자
주님의 신실한 종인
로버트 고든 교수님께.

히브리서 13:7

차례

시리즈 서문   13
감사의 글   18
약어표   20

서론   23
가르침과 설교에 유용한 자료   44

1. 역대상 1:1-50   47
2. 역대상 2:1-55   62
3. 역대상 3:1-24   79
4. 역대상 4:1-43   90
5. 역대상 5:1-26   100
6. 역대상 6:1-81   110
7. 역대상 7:1-40   125
8. 역대상 8:1-40   138
9. 역대상 9:1-44   147
10. 역대상 10:1-14   159
11. 역대상 11:1-47   170
12. 역대상 12:1-40   182
13. 역대상 13:1-14   193
14. 역대상 14:1-17   202
15. 역대상 15:1-29   211
16. 역대상 16:1-43   223
17. 역대상 17:1-27   235
18. 역대상 18:1-17   252
19. 역대상 19:1-19   262
20. 역대상 20:1-8   270
21. 역대상 21:1-30   277
22. 역대상 22:1-19   290
23. 역대상 23:1-32   299
24. 역대상 24:1-31   309
25. 역대상 25:1-31   317
26. 역대상 26:1-32   327
27. 역대상 27:1-34   336
28. 역대상 28:1-21   347
29. 역대상 29:1-30   358
30. 역대하 1:1-17   372
31. 역대하 2:1-18   383
32. 역대하 3:1-17   393
33. 역대하 4:1-22   403

34. 역대하 5:1-14 411
35. 역대하 6:1-42 418
36. 역대하 7:1-22 434
37. 역대하 8:1-18 448
38. 역대하 9:1-31 457
39. 역대하 10:1-19 467
40. 역대하 11:1-23 475
41. 역대하 12:1-16 482
42. 역대하 13:1-22 490
43. 역대하 14:1-15 498
44. 역대하 15:1-19 507
45. 역대하 16:1-14 517
46. 역대하 17:1-19 526
47. 역대하 18:1-34 535
48. 역대하 19:1-11 547
49. 역대하 20:1-37 554
50. 역대하 21:1-20 568
51. 역대하 22:1-12 577
52. 역대하 23:1-21 584
53. 역대하 24:1-27 592
54. 역대하 25:1-28 603
55. 역대하 26:1-23 616
56. 역대하 27:1-9 626
57. 역대하 28:1-27 631
58. 역대하 29:1-36 642
59. 역대하 30:1-27 655
60. 역대하 31:1-21 670
61. 역대하 32:1-33 680
62. 역대하 33:1-25 695
63. 역대하 34:1-33 709
64. 역대하 35:1-27 720
65. 역대하 36:1-23 732

주 749
찾아보기 814

시리즈 서문

또 하나의 주석 시리즈가 왜 필요한가?

애초에 한 권의 주석이 해당 성경 책의 의미를 전부 망라할 수는 없다. 성경의 의미는 헤아릴 수 없을 만큼 풍성하기 때문에 한 명의 주석가가 그 메시지의 모든 측면을 탐구할 수 없는 노릇이다.

덧붙여, 좋은 주석은 본문이 과거에 무엇을 의미했는가만이 아니라 현재에도 계속되는 의미를 탐구한다. 다시 말해, 하나님의 말씀은 변하지 않지만 문화는 변할 수 있다. 지난 20년 동안 우리가 무엇을 목격했는지 생각해 보자. 우리는 이제 주로 인터넷과 이메일을 통해 소통하고, 아이패드와 컴퓨터로 뉴스를 읽는다. 주머니에 스마트폰을 넣고 다니면서 전화를 걸고, 일기 예보를 확인하고, 저녁 식사를 예약하며, 우리가 품을 수 있는 사실상 모든 질문에 대한 답을 얻을 수 있다.

오늘날 우리는 과거 어느 세대보다 읽기 쉽고 정확한 성경 번역본을 가지고 있다. 현 세대의 성경 보급은 매우 성공적이어서, 이전 세대보다 더 많은 사람들이 더 많은 성경을 소유하게 되었다. 하지만 연구 결과에 의하면, 이전 어느 때보다 성경에 잘 접근할 수 있음에도 사람들은 자신이 소유한 성경을 읽지 않고, 읽은 내용을 이해하는 데에도 어려움을 겪고 있다.

하나님의 이야기 성경 주석(The Story of God Bible Commentary)은 목회자만이 아니라 평신도들도 성경의 오랜 의미와 더불어 21세기를 사는 우리를 위한 연속적 의미를 이해하면서 말씀을 읽도록 돕고자 기획되었다. 무엇보다 성경을 읽는 독자들이 변하고 있다. 이러한 문화적 변화, 우리 개인의 발달, 지적 질문의 발전, 성경 연구와 신학의 성장, 그리고 성경의 문맥을 이해하는 데 필요한 새로운 텍스트와 새로운 패러다임의 발견 등 이 모든 요소가 해석자에게 영향을 주면서, 오늘날 성경을 읽는 사람은 다양한 각도에서 다양한 질문을 던지게 된다.

문화는 변화하지만 하나님의 말씀은 동일하게 남아 있다. 그런 까닭에 우리는 NIV(New International Version, 2011)에 기초한 이 새로운 성경 주석 시리즈에 편집자로 참여하게 되어 기쁘다. 이 시리즈는 변치 않는 하나님의 말씀을 가지고 이 세대에 말하기 위해 구상되었다. 우리가 저자들에게 요청하는 가장 중요한 점은, 이 주석을 집어 드는 독자들이 성경이 말하려는 내용뿐 아니라 그 내용이 바로 오늘날 어떤 의미인지를 이해할 수 있도록 설명해 달라는 것이다. 성경은 변하지 않지만, 성경을 우리 문화와 연관시키는 방식은 끊임없이 또한 다양한 상황에서 다양하게 변한다.

구약성경 시리즈의 편집자인 우리는 그리스도인들이 그리스도께서 오시기 전에 기록된 구약과 어떻게 관계해야 하는지 정확히 아는 데 어려움을 겪는다는 것을 알고 있다. 구약성경의 세계는 21세기 문명권에서 살고 있는 우리에게 낯선 세계다. 우리는 이상한 관습과 하나님의 이름으로 자행되는 전쟁, 제사, 제의적 정결법 등에 대해 읽으면서, 연대적으로나 문화적으로나 또한 (겉보기에) 신학적으로 우리와 거리가 먼 성경의 이 부분을 읽는 데 시간을 할애할 가치가 있는지, 혹은 심지어 영적으로 건전한 것인지 의문을 품는다.

그런데 바로 이 대목에서 하나님의 이야기 주석 시리즈는 가장 중요한 기여를 한다. 신약은 구약을 대체하지 않으며, 신약은 구약을 성취한다. 오늘날 우리는 구약성경에서도 하나님의 음성을 듣는다. 구약 지면을 통해 하나님은 우리에게 자신을 계시하시고, 우리가 어떻게 하나님이 기뻐하시는 방식으로 살아야 하는지 자신의 뜻도 계시하신다.

  예수님은 제자의 삶에서 구약성경이 계속해서 중요하다는 사실을 자주 일깨워 주신다. 누가복음 24장은 부활과 승천 사이의 기간에 예수님이 하신 행동과 가르침을 서술한다. 놀랍게도 그분의 가르침은 제자들이 구약성경(여기서 "모세와 모든 선지자", "성경", "모세의 율법과 선지자의 글과 시편"이라고 불리는)을 어떻게 읽어야 하는지에 초점이 맞춰져 있다. 엠마오로 가는 길 위의 두 제자에게 예수님은 이렇게 말씀하신다.

> 미련하고 선지자들이 말한 모든 것을 마음에 더디 믿는 자들이여. 그리스도가 이런 고난을 받고 자기의 영광에 들어가야 할 것이 아니냐 하시고 이에 모세와 모든 선지자의 글로 시작하여 모든 성경에 쓴 바 자기에 관한 것을 자세히 설명하시니라. (눅 24:25-27)

뒤이어 더 많은 제자 무리에게 이렇게 선포하신다.

> 내가 너희와 함께 있을 때에 너희에게 말한 바 곧 모세의 율법과 선지자의 글과 시편에 나를 가리켜 기록된 모든 것이 이루어져야 하리라 한 말이 이것이라 하시고 이에 그들의 마음을 열어 성경을 깨닫게 하시고. (눅 24:44-45)

하나님의 이야기 주석 시리즈는 이 문제에 관한 예수님의 말씀을 진지하게 받아들인다. 사실 이것은 신약성경의 그리스도에게까지 이어지는 (역사적·모형론적·신학적) 궤적의 발견을 의도적 목표 중 하나로 삼는 최초의 시리즈다. 모든 주석서는 우선 본래 수신자의 맥락 속에서 본문을 해설할 것이다. 바로 동시대 청중이 읽기를 바랐던 원저자의 의도에 따라 본문을 해석하는 것이다. 그런 다음 예수님의 죽음과 부활에 비추어 본문을 읽을 것이다. 다른 어떤 주석 시리즈도 이 중요한 작업을 모든 책에서 일관되게 수행하지는 않는다.

구약성경을 본래 배경 속에서 또한 신약성경의 관점에서 해설하는 목적을 달성하기 위해 우리는 각각의 본문을 세 가지 각도에서 검토할 것이다.

이야기 경청하기. 하나님의 음성을 듣기 위해 본문을 경청하는 데서부터 시작한다. 무엇보다 먼저 연구할 본문을 읽어야 한다. 그런 다음 계속해서 본문에 대한 이해를 조명하는 관련 구절을 살펴봄으로써 본문의 배경을 숙고한다. 이 대목에서 가능하다면 고대 근동 문학과의 상관성도 언급하고 논할 것이다. 성경은 문화적 진공 상태에서 기록되지 않았으므로, 더 넓은 고대 근동의 맥락을 이해한다면 우리의 읽기는 풍성해질 것이다.

이야기 설명하기. 저자들은 성경의 장대한 이야기에 비추어 각 본문을 설명할 것이다. 여기서는 본래의 구약 맥락 속에서 본문을 해설한다. 학술적인 주석 시리즈가 아닌 까닭에 주(註)는 일반적인 성경 독자와 설교자가 접할 수 있는 책과 논문으로 제한할 것이다. 저자들은 본문을 읽으면서 자유롭게 설명하는데, 물론 여러분은 간혹 본문을 다르게 읽는 선택지 목록을 발견할 수도 있다. 특히 현대 독자가 이해하기 어려운 본문의 측면에 대해서는, 신학적 해석에 강조점을 두면서 본문에 대한 이해하기 쉬운 설명을 제공하는 데 중점을 두고자 한다.

이야기 살아내기. 성경을 읽는 것은 단순히 그 당시에 본문이 의미했던 바를 발견하는 것이 아니다. '하나님의 이야기 성경 주석'의 의도는, 그 이야기가 교회의 삶으로 계속 이어지는 가운데 오늘날 우리가 어떻게 본문을 살아낼 수 있을지 탐구하는 것이다.

여기서 누가복음 24장에 있는 그리스도의 말씀의 정신에 따라 구약성경 본문이 복음을 예고하는 방식을 제안하고자 한다. 아우구스티누스의 유명한 말처럼 "신약은 구약 안에 감추어져 있고, 구약은 신약 안에 드러나 있다." 이 부분은 구약성경을 설교할 때도 그리스도를 제시하고자 하는 목회자들에게 특히 중요할 것이다.

구약성경은 또한 오늘 우리가 어떻게 살아야 하는지에 관한 가르침도 제시한다. 다만 이 시리즈의 저자들은 그리스도의 오심으로 인해 그리스도인이 구약을 오늘의 삶에 적용하는 방식에 미친 엄청난 영향에 민감하다.

이 시리즈의 편집자와 저자들은 우리의 연구가 목회자에게는 구약을 설교하고, 평신도에게는 놀랍고도 종종 낯선 하나님의 말씀을 탐구하도록 격려하는 것이기를 소망하며 기도한다.

트렘퍼 롱맨 3세 (구약 총괄 편집자)
조지 아타스, 마크 보다, 미르토 데오카루스 (편집자)

감사의 글

나는 교수로 일하는 내내 역대기에 나오는 이스라엘 왕들의 이야기에 매료되었다. 내 학문 연구는 창세기에 초점을 맞춰 왔지만, '하나님의 이야기 성경 주석' 한 권을 집필해 달라는 요청을 받고 역대기를 깊이 파고들어 대개 교회에서 소홀히 다루어진 이 책에 대한 주석을 쓸 수 있는 완벽한 기회라고 생각했다. 나의 목표는 이스라엘 이야기를 이해하기 쉬운 형태로 조명하는 동시에 현대 교회와의 상관성(relevance)을 강조하는 것이었다. 예루살렘에 살았던 귀환자들처럼, 우리도 우리 가운데 계신 하나님의 역사에 대한 새로운 비전을 얻기 위해 소중한 믿음의 이야기로 돌아가자는 요구와 도전에 직면해 있다.

수많은 사람들의 지원과 격려가 없었다면 이 주석의 완성은 불가능했을 것이다. 연구와 집필 시간을 확보할 수 있게 해 준 고든콘웰 신학교(Gordon-Conwell Theological Seminary)의 넉넉한 안식년 프로그램에 감사한다. 동료 교수진과 사랑하는 친구들인 톰과 도나 페터, 데이비드와 크리스틴 팔머, 캐시 맥도웰, 제프 아더스, 쿠오네쿠이아 데이, 마테우스 드 캄포스에게 받은 지원은 엄청난 축복이었다. 그동안 베풀어 준 여러분의 기도와 격려에 감사합니다! 원고를 꼼꼼히 읽어 준 총괄 편집자 트렘퍼 롱맨 3세(Tremper Longman III) 박사와 마크 보다(Mark Boda) 박사에게도 큰 빚을 졌다. 두 분의 유용한 피드백과 격려에 감사하다. '찾아보기'를 담당한 루스 마틴(Ruth Martin)에게도 감사한다. 이 저작의 모든 흠은 나의 책임이지만, 그 과정에서 존더반 출판사의 편집팀, 특히 꼼꼼하게 공들여 편집 작업을 해 준 리 필즈(Lee Fields)에게 큰 도움을 받았다.

몇 년 전, 캘리포니아의 마운트 허먼(Mount Hermon)에서 열린 웨스트 코스트 장로교 목회자 콘퍼런스(West Coast Presbyterian Pastor's Conference)에서 역대기를 강의할 기회가 있었다. 열의가 매우 큰 이 목회자 그룹에게서 얻은 조언들은 적용의 핵심 영역들에 대한 초점을 더욱 분명히 하고 교회를 늘 염두에 두도록 격려해 주었다. 최근 복스포드 제일 회중교회(First Congregational Church Boxford)에서 열린 역대기에 관한 여성 성경 공부는 원고를 최종 편집하는 동안 받은 축복이었다. 저를 위해 기도해 주셔서 고맙습니다! 마지막으로, 남편이자 신실한 친구인 매트의 지원과 격려가 없었다면 이 프로젝트를 완성할 수 없었을 것이다. 그는 저녁 식사 자리에서 두 아들인 로버트, 라이언과 함께 자주 기도했다. "엄마가 역대기 주석 집필을 끝마칠 수 있도록 기도하자!"

나의 박사논문 지도교수이자 케임브리지 대학교(University of Cambridge) 히브리어 명예 석좌교수인 로버트 고든(Robert P. Gordon) 교수님께 이 책을 헌정한다. 10여 년 전, 나는 교수님의 임박한 은퇴를 기념하는 논문집에 기고해 달라는 요청을 받은 적이 있다. 당시에 나는 고든콘웰의 학장으로 재직 중이었고, 애석하게도 이 책임으로 인해 고든 교수님을 기리는 논문집에 기고하지 못했다. 이제 교수님의 뛰어난 학문적 업적을 기리고, 특히 수년간 그분께 받은 현명하고 친절한 지도에 대한 감사의 뜻을 담아 이 책을 로버트 고든 교수님께 헌정한다.

캐롤 카민스키

약어표

ANEP	*Ancient Near East Pictures Relating to the Old Testament.* Edited by James B. Pritchard. 2nd ed. Princeton: Princeton University Press, 1969
ANET	*Ancient Near Eastern Texts Relating to the Old Testament.* Edited by James B. Pritchard. 3rd ed. Princeton: Princeton University Press, 1969
ASOR	American Schools of Oriental Research
AUSS	*Andrews University Seminary Studies*
BA	*Biblical Archaeologist*
BAR	*Biblical Archaeology Review*
BASOR	*Bulletin of the American Schools of Oriental Research*
BBR	*Bulletin for Biblical Research*
Bib	*Biblica*
BHS	Biblia Hebraica Stuttgartensia
BHQ	Biblia Hebraica Quinta
BTCB	Brazon Theological Commentary on the Bible
BSac	*Bibliotheca Sacra*
CBC	Cornerstone Biblical Commentary
CBQ	*Catholic Biblical Quarterly*
ESV	English Standard Version

JBL	*Journal of Biblical Literature*
JETS	*Journal of the Evangelical Theological Society*
JJS	*Journal of Jewish Studies*
JNES	*Journal of Near Eastern Studies*
JSOT	*Journal for the Study of the Old Testament*
JSOTSup	Journal for the Study of the Old Testament, Supplement Series
KJV	King James Version
LXX	Septuagint
MT	Masoretic Text
NAC	New American Commentary
NASB	New American Standard Bible
NCBC	New Century Bible Commentary
NICOT	New International Commentary on the Old Testament
NIV	New International Version
NRSV	New Revised Standard Version
NSBT	New Studies in Biblical Theology
NTS	*New Testament Studies*
OTE	*Old Testament Essays*
OTL	Old Testament Library
TynBul	*Tyndale Bulletin*
TOTC	Tyndale Old Testament Commentary
VT	*Vetus Testamentum*
WBC	Word Biblical Commentary

서론

역대기는 하나님께 드리는 즐거운 예배를 중심으로 다윗 왕권과 그 왕국의 삶에 관한 이야기를 들려준다. 다윗 계통 왕들의 생과 업적을 기술하고 왕국의 존립 원리를 설명하지만, 역대기는 궁극적으로 **하나님의 이야기**다. 주 하나님은 영광스럽게 하늘 보좌에 오르셨고 모든 열방의 왕으로 통치하신다. 그분은 창조주이시고 모든 찬양을 받으실 유일한 하나님이시다. 영예와 위엄은 오직 그분의 것이며, 역대기는 분명 그분의 백성 이스라엘 안에서 또한 이스라엘을 통해서 행하신 **그분의** 위대한 행적에 관한 **그분의** 이야기다. 역대기의 풍경을 가로지를 때, 이 이야기의 목표는 개인의 삶과 환경 너머로 눈을 들어 영광스럽고 영원한 하나님 나라에 대한 비전을 포착하고, 상황은 다르게 보일지라도 그분이 어떻게 섭리 가운데 역사하시고 세상에 현존하시는지를 분별하는 것이다. 예배, 기도, 하나님의 얼굴 구하기, 겸손, 회개, 하나님을 향한 신뢰, 그분의 말씀에 대한 순종, 성령의 음성 듣기와 같은 주제들은 세상의 강력한 제국에 대항하는 내러티브를 제시함으로써 하나님 나라의 '진짜 내러티브' 안에 거하라고 요청한다. **하나님의** 현존하심에 관한 흔적은 예상치 못한 곳에서 나타나고 가끔 가려져 있기도 하지만, 그분을 찾는 마음을 가지고 속도를 늦춰 깊이 읽을 때 그 흔적이 나타난다. 역대기는 마음이 약한 자를 위한 책이 아니라 목마른 자를 위한 책이다. 역대기는 독자들을 빈손으로 돌려보내지 않을 것이다. 하나님을 구하는 자가 그분을 찾을 것이라는 하나님, 바로 그분이 주시는 확신을 담고 있기 때문이다.

오늘날의 교회는 역대기에서 배울 점이 많다. 바벨론 유배가 끝난 후 예루살렘으로 귀환한 하나님의 백성은 영광스러운 왕정 시대가 끝난 시기를 살고 있었다. 다윗과 솔로몬이 세운 왕국은 비극적 종말을 맞았다. 성전은 파괴되었고, 유다의 마지막 왕은 아들이 끔찍하게 살해당하고 자신도 잔혹하게 실명된 뒤에야 바벨론으로 끌려갔다. 유배라는 심판을 겪은 후 성전이 재건되었고, 귀환자들은 광대하고 강력한 페르시아 제국의 작고 보잘것없는 속주인 유다의 예루살렘에 살고 있었다. 분명 그들은 그 땅에 다시 정착하기 시작했지만, 많은 나라의 조공이 예루살렘으로 몰려들던 다윗과 솔로몬 시대의 번창한 왕국에 비하면 분명 낯부끄러운 현실이었다. 이제 유대인은 페르시아에 과중한 세금을 내야 했고, 일부 유대인의 경우 이러한 세금으로 인해 노예가 되거나 땅을 몰수당하기도 했다. 북쪽의 사마리아 사람과 남쪽의 에돔 사람, 동쪽의 암몬 사람, 서쪽의 페니키아 사람 등 혼합된 민족이 유다와 가까운 곳에 살았다. 귀환자들은 재건을 위해 노력하던 중 적대적인 반대에 직면했고, 다원주의 환경에서 종교적 타협의 위험에도 늘 노출되어 있었다. 그들은 이 새로운 현실에서 어떻게 살아야 했을까? 그들의 소명은 무엇이었고, 하나님의 일하심은 어떻게 볼 수 있었을까?

이런 여러 질문은 탈기독교(post-Christendom) 세계에서 하나님의 백성으로 어떻게 살아가야 하는지 고심하는 우리에게도 공감을 불러일으킨다. 오늘날 교회는 성전 파괴에 직면하지 않았고 왕정을 상실하거나 바벨론 유배를 경험하지도 않았다. 하지만 우리는 이 새로운 세상에서 어떻게 살아야 할지 씨름하게 만드는 기독교 세계관이 약화되는 상황에 직면하고 있다. 어떤 사람들에게 기독교 신앙 이야기는 새로운 세상과 무관해 보이는 과거의 유물에 불과하다. 점점 커지는 성경에 대한 무지와 짝을 이루어, 우리는 믿음의 풍성한 이야기를 상실할 위험에 처해 있다. 인문학자 앤드루 델반코(Andrew Delbanco)는 몇 년 전 하버드 강연에서 선견지명이 담긴 말을 했다. "우리는 옛 이야기를 해체하는 데 매우 능숙해졌지만, 새로운 이야기를 전달하는 면에서는 막다른 골목에 처해 있다."[1] 그래서 이렇게 결론을 내린다. "여기서 우리는 포스트모던이 지닌 우울감의 뿌리에 도달한다. 우리는 전례 없이 부유한 시대를 살고 있지만, 내러티브와 상징의 영역에서는 빈곤하다."[2] 세상이 이야기를 상실했고 새로운 이야기와 상징을 필요로 한다면, 우리 시대의 교회가 해야 할 임무는 분명 "성경의 내러티브를 세상에 선포하고 하나님을 예배하는 것"이다.[3] 이것은 일시적이고 불확실하며 정체성을 잃어버린 이 시대에 선포하고 구현해야 할 진짜 이야기다. 역대기는 바로 이 지점에서 교회에 신선한 비전을 제시한다. 역대기 저자는 이스라엘의 옛 이야기로 돌아가 돌이킬 수 없고 변하지 않는 하나님의 계획을 그분의 백성과 오늘의 교회에 상기시킨다. 왕 같은 제사장인 이스라엘의 정체성은 믿음의 이야기인 **거룩한 성경**에서 발견할 수 있다. 역대기 저자는 희망과 비전이 필요한 새 세대에 그 이야기를 설명하고 있다. 역대기 저자는 귀환자들에게 하나님께서 그들을 잊지 않으셨고, **전 세계**라는 무대 위에서 창조 계획을 성취하고 계심을 상기시킨다. 그들은 앞으로 다가올 일을 두려워하기보다 거룩한 역사에 비추어 세계를 해석하고 자신의 상황이 하나님의 주권적 계획 밖에 있지 않다는 사실을 이해해야 한다. 그들은 열방 가운데서 증거하고 예배하는 공동체가 되어야 한다.

역대기는 하나님의 백성 앞에 제시된 강력한 비전을 품고, 기도와 회개, 선포와 예배의 신성한 상징을 포함하는 하나님 나라라는 세계 안에 거하라고 요청한다. 이 나라는 하나님의 역동적 임재가 중심에 있는 제사장 나라다. 거룩하신 하나님께서 자기 백성 가운데 거하시기 때문에, 상황이 아무리 가망 없어 보일지라도 이 나라에는 **기쁨**과 **찬송**이 가득하다. 역대기는 이 비전, 즉 일종의 종말론을 제시한다. 이 비전은 하나님께서 이 세상에서 하고 계신 일을 오늘날 교회가 새롭게 보고, 예배를 중심에 두고 하나님 나라의 삶을 살도록 초대하는 역할을 한다.

역대기는 구약성경에서 소홀히 다루어진 책 중 하나이기 때문에, 본 주석의 목표는 이스라엘의 이야기를 역대기에 서술된 대로 들려주는 것이다. 자료의 상당 부분은 사무엘서와 열왕기에 의존하고 있지만(이에 대해서는 곧 자세히 살펴볼 것이다), 이 책의 의도는 역대기와 다른 저작들을 비교하면서 관점의 일치 문제를 다루는 것이 아니라(여러 훌륭한 주석에서 이미 이 연구를 수행한 바 있다[4]), 역대기에서 이야기하는 대로 계속 줄거리에 초점을 맞추는 것이다. 역대기 저자는 이스라엘 이야기를 성경의 더 큰 내러티브에 비추어 해석하기 때문에, 추가 참고 구절을 주석에 넣었다. 이런 참고 구절은 구약성경 다른 곳에 나오는 핵심 개념을 강조하고, 역대기가 성경의 더 큰 내러티브에 깊이 내재되어 있음을 독자들에게 상기시키는 역할을 한다.

역대기는 신학적 주석, 짧은 설교, 예언적 연설, 기도로 가득하다. 다시 말해 저자는 단순히 역사서를 쓰고 있는 것이 아니라(물론 그는 역사가다), 또한 이스라엘의 신성한 역사를 해석하며 그 의미를 자신이 처한 상황에 맞게 신중하고 꼼꼼하게 설명하고 있다. 셀먼(Selman)이 지적했듯이 "역대기 저자의 목표는 사무엘서나 열왕기와는 다른 대안적 역사를 만들어 내는 것이 아니라, 영적이고 신학적인 원리를 이끌어 내는 것이었다."[5] 기도와 예배, 하나님을 향한 신뢰, 나아가 기쁨에 대한 요청과 함께, 역대기를 통해 영적 음성이 울려 퍼진다! 이 이야기는 무관심하거나 냉담한 방관자가 아니라, 이스라엘과 함께 주 하나님을 기쁨으로 예배하는 적극적 참여자가 거하기에 합당한 하나님 나라의 세계로 독자들을 초대한다. 주석가로서 나의 목적은 독자의 생각을 사로잡고, 더 나아가 마음의 감성을 자극할 의도로 역대기의 예배적이고 설교적인 어조를 최대한 드러내는 데 있었다. 그래서 주석 전반에 찬송가를 삽입했고, 마음에 호소하면서 이 고대 이야기가 오늘 우리 세계와 어떤 관련이 있는지를 보여 주는 오늘날의 이야기를 곁들였다. 본격적인 여정을 시작하기 전에 저자와 역사적 배경, 문학적 구조, 신학적 주제 등의 쟁점을 포함해 역대기의 맥락을 고려한다면 도움이 될 것이다. 역대기 저자는 이스라엘 왕들의 이야기를 다시 들려주고 있지만, 수백 년이 지난 후 전혀 다른 역사적 상황에서 글을 쓰고 있다는 점을 염두에 두는 것이 중요하다(하나님의 백성들은 지금 유배 기간이 끝난 후 왕위에 앉은 왕 없이 다시 예루살렘에서 살고 있다). 따라서 우리는 저자의 맥락에서 해석하고 적용하는 이 잘 알려진 이야기를 듣기 위해 그의 상황을 이해해야 한다. 이런 주제 중 상당수가 주석 본문에 포함될 것이므로, 여기서는 간략하게만 정리해 보겠다.

저술, 전승, 정경성

저자와 연대

역대기는 페르시아 시대, 곧 하나님의 백성이 예루살렘에 다시 정착하여 성전을 재건한 후 기록되었다. 일찍부터 유대교 전통에서는 에스라를 역대기 저자로 인정했다. 모세 율법을 훈련받은 서기관으로서 에스라가 보유한 제사장 가문의 유산과 기술 덕분에 그는 적절한 저자 후보가 될 수 있고, 역대기 전반에서 느껴지는 레위 지파의 어조는 그의 제사장적 특성에 잘 부합한다. 이 견해에 따르면 역대기와 에스라-느헤미야서는 본래 하나의 저작인데, 역대기 마지막 두 절이 에스라서 첫머리 구절에서 사용되고 있다는 점에 주목한다(대하 36:22-23; 참조. 스 1:1-3). 이른바 에스드라스1서의 헬라어 본문은 이 견해를 더욱 뒷받침한다고 보인다. 에스드라스1서는 역대기와 에스라서 그리고 느헤미야서에서 선별한 일부 장을 하나로 엮어 이 책들 사이의 밀접한 관계를 강조하기 때문이다.[6]

사라 자페(Sara Japhet)의 최근 연구는 한 명의 저자가 역대기와 에스라-느헤미야서를 썼다는 견해에 이의를 제기한다. 특히 역대기에 대한 고도로 전문적이고 방대한 주석에서 볼 수 있듯이, 그녀는 역대기에 관해 광범위한 글을 썼다. 저자에 관한 한 핵심 논문에서 그녀는, 역대기와 에스라-느헤미야서를 동일 저자의 저작으로 보기에는 언어, 문체, 성경 기록, 신학 등에서 너무 많은 차이가 있다고 설득력 있게 주장했다.[7] 그녀의 연구는 학계에서 긍정적으로 받아들여졌고, 윌리엄슨(H. G. M. Williamson)의 지지를 받으면서 학계의 견해는 변화되었고, 이제 역대기 저자를 에스라-느헤미야서의 저자가 아닌 다른 사람으로 보게 되었다.[8] 역대기는 익명의 저작이기 때문에 저자를 '역대기 저자'(the Chronicler) 또는 '내레이터'로 명명하는 것이 일반적이고, 그는 레위인이었을 가능성이 높아 보인다.

역대기의 가능한 연대를 고려할 때, 역대기 저자는 사무엘서와 열왕기를 광범위하게 활용했고, 자료의 50퍼센트 이상을 이 두 자료에 의존하는 것으로 추정된다는 점을 염두에 두어야 한다. 이 사실은 역대기의 저술 연대와 관련이 있다. 열왕기하 마지막 구절의 연대는 여호야긴이 에윌므로닥의 통치 기간에 감옥에서 풀려난 주전 6세기 중반으로 설정될 수 있기 때문이다(왕하 25:27-30). 역대기 마지막 장은 특히 고레스 칙령에 대한 언급으로 마무리된다(대하 36:22-23). 페르시아(개역개정의 "바사") 왕 고레스 2세(주전 559-530년)는 주전 539년에 바벨론을 격파했고, 주전 538년에 포로들이 예루살렘으로 돌아가 성전을 재건하도록 허락하는 칙령을 발표했다(참조. 스 6:3-5). 역대기의 연대가 유배 이후라는 점은 예루살렘으로 돌아온 포로 명단을 통해 확인되고(대상 9:2-34), "다릭"으로 명명된 금화에 대한 언급(29:7)은 주전 515년 이후의 연대를 시사한다. 다릭은 다리오 1세 통치 기간에 주조되었기 때문이다.[9] 마지막으로, 여호야긴의 족보는 저술 연대와 관련해 중요한 정보를 제공한다(3:17-24). 그의 일곱 아들이 언급될 뿐 아니라 스룹바벨의 자녀들의 족보도 유배 후 시기까지 확장된다(19-20절). 그의 후손은 여러 세대에 걸쳐 내려오는데, 이 사실은 저술 연대가 주전 5세기 후반임을 시사한다.[10]

정경성과 제목

히브리 성경에서 이 저작에 붙여진 제목은 "그 시대의 사건들"(히. *dibre hayyamim*)로 번역될 수 있는데, 이는 다른 곳에서 왕실 문서와 기록을 가리킬 때 사용된 히브리어 표현이다(참조. 왕상 14:19, 29; 15:7; 대상 27:24; 느 12:23 등). 이스라엘 왕들에 초점 맞춘 이 저작에 어울리는 제목이기는 하지만, 『역대기』(Chronicles)라는 제목은 히브리어 원제를 직접 번역한 것이 아니라는 사실을 명심해야 한다. 헬라어 구약성경 칠십인역에서 역대기의 제목은 '파라레이포메논'(*Paraleipomenon*, '누락' 또는 '빠진 것'을 의미)으로, 역대기에 사무엘서와 열왕기에 나오지 않은 자료가 포함되어 있다는 사실을 가리킨다. 어떤 이들은 역대기가 그 자체로 역사적 기록이라기보다는 단지 사무엘서와 열왕기를 보충하는 것이라는 견해가 이 제목에 반영되어 있다고 추론한다. 어쨌든 『역대기』라는 제목은 헬라어 번역본에서 직접 가져온 것이 아니라, 실은 주후 4세기에 히에로니무스(Jerome)가 했던 진술을 통해 우리말 성경에 들어오게 되었다. 히에로니무스는 사무엘서와 열왕기의 라틴어 번역본 프롤로그에서, '파라레이포메논'으로 알려진 저작은 더 의미심장하게 "신성한 역사 전체의 '크로니콘'(*chronikon*)"이라고 부를 수 있다고 주장했다.[11] 윌리엄슨은 히에로니무스가 '크로니콘'을 채택한 것은 아마 유대 전통을 염두에 두었기 때문일 것이라고 주장한다.[12] 라틴어 성경 불가타(Vulgate)의 영향은 루터가 번역한 독일어 제목(*Die Chronika*)과 이후의 영어 제목(*Chronicles*)에서 엿볼 수 있다. 비록 역사서로서의 성격은 약하지만 『역대기』라는 제목은 이 저작에 적합한 제목이고, "신성한 역사 전체"를

기록한다는 히에로니무스의 언급은 자료의 방대함을 보여 준다.[13]

영어 성경(또한 한글 성경)에서 역대기는 두 권의 책으로 나뉘어 있지만, 역대기를 읽을 때는 두 개의 내러티브가 아니라 하나의 내러티브라는 점을 기억하는 것이 유익하다. 그래서 역대하 첫 절은 역대상의 줄거리와 이어진다. 정경에서 역대기의 배치는 두 가지 전통으로 나뉜다. 히브리어 성경의 표준 학술 판본 『비블리아 헤브라이카 슈투트가르텐시아』(Biblia Hebraica Stuttgartensia, BHS)에서 역대기는 성문서(Ketuvim)로 알려진 세 번째 문집 마지막에 위치한다. 역대기는 에스라-느헤미야서 다음에 등장하고, 따라서 히브리 성경의 결론을 나타낸다. 일부 학자들은 "아벨의 피로부터… 사가랴의 피까지"(마 23:35) 순교자에 대한 예수님의 언급에 이 순서가 반영되어 있다고 본다. 아벨은 창세기에서 언급되고(창 4:8-16) 사가랴는 역대기에서 언급되기 때문이지만(대하 24:20-21; 개역개정은 "스가랴"), 이에 대해서는 논란이 분분하다.[14] 특히 역대기가 성문서 첫머리에 위치해 있는 일부 사본 증거가 있는데, 『비블리아 헤브라이카 퀸타』(Biblia Hebraica Quinta, BHQ)로 알려진 가장 최근의 히브리어 성경 학술 판본에 반영되어 있다.[15] 칠십인역에 따르면 역대기는 사무엘서와 열왕기 뒤, 에스라-느헤미야서 앞에 위치한다. 정경 내에서 위치는 다를 수 있지만, 역대기의 정경성은 고대에 논쟁의 여지가 없었다.

— 문학적 분석 —

장르

역대기의 히브리어 제목("그 시대의 사건들")은 역대기를 역사 기록 문헌집, 특히 왕실 기록물로 설정한다(참조. 왕상 14:19, 29; 15:7, 23, 31; 16:5, 14 등). 아마 **사료 보관**(archive)이라는 용어가 이 책에 보존된 왕실 기록의 유형을 가장 잘 전달하는 것이고, 역사가요 사료 보관자인 역대기 저자의 저작은 이 장르에 속한다. 다음과 같이 요약된 첫머리 족보는 기록 보존의 중요한 임무를 보여 준다. "온 이스라엘이 그 계보대로 계수되어 그들은 이스라엘 왕조실록에 기록되니라"(대상 9:1). 따라서 '기록하다, 등록하다'(히. *yahas*)라는 동사는 역대상 4-9장에 열 번 등장하고(4:33; 5:1, 7, 17; 7:5, 7, 9, 40; 9:1, 22) 기록을 염두에 둔 다른 곳에도 등장한다(대하 12:15; 31:16-19). 역사가인 역대기 저자는 저작 전반에 걸쳐 광범위한 자료를 활용했는데, 그중 상당수는 더 이상 현존하지 않는다.[16] 그의 저작 내용의 약 50퍼센트를 차지하는 두 역사서 사무엘서와 열왕기가 특히 중요하지만, 그는 또한 토라 (및 다른 책들)를 광범위하게 사용해 유배 후 공동체에게 모세의 가르침의 변함없는 권위를 강조한다. 성경에 대한 의존도를 고려할 때, 역대기 저자를 **성경적** 역사가라고 부르는 것이 적절하다. 그의 세계관과 저술은 이스라엘의 전승에 깊이 뿌리를 두고 있기 때문이다. 그의 저작 전반에서 나타나는 성경에 대한 암시는 이스라엘의 신성한 전승에 대한 방대한 지식을 보여 준다.[17]

그런데 역대기 저자는 하나님의 말씀의 변함없는 권위에 호소할 뿐만 아니라, 당대에 말씀을 해석하면서 자신의 글에 설교적이고 목회적인 어조를 가미한다. 그래서 셀먼은 다음과 같이 지적한다. 역대기 저자에게 "하나님의 말씀은 모든 세대에 하나님께서 자기 백성을 다루시는 방식의 근거가 되는 궁극적 기준이다. 그분의 말씀 저변에 있는 원리는 변하지 않지만, 그 원리를 새로운 상황에 적용하는 방식은 놀라우리만치 유연하다."[18] 역대기 저자는 자기 세대에 중요한 원리를 이스라엘 역사로부터 이끌어 내려고 노력하는 노련한 주석가다. 하나님의 영감을 받아 글을 쓰면서, 하나님의 뜻을 따르고 하나님 나라의 가치에 따라 살면서 그분을 구하는 데 삶을 바치라고 하나님의 백성에게 권면하는 것이다.

역대기를 설교하는 방법

역대기의 이야기는 모든 세대와 관련이 있지만, 복잡한 자료(특히 긴 족보)로 인해 노련한 목회자조차 역대기를 **어떻게** 설교해야 할지 몰라 겁먹을 수 있다. 역대기 설교는 다양한 형태를 취할 수 있다. 나는 『경건함 기르기』(Cultivating Godliness)[19]라는 제목의 역대기 성경 공부 교재를 집필한 적이 있다. 이 성경 공부에서는 (몇 가지만 언급해 보면) 기도, 하나님을 구하는 법, 겸손, 관대함, 기쁨의 찬양 등을 다루는 주제별 접근 방식을 채택했다. 이 주석의 미주에서 이런 주제를 다루는 부분을 언급할 텐데, 역대기에 대한 주제별 설교나 성경 공부에 도움이 될 것이다. 필요에 따라 설교에 사용할 수 있도록 현대적 예화와 이야기를 '이야기 살아내기' 섹션에 담았다. 설교와 가르침에 적합한 다른 주제로는 (몇 가지만 언급해 보면) 기도와 예배, 리더십 원리 등이 있다. 대략 8주간에 걸쳐 왕들의 이야기를 연대순으로 추적하는 것도 또 다른 접근 방법이 될 수 있다. 이 설교 시리즈에서 다윗, 솔로몬, 아사, 여호사밧, 아하스, 히스기야, 므낫세, 요시야 같은 중요한 남왕국 왕들을 다룰 수 있다. 역대기의 모든 중요한 주제는 이 왕들의 이야기에서 포착된다. 어떤 접근 방식을 취하든, 역대기는 신학적으로 풍부할 뿐만 아니라 오늘날 교회에 유익하다고 입증되는 여러 적용 분야를 전반에 담고 있다.

문학적 구조

역대기를 읽을 때(또는 역대기를 설교할 때), 본래 하나의 연속적 내러티브였으나 지금은 두 권으로 나누어져 있는 더 큰 저작의 구조를 명확히 파악하는 것이 중요하다. 역대기에서는 다음 네 가지 문학적 단위를 구별할 수 있다.

1. 귀환자 명단으로 끝나는 족보(대상 1-9장)

2. 다윗 언약을 포함한 다윗 치하의 통일 왕국(대상 10-29장)

3. 성전 건축이 중심에 있는 솔로몬 치하의 통일 왕국(대하 1-9장)

4. 결국 유배되었지만 회복의 소망으로 끝나는 분열 왕국(대하 10-36장)

더 큰 단위 내에서 문학적 패턴과 구조를 자세히 구별할 수 있지만,[20] 줄거리의 큰 그림을 염두에 두는 것이 도움이 된다.

마지막으로, 첫 번째 문학적 단락은 유배에서 돌아오는 귀환으로 끝나는데(대상 9장), 사실상 전체 저작의 줄거리가 여기서 드러난다는 점에 주목해야 한다. 역대기의 마지막 두 절은 예루살렘으로 돌아가도 좋다는 허락이기 때문이다(대하 36:22-23). 이 구조는 역대기 전체에 울려 퍼지는 회복이라는 중요한 주제를 강조하면서, 솔로몬의 기도를 형성하고 (대하 6장) 하나님의 백성에게 소망을 준다. 따라서 이 결말은 우리가 항상 "상징적으로 다시 예루살렘에서 시작해 땅끝으로 가는 길 위에 있음"을 시사한다.[21]

역대기 저술의 역사적 배경

역대기는 사울에서 시작하여(물론 다윗에 초점이 있기에 간략하게 다루지만) 마지막 왕 시드기야까지 이어지는 남유다 왕들의 이야기를 전한다. 앞에서 언급했듯이 역대기는 수백 년 후에, 구약성경 마지막 시기에 기록되었다. 북왕국 이스라엘은 주전 722년에 멸망했고, 주민들은 그 땅에서 엄청난 상실과 유배, 이방 민족의 재정착을 경험했다(왕하 17장). 그런데 역대기 저자는 하나로 회복된 하나님의 백성에 대한 비전을 염두에 두고 이스라엘 북쪽 지파에서 나온 이들이 남왕국에 합류하는 시기를 보여 주는 데 열중한다. 북왕국이 멸망한 후 남왕국은 여러 해 지속되지만, 주전 609년 요시야왕의 죽음과 그 이후의 격동기는 남왕국의 종말이 가까웠음을 보여 준다.[22] 하나님의 백성은 그들의 범죄에 대한 책임을 질 텐데, 겸손해지기를 거부한 목이 곧은 시드기야왕에게서 생생하게 예시된 일이다. 은혜 가운데 일련의 예언자들을 보내신 후, 결국 하나님의 심판이 임하여 성전과 예루살렘이 파괴될 뿐 아니라 하나님의 백성은 바벨론으로 추방된다(대하 36:1-21). 하지만 역대기는 이런 우울한 유배 기록으로 끝나지 않고, 사실상 전체 저작은 회복의 소망과 예루살렘으로 돌아가라는 요청으로 마무리된다(22-23절). 이 주제는 역대기 전반에 스며들어 있어, 하나님이 **그들과 함께하심**을 하나님의 백성에게 상기시키는 초대장 역할을 한다.

페르시아 치하의 유다 속주와 디아스포라의 삶

고레스의 통치로 인해 주전 538년에 유배지에서 돌아오는 귀환이 시작되고(대하 36:22-23; 참조. 스 1-2장), 학개와 스가랴의 격려를 통해 스룹바벨과 여호수아의 지도 아래 이루어진 성전 재건으로 이어진다(스 5-6장). 주전 458년, 제사장 에스라의 인도 아래 두 번째 귀환 무리가 예루살렘으로 돌아오고(7-8장), 언약 갱신으로 이어진다(9-10장). 느헤미야는 주전 445년에 예루살렘 총독으로 돌아오고, 그의 리더십 아래서 거센 반대에도 불구하고 하나님의 도움으로 성벽을 재건한다(느 1-6장). 회복과 언약 갱신은 에스라가 낭독하고 레위인이 가르치는 하나님의 말씀을 듣기 위해 공동체가 모인 이 시기의 특징이다(8-9장). 역사서 에스라서 및 느헤미야서와 더불어 예언서 학개서, 스가랴서, 말라기서는 귀환자들이 그 땅에 재정착하고 새로운 환경에 적응해 나가는 과정을 통해 예루살렘으로 돌아온 이후의 삶을 엿볼 수 있게 해 준다.

영광스러웠던 다윗 왕국 시절과 대조적으로 귀환자들은 방대한 페르시아 제국의 작은 속주에 속해 있다. 그들은 예루살렘에서 다윗 계통의 왕들의 통치를 받는 대신 고레스(주전 559-530년), 캄비세스(주전 530-522년), 다리오(주전 522-486년), 아하수에로(주전 486-465년), 아닥사스다 1세(주전 465-424년) 등 이방인 페르시아 왕들의 지배를 받는다. 파사르가다에 (Pasargadae, 고레스가 세운 수도)와 수사(Susa, 다리오 치하의 행정 수도), 페르세폴리스(Persepolis, 다리오가 건축함) 등 페르시아 도시의 유적지는 번성하던 제국의 중요한 일부였던 거대한 행정 구조물과 궁전 구조물을 보여 준다.[23]

제국은 지방 총독들이 관장하는 속주로 구성되었다(참조. 에 1:1). 유다 속주는 페르시아인들에 의해 YHD로 표기되었고, 따라서 일반적으로 예후드(Yehud) 속주라고 불린다.[24] 이 지역에서 발견된 공식 '예후드' 도장이 찍힌 동전과 인장은 귀환자들이 예루살렘과 주변 마을에 재정착했음을 증언한다.[25] 예후드 속주는 남북으로 약 40킬로미터에 이르는 것으로 추정된다.[26] 립시츠(Lipschits)는 예루살렘 주변 지역(성에서 약 3.2킬로미터 이내)의 정착촌 수가 철기 시대 말기(주전 1200-1000년) 번성하던 왕국에 비해 89퍼센트 감소한 것으로 추정한다. 그는 유배 기간 중 예루살렘과 그 주변이 거의 완전히 비어 있었다고 결론 내린다. 물론 베냐민 북부 지역과 베들레헴 남부에 위치한 유대인 마을과 농장에 정착이 계속되었다는 증거도 있지만 말이다.[27] 다시 말해, 고레스 치하에 예루살렘으로 돌아온 포로들은 자신의 삶뿐 아니라 오랜 세월 황폐해져 있던 사랑하는 예루살렘성도 재건해야 하는 벅찬 임무에 직면하고 있었다. 이와 같이 엄청난 임무를 앞두고 다시 시작하려면 큰 믿음과 용기가 필요했을 것이다.

성경 기사에 기록된 페르시아 시대의 총독에는 세스바살(스 1:8; 5:14), 스룹바벨(학 1:1, 14), 느헤미야(느 5:14; 12:26)가 있다.[28] 페르시아 왕은 속주에 무거운 세금을 부과하여, 막대한 양의 금과 은을 빼앗아 왕실 국고만 채웠을 뿐이다. '예후드' 인장이 찍힌 그릇은 아마 세금 징수에 사용되었을 것이다.[29] 제국은 속주에 무거운 세금을 부과하는 제도를 통해 예루살렘에 살고 있는 사람들을 압박했다.[30] 니푸르(Nippur)에서 발견된 무라슈(Murashu) 텍스트는 무라슈와 아들들이 메소포타미아에서 사용했던 대출의 종류를 보여 주는데, 이 대출에는 종종 최대 40퍼센트에 달하는 높은 이자가 붙었다.[31] 관리 가운데 유대인의 이름이 있다는 것은 디아스포라 일부의 권력과 부가 상승했음을 보여 준다.[32] 하지만 예루살렘의 많은 사람들이 직면한 극심한 가난으로 인해 느헤미야는 부자들이 고리대금업으로 친족을 노예로 삼았다고 책망한다(느 5:7, 11). 식량 부족과 경제적 박탈은 예후드 속주에서 살고 있던 사람들의 어려움을 더욱 악화시켰다. 가난은 토지를 몰수당하는 결과를 초래할 수도 있었고, 기본 생필품 가격이 크게 폭등하면서 일부는 생계를 유지하기조차 힘들었다(참조. 느 5:1-13; 학 1:9-11; 2:15-17). 유배에서 돌아와 성전을 재건했는데도 속주민의 삶에는 어려움이 사라지지 않았다.

마지막으로 염두에 두어야 할 점은, 예후드 속주가 페르시아 제국에서 지리적으로 작은 지역이었을 뿐 아니라 귀환자들은 정치적 반대와 경쟁하는 종교적 신념에 맞닥뜨렸다는 사실이다. 페르시아 왕 고레스(스 1:1-4)와 다리오(6:1-12)가 정치적 전략에 따라 성전 재건을 지원했지만, 귀환자들은 재건 노력을 가로막는 심각한 반대에 부딪혔다(4:1-6:13). 마침내 성전을 재건하고 제사를 드렸지만(6:14-22), 사마리아 총독 산발랏과 암몬 관리 도비야, 아랍인 게셈의 반대가 계속되었다(느 2:10, 19; 4:1; 6:1-2). 야마우치(Yamauchi)는 이 상황을 다음과 같이 간결하게 요약한다. "포로들은 북쪽의 사마리아 사람, 동쪽의 암몬 사람, 남쪽의 아랍 사람과 에돔 사람, 서쪽의 페니키아 사람 등 적대적인 이웃에 둘러싸인 작은 거주지로 돌아왔다."[33] 이런 반대 사례는 초기의 성벽 재건 노력에서 볼 수 있다. "이로부터 그 땅 백성이 유다 백성의 손을 약하게 하여 그 건축을 방해하되 바사 왕 고레스의 시대부터 바사 왕 다리오가 즉위할 때까지 관리들에게 뇌물을 주어 그 계획을 막았으며"(스 4:4-5; 참조. 스 4:6-24; 5:3). 우리는 이 시대로부터 수천 년이 지난 뒤에 살고 있지만 모두 낙담한 적이 있고, 뇌물 등 불공정한 정치 관행으로 인해 그들이 왜 일하면서 사기가 떨어졌는지도 쉽게 알 수 있다.

이 시기에는 아스돗, 암몬, 모압에서 온 여성 등 이방인 여성과의 결혼도 성사되었다(느 13:23; 참조. 스 9:1-15). 이방인 배우자와의 결혼이 주요 쟁점은 아니었지만,[34] 사실 그런 결혼은 잠재적으로 혼합주의와 종교적 타협으로 이어질 수 있었다. 예를 들어, 브엘세바에서 발견된 도기 조각(ostraca)을 보면 이름의 3분의 1이 에돔 신 코스(Qos)가 들어간 혼합 이름이었다. 마찬가지로 아랏에서 발견된 도기 조각 가운데 다섯 개는 야웨(Yahweh)가 들어간 혼합 이름인 반면 네 개는 코스가 들어간 혼합 이름이다.[35] 이방 신이 들어간 신명을 채택한다고 해서 자동적으로 그 신에 대한 숭배를 암시하는 것은 아니지만, 적어도 이 이름들은 이 시기의 종교적 다원주의를 입증한다.[36] 주목해야 할 점은 작은 유다 속주에 살던 유대인들은 광대한 페르시아 제국 한가운데 살고 있었을 뿐만 아니라 경쟁적인 종교적 신념을 가진 나라들로 둘러싸여 있었다는 점이다. 엘레판티네(Elephantine)의 유대인 성전과 그리심산의 성지는, 이 시기의 종교적 분위기를 더욱 복잡하게 만들면서, 야웨(및 다른 신들)에 대한 예배가 예루살렘 국경 너머에서 이루어졌음을 보여 준다.[37] 예루살렘에 살고 있던 귀환자들이 맞닥뜨린 현실은 이러했다. 그러나 이와 같이 불확실하고 변화무쌍한 시대 한가운데서 역대기 저자는 하나님의 백성이 현실 너머를 바라보면서 하나님의 거역할 수 없는 부르심을 기억해야 한다는 소망의 메시지를 전한다. 그들은 하나님이 **지금** 역사하고 계심을 인식해야 한다. 무력감을 느끼면서 무엇을 해야 할지 모를 때에도 **하나님께 시선을 고정하라**고 권고한다.

신학적 주제

하나 된 하나님 백성의 비전

첫머리 족보에서 이스라엘의 본래 소명에 다시 귀 기울이는 하나 된 하나님 백성의 비전이 울려 퍼진다(대상 2:1-2). 왕국 분열로 인해 두 개의 왕국이 동시에 공존하면서 종종 서로 대립했지만, 처음부터 하나님의 계획은 **하나님의 한 백성**이 되는 것이었다. 따라서 제사장 나라와 거룩한 백성이 되라는 이스라엘의 부르심은 변하지 않았고, 이 비전은 역대기 전반에서 울려 퍼진다. 도입부의 족보는 유다, 레위, 베냐민이라는 주요 지파에 초점을 맞추지만, 시므온과 르우벤, 잇사갈, 납달리, 므낫세, 에브라임, 아셀 지파도 포함하고 있다. 역대기 저자는 격동하는 분열된 역사에도 불구하고 북쪽 지파들을 시야에서 놓치지 않는다. 그들은 연합과 공동 조상을 가리키는 핵심 용어인 "온 이스라엘"을 구성하기 때문이다.

다윗(대상 11-29장)과 솔로몬(대하 1-9장) 치하의 통일 왕조를 다루는 역대기 저자의 역사는 하나님을 향한 즐거운 예배를 중심으로 번성하는 통일 왕국을 보여 주려는 교훈적 목적에 기여한다. "온 이스라엘"의 회합과 다윗이 모든 지파에게 받은 폭넓은 지지는 저자가 염두에 둔 연합이 어떤 종류인지 드러낸다(대상 11-12장). 솔로몬의 통치를 준비하는 데 많은 관심을 기울인 뒤, 다윗의 통치는 모든 지도자와 백성이 성전 건축을 위해 아낌없이 바치고 하나님께 찬양을 드리는 통일 왕국의 그림으로 마무리된다(대상 29장). 솔로몬이 성전을 건축할 때, 언약궤가 도착하고 하나님의 영광이 성전에 충만하자 온 이스라엘이 기뻐하며 한목소리로 하나님께 찬양을 드린다(대하 5장). 분열 왕국 시대에는 북쪽 주민들이 남왕국에 합류하는 시기가 의도적으로 강조되는데, 특히 히스기야왕이 북왕국 사람들을 유월절에 초대할 때가 그렇다(대하 30장). 이 장은 역대하 7:14에 대한 해설인 셈이다. 이 축제는 하나 된 백성들이 유월절 식사를 함께 나누는 용서와 화해의 인상적인 비전을 제시한다. 이처럼 과거에 원수였던 이들이 하나가 되는 것은 군사적 승리나 정치적 동맹을 통해서가 아니라 회개와 겸손, 기도, 용서, 치유를 통해 이루어진다. 궁극적으로 이런 연합의 비전 배후에는, 자기 백성에게 한마음을 주시는 은혜와 용서의 하나님이 계신다.

이렇듯 하나로 회복된 하나님의 백성이라는 그림은 귀환자들에게 사소한 것이 아니다. 유다, 베냐민, 레위 지파는 예루살렘으로 돌아왔지만, 귀환자 중에는 북쪽 에브라임과 므낫세 지파도 있었다(대상 9:3). 새로운 상황은 그들의 신학을 단순한 지적 이상에만 머물게 하지 않고 일상 생활에서 실천할 수 있는 기회를 주었고, 그들은 성경이 자신들의 공동체를 형성하고 이끌도록 허용했다. 왕좌에 왕이 없었기 때문에, 다윗과 솔로몬과 히스기야의 통치는 유다 지파 출신의 다윗 계통의 자손이 영원한 하나님 나라를 다스릴 때 완전히 실현될 하나 된 하나님 백성에 대한 미래 비전을 보여 준다. 이 통치가 언젠가 땅끝까지 확장될 것이라는 일종의 종말론적 비전이었다. 이 비전은 현대 교회에도 많은 것을 가르쳐 주는데, 앞으로의 주석 본문에서 살펴볼 내용이다.

예배하는 하나님 백성의 비전

예루살렘 성전은 역대기에 나오는 하나님 나라를 향한 비전의 중심에 있다. 성전이 건축되기 전에도 거룩한 하나님이 즉위하신 장소인 언약궤 행렬은 다윗의 통치에서 절정의 순간을 나타낸다(대상 13, 15장). 레위인은 비파와 수금과 제금을 들고 노래하며 연주하기 위해 구별되어 주님께 기쁜 예배의 소리를 높인다(15:16-26). 레위인 성가대원은 찬양과 감사로 이스라엘을 인도하는 중요한 역할을 맡았고(25:1-31), 그래서 기쁜 마음에서 솟아나는 즐거운 찬양 곡조처럼 이스라엘 왕들의 이야기에 늘 등장한다. 그 조상이 아론까지 거슬러 올라가는 세 음악가 가문이 이스라엘 예배팀의 근간을 형성한다. 바로 그핫 가문의 찬송하는 자 헤만(6:33-38), 게르손 가문의 아삽(6:39-43), 므라리 가문의 에단(6:44-47)이다. 거룩하신 하나님이 자기 백성 가운데 거하시기에, 레위인은 하나님께 감사와 찬양을 드리도록 구별되었다. 솔로몬은 주 하나님께 합당한 영광스러운 성전을 건축하기 위해 많은 노력을 기울이는데(대하 2-4장), 에덴의 이미지로 장식된 이 성전은 보는 이로 하여금 하나님의 천상 거처를 떠올리게 한다. 언약궤가 성전으로 들어올 때, 레위인 성가대는 레위 음악가들의 다양한 반주에 맞춰 한목소리로 하나님께 찬양을 드린다(5:1-14; 7:1-3). 그들 가운데 계신 하나님의 영광스러운 임재와 함께, 솔로몬은 커다란 청동 단상 위에서 하늘을 향해 두 손을 벌리고 하나님 앞에 무릎을 꿇는다. 거기서 이렇게 선언한다. "이스라엘의 하나님 여호와여. 천지에 주와 같은 신이 없나이다. 주께서는 온 마음으로 주의 앞에서 행하는 주의 종들에게 언약을 지키시고 은혜를 베푸시나이다"(6:14). 성경에 뿌리를 둔 감사와 찬양의 노래와 함께 하나님께 드리는 기도가 이스라엘 왕들의 이야기 곳곳에 울려 퍼지면서, 하나님은 이스라엘을 예배하는 백성으로 부르셨다는 사실을 상기시킨다. 역대기는 더 나아가 열방, 아니 모든 피조물이 주님을 찬양할 것을 꿈꾼다!(대상 16장)

예루살렘에 살고 있던 귀환자들은 성전을 재건했고, 나아가 성전 봉헌의 기쁨을 맛보았지만, 솔로몬 시대와 달리(대하 5:1-10) 성전으로 들어가는 언약궤 행렬은 뚜렷이 나타나지 않는다. 또한 이전과 달리(11-14절) 하나님의 영광이 성전을 가득 채웠다는 언급도 없다. 포로기 이후의 책들에 언약궤에 대한 언급이 없다는 사실은 역대기 저자가 언약궤를 강조하는 것과 극명한 대조를 이룬다(대상 13, 15장; 대하 5장). 다윗 계통의 왕들이 미래에 다윗의 자손이 다스릴 것이라는 종말론적 비전을 제시하듯이, 역대기 저자가 언약궤에 초점을 맞춘 것도 하나님의 영광스러운 임재가 그분의 백성 가운데 있을 것이라는 종말론적 비전을 귀환자들에게 제시하기 위한 것일 수 있다. 예언자 학개와 스가랴가 하나님의 영광이 **미래에** 임할 것이라고 앞서 내다본 것과 다르지 않다. 하나님은 자기 백성을 예배하고 증거하는 백성으로 구별하셨고, 따라서 이 이야기는 주님께 기쁨으로 노래하면서 하나님을 예배하고 그분의 얼굴을 구하라고 귀환자들에게 요청하는 동시에, 하나님의 임재가 영광스럽게 임할 것이고 그때 모든 피조물이 그분의 거룩한 이름을 찬양할 것이라는 미래의 비전을 제시한다.

기도하는 하나님 백성의 비전

솔로몬이 정교하고 아름답게 장식된 예루살렘 성전을 건축하는 데 7년이 걸렸지만, 내러티브의 핵심은 자기 백성 가운데 거하기 위해 오신 거룩한 하나님의 임재다. 하나님은 에덴에서 잃어버린 것을 회복하고 계신다. 다시 말해서 성전 내러티브는 하나님의 영광이 성전을 가득 채우는 것으로 마무리되지 않고, 성전이 하나님의 백성과 그분이 교제하는 장소임을 강조하는 긴 **기도**로 마무리된다. 솔로몬의 기도(대하 6:12-42)와 그에 대한 하나님의 응답(7:12-22)이 내러티브 중심에 있다. 아무리 높은 하늘이라도 주님을 담을 수 없지만, 성전은 하늘과 땅이 만나는 곳이라는 신비로운 장소다. 솔로몬은 하나님의 백성을 향해 스스로 낮추고 기도하며 하나님의 얼굴을 구하라고 요청하는데, 놀랍게도 하나님은 하늘에서 듣고 용서하고 고치겠다고 약속하신다(대하 7:14). 따라서 이스라엘 왕들의 이야기에는 역대기 저자가 기도라는 중요한 주제에 대해 가르치는 교훈적 목적이 있다. 극복할 수 없는 상황에서 필사적으로 주님께 도움을 요청하며 부르짖는 하나님 백성의 이야기는 특히 교훈적이다. 하나님을 버리면 그분의 진노(**신적 보응**으로 알려진 개념)로 이어지기 때문에, 도움을 청하는 외침과 함께 (므낫세의 기도와 같은) 회개 기도가 중요하다. 하나님은 거듭해서 자신의 신실함을 증명하신다. 하나님을 구하는 자는 그분을 찾을 것이고, 하나님은 참회하는 죄인의 기도를 들으신다. 이는 기도의 중요성을 예증하는 이스라엘 왕들의 소중한 이야기다. 이 이야기는 귀환자들의 공동체에서 기도와 회개, 하나님을 향한 의존의 미덕을 함양하기 위해 마련된 것이다.

증거하는 하나님 백성의 비전

하나님은 이스라엘을 예배하고 증거하는 백성으로 구별하셨다. 첫머리 족보가 증언하는 바에 따르면, 하나님은 이스라엘을 열방**으로부터**(from) 자기 백성으로 구별하셨지만, 그들의 신성한 소명은 열방 **가운데서**(among) 살아가는 것이다. 그리하여 역대기 저자는 그들의 소명의 전 세계적 맥락을 강조하기 위해 처음에 '세계 지도'를 제시한다(대상 1:5-23). 주님은 이스라엘만이 아니라 인류(모든 민족을 포함한)의 창조주이시고, 그분의 나라의 경계는 언젠가 땅끝까지 확장될 것이다. 언약궤가 예루살렘으로 들어올 때 레위인이 부른 찬양의 시편은 모든 민족 가운데서 하나님의 행적을 알리라고 그분의 백성들에게 권면한다(대상 16:8, 24). 그들은 열방 가운데서 하나님의 영광을 말해야 한다(24절). 이 시는 주께서 통치하신다는 웅장한 메시지를 열방이 듣게 될 것이라고 상상한다(31절). 다윗은 훗날 주 하나님께서 온 땅의 창조주이시고, 따라서 모든 것이 그분의 소유라고 단언할 것이다. 하나님은 "만물의 머리 되신 분으로 높임을 받[으신다]"(29:11, 새번역). 이런 우주적 비전을 염두에 두고, 이방인들의 선언이 솔로몬의 성전 건축 내러티브의 뼈대를 형성한다(대하 2:12; 9:8). 이스라엘 백성이 아닌 두로 왕은 이스라엘의 하나님이 창조주시라고 단언하면서 이런 찬양을 드린다. "천지를 지으신 이스라엘의 하나님 여호와는 송축을 받으실지로다!"(2:12) 스바 여왕은 예루살렘에 와서 직접 이렇게 찬양한다. "당신의 하나님 여호와를 송축할지로다"(9:8). 솔로몬의 기도에서 이미 이방인들이 하나님의 위대한 이름을 듣고 그분께 기도할 것이라고 예고했다. "땅의 만민"이 하나님의 위대한 이름을 알고 그분을 두려워할 것이라는 비전이다(6:33). 따라서 이방 고관들도 멀리서부터 예루살렘에 조공을 가져올 것이다. 결국 온 피조물이 주님을 찬양할 것이라는 기대가 있다(대상 16:30-33). 귀환자들은 광대한 페르시아 제국 가운데 열방으로 둘러싸인 작은 속주에 살고 있었기 때문에, 첫머리 족보와 이어지는 이야기는 그들의 신성한 소명을 상기시키는 역할을 한다. 주님은 위대하고 "극진히 찬양할" 분이시기 때문에(25절), 그들은 열방 가운데서 주님의 이름을 알려야 한다.

가르침과 설교에 유용한 자료

역대기에 관해 쓴 훌륭한 주석이 많이 있다. 특히 본문에 논쟁적 쟁점이 있는 경우 일부 논의에는 고도로 전문적인 측면이 있기 때문에, 나는 미주에서 보다 전문적인 주석들을 언급했다. 사라 자페의 책이 이 범주에 속하지만, 그녀의 주석은 철저하고 포괄적이어서 아래에 중요한 자료로 인용했다. 대부분의 경우 자료로 선정된 책들은 더 쉽고, 따라서 가르침과 설교에 매우 유익하다. 내가 애호하는 역대기 관련 서적 중 하나는 스콧 한(Scott Hahn)의 『예전 제국으로서의 하나님 나라』(*The Kingdom of God as Liturgical Empire*)다. 역대기 신학을 더 깊이 이해하기 원하는 목회자라면 반드시 읽어야 할 책이다. 유진 메릴(Eugene Merrill)의 주석도 신학적으로 풍부하고, 설교와 가르침에 도움이 되는 핵심 주제에 관한 부록이 실려 있다. 역대기 성경 공부를 원하는 이들을 위해 『경건함 기르기』라는 제목으로 필자가 쓴 8주 성경 공부 교재를 아래 목록에 넣었다. 페르시아 시대에 대해 자세히 배우고 싶은 이들에게는 에드윈 야마우치(Edwin M. Yamauchi)의 저작이 훌륭한 자료가 될 것이다.

Boda, Mark J. *1-2 Chronicles*. CBC. Carol Stream, IL: Tyndale House, 2010.

Hahn, Scott W. *The Kingdom of God as Liturgical Empire: A Theological Commentary on 1-2 Chronicles*. Grand Rapids: Baker Academic, 2012.

Japhet, Sara, *I & II Chronicles*. OTL. Louisville: Westminster John Knox Press, 1993.

Kaminski, Carol M. *Cultivating Godliness: An Eight-Week Bible Study on 1-2 Chronicles*. Casket Empty Media, 2023.

King, Phillip J. and Lawrence E. Stager. *Life in Biblical Israel*. Library of Ancient Israel Louisville: Westminster John Knox Press, 2001.『고대 이스라엘 문화』(CLC).

Merrill, Eugene H. *A Commentary on 1 & 2 Chronicles*. Grand Rapids: Kregel Publications, 2015.『역대상·하: BKC 강해주석』(두란노).

McConville, J. G. *1 & 2 Chronicles*. Daily Study Bible Series. Philadelphia: Westminster, 1984.『역대상·역대하: 바클레이 패턴 구약주석』(기독교문사).

Selman, M. J. *1 Chronicles: An Introduction and Commentary*. TOTC. Downers Grove, IL: InterVarsity Press, 1994.『역대상: 틴데일 구약주석 시리즈 10』(CLC).

_____. *2 Chronicles: A Commentary*. TOTC. Downers Grove, IL, InterVarsity Press, 1994.『역대하: 틴데일 구약주석 시리즈 11』(CLC).

Williamson, H. G. M. *1 and 2 Chronicles*. NCB. Grand Rapids: Eerdmans, 1982.

Yamauchi, Edwin M. *Persia and the Bible*. Grand Rapids: Baker Books, 1990.『페르시아와 성경』(CLC).

1

역대상 1:1-54

이야기 경청하기

¹아담, 셋, 에노스, ²게난, 마할랄렐, 야렛, ³에녹, 므두셀라, 라멕, ⁴노아, 셈, 함과 야벳은 조상들이라 ⁵야벳의 자손은 고멜과 마곡과 마대와 야완과 두발과 메섹과 디라스요 ⁶고멜의 자손은 아스그나스와 디밧과 도갈마요 ⁷야완의 자손은 엘리사와 다시스와 깃딤과 도다님이더라 ⁸함의 자손은 구스와 미스라임과 붓과 가나안이요 ⁹구스의 자손은 스바와 하윌라와 삽다와 라아마와 삽드가요 라아마의 자손은 스바와 드단이요 ¹⁰구스가 또 니므롯을 낳았으니 세상에서 첫 영걸이며 ¹¹미스라임은 루딤과 아나밈과 르하빔과 납두힘과 ¹²바드루심과 가슬루힘과 갑도림을 낳았으니 블레셋 종족은 가슬루힘에게서 나왔으며 ¹³가나안은 맏아들 시돈과 헷을 낳고 ¹⁴또 여부스 종족과 아모리 종족과 기르가스 종족과 ¹⁵히위 종족과 알가 종족과 신 종족과 ¹⁶아르왓 종족과 스말 종족과 하맛 종족을 낳았더라 ¹⁷셈의 자손은 엘람과 앗수르와 아르박삿과 룻과 아람과 우스와 훌과 게델과 메섹이라 ¹⁸아르박삿은 셀라를 낳고 셀라는 에벨을 낳고 ¹⁹에벨은 두 아들을 낳아 하나의 이름을 벨렉이라 하였으니 이는 그때에 땅이 나뉘었음이요 그의 아우의 이름은 욕단이며 ²⁰욕단이 알모닷과 셀렙과 하살마웻과 예라와 ²¹하도람과 우살과 디글라와 ²²에발과 아비마엘과 스바와 ²³오빌과 하윌라와 요밥을 낳았으니 욕단의 자손은 이상과 같으니라 ²⁴셈, 아르박삿, 셀라, ²⁵에벨, 벨렉, 르우, ²⁶스룩, 나홀, 데라, ²⁷아브람 곧 아브라함은 조상들이요 ²⁸아브라함의 자손은 이삭과 이스마엘이라 ²⁹이스마엘의 족보는 이러하니 그의 맏아들은 느바욧이요 다음은 게달과 앗브엘과 밉삼과 ³⁰미스마와 두마와 맛사와 하닷과 데마와 ³¹여둘과 나비스와 게드마라 이들은 이스마엘의 자손들이라 ³²아브라함의 소실 그두라가 낳은 자손은 시므란과 욕산과 므단과 미디안과 이스박과 수아요 욕산의 자손은 스바와 드단이요 ³³미디안의 자손은 에바와 에벨과 하녹과 아비다와 엘다아니 이들은 모두 그두

라의 자손들이라 ³⁴아브라함이 이삭을 낳았으니 이삭의 아들은 에서와 이스라엘이더라 ³⁵에서의 아들은 엘리바스와 르우엘과 여우스와 얄람과 고라요 ³⁶엘리바스의 아들은 데만과 오말과 스비와 가담과 그나스와 딤나와 아말렉이요 ³⁷르우엘의 아들은 나핫과 세라와 삼마와 밋사요 ³⁸세일의 아들은 로단과 소발과 시브온과 아나와 디손과 에셀과 디산이요 ³⁹로단의 아들은 호리와 호맘이요 로단의 누이는 딤나요 ⁴⁰소발의 아들은 알랸과 마나핫과 에발과 스비와 오남이요 시브온의 아들은 아야와 아나요 ⁴¹아나의 아들은 디손이요 디손의 아들은 하므란과 에스반과 이드란과 그란이요 ⁴²에셀의 아들은 빌한과 사아완과 야아간이요 디산의 아들은 우스와 아란이더라 ⁴³이스라엘 자손을 다스리는 왕이 있기 전에 에돔 땅을 다스린 왕은 이러하니라 브올의 아들 벨라니 그의 도성 이름은 딘하바이며 ⁴⁴벨라가 죽으매 보스라 세라의 아들 요밥이 대신하여 왕이 되고 ⁴⁵요밥이 죽으매 데만 종족의 땅의 사람 후삼이 대신하여 왕이 되고 ⁴⁶후삼이 죽으매 브닷의 아들 하닷이 대신하여 왕이 되었으니 하닷은 모압 들에서 미디안을 친 자요 그 도성 이름은 아윗이며 ⁴⁷하닷이 죽으매 마스레가의 사믈라가 대신하여 왕이 되고 ⁴⁸사믈라가 죽으매 강 가의 르호봇 사울이 대신하여 왕이 되고 ⁴⁹사울이 죽으매 악볼의 아들 바알하난이 대신하여 왕이 되고 ⁵⁰바알하난이 죽으매 하닷이 대신하여 왕이 되었으니 그의 도성 이름은 바이요 그의 아내의 이름은 므헤다벨이라 메사합의 손녀요 마드렛의 딸이더라 ⁵¹하닷이 죽으니라 그리고 에돔의 족장은 이러하니 딤나 족장과 알랴 족장과 여뎃 족장과 ⁵²오홀리바마 족장과 엘라 족장과 비논 족장과 ⁵³그나스 족장과 데만 족장과 밉살 족장과 ⁵⁴막디엘 족장과 이람 족장이라 에돔의 족장이 이러하였더라

이야기 속 다른 본문 경청하기

창세기 5:1-32; 10:1-32; 11:10-26

역대기 저자는 아담에서 시작해 아브라함과 이삭, 이스라엘(야곱)을 거쳐 이스라엘 열두 지파와 그들이 그 땅에 정착하는 과정까지 이어지는 일련의 족보로 이스라엘 역사에 대한 기사를 시작한다. 이 장들은 창조에서 시작해 페르시아 제국 치하의 포로기 이후까지 하나님 백성의 역사 전체를 아우른다. 그러한 풍경 안에 담긴 빽빽한 이름과 얽히고설킨 관계를 헤치고 나가 보려는 이 시점에, 이 족보의 더 큰 목적과 이 족보가 역대기 전체에 어떻게 기여하고 있는지를 고려하는 것이 도움이 될 것이다.

무엇보다 먼저, 현대 독자들은 내러티브 장르에 익숙한 반면 **족보**라는 장르에는 서투르다는 점을 염두에 두어야 한다. 구약성경의 족보는 오늘날 삶에 연관성이나 적용점이 적은 구시대의 명단으로 여겨지는 경우가 많다. 히브리어 이름은 발음하기 어려울 수 있고, 끝없이 반복되는 지루한 후손들의 이름은 의미 없어 보인다. 기브온이나 기럇여아림, 길르앗 같은 지리적 위치에 대한 언급은 베들레헴이나 헤브론처럼 익숙한 성읍과 달리 공감을 불러일으키지 못한다. 하지만 이름과 지명은 마을 및 지파의 영토와 중요 인물을 결부시킨 고대 이스라엘 사람들에게 **정말로** 많은 것을 말해 주었다. 이들 가문과 지명은 현실과 무관한 것이 아니라 사회 구조의 근간이었고, 인간관계를 지배하면서 그들의 정체성과 장소에 의미를 부여했다. 하지만 이런 고대 지파의 연대와 이스라엘 가문의 기원이 우리에게는 생소하기 때문에 당혹스러울 수 있다. 따라서 베레스는 다윗왕의 조상으로 기억될 수도 있겠지만, 잘 알려져 있지 않은 홀의 아들 에브라다나 므낫세의 아들 마길 같은 사람도 이스라엘 역사에서 **정말로** 중요한 인물이다. 이런 족보를 읽을 때 우리는 외국 땅에 살면서 다른 문화와 그 관계망을 이해하려고 노력하는 외부인이 된 것 같다고 느낄 수 있다. 그래서 기껏해야 족보를 대충 훑어보면서 얼른 지나치는 정도의 피상적인 읽기로 이어질 수 있다. 주석서의 역할은 고대 독자들에게 무엇이 중요하고 그들이 무엇을 쉽게 파악할 수 있었는지를 간추려 설명하면서, 성경이 이 부분에서 무엇을 전달하고 있는지 이해하고 자신 있게 설교하도록 돕는 것이다.

이번 장의 본문에 귀 기울일 때, 이 족보는 창세기에서 가져왔음을 깨닫는 것이 중요하다. 자세한 내용은 이어지는 주석에서 설명하겠지만, 1장의 중추를 형성하는 세 가지 중요한 족보를 파악하는 것이 도움이 된다. 첫 번째 족보는 창세기 5:1-32에 기록된 대로 아담에서 노아로 이어지는 **단선**(linear) 계보를 추적한다. 이 족보는 역대상 1:1-4에 있는 처음 열 명의 이름에 해당한다. 다음 족보는 창세기 10:1-32에 기록된 대로 노아의 세 아들인 셈, 함, 야벳의 혈통을 추적한다. 이 후손들은 열방을 대표하기 때문에 이 **다선**(segmented) 족보는 흔히 '열방의 표'(Table of Nations)라고 불린다(참조. 대상 1:4-23).[1] 세 번째 족보는 창세기 11:10-26에 기록된 대로 셈에서 아브람으로 이어지는 직계 족보를 추적한다(참조. 대상 1:24-27). 이 두 단선 족보의 중요성은, 이 두 족보가 아담에서 아브라함까지 후계 혈통을 추적해 하나님의 창조 목적이 아브라함, 특히 이스라엘을 통해 명확히 실현되고 있음을 강조하는 데 있다(대상 2:1-2). '열방의 표'(1:5-23)와 기타 비선택 민족의 족보(29-33, 35-44절)가 포함된 것은 이스라엘에 대한 하나님의 부르심이 전 세계 무대 위에서 실현될 것임을 시사한다. 하나님의 백성은 열방 가운데서 예배하고 증거하는 백성이 되도록 구별되었다. 앞에서 언급했듯이 역대기의 기록은 성경에 깊이 뿌리 내리고 있고, 1장은 분명 이스라엘의 고대 텍스트가 저자의 시대와도 지속적인 관련성을 갖고 있음을 보여 주는 좋은 사례다.

이야기 설명하기

아담에서 아브라함까지의 족보(1:1-27)

아담의 단선 족보는 역대상 1:1-4a에서 반복된다. 각 세대에서 한 아들의 이름만 나오기 때문에 이 족보는 **단선적**이다. 즉, 이름이 나오지 않은 아들딸들이 각 조상에게 있기 때문에(창 5:4, 7, 10 등) 이 족보는 매우 선택적이다. 단선 족보는 시간의 흐름에 따라 빠르게 이동하면서 신속한 세대 계승을 보여 준다. 단선 족보의 목적은 수평적 가족 관계를 보여 주는 것이 아니라, 종종 첫 번째와 열 번째 구성원에 초점을 맞춰 족보의 주요 인물을 연결하기 위한 것이다. 첫머리 족보에서 아담은 첫 번째 구성원이고 노아는 열 번째 구성원이다. 역대기 저자는 창세기에 있는 아담의 족보를 고도로 요약된 형태로 제시하지만(그들의 이름만 나온다), 그 목적은 아담과 노아를 연결해 인류에게 처음 선포된 하나님의 창조의 복이 그분의 계보를 통해 계승되고 있음을 보여 주기 위한 것이다(창 1:28; 5:1-2; 9:1, 7).

역대상 1:24-27의 두 번째 단선 족보는 창세기 11:10-26에서 직접 가져온 것으로, 셈에서 아브라함까지 또 다른 열 세대의 단선 계보다. 이 족보는 아브라함을 중요한 열 번째 구성원으로 둔다(27절). 결과적으로 이 두 단선 족보는 아담에서부터 아브라함까지 단절되지 않는 계보를 추적한다. 이를 통해 인류에게 주어진 창조의 복이 아브라함과 그의 후손들에게 계승된다는 사실을 이스라엘 역사의 출발점에서 강력하게 전달한다. 창세기에서 '생육하고 번성하라'는 창조의 복은(창 1:28; 9:1) 아브라함, 이삭, 야곱에게 다시 전달되지만, 이 명령은 하나님께서 주어가 되시는 **약속**으로 바뀐다(17:2, 6; 22:17; 26:4, 24; 28:3). 사라의 불임은 아브라함의 후손이 계승할 창조의 복이 하나님에 의해, 그분의 약속의 성취로 이루어질 것임을 가시적으로 상기시키는 역할을 한다(창 18, 21장; 참조. 롬 9:6-9; 갈 4:27-28). 따라서 창세기 10:1-32에서 열방의 등장은 창조의 복의 성취를 의미하지 않고, 오히려 하나님의 약속에 따라 이루어진 아브라함의 후손의 기적적인 번성을 통해 먼저 실현되고 있다고 증언한다(47:27; 출 1:7).[2] 첫머리 족보는 하나님의 창조의 복이 실현되고 있는 매개체다. 이 계보는 먼저 아담에서부터 아브라함까지 추적하지만, 나중에 이스라엘(대상 2:1-2)과 더 좁게는 유다(3절)로 이어질 것이다. 창조의 복은 궁극적으로 유다 지파에서, 특히 다윗의 계보를 통해 성취될 것이고, (곧이어 보게 되듯이) 유다는 모든 지파 중에서 인종적으로 가장 다양한 지파다.

이 두 단선 족보 사이에 나오는 '열방의 표'는 노아의 세 아들인 셈, 함, 야벳의 가족을 추적한다(1:4b-23). 각 세대에 한 명 이상의 아들이 나오기 때문에 다선 족보로 표현된다. 예를 들어, 야벳의 일곱 아들은 1:5에서 열거된다. 야벳(5-7절), 함(8-16절), 셈(17-23절)의 족보는 창세기 10:1-32에 나오는 족보에 상응한다. 족보에 언급된 개인은 국가 또는 민족 집단을 대표한다는 점을 명심해야 한다. 함의 네 아들을 생각해 보자(대상 1:8). 구스라는 이름은 아프리카를 가리키고, 둘째 아들은 이집트를(히브리어로 "미스라임"), 셋째 아들은 붓(새번역의 "리비아", 그의 정체는 불분명하다), 막내아들 가나안은 가나안 사람을 가리킨다. 모든 민족이 나오는 것은 아니지만, 70을 강조하는 고도로 양식화된 형태는 완벽함이라는 개념을 전달한다.[3] 따라서 이 표는 고대 세계의 모든 국가를 나타내기 위해 의도된 계보학적 '세계 지도' 역할을 한다. 블레셋 사람, 가나안 사람, 여부스 사람, 아모리 사람, 기르가스 사람, 히위 사람 등 이스라엘의 이웃들이 포함되어 있고(1:12-15; 참조. 창 15:18-21; 신 7:1-2), 그 후손이 에돔 사람으로 알려진 에서의 긴 족보도 나온다는 점에서(1:35-54) 열방에 대한 관심을 엿볼 수 있다. 역대기 뒷부분에서 이들 민족 집단 중 일부를 만나겠지만, 이 시점에 우리는 단지 역대기 저자가 이스라엘의 부르심의 지구적 맥락으로 세계 지도를 제시하고 있다는 점에 주목한다. 귀환자들은 여러 민족으로 둘러싸인 작은 속주 안에 살고 있었기 때문에, 이 족보는 새로운 상황에서 하나님의 백성으로 어떻게 살아야 할지 고민하는 그들에게 강력한 비전을 제시한다. 따라서 '열방의 표'는 귀환자들이 자신의 상황과 부르심을 해석해야 할 신학적 렌즈와 세계 지도를 제공한다.

족보를 좀 더 면밀히 살펴보면 셈, 함, 야벳의 후손이 등장하는 순서가 뒤바뀌었다는 점에 주목해야 한다(야벳, 5-7절; 함, 8-16절; 셈, 17-23절). 이 뒤바뀜은 창세기 10:1-32에 나오는 동일한 문학적 특징을 반영하고 있는데, 창세기 10장에서는 야벳의 족보가 먼저 나오고(2-5절), 뒤이어 함의 족보(6-20절) 그리고 마지막에 셈의 족보(21-31절)가 나온다. 이는 야벳과 함의 계보가 부차적이고 셈의 계보가 약속의 주요 계보임을 보여주기 위한 고대의 문학 장치다. 다시 말해, '생육하고 번성하라'(창 1:28)는 창조의 복은 세 아들 모두에게 계승되지 않고, 특별히 아브라함에게로 직접 이어지는 셈의 계보를 통해 계승되고 있다(대상 1:24-27). 이는 창조의 복이 **먼저** 아브라함의 후손에게 실현될 것임을 시사한다(참조. 창 17:2, 6; 28:3; 47:27; 출 1:7). 물론 그 복은 결국 모든 열방에게 확장될 테지만 말이다.

역대기 저자는 노련하게 창세기의 이 익숙한 족보를 반복함으로써 세계 지도에 속한 많은 민족 가운데 한 민족으로 이스라엘을 열방 **가운데** 위치시키지만(대상 1:5-23), 하나님의 백성은 또한 열방과 **구별**된다. 그들의 특별한 단선 족보는 선택과 약속을 말하기 때문이다(1-4, 24-27절). 하나님의 주권적인 계획은 언약 백성이 예배하고 증거하는 공동체가 되어 주님이 통치하신다고 열방을 향해 증거하는 것이다. 이것이 귀환자들에게 주는 비전이다. 즉 하나님의 창조 사역은 이스라엘이라는 특정 백성 안에서 성취되고 있지만, 그 배경에는 전 세계가 있어 열방 가운데 주님의 이름을 알리고 선포해야 한다(대상 16장). 결국 주님은 단지 이스라엘만이 아니라 **인류**의 창조주이시고, 그분의 나라의 경계는 지구 전체다. 그들은 **땅끝**까지 이르도록 계획되었다(시 2:8; 72:8-11).

아브라함의 두 아들: 이삭과 이스마엘 (1:28-34a)

가계도는 더 좁혀지면서 아브라함의 두 아들, 곧 이삭과 이스마엘에게 초점을 맞춘다(1:28). 이차 혈통의 특징대로 이스마엘의 족보가 먼저 나오고(1:28-31; 참조. 창 25:12-16), 뒤이어 아브라함의 첩 그두라의 아들들이 나온다(대상 1:32-33; 참조. 창 25:1-4). 이삭의 아들들은 다음에 나오는데(대상 1:34), 이로써 이삭을 약속의 계보로 인정한다. 이 점은 이스마엘이 아니라 이삭이 아브라함의 약속과 언약의 상속자인 창세기와 일치한다(창 17:21; 25:5; 26:2-5, 23-24). 하지만 우리는 곧이어 열방이 약속의 계보에서 배제되지 않았음을 알게 될 것이다. 그들도 유다 지파에 편입되었기 때문이다(이스마엘 족속을 포함해, 대상 2:17).[4] 열방이 다윗의 가계도에 포함되었다는 것은 메시아의 출현으로 드러날 다민족으로 구성된 하나님 나라를 가리키는 중요한 이정표다.

이삭의 두 아들: 에서와 이스라엘 (1:34b-54)

족보는 이삭의 두 아들, 곧 에서와 이스라엘로 이어진다(1:34). 족보에서 이삭의 둘째 아들은 창세기에서처럼 **야곱**이 아니라(참조. 창 25:25-26) 하나님이 그에게 주신 이름 **이스라엘**로 표현된다(참조. 창 32:28; 35:9-12). 이스라엘이라는 이름(역대기 저자가 가장 좋아하는)은 번성하라는 창조의 복(창 35:11; 참조. 1:28; 9:1; 47:27), 큰 나라와 "열방의 공동체"[5](개역개정은 "백성들의 총회")가 될 것이라는 약속(35:11; 참조. 12:2), 왕에 대한 약속(35:11; 참조. 17:6, 16; 49:10; 민 24:17), 그리고 본래 아브라함에게 주어진 땅 약속(창 35:12; 참조. 12:7; 13:14-17; 17:8 등)의 재확인 등 하나님의 옛 약속을 상기시키는 역할을 한다. 따라서 이스라엘이라는 이름은 족장 이스라엘에게 주신 하나님의 약속에 깊이 뿌리를 두고 있다. 역대기 저자는 **이스라엘**이라는 이름을 사용해 귀환자들과 이전 역사를 연결하고 그들이 이 이야기의 연속임을 보여 준다.

이스라엘의 아들들은 에서의 후손 뒤에 나오기 때문에(대상 2:1-2), 이로써 이스라엘을 약속의 계보로 인정한다. 한편, 에서의 후손이 (이차 혈통으로) 먼저 나오고(1:35-37), 세일의 아들들(38-42절; 참조. 창 36:8, 20-30)과 함께 에돔 왕과 족장의 명단이 뒤따른다(1:43-54; 참조. 창 36:31-43). 에서의 후손인 에돔 족속에게는 사해 남동쪽 지역인 세일산이 주어졌다(창 36:8-9; 신 2:4-8). 야곱과 에서에 대한 창세기의 이전 예언에서 형 에서가 동생 야곱을 섬기는 두 나라로 표현되었다는 것을 기억해야 한다(창 25:23; 27:27-29, 39-40; 참조. 민 24:17-19). 두 형제는 수년간의 불화 후에 마침내 화해하지만(창 27-28, 32-33장), 그들이 대표하는 두 민족 사이의 계속되는 갈등은 에돔과 이스라엘 백성 사이의 적대감에서 엿볼 수 있다.[6] 이 갈등은 남왕국 말기에 절정에 달하고, 하나님께서는 이스라엘을 대하는 방식 때문에 그들에게 심판을 선포하실 것이다(시 137:7; 애 4:21-22; 겔 25:12-14). 에돔인들은 도시 정착지를 버린 것으로 보이지만, 그럼에도 불구하고 에돔식 이름이 포함된 아랏과 브엘세바의 아람어 도기 조각이 증거하듯이, 그들은 남부 팔레스타인에서 페르시아 시대까지 계속해서 존재했다.[7] 그들의 목축 생활 경계는 헤브론 바로 남쪽이었던 것으로 보여서, 그들은 유다의 가까운 이웃 중 하나임을 시사한다.[8]

족보는 이스라엘 왕이 통치하기 전에 에돔 땅을 통치한 에돔 왕들의 명단으로 마무리된다(1:43-54; 참조. 창 36:31-43).[9] 다윗 계통 왕들의 중심이 될 '왕조 계승'(각 왕은 선대 왕의 **아들**로 표현된다; 참조. 대상 3:10-14)과 대조적으로, 이 족보에서 각 왕은 단지 이전 왕을 대신해 통치하는데, 이는 북왕국에서 볼 수 있는 것과 비슷하다(참조. 왕상 16:22; 왕하 1:17). 예를 들어, 이 족보에서는 벨라가 죽었을 때 ("벨라의 아들"이 아니라) "세라의 아들" 요밥이 그를 대신하여 왕이 되었다고 기록한다(대상 1:44). 왕조 계승의 부재는 그들이 이스라엘의 사사 또는 아마 두령(chief, 참조. 출 15:15)과 비슷함을 시사할 것이다. 이로써 에돔의 통치자와 유다 왕은 차별화된다. 하나님의 약속이 **단선** 족보에서 실현된다는 점을 감안할 때, 에돔 족속은 다윗 계통 왕들에 비해 이차적인 역할을 한다는 것을 시사한다(참조. 민 24:17-19). 열방에 대한 이전의 표현과 마찬가지로(대상 1:5-23), 이 마지막 단락은 이스라엘 이야기의 배경이 되는 세계 지도를 보여 준다. 따라서 이번 장의 주제가 반복됨으로써 "세상의 **다양성과 통일성**이 암시되며, 이스라엘이 자신의 역할을 열방의 가족 안에서 모든 인류를 위한 증인으로 이해했음을 시사"해 준다.[10]

이야기 살아내기

예배하고 증거하는 나라가 되어야 할 이스라엘

하나님의 백성은 방대한 페르시아 제국 안에서, 종종 적대적이던 민족들로 둘러싸인 작은 속주에서 살고 있었다. 페르시아 제국은 그 영토를 확장하고 있었지만, 이스라엘은 창조로 거슬러 올라가는 이스라엘의 선택에 뿌리를 둔 **하나님 나라**의 중심성을 시야에서 놓치지 않아야 했다. 예루살렘과 주변 성읍에 정착한 귀환자들에게 열국 가운데서 그들의 역할에 대한 '큰 비전'을 주고 있는 것이다. 하나님 백성의 선교적 부르심은 처음에 아브라함에게 알려졌지만(창 12:3), 이 약속은 열방, 바로 '열방의 표'에 나온 이들이 아브라함의 후손을 통해 복을 받을 것이라고 상정하고 있다는 점을 인식해야 한다. 그들은 사실 "땅의 모든 족속"이고(12:3; 참조. 10:5, 31), 역대기 저자가 재현한 열방이다.

열방의 복이 되라는 이스라엘의 부르심은 하나님께 드리는 예배를 통해 그분의 권능의 행위를 **열방 가운데** 알리는 역대상 16장에서 명시된다. 그들은 열방 가운데 "여호와께서 통치하신다!"라고 증거해야 한다(31절). 앞서 서론에서 언급했듯이(42쪽), 솔로몬이 성전을 건축할 때 두 이방인의 공적 선언이 전체 내러티브의 틀을 형성한다. 첫 번째는 두로 왕 후람의 입술에서 나온 "천지를 지으신 이스라엘의 하나님 여호와는 송축을 받으실지로다!"라는 고백이다(대하 2:12). 이 고백은 하나님께서 "모든 신들보다 크심이라"(5절)는 솔로몬의 담대한 증언의 결과로 나온다. 성전 건축 내러티브의 틀을 형성하는 두 번째 선포는 "당신의 하나님 여호와를 송축할지로다"(9:8)라는 말로 시작하는 스바 여왕의 입술에서 나온다. 솔로몬의 기도 안에도 이방인이 하나님의 크신 이름을 듣고 하나님께 기도할 것이라는 기대가 담겨 있다. 솔로몬은 하나님께서 응답하여 "땅의 만민이 주의 이름을 알고… 경외하게" 하시도록 간구한다(6:33). 이것이 귀환자들, 즉 열방으로 둘러싸여 있지만 주님의 이름을 알고 주님을 경외해야 할 바로 그 백성들 앞에 놓인 선교적 비전이다.

현대(특히 서구) 교회는 탈기독교 세계에서 미지의 영역에 직면해 있다. 토드 볼싱어(Todd Bolsinger)는 『카누를 타고 산에 오르다』(Canoeing the Mountains)라는 저서에서 이 새로운 현실에 대해 쓰면서, 새로운 상황은 선교하기 위해 변혁된 공동체가 되도록 요구한다고 주장한다. 그는 레슬리 뉴비긴(Lesslie Newbigin)이 인도에서 40년의 선교 사역을 마치고 은퇴했을 때, 40년 전과 매우 다른 영국으로 돌아왔다고 회고한다.

> 레슬리 뉴비긴이 사랑하는 고국에서 발견한 것은 떠나온 곳보다 더 어려운 선교지였다. 그는 "영국은 이교도 사회며, 매우 강력한 형태의 이교주의에 진정한 선교적 만남을 일으키는 것은 교회가 직면하고 있는 가장 큰 지적·실천적 과업이다"라고 썼다.[11]

볼싱어의 지적에 따르면, "뉴비긴은 이 한 문장을 통해 서구 그리스도인들이 이제 1,700년간 자신들의 고향과 거주 문화를 이해해 온 정신적 모델에 이의를 제기했다."[12] 탈기독교 세계의 상황은 서구가 선교지가 되었고, 따라서 새로운 선교의 비전이 필요하다는 것을 의미한다. 이 점은 필립 젠킨(Phillip Jenkin)의 획기적인 저서, 『다음 기독교 세계: 세계 기독교의 도래』(The Next Christendom: The Coming of Gobal Christianity)에서도 강조되었다. 이 책에서 그는 전통적으로 서구로 알려진 곳에서는 기독교가 쇠퇴하겠지만 남반구(Global South)에서는 폭발적으로 성장할 것이라고 예견한다.[13] 서구의 쇠퇴는 미전도 종족이 이제 **우리 문 앞에** 있다는 것을 의미하며, 귀환자들처럼 우리도 새로운 상황에서 예배하고 증거하는 백성이 되라는 부르심을 받는다. 기독교 지형이 하나님의 주권적 손길 아래 큰 변혁을 거치고 있기 때문에, 이 부르심은 엄청난 도전과 전무후무한 기회를 제시한다.

예루살렘으로 돌아와 살고 있던 귀환자들은 낯설고 상이한 환경에 직면했고, 새로운 세상을 위해 **성경에 깊이 뿌리내린** 비전이 필요했다. 하나님의 백성은 이 새로운 현실에서 어떻게 살아야 했을까? 그들은 강력한 페르시아 제국과 주변 국가들 속에서 자신을 어떻게 보아야 했을까? 역대기 저자는 하나님의 창조 계획과 그분의 이름을 열방 가운데 알려야 할 이스라엘의 부르심을 상기시킨다. 그들은 예배하고 증거하는 나라가 되어 지상 나라들의 대항 내러티브를 구현하도록 부르심을 받았다. 성경은 하나님 나라 백성으로 산다는 것이 무엇을 의미하는지 알려주는 중심이다. 이것이 오늘의 교회, 즉 지구촌 모든 곳의 교회 앞에 놓인 부르심이다. 우리는 예배하고 증거하는 공동체가 되어, 예수님이 통치하시고 그분의 나라가 **전 세계에** 세워지고 있다고 증언하도록 부르심을 받았다.

제자들이 언제 그 나라가 회복될 것인지 물었을 때 예수님은 부활 후의 나라에 대해 말씀하셨다. 제자들이 이 질문을 붙잡고 씨름할 때 예수님은 그에 대한 대답으로, 그들이 예루살렘뿐 아니라 "온 유대와 사마리아와 땅끝까지 이르러" **그분의** 증인이 될 것이라고 말씀하셨다(행 1:8). 이 하나님 나라 사명을 염두에 두고, 빌립은 사마리아에 있는 사람들에게 하나님 나라에 관한 기쁜 소식을 전했고(8:9-12), 바울은 유대인과 헬라인이 하나님의 말씀을 들을 수 있도록 에베소에서 하나님 나라를 전했다(19:1-10; 참조. 20:21). 사도행전은 예루살렘에서(1-7장), 유대와 사마리아에서(8-12장), 마지막으로 땅끝까지(13-28장) 전한 초기 교회의 증언으로, 바울이 로마에서 하나님 나라를 가르치고 설교할 때 절정에 이른다(28:23, 31). 여기서 그리스도의 통치 아래 구상하는 나라는 모든 민족의 사람들이 만왕의 왕과 만주의 주를 경배하는 다민족 나라다(계 4-5장; 6:9-17; 15:1-8).

    이것은 페르시아 시대에 열방 가운데서 자신들의 사명을 성취하고 있던 하나님 백성의 부르심이었다. 역대기 저자는 예수님께서 훗날 제자들에게 가르치신 바를 내다보거나 이해했던 것 같다. 하나님 나라는 겨자씨와 같아서, 비록 다른 씨보다 작고 다른 나무들 사이에서 자라지만, 완전히 자라면 큰 나무가 되어 그 가지가 땅끝까지 뻗을 것이라는 가르침이다(마 13:31-32). 이것이 바로 이 첫머리 족보와 역대기 전반에 깊이 내재되어 있는 소망이다. 하나님의 백성은 낙담과 절망으로 이어질 수 있는 비관적인 상황(다윗 계통의 왕이 전혀 보이지 않는)에 집중하는 대신, 오래전부터 하나님이 하신 약속을 잊지 않아야 했다. 그들의 부르심은 하나님의 영원한 계획에 뿌리를 두고 있기 때문이다. 우리가 아프리카나 아시아, 중동, 심지어 뉴잉글랜드의 작은 마을에서 그리스도인으로 살고 있을지라도, 바로 이 하나님 나라가 우리의 관심을 사로잡고 우리 삶에 목적을 부여해야 한다. 영향력 있는 세상의 강대국 사이에서 우리는 미미한 소수라고 느낄 수 있지만, 하나님 나라는 **지금** 세워지고 있으며 언젠가 예수님이 다시 오셔서 모든 나라를 심판하고 창조 세계를 다스리실 것이다. 그동안 다양한 언어와 문화의 모자이크로 이루어진 하나님의 한 백성인 교회는, 예수님께서 제자들에게 가르치신 대로 그리스도의 재림 때까지 증거하고 예배하는 공동체로 구별되어야 한다. "이 천국 복음이 모든 민족에게 증언되기 위하여 온 세상에 전파되리니 그제야 끝이 오리라"(마 24:14).

2　　　　　　　　　　　　　역대상 2:1-55

이야기 경청하기

¹이스라엘의 아들은 이러하니 르우벤과 시므온과 레위와 유다와 잇사갈과 스불론과 ²단과 요셉과 베냐민과 납달리와 갓과 아셀이더라 ³유다의 아들은 에르와 오난과 셀라니 이 세 사람은 가나안 사람 수아의 딸이 유다에게 낳아 준 자요 유다의 맏아들 에르는 여호와 보시기에 악하였으므로 여호와께서 죽이셨고 ⁴유다의 며느리 다말이 유다에게 베레스와 세라를 낳아 주었으니 유다의 아들이 모두 다섯이더라 ⁵베레스의 아들은 헤스론과 하물이요 ⁶세라의 아들은 시므리와 에단과 헤만과 갈골과 다라니 모두 다섯 사람이요 ⁷갈미의 아들은 아갈이니 그는 진멸시킬 물건을 범하여 이스라엘을 괴롭힌 자이며 ⁸에단의 아들은 아사랴더라 ⁹헤스론이 낳은 아들은 여라므엘과 람과 글루배라 ¹⁰람은 암미나답을 낳고 암미나답은 나손을 낳았으니 나손은 유다 자손의 방백이며 ¹¹나손은 살마를 낳고 살마는 보아스를 낳고 ¹²보아스는 오벳을 낳고 오벳은 이새를 낳고 ¹³이새는 맏아들 엘리압과 둘째로 아비나답과 셋째로 시므아와 ¹⁴넷째로 느다넬과 다섯째로 랏대와 ¹⁵여섯째로 오셈과 일곱째로 다윗을 낳았으며 ¹⁶그들의 자매는 스루야와 아비가일이라 스루야의 아들은 아비새와 요압과 아사헬 삼형제요 ¹⁷아비가일은 아마사를 낳았으니 아마사의 아버지는 이스마엘 사람 예델이었더라 ¹⁸헤스론의 아들 갈렙이 그의 아내 아수바와 여리옷에게서 아들을 낳았으니 그가 낳은 아들들은 예셀과 소밥과 아르돈이며 ¹⁹아수바가 죽은 후에 갈렙이 또 에브랏에게 장가 들었더니 에브랏이 그에게 훌을 낳아 주었고 ²⁰훌은 우리를 낳고 우리는 브살렐을 낳았더라 ²¹그 후에 헤스론이 육십 세에 길르앗의 아버지 마길의 딸에게 장가 들어 동침하였더니 그가 스굽을 헤스론에게 낳아 주었으며 ²²스굽은 야일을 낳았고 야일은 길르앗 땅에서 스물세 성읍을 가졌더니 ²³그술과 아람이 야일의 성읍들과 그낫과 그에 딸린 성읍들 모두 육십을 그들에게서 빼앗았으며 이들은 다 길르앗

의 아버지 마길의 자손이었더라 ²⁴헤스론이 갈렙 에브라다에서 죽은 후에 그의 아내 아비야가 그로 말미암아 아스훌을 낳았으니 아스훌은 드고아의 아버지더라 ²⁵헤스론의 맏아들 여라므엘의 아들은 맏아들 람과 그다음 브나와 오렌과 오셈과 아히야이며 ²⁶여라므엘이 다른 아내가 있었으니 이름은 아다라 그는 오남의 어머니더라 ²⁷여라므엘의 맏아들 람의 아들은 마아스와 야민과 에겔이요 ²⁸오남의 아들들은 삼매와 야다요 삼매의 아들은 나답과 아비술이며 ²⁹아비술의 아내의 이름은 아비하일이라 아비하일이 아반과 몰릿을 그에게 낳아 주었으며 ³⁰나답의 아들들은 셀렛과 압바임이라 셀렛은 아들이 없이 죽었고 ³¹압바임의 아들은 이시요 이시의 아들은 세산이요 세산의 아들은 알래요 ³²삼매의 아우 야다의 아들들은 예델과 요나단이라 예델은 아들이 없이 죽었고 ³³요나단의 아들들은 벨렛과 사사라 여라므엘의 자손은 이러하며 ³⁴세산은 아들이 없고 딸뿐이라 그에게 야르하라 하는 애굽 종이 있으므로 ³⁵세산이 딸을 그 종 야르하에게 주어 아내를 삼게 하였더니 그가 그로 말미암아 앗대를 낳고 ³⁶앗대는 나단을 낳고 나단은 사밧을 낳고 ³⁷사밧은 에블랄을 낳고 에블랄은 오벳을 낳고 ³⁸오벳은 예후를 낳고 예후는 아사랴를 낳고 ³⁹아사랴는 헬레스를 낳고 헬레스는 엘르아사를 낳고 ⁴⁰엘르아사는 시스매를 낳고 시스매는 살룸을 낳고 ⁴¹살룸은 여가먀를 낳고 여가먀는 엘리사마를 낳았더라 ⁴²여라므엘의 아우 갈렙의 아들 곧 맏아들은 메사이니 십의 아버지요 그 아들은 마레사니 헤브론의 아버지이며 ⁴³헤브론의 아들들은 고라와 답부아와 레겜과 세마라 ⁴⁴세마는 라함을 낳았으니 라함은 요르그암의 아버지이며 레겜은 삼매를 낳았고 ⁴⁵삼매의 아들은 마온이라 마온은 벧술의 아버지이며 ⁴⁶갈렙의 소실 에바는 하란과 모사와 가세스를 낳고 하란은 가세스를 낳았으며 ⁴⁷야대의 아들은 레겜과 요담과 게산과 벨렛과 에바와 사압이며 ⁴⁸갈렙의 소실 마아가는 세벨과 디르하나를 낳았고 ⁴⁹또 맛만나의 아버지 사압을 낳았고 또 막베나와 기브아의 아버지 스와를 낳았으며 갈렙의 딸은 악사더라 ⁵⁰갈렙의 자손 곧 에브라다의 맏아들 훌의 아들은 이러하니 기럇여아림의 아버지 소발과 ⁵¹베들레헴의 아버지 살마와 벧가델의 아버지 하렙이라 ⁵²기럇여아림의 아버지 소발의 자손은 하로에와 므누홋 사람의 절반이니 ⁵³기럇여아림 족속들은 이델 종족과 붓 종족과 수맛 종족과 미스라 종족이라 이로 말미암아 소라와 에스다올 두 종족이 나왔으며 ⁵⁴살마의 자손들은 베들레헴과 느도바 종족과 아다롯벳요압과 마나핫 종족의 절반과 소라 종족과 ⁵⁵야베스에 살던 서기관 종족 곧 디랏 종족과 시므앗 종족과 수갓 종족이니 이는 다 레갑 가문의 조상 함맛에게서 나온 겐 종족이더라

이야기 속 다른 본문 경청하기

창세기 29:28-35; 30:1-24; 38:1-30; 미가 5:1-5

하나님 백성의 이야기는 이스라엘의 열두 아들에서 절정에 이른다 (2:1-2). 이어지는 족보는 그들의 가계도와 약속의 땅 정착에 초점을 맞춘다. (단과 스불론을 제외한) 이스라엘 북쪽 지파들이 이 족보에 등장하지만, 초점은 유다(2:3-4:23), 레위(6:1-81), 베냐민(7:6-12; 8:1-40) 지파에 맞춰진다. 유다의 왕실 계보에 대한 강조는 더 좁혀지면서 베레스와 손자 헤스론으로 이어지는 다윗의 계보를 강조하게 된다(2:9-17; 3:1-24).

창세기의 여러 본문은 현재 문맥에서 유다의 족보를 해석하는 데 도움이 되는 중요한 배경 정보를 제공한다. 야곱에게는 두 아내, 라헬과 레아가 있었고, 이들은 각각 아들(또한 디나라는 딸, 창 30:21)을 낳았다. 레아는 여섯 아들, 르우벤, 시므온, 레위, 유다, 잇사갈, 스불론을 낳았고 (29:31-35; 30:17-20), 라헬은 두 아들, 요셉과 베냐민을 낳았다(30:22-24; 35:16-18). 하나님께서 태를 열어 주시기 전에 두 아내는 불임이었는데 (29:31; 30:22), 사라의 불임을 연상시킨다(11:30; 18:11). 야곱은 라헬의 여종 빌하를 통해 단과 납달리를 낳았고(30:1-8), 레아의 여종 실바를 통해

갓과 아셀을 낳아(30:9-13) 전부 열두 아들이 되었다(참조. 35:22-26; 46:8-27; 출 1:1-5; 대상 2:1-2).

다윗과 그의 후손에게 관심이 있기 때문에, 야곱의 넷째 아들 유다가 이번 장의 초점이다. 창세기 38장은 "수아의 딸"(38:12)로 알려진 가나안인 아내가 낳은 세 아들, 엘과 오난과 셀라가 유다에게 있었다고 기록한다. 유다의 맏아들 에르는 다말과 결혼했지만, 하나님 보시기에 악했기 때문에 하나님은 에르의 생명을 취하셨다(1-7절; 참조. 창 46:12; 민 26:19). 고대의 결혼 관습에 따르면, 자식이 없는 미망인의 시동생은 아이를 낳아 가문의 이름을 일으키기 위해 형수와 성관계를 맺어야만 했다(참조. 신 25:5-10).[1] 하지만 유다의 둘째 아들 오난은 아버지의 요청에 불순종하여 시동생의 의무를 다하지 않았다. 그는 자기 정액을 바닥에 쏟아 버렸고, 하나님은 그의 생명을 앗아가셨다(창 38:8-10). 그 결과 유일하게 생존한 아들 셀라만 유다에게 남았다. 하지만 유다는 셀라도 죽을까 두려워 며느리에게 셀라를 주는 것을 주저했다. 상당히 오래 기다린 후 다말은 마침내 자기 손으로 일을 처리한다. 다말은 창녀로 변장하고, 유다가 그녀와 성관계를 맺어 결국 다말은 임신을 하게 된다(12-24절). 유다의 첫 대응은 다말을 죽이려는 것이었지만, **자신이** 아이의 아버지라는 사실을 깨달은 후 유다는 다말을 부양하지 않았음을 인정한다. 다말을 통해 유다는 쌍둥이 베레스와 세라를 낳고(27-30절), 그들의 족보는 역대기 족보로 계승될 것이다(대상 2:4-6). 족보를 읽으면서, 베레스의 아들 헤스론과 그의 세 아들인 여라므엘, 람, 글루배(갈렙으로도 알려진)에게 세심한 주의를 기울여 보자. 하지만 헤스론에서 람으로 이어지는 계보가 가장 중요하다. 다윗이 이 계보 출신이기 때문이다. 늘 그렇듯 다윗의 왕권이 곧 등장한다.

이야기 설명하기

이스라엘의 열두 아들(2:1-2)

아담에서 아브라함까지 혈통을 추적하는 단선 족보는 이스라엘의 열두 아들, 르우벤, 시므온, 레위, 유다, 잇사갈, 스불론, 단, 요셉, 베냐민, 납달리, 갓, 아셀에서 절정에 이른다(2:1-2). 창세기와 마찬가지로, 이전 가족사에서 볼 수 있는 장자 상속이 역전된 상황은 이제 이스라엘 백성을 구성하는 이스라엘의 열두 아들에서 끝난다. 그들의 족보는 창세기로 거슬러 올라갈 수 있지만(창 35:22-26; 46:8-25; 참조. 출 1:1-5), 야곱 대신 **이스라엘**이라는 이름이 사용된다(창 32:28; 35:10-12). 모든 지파는 이스라엘을 공통 조상으로 두고 있어서, 하나 된 하나님의 백성을 이루시려는 하나님의 변치 않는 계획을 상기시킨다. 북쪽 지파들을 포함시키려는 역대기 저자의 확고한 의지는 이스라엘에 대한 하나님의 선택에서 비롯되었고, 그분의 목적은 여전히 유효하다.

유다의 아들들과 베레스로 이어지는 유다의 계보(2:3-8)

유다의 족보는 수아의 딸[일부 영어 번역본에서는 밧수아(Bath-shua)로 번역하는데, 이는 단순히 '수아의 딸'을 의미한다]로 알려진 가나안인 아내가 낳은 세 아들, 에르와 오난과 셀라에서 시작한다. 창세기에서 친족이 아닌 사람과의 결혼은 부정적으로 여겨졌는데, 특히 가나안에 대한 노아의 저주를 떠올리게 하는(창 9:25-27) 가나안 사람과의 결혼은 더욱 그러했다. 유다가 가나안 여성을 통해 자녀를 낳기 전, 유다의 증조할아버지 아브라함은 하인에게 아들 이삭의 아내를 찾으라고 지시한 적이 있다. 아브라함의 종은 가나안 족속 중에서 딸을 취하지 않고 아브라함의 친척 중에서 아내를 찾겠다고 맹세했다(24:3-4, 37-38; 참조. 27:46). 하나님은 섭리 가운데 아브라함의 종을 친척 리브가에게로 인도하셨다(24:15,

24-26, 47). 몇 년 후, 이삭도 마찬가지로 가나안의 딸들 가운데서 아내를 취하지 말라고 아들 야곱에게 지시했다(28:1-2, 6). 반면 야곱의 형 에서는 이방인과의 결혼이 아버지를 언짢게 만든다는 사실을 충분히 알았음에도 오만하게 이스마엘 족속의 아내를 취했다(28:8-9; 참조. 36:2). 유다의 아내가 **가나안 사람**이라는 사실은 가나안 사람 대신 **상인**을 의미하는 비슷한 히브리어 단어를 사용해 이런 불미스러운 연관성을 피하려고 했던 초기 유대교 탈굼(아람어로 번역된 구약성경—편집자) 학자들 사이에서도 쉽게 가시지 않았다.[2] 하지만 역대기 저자는 유다의 이런 결혼에 대해 얼버무리지 않았다. 오히려 유다의 계보가 처음부터 순수 이스라엘 혈통이 아니었음을 강조하는데, 이는 결혼을 통해 비이스라엘 사람이 유다 지파에 포함되는 다윗의 족보에서 더욱 발전되는 주제다.[3]

앞에서 지적했듯이 유다의 맏아들 에르는 죽었고 미망인 다말에게는 자식이 없었다(2:3). 역대기 저자는 유다와 다말의 불륜 관계를 상기시키면서 유다의 "며느리"(히. *kalla*) 다말이 베레스와 세라를 낳았다고 언급한다(4절). 레위기에 따르면, 며느리(히. *kalla*)의 하체를 범한 남자는 사형에 처해져야 했다(레 18:15; 20:12). 이는 유다가 자신의 의로움에 근거하여 왕의 계보로 선택된 것이 아님을 엄정하게 상기시키고—실은 정반대다!—또한 그에게 베풀어 주신 하나님의 은혜를 강조한다.

계보는 다말의 두 아들, 베레스와 세라로 이어지면서 유다의 아들은 전부 다섯 명이 된다(2:4). 베레스의 두 아들, 헤스론과 하물이 다음에 나오고(5절) 뒤이어 세라의 아들들이 나오는데(6-8절), 여기서 유다 지파에 속했던 아간의 죄에 대한 간략한 언급이 나온다(수 7:1-26). 오래전, 적의 전리품 중에서 발견한 금과 은을 탐낸 아간이라는 사람은 엄격히 금지되었음에도 은밀하게 그 전리품을 취했다. 그의 행동으로 인해 이스라엘 백성은 수천 명이 죽는 비극적 실패를 경험했고, 그 결과 이스라엘에게 "고통"(히. *'akor*)을 안겨 주었다. 역대기 저자는 이 역사를 회고하면서 그를 아갈(히. *'akar*)이라고 부른다. 족보에서 아간의 존재는 그가 유다 지파에 속해 있었음을 상기시키는 역할을 한다(참조. 수 7:1, 16-18). 특히 그의 죄는 "진멸시킬 물건을 범[한]"(히. *ma'al*, 대상 2:7) 것으로 표현되는데, 이 단어는 NIV에서 보통 '신실하지 않다'(개역개정은 '범죄하다')로 번역되는 역대기의 핵심 용어다(5:25; 9:1; 10:13 등).[4] 여기서 유다도 범죄에서 예외가 아니라는 사실이 강조된다(참조. 9:1; 대하 36:14).

베레스의 아들 헤스론으로 이어지는 다윗왕의 족보(2:9-17)

족보는 더 좁혀지면서 베레스의 아들 헤스론과 그의 세 아들, 여라므엘, 람, 갈렙(글루배라고도 알려진)에게 초점을 맞춘다. 그들의 후손은 다음 구절에 나온다. 람(2:10-17), 갈렙(18-24, 42-55절), 여라므엘(25-41절). 람의 족보가 람부터 이새까지 단선적이라는 점에 주목하는 것이 중요한데(10-12절), 이는 룻기를 마무리하는 단선 족보와 비슷하다(룻 4:19-22). 역대기에서 단선 족보는 이새로 끝나고, 다윗은 형제 중 **일곱째** 아들로 소개되면서 누이 및 누이의 아들들도 함께 나온다(2:13-17).[5] 족보에 등장하는 몇몇 인물은 다른 본문을 통해 알려져 있다. 예를 들어, 나손은 모세 시대에 유다의 지도자였고(참조. 출 6:23; 민 1:7; 2:3), 보아스는 사사 시대에 룻의 남편이었으며(룻 4:13), 이새는 다윗의 아버지였다(17절; 삼상 16:1-13). 다윗의 누이의 아들들도 나오는데, 아비가일의 남편인 이스마엘 사람 예델에 대한 언급이 있어서(대상 2:17)[6] 이방인이 유다의 계보에 편입되었음을 강조한다.[7]

헤스론의 아들 갈렙의 족보(2:18-24)

다음으로 헤스론의 아들 갈렙의 족보가 나온다(2:18-20, 24; 참조. 42-55절). 긴 명단이 부담스러울 수 있지만, 이 족보에서 무엇을 강조하고 있는지 염두에 둔다면 도움이 된다. 갈렙이 두 아내, 아수바와 여리옷을 통해 낳은 아들들이 언급되지만(18절), 아내 아수바가 죽고 갈렙은 에브랏과 결혼한다. 특히 갈렙이 에브랏을 통해 아들 훌을 낳는 계보가 강조되고 있다(19, 50-55절; 4:1-4). 갈렙과 에브랏의 결혼이 중요한 이유는 에브라다(에브랏의 다른 철자, 2:50; 4:4)라는 이름이 다윗왕과 관련 있기 때문이다. 룻기에서 엘리멜렉과 그의 가족은 "유다 베들레헴 에브랏 사람들"로 소개된다(룻 1:2). 이런 가족 배경을 염두에 두고, 다윗은 "유다 베들레헴 에브랏 사람 이새라 하는 사람의 아들"로 소개된다(삼상 17:12). 에브랏은 창세기에서 베들레헴과 동일시된다(참조. 창 35:19; 48:7). 예언자 미가도 베들레헴 에브라다를 언급하는데, 유다의 작은 가문이지만 메시아 소망과의 연관성 때문에 두각을 나타낼 것이라고 지적한다(미 5:2). 이곳은 갈렙의 아내 **에브랏**을 강조함으로써 다윗 왕권을 예고한다.

마찬가지로, **베들레헴**이라는 아들이 훌의 후손에 포함되어(대상 2:51, 54; 참조. 4:4), 다윗과 더 깊은 연관성을 보여 준다. 보다(Boda)는 이 장에서 헤스론-갈렙 계보의 중요성을 요약하면서 이렇게 지적한다. "역대기 저자는 헤스론-갈렙 계보의 역할을 강조하고 있다. 다시 말해, 유다 왕실 계보의 권력 기반이 될 유다 전역의 성읍들만이 아니라, 다윗이 등장할 때까지 왕실 계보 자체를 양성할 핵심 성읍(베들레헴)을 세우는 것이다."[8] 나아가 그는 역대기 저자가 이 중요한 성읍에 대한 언급으로 2장의 틀을 형성함으로써 베들레헴을 강조했다고 지적한다(2:51, 54; 4:4). 우리는 여기서 족보가 단순한 이름 목록이 아니고, 그 안에 신학이 내재되어 있음을 떠올리게 된다. 갈렙과 에브랏의 결혼과 그들의 후손에 초점을 맞춤으로써, 관심은 베들레헴에서 기름 부음을 받을 다윗왕에게 집중된다.

갈렙의 계보가 부각되는 두 번째 이유는 훌의 족보가 브살렐이라는 인물로 이어지기 때문인데(2:20), 그는 성령을 받은 숙련된 장인이었다.

브살렐은 성막을 건축하기 위해 일했고(출 31:1-5; 35:30-35), 그의 제단은 솔로몬이 지은 성전에서도 사용될 것이다(대하 1:5). 족보에서 브살렐의 등장은 유다 지파와 성전을 연결하면서, 갈렙과 에브랏의 결혼의 중요성을 한층 강조한다.

헤스론이 마길의 딸과 결혼하면서 지파 간의 관계에 대한 주제가 도입된다(대상 2:21). 창세기는 마길이 요셉의 아들 므낫세를 통해 낳은 후손이라고 기록한다(창 50:23; 민 32:39-41). 요단 동쪽 땅 북부에 위치한 길르앗에 대한 언급과 마찬가지로(대상 2:21-22), **마길**의 딸과 유다 지파의 결혼은 지파 간 결속이 지파 연합에 기여한다는 것을 보여 주는 사례로서 역할한다. 나중에 므낫세 지파가 유다와 합류하고(12:31, 37; 대하 30:1, 10-11; 34:9) 그들의 영토에서 개혁이 실행되는 상황을 보게 될 것이다(31:1; 34:6). 히스기야왕의 아들 이름도 므낫세인데, 아마 부족 간의 화해를 암시할 것이다. 므낫세 지파는 귀환자에도 포함되어 있는데(대상 9:3), 이 내용은 느헤미야 11장의 병행 본문에는 언급되지 않는다. 헤스론과 마길의 딸의 결혼에 대한 이런 설명은 하나 된 하나님 백성의 비전에 기여한다. 마길의 유동적인 족보는 므낫세와 베냐민 지파 사이의 교혼에서 강조될 것이다(대상 7:14을 보라).

헤스론의 아들 여라므엘의 후손 (2:25-41)

이어서 초점은 헤스론의 맏아들 여라므엘의 아들들에 놓이는데, 그의 후손은 두 단락으로 나온다(2:25-32, 33-41). 여라므엘 가문은 다윗 시대에 네겝에서 살았다. 반유목민 집단으로 확인되는 그들은 여기서 헤스론을 통해 유다의 계보에 완전히 편입된다. 족보에서는 결혼을 통해 유다의 계보에 포함된 야르하라고 하는 이집트인 종을 언급한다(34-35절). 그의 후손은 13대에 걸친 단선 족보를 통해 표현된다(35-41절). 이것은 구약성경에서 가장 긴 족보 중 하나로, 열방의 포용이라는 중요한 주제

에 기여한다.[9]

갈렙의 후손과 그들이 세운 성읍(2:42-55)

두 개의 명단으로 구성된 갈렙의 추가 후손이 나온다(2:42-50a, 50b-55). 족보에 나오는 이름은 개인과 성(cities)을 가리키고, 잠정적으로 둘 다를 가리킨다. 다음은 성과 동일시되는 이름의 예다. 십(2:42; 참조. 수 15:55), 마레사(2:42; 수 15:44), 헤브론(2:43; 참조. 수 14:14-15; 15:13), 답부아(2:43; 참조. 수 15:53), 마온(2:45; 참조. 수 15:55), 벳술(2:45; 참조. 수 15:58). [10] 이 이름들을 조사해 보면, 유다의 영토를 개괄적으로 설명하는 여호수아 15장에 등장하는 것이 확인된다. 모든 이름이 알려진 것은 아니지만, 개인의 이름과 지리적 위치를 함께 염두에 둔 것으로 보이고, 브라운(Braun)이 언급하듯이 갈렙의 후손을 위한 영토는 유다 영토 남부 지역에 있는 것으로 확인된다.[11]

두 번째 명단은 에브라다의 맏아들, 훌의 아들들에 초점을 맞춘다(2:50b). 훌의 세 아들은 잘 알려진 중요한 성의 설립자들이다. 소발은 과거에 기럇바알이라고 불렸던 유다에 속한 국경 도시인 기럇여아림의 조상으로 확인된다(수 15:60; 18:14-15). 이 성은 예루살렘으로 옮겨질 때까지 언약궤를 보관한 장소로 영예를 누렸다(대상 13:5). 다음 아들 살마(다른 철자로는 살몬)는 잘 알려진 베들레헴 성읍의 설립자다(2:51; 참조. 삼상 16:1, 18; 17:12). 그의 아들은 베들레헴이라고도 불린다(대상 2:54). 살마는 이미 보아스의 아버지로 확인되어 다윗과 깊은 연관성을 보여 주었다(11절; 참조. 룻 4:21). 다윗의 가계에서 그는 분명 메시아 대망과 관련된 성읍인 베들레헴과 강하게 연결된다(미 5:2). 셋째 아들 하렙은 벳가델의 아버지인데, 이 성에 대해서는 달리 알려진 바가 없다(대상 2:51).

족보는 소발의 후손과 그들의 가문으로 마무리되는데(52-53절), 이는 그들의 성읍과 유다를 더욱 깊이 연결시킨다(예. 소라, 에스다올; 수 15:33).

마지막으로 살마의 후손이 나오는데(대상 2:54-55), 그의 가족을 베들레헴만이 아니라 다른 성들과 연결함으로써 그들이 북쪽과 남쪽으로 이주했음을 시사한다.[12] 브라운의 지적에 의하면, 몇몇 이름은 이스라엘의 이웃인 에돔 족속과 관련이 있어, 유다와 남부 지역의 잠재적 관계를 암시한다고 보인다.[13] 특히 베들레헴에서 남동쪽으로 4.8킬로미터 떨어진 느도바 성읍은 레위인이 유배 후에 살던 성읍 중 하나고, 이 성읍 출신 일부가 귀환자 중에 있었다(대상 9:16; 참조. 스 2:21-22; 느 7:26; 12:28).

이야기 살아내기

하나님의 은혜가 무대 중심에 있다

전체 족보 명단에서 가장 중요한 유다의 계보는 하나님께서 유다를 선택하신 이유와 그분의 구속 목적에 대해 많은 것을 말해 준다. 첫머리 구절에서는 유다의 가나안인 아내, 그리고 유다와 다말의 불륜 관계를 강조한다. 역대기 저자는 이런 가족 배경을 외면하지 않고 오히려 그 배경에 주목한다. 한(Hahn)은 그 중요성을 이렇게 지적했다.

> 유다는 이방 여인, 가나안 사람에게서 세 아들을 얻었고, 다윗의 직계 계보는 유다와 며느리 다말의 불륜 관계에서 비롯된다(창 38장; 참조. 레 18:15; 20:12). 역대기 저자는 자신의 신학 요점, 즉 민족적 배타주의자들에 맞서 왕의 혈통조차 민족적으로 순수하지 않았고, 이 경우 가나안 사람의 피가 섞여 있다고 재차 주장한다. 또한 그는 독자들에게 하나님의 길은 우리의 길과 다르고, 인간의 연약함과 도덕적 실패 속에서도 하나님은 계속 자신의 목적을 이루신다는 점을 강조하는 것으로 보인다.[14]

다윗의 가족사 이야기에서 유다는 가나안 여성과 결혼할 뿐만 아니라, 매춘부라고 생각했던 인물과 불법적인 성관계를 맺었다가 그 여성이 자기 며느리라는 사실을 알게 된다. 참담하다고 해도 이토록 참담할 수는 없었다! 이 이야기는 족장들이 의로움 때문에 선택된 것이 아님을 상기시킨다. 이 이야기는 정반대를 증언한다(참조. 창 38:26). 그들은 선한 사람이었기 때문에 선택된 것이 아니라 하나님의 주권적이고 은혜로운 계획 때문에 선택되었다.

하나님의 은혜라는 주제는 이 계보 전반에서 울려 퍼진다. 유다의 맏아들이 "여호와 보시기에 악하였으므로"(대상 2:3)라는 표현은 역대기에서 악에 대한 최초의 언급이지만, 유다 계보의 왕들 이야기에서 더없이 분명히 드러날 사실을 예고한다. 르호보암(대하 12:14), 여호람(21:6), 아하시야(22:3-4), 므낫세(33:2, 6), 아몬(33:22), 여호야김(36:5), 여호야긴(36:9), 시드기야(36:12) 같은 왕들도 비슷하게 묘사될 것이다. 심지어 므낫세 시대에 유다는 "악을 행한 것이 여호와께서 이스라엘 자손 앞에서 멸하신 모든 나라보다 더욱 심하였더라"는 비난을 받을 것이다(33:9). 하나님은 열방의 악함 때문에 그들의 지위를 박탈하셨지만, 유다는 그들보다 더 악하게 행동한 것으로 묘사된다. 앞서 언급했듯이 아갈도 범죄했는데(대상 2:7), 역대기 전체에서 사용되는 이 중요한 설명은 특히 **유다** 지파와 관련해 처음 등장한다. 사울은 범죄 때문에 비난을 받겠지만(10:13), 르호보암(대하 12:2), 웃시야(26:16, 18), 아하스(28:19, 22), 므낫세(33:19) 같은 왕들과 더불어 유다 지파(대상 9:1)도 그럴 것이다. 유다 지파가 악과 범죄에서 예외가 아니라는 점은 분명하고, 첫머리 족보는 이런 현실을 전달한다. 그래서 셀먼의 주장처럼, 2:7과 다시 9:1에 나오는 동사 '범죄하다'(히. ma'al; 69쪽의 논의를 보라)는 "분명 이스라엘이 약속의 땅에 들어갈 때부터 바벨론에게 멸망할 때까지 '범죄'로 가득 차 있었음을 시사한다."[15] 이곳에서는 죄가 번성하지만, 죄가 번성하는 곳에 은혜가 더욱 넘칠 것이다(롬 5:20). 이것은 사실 메시아의 족보다(마 1:1-17). 유다는 범죄 때문에 비난을 받겠지만, 유다의 계보는 끝나지 않았다. 바로 하나님의 아낌없는 은혜 때문이다.

유다의 왕실 계보를 따르는 족보로 시작하는 신약성경은 예수님이 이스라엘의 약속된 메시아이심을 보여 준다(마 1:1). 마태는 왕실 계보를 반복하면서 과거의 부끄러운 이야기를 얼버무리지 않고, 오히려 유다가 **다말이 낳은** 베레스와 세라의 아버지이고(1:3), 살몬이 **라합이 낳은** 보아스의 아버지이며(1:5), 다윗이 **밧세바**가 낳은 솔로몬의 아버지임을 상기시키면서, 심지어 그녀가 **우리아의 아내**라고 밝힌다(1:6). 우리는 가족사를 언급할 때 자신의 평판을 더럽힐 가능성이 있는 과거의 불미스러운 인물이나 이야기를 얼버무리고 싶겠지만, 역대기와 마태복음의 족보는 이런 이야기를 기억한다. 르호보암, 아하스, 므낫세, 여호야긴과 같은 불경건한 왕들도 이 이야기에 등장한다. 그들의 등장은 유다의 계보가 계속되는 이유는 하나님의 은혜와 다윗에게 하신 약속을 지키시는 하나님의 신실하심 때문이라고 증언하는 역할을 한다. 가장 사랑받고 유명한 이스라엘 왕 다윗은 자신의 삶에서 하나님의 은혜의 실체를 깨달았고, 이는 이스라엘에 대한 하나님의 부르심에서도 분명하게 나타난다(대상 17:16-27). 자신의 부끄러운 죄의 현실에 직면했을 때 다윗은 하나님의 자비를 경험했다(삼하 12:1-25; 대상 21:13; 참조. 시 32:1-5; 51:1-19). 유다의 족보는 인간의 죄와 실패에도 불구하고 하나님의 목적은 여전히 유효하며, 놀랍게도 하나님은 죄인을 사용해 자신의 계획을 성취하신다는 사실을 첫 시작부터 상기시킨다.

우리는 하나님께서 '선한 사람'을 선택해 자신의 목적을 이루신다고 너무 쉽게 속단하는 경향이 있다. 우리는 구약성경 주요 인물들의 이야기를 재구성해 그들을 '믿음의 영웅'으로 만들면서, 종종 본문에 나오지 않는 수준의 완벽함을 부과한다. 우리는 그들의 삶에서 좋지 않은 부분을 쉽게 둘러댈 수 있지만, 이는 성경의 증언이 아니다. 사도 바울은 자신이 죄인 중에 괴수라고 인정했지만 하나님의 자비를 깨달았다. 그는 나아가 하나님의 부르심을 받아 이방인의 증인이 되었다(행 9장). 바울은 고린도 교회를 향해 부도덕한 삶을 사는 자들(목록에는 성적으로 부도덕한 자, 우상 숭배자, 간음하는 자, 남색하는 자, 도둑, 탐욕스러운 자, 술 취하는 자, 비방하는 자, 사기꾼이 나온다. 고전 6:9-10)은 하나님 나라를 유업으로 받지 못할 것이라고 상기시켰을 뿐만 아니라, "너희 중에 이와 같은 자들이 있[다]"고 지적한다(11절). 그들은 자신의 부르심을 성찰하고 하나님께서 지혜로운 자들을 부끄럽게 하려고 약한 자들을 선택하셨다는 사실을 깨달아야 했다(1:26-29). 이처럼 우리 삶에서 하나님의 자비가 아낌없이 나타나는 것은 자랑이 아니라 찬양과 경배로, 또한 전심을 다한 섬김으로 이어진다(롬 12:1-2). 우리 삶에서 하나님의 아낌없는 은혜와 자비로 인한 하나님의 부르심을 묵상해 보자. 하나님께서 우리 죄에 합당하게 우리를 대하지 않으셨다는 사실을 기억하며, 하나님의 은혜에 감사하는 마음으로 응답하기를 바란다.

모든 민족을 포용하시려는 하나님의 계획과 유다의 위치

우리는 앞에서(55-57쪽) 첫머리 족보의 목적 중 하나는 하나님의 창조 목적이 이스라엘, 특히 구체적으로 유다를 통해 성취되고 있음을 하나님의 백성에게 상기시키는 것이라고 언급했다. 하나님의 백성은 증거하고 예배하는 공동체가 되어 주님이 통치하신다고 증언해야 했다. 하나님은 아브라함에게 모든 민족이 그의 후손을 통해 복을 받을 것이라고 약속하셨고(창 12:3; 참조. 18:18; 22:18; 26:4; 28:14), 열방을 향한 그와 같은 소망이 유다 지파 전반에서 울려 퍼진다. 비이스라엘 사람이 유다의 족보에 포함된 여섯 가지 사례에서 이를 확인할 수 있다. 유다의 아내는 가나안 사람 수아의 딸이었다(대상 2:3; 참조. 창 38:2, 12). 다윗의 누이 아비가일은 이스마엘 사람 예델과 결혼한다(대상 2:17). 세산의 딸은 야르하라라고 하는 이집트인 종과 결혼한다(34-35절). 다윗의 아내는 그술 왕의 딸 마아가였다(3:2). 메렛은 바로의 딸 비디아와 결혼했다(4:18). 셀라의 가족은 모압과 연결되어 있다(21-22절). 노퍼스(Knoppers)가 추가로 지적하듯이, 갈렙 족속, 여라므엘 족속, 그니스 족속 등 이스라엘과 느슨하게 연결되어 있는 많은 비이스라엘 사람이 유다 족보에 편입되었다.[16] 한(Hahn)은 노퍼스의 연구를 바탕으로 이런 특징을 요약하면서, "다른 사람들 중에 가나안 족속, 이스마엘 족속, 아람 족속, 이집트 족속, 모압 족속, 갈렙 족속, 미디안 족속, 여라므엘 족속, 마아갓 족속, 그니스 족속, 겐 족속" 등과 같은 집단에서 나온 비이스라엘 사람이 족보에 포함되었다고 지적한다.[17] 또한 아라비아 하그리 족속(대상 11:38; 참조. 27:31), 암몬 족속(11:39), 헷 족속(41절), 모압 족속(46절) 등 비이스라엘 사람들도 다윗의 군인 중에 등장한다. 다윗의 왕실 토지를 책임진 이들 중에 두 명의 이방인도 포함되었다. 이스마엘 족속 오빌은 낙타를 담당했고, 아라비아 하갈 족속 야시스는 양 떼를 담당했다(27:30). 비이스라엘 사람이 유다의 계보에 접목되었고 다윗 리더십의 일부라는 사실은 아브라함의 후손을 통해 열방에게 복을 주시려는 하나님의 계획이 **유다의 계보**를 통해 실현되고 있음을 강조한다. 다윗의 족보에 포함된 이방인들은 바로 이 점을 강조한다.

가끔 구약은 유대인만을 위한 것인 반면 신약은 모든 나라의 백성에게 열려 있다는 (잘못된) 가정을 하기도 한다. 하지만 이런 가정은 구약 전체의 구속적 줄거리를 잘못 해석한 것이고,[18] 역대기에 나오는 유다 지파에 대한 설명에서 이방인이 유다의 계보에 편입되었다는 핵심 강조점을 놓치고 있다. 그렇다고 해서 느헤미야 시대에 보듯이(느 2:19-20; 4:1-8; 6:1-2, 16) 열방과 갈등이 있으리라는 것을 부정하지는 않지만, 우리는 두 가지 현실을 염두에 두어야 한다. 즉 하나님의 백성은 열방에게 복이 되어야 하고, 또한 그들은 하나님을 대적하는 열방과 갈등을 겪을 것이다(참조. 대상 18-20장). 다윗의 족보를 다루는 이 장에서는 유다의 계보에 편입되고 있는 열방에 초점을 맞춘다.

다윗의 계보를 통해 세워지고 있는 나라는 궁극적으로 유대인과 이방인 모두로 구성되는 메시아의 나라를 기대한다. 그 나라의 기쁜 소식은 모든 민족을 위한 증인들을 통해 땅끝까지 전파되어야 한다(마 24:1-14). 예수님의 제자들은 "온 유대와 사마리아와 땅끝까지 이르러" 그분의 증인이 되어야 한다(행 1:8). 예수님의 제자들이 예루살렘(행 1-7장), 유대와 사마리아(8-12장), 마침내 땅끝까지(13-28장) 증인이 될 때 그 나라는 확장되었다. 이는 하나님의 구원이 땅끝까지 확장되면서 다민족으로 구성된 하나님의 나라가 세워지는 방식이다(행 13:47; 참조. 마 24:14). 요한계시록을 통해 우리는 하나님의 백성 앞에 무엇이 놓여 있는지 얼핏 볼 수 있다. 즉 모든 지파와 나라에서 온 사람들이 보좌 위에 높이 계신 어린양을 경배한다(계 4-5장; 6:9-17; 15:1-8). 이것이 우리가 속한 나라이고, 우리가 선포하도록 부름받은 나라다. 즉 우리는 **모든 민족**을 위한 그리스도 나라의 복음을 선포한다(마 24:14; 참조. 행 8:9-12; 19:8-10; 20:21, 25; 28:23, 31). 예루살렘에 사는 하나님의 백성이 열방 가운데서 자신의 역할에 대해 새로운 비전을 품어야 했듯이, 우리에게도 예수님이 건설하고 계신 다민족 나라를 향한 시선과 열방 가운데서 우리의 역할에 대한 새로운 비전이 필요하다. 인종과 민족의 혈통에 근거한 교회 안의 분열 대신, 우리는 모든 민족에서 나온 사람들이 하나가 되어 한 분 하나님을 예배하는 하나님의 종말론적 공동체를 세상에 보여 주어야 한다. 이 비전은 오늘 우리의 삶을 형성하고 우리에게 소망과 목적을 주는 동시에, 예수님이 다시 오실 때까지 모든 민족에게 복음을 선포하라는 사명을 새롭게 해야 한다.

3   역대상 3:1-24

이야기 경청하기

¹다윗이 헤브론에서 낳은 아들들은 이러하니 맏아들은 암논이라 이스르엘 여인 아히노암의 소생이요 둘째는 다니엘이라 갈멜 여인 아비가일의 소생이요 ²셋째는 압살롬이라 그술 왕 달매의 딸 마아가의 아들이요 넷째는 아도니야라 학깃의 아들이요 ³다섯째는 스바댜라 아비달의 소생이요 여섯째는 이드르암이라 다윗의 아내 에글라의 소생이니 ⁴이 여섯은 헤브론에서 낳았더라 다윗이 거기서 칠 년 육 개월 다스렸고 또 예루살렘에서 삼십삼 년 다스렸으며 ⁵예루살렘에서 그가 낳은 아들들은 이러하니 시므아와 소밥과 나단과 솔로몬 네 사람은 다 암미엘의 딸 밧수아의 소생이요 ⁶또 입할과 엘리사마와 엘리벨렛과 ⁷노가와 네벡과 야비아와 ⁸엘리사마와 엘랴다와 엘리벨렛 아홉 사람은 ⁹다 다윗의 아들이요 그들의 누이는 다말이며 이 외에 또 소실의 아들이 있었더라 ¹⁰솔로몬의 아들은 르호보암이요 그의 아들은 아비야요 그의 아들은 아사요 그의 아들은 여호사밧이요 ¹¹그의 아들은 요람이요 그의 아들은 아하시야요 그의 아들은 요아스요 ¹²그의 아들은 아마샤요 그의 아들은 아사랴요 그의 아들은 요담이요 ¹³그의 아들은 아하스요 그의 아들은 히스기야요 그의 아들은 므낫세요 ¹⁴그의 아들은 아몬이요 그의 아들은 요시야이며 ¹⁵요시야의 아들들은 맏아들 요하난과 둘째 여호야김과 셋째 시드기야와 넷째 살룸이요 ¹⁶여호야김의 아들들은 그의 아들 여고냐, 그의 아들 시드기야요 ¹⁷사로잡혀 간 여고냐의 아들들은 그의 아들 스알디엘 ¹⁸말기람과 브다야와 세낫살과 여가먀와 호사마와 느다뱌요 ¹⁹브다야의 아들들은 스룹바벨과 시므이요 스룹바벨의 아들은 므술람과 하나냐와 그의 매제 슬로밋과 ²⁰또 하수바와 오헬과 베레갸와 하사댜와 유삽헤셋 다섯 사람이요 ²¹하나냐의 아들은 블라댜와 여사야요 또 르바야의 아들 아르난의 아들들, 오바댜의 아들들, 스가냐의 아들들이니 ²²스가냐의 아들은 스마야요 스마야의 아들들은 핫두스와 이갈과 바리

야와 느아랴와 사밧 여섯 사람이요 ²³느아랴의 아들은 에료에내와 히스기야와 아스리감 세 사람이요 ²⁴에료에내의 아들들은 호다위야와 엘리아십과 블라야와 악굽과 요하난과 들라야와 아나니 일곱 사람이더라

이야기 속 다른 본문 경청하기
사무엘하 7:8-17; 시편 89:1-4, 36-37

이번 장은 다윗의 왕실 계보에 초점을 맞춘다. 역대기 저자는 헤브론에서 태어난 다윗의 아들들에서 시작해(3:1-4) 예루살렘에서 태어난 아들들로 이어 가지만(5-9절), 솔로몬(명단의 열 번째 이름)과 그 이후로는 한 아들씩, 곧 요시야까지 단절되지 않는 계보에 주목한다(10-14절). 이어 "사로잡혀 간" 여고냐(여호야긴)를 포함하여 요시야의 네 아들이 나온다(15-17절). 족보의 증언에 따르면, 다윗 계보는 여고냐의 유배에서 끝나지 않고 놀랍게도 바벨론에서 태어난 그의 아들들로 이어진다(17-24절). 계보는 여러 세대 동안 계속되기 때문에, 이는 주전 400년경의 마지막 구성원인 아나니에서 구약성경이 끝날 때까지 다윗의 왕실 계보가 계속된다는 것을 의미한다.

3장에서 펼쳐지는 왕권 이야기를 들으면서, 다윗에게 주신 하나님의 약속이 그의 아들 중 한 명에게 관심을 두고 있다는 점을 기억해야 한다. "네 생명의 연한이 차서 네가 조상들에게로 돌아가면 내가 네 뒤에 네 씨 곧 네 아들 중 하나를 세우고 그 나라를 견고하게 하리니"(대상 17:11).[1] 하나님의 약속을 받는 대상은 "네 아들 중 하나"로 명시되는데, 사무엘하 7장에서 언급되지 않은 내용이다. 역대상 3:10-14 족보에서는 **그의 아들**(예. "그의 아들은 아비야요 그의 아들은 아사요 그의 아들 여호사밧이요", 10절)이 끊임없이 반복되면서 왕조의 계승을 보여 주고, 이로써 각 왕과 다윗의 약속을 연결시킨다. 따라서 단선 족보는 다윗에게 주신

하나님의 약속을 입증한다(15-16절). 물론 요시야와 그의 네 아들에서 변화가 나타나지만 말이다. 다섯 족보로 바뀌는 변화는 요시야의 죽음 이후 겪은 격동기를 암시하지만, 다윗의 등불은 꺼지지 않았다. 여고냐의 유배로 왕권은 멀리 돌아가는 경로를 거치지만(17절), 이 족보의 연속성은 바벨론 유배 이후에도 왕실 계보가 계속 이어졌음을 증언한다(18-24절). 이는 다윗에게 주신 하나님의 약속이 잊히지 않았다는 소망으로 울려 퍼진다.

이야기 설명하기

헤브론과 예루살렘에서 태어난 다윗의 아들들(3:1-9)

헤브론에서 태어난 다윗의 여섯 아들은 어머니를 따라 구별된다. (아히노암이 낳은) 암논, (아비가일이 낳은) 다니엘, (마아가가 낳은) 압살롬, (학깃이 낳은) 아도니야, (아비달이 낳은) 스바댜, (에글라가 낳은) 이드르암(3:1-4).[2] 예루살렘에서 낳은 다윗의 아들들이 다음에 나오는데(5-8절; 참조. 삼하 5:13-16), 밧세바(개역개정은 "밧수아")가 낳은 네 아들 중 솔로몬이 넷째로 등장한다(3:5; 참조. 삼하 12:24-25).[3] 그녀의 아들들과 헤브론에서 태어난 여섯 아들을 합할 경우, 솔로몬은 중요한 열 번째 이름이 된다(대상 3:5).[4] 또한 다른 아홉 아들이 나올 때(6-8절), 다윗의 아들 가운데서 솔로몬은 중심에 위치해 그 앞에 아홉 명의 아들이 나오고(1-5a절) 그 뒤에 또 다른 아홉 명의 아들이 나온다(6-8절).[5] 이로 인해 솔로몬은 형제들 중에 높아지고, 그가 다윗 약속의 직계 후계자라는 사실이 확인된다(22:9-10; 28:4-7).

솔로몬의 어머니는 밧세바로 잘 알려져 있지만(삼하 11:3; 12:24; 왕상 1:11 등), 역대기 저자는 다른 히브리어 이름인 "밧수아"라고 부른다(ESV,

NASB, 대상 3:5).[6] 유다의 아내의 이름이 밧수아(문자적 의미는 '수아의 딸')였기 때문에, 이 다른 철자는 유다의 아내와 솔로몬의 어머니 사이의 미묘한 문학적 연결을 설정해 솔로몬을 왕실 후계자로 더욱 정당화한다(2:3-4; 참조. 창 38:12). 이 단락은 다윗의 첩들이 낳은 아들들(대상 3:6-9)과 더불어 그들의 누이 다말(9절)에 대한 언급으로 마무리된다. 다말에 대한 언급은 며느리 이름이 다말이었던 유다와 다윗의 관계를 더욱 강조한다. 다말은 유다의 두 아들, 베레스와 세라의 어머니가 되었다(2:4; 참조. 창 38장). 창세기에서 왕권이 유다와 동일시된다는 점을 감안할 때(창 49:8-10), 이 족보는 왕권과 족장 유다의 문학적 연관성을 암시한다. 솔로몬에 대한 하나님의 선택은 솔로몬의 통치로 이어지는 내러티브에서 명확히 언급되지만(대상 22:9-10; 28:4-7; 29:1), 여기서 선택 개념은 족보라는 장르를 통해 전달되고 있다. 따라서 역대기 저자가 솔로몬부터 시드기야까지 다윗의 계보를 추적하면서, 다음으로 솔로몬의 단선 족보를 다루는 것은 당연하다.

솔로몬에서 시드기야까지의 왕실 계보(3:10-16)

솔로몬은 다윗의 여러 아들 중 하나지만(3:1-9), 단선 족보는 그가 다윗의 후계자로 선택되었음을 시사한다. 아버지 다윗은 이 사실을 인정하면서 이렇게 말한다. "여호와께서 내게 여러 아들을 주시고 그 모든 아들 중에서 내 아들 솔로몬을 택하사 여호와의 나라 왕위에 앉혀 이스라엘을 다스리게 하려 하실새"(28:5). 이제 초점은 솔로몬의 아들 르호보암을 거쳐 요시야까지 이어지는 단일 혈통에 맞춰지는데, 요시야에서 다선 족보로 양식이 바뀐다(3:15). 이 왕들의 이야기가 역대하 10-35장에서 서술된다(왕위 찬탈자 아달랴는 족보에서 언급되지 않는다!).

요시야의 네 아들인 요하난, 여호야김, 시드기야, 살룸에서 다선 족보로 바뀌는 것을 볼 수 있다(3:15). 족보에서 **네** 아들의 이름이 언급되는 것은 주전 609년에 요시야가 죽은 후 왕국의 불안정한 상태를 암시하는데, 일부 학자들은 이 때를 70년 포로기의 시작으로 이해한다.[7] 단일 혈통이 사라진 것은 이 꼭두각시 왕들의 이야기가 펼쳐지면서 왕실 계보가 위험에 처해 있음을 시사한다. 요하난을 제외한 요시야의 세 아들(그리고 손자 한 명)이 예루살렘 왕위에 앉아 통치할 것이다. 이들의 왕위 계승 순서는 다음과 같이 요약되는데, 그들의 다른 이름도 표시했다.

> 여호아하스(=살룸), 요시야의 아들(대상 3:15; 참조. 대하 36:1-3)
> 여호야김(=엘리아김), 요시야의 아들(대상 3:15; 참조. 대하 36:4-8)
> 여호야긴(=여고냐/고니야), 여호야김의 아들(대상 3:16; 참조. 대하 36:8-10)
> 시드기야(=맛다니야), 요시야의 아들[8](대하 3:15; 참조. 왕하 24:17; 대하 36:10-13)

이 네 왕에 관한 이야기는 역대기 마지막 장에 기록되어 있다. 유배로 이어지는 격동의 시기인데도, 다윗의 족보는 놀랍게도 여호야김의 아들 여호야긴을 통해 계속 이어진다. 이제 이 왕실 계보의 연속성을 추적해 보자.

왕실 계보는 유배 이후에도 계속된다 (3:17-24)

여호야긴(여고냐)은 "사로잡혀 간 [자]"(히. 'asir; 3:17)로 언급되는데, 그가 주전 597년에 바벨론으로 유배된 것을 가리킨다. 느부갓네살은 여호야긴을 그의 어머니와 아내, 예언자 에스겔을 비롯한 주요 시민 및 장인들과 함께 바벨론으로 데려갔다(왕하 24:15-16; 겔 1:1-2). 유배는 이스라엘 역사에서 분수령과 같은 순간이었다(대상 9:1; 대하 36:20; 참조. 마 1:11-12).

왕위에 오른 마지막 왕은 여호야긴의 삼촌 시드기야였다는 점을 기억해야 한다. 시드기야의 아들들은 느부갓네살에 의해 무자비하게 살해되었고, 마지막까지 저항하던 다윗 계통의 왕은 잔인하게 눈이 멀어 바벨론으로 끌려갔다(왕하 25:7-8; 렘 34:21). 여호야긴은 시드기야 **이후** 다음 세대를 대표하기 때문에, 유다의 왕실 계보는 그를 통해 가장 멀리 확장된다. 그런 이유로 여호야긴은 하나님 보시기에 악을 행한 불경건한 왕 중 하나인데도 많은 관심을 받는다(왕하 24:9; 대하 36:9; 참조. 렘 22:24-30). 분명 그에게는 생존할 만한 경건한 성품이 없었지만, 놀랍게도 여호야긴은 바벨론에서 37년을 더 살다가 감옥에서 풀려나 왕의 식탁에서 음식을 먹는다(왕하 25:27-30; 렘 52:31-34). 느부갓네살 13년에 기록된 바벨론 행정 문서에 여호야긴과 그의 다섯 아들에게 기름과 식량을 주었다는 기록이 있어서,[9] 이 격동기에도 왕실 계보가 이어졌다는 성경 외적 증거를 제시한다. 역대기 저자는 여호야긴의 중요성을 놓치지 않고, 바벨론으로 끌려간 그의 일곱 아들을 언급한다(3:17-18).

여호야긴의 일곱 아들의 이름이 나오는데(17-18절), 그중 하나가 세낫살이다(잘 알려진 세스바살과 동일시하지 않아야 한다; 참조. 스 1:8, 11; 5:14, 16 등).[10] 명단의 셋째 아들 브다야는 형제 스알디엘과 함께 특히 중요한 인물이 될 것이다. 이 족보는 브다야의 두 아들인 스룹바벨과 시므이를 통해, 또한 스룹바벨의 아들과 딸을 통해 확장된다(대상 3:19-20). 스룹바벨은 유배 후 공동체에서 잘 알려진 중요한 지도자였고(스 2:2; 3:2, 8; 5:2; 학 1:1, 12; 2:1-9 등), 예후드 속주의 총독으로 봉직했다. 다윗의 계보에 대한 언급이 스룹바벨의 후손을 통해 확장된다는 사실은 왕실 계보가 유배 후에도 계속된다는 점을 강조한다. 스룹바벨의 아버지는 역대기에서 브다야로 확인되는 반면, 다른 곳에서는 스알디엘로 확인된다는 점에 유의해야 한다(스 3:2, 8; 느 12:1; 학 1:1; 참조. 마 1:12). 한 가지 해결책은 스알디엘이 자녀를 낳기 전에 죽었고, 그래서 동생 브다야가 계대 결혼에 따라 스알디엘의 미망인과 결혼하여 스룹바벨을 낳았을 것이라는 추론이다(신 25:5-10; 참조. 창 38장). 이 경우 브다야가 스룹바벨의 생물학적 아버지이지만, 계대 결혼으로 태어난 아들은 자식 없이 죽은 형제의 이름으로 불려야 했기 때문에(신 25:6), 스룹바벨의 신원을 보여 주기 위해 스알디엘의 가족 이름을 합법적으로 사용한 것이다.[11] 확신할 수는 없지만 스룹바벨이 여호야긴의 손자라는 것은 분명하고, 따라서 다윗의 왕실 계보는 그를 통해 계속 이어진다.

다음에 스룹바벨의 아들과 딸이 나오고(대상 3:19-20; 새번역은 "그의 매제 슬로밋"을 "슬로밋은 그들의 누이"라고 번역한다 — 옮긴이), 그들의 이름은 하나님의 신실하심을 증거하는 역할을 한다(뒤의 '이야기 살아내기'를 보라). 계보는 계속 이어지면서 스룹바벨의 후손을 여러 세대에 걸쳐 추적하는데(19-24절),[12] 족보의 마지막 구성원은 아나니로 확인된다(24절). 메시아 대망은 중요한 일곱 번째 구성원으로 나온 아나니와 관련이 있었을 것이다. 유대 탈굼은 그의 이름과 메시아 대망을 연결하면서(그의 이름은 단 7:13의 "구름"이라는 표현의 언어유희다) 다음과 같이 논평한다. "그는 장차 계시될 메시아 왕이다."[13] 아나니라는 이름은 엘레판티네(Elephantine) 파피루스에도 등장하는데, 이 문서에서 유대 용병들은 페르시아의 예후드 총독과 더불어 대제사장 여호하난에게 또한 "아나니의 형제 오스탄"에게 서신을 보냈다고 기록한다. 학자들의 주장대로, 만약 이 인물이 역대상 3:24의 아나니와 동일인이라면, 그의 연대는 주전 407년이다.[14]

이야기 살아내기

주님은 신실하시다!

유배 후에도 다윗 왕실의 계보가 계속되는 것은 다윗에 대한 하나님의 언약적 신의와 자기 백성에 대한 신실하심의 증거다. 하나님은 자기 백성을 회복해 예루살렘으로 돌려보내겠다고 약속하셨다. 예언자 예레미야는 주변이 완전히 황폐해졌는데도 인자하심이 아침마다 새롭고 신실하심이 크신 주님의 성품에서 소망을 찾았다(애 3:21-24). 자기 백성에 대한 하나님의 신실하심은 스룹바벨 후손들의 이름에서 표현되는데, 이름을 우리말로 대충 읽으면 놓칠 수 있는 부분이다. 이름은 오늘날과 마찬가지로 고대 세계에서도 중요한 의미를 지닌다. 마라(룻 1:20-21)나 야베스(대상 4:9-10)와 같이 고통스러운 경험을 떠올리게 하는 이름도 있지만, 희망과 약속을 상징하는 이름도 있다. 예를 들어, 라멕이 아들 노아의 이름을 지을 때는 저주에서 벗어나 안식을 줄 것이라는 희망을 담았다(창 5:29). 스룹바벨 자녀들의 이름은 주님(야웨)의 성품을 증거하는 희망을 크게 울린다.[15] 스룹바벨이라는 이름에서는 바벨론 배경('바벨론의 씨')이 드러나는 반면, 역대상 3:19-20에 나오는 그의 아들들과 딸(슬로밋)의 이름은 회복에 대해 말한다.

> 므술람('보상' 또는 '회복'), 하나냐('야웨는 은혜로우시다'), 슬로밋('평화'), 하수바('배려'), 오헬['(야웨의) 장막'], 베레갸('야웨를 찬양하다'), 하사댜('야웨께서 신의를 보이셨다'), 유삽헤셋('언약의 신의를 회복하소서').[16]

주님(야웨)의 신실한 성품이 이런 여러 이름에서 드러난다. 하나님은 이스라엘 백성이 오래전 금송아지를 만들어 숭배했을 때 모세에게 자신의 이름 '야웨'를 계시하셨다. 계시된 신명에 담긴 내용은 이렇다. "여호와라 여호와라. 자비롭고 은혜롭고 노하기를 더디하고 인자와 진실이 많은 하나님이라"(출 34:6). 이는 구약성경 전체에 스며 있는 하나님의 성품이다. 모세는 나중에 다음 세대의 이스라엘 백성에게 이런 말로 권면한다. "그런즉 너는 알라. 오직 네 하나님 여호와는 하나님이시요 신실하신 하나님이시라. 그를 사랑하고 그의 계명을 지키는 자에게는 천 대까지 그의 언약을 이행하시며 인애를 베푸시되"(신 7:9). 바로 주님께서 자기 백성을 회복하실 때 드러나는 그분의 성품이다. 스룹바벨의 자녀들은 그들이 돌아온 이유가 **야웨께서 은혜로우셨기** 때문임을 유배 후 공동체에 강력하게 증거한다. 주님은 자기 백성에게 **언약의 신의**를 보여 주셨다. 귀환자들은 난관과 좋지 않은 환경에도 불구하고, 야웨는 신실하시며 구속의 목적을 성취하고 계신다는 사실을 기억해야 했다.

이 이야기를 살아내려고 할 때, 우리 앞에 놓인 질문은 우리가 하나님의 성품을 알고 있느냐는 것이다. 오늘날 교회에서 하나님은 종종 노여워하는 진노의 하나님으로 묘사되시는 반면, 예수님은 사랑과 자비로 묘사되신다. 이로 인해 구약성경을 거부하는 일로 이어질 수 있지만, 성경은 두 가지 **다른** 하나님 이미지를 제시하지 않는다. 반대로 예수님은 아버지를 설명하고 알리신다(요 1:18; 참조. 8:21-30; 14:7-12). 구약성경 이야기 속에 살고 있는 사람들은 주님이 은혜롭고 자비로우시며 신실하시다고 반복해서 증언한다(출 34:6-7; 민 14:18-19; 느 9:16-37; 욘 4:2; 미 7:18).[17] 우리는 주 하나님의 성품을 새롭게 발견하기 위해 구약성경의 이야기를 배워야 한다. 보다(Boda)는 출애굽기 34:6-7에 나오는 하나님의 성품과 속성의 의미를 설명하면서, 인간관계에서도 우리는 "어떤 사람의 속성보다 먼저 그의 행동을 접한다. 우리는 그들이 삶과 관계에서 어떻게 행동하고 역할을 수행하는지 관찰하고, 이를 근거로 특정 패턴을 파악하기 시작한다"고 말한다.[18] 마찬가지로 우리는 시간이 지남에 따라 다양한 상황에서 하나님이 어떻게 행동하시는지 관찰함으로써 그분의 성품과 속성을 알게 된다. 따라서 단순히 구약에서 몇 구절만 골라내 하나님의 성품을 안다고 속단할 수 없다. 하나님은 말씀을 통해 자신의 성품과 정체를 계시하시기 때문에 성경을 연구하는 것이 중요하다. 바울은 젊은 디모데에게 믿음 안에서 강건하라고 권면했다. 또한 하나님의 **성품**의 기초인 신실하심을 상기시키면서 "우리는 미쁨이 없을지라도 주는 항상 미쁘시니 자기를 부인하실 수 없으시리라"고 말했다(딤후 2:13). 따라서 히브리서 말씀은 이렇게 우리에게 권고한다. "약속하신 이는 미쁘시니 우리가 믿는 도리의 소망을 움직이지 말며 굳게 잡[자]"(히 10:23). 우리는 찬송가 작가 토머스 치점(Thomas Chisholm)과 손을 잡고 이렇게 찬송할 수 있다.

> 오 신실하신 주
> 내 아버지여
> 늘 함께 계시니 두렴 없네.
> 그 사랑 변찮고
> 날 지키시니
> 어제나 오늘이 한결같네.

이것이 유배지에서 돌아온 이들의 간증이다. **야웨는 신실하시다!**

4 역대상 4:1-43

이야기 경청하기

¹유다의 아들들은 베레스와 헤스론과 갈미와 훌과 소발이라 ²소발의 아들 르아야는 야핫을 낳고 야핫은 아후매와 라핫을 낳았으니 이는 소라 사람의 종족이며 ³에담 조상의 자손들은 이스르엘과 이스마와 잇바스와 그들의 매제 하술렐보니와 ⁴그돌의 아버지 브누엘과 후사의 아버지 에셀이니 이는 다 베들레헴의 아버지 에브라다의 맏아들 훌의 소생이며 ⁵드고아의 아버지 아스훌의 두 아내는 헬라와 나아라라 ⁶나아라는 그에게 아훗삼과 헤벨과 데므니와 하아하스다리를 낳아 주었으니 이는 나아라의 소생이요 ⁷헬라의 아들들은 세렛과 이소할과 에드난이며 ⁸고스는 아눕과 소베바와 하룸의 아들 아하헬 종족들을 낳았으며 ⁹야베스는 그의 형제보다 귀중한 자라 그의 어머니가 이름하여 이르되 야베스라 하였으니 이는 내가 수고로이 낳았다 함이었더라 ¹⁰야베스가 이스라엘 하나님께 아뢰어 이르되 주께서 내게 복을 주시려거든 나의 지역을 넓히시고 주의 손으로 나를 도우사 나로 환난을 벗어나 내게 근심이 없게 하옵소서 하였더니 하나님이 그가 구하는 것을 허락하셨더라 ¹¹수하의 형 글룹이 므힐을 낳았으니 므힐은 에스돈의 아버지요 ¹²에스돈은 베드라바와 바세아와 이르나하스의 아버지 드힌나를 낳았으니 이는 다 레가 사람이며 ¹³그나스의 아들들은 옷니엘과 스라야요 옷니엘의 아들은 하닷이며 ¹⁴므오노대는 오브라를 낳고 스라야는 요압을 낳았으니 요압은 게하라심의 조상이라 그들은 공장이었더라 ¹⁵여분네의 아들 갈렙의 자손은 이루와 엘라와 나암과 엘라의 자손과 그나스요 ¹⁶여할렐렐의 아들은 십과 시바와 디리아와 아사렐이요 ¹⁷에스라의 아들들은 예델과 메렛과 에벨과 얄론이며 메렛은 미리암과 삼매와 에스드모아의 조상 이스바를 낳았으니 ¹⁸이는 메렛이 아내로 맞은 바로의 딸 비디아의 아들들이며 또 그의 아내 여후디야는 그돌의 조상 예렛과 소고의 조상 헤벨과 사노아의 조상 여구디엘을 낳았으며 ¹⁹나함의 누이인 호디야

의 아내의 아들들은 가미 사람 그일라의 아버지와 마아가 사람 에스드모아며 [20]시몬의 아들들은 암논과 린나와 벤하난과 딜론이요 이시의 아들들은 소헷과 벤소헷이더라 [21]유다의 아들 셀라의 자손은 레가의 아버지 에르와 마레사의 아버지 라아다와 세마포 짜는 자의 집 곧 아스베야의 집 종족과 [22]또 요김과 고세바 사람들과 요아스와 모압을 다스리던 사람과 야수비네헴이니 이는 다 옛 기록에 의존한 것이라 [23]이 모든 사람은 토기장이가 되어 수풀과 산울 가운데에 거주하는 자로서 거기서 왕과 함께 거주하면서 왕의 일을 하였더라 [24]시므온의 아들들은 느무엘과 야민과 야립과 세라와 사울이요 [25]사울의 아들은 살룸이요 그의 아들은 밉삼이요 그의 아들은 미스마요 [26]미스마의 아들은 함무엘이요 그의 아들은 삭굴이요 그의 아들은 시므이라 [27]시므이에게는 아들 열여섯과 딸 여섯이 있으나 그의 형제에게는 자녀가 몇이 못되니 그들의 온 종족이 유다 자손처럼 번성하지 못하였더라 [28]시므온 자손이 거주한 곳은 브엘세바와 몰라다와 하살수알과 [29]빌하와 에셈과 돌랏과 [30]브두엘과 호르마와 시글락과 [31]벧말가봇과 하살수심과 벧비리와 사아라임이니 다윗 왕 때까지 이 모든 성읍이 그들에게 속하였으며 [32]그들이 사는 곳은 에담과 아인과 림몬과 도겐과 아산 다섯 성읍이요 [33]또 모든 성읍 주위에 살던 주민들의 경계가 바알까지 다다랐으니 시므온 자손의 거주지가 이러하고 각기 계보가 있더라 [34]또 메소밥과 야믈렉과 아마시야의 아들 요사와 [35]요엘과 아시엘의 증손 스라야의 손자 요시비야의 아들 예후와 [36]또 엘료에내와 야아고바와 여소하야와 아사야와 아디엘과 여시미엘과 브나야와 [37]또 스마야의 오대 손 시므리의 현손 여다야의 증손 알론의 손자 시비의 아들은 시사니 [38]여기 기록된 것들은 그들의 종족과 그들의 가문의 지도자들의 이름이라 그들이 매우 번성한지라 [39]그들이 그들의 양 떼를 위하여 목장을 구하고자 하여 골짜기 동쪽 그돌 지경에 이르러 [40]기름지고 아름다운 목장을 발견하였는데 그 땅이 넓고 안정 되고 평안하니 이는 옛적부터 거기에 거주해 온 사람은 함의 자손인 까닭이라 [41]이 명단에 기록된 사람들이 유다 왕 히스기야 때에 가서 그들의 장막을 쳐서 무찌르고 거기에 있는 모우님 사람을 쳐서 진멸하고 대신하여 오늘까지 거기에 살고 있으니 이는 그들의 양 떼를 먹일 목장이 거기에 있음이며 [42]또 시므온 자손 중에 오백 명이 이시의 아들 블라댜와 느아랴와 르바야와 웃시엘을 두목으로 삼고 세일 산으로 가서 [43]피신하여 살아남은 아말렉 사람을 치고 오늘까지 거기에 거주하고 있더라

이야기 속 다른 본문 경청하기

여호수아 15:1-63; 19:1-9; 사사기 1:1-20

유다의 후손은 이미 소개되었지만(2:3-3:24), 4:1-23에서는 유다 지파에 계속 초점을 맞추면서 홀로 이어지는 갈렙의 계보에 주목한다. 족보 내에서, (살마의 후손이 야베스에 살았음을 상기시키는, 2:54-55) 야베스의 기도와 더불어 왕을 섬기던 세마포 짜는 일꾼들과 장인들에게 주목한다. 약간 반복되기는 하지만, 이 단락은 중심이 되는 유다의 역할을 강조한다.

시므온 지파의 가족들과 그들이 땅에 정착했다는 내용이 다음에 나온다(4:24-43). 시므온이 유다 바로 다음에 배치된 것은 출생 순서에서 비롯된 것이 아니라 그들이 유다의 영토에 포함되었기 때문이다(수 19:1-9; 참조. 수 15:26-32). 이스라엘의 다른 지파들은 이후 세 장에 걸쳐서 나오고(대상 5:1-26; 7:1-8:40), 특히 중요한(그리고 광범위한!) 레위의 족보가 그 사이에 끼어 있다(6:1-81). 족보는 유배 후 예루살렘에 거주한 사람들의 이름으로 마무리되고(9:2-34), 그 뒤에 사울의 족보가 재개된다(35-44절). 10장은 사울의 마지막 시기를 재현하다가(10:1-14) 다윗왕 이야기로 전환되는 다리 역할을 한다.

이야기 설명하기

홀로 이어지는 유다의 후손(4:1-23)

족보는 유다의 후손 명단으로 시작하면서 헤스론(4:1; 참조. 2:5), 갈미(4:1; 참조. 2:7), 훌(4:1; 참조. 2:19), 소발(4:1; 참조. 2:50) 등 이미 언급한 주요 가족들을 회상한다. 따라서 이어지는 내용은 혈통에 대한 체계적 표현이라기보다는 단편 족보 모음이다. 특정 계보를 추적하거나 재구성하려고 시도하기보다는 이번 장에서 드러나는 핵심 주제를 강조하는 것이 더 유익하다.

에브라다의 맏아들로 확인되는 훌(4:4)의 후손은 그의 이전 족보를 상기시킨다(4:4; 참조. 2:50-51, 54). 우리는 이미 에브라다 및 베들레헴과 훌의 연관성 때문에 그의 계보가 중요하다고 언급한 바 있다(2:18-24에 대한 주석인 69-71쪽을 보라). 다윗은 "유다 베들레헴 에브랏 사람 이새라 하는 사람의 아들"로 확인되기 때문이다(삼상 17:12). 에브라다와 베들레헴에 대한 관심은 유다와의 연관성을 강조한다.

이어 야베스라는 남성에 대한 간략한 해설이 나온다(4:9-10). 역대기 저자의 특징이 그렇듯, 야베스라는 인물은 기도라는 중요한 주제를 가르치는 기회가 된다. **야베스**라는 이름은 그가 '고통' 속에서 태어났음을 생각나게 하는데(9절)[1] 하와의 해산의 고통을 연상시킨다(창 3:16). 하지만 이 이야기는 야베스가 고통스러운 상황에서 어떻게 하나님께 부르짖었는지 기술한다. 동사 '아뢰다'(히. *q-r-'*)는 다윗(대상 21:26)이나 아사(대하 14:11)와 같이 괴로움 중에 하나님께 부르짖는 사람들과, 나아가 주님께 부르짖는 이방인(6:33)에게도 사용되었다. 또한 야베스의 기도가 중요한 이유는, 이 기도가 역대기에서 처음으로 하나님을 "이스라엘 하나님"으로 언급해(대상 4:10; 참조. 15:12, 14; 16:4, 36; 대하 6:4, 7, 10 등) 하나님의 백성 이스라엘과 그분의 독특한 언약 관계를 강조하기 때문이다

(출 5:1; 24:10; 32:27; 34:23 등). 야베스는 하나님께 이렇게 기도한다. "주께서 내게 복을 주시려거든 나의 지역을 넓히시고 주의 손으로 나를 도우사 나로 환난을 벗어나 내게 근심이 없게 하옵소서"(4:10). 그의 이름에서는 고통이 울려 나지만, 하나님은 은혜 가운데 그의 간청을 허락하셨다(뒤의 '이야기 살아내기'를 보라).

족보의 또 다른 핵심 인물은 이스라엘의 첫 번째 사사 옷니엘로, 그의 후손과 그들의 수공 기술에 대한 설명이 함께 나온다(4:13-14; 참조. 삿 3:9-11). 다음으로 모세 시대의 잘 알려진 지도자, 갈렙과 그의 후손을 언급한다(대상 4:15-16; 참조. 민 13:6; 수 14:6-15). 이 두 인물은 다윗이 왕이 되기 전에도 유다 지파에서 지도자가 나왔음을 보여 준다. 덜 알려진 다른 가문도 언급하지만(대상 4:17-20), 메렛과 비디아(이집트 바로의 딸)의 결혼은 지파 내 민족적 다양성을 강조하기 때문에 주목할 만하다(17-18절).[2] 족보는 수아의 딸, 곧 가나안인 아내를 통해 낳은 유다의 아들 셀라의 후손으로 마무리된다(21-23절; 참조. 2:3). 죽은 셀라의 형의 이름은 맏아들 에르의 이름에 보존된다(4:21; 참조. 창 38:3, 7; 대상 2:3). 셀라의 후손은 눈에 띄게 두드러지지 않지만, 그럼에도 세마포를 짜고 도자기를 만드는 등 수공업을 통해 중요한 공헌을 한다(4:21-23). 다윗 자신도 세마포 옷을 입었다(15:27). 세마포는 성전에서 사용되었고(대하 2:14; 3:14), 레위인 음악가들이 세마포를 입는 것도(5:12) 유다와 성전의 연관성을 강조한다.

시므온의 후손(4:24-43)

시므온의 후손과 그들의 정착지가 나온다(4:24-43). 시므온은 야곱이 레아를 통해 낳은 둘째 아들이었고(창 29:33), 그의 아들들은 지파 내에서 지도자가 되었다(46:10; 출 6:15). 족보에서 시므온의 위치를 설명하기 위해 가족사를 잠시 기억해 보는 것이 좋겠다. 야곱의 맏아들 르우벤은 아버지의 첩과의 부정한 관계로 인해 맏아들의 명예를 상실했다(창 35:22; 49:4; 대상 5:1). 다음 아들 시므온에게 우선권이 주어질 것이라고 예상되지만, 시므온이 세겜 사람들에게 행한 복수는 그에 대한 아버지의 심판과 지파의 흩어짐으로 이어진다(창 49:5-7; 참조. 34장). 시므온 지파의 배정은 여호수아서에 요약되어 있지만(수 19:1-9), 그들의 기업은 더 큰 유다 지파에 속했기 때문에 그들 성읍 중 다수가 유다 영토에 포함되었다는 사실을 기억해야 한다(15:26-32; 19:9). 유다의 많은 후손에 비해 시므온 자손의 수가 적은 것은 이런 현실과 역사를 반영한다(대상 4:27; 참조. 수 19:9). 유다 남부 지역에 위치한 시므온의 성읍들은 초기 영토 배정을 상기시킨다(대상 4:28-33; 참조. 수 19:1-9). 족보에 언급된 성들은 통일 왕국 시대를 반영하지만("다윗왕 때까지", 대상 4:31), 브엘세바, 몰라다, 하살수알, 시글락, 아인, 림몬(28, 30, 32절) 같은 몇몇 성읍은 느헤미야 11:26-29에서도 언급되어[3] 귀환자들이 그 성들에 거주하고 있었음을 시사한다(이로써 명단에 동시대와의 연관성을 부여한다).[4] 가문의 지도자들의 이름(4:34-38)과 함께 그들이 양 떼를 위해 획득한 좋은 목초지가 나온다(39-40절). 그들은 사울이 실패했던(삼상 15:1-33) 아말렉과의 전투(41-43절; 참조. 출 17:8-16) 등 군사적 승리를 통해 더 많은 땅을 확보했다. 이런 업적을 이루었음에도 시므온 지파는 중요한 유다 지파에 가려져 그다지 중요하지 않은 지파였다.

이야기 살아내기

야베스의 기도

아마도 역대기는 유다 족보에 나오는 야베스의 기도로 가장 잘 알려져 있을 것이다. 이 장의 초점은 유다의 족보에 맞춰져 있지만, 중요한 주제를 강조하는 내러티브 자료를 족보에 포함하는 것은 역대기 저자의 특징이다(참조. 대상 5:18-22; 6:49). 기도는 역대기의 중심이기 때문에 야베스의 기도는 역대기 저자가 이 중요한 주제에 대해 가르칠 기회를 제공한다. 야베스의 기도는 브루스 윌킨슨(Bruce Wilkinson)의 베스트셀러 『야베스의 기도』(The Prayer of Jabez)를 통해 우리에게 알려졌다. 출간 첫해에 이 책은 1년 만에 2백만 부 이상 판매되었다. 『야베스의 기도 묵상집』(The Prayer of Jabez Devotional)과 함께, 어린이(2001년)와 청소년(2001년)과 여성(2002년, Darlene Marie Wilkinson 지음)을 위한 확장판으로 출간되어 계속 판매되었다. 2008년에 이 책은 1천만 부 이상 판매되어 다이아몬드 도서상(Diamond Book Award)을 수상했다.[5] 역대기 저자의 특징은 내러티브 안에 간략한 신학적 '설교'를 넣는 것이고, 여기서는 야베스에 대해 설명하면서 바로 그 일을 하고 있다.

기도는 역대기에 스며들어 있는 중요한 주제다. 야베스는 하나님께 기도하여 그 요청이 이루어진 사람의 예시다. 따라서 한(Hahn)은 기도가 "족보의 숨은 의미"(subtext)지만 나아가 "역대기 전체"의 메시지고, "하나님은 기도를 들으신다. 하나님을 구하는 자들이 하나님을 찾는다"라고 지적한다.[6] 야베스의 기도는 어려운 상황 속에서도 귀환자들이 하나님께 기도하도록 격려하고, 하나님은 기도에 응답하신다는 사실을 그들에게(또한 우리에게) 상기시키기 위한 것이다. 귀환자들은 왕정의 상실을 경험했을 뿐 아니라 가뭄이 발생했고(학 1:5-11), 어떤 이들은 가난과 토지 몰수를 겪었으며(느 5:1-13), 목숨을 위협하는 이방인 지도자들의 반대에 직면했다(4:1-11). 야베스는 하나님의 백성이 고통스러운 상황 속에서 하나님께 부르짖어야 한다는 사실을 상기시키는 역할을 한다.

하지만 이 기도는 성공을 보장하는 일종의 주술적 기도나 주문으로 사용되지 않아야 한다. 윌킨슨 자신이 아프리카에서 겪었던 사역의 실패 이야기는 「크리스채너티 투데이」(Christianity Today)와 「월스트리트

저널」(Wall Street Journal)의 비판을 받았는데, 무엇보다 바로 이 기도를 드리면 복을 성취할 수 있다는 그의 저서의 주요 전제와 상충되었기 때문이다.[7] 여기에 위험이 있다. 야베스의 기도는 재정적 성공이나 사역의 성공을 보장하기 위한 것이 아니며, 고통이나 고난 없는 삶을 보장하지도 않는다. 역대기 저자 **자신의 상황**이 이런 류의 번영 복음과 승리주의를 잠재운다는 점을 잠시 생각해 보자. 응답받은 기도는 분명 역대기의 중요한 주제고(대하 14:11-12; 18:31; 20:1-22; 32:20-21; 33:12-13), 에스라와 느헤미야는 유배 후 공동체에서 어려운 상황 중에 드린 기도가 응답받는다고 증언하는 모범이 된다(스 8:21-23, 31-32; 느 4:9-10; 6:16). 하지만 이것은 번영 복음이 아니라, 오히려 기도로 하나님께 아뢰도록 우리를 격려하기 위한 것이다.

그리스도인은 살면서 **자신이** 모든 문제를 해결할 수 있다고 착각하며 하나님 없이도 충분하다고 안주하기 쉽다. 하나님은 우리가 **스스로** 안주하는 대신 우리의 필요와 염려를 하나님께 가져오기를 바라신다. 시편은 인생의 시련 속에서 하나님을 부르는 사람들의 기도를 보여 준다. 예를 들어 시편 18:6을 보자. "내가 환난 중에서 여호와께 아뢰며 나의 하나님께 부르짖었더니 그가 그의 성전에서 내 소리를 들으심이여. 그의 앞에서 나의 부르짖음이 그의 귀에 들렸도다." 많은 시편은 이렇듯 하나님께 도움을 요청하는 하나님 백성의 진심 어린 기도를 보여 준다.

기도는 모든 시대에 걸친 하나님 백성의 표식이다. 예수님은 기도의 모범을 보이셨을 뿐만 아니라(마 14:23; 눅 5:16; 6:12; 9:28-29), 기도하는 **방법**을 제자들에게 가르치셨다(마 6:9-15; 참조. 눅 11:1-13; 18:1-8). 초기 교회는 기도의 전통을 이어 갔고(행 1:14; 2:42; 14:23), 우리에게도 기도하라고 권면한다(살전 5:17; 약 5:13-15). 하지만 세례 요한(마 14:1-12), 스데반(행 7:54-60), 야고보(12:2), 바울(예. 고후 11:23-27), 요한(계 1:9)을 비롯한 초기 교회의 많은 신자가 경험한 것처럼(히 11:32-40; 벧전 4:12-19; 5:9-

10을 보라), 열정적이고 끈질긴 기도도 우리를 시련과 박해에서 면제해 주지 않는다.[8] 우리가 손해나 고통으로부터 자유로울 것이라는 보장은 없지만, 하나님은 완전한 뜻과 목적에 따라 기도에 응답하신다. 역대기에는 이렇게 **기도하라**는 격려의 말씀이 크게 울려 퍼진다.

5

역대상 5:1-26

— 이야기 경청하기 —

¹이스라엘의 장자 르우벤의 아들들은 이러하니라 (르우벤은 장자라도 그의 아버지의 침상을 더럽혔으므로 장자의 명분이 이스라엘의 아들 요셉의 자손에게로 돌아가서 족보에 장자의 명분대로 기록되지 못하였느니라 ²유다는 형제보다 뛰어나고 주권자가 유다에게서 났으나 장자의 명분은 요셉에게 있으니라) ³이스라엘의 장자 르우벤의 아들들은 하녹과 발루와 헤스론과 갈미요 ⁴요엘의 아들은 스마야요 그의 아들은 곡이요 그의 아들은 시므이요 ⁵그의 아들은 미가요 그의 아들은 르아야요 그의 아들은 바알이요 ⁶그의 아들은 브에라이니 그는 르우벤 자손의 지도자로서 앗수르 왕 디글랏빌레셀에게 사로잡힌 자라 ⁷그의 형제가 종족과 계보대로 우두머리 된 자는 여이엘과 스가랴와 ⁸벨라니 벨라는 아사스의 아들이요 세마의 손자요 요엘의 증손이라 그가 아로엘에 살면서 느보와 바알므온까지 다다랐고 ⁹또 동으로 가서 거주하면서 유브라데 강에서부터 광야 지경까지 다다랐으니 이는 길르앗 땅에서 그 가축이 번식함이라 ¹⁰사울 왕 때에 그들이 하갈 사람과 더불어 싸워 손으로 쳐죽이고 길르앗 동쪽 온 땅에서 장막에 거주하였더라 ¹¹갓 자손은 르우벤 사람을 마주 대하여 바산 땅에 거주하면서 살르가까지 다다랐으니 ¹²우두머리는 요엘이요 다음은 사밤이요 또 야내와 바산에 산 사밧이요 ¹³그 조상의 가문의 형제들은 미가엘과 므술람과 세바와 요래와 야간과 시아와 에벨 일곱 명이니 ¹⁴이는 다 아비하일의 아들들이라 아비하일은 후리의 아들이요 야로아의 손자요 길르앗의 증손이요 미가엘의 현손이요 여시새의 오대 손이요 야도의 육대 손이요 부스의 칠대 손이며 ¹⁵또 구니의 손자 압디엘의 아들 아히가 우두머리가 되었고 ¹⁶그들이 바산 길르앗과 그 마을과 사론의 모든 들에 거주하여 그 사방 변두리에 다다랐더라 ¹⁷이상은 유다 왕 요담 때와 이스라엘 왕 여로보암 때에 족보에 기록되었더라 ¹⁸르우벤 자손과 갓 사람과 므낫세 반 지

파에서 나가 싸울 만한 용사 곧 능히 방패와 칼을 들며 활을 당겨 싸움에 익숙한 자는 사만 사천칠백육십 명이라 ¹⁹그들이 하갈 사람과 여두르와 나비스와 노답과 싸우는 중에 ²⁰도우심을 입었으므로 하갈 사람과 그들과 함께 있는 자들이 다 그들의 손에 패하였으니 이는 그들이 싸울 때에 하나님께 의뢰하고 부르짖으므로 하나님이 그들에게 응답하셨음이라 ²¹그들이 대적의 짐승 곧 낙타 오만 마리와 양 이십오만 마리와 나귀 이천 마리를 빼앗으며 사람 십만 명을 사로잡았고 ²²죽임을 당한 자가 많았으니 이 싸움이 하나님께로 말미암았음이라 그들이 그들의 땅에 거주하여 사로잡힐 때까지 이르렀더라 ²³므낫세 반 지파 자손들이 그 땅에 거주하면서 그들이 번성하여 바산에서부터 바알헤르몬과 스닐과 헤르몬 산까지 다다랐으며 ²⁴그들의 족장은 에벨과 이시와 엘리엘과 아스리엘과 예레미야와 호다위야와 야디엘이며 다 용감하고 유명한 족장이었더라 ²⁵그들이 그들의 조상들의 하나님께 범죄하여 하나님이 그들 앞에서 멸하신 그 땅 백성의 신들을 간음하듯 섬긴지라 ²⁶그러므로 이스라엘 하나님이 앗수르 왕 불의 마음을 일으키시며 앗수르 왕 디글랏빌레셀의 마음을 일으키시매 곧 르우벤과 갓과 므낫세 반 지파를 사로잡아 할라와 하볼과 하라와 고산 강 가에 옮긴지라 그들이 오늘까지 거기에 있으니라

이야기 속 다른 본문 경청하기

창세기 48:8-20; 49:22-26; 신명기 33:13-17

지금까지 유다(2:2-4:23)와 시므온 지파(4:24-43)를 살펴봤지만, 족보의 초점은 온 이스라엘에 맞춰져 있기 때문에 이제 관심은 요단 동쪽에 살고 있는 지파들, 곧 르우벤 지파에서 시작해(5:1-10) 북쪽의 갓 지파(11-22절)와 더 북쪽의 므낫세 반 지파(23-26절)로 이동한다. 오경의 자료에 근거한 이 명단은 일부 세대의 공백이 있는 매우 선별적이고 요약

된 명단이다. 요단 서쪽 지파들의 족보와 정착지 목록은 레위 지파(6장)에 대한 긴 설명이 끝난 후 역대상 7장에서 재개될 것이다. 르우벤의 가족사 및 동생 요셉과의 관계를 간단히 살펴보는 것이 좋겠다. 두 인물이 이번 장의 중심이기 때문이다(요셉은 아들 므낫세를 통해 이 족보에 등장한다는 점을 기억하자).

르우벤은 레아를 통해 낳은 야곱의 맏아들이었다(창 29:32; 35:23). 맏아들인 그에게 두 배의 분깃이 주어졌지만(참조. 신 21:15-17), 르우벤은 아버지의 첩 빌하와 맺은 성관계로 인해 맏아들의 지위를 상실하고 말았다(창 49:3-4; 참조. 35:22). "르우벤의 태생적 지위는 더 큰 이스라엘 집단에서 상대적 우위성을 결코 보장하지 않는다. 오히려 르우벤은 역사적 기억에서 부정적으로 묘사되고, 그의 사회적 지위 상실 또한 부정적으로 인식된다."[1] 이 "사회적 지위 상실"은 르우벤을 첫째 자리에서 강등시킨 역대기 저자의 족보 순서에서도 확인된다. 야곱의 임종 축복에서 르우벤의 우위권 상실은 유다 계보의 왕권에 대한 예언적 소망과 대조된다(49:8-10). 게다가 요셉에게 주어진 긴 축복으로 인해 요셉은 다른 형제들보다 우위를 차지한다(22-26절; 참조. 신 33:13-17).

— 이야기 설명하기 —

르우벤의 후손(5:1-10)

역대기 저자는 처음부터 장자의 권리 순서에 따라 르우벤의 족보가 나올 수 없었던 이유가 아버지의 침상을 더럽혔기 때문이라고 설명한다(5:1). 유다가 형제들을 다스리고 그에게서 통치자가 나오긴 했지만, 장자권은 요셉에게 주어졌다(2절; 참조. 시 78:67-72). 르우벤의 네 아들이 언급되고(5:3; 참조. 출 6:14; 민 26:5-6), 뒤이어 요엘의 후손이 여러 세대에 걸쳐 나온다(세대 공백이 반영되었을 가능성이 있다, 대상 5:4-5). 르우벤 지파 중에 브에라라는 지도자는 불(디글랏빌레셀의 다른 이름)에게 포로로 잡혀 갔다. 이 설명의 배경 이야기는, 앗수르 왕 디글랏빌레셀 3세(주전 745-727년)가 베가왕 통치 기간에 북왕국을 공격해 주요 성읍을 점령하고 주민들을 앗수르로 데려갔던 사건이다(왕하 15:29). 길르앗(요단 동쪽에 위치한)이 앗수르의 지배하에 들어갔다는 언급이 시사하듯이(참조. 왕하 15:29), 역대기 저자는 르우벤 지파가 포로들 중에 있었다고 설명한다.

가축이 증가했기 때문에 르우벤 지파가 요단 동쪽에 정착했다는 추가 설명이 나온다(5:7-9). 르우벤 지파와 갓 지파는 많은 가축을 기르는 목동으로 알려져 있었고(민 32:1), 그들이 요단 동쪽에 정착한 것은 이 비옥한 지역을 기업으로 요구했던 이전 역사로 돌아간다(1-42절; 수 1:12-18; 13:8-23). 그들이 정착한 아로엘, 느보, 바알므온(대상 5:7-8)은 요단 동쪽에서 그들에게 배정된 성읍 중에 있다(민 32:3, 34, 38). 주전 9세기로 추정되는 고대 비석은 메사(Mesha)라는 모압의 왕이 거둔 승리를 기록한다. 메사는 이 비문에서 아로엘, 느보, 바알므온 세 성을 포함하여 이스라엘에게 승리했다고 주장한다.[2] 이 비문이 강조하듯이, 오랜 시간 아르논과 얍복강 사이의 지역을 점령하려는 시도들이 있었다. 그래서 한 학자는 이렇게 쓰고 있다. "우여곡절을 거듭하는 국경의 삶에서, 이 지역의 오랜 역사에 지울 수 없는 흔적을 남긴 쇠퇴와 강화의 패턴에 따라 지파들은 역사의 무대 위에 등장했다가 사라졌을 것이다(참조. 삿 3, 5, 10장; 대상 5:9)."[3] 일부 학자들은 르우벤 지파가 이 성읍들에 정착한 것이 모압의 승리 이전 시기를 암시한다고 주장하지만, 어떤 학자들은 다른 해결책을 제시한다.[4] 역대기 저자는 사울 시대에 하갈 사람들(요단 동쪽에 거주하는 아랍 사람들; 참조. 시 83:6)을 상대로 승리를 거둔 결과 길르앗 동쪽에 정착하게 되었다는 설명으로 르우벤 지파의 족보를 끝맺는다(5:10). 이렇듯 다소 짧은 족보를 지나(1-10절) 초점은 북쪽의 갓 지파로 이동한다.

갓의 후손(5:11-17)

갓 지파는 르우벤 지파 북쪽에 살았고, 르우벤 지파처럼 요단 동쪽에 살겠다고 요청했는데(민 32:1-42; 참조. 수 13:24-28), 또 하나의 분쟁 지역인 비옥한 땅 바산이 여기에 포함되었다(대상 5:11; 수 13:11). 갓의 족보는 유다와 레위의 긴 족보(2:3-4:23; 6:1-81)에 비해 눈에 띄게 짧아서(5:11-17) 역대기 저자가 무엇을 공감하고 있는지 시사한다. 네 명의 가문 지도자와 함께 일곱 명의 친척이 언급되고(5:12-13), 길르앗에, 바산과 그 마을에, 사론의 목초지(개역개정은 "변두리")에 살던 사람들의 이름이 뒤따른다(14-16절). 유다 왕 요담 시대와 이스라엘 왕 여로보암 시대에 이 사람들은 족보에 등록되었다(17절). 이것은 오늘날 현존하지 않지만 역대기 저자가 역사를 편찬하는 데 사용한 여러 자료 중 또 하나의 예시다.[5]

르우벤, 갓, 므낫세 반 지파의 군사적 업적(5:18-22)

아라비아 하갈 사람들에게 맞서 전쟁을 벌인 르우벤, 갓, 므낫세 반 지파의 용사들에게 초점이 옮아간다(참조. 시 83:6). 셋 중 첫 번째 이름인 여두르는 다른 곳에서 이스마엘의 후손으로 등장한다(5:19; 참조. 창 25:13-15; 대상 1:31). 그들이 군사적으로 승리한 이유가 나온다. "그들이… 싸우는 중에 도우심을 입었으므로 하갈 사람과 그들과 함께 있는 자들이 다 그들의 손에 패하였으니 이는 그들이 싸울 때에 하나님께 의뢰하고 부르짖으므로 하나님이 그들에게 응답하셨음이라"(5:19-20). 역대기의 특징이 그렇듯, 경건한 자질을 강조하는 중요한 가르침의 순간이 이번 족보에도 나온다(뒤의 '이야기 살아내기'를 보라). 이 지파들은 적을 물리친 후 소와 낙타, 양, 나귀 등 귀중한 가축과 함께 많은 포로를 확보한다(21-22절).

므낫세 반 지파의 후손(5:23-26)

역대기 저자는 계속해서 므낫세 반 지파와 함께 북쪽 지파들을 추적한다(므낫세의 다른 반 지파는 요단 서쪽에 살았다; 참조. 대상 7:14-19). (갓 지파와 마찬가지로) 먼저 개별 지파에 주목한 다음(5:23-24), 요단 동쪽 세 지파에 대한 설명이 뒤따른다(25-26절). 므낫세의 후손은 수가 많았고, 그래서 그들의 영토는 바산 북부 지역과 멀리 헤르몬산까지 확장된다(23절). 군사적 위상으로 유명한 일곱 족장을 언급하지만(24절), 따끔한 꾸지람이 이어진다. "그들이 그들의 조상들의 하나님께 범죄하여 하나님이 그들 앞에서 멸하신 그 땅 백성의 신들을 간음하듯 섬긴지라"(25절). 동사 '범죄하다'(히. ma'al)는 역대기에 사용되는 핵심 용어다.[6] 이 용어는 아간이 금지령을 위반하여 초래한 이스라엘의 참담한 패배를 묘사할 때 처음 사용되었고(2:7), 곧이어 유배로 이어진 유다의 범죄를 묘사할 때 사용될 것이다(9:1).

르우벤, 갓, 므낫세 반 지파는 우상을 숭배했다는 비난을 받는데, 이로 인해 디글랏빌레셀 3세에 의한 유배로 이어질 것이다(5:25-26). 북왕국은 두 금송아지 숭배만이 아니라(왕상 12:28-33) 아합 치하에 널리 퍼진 바알 숭배에서도 노골적이고 끈질긴 우상 숭배를 저질렀다.[7] 북왕국은 주전 722년에 멸망하지만(참조. 왕하 17장), 왕국의 와해는 그보다 이른 디글랏빌레셀 3세(주전 745-727년) 통치기에 나타난다. 하나님께서 "앗수르 왕 디글랏빌레셀의 마음을 일으키시매 곧 르우벤과 갓과 므낫세 반 지파를 사로잡아" 갔기 때문이다(대상 5:26). 하나님은 훗날 페르시아의 고레스왕을 일으켜 예루살렘을 재건하시지만(대하 36:22-23; 참조. 스 1:1-4; 학 1:14), 이 시점에 하나님은 앗수르 왕을 일으켜 심판을 내리시고 그 결과는 요단 동쪽 지파의 유배로 이어진다(왕하 15:29; 참조. 17:1-6). 그들이 "할라와 하볼과 하라와 고산 강 가"에 정착한 것은(대상 5:26) 북왕국이 이 지역으로 유배될 것을 예고한다(참조. 왕하 17:24-41). 역대기 저자는 이 지파들이 "오늘까지" 앗수르 영토에 유배되어 있다고 언급하면서(5:26) 종교적 타협의 끔찍한 결과를 강조한다.

이야기 살아내기

하나님을 신뢰하고 도움을 청하라는 권면

요단 동쪽 지파의 영토 확장에 관한 이야기에는 열방의 종교적 관행을 받아들이지 말라는 경고와 함께, 하나님을 신뢰하라는 권면이 나온다. 역대기 신학의 핵심을 다음 한 구절로 요약할 수 있다. "그들이… 싸우는 중에 도우심을 입었으므로 하갈 사람과 그들과 함께 있는 자들이 다 그들의 손에 패하였으니 이는 그들이 싸울 때에 하나님께 의뢰하고 부르짖으므로 하나님이 그들에게 응답하셨음이라"(5:19-20). 서론에서 역대기 저자는 영적·신학적 원리를 이끌어 내기 위해 이스라엘의 역사를 회고한다고 언급한 바 있다(31쪽). 그래서 셀먼은 역대기에서 성경은 변하지 않지만 "성경이 새로운 상황에 적용되는 방식은 놀라울 만큼 유연하다"라고 썼다.[8] 이것은 우리의 현 상황에도 적용할 수 있는 '영적 원리' 중 하나다.

무엇보다 먼저 백성들은 하나님께 **부르짖는다**(히. z-'-q). 바로 여호사밧이 적의 맹공격에 직면했을 때 전투 중에 했던 행동이다(대하 18:31). 또 다른 상황에서, 이겨 낼 수 없는 도전에 직면한 여호사밧은 하나님의 백성이 고통 중에 부르짖으면 그분이 듣고 구원하실 것이라는 하나님의 약속을 기억한다(20:9; 참조. 6장). 히스기야와 예언자 이사야도 마찬가지로 앗수르의 공격에 직면하자 기도로 하나님께 "부르짖[는다]"(32:20; 참조. 느 9:4, 28). 이 기도는 위기나 어려운 상황 속에서 하나님께 드린 진심 어린 외침이다. 이스라엘의 초기 역사는 하나님께서 자기 백성의 진심 어린 부르짖음을 **들으신** 출애굽 사건에 기초해 있다(출 2:23-24; 3:9). 이 메시지는 성경 전체에서 울려 퍼진다. 즉 하나님은 자기 백성이 도움을 얻기 위해 **그분**을 향해 부르짖기를 원하시고, 자기 백성의 외침에서 동떨어져 있는 냉정한 하나님이 아니심을 여러 번 반복해서 증명하셨다. 히브리서는 우리의 연약함을 동정하시는 큰 대제사장이 계시다는 사실을 상기시켜 준다. "긍휼하심을 받고 때를 따라 돕는 은혜를 얻기 위하여" 담대히 하나님의 은혜의 보좌 앞에 나아가라고 우리를 격려한다(히 4:16).

둘째, 하나님께서 하나님 백성의 기도에 응답하시는 이유는 그들이 **하나님을 신뢰**했기 때문이라는 교훈을 얻는다(대상 5:20). 그들은 무기를 갖추고 전투에 능숙했음에도(18절) 자신들의 군사력을 신뢰하지 않았다. 대신 그들은 시편 44:6을 상기하며 주님을 신뢰했다. "나는 내 활을 의지하지 아니할 것이라. 내 칼이 나를 구원하지 못하리이다." 느헤미야가 반대에 직면했을 때, 백성들은 무기를 들고 모였지만 하나님께 기도하면서 **그분이** 자신들을 위해 싸우실 것이라고 **믿었다**(느 4:9-23). 시편은 주님을 신뢰하는 하나님 백성의 모범으로 가득하다(시 9:10; 22:4-5; 28:7 등). 우리도 우리 자신의 능력이나 업적, 재산, 또는 그 어떤 것도 신뢰하지 말고 오직 하나님만 신뢰해야 한다고 도전받는다.

마지막으로, 우리는 그들이 하나님의 **도우심**을 입었다(히. '-z-r)는 것을 알게 된다. "하나님은 스스로 돕는 자를 돕는다"는 통속적 신화와 반대로[9] 이 이야기는 하나님께서 **하나님을 신뢰하는 자**를 도우신다고 증거한다. 다윗왕은 인생의 어려운 시기를 거칠 때 하나님의 도우심(히. '-z-r)을 받았다(대상 12:1, 17, 18, 19, 21, 22). 그를 돕기 위해 온 사람들의 이름에도 히브리어 어근 '아자르'('azar)가 포함되어 있다!(아히에셀, 아사렐, 요에셀, 에셀; 3-6, 9절) 예언자 아마새는 다윗의 조력자가 하나님이심을 그에게 알려 주었다!(18절)[10] 그들이 **그분을 신뢰**할 때 하나님께서 자기 백성을 도우신다는 단언은 시편 곳곳에 스며들어 있다. 시인이 단언하듯이, 이와 같은 하나님의 도우심은 기쁨으로 이어진다. "여호와는 나의 힘과 나의 방패이시니 내 마음이 그를 의지하여 도움을 얻었도다. 그러므로 내 마음이 크게 기뻐하며 내 노래로 그를 찬송하리로다"(시 28:7).

우리는 군사적 대치 상황에 있지도 않고, 하나님은 (모세 언약 아래서 이스라엘에게 약속하셨듯이 순종 여부에 따라) 군사적 승리를 약속하시는 것도 아니지만, 삶의 여러 상황 속에서 하나님을 부르라고 권면받는다. 우리는 자신의 업적이나 능력, 또는 자신의 부와 성공을 신뢰하지 말고 오직 하나님만 신뢰해야 한다. "예부터 도움 되시고 내 소망 되신 주"로 시작하는 아이작 와츠(Isaac Watts)의 위대한 찬송은 이 현실을 증거하면서, 모든 세대를 향해 도움을 얻기 위해 목소리를 높여 하나님을 찬양하라고 우리를 격려한다. 바로 역대기가 오늘 우리에게 주는 권면의 말씀이다.

6　　　　　　　　　　　　역대상 6:1-81

— 이야기 경청하기 —

¹레위의 아들들은 게르손과 그핫과 므라리요 ²그핫의 아들들은 아므람과 이스할과 헤브론과 웃시엘이요 ³아므람의 자녀는 아론과 모세와 미리암이요 아론의 자녀는 나답과 아비후와 엘르아살과 이다말이며 ⁴엘르아살은 비느하스를 낳고 비느하스는 아비수아를 낳고 ⁵아비수아는 북기를 낳고 북기는 웃시를 낳고 ⁶웃시는 스라히야를 낳고 스라히야는 므라욧을 낳고 ⁷므라욧은 아마랴를 낳고 아마랴는 아히둡을 낳고 ⁸아히둡은 사독을 낳고 사독은 아히마아스를 낳고 ⁹아히마아스는 아사랴를 낳고 아사랴는 요하난을 낳고 ¹⁰요하난은 아사랴를 낳았으니 이 아사랴는 솔로몬이 예루살렘에 세운 성전에서 제사장의 직분을 행한 자이며 ¹¹아사랴는 아마랴를 낳고 아마랴는 아히둡을 낳고 ¹²아히둡은 사독을 낳고 사독은 살룸을 낳고 ¹³살룸은 힐기야를 낳고 힐기야는 아사랴를 낳고 ¹⁴아사랴는 스라야를 낳고 스라야는 여호사닥을 낳았으며 ¹⁵여호와께서 느부갓네살의 손으로 유다와 예루살렘 백성을 옮기실 때에 여호사닥도 가니라 ¹⁶레위의 아들들은 게르손과 그핫과 므라리이며 ¹⁷게르손의 아들들의 이름은 이러하니 립니와 시므이요 ¹⁸그핫의 아들들은 아므람과 이스할과 헤브론과 웃시엘이요 ¹⁹므라리의 아들들은 말리와 무시라 그 조상에 따라 레위의 종족은 이러하니 ²⁰르손에게서 난 자는 곧 그의 아들 립니요 그의 아들은 야핫이요 그의 아들은 심마요 ²¹그의 아들은 요아요 그의 아들은 잇도요 그의 아들은 세라요 그의 아들은 여아드래이며 ²²그핫에게서 난 자는 곧 그 아들은 암미나답이요 그의 아들은 고라요 그의 아들은 앗실이요 ²³그의 아들은 엘가나요 그의 아들은 에비아삽이요 그의 아들은 앗실이요 ²⁴그의 아들은 다핫이요 그의 아들은 우리엘이요 그의 아들은 웃시야요 그의 아들은 사울이라 ²⁵엘가나의 아들들은 아마새와 아히못이라 ²⁶엘가나로 말하면 그의 자손은 이러하니 그의 아들은 소배요 그의 아들은 나핫이요 ²⁷그의 아들은 엘

리압이요 그의 아들은 여로함이요 그의 아들은 엘가나라 ²⁸사무엘의 아들들은 맏아들 요엘이요 다음은 아비야라 ²⁹므라리에게서 난 자는 말리요 그의 아들은 립니요 그의 아들은 시므이요 그의 아들은 웃사요 ³⁰그의 아들은 시므아요 그의 아들은 학기야요 그의 아들은 아사야더라 ³¹언약궤가 평안을 얻었을 때에 다윗이 여호와의 성전에서 찬송하는 직분을 맡긴 자들은 아래와 같았더라 ³²솔로몬이 예루살렘에서 여호와의 성전을 세울 때까지 그들이 회막 앞에서 찬송하는 일을 행하되 그 계열대로 직무를 행하였더라 ³³직무를 행하는 자와 그의 아들들은 이러하니 그핫의 자손 중에 헤만은 찬송하는 자라 그는 요엘의 아들이요 요엘은 사무엘의 아들이요 ³⁴사무엘은 엘가나의 아들이요 엘가나는 여로함의 아들이요 여로함은 엘리엘의 아들이요 엘리엘은 도아의 아들이요 ³⁵도아는 숩의 아들이요 숩은 엘가나의 아들이요 엘가나는 마핫의 아들이요 마핫은 아마새의 아들이요 ³⁶아마새는 엘가나의 아들이요 엘가나는 요엘의 아들이요 요엘은 아사랴의 아들이요 아사랴는 스바냐의 아들이요 ³⁷스바냐는 다핫의 아들이요 다핫은 앗실의 아들이요 앗실은 에비아삽의 아들이요 에비아삽은 고라의 아들이요 ³⁸고라는 이스할의 아들이요 이스할은 그핫의 아들이요 그핫은 레위의 아들이요 레위는 이스라엘의 아들이라 ³⁹헤만의 형제 아삽은 헤만의 오른쪽에서 직무를 행하였으니 그는 베레야의 아들이요 베레야는 시므아의 아들이요 ⁴⁰시므아는 미가엘의 아들이요 미가엘은 바아세야의 아들이요 바아세야는 말기야의 아들이요 ⁴¹말기야는 에드니의 아들이요 에드니는 세라의 아들이요 세라는 아다야의 아들이요 ⁴²아다야는 에단의 아들이요 에단은 심마의 아들이요 심마는 시므이의 아들이요 ⁴³시므이는 야핫의 아들이요 야핫은 게르손의 아들이요 게르손은 레위의 아들이며 ⁴⁴그들의 형제 므라리의 자손 중 그의 왼쪽에서 직무를 행하는 자는 에단이라 에단은 기시의 아들이요 기시는 압디의 아들이요 압디는 말룩의 아들이요 ⁴⁵말룩은 하사뱌의 아들이요 하사뱌는 아마시야의 아들이요 아마시야는 힐기야의 아들이요 ⁴⁶힐기야는 암시의 아들이요 암시는 바니의 아들이요 바니는 세멜의 아들이요 ⁴⁷세멜은 말리의 아들이요 말리는 무시의 아들이요 무시는 므라리의 아들이요 므라리는 레위의 아들이며 ⁴⁸그들의 형제 레위 사람들은 하나님의 집 장막의 모든 일을 맡았더라 ⁴⁹아론과 그의 자손들은 번제단과 향단 위에 분향하며 제사를 드리며 지성소의 모든 일을 하여 하나님의 종 모세의 모든 명령대로 이스라엘을 위하여 속죄하니 ⁵⁰아론의 자손들은 이러하니라 그의 아들은 엘르아살이요 그의 아들은 비느하스요 그의 아들은 아비수아요 ⁵¹그의 아들은 북기요 그의 아들은 웃시요 그의 아들은 스라히야요 ⁵²그의 아들은 므라욧이요 그의 아들은 아마랴요 그의 아들은 아히둡이요 ⁵³그의 아들은 사독이요 그의 아들은 아히마아스이더라 ⁵⁴그들의 거주한 곳은 사방 지계 안에 있으니 그들의 마을은 아래와 같으니라 아론 자손 곧 그핫 종족이 먼저 제비 뽑았으므로 ⁵⁵그들에게 유다 땅의 헤브론과 그 사방 초원을 주었고 ⁵⁶그러나 그 성의 밭과 마을은 여분네의 아들 갈렙에게 주었으며 ⁵⁷아론 자손에게 도피성을 주었으니 헤브론과 립나와 그 초원과 얏딜과 에스드모아와 그 초원과 ⁵⁸힐렌과 그 초원과 드빌과 그 초원과 ⁵⁹아산과 그 초원과 벧세메스와 그 초원이며 ⁶⁰또 베냐민 지파 중에서는 게바와 그 초원과 알레멧과 그 초원과 아나돗과 그 초원을 주었으니 그들의 종족이 얻은 성이 모두 열셋이었더라 ⁶¹그핫 자손의 남은 자에게는 절반 지파 즉 므낫세 반 지파 종족 중에서 제비 뽑아 열 성읍을 주었고 ⁶²게르손 자손에게는 그들의 종족대로 잇사갈 지파와 아셀 지파와 납달리 지파와 바산에 있는 므낫세 지파 중에서 열세 성읍을 주었고 ⁶³므라리 자손에게는 그 종족대로 르우벤 지파와 갓 지파와 스불론 지파 중에서 제비 뽑아 열두 성읍을 주었더라 ⁶⁴이스라엘 자손이 이 모든 성읍과 그 목초지를 레위 자손에게 주되 ⁶⁵유다 자손의 지파와 시므온 자손의 지파와 베냐민 자손의 지파 중에서 이 위에 기록한 여러 성읍을 제비 뽑아 주었더라 ⁶⁶그핫 자손의 몇 종족은 에브라임 지파 중에서 성읍을 얻어 영토를 삼았으며 67또 그들에게 도피성을 주었으니 에브라임 산중 세겜과 그 초원과 게셀과 그 초원과 68욕므암과 그 초원과 벧호론과 그 초원과 69아얄론과 그 초원과 가드림몬과 그 초원이며 70또 그핫 자손의 남은 종족에게는 므낫세 반 지파 중에서 아넬과 그 초원과 빌르암과 그 초원을 주었더라 71게르손 자손에게는 므낫세 반 지파 종족 중에서 바산의 골란과 그 초원과 아스다롯과 그 초원을 주고 72또 잇사갈 지파 중에서 게데스와 그 초원과 다브랏과 그 초원과 73라못과 그 초원과 아넴과 그 초원을 주고 74아셀 지파 중에서 마살과 그 초원과 압돈과 그 초원과 75후곡과 그 초원과 르홉과 그 초원을 주고 76납달리 지파 중에서 갈릴리의 게데스와 그 초원과 함몬과 그 초원과 기랴다임과 그 초원을 주니라 77므라리 자손의 남은 자에게는 스불론 지파 중에서 림모노와 그 초원과 다볼과 그 초원을 주었고 78또 요단 건너 동쪽 곧 여리고 맞은편 르우벤 지파 중에서 광야의 베셀과 그 초원과 야사와 그 초원과 79그데못과 그 초원과 메바앗과 그 초원을 주었고 80또 갓 지파 중에서 길르앗의 라못과 그 초원과 마하나임과 그 초원과 81헤스본과 그 초원과 야셀과 그 초원을 주었더라

이야기 속 다른 본문 경청하기
출애굽기 6장; 여호수아 21:1-45

이제 레위 지파가 무대 중심에 등장한다. 이 족보의 엄청난 길이(여든한 절!)는 역대기에서 레위 지파의 중요성을 강조한다. 레위 지파에서 "역대기 저자는 족보 명단의 중심점에 도달하는데, 의심의 여지없이 자기 시대의 공동체에서 제사장 지파의 중요성에 대한 그의 평가가 드러난다."[1] 이번 장은 대제사장의 족보로 시작해(6:1-15), 레위 가문(16-30절)과 레위 찬양대(31-48절), 아론의 후손(49-53절) 이름으로 이어진다. 그리고 지파들 가운데 흩어져 있는 레위인의 성 목록으로 마무리된다(54-

81절). 아론의 후손과 그 가족의 이름은 구약성경 다른 곳에서 열거되고 (예. 출 6:16-25; 민 3:1-4, 17-20), 레위인의 성은 여호수아 시대를 상기시킨다(수 21:4-40). 현대 독자들은 왜 이렇게 많은 이름을 기록해야 했는지 궁금할 수 있지만, 제사장직은 세습되는 것이었고 레위인만이 성전에서 봉사할 수 있었다는 점을 기억해야 한다. 족보의 기능 중 하나는 제사장과 레위인의 자격을 증명하는 것이었다. 누가 성전에서 합법적으로 사역할 수 있는지 검증하기 위해 정확한 기록은 필수였고(참조. 스 2:62), 따라서 정확한 기록은 유배 후 공동체의 삶에서 지속적인 법적 기능을 수행했다.

이 이야기를 들을 때 레위 지파와 제사장직의 중요성을 간단히 서술하는 것이 도움이 된다. 레위는 레아를 통해 낳은 야곱의 셋째 아들이었다(창 29:34). 레위와 형 시므온은 창세기에서 누이 디나를 대신한 복수로 유명하다(34장). 야곱은 이 이야기를 회고하면서 레위가 이스라엘 가운데 흩어질 것이라고 선언한다(49:5-7). 하지만 하나님의 거룩하심에 대한 관심은 이 지파의 특징이었고(출 32:26-29; 참조. 민 25:7-13), 그들은 심지어 가족을 돌보지 않은 채 하나님의 말씀에 기꺼이 순종했다(신 33:8-11).[2] 레위에게는 세 아들, 게르손과 그핫과 므라리가 있었다(6:1; 참조. 창 46:11; 출 6:16). 이들 세 가문은 성막과 관련하여 각 가문이 거주하는 장소와 제사장직 및 성막과 관련된 구체적 임무와 책임 등(민 3-4장) 레위 지파 조직 구조의 기초다(대상 23장을 보라). 하나님은 제사장을 돕고 성막의 해체, 이동, 재설치 등 성막을 위한 모든 종류의 실제적 지원을 제공하기 위해 레위인을 택하셨다. 레위인은 성막을 일반인의 침입으로부터 보호하는 신성한 공간의 수호자였다. 하지만 제사장직은 아론과 그의 아들들에게만 속해 있었기 때문에, 레위인에게는 주어진 한계가 있었다(민 16장).

아론의 네 아들인 나답, 아비후, 엘르아살, 이다말은 제사장 직무를 위해 구별되었다(출 28:1-2; 참조. 대상 6:49). 그들은 거룩하신 하나님 앞에서 봉사하기 위해 성별된 이들의 거룩함과 아름다움을 발산하는 화려하고 정교한 제사장 의복으로 치장했다(출 28-29장). 어떤 이들은 제사장이 "이상적인 인류가 어떤 모습인지, 하나님 및 주변 세계와의 관계에서 인간 본연의 존엄성과 명예를 보여 주는 시각적 모델" 역할을 하도록 의도되었다고 주장하기도 했다.[3] 제사장으로서 거룩하신 하나님 앞에 있는 제단에서 직무를 수행하고 이스라엘이 하나님과 교제할 수 있도록 범법 행위를 속죄하는 특권적인 부르심이 그들에게 있었다(참조. 대상 6:49).

하지만 나답과 아비후가 죽었기 때문에(공인되지 않은 불을 가지고 성막에 들어간 탓에; 참조. 레 10장), 제사장 계보는 아론의 두 아들, 엘르아살과 이다말에게 계승되었다(민 3:1-4, 10; 16:9-10, 39-40; 18:1-2, 7). 아론의 두 아들과 그들의 후손은 제사장으로 섬겼지만, 각 세대에 한 명의 아들만이 대제사장으로 섬겼다. 대제사장만 1년에 하루, 피를 가지고 휘장을 넘어 지성소로 들어가도록 허용되었다(출 30:10; 레 16장). 승계는 엘르아살을 통해 이루어졌는데, 그는 아버지 아론과 마찬가지로(참조. 스 7:5) 레위 지도자의 "어른"(chief)으로 묘사된다(민 3:32). 그리하여 엘르아살은 아버지가 죽은 후 대제사장의 역할을 맡는데(신 10:6; 참조. 레 16:32), 아론이 아들 엘르아살에게 제사장 의복을 물려주는 상징으로 나타난다(민 20:23-29). 엘르아살 계보의 중요성은 하나님께서 그의 아들 비느하스와 맺으신 언약에 의해 강조되고, 비느하스는 영속적인 제사장직을 부여받는다(25:10-13). 대제사장 직분이 세습되었다는 점을 감안할 때 당연히 제사장 족보는 중요하고, 바로 그런 이유로 역대기 저자는 이 족보에 큰 관심을 기울인다.

— 이야기 설명하기 —

아론에서 여호사닥까지 제사장 계보의 단선 족보(6:1-15)

이어지는 족보는 아론에서부터 유배기까지 제사장 계보를 추적하면서, 마지막 구성원 여호사닥이 유다와 함께 바벨론으로 간 제사장이었다고 언급한다(6:15). 여호야다(대하 22:11-24:17)와 아사랴(26:20) 등 역대기 다른 곳에서 만나는 모든 제사장이 등장하는 것은 아니기 때문에 족보는 선택적이다. 또한 '아들'이라는 용어는 '후손'을 의미하기도 해서 족보에 공백이 생길 수 있다는 점을 염두에 두어야 한다.[4] 윌리엄슨의 지적처럼 "역대기 저자의 상징에서, 신정 정치의 중심에서 완벽하게 배열된 이 지파는 대제사장의 인격을 중심으로 돌아가는 듯이 보인다."[5] 다른 성경의 책들에도 제사장 혈통에 대해 상세한 정보가 나오고(예. 출 6:16-25; 스 7:1-5), 이 모든 것은 제사장직을 이해하는 데 기여한다.[6] 이런 족보를 읽고 이 족보를 구약의 큰 이야기 안에 둘 때, 엘르아살과 비느하스(대상 6:4), 사독(12절), 스라야(14절), 여호사닥(14절) 등 몇몇 핵심 인물을 확인하는 것이 도움이 된다.

족보는 레위와 그의 세 아들 게르손, 그핫, 므라리로 시작하지만(1절), 역대기 저자는 게르손과 므라리를 건너뛰고 가장 중요한 아들인 그핫과 그의 네 아들, 아므람, 이스할, 헤브론, 웃시엘에게 초점을 맞춘다(2절). 그핫이 중요한 이유는 제사장 계보가 그에게서 나올 것이기 때문이고, 따라서 족보는 더 좁혀지면서 아론과 모세와 미리암의 아버지 **아므람**에게 초점이 맞춰진다(3절). 대제사장 아론에 대한 특별한 관심으로 인해 이 가문의 계보는 처음부터 격상된다.

다음으로 아론의 네 아들(나답, 아비후, 엘르아살, 이다말)이 소개되지만, 관심은 **엘르아살**로 이어지는 아론의 계보에 집중된다(4절). 아론의 네 아들은 제사장으로 기름 부음을 받았지만(출 28:1), 맏아들 나답과 동생 아비후는 비극적인 죽음을 맞았다(레 10장). 엘르아살은 지도자의 직책을 맡았고(민 3:32; 4:16), 아버지가 죽은 후 대제사장이 되었다(참조. 20:26-28). 이스라엘 백성이 약속의 땅으로 향할 때 그는 대제사장으로 봉사했고, 그의 리더십은 여호수아 시대 전반에 걸쳐 언급된다(26:1-4, 63; 27:2; 31:12; 참조. 수 14:1; 19:51; 24:33). 그의 아들 비느하스는 또 다른 중요 인물이다. 그는 열정적으로 하나님의 진노를 돌이키고 이스라엘을 속죄했다(민 25:1-13). 그 결과, 하나님은 그를 명예롭게 하여 그와 그의 후손에게 영속적인 제사장직을 주겠다고 약속하셨다(10-13절; 시 106:30).

단선 족보는 한 세대에서 다음 세대로 빠르게 이동하다가(6:4-9), 솔로몬 시대의 제사장직에 관심을 집중하기 위해 잠시 멈춘다(10절). 족보는 끊임없이 이어지면서 여러 세대를 대강 훑고 넘어가다가,[7] 잠시 멈추어 유다와 함께 포로로 끌려간 마지막 대제사장 여호사닥에게 초점을 맞춘다(15절). 느부갓네살이 예루살렘을 멸망시켰을 때 리블라에서 시드기야의 70명의 아들과 함께 주요 지도자들을 살해했던 것을 기억해야 한다(렘 52:8-11). 여호사닥의 아버지요 대제사장인 스라야(대상 6:14)는 성전 직원과 궁정 고문, 왕의 군대 서기관, 유다 백성 60명과 함께 잔혹하게 살해되었다(렘 52:24-27). 하지만 스라야의 아들 여호사닥은 생존해 다른 포로들과 함께 바벨론으로 끌려갔다(대상 6:15). 따라서 제사장직은 그를 통해, 특히 유배 후 중요한 지도자 역할을 맡은 그의 아들 여호수아(예수아)를 통해 계속될 것이다(스 2:2; 3:2, 8; 5:2; 학 1:1; 슥 3:1-10; 6:11-15). 6장의 제사장 계보는 격동하는 유배기까지 이어지지만(15절), 제사장직 이야기는 제사장과 레위인이 귀환자들 가운데 포함되어 있는 9장에서 재개된다.

레위의 후손(6:16-30)

역대상 6:1에서 레위의 세 아들, 게르손(게르솜)과 그핫과 므라리로 시작된 족보는 16절에서 재개되면서 게르손의 두 아들이 나오고(17절), 그핫의 네 아들(18절)과 므라리의 두 아들(19절)로 이어진다. 족보는 더욱 확장되면서 립니를 통해 낳은 게르손의 후손(20-21절)과 암미나답을 통해 낳은 그핫의 후손(22-27절)이 나온다. 엘가나의 아들 사무엘이 명단 중에 있는데(27-28절; 참조. 삼상 8:2), 예언자 사무엘이 레위인의 혈통을 지녔음을 시사한다.[8] 족보는 므라리의 후손으로 마무리되면서(6:29-30), 명단의 마지막 아들은 언약궤를 예루살렘으로 옮길 때 도움을 준 이들 중 한 사람인 아사야로 확인된다(30절; 참조. 대상 15:6).

하나님의 백성을 인도하기 위해 임명된 레위 성가대(6:31-48)

다윗이 예배 찬양을 부르기 위해 임명한 레위인에게 초점이 맞춰진다(6:31-48). 다윗왕은 레위인에게 비파와 수금과 제금을 가지고 노래하고 연주할 친척들을 임명하여 기쁨의 소리를 높이라고 지시했다(참조. 15:16-26).[9] 레위 지파에는 초기부터 모세 및 미리암과 함께 예배를 인도했던 다채로운 역사가 있다(출 15:1-21; 참조. 신 32:1-44). 언약궤를 예루살렘으로 가져올 때 레위인은 하나님 백성의 예배를 인도하면서 다양한 악기를 연주한다(대상 16장). 음악가들은 이스라엘을 찬양과 감사로 인도하는 중요한 역할을 맡을 것이다(25:1-31).[10] 하나님을 높이는 찬양은 예배 공동체로서 이스라엘 삶의 중심이었고(시 68:4을 보라; 참조. 시 98:1; 105:2; 149:1), 이 신성한 책임을 레위인이 맡았기 때문에 그들의 족보가 중요하다.

다윗이 임명한 세 음악가 가족이 나온다. 그핫 가족의 가수 헤만(6:33-38)과 게르손 가족의 아삽(39-43절), 그리고 므라리 가족의 에단(44-47절)이다. 아삽은 헤만 오른쪽에 섰고(39절), 에단은 왼쪽에 섰으며(44절),

헤만은 중앙에 섰다. 이들 세 예배 인도자는 언약궤를 예루살렘으로 옮길 때 중요한 역할을 담당하는데, 아삽은 다윗왕 통치기에 저명한 예배 인도자였다. 아삽과 그의 아들들은 여러 시편을 지었고(시 50, 73-83편; 참조. 대하 29:30), 그는 성가대 대장으로 확인된다(대상 16:5; 참조. 25:2, 9). 아삽의 후손은 유배 후 공동체에서 예배를 인도하는 역할을 계속 맡을 것이다(참조. 스 2:41; 느 7:44; 11:17; 12:46). 아삽과 헤만은 모두 "선견자"로 확인되어, 그들의 예언자 역할을 암시한다(아삽은 대하 29:30; 헤만은 대상 25:5). 우리는 나중에 헤만과 그의 가족이 다윗(25:4-6)과 솔로몬(대하 5:12-14) 치하에서 중요한 예배 인도자임을 알게 될 것이다.

제사장의 역할과 아론의 족보(6:49-53)

이 단락은 레위인과 구별되는 이스라엘 제사장의 역할에 대한 간략한 설명으로 마무리된다. "아론과 그의 자손들은 번제단과 향단 위에 분향하며 제사를 드리며 지성소의 모든 일을 하여 하나님의 종 모세의 모든 명령대로 이스라엘을 위하여 속죄하니"(6:49). 제사장의 중요한 역할은 왕들의 이야기 곳곳에서 볼 수 있을 것이다. 레위인은 제사장을 돕기 위해 하나님이 선택하셨지만, 지성소에서 사역하는 신성한 임무는 아론과 그의 아들들에게 맡겨졌다. 그들은 이스라엘의 죄를 속하기 위해 임명되었고(레 1-7장), 대속죄일에 가장 신성한 책임을 수행했다(16장). 그들의 제사장 역할은 모세가 명한 모든 것을 따름으로써, 이스라엘의 삶에서 토라의 지속적인 중요성을 강조했다.

아론과 그의 아들들이 맡은 신성한 임무 바로 뒤에 엘르아살과 그의 아들 비느하스로 이어지는 아론의 단선 족보가 나오며(6:50-53; 참조. 4-8절), 다윗 시대에 봉사한 사독과 그의 아들 아히마아스까지 확장된다(삼하 15:36; 17:20; 18:22). 이 족보는 레위인이 배정된 성에 정착하는 과정을 기술하는 다음 단락으로 넘어가는 전환부에 해당하고, 당연히 아론의 아들들에게 주어진 성읍이 먼저 나온다.

레위인의 성(6:54-81)

모세 시대에 모든 지파에 할당될 마흔여덟 개의 레위인 성에 대한 규정이 마련되었다(민 35:1-34). 레위인은 자신들의 영토를 소유하지 않고, 대신 주님께서 그들의 기업이 되셨기 때문에 여러 지파 가운데 흩어져 있었다(신 18:1-2; 참조. 수 13:14). 레위인은 이 성들에서 살아야 할 뿐만 아니라, 그중 여섯 성은 의도치 않게 사람을 죽인 살인자가 피신해 피의 복수자로부터 보호받는 피난처 역할을 했다(민 35:6-34). 특정 성과 목초지가 처음 배정된 때는 여호수아 시대였다. 그때 레위 지도자들이 엘르아살과 여호수아에게 나아가 모세를 통해 주신 하나님의 명령에 따라 그 성읍을 달라고 요청했다(수 21:1-3).[11] 여호수아는 고대의 제비뽑기 관행을 따라 지파들 중에 흩어져 있던 마흔여덟 성읍을 그핫, 게르손, 므라리 가문에 배정했다. 제사장과 레위인이 자신들의 성에 정착했다는 역대기 저자의 서술은 여호수아 21:1-39의 목록에서 가져온 것이지만,[12] 저자의 배열은 아론의 아들들의 정착에 우선순위를 둔다. 정확한 정착 시기에 대해 여러 논란이 있지만,[13] 다윗의 통치 후반기가 가장 가능성이 높아 보인다.[14] 이는 제사장 족보가 아히마아스로 끝나는 직전의 맥락과도 어울린다(6:53).

레위인의 성읍은 세 주요 가문을 따라 배정되었다. 이어지는 단락은 두 부분으로 기록되지만(54-65절과 66-81절), 두 부분 모두 그핫(54-61, 66-70절), 게르손(62, 71-76절), 므라리(63, 77-81절)의 세 주요 가문을 서술한다는 점에서 대칭을 이룬다. 레위인의 성읍은 왕의 토지를 감독하는 지방 행정 중심지 역할을 했을 가능성이 있고,[15] 알다시피 레위인은 중요한 사법 및 교육 기관 역할을 수행했다(신 17:8-13; 대하 17:7-9). 성읍에 대한 서술은 지리에 따라 배열된 것으로 보인다.[16] 다윗이 왕으로 기름 부음을 받을 중요한 도시 헤브론을 포함하여, 남쪽의 유다, 베냐민, 시므온 지파 중에 13개 제사장 성읍이 확인된다. 제사장이 아닌 레위인은 에브라임과 므낫세 지파의 영토 내 중앙에 있는 성읍을 배정받는다 (6:54-61, 65-70). 다음 가문 게르손은 더 북쪽으로 잇사갈, 아셀, 납달리 영토에 정착했고, 요단 동쪽 지역 중 므낫세 반 지파가 살던 바산에도 정착했다(62절, 71-76절). 므라리에 속한 레위인의 성읍은 마지막에 나온다 (63, 77-81절). 그들의 성은 요단 동쪽 지역 르우벤과 갓의 영토에 위치하고, 또한 북서쪽으로 스불론 영토에 위치한다. 족보 전체가 그렇듯이, 레위인의 성이 (단을 제외한[17]) 열두 지파 가운데 분포되어 있는 것은 '온 이스라엘'이라는 주제에 기여하고, 이 나라의 신성한 본질을 강조한다.

이야기 살아내기

예수님은 큰 대제사장이시다

하나님은 아론과 그의 아들들을 제사장 직무를 위해 따로 세우셨다. 그들은 제단에서 신성한 임무를 집전했지만, 제사장직에 완벽함은 없었다는 사실을 기억하는 것이 좋다. 제사장은 인간 중에서 뽑혔고 그들도 죄 많은 인간의 본성을 공유했기 때문이다. 이 점은 제사장이 거룩하신 하나님 앞에서 사역하기 전에 필요한 성별 의식에 반영되어 있다. 제사장은 거룩한 옷을 입기 전에 몸을 씻어야 했고, 제단에서 집전할 때 이스라엘을 위해 제사를 드리기 전에 **먼저** 자기 죄를 위해 제사를 드려야 했다(레 4:3-12; 16:6, 11, 17; 참조. 히 5:1-4; 7:27-28). 제사장직에 관한 잘 알려진 이야기는 이스라엘 제사장의 약점을 진술해 준다. 즉 이스라엘 백성이 금송아지를 만들어 달라고 요청했을 때 안타깝게도 아론은 묵종했고(출 32:1-6, 21-26, 35), 만약 모세의 중보 기도가 없었다면(신 9:20) 하나님은 그를 멸하셨을 것이다. 아론의 두 아들, 나답과 아비후는 성막에 공인되지 않은 불을 가져왔다가 하나님의 심판을 받았다(레 10장). 엘리의 아들, 홉니와 비느하스는 하나님의 제물을 멸시했을 뿐만 아니라 회막 문간에서 섬기던 여성들과 부정한 관계를 맺기도 했다(삼상 2:12-17, 22-36). 그들도 하나님의 심판을 받았다(4:1-22). 하나님을 신실하게 섬긴 많은 제사장들이 있지만(역대기에서 그들을 만날 것이다), 유배 이전 시기에 예언자들은 이스라엘을 타락으로 이끈 제사장들을 비난했다(렘 2:8, 26; 겔 22:26). 제사장직의 부패는 유배 이후에도 느헤미야가 제사장을 책망할 때(느 13:4-9, 28-30), 또한 말라기가 제사장에 대한 심판을 선포할 때(말 1:6-14; 2:1-9) 엿볼 수 있다. 여호수아(스 3:2; 5:2)와 에스라(7:6, 10) 등 하나님을 신실하게 섬긴 경건한 제사장의 사례가 많기 때문에, 모든 제사장이 부패했다는 의미는 아니다. 하지만 구약성경의 냉정한 현실은 이스라엘의 제사장도 인간이었으며 그들도 약점에 시달렸다는 것이다.

히브리서 저자는 큰 대제사장이신 예수님과 옛 언약의 제사장을 대조한다. **완전하고 신실한** 대제사장이신 예수님은 "거룩하고 악이 없고 더러움이 없고 죄인에게서 떠나 계시고 하늘보다 높이 되신" 분으로 묘사되며, 이제 하나님 보좌 우편에 앉아 우리를 위해 중보하신다(히 7:26-27). (이 족보가 증언하듯) 유한성으로 인해 제사장직이 한시적이었던 구약의 많은 제사장과 달리, 예수님은 **항상** 살아서 우리를 위해 중보하신다.

예수님은 레위 지파 출신이 아니셨다(히 7:13-14). 그분의 자격은 육신의 혈통이 아니라 "불멸의 생명의 능력"에 근거했기 때문이다(16절). 예수님의 제사장 직분은 레위 지파에서 나온 것이 아니라 제사장인 동시에 왕이던 레위 혈통 밖의 제사장, 곧 멜기세덱의 반차에서 나온 것이다(창 14:18-24; 시 110:4; 참조. 히 3:1-19; 4:14-16; 5:1-10; 6:20; 7:1-28; 8:1-6). 멜기세덱의 우월한 제사장직은 아브라함이 **그에게** 십일조를 드렸다는 사실에서 엿볼 수 있다(창 14:20). 또한 당시에 레위는 아브라함의 허리에 있었기 때문에, 말하자면 제사장 지파 레위는 멜기세덱에게 영광을 돌린 셈이 된다!(히 5:5-6; 7:1-10) 이것은 멜기세덱의 우월한 제사장직을 증언하는데, 이 제사장직은 시편 110편의 선언에서 확정된다. "너는 멜기세덱의 서열을 따라 영원한 제사장이라"(시 110:4; 참조. 히 5:6; 7:17, 21). 따라서 예수님의 제사장 사역은 멜기세덱의 왕적 제사장직을 모델로 삼았는데, 이는 바로 다윗의 제사장 역할에서 드러나는 특징이다(참조. 대상 15:27-28).[18] 예수님은 우주를 다스리는 기름 부음받은 왕이시고(히 1:1-14; 2:5-8), 또한 우리를 위해 중보하는 자비롭고 신실한 대제사장이시다(2:17; 5:1-10; 7:1-28; 8:1-6). 다시 말해, 다가올 좋은 일의 그림자인 구약성경의 제사장직은 예수님의 제사장 사역을 예고한다.

이스라엘의 제사장은 "번제단과 향단 위에 분향하며 제사를 드리며 지성소의 모든 일을 하여… 이스라엘을 위하여 속죄"해야 했지만(대상 6:49), 그들의 신성한 임무는 예수님 안에서 성취된 **더욱 위대한** 것을 가리킨다. 구약의 제사 제도는 임시 규정이었다. 사실 염소와 황소의 피로는 결코 죄를 없앨 수 없기 때문이다(히 9:1-28; 10:11). 옛 언약 아래서 이스라엘의 제사장은 매일 제사를 드려야 했는데, 이 제사는 죄를 상기시키는 역할을 했다(10:1-4). 구약성경은 자신의 피를 바치신 예수님의 완전한 "단번"의 제사에 우리를 준비시키기 때문에 다가올 좋은 일의 그림자였다(9-10장). 그분은 염소와 황소의 피로는 결코 해결할 수 없는 인간의 죄 문제를 마침내 해결하신 분이다. 그분의 속죄 제사는 죄를 **없애기** 때문이다.[19] 레위의 족보는 구약성경에서 속죄의 중요성과 필요성을 강조하고 이스라엘이 제사장 나라로 구별되었음을 상기시키지만, 나아가 속죄 제사를 통해 우리를 하나님 앞에 들어갈 수 있게 하신 큰 대제사장을 바라본다. 예수님은 우리가 은혜의 보좌에 가까이 갈 수 있게 하는 새롭고 살아 있는 길이다. 분명 이것은 오늘 우리에게 좋은 소식이다.

7

역대상 7:1-40

이야기 경청하기

¹잇사갈의 아들들은 돌라와 부아와 야숩과 시므론 네 사람이며 ²돌라의 아들들은 웃시와 르바야와 여리엘과 야매와 입삼과 스므엘이니 다 그의 아버지 돌라의 집 우두머리라 대대로 용사이더니 다윗 때에 이르러는 그 수효가 이만 이천육백 명이었더라 ³웃시의 아들은 이스라히야요 이스라히야의 아들들은 미가엘과 오바댜와 요엘과 잇시야 다섯 사람이 모두 우두머리며 ⁴그들과 함께 있는 자는 그 계보와 종족대로 능히 출전할 만한 군대가 삼만 육천 명이니 이는 그 처자가 많기 때문이며 ⁵그의 형제 잇사갈의 모든 종족은 다 용감한 장사라 그 전체를 계수하면 팔만 칠천 명이었더라 ⁶베냐민의 아들들은 벨라와 베겔과 여디아엘 세 사람이며 ⁷벨라의 아들들은 에스본과 우시와 웃시엘과 여리못과 이리 다섯 사람이니 다 그 집의 우두머리요 큰 용사라 그 계보대로 계수하면 이만 이천삼십사 명이며 ⁸베겔의 아들들은 스미라와 요아스와 엘리에셀과 엘료에내와 오므리와 여레못과 아비야와 아나돗과 알레멧이니 베겔의 아들들은 모두 이러하며 ⁹그들은 다 그 집의 우두머리요 용감한 장사라 그 자손을 계보에 의해 계수하면 이만 이백 명이며 ¹⁰여디아엘의 아들은 빌한이요 빌한의 아들들은 여우스와 베냐민과 에훗과 그나아나와 세단과 다시스와 아히사할이니 ¹¹이 여디아엘의 아들들은 모두 그 집의 우두머리요 큰 용사라 그들의 자손 중에 능히 출전할 만한 자가 만 칠천이백 명이며 ¹²일의 아들은 숩빔과 훕빔이요 아헬의 아들은 후심이더라 ¹³납달리의 아들들은 야시엘과 구니와 예셀과 살룸이니 이는 빌하의 손자더라 ¹⁴므낫세의 아들들은 그의 아내가 낳아 준 아스리엘과 그의 소실 아람 여인이 낳아 준 길르앗의 아버지 마길이니 ¹⁵마길은 훕빔과 숩빔의 누이 마아가라 하는 이에게 장가 들었더라 므낫세의 둘째 아들의 이름은 슬로브핫이니 슬로브핫은 딸들만 낳았으며 ¹⁶마길의 아내 마아가는 아들을 낳아 그의 이름을 베레스라 하였으며 그의 아우

의 이름은 세레스이며 세레스의 아들들은 울람과 라겜이요 ¹⁷울람의 아들들은 브단이니 이는 다 길르앗의 자손이라 길르앗은 마길의 아들이요 므낫세의 손자이며 ¹⁸그의 누이 함몰레겟은 이스홋과 아비에셀과 말라를 낳았고 ¹⁹스미다의 아들들은 아히안과 세겜과 릭히와 아니암이더라 ²⁰에브라임의 아들은 수델라요 그의 아들은 베렛이요 그의 아들은 다핫이요 그의 아들은 엘르아다요 그의 아들은 다핫이요 ²¹그의 아들은 사밧이요 그의 아들은 수델라며 그가 또 에셀과 엘르앗을 낳았으나 그들이 가드 원주민에게 죽임을 당하였으니 이는 그들이 내려가서 가드 사람의 짐승을 빼앗고자 하였음이라 ²²그의 아버지 에브라임이 여러 날 슬퍼하므로 그의 형제가 가서 위로하였더라 ²³그리고 에브라임이 그의 아내와 동침하매 임신하여 아들을 낳으니 그 집이 재앙을 받았으므로 그의 이름을 브리아라 하였더라 ²⁴에브라임의 딸은 세에라이니 그가 아래 윗 성 벧호론과 우센세에라를 건설하였더라 ²⁵브리아의 아들들은 레바와 레셉이요 레셉의 아들은 델라요 그의 아들은 다한이요 ²⁶그의 아들은 라단이요 그의 아들은 암미훗이요 그의 아들은 엘리사마요 ²⁷그의 아들은 눈이요 그의 아들은 여호수아더라 ²⁸에브라임 자손의 토지와 거주지는 벧엘과 그 주변 마을이요 동쪽으로는 나아란이요 서쪽에는 게셀과 그 주변 마을이며 또 세겜과 그 주변 마을이니 아사와 그 주변 마을까지이며 ²⁹또 므낫세 자손의 지계에 가까운 벧스안과 그 주변 마을과 다아낙과 그 주변 마을과 므깃도와 그 주변 마을과 돌과 그 주변 마을이라 이스라엘의 아들 요셉의 자손이 이 여러 곳에 거하였더라 ³⁰아셀의 아들들은 임나와 이스와와 이스위와 브리아요 그들의 매제는 세라이며 ³¹브리아의 아들들은 헤벨과 말기엘이니 말기엘은 비르사잇의 아버지이며 ³²헤벨은 야블렛과 소멜과 호담과 그들의 매제 수아를 낳았으며 ³³야블렛의 아들들은 바삭과 빔할과 아스왓이니 야블렛의 아들은 이러하며 ³⁴소멜의 아들들은 아히와 로가와 호바와 아람이요 ³⁵그의 아우 헬렘의 아들들은 소바와 임나와 셀레스와 아말이요 ³⁶소바의 아들들은 수아와 하르네벨과 수알과 베리와 이므라와 ³⁷베셀과 훗과 사마와 실사와 이드란과 브에라과 ³⁸예델의 아들들은 여분네와 비스바와 아라요 ³⁹울라의 아들들은 아라와 한니엘과 리시아이니 ⁴⁰이는 다 아셀의 자손으로 우두머리요 정선된 용감한 장사요 방백의 우두머리라 출전할 만한 자를 그들의 계보대로 계수하면 이만 육천 명이었더라

이야기 속 다른 본문 경청하기
창세기 46:8-27; 민수기 26:1-51; 여호수아 16-17장

레위 지파의 긴 족보(6:1-81)에 이어 이제 요단강 서쪽에 정착한 여섯 지파, 즉 잇사갈(7:1-5), 베냐민(6-12절), 납달리(13절), 므낫세 반(14-19절), 에브라임(20-29절), 아셀(30-40절) 지파의 족보가 나온다. (베냐민 지파를 제외한) 이 지파들은 북왕국 이스라엘에 속했지만, 그들의 배교에도 불구하고 그들이 잊히지 않은 것은 하나님의 백성 이스라엘의 변치 않는 부르심을 강조한다(2:1-2).

이번 장 배후에는 이스라엘 역사의 중심이 되는 세 본문이 있다(창 46:8-27; 민 26장; 수 16-17장). 야곱의 후손 일흔 명은 기근 때문에 이집트로 이주했다. 하나님은 야곱에게 이집트로 가는 것을 두려워하지 말라고 말씀하셨다. 하나님은 그곳에서 야곱을 큰 민족으로 만드실 것이고, 자기 백성을 이집트에서 이끌어 내실 것이기 때문이다. 7장에서는 야곱의 후손들의 여러 이름을 회고하는데, 자세한 내용은 뒤에 나온다(참조. 창 46:8-27). 광야 세대가 죽은 후 이루어진 이스라엘 열두 지파에 대한 인구 조사는 두 번째로 회고되는 본문이다(민 26장). 창세기 46장과 민수기 26장에 나오는 몇몇 이름이 잇사갈(7:1-5; 참조. 창 46:13; 민 26:23-24), 납달리(대상 7:13; 참조. 창 46:24; 민 26:48-49), 아셀(대상 7:30-40; 참조. 창 46:17; 민 26:44-46) 지파에 대한 역대기 저자의 설명에 등장한다. 에브라

임과 므낫세 지파의 영토는 여호수아 16-17장에 나오는데, 이 두 지파는 요셉을 대표한다. 유배 후의 공동체는 이스라엘 선조들의 이름을 기억함으로써, 하나님의 백성이 하나였던 초기 형성기를 다시 떠올리고, 이를 통해 공동의 혈통을 강조한다. 분열의 역사가 있었지만, 이 지파들은 여전히 이스라엘 백성에 속해 있다. 유다, 레위, 베냐민 지파가 남왕국 유다를 구성하지만, (단과 스불론을 제외한) 북쪽 지파들이 첫머리 족보에 포함된 것은 역대기 신학의 핵심인 '온 이스라엘'을 향한 강력한 비전을 제시한다.

이야기 설명하기

잇사갈 지파의 용사들 (7:1-5)

잇사갈은 야곱이 레아를 통해 낳은 다섯째 아들이었다(창 30:17-18). 잇사갈의 후손을 여러 세대에 걸쳐 추적하지만(대상 7:1-5), 약속의 땅 정착이 아니라(참조. 수 19:17-23) 다윗 시대에 복무했던 이 지파의 용사들에 초점을 맞춘다(대상 7:2). 그래서 보다(Boda)는 잇사갈이 "다윗 왕국의 핵심 군사 자원을 대표하며, 역대기 저자의 내러티브에서 다윗의 군대에 참여할 것을 암시한다. 12:32에서 그들은 '시세를 알고 이스라엘이 마땅히 행할 것을 아는' 이들로 선발될 것이다"라고 제안한다.[1] 그들이 북쪽 지파에 포함되었다는 사실은 다윗 시대에 군사적으로 중요한 그들의 역할을 예고하고, 나아가 다윗이 모든 지파로부터 받은 폭넓은 지지를 입증한다.

베냐민 지파의 용사들 (7:6-12)

베냐민 지파로 초점이 옮아오면서, 족장의 세 아들인 벨라, 베겔, 여디아엘로 시작한 다음(7:6; 참조. 8:1-2), 가문의 지도자인 벨라(7절), 베겔(8-9절), 여디아엘(10-11절)로 이어진다. 앞 단락의 잇사갈과 마찬가지로(1-5절), 이 명단은 성격상 군사적이어서 다윗 시대와 관련된 전투를 위해 준비된 이들을 암시한다(참조. 2절). 그들이 족보에 포함된 것은 "다윗 왕국을 강화하는 데" 그들이 유용했음을 보여 주고, "역대기 저자의 내러티브에서 다윗 군대에 그들이 다시 참여할 조짐을 나타내기 위해서"였을 것이다.[2] 베냐민 지파(사울의 지파) 사람들이 다윗을 지지하는 것은 사울에 대한 지지가 약화되고 있음을 알리면서, 하나님이 왕국을 다윗에게 넘겨주고 계신다는 또 다른 표시다(참조. 12:2, 29). 베냐민 지파의 명단에는 후심(참조. NASB, ESV, 7:12)[3]이라는 사람이 포함되어 있는데, 그는 다른 곳에서 단의 아들로 확인되어(창 46:23) 그가 이전의 지파 소속을 상실했음을 시사한다. 단 지파는 본래의 지파 배정지를 버리고 더 먼 북쪽에 정착했다는 사실을 기억해야 한다(삿 17-18장). 따라서 앞 장에서 언급된 단 지파의 두 성은 에브라임의 영토로 편입되었다(대상 6:66, 69; 참조. 삿 19:42). 보다(Boda)는 단 지파가 "영토 배정지를 노골적으로 버렸을 뿐만 아니라 경쟁적 제의를 만들어 북쪽 지파들을 타락하게 만들었기 때문에 역대기 저자가 제외했을" 것이라는 통찰력 있는 주장을 내놓는다(단 지파의 이 두 행위에 대해 삿 18장; 왕상 12:29-30; 대하 11:14-15; 13:8-12을 보라)."[4] 아마 이런 이유로 단의 아들 후심은 역대상 7:12에서 베냐민 지파에 포함되었을 것이다. 필사자의 실수나 전승 과정의 누락에서 기인했을 수도 있지만, 족보 전체 내에서 해석할 경우 단의 우상 숭배 역사와 그들이 기업을 버린 사건에서 기인했을 가능성이 더 높다.

납달리 지파(7:13)

족보는 라헬의 종 빌하를 통해 낳은 야곱의 아들 납달리(창 30:7-8)의 후손으로 이어진다. 납달리 지파는 잇사갈과 스불론에 접경한 북쪽 지역에 위치해 있었지만(참조. 수 19:32-39), 여기에는 간략한 족보만 나온다(참조. 창 46:24). 초점이 납달리에 맞춰져 있지 않다는 점은 인접한 북쪽 지파 스불론에 대한 언급이 없는 데서 더 잘 확인되는데(참조. 수 19:10-16; 사 9:1), 이는 우상을 숭배하는 북쪽 지파와의 연관성에서 기인했을 수 있다(물론 납달리 지파는 다윗을 지지했고, 스불론의 일부는 히스기야 시대에 겸손한 마음을 가졌지만 말이다; 참조. 대상 12:34; 대하 30:11).

므낫세 지파(7:14-19)

므낫세와 에브라임 지파가 다음에 나온다(7:14-29). 특성상 군사적인 잇사갈, 베냐민, 아셀 지파의 명단과 달리, 첫 단락에서는 이스라엘 역사에서 잘 알려진 인물인 므낫세의 아들 마길에게 초점을 맞춘다(참조. 창 50:23; 민 26:29; 32:39-40; 수 17:1). 마길의 아들은 길르앗으로(참조. 민 26:29-34), 그의 이름은 요단 동쪽의 길르앗 지역과 관련이 있다. 그의 이름이 담긴 성에는 므낫세 지파와 관련된 오랜 역사가 있었다(참조. 민 32:39-40; 36:1; 수 17:1-6).

므낫세의 족보와 관련된 것이 고고학자들이 고대 사마리아에서 발굴한 주전 8세기 문자가 새겨진 도기 조각이다. 사마리아 도기 조각(Samaria Ostraca)은 포도주와 바디 오일 등 당시 왕궁에서 사용되던 사치품을 보여 준다. 므낫세 지파에게 있어서 이 도기 조각의 중요성은 다음 글에서 더욱 강조된다.

> 도기 조각에 담긴 지형 데이터는 성경 밖에서 발견된 이스라엘 지명 중 가장 많은 수를 차지하고, 사마리아 주변 여러 성의 위치를 정하는 데 매우 유용한데, 그중 일부는 성경에도 나온다. 두 번째 도기 조각 그룹에 나오는 모든 가문 이름은 므낫세 지파에 속해 있다. 성경에 나오는 가문 명단(민 26:29-34; 수 17:2-3) 중 하나만 제외하고 모든 가문이 등장하는

것은 고대 지파 분배가 지속되었다는 사실과 행정적 목적에 대한 예증이다.[5]

재화의 분배, 가문 체계 및 주요 장소에 대해 중요한 정보를 제공하는 이들 도기 조각이 상기시키는 바가 있다. 바로 이번 장의 족보는 현대 상황과 거리가 멀지만, 고대 이스라엘은 고유한 지파 구조를 가졌고, 따라서 이름과 지리는 사회생활의 중요한 측면이었다는 점이다.

마지막으로, 이 족보에서 슬로브핫의 딸 등 몇몇 여성이 두드러지는데, 그들에게 주어진 기업에 관한 이전의 이야기를 상기시킨다(참조. 민 27:1-11; 36:1-12; 수 17:3-6). 마길의 딸과 헤스론의 결혼이 유다와의 관계를 돈독히 하듯이(2:21), 훕빔과 숩빔에서 얻은 아내는 므낫세와 베냐민 지파를 연결해 준다(대상 7:15; 참조. 7:12). 역대기 저자는 이런 지파 간 관계를 보여 주기 위해 열중하는데, 이는 지파 간의 연합을 더욱 돈독히 하기 때문이다(참조. 2:1-2; 12:23-40; 대하 30:1, 10-11; 34:9). 에브라임과 므낫세 지파는 다윗을 지지한 이들 가운데 포함되었고(대상 12:30-31), 그들은 결정적인 개혁의 시기에 남왕국에 합류한 이들 중에 있었다(대하 15:9; 30:1, 10-11; 34:9). 에브라임과 므낫세가 귀환자들 가운데 포함되었다는 사실은 당연히 기억해야 한다(대상 9:3). 따라서 이런 지파 간 관계에 대한 언급은 유배 후 공동체의 연합을 구축하는 데 기여한다.

에브라임 지파(7:20-29)

에브라임(7:20-29; 참조. 민 26:35)과 그의 세 아들인 수델라, 에셀, 엘르앗으로 초점이 이동한다(7:20-21). 수델라의 계보는 단선 족보로 나오지만(20-21절), 그의 두 형제는 블레셋 사람들의 가축을 훔치려고 했다가 가드에서 살해되었다. 아버지 에브라임은 그들로 인해 여러 날 슬퍼했고, 그 후 에브라임의 아내는 다시 임신하여 브리아라는 아들을 낳았는데, 이 이름은 집안의 불행을 상기시킨다(23절). 이런 가정의 위기 속에서 세에라라는 딸이 태어나면서 희망이 생긴다. 놀랍게도 세에라는 세 개의 성을 건설하는데, 그중 하나에는 그녀의 이름이 담겼다(24절). 또 다른 후손인 레바에서 더 큰 희망이 엿보이는데, 그의 혈통은 이스라엘의 가장 유명한 지도자 중 하나인 여호수아로 이어진다(25-27절; 참조. 수 1:1). 족보는 에브라임 지파에 속한 성들의 목록으로 마무리되는데, 이 성들은 요단강 서쪽에 위치해 있다(7:28-29; 참조. 수 16:5-10). 마지막으로 에브라임과 므낫세가 요셉의 아들이라는 설명이 나오면서(7:29), 이스라엘의 아들 명단(2:1-2)과 더불어 이스라엘의 초기 역사(창 48:13-20; 대상 5:1-2)도 상기시켜 준다.

아셀 지파(7:30-40)

7장은 레아의 여종 실바를 통해 낳은 야곱의 아들 아셀(창 30:12-13)의 후손으로 마무리된다(참조. 창 46:17; 민 26:44-46). 잇사갈 및 베냐민 지파와 마찬가지로, 이 명단은 성격상 군사적인 것이라(참조. 대상 7:40) 아셀의 용사들이 다윗을 지원할 것을 예고하고(12:36), 아셀의 일부는 훗날 유월절 축제에 유다와 합류할 것이다(대하 30:11).

이야기 살아내기

하나로 화해한 하나님 백성의 비전

이번 장에 나온 북쪽 지파들은 하나 된 하나님 백성의 강력한 비전을 제시한다. 죄가 북쪽 지파에 미친 영향을 부정한다는 말은 아니다(단[6]과 스불론[7] 지파의 부재에서 볼 수 있듯이). 하지만 북쪽 지파 잇사갈(7:1-5), 납달리(13절), 므낫세(14-19절), 에브라임(20-29절), 아셀(30-40절)이 배교한 북왕국에 속했음에도 지파들 가운데 포함된 것을 볼 때, 하나 된 하나님 백성의 비전은 존재한다. 보다(Boda)는 이 비전을 잘 요약했다.

> 역대기 저자는 요단강 서쪽에 있는 북쪽 지파를 대부분 포함시킴으로써 북쪽 지파의 구성원이 '이스라엘'의 일부로 간주되어야 한다는 메시지를 유대인 청중에게 보냈다. 이런 정교한 연합 요청은 이들 지파의 영토가 페르시아 제국에서 별도의 속주를 이루지 않던 시기에 중요했다.[8]

유다와 북왕국의 역사는 갈등으로 점철되어 있었지만(대하 10:16, 19; 13:2-9; 16:1-6; 28:5-15), 히스기야왕은 유월절 축제에 함께하자고 동일한 북쪽 지파들을 초대한다(30장). 에브라임, 므낫세, 아셀, 잇사갈, 스불론 지파의 일부가 스스로 겸손한 마음으로 유다에 합류하고(11-12, 18-19절), 히스기야는 그들을 위해 기도하면서 주님을 구하는 이들을 용서해 주시도록 하나님께 간구한다(18-19절).[9] 이것이 바로 역대하 7:14의 결과인 용서와 화해의 고통스러운 사역이다.[10] 이것은 역대기 저자가 "과분한 은혜와 용서의 가능성"에 관한 이야기를 전하고 있음을 상기시킨다. "죄는 거듭 반복해서 용서받고, 하나님은 죄와 회개를 통해 더 큰 일을 행하신다."[11] 하나 된 하나님의 백성을 향한 이 비전은 단순히 학문적 연구나 신학적 이상의 문제가 아니라, 하나님의 이상이 공동체 안에서 구현될 수 있도록 이전의 원수들을 화해시키는 사역이 필요하다고 말한다.

이스라엘 역사에서 오래전에 어떤 일이 일어났는지 생각해 보자. 소원했던 두 형제, 야곱과 에서는 오랜 세월의 갈등이 끝나고 마침내 화해했을 때 눈물을 흘렸고, 그때 야곱은 형이 자신을 받아들이는 모습에서 하나님의 얼굴을 보았다(창 33:1-17). 요셉은 형들과 화해하기 위해 개인적으로 치러야 할 대가를 너무나 잘 알고 있었기에 형제들이 마침내 하나가 되었을 때 격한 눈물을 흘렸다(창 45:14-15). 그들의 화해는 하나님의 용서와 그분의 주권적인 손길을 보여 주는 구체적 예시였다(창 50:17-20). 형제간의 고통스러운 화해의 여정이 이렇다. 역대기에서는 소원한 지파들이 화해하면서 전국적 규모로 화해가 전개된다. 하나님의 백성은 자신들이 무엇보다 먼저 한 민족 이스라엘에 속한 형제라는 사실을 잊지 말아야 했다. 예언자들은 이스라엘과 유다가 하나님의 한 백성이 되어(렘 3:18; 50:4-5; 겔 37:15-22) "다시는 두 민족이 되지 아니하며 두 나라로 나누이지 아니할" 그때를 상상한다(22절). 유다와 이스라엘의 관계 단절은 엄청난 비극이었지만 하나님은 자기 백성을 회복해 재결합하시는데, 바로 7장에서 이 비전을 제시한다. 하나 된 민족을 향한 하나님의 큰 목적에 비추어 볼 때, 오래된 분열과 적대감은 치워 두어야 한다.

오늘날 교회에서 우리는 카펫 색깔이나 예배에서 연주되는 음악의 종류, 강단의 크기 같은 사소한 문제로 쉽게 분열할 수 있다. 심지어 교회는 사실상 중요하지 않은 문제 때문에 분열하기도 한다. 우리는 서로 다른 정치적 견해로 인해 사회 구조가 나뉜 분열 국가가 되었다. 벤 새스(Ben Sasse)가 『그들: 우리가 서로 미워하는 이유와 치유 방법』(Them: Why We Hate Each Other—and How to Heal)이라는 제목의 책에서 쓰고 있듯이, 우리는 "우리와 그들이 대립하는" 사회에 살고 있다.[12] 우리는 정치 때문에 분열되어 있을 뿐 아니라 민족과 인종에 따라 분열되어 있는데, 이는 우리가 그토록 소중하게 여긴다고 주장하는 복음 자체를 부정하는 것이다. 인간의 이야기는 민족과 국가 사이에 점증하는 갈등으로 가득 차 있지만, 깊은 적대감과 증오의 해결책은 예수님의 속죄 죽음과 그분이 주시는 새 생명에서 찾을 수 있다.

복음의 실재는 예수님께서 십자가를 통해 신자들을 한 몸으로 **화해시키셨다**는 것이다. 오래된 적대감은 **무너졌고**, 우리는 그리스도 안에서 새로운 인류로 **창조되었다**(엡 2:14-18). 적대감이 남아 있다면, 그것은 우리가 선포하려는 복음 자체를 부정하는 것이다. 우리는 그리스도 안에서 성취된 연합을 진지하게 받아들이고, 이 연합을 우리의 관계 속에서 구현해야 한다. 예수님은 형제에게 원망 들을 만한 일이 있을 경우 예물을 놓아두고 먼저 가서 형제와 화해하라고 가르치셨다(마 5:22-24). 제자들은 원수를 사랑하고 핍박하는 자들을 위해 기도해야 했다(44-48절). 우리 교회는 복음의 실재를 살아내기 위해 노력하면서 고통스럽고 힘든 화해의 사역을 간증하는 장소가 되어야 한다.

소원해진 부족과 과거의 원수 사이에 화해가 가능하다는 것은 르완다 집단 학살 후 화해를 이룬 두 가족의 감동적인 이야기에서 확인할 수 있다. 40년간의 정치적 갈등과 불의의 역사로 인해 1994년 르완다에서 폭력 사태가 발생해, 100일 동안 100만 명의 투치족과 온건한 후투족이 학살당한 것으로 추정된다. 어린 시절부터 가족끼리 친하게 지냈던 두 남자 앤드류와 칼릭스트는 갈등을 직접 경험했다. 앤드류의 이웃 마을인 무람비(Murambi)에서 불과 여덟 시간 만에 무려 5만 명의 투치족이 살해되었다. 앤드류의 아내 매드린은 아버지와 어머니, 다섯 남매를 잃었다. 아내가 겪은 상실감은 상상할 수 없을 정도였지만, 앤드류의 어린 시절 친구 칼릭스트는 아내의 가족을 죽인 폭도의 일원이었다. 이 가슴 아픈 부족 간 갈등은 이웃과 이웃, 친구와 친구를 갈라놓았다.

집단 학살 이후 이 범죄자들을 재판하기 위해 지역 법원이 설립되었고, 앤드류가 친구 칼릭스트에게 불리한 증언을 하여 칼릭스트는 13년 동안 수감되었다. 1994년 월드비전(World Vision)은 이 지역에 식량을 공급하고 고아들을 보살피는 활동을 시작했다. 엄청난 트라우마와 고통을 겪은 사람들을 치유하기 위한 노력의 일환으로 상담 프로그램과 화해 캠프를 설립했다. 앤드류는 월드비전에 참여했고, 시간이 지나면서 앤드류와 그의 아내는 하나님의 용서에 대해 배워 갔다.[13]

놀랍게도 앤드류와 칼릭스트는 이제 한 교회에서 예배를 드린다. 앤드류가 설교하고 칼릭스트는 그의 옆에서 성경을 낭독한다. 두 가족은 함께 식사를 나누기도 한다. 이것은 예수님을 통해 가능한 놀라운(또한 초자연적인) 화해의 간증이다. 르완다에서 사역하는 앙투안 목사는 이렇게 설명한다. "알다시피 어느 나라에서든 사람들은 상처를 입고 다칩니다. 우리는 서로 용서해야 합니다." 나아가 이렇게 설명한다. "회개하고 고백하고 화해할 때 우리의 삶은 더 나아집니다."[14] 이것은 복음의 강력한 역사고, 이전에 원수였던 지파들이 하나님의 한 백성으로 연합하는 역대기가 제시하는 비전이다.[15] 이것은 힘든 화해의 사역이지만, 우리를 **자기 안**에서 연합해 하나의 새로운 인류로 창조하신 그리스도를 통해 가능한 사역이다.

8

역대상 8:1-40

이야기 경청하기

¹베냐민이 낳은 자는 맏아들 벨라와 둘째 아스벨과 셋째 아하라와 ²넷째 노하와 다섯째 라바이며 ³벨라에게 아들들이 있으니 곧 앗달과 게라와 아비훗과 ⁴아비수아와 나아만과 아호아와 ⁵게라와 스부반과 후람이라 ⁶에훗의 아들들은 이러하니라 그들은 게바 주민의 우두머리로서, 사로잡혀 마나핫으로 갔으니 ⁷곧 나아만과 아히야와 게라이며 게라는 또 웃사와 아히훗을 낳았으며 ⁸사하라임은 두 아내 후심과 바아라를 내 보낸 후에 모압 땅에서 자녀를 낳았으니 ⁹그의 아내 호데스에게서 낳은 자는 요밥과 시비야와 메사와 말감과 ¹⁰여우스와 사갸와 미르마이니 이 아들들은 우두머리이며 ¹¹또 그의 아내 후심에게서 아비둡과 엘바알을 낳았으며 ¹²엘바알의 아들들은 에벨과 미삼과 세멧이니 그는 오노와 롯과 그 주변 마을들을 세웠고 ¹³또 브리아와 세마이니 그들은 아얄론 주민의 우두머리가 되어 그들이 가드 주민을 쫓아냈더라 ¹⁴아히요와 사삭과 여레못과 ¹⁵스바댜와 아랏과 에델과 ¹⁶미가엘과 이스바와 요하는 다 브리아의 아들들이요 ¹⁷스바댜와 므술람과 히스기와 헤벨과 ¹⁸이스므래와 이슬리아와 요밥은 다 엘바알의 아들들이요 ¹⁹야김과 시그리와 삽디와 ²⁰엘리에내와 실르대와 엘리엘과 ²¹아다야와 브라야와 시므랏은 다 시므이의 아들들이요 ²²이스반과 에벨과 엘리엘과 ²³압돈과 시그리와 하난과 ²⁴하나냐와 엘람과 안도디야와 ²⁵이브드야와 브누엘은 다 사삭의 아들들이요 ²⁶삼스래와 스하랴와 아달랴와 ²⁷야아레시야와 엘리야와 시그리는 다 여로함의 아들들이니 ²⁸그들은 다 가문의 우두머리이며 그들의 족보의 우두머리로서 예루살렘에 거주하였더라 ²⁹기브온의 조상 여이엘은 기브온에 거주하였으니 그 아내의 이름은 마아가며 ³⁰장자는 압돈이요 다음은 술과 기스와 바알과 나답과 ³¹그돌과 아히오와 세겔이며 ³²미글롯은 시므아를 낳았으며 그들은 친족들과 더불어 마주하고 예루살렘에 거주하였더라 ³³넬은 기스를 낳고 기스는 사

울을 낳고 사울은 요나단과 말기수아와 아비나답과 에스바알을 낳았으며 ³⁴요나단의 아들은 므립바알이라 므립바알은 미가를 낳았고 ³⁵미가의 아들들은 비돈과 멜렉과 다레아와 아하스이며 ³⁶아하스는 여호앗다를 낳고 여호앗다는 알레멧과 아스마웻과 시므리를 낳고 시므리는 모사를 낳고 ³⁷모사는 비느아를 낳았으며 비느아의 아들은 라바요 그의 아들은 엘르아사요 그의 아들은 아셀이며 ³⁸아셀에게 여섯 아들이 있어 그들의 이름은 이러하니 아스리감과 보그루와 이스마엘과 스아랴와 오바댜와 하난이라 아셀의 모든 아들이 이러하며 ³⁹그의 아우 에섹의 아들은 이러하니 그의 맏아들은 울람이요 둘째는 여우스요 셋째는 엘리벨렛이며 ⁴⁰울람의 아들은 다 용감한 장사요 활을 잘 쏘는 자라 아들과 손자가 많아 모두 백오십 명이었더라 베냐민의 자손들은 이러하였더라

이야기 속 다른 본문 경청하기

민수기 26:38-41; 사무엘상 9:1-27

베냐민 지파는 앞서 소개되었지만, 그 강조점은 성격상 군사적인 것이었다(7:6-12). 이 단락에서 역대기 저자는 이전의 명단을 약간 선별하여(예. 창 46:21; 민 26:38-41) 사울의 가계도에 초점을 맞춘 더 광범위한 베냐민 후손의 명단을 제시한다(8:1-40). 베냐민은 라헬을 통해 낳은 야곱의 사랑하는 막내아들이었다(창 35:18; 42:4, 38). 비록 작은 지파지만, 이스라엘의 초대 왕 사울이 이 지파에서 나올 것이다(삼상 9:1, 16, 21; 15:17). 남북 분열 후 베냐민 지파는 남왕국에 속했다(대하 11:1, 3, 10, 12, 23 등). 그래서 셀먼은 유다와 베냐민이 보통 함께 나오고, 역대기나 에스라-느헤미야서에서 베냐민이 홀로 등장하는 경우는 매우 드물다고 지적한다.[1] 베냐민이 북쪽 지파에 포함된 것에는 북쪽의 에브라임 및 므낫세 지파와 유다 사이의 중립적 '완충 지대' 역할이 반영되어 있

다.[2] 베냐민 지파에 할당된 자료의 길이(유다와 레위 이후 세 번째로 광범위하다)는 특히 구약성경의 이 마지막 시기에 하나님 백성의 역사에서 베냐민 지파의 중요성을 강조한다. 유배 기간 중 이스라엘의 정착 패턴을 보면, 예루살렘은 무너지고 그 주민들은 바벨론으로 끌려갔지만 남은 자들은 베냐민 영토의 마을과 농장에서 계속 살았음을 시사한다. 이 기간에 베냐민 지파의 성 미스바는 저장 시설과 대규모 주거용 건물로 유명한 행정 중심지가 되었다.[3] 따라서 초점은 분명 유다(대상 2-4장)와 레위(6장)에 놓이지만, 베냐민 지파는 그다음으로 중요하다. 이 세 지파에 대한 강조는 유다(느 11:4-6), 베냐민(7-9절), 레위(10-19절) 사람들로 구성된 유배 후 공동체에서 볼 수 있는 것과 일치한다. 예루살렘이 중심 역할을 되찾으면서 페르시아 시대에 베냐민의 정착지는 서서히 감소했지만,[4] 그럼에도 베냐민의 중요성은 계속 유지된다. 따라서 베냐민의 후손들이 유배 후에 눈에 띄게 된 것은 놀라운 일이 아니다(대상 9:3, 7-9; 참조. 스 1:5; 4:1; 10:9; 느 11:7 등). 더 나아가 족보에 나오는 오노와 롯이라는 지명은(8:12) 귀환자들 가운데 있던 사람들로 보이고(참조. 스 2:33; 느 7:37), 그리하여 이 족보와 유배 후 공동체를 연결한다.

이야기 설명하기

베냐민 지파의 족보와 정착(8:1-28)

이번 장은 베냐민의 아들들의 명단으로 시작하여, 그의 맏아들 벨라를 통해 얻은 후손이 여러 세대에 걸쳐 이어진다(8:1-7). 게바와 마나핫(6절), 모압(8절), 오노와 롯(12절), 아얄론과 가드(13절), 예루살렘(28, 32절), 기브온(29절) 등의 지명이 족보 곳곳에서 언급된다. 셀먼의 지적에 따르면 지파 순서 마지막에 위치한 베냐민은 "역시 지파의 지리를 강조하는 첫 지파 유다의 기사와 평행을 이룬다"(참조. 2:42-55; 4:1-23).[5] 자펫은 나아가 이 족보의 중심이 되는 지파별 토지 배정은 다윗 통치의 도입부 역할을 한다고 주장하면서 이렇게 적는다. "이 장들은 역사적·지리적 무대를 설정한다. 즉 이스라엘 땅에 있는 이스라엘 백성은 야곱/이스라엘로부터 중단되지 않고 계속 이어진 실재다. 따라서 역사 내러티브가 다윗의 통치로 시작할 때, 백성이라는 실체와 땅이라는 실체는 확고한 현실이다."[6] 유다와 베냐민 두 지파를 양 끝에 둠으로써 이 두 중요한 지파의 지리를 강조한다. 베냐민 지파의 정착 패턴은 8장의 중심에 있고, 베냐민 지파의 지리적 확장은 원래 단 지파에게 배정되었던(수 19:42) 오노와 롯(8:12) 및 아얄론(13절) 성읍에 대한 언급을 통해 암시된다. 여기서 이 성읍들은 베냐민 지파의 영토에 속하게 된다.[7] 자펫에 따르면, 남부(마나핫, 6절), 동부(모압, 8절), 서부(롯, 오노, 가드, 12-13절) 지역에 대한 언급은 지파 확장을 암시한다.[8]

다섯 명의 가문 우두머리와 그 아들들(브리아, 16절; 엘바알, 18절; 시므이, 21절; 사삭, 25절; 여로함, 27절)을 명시한 후, 명단은 요약 진술로 마무리된다. "그들은 다 가문의 우두머리이며 그들의 족보의 우두머리로서 예루살렘에 거주하였더라"(28절). 예루살렘은 베냐민 지파의 영토 안에 위치하지만(수 18:28), 유다와 베냐민의 국경 도시였기 때문에(15:8; 18:16) 두 지파 모두 예루살렘과 관련 있다(삿 1:8, 21). 여부스 사람들은 다윗이 이 성을 정복하고 다윗성이라고 부를 때까지 (이전에 여부스라고 알려진) 그곳에서 계속 살았다(대상 11:4-8; 참조. 수 15:63; 삿 1:21). 우리는 유다, 베냐민, 에브라임, 므낫세 출신의 귀환자들이 예루살렘 안에 사는 것을 곧 볼 것이기에, 이 성에 대한 언급은 곧 뒤따를 일을 예고한다(8:28; 참조. 9:3; 느 11:4, 7-8).

기브온과 예루살렘에 정착한 베냐민 사람들(8:29-32)

이 단락은 기브온과 예루살렘에 살던 베냐민 지파 사람들에 초점을 맞춘다. 기브온성은 베냐민 지파에게 배정되었고(수 18:25, 28; 21:17; 대상 6:60; 9:35), 족보를 거슬러 올라가면 사울의 가문도 이 성읍에 거주했음을 알 수 있다(9:35-39).[9] 기브온은 성막이 있던 중요한 종교 장소였다(16:39; 21:29; 대하 1:3). 또한 하나님은 이곳에서 솔로몬에게 나타나신다(1:3-4, 7). 물론 성전이 건축된 후 예루살렘이 종교 중심지가 되지만 말이다(대상 22:1; 대하 3:1), 유배 기간에 기브온에서의 정착은 계속되었지만, 베냐민의 다른 성읍들과 마찬가지로 페르시아 시대에 예루살렘이 부상하면서 그 인구는 서서히 감소했다.[10] 따라서 기브온(대상 8:29)과 예루살렘(32절)에 살고 있는 베냐민 사람들에 대한 언급은, 유배 후 공동체의 삶에서 지속적인 중요성을 지닌 두 곳의 중요한 종교 장소를 강조하는 역할을 한다.

사울의 족보(8:33-40)

사울의 할아버지를 넬로, 또한 그의 아버지를 기스로 확인하는 사울의 족보를 간단히 언급하며 마무리된다(8:33; 참조. 9:35-39). 사울의 네 아들인 요나단, 말기수아, 아비나답, 에스바알의 이름이 나오는데, 그 가운데 셋은 곧 등장할 것이다(10:2, 6). 여기서는 사울의 아들이자 다윗의 충성스러운 친구인 요나단의 족보를 추적한다. 아마 그 목적은 사울의 계보가 요나단의 아들 므립바알(므비보셋이라고도 함)을 통해 여러 세대에 걸쳐 계속된다는 것을 보여 주고, 다윗이 그에게 베푼 호의를 상기시키기 위한 것이라고 할 수 있다(8:34-38; 참조. 삼하 9:1-13). 베냐민 지파의 족보는 전쟁에 잘 준비된 용사인 울람의 아들들을 언급하며 마무리된다(대상 8:40).

― 이야기 살아내기 ―

성경 연구에 대한 헌신

이 여덟 장의 족보는 베냐민 지파의 긴 족보로 끝맺는다. 이어지는 구절은 역대기 저자가 수행한 작업을 요약한다. "온 이스라엘이 그 계보대로 계수되어 그들은 이스라엘 왕조실록에 기록되니라"(9:1). 다음 장은 귀환자들에게 초점이 바뀐 후(2-34절), 10장의 핵심 인물인 사울로 이어지는 다리 역할을 하는 사울의 족보(35-44절)로 이어진다. 8장이 오늘 우리의 삶에 어떻게 적용되는지를 생각할 때, 주전 586년의 심판에도 불구하고 베냐민 지파가 보존된 데서 확인되는 자기 백성을 향한 하나님의 신실하심을 묵상할 수 있다. 또한 종교 중심지가 기브온에서 예루살렘으로 바뀌는 것을 묵상하면서 하나님이 주권적인 계획을 세우고 계심을 떠올릴 수 있다. 우리가 이 이야기를 실천할 수 있는 또 하나의 방법은 역대기 저자가 이 방대한 족보를 편찬할 때 행한 작업의 규모를 잠시 숙고해 보는 것이다. 유다의 미래가 불확실했던 시기에 글을 쓴 역대기 저자는 하나님께서 자기 앞에 두신 시대와 임무를 파악했다. 족보의 상세한 수준과 자료의 엄청난 길이는 저자가 성경 연구에 헌신했음을 강조한다.

오늘의 기독교 문화에서, 심지어 교회 안에도 성경에 대한 무지가 만연해 있다. 우리가 처한 문제에 대답하는 듯 보이는 2분짜리 묵상이나 간결한 성경 구절로 무장한 임시 방편형 기독교를 너무 자주 찾으면서, 진지하고 깊이 있는 성경 연구를 소홀히 여긴다. 성경은 여전히 공전의 베스트셀러지만, 「뉴욕 타임스」(New York Times)의 저널리스트이자 종교 편집자인 케네스 브리그스(Kenneth Briggs)는 연구를 통해 사람들이 성경을 읽지 않는다는 사실을 발견했다.[11] 그의 지적에 의하면, 500개 이상의 언어로 된 8만 개 정도의 성경 번역본이 있고, 미국에서의 연간 판매량은 2,500만 부에 달한다.[12] 하지만 그는 "성경 없는 기독교"가 곧 도래할 것이라고 경종을 울린다. 역대기는 성경을 연구하고 가르치는 일에 헌신하라고 요청하는 우리 세대의 희망의 등대요, 우리의 길을 비추는 빛이다. 하나님의 말씀은 중요하다. 그런데 끊임없는 진지한 연구가 뒤따라야 한다. 이것을 가볍게 여기지 않아야 한다.

사도 바울은 젊은 디모데에게 바로 이렇게 도전하면서 권면했다. "모든 성경은 하나님의 감동으로 된 것으로 교훈과 책망과 바르게 함과 의로 교육하기에 유익하니 이는 하나님의 사람으로 온전하게 하며 모든 선한 일을 행할 능력을 갖추게 하려 함이라"(딤후 3:16-17). 역대기는 분명 오늘날 교회에도 유용한 **모든 성경**에 속한다. 하지만 케네스 브리그스는 그의 연구에서 구약성경이 교회에서 소홀히 취급되고 있다는 사실을 밝혔다.

> 성경 문해력이 감소함에 따라, 교회는 예배와 회중의 삶에서 성경의 위상을 축소했다. 성경을 최소화하고 예수님께 곧장 가려는 경향이 커지고 있지만, 예수님의 인격과 사명에 관한 오늘날에 근접한 정보는 신약성경에서만 찾아볼 수 있다.[13]

이런 경향은 오늘날에도 계속되고 있고 교회를 향해 긴급한 도전을 제기한다. 바울은 유명하고 존경받는 현인이자 율법 교사인 가말리엘 아래서 고대의 성경을 공부했다(행 5:34; 22:3). 부활하신 그리스도를 만난 후, 바울은 그 유명한 두란노 서원에서 가르치는 등(19:9) 사람들에게 성경을 가르치는 데 수많은 시간을 할애했다(13:14-15, 42-44, 48-49; 14:3; 17:1-4; 18:5; 19:8, 10; 20:20-21 등).

바울은 하나님 말씀의 중심성을 염두에 두고 디모데에게 이렇게 당부했다. "너는 말씀을 전파하라. 때를 얻든지 못 얻든지 항상 힘쓰라. 범사에 오래 참음과 가르침으로 경책하며 경계하며 권하라"(딤후 4:2). 하나님의 말씀을 정확히 분별할 수 있도록 자기 일에 힘쓰라고 디모데에게 권면한다(2:15). 이것은 모든 세대를 향한 도전이고, 특히 "성경 없는 기독교"가 될 가능성이 있는 오늘의 교회에서는 더욱 그렇다. 모든 세대에는 "진리의 말씀을 옳게 분별하며 부끄러울 것이 없는 일꾼으로 인정된 자"(15절)로 자신을 하나님께 드리는 설교자와 성경 교사가 필요하다. 역대기 저자는 그와 같이 부지런히 성경을 연구한 설교자요 교사 중 하나고, 이로써 오늘 우리에게 귀감이 된다.

성경 연구를 위한 끊임없는 헌신은 일반 대중을 위해 성경을 영어로 번역하는 데 생애를 바친 윌리엄 틴데일(William Tyndale)의 삶에서 나타난다. 투옥의 위협 앞에서도 그는 하나님이 자신에게 주신 대의를 위해 계속 노력했다. 결국 이단 혐의로 기소되어 빌보르데(Vilvorde) 감옥에 수감되었지만, 하나님의 말씀에 대한 흔들리지 않는 헌신은 그가 교도소장에게 보낸 편지에서 확인할 수 있다. 그는 감옥의 혹독한 겨울을 대비해 좀 더 따뜻하고 덜 해진 옷과 등불을 달라고 요청한 후, 이렇게 적는다. "무엇보다도 교도관이 호의를 베풀어 제가 히브리어 성경과 히브리어 문법책, 히브리어 사전을 갖고 성경 연구에 시간을 보낼 수 있도록 관용을 베풀어 주시기를 소장님께 간곡히 부탁드립니다."[14] 라인하트(Rinehart)는 "그의 요청이 받아들여졌는지 여부는 알 수 없다. 다만 알려진 바에 따르면 틴데일은 어둠 속에 홀로 앉아, 영어 구약성경을 완성하고 하나님께서 자기에게 주신 일을 완수하는 데 몰두했다"고 논평한다.[15]

이 첫머리 족보에 대해, 그리고 우리가 성경 연구에 헌신하는 것이 얼마나 중요한지에 대해 묵상할 때, 우리 마음이 고무되어 하나님의 말씀에 우선순위를 두고 부지런히 연구하기를 기도한다. 모든 세대가 하나님의 말씀을 연구하고 적용해야 한다. 우리 세대에도 그렇게 되기를 기도한다.

9

역대상 9:1-44

이야기 경청하기

¹온 이스라엘이 그 계보대로 계수되어 그들은 이스라엘 왕조실록에 기록되니라 유다가 범죄함으로 말미암아 바벨론으로 사로잡혀 갔더니 ²그들의 땅 안에 있는 성읍에 처음으로 거주한 이스라엘 사람들은 제사장들과 레위 사람들과 느디님 사람들이라 ³유다 자손과 베냐민 자손과 에브라임과 므낫세 자손 중에서 예루살렘에 거주한 자는 ⁴유다의 아들 베레스 자손 중에 우대이니 그는 암미훗의 아들이요 오므리의 손자요 이므리의 증손이요 바니의 현손이며 ⁵실로 사람 중에서는 맏아들 아사야와 그의 아들이요 ⁶세라 자손 중에서는 여우엘과 그 형제 육백구십 명이요 ⁷베냐민 자손 중에서는 핫스누아의 증손 호다위아의 손자 므술람의 아들 살루요 ⁸여로함의 아들 이브느야와 미그리의 손자 웃시의 아들 엘라요 이브니야의 증손 르우엘의 손자 스바댜의 아들 무술람이요 ⁹또 그의 형제들이라 그들의 계보대로 계수하면 구백오십육 명이니 다 종족의 가문의 우두머리들이더라 ¹⁰제사장 중에서는 여다야와 여호야립과 야긴과 ¹¹하나님의 성전을 맡은 자 아사랴이니 그는 힐기야의 아들이요 므술람의 손자요 사독의 증손이요 므라욧의 현손이요 아히둡의 오대손이며 ¹²또 아다야이니 그는 여로함의 아들이요 바스훌의 손자요 말기야의 증손이며 또 마아새니 그는 아디엘의 아들이요 야세라의 손자요 므술람의 증손이요 므실레밋의 현손이요 임멜의 오대손이며 ¹³또 그의 형제들이니 종족의 가문의 우두머리라 하나님의 성전의 임무를 수행할 힘있는 자는 모두 천칠백육십 명이더라 ¹⁴레위 사람 중에서는 므라리 자손 스마야이니 그는 핫숩의 아들이요 아스리감의 손자요 하사뱌의 증손이며 ¹⁵또 박박갈과 헤레스와 갈랄과 맛다냐이니 그는 미가의 아들이요 시그리의 손자요 아삽의 증손이며 ¹⁶또 오바댜이니 그는 스마야의 아들이요 갈랄의 손자요 여두둔의 증손이며 또 베레갸이니 그는 아사의 아들이요 엘가나의 손자라 느도바 사람의 마을에 거주

하였더라 ¹⁷문지기는 살룸과 악굽과 달몬과 아히만과 그의 형제들이니 살룸은 그 우두머리라 ¹⁸이 사람들은 전에 왕의 문 동쪽 곧 레위 자손의 진영의 문지기이며 ¹⁹고라의 증손 에비아삽의 손자 고레의 아들 살룸과 그의 종족 형제 곧 고라의 자손이 수종 드는 일을 맡아 성막 문들을 지켰으니 그들의 조상들도 여호와의 진영을 맡고 출입문을 지켰으며 ²⁰여호와께서 함께하신 엘르아살의 아들 비느하스가 옛적에 그의 무리를 거느렸고 ²¹므셀레먀의 아들 스가랴는 회막 문지기가 되었더라 ²²택함을 입어 문지기 된 자가 모두 이백열두 명이니 이는 그들의 마을에서 그들의 계보대로 계수된 자요 다윗과 선견자 사무엘이 전에 세워서 이 직분을 맡긴 자라 ²³그들과 그들의 자손이 그 순차를 좇아 여호와의 성전 곧 성막 문을 지켰는데 ²⁴이 문지기가 동, 서, 남, 북 사방에 섰고 ²⁵그들의 마을에 있는 형제들은 이레마다 와서 그들과 함께 있으니 ²⁶이는 문지기의 우두머리 된 레위 사람 넷이 중요한 직분을 맡아 하나님의 성전 모든 방과 곳간을 지켰음이라 ²⁷그들은 하나님의 성전을 맡은 직분이 있으므로 성전 주위에서 밤을 지내며 아침마다 문을 여는 책임이 그들에게 있었더라 ²⁸그중에 어떤 자는 섬기는 데 쓰는 기구를 맡아서 그 수효대로 들여가고 수효대로 내오며 ²⁹또 어떤 자는 성소의 기구와 모든 그릇과 고운 가루와 포도주와 기름과 유향과 향품을 맡았으며 ³⁰또 제사장의 아들 중의 어떤 자는 향품으로 향기름을 만들었으며 ³¹고라 자손 살룸의 맏아들 맛디댜라 하는 레위 사람은 전병을 굽는 일을 맡았으며 ³²또 그의 형제 그핫 자손 중에 어떤 자는 진설하는 떡을 맡아 안식일마다 준비하였더라 ³³또 찬송하는 자가 있으니 곧 레위 우두머리라 그들은 골방에 거주하면서 주야로 자기 직분에 전념하므로 다른 일은 하지 아니하였더라 ³⁴그들은 다 레위 가문의 우두머리이며 그들의 족보의 우두머리로서 예루살렘에 거주하였더라 ³⁵기브온의 조상 여이엘은 기브온에 거주하였으니 그의 아내의 이름은 마아가라 ³⁶그의 맏아들은 압돈이요 다음은 술과 기스와 바알과 넬과 나답과 ³⁷그돌과 아히오와 스가랴와 미글롯이며 ³⁸미글롯은 시므암을 낳았으니 그들은 그들의 친족들과 더불어 마주하고 예루살렘에 거주하였더라 ³⁹넬은 기스를 낳고 기스는 사울을 낳고 사울은 요나단과 말기수아와 아비나답과 에스바알을 낳았으며 ⁴⁰요나단의 아들은 므립바알이라 므립바알은 미가를 낳았고 ⁴¹미가의 아들들은 비돈과 멜렉과 다레아와 아하스이며 ⁴²아하스는 야라를 낳고 야라는 알레멧과 아스마웻과 시므리를 낳고 시므리는 모사를 낳고 ⁴³모사는 비느아를 낳았으며 비느아의 아들은 르바야요 그의 아들은 엘르아사요 그의 아들은 아셀이며 ⁴⁴아셀이 여섯 아들이 있으니 그들의 이름은 아스리감과 보그루와 이스마엘과 스아랴와 오바댜와 하난이라 아셀의 아들들이 이러하였더라

이야기 속 다른 본문 경청하기
에스라 1:1-3; 이사야 44:26-28; 45:1

족보는 유배에서 돌아와 예루살렘과 그 주변 성읍에 정착한 사람들의 명단으로 마무리된다. 이는 회복이 시작되었음을 알리기 때문에 이스라엘 역사에서 중요한 순간을 의미한다. 유다는 범죄로 말미암아 유배당했고(9:1; 참조. 대하 36:14), 하나님은 예언자 예레미야를 통해 유배가 70년 동안 지속될 것이라고 약속하셨다(렘 25:11; 참조. 대하 36:21; 스 1:1; 단 9:2). 오래전에 하나님께서는 이스라엘이 죄를 고백하고 주님 앞에 자신을 낮추면(레 26:40-42; 참조. 단 9:3-19) 아브라함, 이삭, 야곱과 맺은 언약을 기억하고 그 땅을 기억하겠다고 자기 백성 이스라엘에게 약속하셨다. 이것이 바로 포로들이 예루살렘으로 돌아오는 이번 장에서 강조되는 회복이다.

하나님의 계획에서 예루살렘의 중요성은 과소평가할 수 없다. 주전 586년 예루살렘성에 임한 심판에도 불구하고, 하나님의 계획은 항상 자

기 백성을 예루살렘으로 돌아오게 하는 것이었다. 예언자 이사야는 페르시아 고레스왕에 대해 예언할 때 백성들에게 다음과 같은 소망의 메시지를 전했다. "고레스에 대하여는 이르기를 [그는] 내 목자라. 그가 나의 모든 기쁨을 성취하리라 하며 예루살렘에 대하여는 이르기를 중건되리라 하며 성전에 대하여는 네 기초가 놓여지리라 하는 자니라"(사 44:28). 이 예언은 이어지는 귀환의 배후에 있고, 따라서 페르시아 왕 고레스의 선포는 하나님의 회복이 시작되었다는 명백한 신호다. 예루살렘에 사람이 거주할 것이다! 따라서 에스라서는 다음과 같은 예언 성취의 말씀으로 시작한다.

> 바사[페르시아] 왕 고레스 원년에 여호와께서 예레미야의 입을 통하여 하신 말씀을 이루게 하시려고 바사 왕 고레스의 마음을 감동시키시매 그가 온 나라에 공포도 하고 조서도 내려 이르되 바사 왕 고레스는 말하노니 하늘의 하나님 여호와께서 세상 모든 나라를 내게 주셨고 나에게 명령하사 유다 예루살렘에 성전을 건축하라 하셨나니 이스라엘의 하나님은 참 신이시라. 너희 중에 그의 백성된 자는 다 유다 예루살렘으로 올라가서 이스라엘의 하나님 여호와의 성전을 건축하라. 그는 예루살렘에 계신 하나님이시라(스 1:1-3; 참조. 대하 36:22-23).

예루살렘과 주변 성읍으로 돌아온 이들의 이름이 나오는 9장에서 바로 이 이야기를 다룬다. 그들은 귀환하라는 하나님의 부르심에 응답한 사람들이고, 이를 위해서는 의심할 여지없이 하나님을 향한 믿음과 신뢰의 발걸음이 필요했다.

이야기 설명하기

족보의 결론(9:1)

역대기 저자의 족보는 요약적 진술로 마무리된다. "온 이스라엘이 그 계보대로 계수되어 그들은 이스라엘 왕조실록에 기록되니라"(9:1). 이들 첫머리 장에서 역대기 저자의 임무 중 하나는 정확한 기록을 제공하는 것이었다(예. 4:33; 5:1, 7, 17 등). 정확한 기록 보관은 지파별 토지 배분을 문서로 뒷받침하기 때문에 필수적이었고, 또한 제사장 기록은 더욱 중요했는데, 어떤 사람의 제사장 혈통을 검증하지 못한다면 그가 직무에서 배제된다는 의미였기 때문이다(스 2:62; 느 7:64). 역대기 전반에는 왕실 문서와 기록에 대한 수많은 언급이 있는데, 이는 이런 이스라엘 역사를 기록하는 데 높은 수준의 학식이 필요했음을 시사한다.[1]

이 기사는 "온 이스라엘이… 범죄함으로 말미암아 바벨론으로 사로잡혀 갔더니"라는 진술로 시작한다(대상 9:1). "온 이스라엘"이라는 호칭은 북쪽 지파만이 아니라 유다도 포함한다(참조. ESV, 9:1). 그들의 "범죄"(히. ma'al)에 대한 언급은 이미 기록되었지만(대상 2:7; 5:25-26), 이제 우리는 선택받은 유다의 왕실 계보도 이 비난에서 제외되지 않는다는 것을 알게 된다. 족보의 시작과 끝에서 이스라엘의 범죄를 언급하는 것은 "이스라엘이 약속의 땅에 들어갈 때부터 바벨론에 의해 멸망할 때까지 분명 '범죄'로 가득 차 있음"을 시사한다.[2] 하지만 전체 저작이 유배가 아닌 희망적인 결과로 마무리되듯이(대하 36:22-23), 역대기 저자도 빠르게 관심을 전환하여 예루살렘에 처음 거주했던 사람들에게 초점을 맞춘다. 하나님의 유배 심판은 이야기의 끝이 아니다. 하나님은 자기 백성을 회복하실 계획을 세우신다! 모든 이스라엘이 범죄했는데도, 하나님은 여전히 자신의 약속에 신실하시다.

유다, 베냐민, 에브라임, 므낫세 출신이 예루살렘 주민에 포함되다 (9:2-9)

예루살렘으로 돌아온 사람들은 페르시아 제국의 여러 속주 중 하나에 불과한 작은 속주 예후드에 속해 있다(참조. 스 2:1; 느 1:3; 7:6; 11:3; 에 1:1; 3:8).[3] 역대기 저자는 '속주'(province)라는 용어를 생략하는데(참조. 느 11:3; 개역개정은 "지방"으로 번역), 아마도 낙관적 전망을 암시하는 것 같다. 유배 후 땅의 범위가 크게 줄어들기는 했지만, 하나님의 백성은 이제 자신들의 땅과 성읍에 재정착하고 있다(대상 9:2).[4] 귀환자들은 이스라엘 백성, 제사장과 레위인, 성전 일꾼들로 확인된다(2절). 따라서 공동체는 "평신도(이스라엘 백성)와 성직자(제사장, 레위인, 성전 일꾼)의 협력"으로 정의될 수 있지만, 성직자 가운데도 제사장, 레위인, 성전 일꾼 간의 추가적인 협력이 보인다.[5] 이들 그룹은 이어지는 명단의 구조를 구성한다. 곧, 네 지파로 구성된 평신도(3-9절), 제사장(10-13절)과 레위인(14-16절), 성전 일꾼과 문지기(17-34절) 등의 성직자다.

귀환의 중심에는 하나 된 하나님의 백성에 대한 비전이 있는데, "유다 자손과 베냐민 자손과 에브라임과 므낫세 자손 중" 일부가 예루살렘에 살았다는 설명에서 드러난다(3절). 에브라임과 므낫세 지파는 대표하는 기능을 갖는데(참조. 대하 30:1, 10; 31:1), 따라서 어떤 의미에서는 '온 이스라엘'을 염두에 두고 있는 것이다. 예언자 에스겔은 하나님께서 유다와 에브라임을 합하여 한 나라가 되게 하실 것이라고 선언했고(겔 37:15-22), 스가랴도 마찬가지로 유다와 에브라임이 구원을 받아 예루살렘으로 돌아올 것이라고 예언했다(슥 10:6-12). 이 내용은 예루살렘을 온 이스라엘의 거주지로 여기는 역대기의 중요한 주제에 기여하고, 따라서 예루살렘은 하나님께서 온 우주에 의도하신 바를 대표하는 소우주가 된다.

유다의 세 주요 가문은 베레스(9:4; 참조. 2:3-5; 룻 4:18-22), 셀라(9:5; 참조. 4:21), 세라(대상 9:6; 참조. 2:4-6)를 통해 내려오고, 가족 수는 690명에 달한다. 이 세 가문의 조상은 모세 시대로 거슬러 올라간다. "유다 자손의 종족들은 이러하니 셀라에게서 난 셀라 종족과 베레스에게서 난 베레스 종족과 세라에게서 난 세라 종족이며"(민 26:20). 여기 나오는 그들의 이름은 귀환자들이 최초의 지파와 연속선상에 있음을 보여 준다. 베냐민의 후손은 뒤이은 네 가문의 우두머리인 살루, 이브느야, 엘라, 무술람과 함께 나오고, 가족 수는 956명에 달한다(9:7-9; 참조. 느 11:6, 8).

예루살렘으로 돌아온 제사장과 레위인(9:10-16)

다음으로 언급되는 그룹은 제사장(9:10-13)과 레위인(14-16절)이다. 포로기 이후에는 여러 제사장 가문, 특히 여다야, 임멜, 바스훌이 잘 알려져 있다(스 2:36-39; 느 7:39-40). 아사랴의 혈통은 이미 소개된 바 있는 중요한 제사장 계보인(대상 6:11-14) 사독 계열을 따른다(9:11). 그는 "하나님의 성전을 맡은 자"로 나오는데, 이는 대제사장의 역할을 암시한다(참조. 대하 31:10). 다른 명단과 마찬가지로 1,760명이라는 숫자는 느헤미야 11:12-14에 나오는 숫자보다 많다. 물론 셀먼이 지적하듯이 제사장의 수는 에스라 2:36-39에 기록된 수보다 적은데, 이는 아마 예언자 말라기가 말하는 것처럼(참조. 말 1:13) 이 직분에 대한 관심이 약화되었음을 암시하는 것 같다.[6]

일곱 명의 레위인이 거명되는데, 그중 스마야(므라리의 후손, 대상 9:14), 맛다냐(아삽의 후손, 15절), 오바댜(여두둔의 후손, 16절), 베레갸(엘가나의 후손, 16절) 등 네 명의 가계가 나온다. 느헤미야서에서 맛다냐는 "기도할 때에 감사하는 말씀을 인도하는 자"로 소개되는데(느 11:17), 그가 다윗왕 시대의 우두머리 음악가요(대상 16:5) 여러 시편의 저자인(시 50, 73-83편; 참조. 대하 29:30) 아삽의 후손이라는 점을 고려할 때 놀라운 일은 아니다. 그의 후손은 귀환 공동체의 예배에서 계속 중요한 역할을 맡았다(참조. 스 2:41; 느 7:44; 11:17; 12:46). 마찬가지로 오바댜는 그 이름이 여러 시편과 관련 있는(시 39, 62, 77편) 유명한 음악가 여두둔 가문 출신이다. 그의 가족도 중요한 지도자 역할을 맡았다(대상 16:41-42; 대하 5:12; 35:15).[7] 베레갸는 아마 느도바 사람들의 마을에 살던(대상 9:16) 또 다른 음악가인 것 같은데, 느도바 사람들의 마을은 느헤미야 시대에 예루살렘 성벽을 봉헌할 때 다른 음악가 가족이 거주했던 곳으로 보인다(느 12:27-28).

예루살렘으로 돌아온 레위인 문지기 (9:17-34)

이제 귀환 공동체에 속한 문지기의 임무로 시선을 돌린다(9:17-27). 문지기는 성전을 지켰을 뿐만 아니라, 네 명의 레위인은 성전의 방과 곳간도 감독했다(26절; 참조. 26:20-28).[8] 레위인 경비병은 밤새도록 일하면서 성전을 보호하고 아침에는 하나님의 집의 문을 열었다. 그들의 업무 분장에는 성전에서 사용되는 기구와 장비, 식량 공급에 대한 관리가 있었는데(9:28-29), 여기에는 향품을 만들고 매주 진설병을 준비하는 일이 포함되었다(31-32절). 문지기는 귀환 공동체에서 중요한 역할을 했다. 느헤미야는 안식일을 지키는지 확인하기 위해 그들을 임명하여 예루살렘 성문을 지킨다(느 13:19-22). 이 중요한 책임을 맡은 네 주요 가문인 살룸, 악굽, 달몬, 아히만에 초점을 맞춘다(대상 9:17). 살룸은 그들의 지도자로 확인되고, 그의 혈통은 고라에게로 거슬러 올라갈 수 있다(19절; 참조. 26:1). 그는 성막 입구가 있는 중요한 동쪽 편에서 문지기들을 감독하는 책임을 맡고 있었다(9:18-19; 참조. 26:14, 17). 성전 인원의 명단 다음에는 찬양하는 사람들을 언급하는데, 그들이 문지기 역할을 했을 수도 있다(9:33). 이 단락은 "그들은 다 레위 가문의 우두머리이며 그들의 족보의 우두머리로서 예루살렘에 거주하였더라"는 진술로 마무리된다(34절).

사울의 족보(9:35-44)

이후에 나오는 사울의 족보(9:35-44; 참조. 8:29-38)는 그의 죽음을 묘사하는 다음 장(10:1-14)으로 이어지는 다리 역할을 한다. 특히 중요한 것은 사울의 네 아들인 요나단, 말기수아, 아비나답, 에스바알의 이름인데(9:39), 그중 세 명은 뒤따르는 이야기에 등장할 것이다(10:2, 6). 그들의 죽음으로 사울 왕조는 종말을 맞을 것이다(6절). 그들이 블레셋과의 전투 중에 죽은 것은 다윗이 무력으로 왕위를 차지했다는 모든 혐의에서 자유로워지는 것을 의미한다. 에스바알(이스보셋으로도 알려진)은 2년 동안 이스라엘의 왕으로 재위하지만, 그도 결국 살해당한다(삼하 4:1-12). 이제 족보가 끝나고 내러티브 단락은 처음에 사울의 마지막 날을 다루는데(대상 10:1-14), 이는 하나님께서 다윗에게 왕국을 넘겨주고 계심을 의미한다.

— 이야기 살아내기 —

하나님의 약속에 담긴 희망

역대기 저자는 유배 후 예루살렘으로 돌아온 사람들의 이름을 기록하면서 희망의 메시지로 긴 족보를 마무리한다. 귀환자들에게 다윗과 솔로몬 치하에서 번영하던 왕국의 영광스러운 시절은 분명 지나가 버린 시대처럼 느껴졌을 것이다. 예루살렘에는 왕위에 앉은 왕이 없었고, 대신 귀환자들은 페르시아 왕의 지배 아래 살고 있었다. 그들의 재건 노력을 저지하기 위한 반대가 주변 민족들로부터 일어났다. 그 땅으로 돌아온 귀환자들의 재정착은 솔로몬 치하의 방대한 지경에 비하면 초라했고, 귀환자 중 일부는 극심한 빈곤에 직면했다.[9] 이런 불리한 상황은 하나님의 백성 가운데 낙담을 불러일으킬 수도 있었다. 하지만 역대기는 희망과 기쁨, 낙관주의로 가득하다! 상황에 근거한 낙관주의가 아니라, 창조로 거슬러 올라가고 이스라엘에게 주신 하나님의 약속으로 거슬러 올라가는 하나님의 주권적인 계획에 근거한 낙관주의다. 분명 유배의 시기가 있었지만 회복이 시작되었다. 하나님께서 역사하고 계신다!

역대기 저자는 하나님의 거역할 수 없는 부르심과 열방 가운데 주님의 이름을 선포해야 할 목적을 귀환자들에게 상기시키고 있다. 이것은 당대의 낙담과 대비되는 희망의 메시지로 작용한다. 맥콘빌(McConville)은 희망적이지 않은 그들의 상황을 고려하면서 이렇게 요약한다.

> 역대기 저자는 이와 같은 패배주의를 향해, 이 작은 공동체가 실은 가장 위대한 상태의 이스라엘의 후계자이며, 조상들에게 주신 하나님의 모든 약속은 여전히 유효하고 이제 그들에게 집중되어 있다고 대답한다. 9장의 역할은 온 세계를 위한(1장의 범위가 그렇다) 하나님의 계획은 세계사 전반에서 이스라엘이 그 중심에 있었고(2-8장), 이제 페르시아 시대의 예루살렘 주변에 모여든 가망 없는 남은 자들 안에서 진전되고 있음을 보여 주는 것이다.[10]

맥콘빌은 이러한 족보가 오늘날 교회와 어떤 관련성을 가질 수 있는지 질문을 던진다. 그는 다음과 같은 결론을 내린다. "현대 교회가 스스로에 대해 어디서든 세상에서 별 볼 일 없다고, 진정한 희망 없이 멸시받으며 위태롭게 존재한다고 느끼고 있다면, 그 상황은 본질적 측면에서 역대기 저자와 유다의 상황과 비슷하다."[11] 하나님의 백성에게는 확실하고 분명한 희망이 있다! 바로 그들의 상황이 아니라 하나님의 확실한 목적과 약속에 근거한 희망이다.

이 첫머리 족보에 제시된 역대기 저자의 '큰 비전'은 당대의 하나님 백성에게, 또한 오늘 우리에게도, 주권자이신 주님께서 모든 열방을 다스리신다는 점을 상기시킨다. 주님의 목적은 여전히 유효하다. 주님은 열방 가운데 높임을 받으실 것이다. 우리는 주님의 주권적이고 선한 계획이 좌절되지 않을 것이라는 사실을 신실하게 신뢰하도록 부름받았다. 우리는 단순히 우리의 나약하고 제한된 평가로만 상황을 판단하지 않아야 하고, 그 너머를 바라보면서 하나님의 성품을 기억해야 한다. 주님은 신실하시다. 주님은 반드시 이루어질 목적을 가지고 계신다. 우리는 인내하며 기다리면서, 하나님 나라의 징조를 바라보고 그 나라의 일에 관심을 가져야 한다. 하나님은 영원한 나라를 다스리는 왕으로 통치하신다. 역대기의 족보와 예루살렘으로 돌아온 귀환자 명단에서는 궁극적으로 희망의 메시지가 크게 울려 퍼진다. 무엇보다 하나님이 과거에 행하신 일을 기억하고 그분이 미래에 행하실 일을 소망하라고 우리에게 요청한다.

10

역대상 10:1-14

— 이야기 경청하기 —

¹블레셋 사람들과 이스라엘이 싸우더니 이스라엘 사람들이 블레셋 사람들 앞에서 도망하다가 길보아 산에서 죽임을 당하여 엎드러지니라 ²블레셋 사람들이 사울과 그 아들들을 추격하여 블레셋 사람들이 사울의 아들 요나단과 아비나답과 말기수아를 죽이고 ³사울을 맹렬히 치며 활 쏘는 자가 사울에게 따라 미치매 사울이 그 쏘는 자로 말미암아 심히 다급하여 ⁴사울이 자기의 무기를 가진 자에게 이르되 너는 칼을 빼어 그것으로 나를 찌르라 할례 받지 못한 자들이 와서 나를 욕되게 할까 두려워하노라 그러나 그의 무기를 가진 자가 심히 두려워하여 행하기를 원하지 아니하매 사울이 자기 칼을 뽑아서 그 위에 엎드러지니 ⁵무기 가진 자가 사울이 죽는 것을 보고 자기도 칼에 엎드러져 죽으니라 ⁶이와 같이 사울과 그의 세 아들과 그 온 집안이 함께 죽으니라 ⁷골짜기에 있는 모든 이스라엘 사람이 그들의 도망한 것과 사울과 그의 아들들이 다 죽은 것을 보고 그 성읍들을 버리고 도망하매 블레셋 사람들이 와서 거기에 거주하니라 ⁸이튿날에 블레셋 사람들이 와서 죽임을 당한 자의 옷을 벗기다가 사울과 그의 아들들이 길보아 산에 엎드러졌음을 보고 ⁹곧 사울의 옷을 벗기고 그의 머리와 갑옷을 가져다가 사람을 블레셋 땅 사방에 보내 모든 이방 신전과 그 백성에게 소식을 전하고 ¹⁰사울의 갑옷을 그들의 신전에 두고 그의 머리를 다곤의 신전에 단지라 ¹¹길르앗야베스 모든 사람이 블레셋 사람들이 사울에게 행한 모든 일을 듣고 ¹²용사들이 다 일어나서 사울의 시체와 그의 아들들의 시체를 거두어 야베스로 가져다가 그곳 상수리나무 아래에 그 해골을 장사하고 칠 일간 금식하였더라 ¹³사울이 죽은 것은 여호와께 범죄하였기 때문이라 그가 여호와의 말씀을 지키지 아니하고 또 신접한 자에게 가르치기를 청하고 ¹⁴여호와께 묻지 아니하였으므로 여호와께서 그를 죽이시고 그 나라를 이새의 아들 다윗에게 넘겨 주셨더라

이야기 속 다른 본문 경청하기
사무엘상 9-31장

포로 귀환까지 이어진 인상적인 아홉 장의 족보(1-9장)가 끝난 후, 줄거리는 이제 이전 시대로 거슬러 올라가 이스라엘의 초대 왕을 회고한다. 사울은 이미 족보에서 언급되었지만(8:33-38; 9:35-44), 여기서는 그의 **죽음**에 초점이 맞추어진다. 사울의 죽음은 하나님께서 다윗에게 왕국을 넘겨주고 계심을 의미한다. 사울에게는 **한 장**만 할애하는 반면(불과 14절), 다윗에게는 **열아홉 장**(11-29장)을 할애한다는 점에 주목하자. 사울의 통치는 하나님의 큰 계획에서 중요하지 않지만, 다윗이 이스라엘을 다스릴 때가 되었다는 하나님의 타이밍을 표시하는 이정표 역할을 한다. 따라서 사울의 통치를 회고하는 역대기 저자의 일차적 관심사는, 사울이 블레셋에 패배한 일과 그의 시신이 끔찍하게 절단되어 값비싼 전리품이 된 일을 기술하는 것이다.

사울의 죽음에 관한 이야기를 이스라엘 이야기의 맥락 속에서 경청하기 위해 사울의 죽음에까지 이른 사건들을 간략하게 살펴보아야 한다. 이스라엘 백성은 사무엘에게 이방 나라들처럼 전쟁을 치를 왕을 세워 달라고 요청했다(삼상 8:1-22). 하나님께서 이스라엘의 적을 물리치겠다고 약속하셨지만, 백성들은 하나님을 거부하고 전쟁에서 자기들을 이끌 왕을 달라고 요구한 것이다(10:18-19). 사무엘의 반대에도 불구하고 하나님은 백성들의 요청을 들어주시고 사울이 이스라엘의 초대 왕으로 선택된다(9-10장). 다만 사울은 베냐민 지파 출신이었던 반면(대상 9:1-2), 역대기 저자가 긴 족보를 통해 상기시켜 왔듯이 하나님께서 택하신 왕은 유다 지파에서 나와야 했다(창 49:8-12; 룻 1:1-2; 4:18-22; 삼상 16장; 참조. 미 5:1-2).

사울의 통치는 사무엘상 9-31장에 자세히 묘사되어 있지만, 그의 생애에서 세 가지 주요 사건이 하나님의 심판으로 이어진다(삼상 13:1-23; 15:1-35; 28:1-25). 예언자 사무엘은 하나님의 말씀을 사울에게 전한다. "지금은 왕의 나라가 길지 못할 것이라. 여호와께서 왕에게 명령하신 바를 왕이 지키지 아니하였으므로 여호와께서 그의 마음에 맞는 사람을 구하여 여호와께서 그를 그의 백성의 지도자로 삼으셨느니라"(13:14). 또 다른 상황에서 사울은 아말렉에 대한 하나님의 지시를 실행하기를 거부했고, 사무엘은 왕에게 이렇게 말한다. "왕이 여호와의 말씀을 버렸으므로 여호와께서 왕을 버려 이스라엘 왕이 되지 못하게 하셨음이니이다"(15:26). 하나님께서 사울에 대한 심판을 선포한 후 다윗이 왕으로 기름 부음을 받은 것은 우연이 아니다(16장). 사울 집안과 다윗 집안 사이에 오랜 갈등이 있겠지만, 사울의 죽음은 하나님께서 이제 다윗에게 왕국을 넘기고 계신다는 의미다.

이야기 설명하기

사울의 죽음(10:1-7)

사울은 이미 족보에서 소개되었지만, 역대기 저자는 이제 블레셋에 맞선 마지막 전투로 그의 통치를 다룬다(10:1). 블레셋은 왕정 시대 이스라엘의 주요 적 가운데 하나였다(예. 삼상 13-14, 17, 23, 28-29, 31장). 그들은 해안 지역을 점령했는데, 특히 가사, 아스글론, 아스돗, 가드, 에그론이라는 다섯 도시 국가로 유명했다(참조. 수 13:3; 삼상 6:4, 17). 블레셋 영토 내의 성들은 이스라엘에게 배정되었지만(수 13:3; 15:45-47; 참조. 삿 1:18) 땅 정복은 불완전했고, 그 결과 블레셋은 이스라엘의 끈질기고 골치 아픈 적으로 남았다. 사울은 그들과 여러 차례 싸웠고, 특히 블레셋과의 전투 중에 죽음을 맞았다. 사울이 군사적 위상 때문에 왕으로 선택되었다는 점을 고려할 때(삼상 9:1-2; 참조. 8:20) 역설적인 상황이다.

이야기는 이스라엘이 블레셋에 비극적으로 패배해 그들의 시신이 이스르엘 골짜기를 내려다보는 길보아산 북쪽 지역에 쓰러져 있다는 언급으로 시작한다(대상 10:1). 이 설명은 사울의 마지막 날 무대를 준비한다. 승리의 분위기가 고조되는 가운데, 피에 굶주린 블레셋 사람들은 사울과 그의 세 아들(요나단, 아비나답, 말기수아)을 집요하게 추격한다. 왕의 아들들을 성공적으로 살해한 후 전투는 격렬해지고, 그 결과 사울은 역설적이게도 궁수들에게 치명상을 입는다. 사울의 지파는 활을 잘 쏘는 기술로 유명했으니 말이다(10:3; 참조. 12:2). 블레셋 사람들이 자기를 모욕하고 고문할까 봐 두려웠던(참조. 삿 16:21) 사울은 무기 담당 병사에게 칼을 빼서 자기를 찌르라는 마지막 명령을 내린다. 하지만 왕이 내린 요청의 심각성 때문에 무기 담당 병사는 그와 같이 불명예스러운 행동을 하지 못한다. 그 후 사울은 자기 칼 위에 엎드러지면서 스스로 목숨을 끊는 불미스러운 일을 겪고, 무기 담당 병사도 곧바로 사울을 뒤따른다. 이제 왕과 무기 담당 병사가 모두 엎드러져 죽는다(10:4-5).

왕과 왕의 아들들이 죽었다는 사실을 알게 된 이스라엘 백성은 필사적으로 고향을 버리고 도망하고, 블레셋은 그곳을 완전히 점령한다. 역대기 저자는 사울의 아들들이 죽었다는 사실의 중요성을 놓치지 않았다. 그는 한 가지에만 초점을 맞추어 "그 온 집안이 함께 죽으니라"(6절)는 간결하지만 날카로운 설명을 덧붙인다. 역대기 저자는 사울의 아들 이스보셋이 살아남아, 살해될 때까지 몇 년간 왕으로 짧게 통치할 것을 물론 잘 알고 있었다(삼하 2:8-11; 4:1-12).[1] 그는 또한 사울의 후손이 여러 세대에 걸쳐 이어진다고 기록했지만(참조. 대상 8:33-40), 방금 전 일어난 일의 신학적 의미는 사울 왕조가 이제 끝났다는 것이다. 이는 하나님께서 다윗에게 왕국을 넘겨주고 계신다는 신호였다.

사울의 시신 (10:8-12)

다음 날 블레셋 사람들은 이스라엘 왕과 그 아들들의 시신을 노획한다. 블레셋 사람들은 포획한 먹잇감을 가지고 노는 야수처럼 사울의 옷을 벗기고 목을 벤다(참조. 삼상 17:54; 왕하 10:7-8). 그의 시신과 갑옷을 들고 블레셋 땅 곳곳을 행진하면서 자신들의 우상과 백성에게 "[좋은] 소식"(good news, NASB, ESV)을 전한다(대상 10:9). 이스라엘 초대 왕의 패배는 블레셋과 그들의 신에게 역사적인 승리로 여겨진다. 성경 기사에서 다곤은 블레셋의 신으로 등장한다(삿 16:23-24; 삼상 5:1-7). 다곤은 주전 3천 년대부터 메소포타미아 전역의 고대 문헌에서 널리 알려져 있었다. 고대 세계에서 신은 군사 영역에서도 권위를 가지고 있다고 여겨졌다. 사울이 통치하기 이전 시기에 블레셋 사람들은 언약궤를 탈취해 자신들의 신 다곤에게 바쳤다(삼상 4-5장). 다음 날 아침 이상하게도 다곤은 넘어져 있었고, 흥미롭게도 우상은 언약궤 앞에 엎드려 있는 모습으로 발견되었다(5:1-5). 하지만 여기서 상황은 비극적으로 역전된다. 블레셋 사람들은 사울의 갑옷을 전리품으로 신전 안에 두고, 자신들의 신이 거둔 승리에 대한 감사 표시로 소름 끼치게도 사울의 머리를 다곤 신전에 매단다(10:9-10). 길르앗 야베스 출신의 용맹한 이스라엘 군사들은 영웅스러운 용기를 발휘하여 머리 없는 사울의 시신과 그 아들들의 시신을 수습해 죽은 왕을 애도하면서 그들의 뼈를 야베스에 매장한다(11-12절).

하나님께서 다윗에게 왕국을 넘기시다 (10:13-14)

블레셋 사람들은 승리의 공을 다곤 신에게 돌리지만 역대기 저자는 하나님의 주권적 손길을 가리키는 다른 설명을 끼워 넣어, 주께서 때와 계절을 바꾸시는 분이자 왕을 폐하고 세우시는 분임을 상기시킨다(참조. 단 2:21). 어떤 의심도 남지 않도록 역대기 저자는 이 사건들이 사울의 불경건한 행동 때문에 하나님에 의해 일어났다고 명확히 진술하고, 이 사건들은 유배 후 공동체에게 경고의 역할을 한다. "사울이 죽은 것은 여호와께 범죄하였기 때문이라. 그가 여호와의 말씀을 지키지 아니하고 또 신접한 자에게 가르치기를 청하고 여호와께 묻지 아니하였으므로 여호와께서 그를 죽이시고 그 나라를 이새의 아들 다윗에게 넘겨주셨더라"(10:13-14).

사울은 하나님의 율법과 규례에 어긋나게 행동하는 사람을 묘사할 때 역대기에서 반복적으로 사용되는 핵심 용어인 '범죄했다'(히. ma'al)로 비난받는다(10:13; 또한 2:7; 5:25; 9:1을 보라).[2] 역대기 저자는 사울이 하나님의 말씀을 지키지 않았다고 설명하는데(10:13), 아마 사울과 관련하여 잘 알려진 두 이야기를 염두에 둔 것 같다. 첫 번째 사건은 사울이 블레셋과 싸우기 위해 군대를 모을 때 일어났다(삼상 13장). 그는 블레셋 군대에 비해 수적으로 열세였다. 그러나 사무엘이 도착할 때까지 기다리는 대신 전투를 치르기 전에 직접 제사를 드림으로써 하나님의 심판을 받는다(13-14절). 사울이 군대의 수를 헤아리는 데 집중한 것은 군대의 크기에 따라 전투에서 승리할 수 있다는 그의 근원적인 (잘못된) 신념을 보여 주지만, 하나님이 세운 왕은 자신들을 위해 싸워 주실 **그분을 신뢰**해야 한다. 이는 우리가 역대기 전반에서 만날 핵심 주제다.

두 번째 사건은 이스라엘 백성이 이집트를 떠날 때 아말렉이 그들을 공격했다는 이유로 하나님께서 사울에게 진멸을 명령하셨을 때 일어났다(삼상 15:1-3; 참조. 출 17:8-16; 신 25:17-19). 사울은 하나님의 명령을 따르지 않고, 어리석게도 아말렉 왕 아각과 가장 좋은 가축들을 살려 주었다(삼상 15:8-9). 사무엘은 하나님의 음성에 순종하지 않은 사울에게 심판을 선포했고, 사울은 왕으로서의 자격을 상실했다(22-28절; 참조. 28:17-18). 이것은 하나님의 임재가 사울에게서 떠나는 불길한 사건을 상징했다(16:14). 사울이 범죄했다고 묘사할 때 역대기 저자는 아마 이 두 이야기를 염두에 두었을 것이다(10:13).

사울이 죽은 두 번째 이유는, 그가 하나님께 '묻지'(히. d-r-sh) 않고 영매에게 조언을 구했기 때문이다(삼상 28:7-25).[3] 하나님께 묻는 것은 경건한 왕의 자질이었다. 영매는 모세의 율법에 따라 엄격히 금지되었다(레 19:31; 20:27; 신 18:10-12). 따라서 사울은 하나님께 순종하지 않은 것이었고, 그로 인해 그에게서 나라를 끊어 낼 것이라는 말을 다시 듣는다(삼상 28:17-18). 사울은 블레셋 사람들에게 패할 것이고 그의 아들들은 죽을 것이다(19절). 이 말을 들을 때 사울은 압도적인 두려움에 사로잡혀 땅에 쓰러졌다. 하지만 그는 하나님 앞에 회개하며 엎드리는 대신, 푸짐한 잔치를 벌이자고 강권하는 부하들의 말을 들었다(20-24절). 사울의 죽음은 이제 이스라엘 역사에서 결정적 전환점을 의미한다. 다윗왕의 즉위가 얼마 남지 않았기 때문이다.

이야기 살아내기

지도자에 대한 하나님의 프로필

하나님의 백성은 "[다른] 모든 나라와 같이" 전쟁을 치를 왕을 원했지만(삼상 8:5), 하나님이 세운 왕은 군사력이나 군대 규모에 의존하지 않아야 했다(시 33:16). 왕은 하나님을 의지하고 **그분의** 구원을 기다려야 했다. 사울은 자신의 군사력을 신뢰하면서 세속적인 지도자 모델을 채택했다. 세속적인 왕의 프로필을 따를 때 사울의 모든 겉모습은 이스라엘을 승리로 이끌 강력한 군사 지도자처럼 보였지만, 그의 마음은 하나님께 온전히 헌신하지 않았다.

대조적으로, 이스라엘의 왕은 다른 기준을 따라야 했다. 왕은 자신을 위해 병마를 많이 두지 않아야 했고, 자신을 위해(즉 정치적 동맹을 위해) 아내를 많이 두지 않아야 했으며, 금이나 은을 축적하지 않아야 했다(신

17:16-17). 대신 이스라엘의 왕은 하나님을 경외하고 그분의 계명을 따라야 했기 때문에, 하나님의 율법 사본을 자기 옆에 두고 주야로 율법을 묵상해야 했다(18-20절). 이것이 바로 하나님의 백성에게 필요한 지도자 유형이었다. 하지만 초대 왕은 하나님의 계명을 따르지 않았고, 결국 하나님보다 백성들을 더 두려워했다(삼상 15:19-24). 사울에 대한 역대기 저자의 비난은 사울에게 한 장만 할애한 데서 암시된다. 또한 이 장에 묘사된 사울의 끔찍한 죽음은 주변 국가를 자기들 나라의 모델로 삼으려던 이스라엘의 시도가 처참한 실패로 끝날 것임을 시사한다. 귀환자들은 여러 민족으로 둘러싸여 있었지만 지도자는 그들의 관습을 따르지 않아야 했다. 그때나 지금이나 하나님의 백성은 열방과 구별되도록 부름받는다. 하지만 주변 문화에서 발견되는 리더십 모델과 자질을 모방하기는 너무도 쉽다. 특히 그들의 모델이 성공으로 이어지는 듯 보일 때는 더욱 그렇다. 그렇게 할 경우 우리는 하늘 나라의 가치를 드러내도록 부름받았다는 사실을 쉽게 잊어버릴 수 있다.

예수님은 제자들에게 하나님 나라의 지도자는 주변 문화와 달라야 한다고 가르치셨다. 제자들이 자기들 가운데 누가 가장 큰지 논쟁하고 있었을 때 예수님은 이렇게 말씀하셨다. "이방인의 임금들은 그들을 주관하며 그 집권자들은 은인이라 칭함을 받으나 너희는 그렇지 않을지니 너희 중에 큰 자는 젊은 자와 같고 다스리는 자는 섬기는 자와 같을지니라"(눅 22:25-26). 하나님의 지도자는 무엇보다 종이었는데, 이는 하나님께서 나단에게 왕과 대면하라고 지시하실 때 다윗에 대해 사용하신 표현이다(히. 'ebed, 대상 17:4, 7, 17, 18, 19, 23 등). 이와는 대조적으로, 사울의 생애 마지막 몇 시간은 왕이 어떻게 살았는지에 대해 많은 것을 말해 준다. 르호보암과 달리(대하 12:6-7), 군사적 패배에 직면했을 때 사울이 하나님 앞에서 자기를 낮췄다는 말은 어디에도 없다. 여호사밧과 달리(18:31), 사울이 전쟁 중에 하나님께 도와 달라고 외쳤다는 기록은 어디에도 없다. 또한 므낫세와 달리(33:12-13), 사울이 고통 중에 하나님께 간구했다는 기록도 어디에도 없다. 그 대신 (독자적인 사람답게) 사울의 마지막 말은 도와 달라는 외침이 아니라, 최후의 독자적인 행동으로 자기 목숨을 자기 손으로 거두면서 무기 담당 병사에게 내린 명령이다. 이는 경건한 리더십의 모델도 아니고, 우리를 위해 목숨을 내려놓으신 겸손한 주님의 종 예수님에게서 나타나는 모델도 아니다. 예수님의 모델이 우리 삶에서 길러야 할 태도다.

리더십에 대한 역대기 저자의 비전

사울은 군사 지도자의 모든 특징을 갖추고 있었다. 그는 용맹스런 용사요 키가 크고 인상적인 남자였다(삼상 9:1-2). 사울은 왕에게 바랄 수 있는 모든 외적인 자격을 갖추었지만, 하나님과 동행하지 않고 그분의 계명을 따르지 않은 것이 실패의 원인이었다. 사울의 마지막 날에 대한 역대기 저자의 묘사는 지도자가 하나님께 신실하지 못할 때 어떤 일이 일어나는지를 보여 준다(대상 10:13-14). 역대기에서 하나님을 구하는 것은 경건한 리더십의 특징이지만, 사울은 하나님을 구하는 데 실패하고 그의 삶은 불명예로 끝난다. 이것이 역대기 저자가 그토록 인상적으로 묘사한 사울의 유산이다.

우리 문화는 성공한 듯 보이는 삶을 살지만 내면세계는 도덕적으로 파산했을 수 있는 유명 인사에게 집착한다. 세속적 가치관이 너무 쉽게 교회 안에 스며든다. 기독교 지도자도 SNS에 얼마나 많은 팔로워가 있는지 혹은 동영상을 시청하거나 블로그를 읽는 사람이 몇만 명인지 등 세속적인 성공의 범주에 따라 높은 평가를 받을 수 있지만, 이런 것은 경건한 지도자의 기준이 아니다. 하나님은 지도자의 인격과 도덕적 삶에 관심을 두신다. 우리는 사적 이익을 위해 재정을 유용하거나 성적 호의를 얻기 위해 권력과 권위를 이용하는 기독교 지도자 이야기에 매우 익숙하다. 예수님은 겉모양만 갖춘 경건의 위험성에 대해 이스라엘의 종교 지도자들에게 경고하셨다. "화 있을진저 외식하는 서기관들과 바리새인들이여. 잔과 대접의 겉은 깨끗이 하되 그 안에는 탐욕과 방탕으로 가득하게 하는도다"(마 23:25). 예수님은 잔 안을 먼저 깨끗이 하면 겉도 깨끗하게 될 것이라고 권면하신 뒤 그들을 책망하셨다. "[너희는] 회칠한 무덤 같으니 겉으로는 아름답게 보이나 그 안에는 죽은 사람의 뼈와 모든 더러운 것이 가득하도다"(27절). 이 묘사는 사울의 특징을 보여 준다. 그는 지도자의 겉모습을 갖추고 있었지만, 정직하지 못했고 하나님의 율법을 기꺼이 따르지 않았다. 사울의 끔찍한 죽음에 대한 역대기 저자의 묘사는 그가 왕으로서 실패했음을 강조한다.

우리는 경건의 겉모습에 집중하기보다 경건한 성품을 길러야 한다. 이는 특히 교회 지도자들에게 해당된다. 최근 한 여론 조사에 따르면, 한 달에 한 번 이상 교회에 출석하는 사람의 52퍼센트는 성직자를 신뢰할 수 없다고 여기며 의사나 교사, 군인, 과학자를 훨씬 긍정적으로 평가한다.[4] 다양한 직업군이 높은 윤리적 기준에 어느 정도나 부합하느냐는 대중의 견해에 대해 2018년 갤럽이 시행한 설문 조사에서도 비슷한 결과가 나왔는데, 정직과 높은 윤리 기준은 성직자들 가운데 많이 나타나는 자질이 아니었다.[5] 성경은 하나님의 지도자가 더 높은 수준으로 부름받았다고 분명히 말한다. 그들은 책망할 것이 없어야 하고, "절제하며 신중하며 단정하며… 술을 즐기지 아니하며 구타하지 아니하며 오직 관용하며 다투지 아니하며 돈을 사랑하지 아니하[는]" 등 경건한 자질을 보여야 한다(딤전 3:2-3; 참조. 딛 1:7-9). 여기에는 교회 밖 사람들에게 좋은 평판을 얻는 것도 포함된다(딤전 3:7). 따라서 우리는 의와 경건과 믿음과 사랑과 인내와 온유를 따르고(6:11; 딤후 3:10), 신중하고 의롭고 경건하게 이 세상을 살아야 한다(딛 2:12). 정직은 우리를 지켜보는 세상에도 중요하고, 분명 하나님께도 중요하다.

11						역대상 11:1-47

이야기 경청하기

¹온 이스라엘이 헤브론에 모여 다윗을 보고 이르되 우리는 왕의 가까운 혈족이니이다 ²전에 곧 사울이 왕이 되었을 때에도 이스라엘을 거느리고 출입하게 한 자가 왕이시었고 왕의 하나님 여호와께서도 왕에게 말씀하시기를 네가 내 백성 이스라엘의 목자가 되며 내 백성 이스라엘의 주권자가 되리라 하셨나이다 하니라 ³이에 이스라엘의 모든 장로가 헤브론에 있는 왕에게로 나아가니 헤브론에서 다윗이 그들과 여호와 앞에 언약을 맺으매 그들이 다윗에게 기름을 부어 이스라엘의 왕으로 삼으니 여호와께서 사무엘을 통하여 전하신 말씀대로 되었더라 ⁴다윗이 온 이스라엘과 더불어 예루살렘 곧 여부스에 이르니 여부스 땅의 주민들이 거기에 거주하였더라 ⁵여부스 원주민이 다윗에게 이르기를 네가 이리로 들어오지 못하리라 하나 다윗이 시온 산 성을 빼앗았으니 이는 다윗 성이더라 ⁶다윗이 이르되 먼저 여부스 사람을 치는 자는 우두머리와 지휘관으로 삼으리라 하였더니 스루야의 아들 요압이 먼저 올라갔으므로 우두머리가 되었고 ⁷다윗이 그 산성에 살았으므로 무리가 다윗 성이라 불렀으며 ⁸다윗이 밀로에서부터 두루 성을 쌓았고 그 성의 나머지는 요압이 중수하였더라 ⁹만군의 여호와께서 함께 계시니 다윗이 점점 강성하여 가니라 ¹⁰다윗에게 있는 용사의 우두머리는 이러하니라 이 사람들이 온 이스라엘과 더불어 다윗을 힘껏 도와 나라를 얻게 하고 그를 세워 왕으로 삼았으니 이는 여호와께서 이스라엘에 대하여 이르신 말씀대로 함이었더라 ¹¹다윗에게 있는 용사의 수효가 이러하니라 학몬 사람의 아들 야소브암은 삼십 명의 우두머리라 그가 창을 들어 한꺼번에 삼백 명을 죽였고 ¹²그다음은 아호아 사람 도도의 아들 엘르아살이니 세 용사 중 하나이라 ¹³그가 바스담밈에서 다윗과 함께 있었더니 블레셋 사람들이 그곳에 모여와서 치니 거기에 보리가 많이 난 밭이 있더라 백성들이 블레셋 사람들 앞에서 도망하되 ¹⁴그가 그 밭 가운

데에 서서 그 밭을 보호하여 블레셋 사람들을 죽였으니 여호와께서 큰 구원으로 구원하심이었더라 ¹⁵삼십 우두머리 중 세 사람이 바위로 내려가서 아둘람 굴 다윗에게 이를 때에 블레셋 군대가 르바임 골짜기에 진 쳤더라 ¹⁶그때에 다윗은 산성에 있고 블레셋 사람들의 진영은 베들레헴에 있는지라 ¹⁷다윗이 갈망하여 이르되 베들레헴 성문 곁 우물 물을 누가 내게 마시게 할꼬 하매 ¹⁸이 세 사람이 블레셋 사람들의 군대를 돌파하고 지나가서 베들레헴 성문 곁 우물 물을 길어가지고 다윗에게로 왔으나 다윗이 마시기를 기뻐하지 아니하고 그 물을 여호와께 부어드리고 ¹⁹이르되 내 하나님이여 내가 결단코 이런 일을 하지 아니하리이다 생명을 돌아보지 아니하고 갔던 이 사람들의 피를 어찌 마시리이까 하고 그들이 자기 생명도 돌보지 아니하고 이것을 가져왔으므로 그것을 마시기를 원하지 아니하니라 세 용사가 이런 일을 행하였더라 ²⁰요압의 아우 아비새는 그 세 명 중 우두머리라 그가 창을 휘둘러 삼백 명을 죽이고 그 세 명 가운데에 이름을 얻었으니 ²¹그는 둘째 세 명 가운데에 가장 뛰어나 그들의 우두머리가 되었으나 첫째 세 명에게는 미치지 못하니라 ²²갑스엘 용사의 손자 여호야다의 아들 브나야는 용감한 사람이라 그가 모압 아리엘의 아들 둘을 죽였고 또 눈 올 때에 함정에 내려가서 사자 한 마리를 죽였으며 ²³또 키가 큰 애굽 사람을 죽였는데 그 사람의 키가 다섯 규빗이요 그 손에 든 창이 베틀채 같으나 그가 막대기를 가지고 내려가서 그 애굽 사람의 손에서 창을 빼앗아 그 창으로 죽였더라 ²⁴여호야다의 아들 브나야가 이런 일을 행하였으므로 세 용사 중에 이름을 얻고 ²⁵삼십 명 중에서는 뛰어나나 첫째 세 사람에게는 미치지 못하니라 다윗이 그를 세워 시위대장을 삼았더라 ²⁶또 군사 중의 큰 용사는 요압의 아우 아사헬과 베들레헴 사람 도도의 아들 엘하난과 ²⁷하롤 사람 삼훗과 블론 사람 헬레스와 ²⁸드고아 사람 익게스의 아들 이라와 아나돗 사람 아비에셀과 ²⁹후사 사람 십브개와 아호아 사람 일래와 ³⁰느도바 사람 마하래와 느도바 사람 바아나의 아들 헬렛과 ³¹베냐민 자손에 속한 기브아 사람 리배의 아들 이대와 비라돈 사람 브나야와 ³²가아스 시냇가에 사는 후래와 아르바 사람 아비엘과 ³³바하룸 사람 아스마웻과 사알본 사람 엘리아바와 ³⁴기손 사람 하셈의 아들들과 하랄 사람 사게의 아들 요나단과 ³⁵하랄 사람 사갈의 아들 아히암과 울의 아들 엘리발과 ³⁶므게랏 사람 헤벨과 블론 사람 아히야와 ³⁷갈멜 사람 헤스로와 에스배의 아들 나아래와 ³⁸나단의 아우 요엘과 하그리의 아들 밉할과 ³⁹암몬 사람 셀렉과 스루야의 아들 요압의 무기 잡은 자 베롯 사람 나하래와 ⁴⁰이델 사람 이라와 이델 사람 가렙과 ⁴¹헷 사람 우리아와 알래의 아들 사밧과 ⁴²르우벤 자손 시사의 아들 곧 르우벤 자손의 우두머리 아디나와 그 추종자 삼십 명과 ⁴³마아가의 아들 하난과 미덴 사람 요사밧과 ⁴⁴아스드랏 사람 웃시야와 아로엘 사람 호담의 아들 사마와 여이엘과 ⁴⁵시므리의 아들 여디아엘과 그의 아우 디스 사람 요하와 ⁴⁶마하위 사람 엘리엘과 엘라암의 아들 여리배와 요사위야와 모압 사람 이드마와 ⁴⁷엘리엘과 오벳과 므소바 사람 야아시엘이더라

이야기 속 다른 본문 경청하기
사무엘상 16장; 사무엘하 5:1-10; 23:8-39

사울의 죽음과 사울 왕조의 패망은 이스라엘 이야기에서 결정적인 움직임을 상징한다. 다음 열아홉 장을 다윗왕에게 할애한 것은 다윗의 통치가 하나님의 백성 이야기에서 차지하는 중심성을 강조한다(11-29장). 역대기 저자는 왕위에 왕이 없을 때 기록했지만, 다윗 이야기는 앞으로 하나님께서 행하실 일에 대한 희망과 확신을 불어넣는다. 왜냐하면 하나님께서 다윗에게 하신 약속은 예루살렘에 살고 있는 귀환자들에게 메시아 대망으로 존속되었기 때문이다. 이 이야기를 소중히 간직하는 이유는 다윗에게 하신 하나님의 약속이 깨질 수 없기 때문이다. 다윗은 분

명 하나님의 영원한 나라를 다스리는 아들을 낳을 것이다.

다윗이 헤브론에서 즉위한 이야기는 다윗을 왕으로 세우기 위해 온 이스라엘이 모이는 다음 두 장에서 다루어진다(11:1; 12:23, 38). 역대상 11-12장에서 전달하는 확고한 메시지는 하나님의 주권적 계획과 도우심으로 다윗의 왕권이 실현되었다는 것이다. 하나님께서 다윗과 함께 계시기 때문에 여부스 사람들은 패배한다(11:4). 다윗은 하나님이 전에 하신 말씀에 따라 왕이 된다(3, 10절; 12:23). 다윗의 용사들은 수적으로 불리할 때도 하나님의 도우심 덕분에 승리한다(12:14, 20, 23). 다윗이 사울에게서 도피하는 동안 받은 군사적 지원은 하나님의 도우심의 증거다(1, 17, 21, 22절). 또한 하나님께서 자기 백성을 구원하시기 때문에 블레셋 사람들은 패배한다(11:14). 하나님의 주권적 손길이 역사하고 있다는 사실은, 다윗을 전폭적으로 지원한 사울의 지파를 포함해 다른 지파들로부터 다윗이 받는 군사적 지원을 통해 입증된다(12:2, 8, 19, 20, 29, 37, 38). 따라서 다윗의 군대는 하나님의 군대에 비유된다(22절). 이 장에 언급된 사람들과 그들의 군사적 승리에서 하나님이 다윗에게 왕국을 넘겨주고 계신다는 확실한 증언이 크게 울려 퍼진다(10:14; 12:22).

다윗이 헤브론에서 즉위한 이야기를 들을 때, 처음 다윗은 유다를 다스리는 왕으로 7년 동안 헤브론에서 통치했음을 기억해야 한다(삼하 5:5; 참조. 대상 3:4; 29:26-27). 이 초기 시절에 사울의 아들 이스보셋은 이스라엘의 왕으로 2년 동안 통치했다(삼하 2:10). 다윗 집안과 사울 집안 사이의 갈등이 격화되던 때였다(2-4장). 하지만 이스보셋이 살해된 뒤에야(4:1-12) 다윗은 마침내 온 이스라엘을 다스리는 왕이 된다(5:1-5). 역대기 저자는 초점을 흐트러뜨리지 않고 다윗의 왕권이 훨씬 미약했던 시기는 넘어가고, 온 이스라엘을 다스리는 다윗의 즉위로 이야기를 재개한다.

이 기사를 읽을 때, 역대기 저자는 다윗에 관한 초기 이야기를 하나로 엮으면서 엄격한 연대 순서를 고수하지 않았다는 점에 유의해야 한다. 처음에 사무엘서 내러티브에서 단서를 가져온 다윗의 헤브론 즉위(대상 11:1-3; 참조. 삼하 5:1-3) 바로 뒤에 여부스 사람들을 상대로 예루살렘에서 거둔 승리가 나온다(11:4-9; 참조. 삼하 5:6-10). 헤브론에서 다윗을 지원한 용사들의 명단은 다윗 생애 전반기를 상기시켜 줄 것이다(11:10-47; 참조. 삼하 23:8-39). 사무엘하에 있는 용사들의 명단은 다윗의 통치 말기에 자리 잡고 있지만, 버건(Bergen)은 역대기의 이 명단이 아마 더 이전 시기를 가리킬 것이라고 주장한다.[1] 다음 장에서 다윗이 받은 도움은 '회상'(flashback)을 통해 계속 강조되는데, 이때 시글락에서 다윗을 도운 사람들의 이름이 회고된다(12:1-7; 참조. 삼상 27장). 다시 말해, 역대기 저자는 주제적 관심사에 우선순위를 두고, 그 자신이 처한 상황과 관련된 특정 목적을 위해 이스라엘의 이야기를 재현하고 있다. 이것은 모든 훌륭한 설교자의 임무다. 하나님의 도우심이라는 주제는 다윗의 광야 시기(12:8-18; 참조. 삼상 22:1-5)와 시글락에서 살던 시기(12:19-22)를 관통하는 공통의 가닥이다. 그 함의는 하나님의 주권적인 지원과 보호가 없었다면 다윗은 살아남지 못했을 것이라는 점인데, 이는 분명 페르시아 통치 아래 살고 있던 남은 자들과 관련 있는 주제다. 역대기 저자는 이전의 이야기를 바탕으로, 특히 헤브론에서 왕이 되기 **전에** 하나님의 주권적 손길 아래 다윗이 받은 광범위한 지원에 대한 강력한 증언을 수집하고 있다. 마지막 장면은 다윗을 왕으로 삼기 위해 온 사람들의 명단과 함께 다시 헤브론으로 돌아온다(12:23-40). 문학적 관점에서 볼 때, 이 교차 대구(chiastic) 구조는 다윗을 왕으로 기름 붓기 위해 모인 온 이스라엘로 시작해(11:1-3) 헤브론에서 벌어진 큰 축제로 마무리된다(12:38-40).

— 이야기 설명하기 —

사울이 죽은 후 다윗이 헤브론에서 왕으로 기름 부음받다(11:1-3)

온 이스라엘이 유다 영토에 위치한 헤브론성에 모여 다윗에게 기름을 부어 왕으로 세운다(11:1; 참조. 삼하 2:1-4; 5:3). 예루살렘에서 남쪽으로 30킬로미터 떨어진 곳에 위치한 헤브론은 아브라함 시대부터 특히 족장들의 가족 묘지로서 종교적 의미를 지니고 있었다(창 23:1-20; 49:31; 50:13). 바벨론 유배 이후 귀환자들도 헤브론에 거주했다(느 11:25에서는 이전 이름인 기럇 아르바로 표시; 참조. 창 35:27). 온 이스라엘이 헤브론에 모인다는 것은 다윗이 받는 광범위한 지원과 다윗 아래 결성된 지파들의 연합을 강조한다(대상 11:1, 10; 12:38; 13:5; 14:8). "이스라엘"이라는 이름은 이 사람들에게 공통 조상의 정체성을 부여하고(2:1), 따라서 "온 이스라엘"이라는 표현은 족보의 초점인 하나 된 백성을 상기시킨다(2:1-9:1). 이제 공동체 전체가 자신들의 역사에서 가장 신성한 이 순간을 위해 다윗의 즉위식에 모인다.

백성들은 다윗이 항상 자신들의 지도자였다고 인정한다(11:2). 사울이 왕위에 있었을 때에도 다윗은 지파들의 지원을 받았기 때문이다. 따라서 백성들은 다윗이 지난날부터 자신들의 진정한 지도자였으며, 하나님의 말씀에 따라 백성의 목자가 되고 그들의 왕이 될 것이라고 증언한다(11:2; 참조. 17:7; 시 78:70-72). 다윗은 아버지의 집에서 사무엘에게 사적으로 기름 부음을 받았지만(삼상 16:13), 이제 온 이스라엘 앞에서 공적으로 왕으로 기름 부음을 받는다(대상 11:3; 참조. 삼하 2:4; 5:3). 다윗이 처음 기름 부음을 받았을 때 하나님의 영이 임했는데(삼상 16:1, 13; 삼하 23:1-2; 참조. 슥 4:6), 이는 그가 이 거룩한 임무를 위해 구별되었음을 나타냈다. 모세와 장로들(민 11:17, 24-30), 여호수아(27:18), 특정 사사들(삿 3:10; 6:34; 11:29), 특히 역대기에서 중요한 역할을 하는(예. 대상 12:18; 대하 15:1; 20:14; 24:20) 예언자(민 11:25) 등 구약성경의 다른 지도자들도 기름 부음을 받았다. 성령이 다윗에게 임하셨을 때(삼상 16:13) 불길하게도 성령이 사울을 떠나셨는데, 이는 왕국이 다윗에게 넘어가고 있다는 또 다른 표시였다(14절). 온 이스라엘이 다윗에게 기름을 부은 것은 앞선 기름 부음의 정점을 나타내고, 다윗은 하나님이 임명하신 이스라엘의 합법적 왕으로 대중에게 확증된다.

다윗이 여부스 사람을 격파하고 예루살렘이 수도가 되다(11:4-9)

왕으로 기름 부음을 받은 후 다윗과 백성들은 예루살렘을 향해 떠난다(11:4). 이 성은 이전에 여부스 사람들이 거주하던 도시였기 때문에 여부스라고도 불렸다(삿 19:10-11; 참조. 대상 1:14). 여부스 사람들은 가나안에 살고 있었지만(민 13:29; 수 11:3), 그들의 땅은 아브라함과 그의 후손에게 약속으로 주어졌다(창 15:18-21; 출 3:8). 따라서 여부스 사람들은 이스라엘 백성이 그 땅을 점령할 때 무너뜨려야 할 일곱 나라 중 하나였다(신 7:1-2; 20:17-18). 하지만 그 땅의 정복은 불완전했고(수 15:63; 삿 1-2장), 따라서 다윗의 여부스 정복은 중요한 의미를 지닌다. 역대기 저자는 이 시점에 여부스 사람들에 대한 공격을 지휘하는 요압을 소개한다(대상 11:6). 다윗의 군사령관인 요압은(삼하 8:16; 대상 27:34) 나중에 보게 되듯이 다윗 왕국에서 전략적으로 중요한 위치에 있다(참조. 19:10-19; 20:1-8; 21:1-6). 이제 여부스를 정복한 다윗은 요새 안에 거주지를 정한다. 이 성은 재건되어 다윗성이라고 불린다(11:7-9). 하나님께서 함께 계시기 때문에 다윗은 강성해진다(9절).

다윗의 용사들이 헤브론에서 다윗을 지원하다(11:10-47)

역대기 저자는 다윗을 지원한 용사들의 방대한 명단을 제시하는데, 이는 다윗의 삶에서 왕이 되기 이전 시기를 가리키는 것으로 보인다(참조. 삼하 23:8-39).[2] 이 대목에 그들이 나오는 것은 다윗에 대한 광범위한 지원을 보여 주기 위한 것이다. "이 사람들이 온 이스라엘과 더불어 다윗을 힘껏 도와 나라를 얻게 하고 그를 세워 왕으로 삼았으니 이는 여호와께서 이스라엘에 대하여 이르신 말씀대로 함이었더라"(대상 11:10).

첫째 단락에서는 다윗의 최고위급 군사 지도자인 야소브암과 엘르아살을 강조하고, 언급되지는 않지만 아마 삼마도 이들 세 사람에 포함되었을 것이다(참조. 삼하 23:11-12). 여기서 군사적 업적이 요약되는데, 그들의 용기만이 아니라 다윗에 대한 충성심도 보여 준다(대상 11:11-19). 뛰어난 영웅담도 회고하지만, 두각을 나타낸 다윗의 세 장교를 능가할 정도는 아니다. 이런 용맹스러운 이야기 속에서 우리는 군사적 승리가 하나님의 개입으로 인한 것임을 떠올리는데(14절), 하나님의 주권적 손길이 역사하고 있음을 나타내는 또 하나의 표시다. 다른 두 용사 아비새와 브나야의 탁월한 군사적 위업에 주목하고, 그 결과 이들에게 지도자 직책을 부여한다(20-25절).

다음 단락에는 더 광범위한 다윗의 군인 명단이 나온다(11:26-47; 참조. 삼하 23:8-39).[3] 가끔 "도도의 아들 엘하난"과 같이 아버지의 이름을 표시하기도 하고(11:26), "베들레헴 사람 도도의 아들 엘하난"과 같이 출신 도시를 포함할 수도 있으며, 또한 가끔 "암몬 사람 셀렉"(39절)과 같이 한 사람의 민족적 배경이 나오기도 한다. 명단이 간단한 공식을 따르지 않기 때문에 이런 추가 정보가 명단을 다소 복잡하고 읽기 힘들어 보이게 만들기도 하지만, 이런 이름들에는 목적이 있다. 이는 다윗의 군사들이 베들레헴(26절), 기브아(31절), 갈멜(37절) 등 이스라엘 내의 다양한 성에서 왔고, 베냐민(31절)과 르우벤(42절) 등 다양한 지파 배경에서 왔으며, 또한 암몬 사람 셀렉(39절), 헷 사람 우리아(41절), 모압 사람 이드마(46절) 등 이스라엘 밖의 나라에서 왔음을 예시한다. 다양한 이름의 목적은 여러 집단의 사람들이 다윗을 지원했음을 강조하기 위한 것이다. 그들의 민족적 다양성은 열방이 왕국의 일부가 될 것이라는 비전에 기여한다.[4] 특히 이 일은 다윗이 동굴에 숨어 생존을 위해 도피하는 불가능한 상황 중에 일어나고 있다! 분명 이 명단은 페르시아 통치 아래 살던 역대기 저자의 청중에게 희망을 주고, 오늘날 하나님의 백성에게도 희망을 준다. 하나님은 심지어 상황이 희망적이지 않은 것 같은 때에도, 삶의 **모든 상황** 속에서 하나님 나라를 세우고 계신다.

다음으로, 다윗이 왕이 되기 **전에** 그를 지원한 수많은 군사 지도자들은 사울이 아직 왕위에 있을 때 하나님께서 역사하여 왕국을 세우고 계셨음을 보여 준다. 젊은 지도자 다윗은 이 어려운 시기에 두드러진 충성심을 잊지 않을 것이다. 특히 11:26-47에 나오는 다윗의 여러 군인은 왕이 조직 체계를 세울 때 지도자 직책에 임명되는데, 그 시점에 다윗은 열두 부대의 지휘관을 임명한다(27:1-15). 다시 말해, 다윗의 충성스러운 지지자들은 왕국이 확고하게 세워질 때 중요한 책임을 맡을 것이다.

── 이야기 살아내기 ──

불가능한 상황에서 일어나는 하나님의 역사

다윗이 헤브론에서 온 이스라엘의 지지를 받으며 즉위한 이야기는 오랜 기간의 어려움 끝에 실현된 것이었다. 다윗은 젊었을 때 기름 부음을 받았지만, 곧이어 사울이 오랜 기간 그를 죽이려고 끈질기게 추격하던 동안 도망자로 살면서 목숨을 건지기 위해 도주해야만 했다(삼상 18-27장). 헤브론에서 행해진 다윗의 즉위식은 그의 인생에서 절정의 순간이지만, 젊었을 때 시작된 하나님의 부르심으로 인해 그는 계속되는 시련에 직면해야 했고, 안전하고 안락한 집 없이 살아야 했으며, 가족과 떨어져 도망자로 떠돌아다녀야 했다. 인생에서 이 어려운 시기에 다윗은 사울을 살해하고 시련을 끝낼 기회를 얻었지만(24, 26장), 하나님의 기름 부음받은 자에게 손을 대지 않음으로써 하나님의 계획을 **하나님의 방식**으로 성취하시는 그분의 주권적인 손길을 인정했다.

헤브론의 즉위에서 절정에 달한 다윗 이야기는 우리 삶을 향한 하나님의 부르심에는 성공의 순간과 함께 고통과 시련도 포함될 수 있음을 일깨워 준다. 하지만 널리 만연하여 영향력을 발휘하는 '번영 복음'은 그리스도인의 삶의 의미에 대한 잘못된 기대를 심어 주었다. 고난은 하나님의 계획에 역행하는 것이고, 충분한 믿음을 가진다면 기도로 없애야 할(또한 그럴 수 있는) 것으로 받아들여진다. 「뉴욕 타임즈」 베스트셀러 작가 조엘 오스틴(Joel Osteen)이 한 사례인데, 그의 저서 『나는 선언한다』(I Declare)는 사람들이 자기 삶에 대해 선언할 수 있는 31가지 약속을 제시한다. 그와 같은 약속 중 하나는 이렇다. "나는 내 삶에 편안함의 기름이 부어지고 있다고 선포한다." 이 약속에는 "나는 계속 힘들어하지 않겠다"는 선언이 포함되어 있다.[5] 다윗은 기름 부음을 받았지만(삼상 16장), 그에게 부어진 기름은 결코 "편안함의 기름"이 아니었다. 정반대였다! 다윗을 향한 하나님의 부르심으로 인해 그는 안전과 가족, 안락한 집 없이 오랜 세월 고통과 고난 속에서 살아야 했다. 다윗의 헤브론 즉위를 회고하는 이 장은 분명 절정이지만, 다윗은 **하나님의 때**를 기다려야 했기 때문에 진짜 절정은 여러 해 어려움을 겪은 후에야 온다(참조. 대상 10:14; 12:23). 이 기간에 군인들은 그를 지원했고, 왕은 그들을 통해 하나님의 도우심을 의지하는 법을 배웠다. 이는 고난과 시련이 단순히 기도해서 **없애야 할**(또는 '선언'을 통해 없애야 할!) 대상이 아니라, 하나님의 임재 속에서 위로를 찾고 삶의 어려움 속에서 그분이 주시는 도움을 찾아야 한다는 것을 상기시켜 준다.

다윗의 이야기는 하나님께서 성공할 때만이 아니라 절망적으로 느껴지는 상황 속에서도 **임재하고 역사하셔서** 주권적인 계획을 성취하고 계신다는 간증이다. 이 이야기는 오늘 우리에게 용기를 준다. 질병과 재정적 불안정, 실직, 가족 간의 갈등, 심지어 박해 등 삶의 곤경에 맞닥뜨릴 때 우리는 하나님의 임재를 깨닫고 그분이 **하시는 일**을 분별할 수 있는 눈을 가져야 한다. 하나님은 자기 백성을 잊지 않으셨고, 우리를 잊지 않으셨다. 성공을 지향하는 풍요로운 우리 사회에서는 성공이 **유일한** 하나님의 축복의 표식이라고 단정하면서 성공의 때를 지향하기가 너무 쉽다. 하나님은 다윗이 왕이 되었을 때만이 아니라 헤브론에서 즉위할 때까지 오랜 세월 그와 함께 계셨고, 그 힘든 시기가 하나님의 주권적인 계획의 일부였음을 깨닫게 하신다(참조. 대상 17:8).

조엘 오스틴은 우리가 승리하며 살아야 한다는 또 다른 선언에서, 우리의 혈관에 왕의 피가 흐르고 있다고 선언한다. 오스틴은 "우리는 믿음으로 왕처럼 걷고, 왕처럼 말하고, 왕처럼 생각하고, 왕처럼 옷을 입고, 왕처럼 미소를 지어야 한다"고 썼다.[6] 관건은, 오스틴이 염두에 두고 있는 왕이 어떤 부류의 왕이냐는 것이다. 오스틴의 왕권 이해와 반대로, 복음서에서 우리가 만나는 왕은 자기 목숨을 내려놓은 **고난받는 왕**이시고, 또한 그분은 우리에게 매일 자기 십자가를 지라고 요청하신다(마 10:38; 16:24; 24:9; 막 8:34; 눅 9:23; 14:27). 사도 바울은 자신의 삶을 향한 부르심이 고난을 동반할 것임을 이해했고, 고난은 하나님께서 바울 앞에 놓으신 길의 일부였다(행 9:15-16; 20:23; 21:11; 고후 6:4-5; 11:23-27). 그래서 바울은 예수님의 부활의 능력만이 아니라 고난의 사귐도 알게 되었다(빌 3:10). 이것은 다윗의 삶에서 이미 예고된 여정이었고, 삶이 끝나갈 때 다윗은 자신이 그저 하나님 앞에서 나그네일 뿐이며 하나님의 더 큰 계획에 비추어 볼 때 이 땅에서의 날들은 그림자에 불과하다고 고백할 것이다(대상 29:15). 인생의 어려운 시기에 맞닥뜨릴 때, 다윗 이야기는 우리의 상황이 희망적이지 않은 듯 보이는 순간에도 하나님께서 우리 삶에 **임재하고 역사하신다**는 사실을 일깨워 준다.

12							역대상 12:1-40

— 이야기 경청하기 —

¹다윗이 기스의 아들 사울로 말미암아 시글락에 숨어 있을 때에 그에게 와서 싸움을 도운 용사 중에 든 자가 있었으니 ²그들은 활을 가지며 좌우 손을 놀려 물매도 던지며 화살도 쏘는 자요 베냐민 지파 사울의 동족인데 그 이름은 이러하니라 ³그 우두머리는 아히에셀이요 다음은 요아스이니 기브아 사람 스마아의 두 아들이요 또 아스마웻의 아들 여시엘과 벨렛과 또 브라가와 아나돗 사람 예후와 ⁴기브온 사람 곧 삼십 명 중에 용사요 삼십 명의 우두머리가 된 이스마야이며 또 예레미야와 야하시엘과 요하난과 그데라 사람 요사밧과 ⁵엘루새와 여리못과 브아랴와 스마랴와 하룹 사람 스바댜와 ⁶고라 사람들 엘가나와 잇시야와 아사렐과 요에셀과 야소브암이며 ⁷그돌 사람 여로함의 아들 요엘라와 스바댜더라 ⁸갓 사람 중에서 광야에 있는 요새에 이르러 다윗에게 돌아온 자가 있었으니 다 용사요 싸움에 익숙하여 방패와 창을 능히 쓰는 자라 그의 얼굴은 사자 같고 빠르기는 산의 사슴 같으니 ⁹그 우두머리는 에셀이요 둘째는 오바댜요 셋째는 엘리압이요 ¹⁰넷째는 미스만나요 다섯째는 예레미야요 ¹¹여섯째는 앗대요 일곱째는 엘리엘이요 ¹²여덟째는 요하난이요 아홉째는 엘사밧이요 ¹³열째는 예레미야요 열한째는 막반내라 ¹⁴이 갓 자손이 군대 지휘관이 되어 그 작은 자는 백부장이요, 그 큰 자는 천부장이더니 ¹⁵정월에 요단 강 물이 모든 언덕에 넘칠 때에 이 무리가 강물을 건너서 골짜기에 있는 모든 자에게 동서로 도망하게 하였더라 ¹⁶베냐민과 유다 자손 중에서 요새에 이르러 다윗에게 나오매 ¹⁷다윗이 나가서 맞아 그들에게 말하여 이르되 만일 너희가 평화로이 내게 와서 나를 돕고자 하면 내 마음이 너희 마음과 하나가 되려니와 만일 너희가 나를 속여 내 대적에게 넘기고자 하면 내 손에 불의함이 없으니 우리 조상들의 하나님이 감찰하시고 책망하시기를 원하노라 하매 ¹⁸그때에 성령이 삼십 명의 우두머리 아마새를 감싸시니 이르되 다윗이여

우리가 당신에게 속하겠고 이새의 아들이여 우리가 당신과 함께 있으리니 원하건대 평안하소서 당신도 평안하고 당신을 돕는 자에게도 평안이 있을지니 이는 당신의 하나님이 당신을 도우심이니이다 한지라 다윗이 그들을 받아들여 군대 지휘관을 삼았더라 [19]다윗이 전에 블레셋 사람들과 함께 가서 사울을 치려 할 때에 므낫세 지파에서 두어 사람이 다윗에게 돌아왔으나 다윗 등이 블레셋 사람들을 돕지 못하였음은 블레셋 사람들의 방백이 서로 의논하고 보내며 이르기를 그가 그의 왕 사울에게로 돌아가리니 우리 머리가 위태할까 하노라 함이라 [20]다윗이 시글락으로 갈 때에 므낫세 지파에서 그에게로 돌아온 자는 아드나와 요사밧과 여디아엘과 미가엘과 요사밧과 엘리후와 실르대이니 다 므낫세의 천부장이라 [21]이 무리가 다윗을 도와 도둑 떼를 쳤으니 그들은 다 큰 용사요 군대 지휘관이 됨이었더라 [22]그때에 사람이 날마다 다윗에게로 돌아와서 돕고자 하매 큰 군대를 이루어 하나님의 군대와 같았더라 [23]싸움을 준비한 군대 지휘관들이 헤브론에 이르러 다윗에게로 나아와서 여호와의 말씀대로 사울의 나라를 그에게 돌리고자 하였으니 그 수효가 이러하였더라 [24]유다 자손 중에서 방패와 창을 들고 싸움을 준비한 자가 육천팔백 명이요 [25]시므온 자손 중에서 싸움하는 큰 용사가 칠천백 명이요 [26]레위 자손 중에서 사천육백 명이요 [27]아론의 집 우두머리 여호야다와 그와 함께 있는 자가 삼천칠백 명이요 [28]또 젊은 용사 사독과 그의 가문의 지휘관이 이십이 명이요 [29]베냐민 자손 곧 사울의 동족은 아직도 태반이나 사울의 집을 따르나 그중에서 나온 자가 삼천 명이요 [30]에브라임 자손 중에서 가족으로서 유명한 큰 용사가 이만 팔백 명이요 [31]므낫세 반 지파 중에 이름이 기록된 자로서 와서 다윗을 세워 왕으로 삼으려 하는 자가 만 팔천 명이요 [32]잇사갈 자손 중에서 시세를 알고 이스라엘이 마땅히 행할 것을 아는 우두머리가 이백 명이니 그들은 그 모든 형제를 통솔하는 자이며 [33]스불론 중에서 모든 무기를 가지고 전열을 갖추고 두 마음을 품지 아니하고 능히 진영에 나아가서 싸움을 잘하는 자가 오만 명이요 ³⁴납달리 중에서 지휘관 천 명과 방패와 창을 가지고 따르는 자가 삼만 칠천 명이요 ³⁵단 자손 중에서 싸움을 잘하는 자가 이만 팔천육백 명이요 ³⁶아셀 중에서 능히 진영에 나가서 싸움을 잘하는 자가 사만 명이요 ³⁷요단 저편 르우벤 자손과 갓 자손과 므낫세 반 지파 중에서 모든 무기를 가지고 능히 싸우는 자가 십이만 명이었더라 ³⁸이 모든 군사가 전열을 갖추고 다 성심으로 헤브론에 이르러 다윗을 온 이스라엘 왕으로 삼고자 하고 또 이스라엘의 남은 자도 다 한마음으로 다윗을 왕으로 삼고자 하여 ³⁹무리가 거기서 다윗과 함께 사흘을 지내며 먹고 마셨으니 이는 그들의 형제가 이미 식물을 준비하였음이며 ⁴⁰또 그들의 근처에 있는 자로부터 잇사갈과 스불론과 납달리까지도 나귀와 낙타와 노새와 소에다 음식을 많이 실어왔으니 곧 밀가루 과자와 무화과 과자와 건포도와 포도주와 기름이요 소와 양도 많이 가져왔으니 이는 이스라엘 가운데에 기쁨이 있음이었더라

이야기 속 다른 본문 경청하기

사무엘상 27:1-12

이어지는 이야기는 다윗의 생애 중 사울에게서 도피하던 동안 이스라엘의 군인들이 시글락으로 찾아왔을 때를 회고한다(삼상 27:1-12). 다윗은 죽음에 대한 두려움 때문에 필사적으로 블레셋으로 도피할 수밖에 없었다. 블레셋 왕 아기스는 시글락을 다윗에게 피난처로 주었다. 이 성은 원래 시므온 지파에게 주어졌고 유다의 남쪽에 위치해 있었다(수 15:21, 31; 19:5). 블레셋은 시글락을 점령했고 다윗은 이제 그곳으로 피신한다.[1] 다윗과 600명의 부하들은 자기 아내 및 자녀들과 함께 1년 이상 이 성에서 살았다. 역대기 저자는 다윗이 이 시기에 받은 군사적 도움(대상 12:1-22)과 헤브론에서 즉위할 때 모든 지파가 보여 준 지원(23-40절)을 기술한다. 두 상황에서 다윗이 받은 지원은 희망적이지 않은 그

의 상황을 고려할 때 놀라운 것이다. 다윗이 블레셋 영토와 동굴에 은신하고 있던 동안 이스라엘의 군인들은 (심지어 사울이 속한 베냐민 지파에서도) 다윗과 합류하여 그를 전폭적으로 지원했다. 다윗이 즉위할 때 베냐민 지파를 포함한 모든 지파 사람들이 다윗을 왕으로 삼기 위해 "한 마음"으로 연합했다(38절). 잇사갈 지파 중에는 "시세를 알고 이스라엘이 마땅히 행할 것을 아는" 사람들이 있었다(32절). 당시는 하나님께서 왕국을 세우도록 정하신 때였고, 잇사갈 사람들은 이 사건들의 의미를 이해하는 분별력을 가지고 있었다. 다윗이 받은 놀라운 지원은 하나님이 그를 돕고 계셨다는 사실을 증언하고(18, 22절; 참조. 11:9, 14), 따라서 다윗의 군대는 "하나님의 군대"에 비유된다(12:22). 이 장은 먼 곳에서 모여 하나 된 하나님의 백성이 다윗을 왕으로 삼기 위해 한마음으로 연합해 헤브론에서 큰 축제를 벌이는 것으로 마무리된다.

이야기 설명하기

다윗이 베냐민 지파의 도움을 받다(12:1-7)

12장은 다윗이 시글락에 있을 때 그를 도와준 사람들의 이름에 초점을 맞추면서 시작한다(12:1; 참조. 삼상 27:1-12). 투옥으로 인해 활동의 제약을 받는 사람과 마찬가지로(참조. 렘 33:1; 36:5; 39:15) 다윗의 활동은 사울 때문에 제약받았지만(대상 12:1), 역대기에서는 하나님께서 **자신의** 사역에 제약을 받지 않으셨다는 메시지가 크게 울려 난다. 페르시아의 통치 아래 있던 귀환자들에게 희망을 심어 주었을 메시지다. 역대기 저자는 다윗의 인생에서 이 어려운 시기에 활로 무장한 베냐민 지파 사람들이 합류해 그를 전폭적으로 지원했다고 회고한다(2-7절). 양손으로 활을 쏘고 물매를 던질 수 있었다는 것은 베냐민 지파 사람들의 특출한 군사 능력을 말해 준다(2절; 참조. 삿 3:15; 20:16). 사울은 베냐민 지파 출신이었기에, 다윗이 베냐민으로부터 받은 지원은 특히 주목할 만하다.

시글락에서 다윗을 지원한 사람들의 이름이 열거되는데, 그들의 우두머리는 아히에셀("내 형제는 나의 도움이다")이다. 그의 이름은 이번 장에 가득한 '도움'이라는 중요한 주제를 예고한다.[2] '돕다'(히. '-z-r)라는 동사는 이 장에 일곱 번 등장하고[12:1, 17, 18(2회), 19, 21, 22], 아사렐과 요에셀(6절), 에셀(9절) 등 여러 이름에 이 어근이 포함되어 있다. 다윗은 자신을 돕기 위해 오는 사람들을 통해 **하나님의 도우심**을 경험하고 있었다. 이런 신성한 도움으로 인해 시편 저자는 다음과 같이 하나님을 찬양한다. "내가 나의 침상에서 주를 기억하며 새벽에 주의 말씀을 작은 소리로 읊조릴 때에 하오리니 주는 나의 도움이 되셨음이라. 내가 주의 날개 그늘에서 즐겁게 부르리이다"(시 63:6-7).

다윗을 돕는 용사들(12:8-18)

역대기 저자는 갓 사람들이 광야 요새에 있던 다윗에게 전향했던 때를 회고한다(12:8; 참조. 삼상 22:1-5; 23:14). 다윗은 사울을 피해 아둘람 굴 근처에 숨어 있었고(22:1-5), 엔게디 광야로 피신하기도 했다(23:29; 24:22). 이 불안정한 은신처에서 생활하는 동안 다윗은 "환난당한 모든 자와 빚진 모든 자와 마음이 원통한 자" 중에 400명의 잡다한 무리를 모았다(22:2). 이 무리는 그다지 앞날이 창창해 보이지 않는다! 이 시점에 갓 지파의 병사들이 광야에 있던 다윗에게 온다. 그들은 "용사요 싸움에 익숙하여 방패와 창을 능히 쓰는 자라. 그의 얼굴은 사자 같고 빠르기는 산의 사슴 같으니"라고 묘사된다(대상 12:8; 참조. 신 33:20). 사자 이미지는 그들의 군사적 능력을 대변하고(신 33:20; 참조. 창 49:19), 요단강 수위가 최고조에 달해 극심한 노력이 필요할 때 훨씬 먼 요단 동쪽에서 찾아오는 모습에서 다윗에 대한 그들의 충성심을 엿볼 수 있다(대상 12:15).

베냐민과 유다에서 온 일부 사람들이 요새에 있던 다윗과 합류한다 (16-18절). 언제든 살해당할 위험에 있던 도망자 다윗은 그들이 화친을 위해 온 것인지 아니면 배신을 위해 온 것인지 빨리 알아채야 했다(17절). 그는 하나님께서 상황을 살펴보시고 결정해 주시도록 간구한다. 이어지는 응답은 그에게 필요한 확신을 준다. 하나님은 참으로 다윗을 살펴보셨는데, 다음 절에 나오는 뜻밖의 새로운 주어인 "성령"께서 응답하신다! 이것은 역대기에서 하나님의 영에 대한 최초의 언급이다(히. *ruach*, 18절; 참조. 28:12; 대하 15:1; 20:14; 24:20 등). 여기서는 성령의 활동에 대해 '옷 입다'(개역개정은 "감싸다")라는 덜 일반적인 표현을 사용한다(히. *l-b-sh*; 참조. 삿 6:34; 대하 24:20). 성령으로 옷 입은 아마새가 다윗을 격려한다.[3] 그는 유다와 베냐민 사람들이 다윗에게 속해 있고, 그들은 다윗과 함께 있다고 단언한다. 뒤이어 이렇게 말한다. "평안하소서. 당신도 평안하고 당신을 돕는 자에게도 평안이 있을지니 이는 당신의 하나님이 당신을 도우심이니이다"(12:18). 이 사람들은 다윗을 지원하기 위해 평화롭게 왔다. 그런데 더욱 중요한 것은, 아마새가 다윗에게 알려 주듯이, 그가 받고 있는 도움이 하나님께로부터 온 것이라는 점이다! 이것은 엄청난 격려의 순간이며 하나님께서 그와 함께 계신다는 가시적 증거가 된다.

다윗이 므낫세 지파의 도움을 받다(12:19-22)

앞에서 언급했듯이 다윗은 블레셋 시글락성에서 1년 이상 피신했다 (12:19-22; 참조. 삼상 27:1-7). 사무엘상 29장에서는 다윗과 그의 부하들이 블레셋과 연합해 사울에 맞서 싸우기 위해 모인 이야기를 다룬다. 그런데 블레셋 군대의 지휘관들은 다윗과 그의 부하들이 자기들에게 등을 돌릴까 두려워 전투에 합류하지 못하도록 거부한다(29:1-11). 이때 므낫세 지파가 다윗을 돕기 위해 전향했기 때문에, 다윗은 그들의 군사적 지원을 받는다(대상 12:19-22). 그런데 이 시점에 아말렉 사람들이 시글락을 습격했고, 다윗은 처음에는 큰 손실을 입는다(삼상 30:1-6). 하나님의 도우심으로 다윗은 승리하고, 다윗과 부하들은 아내와 아이들을 되찾을 수 있었다(30:7-20). 역대기 저자는 이 어려운 시기를 암시하면서, 다윗을 도왔던 이들 가운데 므낫세 사람들이 있었다고 언급한다(12:20-21). 이 단락은 다윗이 "큰 군대를 이루어 하나님의 군대와 같았더라"는 진술로 마무리된다(22절). 다윗의 군대와 하나님의 군대를 비교한 것은 이어지는 내용에서 볼 수 있듯이(24-41절) 군대의 규모를 강조한다. 하지만 하나님께서 그들을 위해 싸우고 계셨기 때문에 이스라엘의 전투가 결코 완전히 세속적이지 않았음을 기억해야 한다.[4] 따라서 하나님의 군대에 대한 저자의 언급은 아마 "다윗의 군사적 모험에서 인간과 하나님의 참여"를 암시한다고 할 수 있고,[5] 이는 하나님의 도우심이라는 주제와 잘 어울린다.

다윗이 헤브론에서 더 많은 지원을 받다(12:23-40)

이 단락은 사울의 왕국을 다윗에게 넘겨주기 위해 헤브론에 모인 모든 지파의 군인 명단으로 마무리된다(12:23-40; 참조. 10:14). 문학적 대칭을 통해 이제 역대상 11:1-3의 내러티브를 재개하면서 주님의 말씀에 따라 헤브론에서 일어난 다윗의 즉위에 초점을 맞춘다(12:23; 참조. 11:3, 10). 명단은 남쪽의 유다, 시므온, 레위, 베냐민 지파로 시작하여(12:24-29) 북쪽의 에브라임, 므낫세 반, 잇사갈, 스불론, 납달리, 단, 아셀 지파로 이어진다(30-36절). 마지막으로 르우벤, 갓, 므낫세 반 지파 등 더 멀리 떨어진 요단 동쪽 지파들이 열거된다(37절). 이스라엘의 이야기에서 중요한 이 순간에 모든 지파가 다윗을 전폭적으로 지원한 것으로 묘사된다. 지파의 인원은 몇만 명에 달하지만, 학자들은 "천"(히. *eleph*)으로 번역된 히브리어 단어가 (문자 그대로의 인원수가 아니라) 지파의 하위 단위를 의미할 수 있고, 따라서 그 수는 훨씬 적을 수 있다고 지적한다.[6] 물론 지파의 하위 단위의 정확한 크기에 대해 확신할 수는 없지만(또 학자들의 견해는 다양하지만), 이 장의 요점은 온 이스라엘이 다윗에게 준 광범위한 지원을 강조하는 것이다. 온 이스라엘의 지원은 다윗의 리더십과 그에 대한 하나님의 부르심을 확증한다.

지파의 명단 가운데 몇 가지 추가 설명이 나온다. 여호야다는 "아론의 집 우두머리"로 소개되고(12:27-28), 사독은 "젊은 용사"로 소개된다(28절).[7] 베냐민 지파 사람들은 이전에 (같은 지파 출신인) 사울에게 충성을 바쳤기 때문에 강조되는데, 이제는 그들이 다윗을 지원한다는 사실이 중요하다(29절; 참조. 2-6절). 잇사갈 사람들은 "시세를 알고 이스라엘이 마땅히 행할 것을 아는" 이들로 강조되어(32절) 그들이 지혜에 있어서 모범이 되었음을 시사한다(참조. 대하 2:12; 욥 38:4). 그들은 "시세"를 분별할 수 있었는데, 다시 말해 하나님께서 어떤 일을 행하고 계신지 분별하여(참조. 에 4:14), 이를 염두에 두고 다윗을 전폭적으로 지원한다. 앞서 이 장 앞부분에서의 성령에 대한 언급은 하나님의 활동을 분별하기 위해 영적 통찰력이 필요하다는 점을 강조한다. 이처럼 모든 지파의 광범위한 지원을 통해, 이 단락은 남쪽과 북쪽 지파로 구성된 귀환자들에게 모범이 될 만한 통일 왕국에 대한 비전을 제시한다. 보다(Boda)가 주장하듯이, 역대기 저자는 "과거를 지렛대로 활용해 미래에 대한 희망을 불어넣고" 있다.[8]

— 이야기 살아내기 —

하나님의 왕국과 다윗의 용사들

이 이야기에서 역대기 저자는 하나님께서 왕국을 세우실 때 다윗이 받은 광범위한 지원을 기술하고 있다. 이 이야기에서 우리는, 다윗이 하나님의 기름 부음받은 왕이지만 왕국을 세우기 위해서는 혼자서 일하지 않고 많은 이들의 도움이 필요하다는 사실을 떠올리게 된다. 하나님은 이 강한 사람들의 삶에서 역사하시고, 그들은 하나님의 도우심 덕분에 전투에서 승리한다. 도움이라는 중심 주제는 이 동사의 반복에서만이 아니라 등장하는 이름에서도 확인할 수 있는데, 번역 성경에서 놓치기 쉬운 내용이다. 여러분이 어려운 상황에 처해 있을 때 누군가 다가와 이 렇게 말한다고 해 보자. "내 이름은 도우미입니다", "내 이름은 도움입니 다", "내 이름은 협력입니다." 우리는 바로 요점을 간파한다! 이것이 바로 히브리어 본문에서 전달하고 있는 내용이다. 무엇보다 중요한 것은 예언자 아마새가 다윗이 받은 도움이 하나님의 도우심의 예시라고 증언하는 장면이다(12:18). 시편 전체에 가득한 메시지가 여기서도 울려 퍼진다. "하나님은 우리의 피난처시요 힘이시니 환난 중에 만날 큰 도움이시라"(시 46:1). 하나님은 다윗에게 필요한 도움을 주시고, 왕국의 여러 사람들을 자신의 도구로 사용하신다. 훗날 다윗은 신뢰할 수 있는 충성스러운 지도자들에게 아들 솔로몬을 도우라고 권면한다(대상 22:17). 다윗이 다른 사람의 도움 없이 이스라엘을 인도할 수 없었듯이, 솔로몬이 성공하기 위해서는 다윗이 신뢰하는 지도자들의 도움이 필요하다. 이 이야기는 하나님께서 다윗의 왕국을 세우고 계심을 강조하지만, 또한 **사람**을 통해 **어떻게** 그렇게 하시는지 엿볼 수 있게 함으로써 메시아가 세울 미래 왕국에 대한 단서를 준다.

예수님은 하나님 나라가 가까이 왔다고 선포하는 다윗의 약속된 아들이시다. 놀랍게도 그분은 자기 나라의 사역에 동참하도록 우리를 초대하신다. 예수님의 제자인 우리는 모든 민족에게 하나님 나라의 복음을 선포하고(마 24:14; 참조. 행 8:12; 19:8; 20:25; 28:23, 31), 하나님 나라의 윤리를 실천하며(마 5-7장; 고전 6:9-10; 갈 4:21; 엡 5:5), 하나님 나라의 '동역자'가 되고(골 4:11), 하나님 나라를 위해 우리의 재능을 사용하고(마 25:14-

46), 하나님 나라를 위해 고난을 받고(살후 1:5), 먼저 하나님 나라를 구하고(마 6:33), 하나님 나라가 하늘에서와 같이 땅에도 임하도록 기도하고(6:10), "세상 나라가 우리 주와 그의 그리스도의 나라가 되어 그가 세세토록 왕 노릇 하실" 때를 고대해야 한다(계 11:15). 다시 말해, 우리는 결코 수동적인 방관자가 아니다. 예수님은 이 땅에 자신의 나라를 세우고 계시지만, 그분께 협력하는 제자들을 통해 하나님 나라의 사역을 하고 계신다. 『반지의 제왕: 반지 원정대』(The Lord Of The Rings: The Fellowship of the Ring)에서, 반지를 소유한 프로도를 지원하기 위해 원정대의 각 사람이 무기를 들고 나오는 엘론드 회의 장면이 떠오른다. 다윗 이야기에서 모든 지파의 사람들은 활과 물매, 방패, 창을 들고 왕을 섬긴다. 우리도 하나님 나라에 동참하도록 부름을 받았다. 우리의 상황이 늘 희망적으로 보이지 않더라도 하나님은 하나님 나라를 **건설하고 계신다**. 하나님 나라가 우리의 우선순위가 되어, 그 나라가 하늘에서와 같이 땅에도 임하여 세워지기를 기도해야 한다.

13

역대상 13:1-14

이야기 경청하기

¹다윗이 천부장과 백부장 곧 모든 지휘관과 더불어 의논하고 ²다윗이 이스라엘의 온 회중에게 이르되 만일 너희가 좋게 여기고 또 우리의 하나님 여호와께로 말미암았으면 우리가 이스라엘 온 땅에 남아 있는 우리 형제와 또 초원이 딸린 성읍에 사는 제사장과 레위 사람에게 전령을 보내 그들을 우리에게로 모이게 하고 ³우리가 우리 하나님의 궤를 우리에게로 옮겨오자 사울 때에는 우리가 궤 앞에서 묻지 아니하였느니라 하매 ⁴온 백성의 눈이 이 일을 좋게 여기므로 온 회중이 그대로 행하겠다 한지라 ⁵이에 다윗이 애굽의 시홀 시내에서부터 하맛 어귀까지 온 이스라엘을 불러모으고 기럇여아림에서부터 하나님의 궤를 메어오고자 할새 ⁶다윗이 온 이스라엘을 거느리고 바알라 곧 유다에 속한 기럇여아림에 올라가서 여호와 하나님의 궤를 메어오려 하니 이는 여호와께서 두 그룹 사이에 계시므로 그러한 이름으로 일컬음을 받았더라 ⁷하나님의 궤를 새 수레에 싣고 아비나답의 집에서 나오는데 웃사와 아히오는 수레를 몰며 ⁸다윗과 이스라엘 온 무리는 하나님 앞에서 힘을 다하여 뛰놀며 노래하며 수금과 비파와 소고와 제금과 나팔로 연주하니라 ⁹기돈의 타작 마당에 이르러서는 소들이 뛰므로 웃사가 손을 펴서 궤를 붙들었더니 ¹⁰웃사가 손을 펴서 궤를 붙듦으로 말미암아 여호와께서 진노하사 치시매 그가 거기 하나님 앞에서 죽으니라 ¹¹여호와께서 웃사의 몸을 찢으셨으므로 다윗이 노하여 그곳을 베레스 웃사라 부르니 그 이름이 오늘까지 이르니라 ¹²그날에 다윗이 하나님을 두려워하여 이르되 내가 어떻게 하나님의 궤를 내 곳으로 오게 하리요 하고 ¹³다윗이 궤를 옮겨 자기가 있는 다윗 성으로 메어들이지 못하고 그 대신 가드 사람 오벧에돔의 집으로 메어가니라 ¹⁴하나님의 궤가 오벧에돔의 집에서 그의 가족과 함께 석 달을 있으니라 여호와께서 오벧에돔의 집과 그의 모든 소유에 복을 내리셨더라

이야기 속 다른 본문 경청하기

출애굽기 25:10-22; 사무엘하 6:2-11

　이제 다윗이 온 이스라엘을 다스리는 왕으로 즉위했기에, 언약궤를 예루살렘으로 가져오는 것이 적절하다(13-16장).[1] 다윗은 단순히 세속적이거나 정치적인 왕국을 인도하는 것이 아니라, 무엇보다도 거룩하신 하나님이 그들 가운데 임재하시는 **신성한** 왕국을 인도하고 있다(13:6; 참조. 대하 18:18). 언약궤의 중심 역할은, 역대기에서 "궤"(히. 'aron)라는 용어가 46번 등장하는데 그중 29번이 역대상 13-16장에 나온다는 사실에서 확인된다.[2] 이 신성한 행사에서 온 이스라엘은 언약궤를 예루살렘으로 가져오기 위해 당시 언약궤가 있던 곳인 기럇여아림에 모인다. 그런데 언약궤를 예루살렘으로 옮기는 동안 비극적 사건이 벌어진다. 언약궤를 옮기는 책임을 맡은 두 사람 중 한 명인 웃사가 흔들리는 궤를 잡으려고 손을 뻗는다. 하나님의 진노가 웃사를 향해 불타오르고, 그는 쓰러져 죽는다. 결국 다윗은 언약궤를 옮기기가 두려워 오벧에돔의 집으로 가져가고, 언약궤는 석 달 동안 그곳에 머문다. 이때 하나님은 오벧에돔의 집에 복을 내리신다.

　본래 맥락에서 이 이야기를 경청할 때, 이스라엘 공동체에서 언약궤가 갖는 의미와 언약궤 운반에 관한 율법을 고려해야 한다. 현대 독자들에게 웃사를 향한 하나님의 진노는 성난 하나님의 변덕스러운 행동처럼 보인다. 웃사는 단지 수레가 넘어지는 것을 막고 싶었을 뿐인데, 하나님의 손에 즉각 죽고 말았다. 이 이야기를 어떻게 이해해야 할까? 먼저 언약궤는 이스라엘의 예배에서 **가장 거룩하고 신성한** 물건이었다는 사실을 떠올려 보자. 하나님은 모세에게 성막을 세우는 방법에 관해 구체적 지침을 주셨다. **거룩하신 하나님**께서 자기 백성 가운데 거하셔야 하기 때문이다(출 25:8). 이 심오한 현실은 언약 공동체의 모든 측면에 영향을 미쳤다. 성막에 관한 상세한 지침이 모세에게 주어졌는데, 하나님께서 자기 백성과 만날 장소인 언약궤가 여기에 포함되었다(10-16, 22절).

언약궤는 조각목에 순금을 입혀 만든 상자로 길이는 약 114.3센티미터, 너비는 68.6센티미터, 높이는 68.6센티미터였다.[3] 에덴동산을 연상시키는 두 금 그룹이 양옆에 있는 언약궤의 뚜껑은 "속죄소"("시은좌"라고도 함)라고 불렸고, 이는 속죄가 이루어지는 장소였다(레 16:2). 언약궤를 옮기기 전에 휘장과 더불어 튼튼한 가죽과 순청색 보자기로 궤를 덮어야 했다(민 4:6). 언약궤에는 네 개의 금 고리가 달려 있어서 두 개의 막대를 달 수 있었다. 레위인은 이 막대를 어깨에 메고 언약궤를 운반해야 했다(대상 15:15; 참조. 출 25:14). 이집트에서도 신성한 물건에 막대를 달아 운반할 때 사용했다.[4] 성막에서 **가장 거룩한** 장소인 지성소(출 26:34)에 언약궤가 놓인다는 사실은 언약궤의 거룩함을 강조한다.[5]

율법에서는 레위인만이 언약궤를 운반할 수 있다고 규정했다(신 10:8; 18:5; 참조. 대상 15:12-15; 대하 35:3). 언약궤를 두 번째로 옮길 때 다윗이 레위인을 임명했다는 사실은 웃사가 레위인이 아니었음을 암시한다. 일반인 웃사는 이 임무에서 배제되어야 했고, 레위인도 거리를 유지해야 했다. 막대를 사용했다는 것은 손으로 언약궤를 운반하지 않는다는 의미다(출 25:12-15; 민 4:5-6; 대상 15:13-15). 본문은 본래 맥락에서 이야기를 듣고, 그 맥락을 고려하여 이 사건을 해석할 수 있게 해 준다.

이야기 설명하기

언약궤를 예루살렘으로 옮기고자 다윗이 백성과 상의하다(13:1-4) 이 내러티브는 지금 언약궤를 옮길지의 여부를 결정하기 위해 다윗이 지도자들과 상의하는 것으로 시작해, 사울이 왕이었을 때 백성들이 언약궤 앞에서 '묻기'를 소홀히 했던 점을 상기시킨다(히브리어 동사 d-r-sh, 13:3; '구하다'의 의미). 언약궤는 하나님이 임재하시는 장소였기 때문에, 언약궤 앞에서 묻지 않았다는 말은 그들이 하나님께 묻지 않았다는 것을 의미한다(히. d-r-sh, 참조. 10:13-14).[6] 대조적으로, 다윗의 주도적인 행동은 그의 왕권의 분위기를 설정한다. 그는 하나님의 임재를 구하면서 이스라엘에게 하나님의 얼굴을 계속 구하라고 권면하는 왕이다(16:10-11). "언약궤"(출 25:22; 민 4:5; 7:89), "여호와의 언약궤"(민 10:33; 대상 15:25, 26) 또는 단순히 "궤"(대상 6:31; 13:9 등)라고도 불리는 하나님의 궤는 십계명을 둔 곳이기도 했다(출 25:16). 따라서 언약궤는 언약 공동체에서 신성하고 중심적인 위치를 차지했다.

다윗이 온 이스라엘을 기럇여아림으로 모으다(13:5-6)

이 중요한 상황에 다윗은 제사장과 레위인을 포함한 온 이스라엘을 예루살렘에서 북쪽으로 약 13킬로미터 떨어진 기럇여아림으로 모은다. (바알라와 기럇바알이라고도 알려진) 기럇여아림은 유다에게 배정된 국경 성읍이었다(수 15:9, 60; 18:14-15). 기럇여아림과 관련된 가문은 이미 소개되었지만(대상 2:50-53), 이스라엘 역사에서 이곳은 블레셋에게 언약궤를 빼앗겼다가 나중에 되찾아 기럇여아림에 있는 아비나답의 집으로 옮겨 왔던 어려운 시기를 떠올리게 한다(삼상 4-6장). 다윗의 주도로 언약궤를 예루살렘으로 옮기기 위해 언약 공동체 전체가 기럇여아림에 모이는데, 멀리 이집트 시홀강과 최북단의 르보 하맛(개역개정은 "하맛 어귀")에서 온 사람들도 있었다(참조. 수 13:3).

하나님께서 웃사를 치시고 웃사가 죽다(13:7-11)

이스라엘 백성은 새 수레에 언약궤를 싣고, 웃사와 아히오가 소를 인도하면서 궤를 운반한다. 율법 어디에서도 언약궤를 운반할 때 **수레를**

사용해야 한다고 언급하지 않는다! 블레셋 사람들이 언약궤를 보낼 때 **새 수레**를 사용한 것은 더욱 의미심장하다(삼상 6:7, 8, 11 등). 이스라엘 백성은 흥미롭게도 블레셋 사람들과 동일한 운송 수단을 사용했다. 어쩌면 상황이 악화되는 것도 그리 놀라운 일은 아니다. 지금은 경축할 때지만(대상 13:8),[7] 웃사가 언약궤를 안전하게 지키기 위해 손을 뻗어 궤를 붙잡는 순간 분위기는 돌연 바뀐다(9절). 하나님의 진노가 웃사를 향해 타오르고 그는 죽음을 맞이한다. 노래는 순식간에 애곡으로 바뀐다. 웃사 같은 일반인은 언약궤에 가까이 가도록 허용되지 않았고, 나중에 다윗이 인정했듯이 궤를 옮기는 것도 허용되지 않았다(참조. 15:12-15). 언약궤가 **가장 신성한** 물건임을 감안할 때, 궤를 향해 손을 뻗어도 탈이 없을 것이라는 웃사의 생각은 주제넘었다.[8] 더군다나 웃사는 수레나 소를 붙잡은 것이 아니라 손을 뻗어 **언약궤 그 자체**, 하나님이 보좌에 앉으신 바로 그곳을 붙잡았다! 웃사의 행동은 거룩하신 하나님이 자기들 가운데 계시다는 사실을 깨닫지 못한 심각한 실패를 의미한다(참조. 대하 8:11). 하나님께서 웃사를 '치신'(히. p-r-ts) 것은 그분의 거룩하심의 범접할 수 없는 본질을 가리킨다(13:11; 참조. 15:13). 다윗은 이 사건을 기억하기 위해 그곳을 '베레스 웃사'(Perez Uzzah '웃사를 치심')라고 부르고, 언약궤는 오벧에돔의 집에 석 달 동안 머문다(13:13-14).

이야기 살아내기

하나님께 나아가는 새롭고 산 길을 예비하신 예수님

이 이야기는 하나님께서 범접할 수 없는 거룩함 속에 거하신다는 사실을 상기시킨다. 구약성경은 하나님의 **타자성**을 묘사할 때 "거룩하다"라는 표현을 사용한다. 주 하나님은 영광스러운 광채와 도덕적 순수함 가운데 피조물로부터 분리되어 아주 높이 계신다. 하나님께서 불과 연기 속에서 시내산에 나타나셨을 때, 산은 거세게 요동했고 백성은 그분의 임재에 떨었다. 하나님은 모세에게 **어떻게** 자신에게 접근해야 하는지 또한 **누가** 접근할 수 있는지에 관한 엄격한 지침을 주셨다. 하나님은 자기 백성이 가까이 다가오려 할 경우 그들을 '치실'(히. p-r-ts) 것이고[9] 그들은 죽을 것이라고 모세에게 경고하셨다(출 19:1-25; 참조. 히 12:18-21). 백성들은 하나님의 임재를 준비하기 위해 성별되어야 했는데, 여기에는 옷을 씻는 것이 포함되었다(출 19:10). 마찬가지로 레위인은 언약궤를 옮기기 전에 성별되었는데(대상 15:12-14), 여기에는 희생 제사와 씻음, 거룩한 의복 등 정교한 의식이 수반되었을 가능성이 높다(참조. 출 28-29장; 레 8:1-36). 전체 제사 제도와 정결법, 윤리적 행위를 규율하는 율법은 하나님께서 범접할 수 없는 거룩함 가운데 거하신다는 전제에 기초해 있었다. 하나님은 모세에게 "내가 거룩하니" 백성들도 거룩해야 한다고 말씀하셨다(레 11:44; 19:2; 참조. 20:7).[10] 아론은 두 아들이 죽은 후 하나님을 가까이하는 사람은 반드시 그분을 거룩하게 대해야 한다는 것을 뼈아프게 깨달았다(10:1-20; 16:1-2). 한(Hahn)은 하나님의 백성이 "자신의 방식이 아니라 하나님의 방식대로 그분과 친밀하도록" 부르심을 받았다고 정확히 지적한다.[11]

오늘날 하나님의 임재를 묵상할 때, 하나님의 범접할 수 없는 영광스러운 거룩하심은 변하지 않았다. 예언자 이사야는 거룩하신 하나님의 환상을 받았을 때 높이 계신 하나님을 보았고, "거룩하다 거룩하다 거룩하다 만군의 여호와여"라는 스랍들의 외침을 들었다(사 6:3). 요한이 받은 환상은 이사야서의 환상을 연상시키는데, 그때 요한은 이렇게 외치는 생물들을 본다. "거룩하다 거룩하다 거룩하다 주 하나님 곧 전능하신 이여. 전에도 계셨고 이제도 계시고 장차 오실 이시라"(계 4:8). 범접할 수 없고 이해 불가능한 하나님의 거룩하심은 성경 전반에서 똑같이 유지된다. 다만 변화된 것은 우리가 거룩하신 하나님께 다가가는 방편이고, 나아가 우리가 하나님께 **나아갈 수 있다**는 사실이다. 예수님의 죽으심으로 인해 우리는 구약에서는 불가능했던 방식으로 하나님께 가까이 나아갈 수 있게 되었다. 새 언약 아래서 하나님은 "거룩하고 악이 없고 더러움이 없고 죄인에게서 떠나 계시고 하늘보다 높이 되신" 큰 대제사장 예수님을 통해 자신에게 가까이 올 수 있는 **새로운 살길**을 마련해 주셨다(히 7:26). 하나님께서 웃사에게 그런 것처럼 **우리를** 치시는 대신, 예수님께서 우리 대신 죽으셨기 때문에 우리는 하나님 앞에 나아갈 수 있다. 바로 예수님께서 우리 마음에 피를 뿌리셨고 우리를 깨끗하게 하셨기 때문에, 우리는 확신을 가지고 하나님께 가까이 나아갈 수 있다(10:19-22). 웃사는 하나님께 가까이 나아갈 수 없었지만 **우리는** 예수님의 죽으심으로 인해 죽음의 두려움 없이 가까이 나아갈 수 있게 되었고, "하나님은 소멸하는 불"이시기 때문에(12:29) 경건함과 경외심을 가지고 가까이 나아갈 수 있다. 따라서 히브리서 저자는 우리에게 온전한 확신으로 하나님께 가까이 나아가라고 권면한다. 이 권면은 우리 안에 깊고 지속적인 고마움과 감사의 마음을 불러일으켜야 하고, 우리는 자신의 삶을 성별해 하나님을 섬겨야 한다(22-29절).

교회에서 하나님의 거룩하심 되찾기

오늘날 교회가 하나님의 거룩하심에 대한 새로운 비전을 갖는 것이 매우 중요하다. 데이비드 웰스(David Wells)는 현대 상황에서 우리는 하나님의 사랑에 끌리지만, 안타깝게도 하나님의 거룩하심을 보는 눈을 잃어버렸다고 날카롭게 주장했다. 그는 하나님의 거룩하심이란 "하나님을 죄 많은 피조물과 구별되게 하는 모든 것"이며 "도덕적 광채에서 그분을 피조물보다 높이는 모든 것"이라고 정의한다.[12] 우리는 사랑에 끌리지만 거룩함에는 거부감을 느낀다고 웰스는 지적한다. 우리가 하나님의 거룩하심을 배제하고 그분의 사랑에 선택적으로 집중하는 것은 하나님의 **자기 계시**에 근거해 하나님을 예배하는 데 실패했다는 의미다. 하나님께서 모세에게 자기 이름을 알려 주셨을 때, 그분은 언약적 사랑과 진노가 **함께** 묶여 있음을 보여 주셨다(출 34:6-7).[13] 확실히 하나님은 노하기를 **더디** 하시고 그분의 인자하심은 천대에 이르지만, 그럼에도 하나님의 심판은 그분의 거룩하심에 뿌리를 두고 있기 때문에 하나님의 성품에서 본질적 요소다.

우리는 웃사 이야기를 통해 범접할 수 없는 하나님의 거룩하심을 분명히 보게 된다. 이러한 이야기들은 우리가 하나님을 우리 방식대로 만들어 내는 것이 아니라, 하나님께서 스스로 정의하신 그대로의 실체를 볼 수 있게 해 준다. 어쩌면 교회에서 하나님의 거룩하심을 상실한 현상은 설교와 가르침에서 구약성경을 소홀히 다룬 것에 대한 직접적인 결과일지도 모른다.[14] 하나님의 범접할 수 없는 거룩하심에 관한 이야기는 그분의 성품에 대한 깊은 이해로 우리를 이끌고, 그 결과 찬양과 경배만이 아니라 그분의 거룩한 이름에 대한 두려움과 경외심을 불러일으키기 위한 것이다. 이것이 바로 이 이야기에서 일어나는 일이다. 언약궤를 예루살렘으로 옮길 때 하나님의 "**거룩하신** 이름"(개역개정은 "성호")을 찬양하고(대상 16:10), "**그의 거룩함**의 광채"(29절; 개역개정은 "아름답고 거룩한 것")로 하나님을 경배한다. 모든 신보다 하나님을 경외해야 한다(25절). 하나님 백성의 찬양은 "거룩하다 거룩하다 거룩하다 주 하나님"(계 4:8)이라고 외치는 생물들의 찬양에 합류한다. 하나님의 거룩하심에 대한 새로운 비전을 얻을 수 있도록, 오늘날 교회는 웃사 이야기와 같은 메시지를 설교해야 한다.

14

역대상 14:1-17

— 이야기 경청하기 —

¹두로 왕 히람이 다윗에게 사신들과 백향목과 석수와 목수를 보내 그의 궁전을 건축하게 하였더라 ²다윗이 여호와께서 자기를 이스라엘의 왕으로 삼으신 줄을 깨달았으니 이는 그의 백성 이스라엘을 위하여 그의 나라가 높이 들림을 받았음을 앎이었더라 ³다윗이 예루살렘에서 또 아내들을 맞아 다윗이 다시 아들들과 딸들을 낳았으니 ⁴예루살렘에서 낳은 아들들의 이름은 삼무아와 소밥과 나단과 솔로몬과 ⁵입할과 엘리수아와 엘벨렛과 ⁶노가와 네벡과 야비아와 ⁷엘리사마와 브엘랴다와 엘리벨렛이었더라 ⁸다윗이 기름 부음을 받아 온 이스라엘의 왕이 되었다 함을 블레셋 사람들이 듣고 모든 블레셋 사람들이 다윗을 찾으러 올라오매 다윗이 듣고 대항하러 나갔으나 ⁹블레셋 사람들이 이미 이르러 르바임 골짜기로 쳐들어온지라 ¹⁰다윗이 하나님께 물어 이르되 내가 블레셋 사람들을 치러 올라가리이까 주께서 그들을 내 손에 넘기시겠나이까 하니 여호와께서 그에게 이르시되 올라가라 내가 그들을 네 손에 넘기리라 하신지라 ¹¹이에 무리가 바알브라심으로 올라갔더니 다윗이 거기서 그들을 치고 다윗이 이르되 하나님이 물을 쪼갬같이 내 손으로 내 대적을 흩으셨다 하므로 그곳 이름을 바알브라심이라 부르니라 ¹²블레셋 사람이 그들의 우상을 그곳에 버렸으므로 다윗이 명령하여 불에 사르니라 ¹³블레셋 사람들이 다시 골짜기를 침범한지라 ¹⁴다윗이 또 하나님께 묻자온대 하나님이 이르시되 마주 올라가지 말고 그들 뒤로 돌아 뽕나무 수풀 맞은편에서 그들을 기습하되 ¹⁵뽕나무 꼭대기에서 걸음 걷는 소리가 들리거든 곧 나가서 싸우라 너보다 하나님이 앞서 나아가서 블레셋 사람들의 군대를 치리라 하신지라 ¹⁶이에 다윗이 하나님의 명령대로 행하여 블레셋 사람들의 군대를 쳐서 기브온에서부터 게셀까지 이르렀더니 ¹⁷다윗의 명성이 온 세상에 퍼졌고 여호와께서 모든 이방 민족으로 그를 두려워하게 하셨더라

이야기 속 다른 본문 경청하기

시편 2:1-12; 83:1-8

이제 다윗은 온 이스라엘을 다스리는 왕이 되었고, 자신을 위해 궁전을 건축하려고 한다. 다윗은 하나님께서 자신을 왕으로 세우셨고 자기 왕국을 높여 주셨음을 깨닫는다. 두로 왕은 왕궁을 지을 목재와 장인을 제공함으로써 다윗의 왕권에 응답하지만, 주변 모든 나라가 호의적으로 응답한 것은 아니다. 다윗의 왕권은 그가 왕이 되었다는 소식을 듣고 맞서서 들고일어난 블레셋의 적대감에 맞닥뜨린다. 다윗과 블레셋의 전투에 대해 읽을 때, 우리는 여러 민족이 유다 지파에 편입되었지만,[1] 그 나라들도 다윗 계통의 왕 및 왕국과 **갈등**하고 있다는 점을 염두에 두어야 한다.

시편 2편은 이어지는 이야기를 읽을 때 중요한 신학적 렌즈를 제공하는 잘 알려진 중요한 시편이다. 시편 저자는 이렇게 질문한다. "어찌하여 이방 나라들이 분노하며 민족들이 헛된 일을 꾸미는가?"(1절) 다음과 같은 대답이 나온다. "세상의 군왕들이 나서며 관원들이 서로 꾀하여 여호와와 그의 기름 부음받은 자를 대적하며 우리가 그들의 맨 것을 끊고 그의 결박을 벗어 버리자 하는도다"(2-3절). 따라서 다윗과 그의 왕국에 대한 블레셋의 공격(대상 14:8-9)은 주님을 향한 직접적인 공격이다. 마찬가지로 시편 83편은 에돔, 모압, 암몬, 아말렉, 블레셋 같은 적들이 이스라엘의 이름을 제거하기 위해 음모를 꾸밀 때, 그들은 사실상 **하나님, 바로 그분**을 대적하는 것이라고 진술한다. 이 시편은 이스라엘의 적이 실은 **하나님의** 적이라고 강조한다(1-8절). 이 두 시편은 이스라엘의 적에 맞선 다윗의 전투를 읽을 때 중요한 신학적 렌즈를 제공한다(참조. 대상 18-20장).

이야기 설명하기

다윗이 궁전을 건축하다(14:1-2)

이 이야기는 다윗의 궁전을 건축하기 위해 백향목과 석수, 목수를 제공하는 두로 왕 히람으로 시작한다(14:1). 페니키아의 도시 두로는 해상 무역으로 유명한 해안 도시였다. 두로 왕은 후에 솔로몬이 성전을 건축할 때 숙련된 페니키아 장인들과 함께 레바논의 백향목과 소나무 목재를 제공할 것이다(왕상 5:1-12; 7:13-46; 대하 2:3-16).[2] 다윗이 받은 두로 왕의 지원은 하나님의 손길이 그에게 임했다는 구체적 증거다. 다윗은 "여호와께서 자기를 이스라엘의 왕으로 삼으신 줄을 깨달았으니… 그의 백성 이스라엘을 위하여 그의 나라가 높이 들림을 받았음"을 알았다(대상 14:2). 우리는 이미 다윗이 즉위하기 전에 하나님께서 주권적으로 역사하셨음을 보았지만(참조. 11-12장), 잇사갈 사람들이 시세를 "알고"(히. y-d-') 이스라엘이 마땅히 행할 일을 '알았듯이'(히. y-d-', 12:32), 다윗은 이제 하나님께서 자기를 왕으로 세우셨음을 '깨달았다.' 다윗은 하나님께서 자기를 왕으로 높이심으로써 어떤 일을 하고 계신지 깨닫는다. 이는 다윗 자신의 영광을 위한 것이 아니라 하나님의 백성 이스라엘을 위한 것이었다. 다윗의 주도하에 이루어진 왕국 건설은 하나님의 백성에 대한 그분의 관심을 보여 주는 구체적 증거다!

다윗의 아내들과 자녀들(14:3-7)

다윗의 아들들의 명단은 두 그룹으로, 즉 그가 유다의 왕이었던 7년 동안 태어난 아들들과(3:1-4)과 예루살렘에서 더 오래 다스리던 동안 태어난 아들들로 나눌 수 있다(5-9절; 14:3-7; 참조. 삼하 5:13-16). 처음 네 아들은 밧세바가 낳았고, 나머지 아홉 아들은 다른 아내들이 낳았다. 고대 세계에서 이방 여성과의 왕실 결혼에는 외교 정책의 전략적 측면이 있었다.[3] 이방인 여성(특히 공주)과의 결혼은 솔로몬의 국제 정책의 중심이 되겠지만, 결국 그의 파멸로 이어지고야 말 것이다(왕상 11:1-11). 다윗의 아내들에 대한 부정적 언급은 전혀 없지만, 왕은 여러 아내를 취하지 말아야 한다는 모세의 경고를 기억하는 것이 좋다(신 17:17).

블레셋 사람들이 다윗을 대적하다(14:8-12)

블레셋은 다윗이 온 이스라엘을 다스리는 왕으로 기름 부음을 받았다는 소식을 듣자 그를 공격할 계획을 세운다(14:8). 우리는 이미 사울의 죽음 이야기에서 블레셋을 만났는데(10장), 그때에 그들은 사울의 시신을 잔인하게 절단하여 전리품으로 전시했다(8-12절).[4] 이스라엘에 인접한 지중해 해변에 살던 블레셋은 이스라엘을 끊임없이 괴롭히는 적이었다(참조. 삿 10:7-8; 16:21-27; 삼상 4:2). 이제 그들은 예루살렘 근처에 있는 르바임 골짜기에 모인다. 다윗은 그들을 대면하러 가는 길에 "하나님께 물었는데"(히. sh-'-l, 대상 14:10), 영매에게 지침을 구했던 사울과 대조를 이룬다(10:13). 전투 전에 하나님의 조언을 구하는 것은 다윗의 특징이다(삼상 23:2, 4; 30:7-8 등). 승리가 하나님의 손에 달려 있음을 알았기 때문이다(17:36-37). 신성한 전사이신 주님은 자기 백성이 신뢰할 때 그들을 위해 싸우신다(대하 13:15; 17:10; 20:15, 17, 29 등). 다윗의 기도에 대한 응답으로 하나님은 승리의 확신을 가지고 블레셋을 향해 올라가라고 말씀하신다(대상 14:10). 다윗은 바알브라심('흩으시는 주')이라는 곳에서 블레셋을 격파하는데, 이 이름은 하나님께서 적들을 '치셨다'(히. p-r-ts, 11절; 개역개정은 "흩으셨다")라고 증언한다. 하나님은 웃사를 '치셨지만'(히. p-r-ts, 13:11; 15:13), 이제 이스라엘의 적을 치신다. 이를 통해 이스라엘의 거룩한 전쟁의 신성한 본질을 강조한다.

이 이야기는 블레셋이 그들의 신을 버렸고 다윗은 우상을 불사르라고 명령했다는 언급으로 마무리된다(14:12). 이 진술의 중요성을 놓치지 않아야 한다. 사울이 전투에서 죽은 후 블레셋 사람들은 그의 갑옷을 벗기고 시신을 절단했다. 그들은 사울의 갑옷을 **자기들** 신전에 두었고 그의 머리를 다곤 신전에 두었는데(10:10), 이는 블레셋 신들이 이스라엘에 승리했음을 의미했다. 마찬가지로 사무엘의 시대에 블레셋이 이스라엘을 격파했을 때, 그들은 언약궤를 다곤 신전으로 가져왔다(삼상 5:1-5). 다윗이 블레셋을 상대로 거둔 승리는 사울 치하에서 벌어진 일을 결정적으로 뒤집는다. 하지만 다윗은 블레셋의 신들을 단순히 전리품으로 취하지 않고, 그 신들을 하나님께 바치지도 않는다. 오히려 그는 하나님의 율법에 따라 그들의 신을 불사른다(대상 14:12; 참조. 신 7:5, 25; 12:3). 다윗의 행동은 주님을 향한 헌신을 증언할 뿐만 아니라(대상 16:7-36), 주님만이 하나님이심을 증언하는 역할을 한다(참조. 대하 33:13, 15).

블레셋에 대한 다윗의 두 번째 승리(14:13-17)

블레셋이 다시 골짜기를 습격하자 다윗은 그답게 하나님께 묻는다(히. sh-'-l, 14:13-14; 참조. 삼상 23:2, 4; 30:7-8; 대상 14:10). 자펫이 지적하듯이 다윗은 "직접적이고 지속적인 인도를 받는 것으로 묘사된다. 그는 하나님과 상의하지 않고는 한 발짝도 내딛지 않는다."[5] 다윗의 요청에 응답하신 하나님은 블레셋 주위를 돌다가 뽕나무 수풀 앞에서 그들을 공격하라고 지시하신다(14절). 다윗과 부하들은 행진 소리를 듣자마자 공격해야 하는데, 이는 "너보다 하나님이 앞서 나아가서 블레셋 사람들의 군대를 치리라"는 의미다(15절). 왕이 "우리 앞에 나가서 우리의 싸움을 싸워야 할 것"이라는 이스라엘 백성의 요청을 연상시키면서(삼상 8:20), 이제 하나님께서 약속하신 대로 이스라엘을 위해 싸우고 계신다(신 31:5-8; 수 1:2-9). 다윗은 하나님의 명령을 따르고, 다윗과 부하들은 "기브온에서부터 게셀까지" 광범위한 전투에서 블레셋 군대를 공격한다(대상 14:16). 기브온은 예루살렘에서 북서쪽으로 9.6킬로미터 떨어진 곳에 위치해 베냐민 지파의 배정지 안에 있고 사울과도 관련이 있지만(8:29; 9:35), 그곳은 성막이 머물던 곳이기도 했다(21:29; 대하 1:3). 블레셋에 대한 다윗의 승리는 블레셋의 동쪽 진출을 중단시키는 데 효과적이었고, 그 결과 다윗의 명성은 온 땅에 퍼지고 하나님은 열방을 두렵게 하신다(대상 14:17).

이야기 살아내기

하나님 나라에 맞서는 나라는 심판을 받을 것이다

구약성경의 전투는 많은 비판을 받는 원천이었다. 하나님께서 특정 민족 집단을 말살하라고 이스라엘 백성에게 명령하시기 때문이다.[6] 이번 장에 나오는 다윗의 전투는 또 하나의 예로 인용될 수도 있고, 앞으로 더 많이 나올 것이다(참조. 18-20장).[7] 하지만 이 전투는 시편 2편의 관점에서 해석되어야 한다. 시편 2편에서는 열방이 하나님의 기름 부음받은 자를 대적해 일어남으로써 그들이 하나님, 바로 그분을 모독하고 있다는 사실이 강조된다. 게다가 하나님의 승리는 확실하기에, 열방의 왕들은 주의해야 한다(시 2:10-12; 참조. 시 110:5-6). 다니엘서는 하나님과 그분의 백성을 대적하는 지상 나라와 하나님 나라의 갈등을 보여주는 예로(단 7장), 이 영적 갈등은 신약성경까지 이어진다.

이런 현실을 염두에 두고 예수님은 하나님 나라의 성장에 반대가 없지 않다고 가르치셨다(마 13:25, 28, 38-39). 예수님께서 하나님 나라의 표징인 병자와 귀신 들린 자를 치유하실 때 종종 귀신을 쫓아내는 일이 동반되었다(12:28-29; 눅 11:21-22; 13:16). 신성한 전사이신 예수님은 궁극의 적인 사탄을 격파하기 위해 오셨다(골 2:13-15; 히 2:14-15; 요일 3:8). 이렇게 해서 하나님 나라와 어둠의 나라 사이의 갈등이 드러나는데, 이 갈등에는 하나님과 그분의 나라를 대적하는 악한 정사와 영적 권세가 포함된다(엡 6:10-17). 이렇게 해서 이 전투의 영적 본질이 드러나고 궁극적인 대적은 사탄 자신과 그의 마귀들로 확인된다(마 4:1-11; 12:25-26; 눅 10:18-19; 행 26:18; 참조. 살전 2:18). 이런 영적 전투를 염두에 두고 하나님의 백성은 원수의 계략을 인식하고 사탄에게 어떤 빌미도 주지 않아야 한다(행 5:3; 고전 7:5; 고후 2:11; 11:14).

다시 말해, 유다의 계보에서 강조하듯이 모든 민족이 하나님 나라에 포함되지만(참조. 단 7:9-14; 계 5:1-13)[8] 사실 하나님 나라를 **반대하는** 민족은 하나님의 심판 아래 놓일 것이다. 요한계시록은 특히 적그리스도의 반대에서 볼 수 있듯이[9] 하나님의 백성에 대한 반대가 점점 증가하는 적대적인 세상을 묘사하지만, 이 전투는 궁극적으로 재림(parousia) 때에 어린양의 승리와 메시아의 통치로 이어질 것이기 때문에 희망은 담보된다(계 19-20장; 참조. 살후 2:3-12).

우리 문화에서 하나님은 종종 모든 것을 포용하시는 사랑의 하나님으로 묘사되지만, 하나님의 거룩하심과 진노를 배제하는 결과를 낳는다.[10] 성경은 하나님이 온 땅의 심판자며(창 18:25; 시 7:6-8; 9:7-8; 82:8; 94:1-3; 단 7:9-10), 따라서 그분이 만물의 심판자로 임명하신 그리스도가 돌아오실 때 모든 민족이 책임을 지게 될 결산의 순간이 있을 것이라고 가르친다(살후 1:5-10; 벧후 2-3장; 참조. 단 7:1-14).

가드(Gard)는 이 최후의 종말론적 전투를 염두에 두고 역대기에서 이스라엘의 전투가 이미 우주적 의미를 지닌다고 주장하며 이렇게 언급했다. "역대기 저자에게, 지상에서 일어나는 일은 우주적인 것이나 영적인 것과 직접 연결되어 있고 그것의 반영이다."[11] 거룩한 전쟁 전승은 사탄과 그의 세력이 패배하고 하나님을 대적하는 나라들이 마침내 심판받을 종말론적 심판을 예고한다. 다윗은 주님께서 온 땅을 심판하기 위해 오실 것이라고 선언했다(대상 16:33). 언젠가 모든 무릎이 주님의 보좌 앞에 엎드릴 것이다. 예수님이 심판하러 다시 오신다는 현실은 대중적 인기를 잃었지만, 다윗이 블레셋을 상대로 승리한 이야기는 이 미래의 현실을 작은 규모로 예고하면서 하나님이 **온 땅**의 심판자라는 사실을 엄중하게 상기시킨다. 언젠가 모든 무릎이 그분의 보좌 앞에 엎드려 복종할 것이다(사 45:20-25; 참조. 빌 2:10-11).

15

역대상 15:1-29

이야기 경청하기

¹다윗이 다윗 성에서 자기를 위하여 궁전을 세우고 또 하나님의 궤를 둘 곳을 마련하고 그것을 위하여 장막을 치고 ²다윗이 이르되 레위 사람 외에는 하나님의 궤를 멜 수 없나니 이는 여호와께서 그들을 택하사 여호와의 궤를 메고 영원히 그를 섬기게 하셨음이라 하고 ³다윗이 이스라엘 온 무리를 예루살렘으로 모으고 여호와의 궤를 그 마련한 곳으로 메어 올리고자 하여 ⁴다윗이 아론 자손과 레위 사람을 모으니 ⁵그핫 자손 중에 지도자 우리엘과 그의 형제가 백이십 명이요 ⁶므라리 자손 중에 지도자 아사야와 그의 형제가 이백이십 명이요 ⁷게르솜 자손 중에 지도자 요엘과 그의 형제가 백삼십 명이요 ⁸엘리사반 자손 중에 지도자 스마야와 그의 형제가 이백 명이요 ⁹헤브론 자손 중에 지도자 엘리엘과 그의 형제가 팔십 명이요 ¹⁰웃시엘 자손 중에 지도자 암미나답과 그의 형제가 백십이 명이라 ¹¹다윗이 제사장 사독과 아비아달을 부르고 또 레위 사람 우리엘과 아사야와 요엘과 스마야와 엘리엘과 암미나답을 불러 ¹²그들에게 이르되 너희는 레위 사람의 지도자이니 너희와 너희 형제는 몸을 성결하게 하고 내가 마련한 곳으로 이스라엘의 하나님 여호와의 궤를 메어 올리라 ¹³전에는 너희가 메지 아니하였으므로 우리 하나님 여호와께서 우리를 찢으셨으니 이는 우리가 규례대로 그에게 구하지 아니하였음이라 하니 ¹⁴이에 제사장들과 레위 사람들이 이스라엘 하나님 여호와의 궤를 메고 올라가려 하여 몸을 성결하게 하고 ¹⁵모세가 여호와의 말씀을 따라 명령한 대로 레위 자손이 채에 하나님의 궤를 꿰어 어깨에 메니라 ¹⁶다윗이 레위 사람의 어른들에게 명령하여 그의 형제들을 노래하는 자들로 세우고 비파와 수금과 제금 등의 악기를 울려서 즐거운 소리를 크게 내라 하매 ¹⁷레위 사람이 요엘의 아들 헤만과 그의 형제 중 베레갸의 아들 아삽과 그의 형제 므라리 자손 중에 구사야의 아들 에단을 세우고 ¹⁸그다음으로 그들의 형제 스가랴와 벤과 야아시

엘과 스미라못과 여히엘과 운니와 엘리압과 브나야와 마아세야와 맛디디야와 엘리블레후와 믹네야와 문지기 오벧에돔과 여이엘을 세우니 [19]노래하는 자 헤만과 아삽과 에단은 놋제금을 크게 치는 자요 [20]스가랴와 아시엘과 스미라못과 여히엘과 운니와 엘리압과 마아세야와 브나야는 비파를 타서 알라못에 맞추는 자요 [21]맛디디야와 엘리블레후와 믹네야와 오벧에돔과 여이엘과 아사시야는 수금을 타서 여덟째 음에 맞추어 인도하는 자요 [22]레위 사람의 지도자 그나냐는 노래에 익숙하므로 노래를 인도하는 자요 [23]베레갸와 엘가나는 궤 앞에서 문을 지키는 자요 [24]제사장 스바냐와 요사밧과 느다넬과 아미새와 스가랴와 브나야와 엘리에셀은 하나님의 궤 앞에서 나팔을 부는 자요 오벧에돔과 여히야는 궤 앞에서 문을 지키는 자이더라 [25]이에 다윗과 이스라엘 장로들과 천부장들이 가서 여호와의 언약궤를 즐거이 메고 오벧에돔의 집에서 올라왔는데 [26]하나님이 여호와의 언약궤를 멘 레위 사람을 도우셨으므로 무리가 수송아지 일곱 마리와 숫양 일곱 마리로 제사를 드렸더라 [27]다윗과 및 궤를 멘 레위 사람과 노래하는 자와 그의 우두머리 그나냐와 모든 노래하는 자도 다 세마포 겉옷을 입었으며 다윗은 또 베 에봇을 입었고 [28]이스라엘 무리는 크게 부르며 뿔나팔과 나팔을 불며 제금을 치며 비파와 수금을 힘있게 타며 여호와의 언약궤를 메어 올렸더라 [29]여호와의 언약궤가 다윗 성으로 들어올 때에 사울의 딸 미갈이 창으로 내다보다가 다윗 왕이 춤추며 뛰노는 것을 보고 그 마음에 업신여겼더라

이야기 속 다른 본문 경청하기

시편 132:1-18

역대기 저자는 이제 오벧에돔의 집에서 석 달 동안 머물다가 예루살렘으로 옮겨지는 언약궤 이야기를 재개한다.[1] 시편 132편은 하나님의

안식처를 마련하겠다는 왕의 확고한 의지를 묘사하는데(2-5절), 역대상 15장 이야기에서 그 내용을 엿볼 수 있다. 성전에 올라가는 노래에서 시편 저자는 시온에서 하나님을 예배하는 것이 그분의 백성이 이렇게 고백하는 기쁜 행사라고 묘사한다. "우리가 그의 계신 곳으로 들어가서 그의 발등상 앞에서 엎드려 예배하리로다. 여호와여 일어나사 주의 권능의 궤와 함께 평안한 곳으로 들어가소서. 주의 제사장들은 의를 옷 입고 주의 성도들은 즐거이 외칠지어다"(시 132:7-9).[2] 이 구절은 시편에서 "궤"(히. 'aron, 8절)라는 용어가 사용된 유일한 곳이다. 언약궤가 예루살렘에서 안식처를 찾았을 때의 기쁨은 이어지는 이야기에서 볼 수 있다. 이때 다윗과 거룩한 회중은 "크게 부르며 뿔나팔과 나팔을 불며 제금을 치며 비파와 수금을 힘있게 타며" 언약궤를 안식처로 가져온다(대상 15:28). 왕도 이 기쁜 사건에서 "춤추며 뛰[논다]"(29절). 언약궤가 예루살렘에 도착한 것은 왕국 역사에서 절정의 순간을 나타낸다. 이 사건은 그룹 위에 좌정하신 하나님께서 이제 예루살렘에 거하신다는 것을 의미하기 때문이다.

이야기 설명하기

다윗이 언약궤를 가져오기 위해 온 이스라엘을 예루살렘에 모으다 (15:1-3)

다윗의 건축 활동은 계속 궁전 건축에 초점을 맞추지만(15:1; 참조. 11:4-9), 언약궤를 위한 준비는 이어지는 이야기의 무대를 준비한다. 다윗은 임시 장막을 세우는데, 하나님께서 자기 백성과 함께 이곳저곳 옮겨 다니시던 이스라엘 초기의 회막을 연상시킨다(15:1; 또한 대하 1:3-4를 보라; 참조. 대상 17:4-6). 언약궤 운반을 계획할 때, 다윗은 웃사의 죽음과 같은 비극적 사건이 반복되지 않도록 모든 예방 조치를 취할 것이다(대상 13장을 보라). 레위인만이 언약궤를 운반할 수 있다(15:2; 참조. 민 4:4-6, 15; 신 10:8). 온 이스라엘이 이 기쁜 행사를 위해 모이고, 이제 언약궤를 오벧에돔의 집에서 예루살렘으로 가져올 책임을 맡은 레위 지도자들에게 관심이 쏠린다.

다윗이 제사장과 레위인 중에 지도자를 모으다(15:4-15)

다윗은 이 신성한 임무를 위해 제사장과 레위인을 소집한다(15:4). 이 책임은 여섯 명의 레위인 지도자에게 맡겨진다. 즉 세 주요 레위 가문의 지도자인 그핫(5절), 므라리(6절), 게르솜(7절)인데, 중요한 그핫 가문이 먼저 나오고 다른 세 명의 레위 지도자, 엘리사반(8절; 참조. 민 3:30), 헤브론, 웃시엘(9-10절; 참조. 출 6:18; 대상 23:12, 19-20)이 추가로 나온다. 각 가문에서 나온 레위인의 수는 찬양대와 음악가, 문지기로 구성된 850명 이상의 레위인이 모였음을 시사한다(15:16-24). 이것은 공동체 전체의 축제다!

다윗은 여섯 명의 레위인 지도자 외에 두 명의 제사장, 사독과 아비아달을 소환한다(11절). 사독은 오랜 제사장 혈통 출신이다. 그의 이름은 엘르아살을 통해 낳은 아론의 후손의 이름을 따랐다(참조. 6:1-15). 아비아달도 아론의 후손이지만 그의 계보는 엘르아살의 동생 이다말을 통해 이어진다(24:1-6). 두 가문은 이 시기의 제사장직을 대표한다. 그들은 언약궤를 가져오도록 임명되었기 때문에, 다윗은 그들에게 자신과 친척들을 성별하라고 지시한다. 율법은 제사장과 레위인이 가장 거룩한 곳에서 사역하도록 구별되었기에 그들을 어떻게 성별해야 하는지에 관한 구체적 지침을 주었다(출 28-29장; 레 8장). 언약궤는 신성한 것이므로 제사장과 레위인은 언약궤를 옮기기 위해 제의적으로 준비되어야 했다. 다윗은 하나님께서 웃사를 '치셔서'(히. p-r-ts, 대상 13:11; 15:11) 그의 죽음으로 하나님의 거룩하심이 생생하게 드러났던 고통스러운 사건을 회고한다. 오래전에 하나님께서 시내산에 나타나셨을 때, 산을 침범하는 사람은 누구나 죽임을 당했다(출 19:12). 가까이 나아온 제사장은 하나님께서 '치시지'(히. p-r-ts, 22절) 않도록 자신을 성별해야 했다. 백성들은 하나님께서 '치시지'(히. p-r-ts, 24절) 않도록 '경계를 넘어' 하나님께 올라가지 않아야 했다. 다윗은 이제 하나님께서 그들을 '치셨던 것'(히. p-r-ts, 대상 15:13; 참조. 13:11; 개역개정은 "찢으셨다")을 기억하고, 신성한 궤를 옮기기 전에 모든 예방 조치를 취해야 했다.

앞서 언급했듯이, 레위인만이 언약궤를 운반할 수 있었다(민 4:4-6; 신 10:8; 참조. 대상 15:12-15; 대하 35:3). 언약궤에는 막대를 끼울 수 있도록 고리가 달려 있었고, 순청색 보자기로 덮여 있었다(출 25:12-15; 민 4:5-6; 참조. 왕상 8:6-8). 다윗은 모세의 지시를 정확하게 따르는지 확인하기 위해 모든 노력을 기울이고, 드디어 레위인은 "모세가 여호와의 말씀을 따라 명령한 대로" 막대를 어깨에 메고 언약궤를 운반한다(대상 15:15).

다윗이 찬양대, 음악가, 문지기를 임명하다(15:16-26)

다윗은 레위인에게 친척들을 임명하여 노래하는 자들로 세우고 비파, 수금, 제금을 연주하면서 즐거운 소리를 크게 내라고 지시한다(15:16). 주님께 노래하는 것은 역대기를 관통하는 중요한 주제다. 동사와 같은 어원을 가진 명사(히. sh-y-r)를 합산해 보면, 역대기에 **30회** 이상 등장한다![3] 시편에는 "하나님께 노래하며 그의 이름을 찬양하라… 그의 이름은 여호와이시니 그의 앞에서 뛰놀지어다"라는 권면이 가득하다(시 68:4; 참조. 시 98:1; 105:2; 149:1). 또한 레위인은 하나님의 백성에게 주님을 찬양하라고 권면할 것이다(대상 16:9, 23, 42). 사실, 그들은 **온 땅**을 향해 주님께 노래하라고 권면한다!

이스라엘의 예배에는 다양한 악기가 사용되었고,[4] 역대기는 찬양과 감사로 이스라엘을 인도하는 레위인 음악가들의 중요한 역할에 주목하는데, 그들의 임무는 제비뽑기로 배정된다(25:1-31). 노래와 음악 연주에 능숙하다고 알려진 여러 레위인이 임명되었다(15:17-22). 언약궤를 감독할 문지기를 선별하고(23-24절; 참조. 26:1-19), 나팔을 불 제사장을 임명한다. 왕과 백성들은 역대기의 또 다른 주요 주제인 큰 '즐거움'(15:25)으로 언약궤를 오벧에돔의 집에서 가져온다. 하나님께서 언약궤를 운반하는 레위인을 도우시고, 그들은 제사를 드린다(26절).

언약궤가 예루살렘에 도착하고 경축하다(15:27-29)

역대기 저자는 잠시 멈추어 다윗의 옷에 대한 배경 정보를 주면서 그가 "세마포 겉옷"을 입었다고 언급한다(15:27). 제사장들은 제사장 의복을 입었고(출 28:4, 31, 34; 29:5; 39:22; 레 8:7) 왕들도 왕의 예복을 입었지만(삼상 24:5, 11), 세마포는 신성한 성전을 장식하는 데 사용되었고(대하 2:12-14; 3:14) 하나님을 섬기기 위해 구별된 레위인 찬양대도 세마포를 입었다(5:12). 다윗은 레위인처럼 세마포 옷을 입고 있기 때문에, 그의 옷은 다윗을 레위인 중 하나로 표시한다. 어떠한 의문도 남지 않도록, 다윗은 이스라엘의 제사장만 입던(출 28:1-43; 참조 25:7) "베 에봇"을 입고 있어서(15:27) 그를 제사장적 왕으로 표시한다. 에봇은 금과 청색, 자색, 홍색 실로 만들어졌고 어깨 부분에는 귀중한 보석이 박혀 있었기 때문에, 이스라엘의 제사장 중 한 사람처럼 아름답게 치장한 다윗은 레위인 가운데서 눈에 띄었을 것이다! 시편 110편이 왕을 제사장적 왕으로 묘사한 것을 감안하면, 다윗이 입은 의복은 그를 **제사장적** 왕으로 확인해 준다(참조. 시 110:1-4; 슥 6:11-15).[5]

예루살렘으로 들어가는 행렬은 "크게 부르며 뿔나팔과 나팔을 불며 제금을 치며 비파와 수금을 힘 있게 타며" 즐거운 음악을 크게 울린다(대상 15:28). 언약궤를 예루살렘으로 가져올 때 환희에 찬 행렬은 다윗이 뛰면서 기뻐하는 모습을 보고 그를 경멸하는 그의 아내 미갈과 대조를 이룬다(29절; 참조. 삼하 6:16, 20). 미갈은 다윗을 사랑했지만, 다윗과 미갈의 관계는 가슴 아픈 일들로 가득 차 있었다(참조. 삼상 17:25; 18:18-30; 삼하 3:13-16). 미갈은 다윗의 행동을 부끄럽게 여기지만, 사무엘하를 보면 다윗은 이런 방식으로 기뻐한 이유를 설명하면서 이렇게 대답한다. "이는 여호와 앞에서 한 것이니라. 그가 네 아버지와 그의 온 집을 버리시고 나를 택하사 나를 여호와의 백성 이스라엘의 주권자로 삼으셨으니 내가 여호와 앞에서 뛰놀리라"(삼하 6:21). 다윗은 자신을 백성의 통치자로 선택하신 주님을 향한 헌신을 부끄럽게 여기지 않는다. 그에게는 하나님 앞에서 기뻐할 만한 이유가 충분하다!

이야기 살아내기

거룩한 회중의 중심에는 하나님께 드리는 예배가 있다

예루살렘으로 들어가는 언약궤 행렬은 다윗왕의 통치에서 절정의 순간을 나타낸다. 첫 번째 시도가 처참하게 실패한 후(대상 13:1-14) 다시 주님 앞에서 기쁨으로 노래하고 경축하는 때였다. 언약궤는 하나님께서 자기 백성과 함께하심을 상징했다. 솔로몬은 나중에 이렇게 질문하며 놀라워할 것이다. "하나님이 참으로 사람과 함께 땅에 계시리이까. 보소서 하늘과 하늘들의 하늘이라도 주를 용납하지 못하[리이다]"(대하 6:18). 예루살렘에 있는 언약궤는 이 심오한 현실을 대변한다. 즉 온 우주의 창조주요 높은 보좌에 앉은 거룩하신 하나님은 참으로 자기 백성 가운데 거하기 위해 오셨다. 예루살렘에 있는 하나님의 임재는 그 나라가 정치적 조직이 아니라 제사장 나라, 즉 한(Hahn)이 묘사하듯이 **예전 제국**이라는 것을 의미한다. 나아가 그는 이렇게 쓰고 있다.

이스라엘은 일차적으로 군사적·정치적·경제적 목적을 위해 조직된 국가 단체가 아니다. 이스라엘에서 정부의 이 모든 일상적 활동은 하나님을 예배하는 단 하나의 최우선 이유를 위해 정비되어야 한다. 이것이 이스라엘의 존재 이유고, 이것이 열방 가운데서 하나님의 맏아들인 이스라엘의 사명이다.[6]

이런 이유로 예루살렘으로 들어오는 언약궤 행렬은 매우 중요하다. 또한 에스라서, 느헤미야서, 학개서, 스가랴서, 말라기서 등 포로기 이후 책들에는 언약궤에 대한 언급이 전혀 없지만 역대기 저자는 언약궤를 **46회**나 언급하면서 많은 관심을 기울인다.[7] 그런 이유로 역대기에서 주님을 찬양하는 **노래**가 자주 언급된다(동사와 명사를 합할 경우 30회 이상). 하나님의 백성 가운데 계신 그분의 임재는 기뻐할 이유다![8] 또한 그런 이유로 역대기의 다음 장은 온통 사무엘서에는 없는 **예배**에 관한 내용을 담고 있다(참조. 삼하 6:12-17). 다음 장에서는 세 개의 시편이 모여 하나님을 향한 찬양의 교향곡을 형성한다. 사실 역대기 전반에 걸쳐 울려 퍼지는 여러 주제가 16장에 나오면서, **예배**가 공동체 전체를 형성하고 하나님의 백성이 된다는 의미의 핵심에 있음을 강조한다. 이 이야기는 하나님을 예배하기 위해 그분께서 자기 백성을 구별하셨음을 다시 한 번 상기시킨다.

하나님께 드리는 예배는 교회에서 계속된다

이스라엘 초기 역사에 그 뿌리를 두고 있고(참조. 신 4:10; 9:10) "회중"(히. qahal, 대상 13:2, 4; 참조. 5절; 15:3의 동사)으로 번역된 히브리어 단어가 역대기에 두드러지게 등장한다는 점을 인식해야 한다.[9] 이 이야기에서 거룩한 회중은 함께 모여 언약궤를 예루살렘으로 가져오는데, 이는 그들 가운데 계신 하나님을 찬양하는 시간이었다(참조. 대상 16장). 쉽게 드러나지 않지만, 하나님을 찬양하는 거룩한 회중을 묘사하는 이 이야기는 하나님의 백성이 함께 모여 하나님을 찬양할 때 우리가 교회에서 발견하는 것을 예고한다.

거룩한 "회중"(히. qahal)을 묘사할 때 사용된 히브리어 단어가 70인역(구약성경의 헬라어 번역본)에서 '에클레시아'(ekklesia)로 번역된다는 점을 인식해야 한다(대상 13:2, 4). 바로 신약성경에서 교회를 묘사할 때 사용된 것과 동일한 헬라어 단어다(예. 행 5:11; 8:1, 3; 9:31 등). 피(Fee)가 지적하듯이, 헬라어 용어 '에클레시아'(회중)는 그리스 세계에서 "공동의 목적을 가진 사람들의 모임"으로 알려져 있었지만,[10] 바울이 이 용어를 채택한 것은 무엇보다도 구약성경의 용례에 근거했다. 피(Fee)는 헬라어 '에클레시아'가 히브리어 '카할'(qahal)의 번역어라는 사실을 언급하고, 이 단어는 "일관되게 이스라엘의 **회중**을 가리킬 때 사용되었고 하나님의 백성이 '함께 모이는 것'과 관련이 있었다"라고 주장한다.[11] '에클레시아'를 채택한 것은 구약성경의 거룩한 집회와 신약성경의 신자들의 모임 사이의 연속성을 강조한다. 언약궤를 예루살렘으로 가져오는 역대상 15장에 묘사된 기쁨의 찬송과 예배 장면은, 예배를 중심에 둔 하나님의 백성이 된다는 것이 어떤 의미인지에 대해 풍부한 이미지를 제공한다.

이 장면은 신자들이 가정에서 함께 모여 "시와 찬송과 신령한 노래들로" 서로 화답하는 초기 교회 전반에서 되풀이된다(엡 5:19). 그들은 "마음으로 주께 노래하며 찬송"해야 한다(19절; 참조. 고전 14:26). 바울은 골로새 교회 신자들에게 "모든 지혜로 피차 가르치며 권면하고 시와 찬송과 신령한 노래를 부르며 감사하는 마음으로 하나님을 찬양하[라]"고 권면한다(골 3:16).[12] 피(Fee)의 주장에 따르면, 바울은 시편의 찬송 패턴을 기독교 찬송가로 옮겨 왔고, 그래서 "이전에 야웨께만 바쳤던 헌신은 초기 그리스도인들에게 '주님'이신 그리스도께로, 즉 우리를 구속하여 하나님의 형상으로 재창조하기 위해 이 땅에 오신 분께로 옮겨졌다."[13] 그는 "찬송은 처음부터 기독교 예배의 중심에 있었고, 따라서 찬송은 암묵적인 기독론(assumed Christology)으로 가득하다"고 지적한다.[14] 이런 예배의 기독론적 초점은 야웨께(to) 또한 야웨에 대해(about) 불렀던 시편 찬송이 이제 그리스도께 또한 그리스도에 대해 불린다는 의미다. 따라서 기독교 예배는 기독론에 깊이 뿌리를 두고 있다.[15] 역대상 15장에 묘사된 예배 장면은 앞으로 함께 모여 찬송을 부르고, 마음속 선율로 노래할 신자들의 현실을 예고한다.

피(Fee)는 '교회'라는 단어에 대한 우리의 이해는 종종 구약성경과의 이런 중요한 연관성을 놓친다고 개탄한다. 현대의 맥락에서 '교회'라는 단어는 종종 "예배와 사귐을 위해 **함께 모인** 신자들의 공동체보다는 건물을 의미하는데, 이는 바울 시대에 존재하지 않았던 의미다."[16] 그의 주장에 의하면, "교회에 간다"라는 우리의 개념은 스포츠 경기장이나 어떤 행사에 가는 것과 비슷하지만, 바울의 언어는 "하나님과 그리스도를 예배함과 동시에 다른 사람들과 사귀기 위해 교회로 '모이도록'" 격려하기 위한 것이다.[17] 역대상 15장에서 하나님의 백성이 자기들 가운데 계신 하나님의 임재를 경축하는 이야기는 **교회**가 된다는 것이 어떤 의미인지에 대하여 비전을 제시한다. 바로 예배를 위해 함께 모이는 백성이 되는 것이다. 역대기 저자가 재구성한 이스라엘 역사에는 하나님께서 **자기 백성과 함께 계신다**는 심오한 인식이 깊이 내재해 있다. 이 현실은 신약성경에서 임마누엘, '우리와 함께하시는 하나님'의 오심을 경축하는 신자들을 통해 계속된다. 예수님은 제자들에게 임재하시면서 그들 가운데서 걸으셨을 뿐만 아니라 이렇게 말씀하셨다. "두세 사람이 내 이름으로 모인 곳에는 나도 그들 중에 있느니라"(마 18:20). 교회는 건물이 아니고, 어떤 특정 장소와도 동일시되지 않는다(요 4:20-24). 하지만 하나님의 백성이 삼위일체 하나님을 예배하기 위해 가정이나 건물, 심지어 감옥에 모일 때 그들은 '에클레시아', 곧 오래되고 거룩한 회중이다. 우리는 하나님의 백성, 그분의 왕 같은 제사장이다. 따라서 우리는 "너희를 어두운 데서 불러내어 그의 기이한 빛에 들어가게 하신 이"를 찬양해야 한다(벧전 2:9). 언약궤 행렬이 예루살렘으로 들어가는 이 절정의 이야기가 주님께 드리는 긴 찬양으로 이어지는 것은 우연이 아니다(대상 16장). 이제 우리는 바로 이 주제로 시선을 돌린다.

16

역대상 16:1-43

— 이야기 경청하기 —

¹하나님의 궤를 메고 들어가서 다윗이 그것을 위하여 친 장막 가운데에 두고 번제와 화목제를 하나님께 드리니라 ²다윗이 번제와 화목제 드리기를 마치고 여호와의 이름으로 백성에게 축복하고 ³이스라엘 무리 중 남녀를 막론하고 각 사람에게 떡 한 덩이와 야자열매로 만든 과자와 건포도로 만든 과자 하나씩을 나누어 주었더라 ⁴또 레위 사람을 세워 여호와의 궤 앞에서 섬기며 이스라엘 하나님 여호와를 칭송하고 감사하며 찬양하게 하였으니 ⁵아삽은 우두머리요 그 다음은 스가랴와 여이엘과 스미라못과 여히엘과 맛디디아와 엘리압과 브나야와 오벧에돔과 여이엘이라 비파와 수금을 타고 아삽은 제금을 힘있게 치고 ⁶제사장 브나야와 야하시엘은 항상 하나님의 언약궤 앞에서 나팔을 부니라 ⁷그 날에 다윗이 아삽과 그의 형제를 세워 먼저 여호와께 감사하게 하여 이르기를 ⁸너희는 여호와께 감사하며 그의 이름을 불러 아뢰며 그가 행하신 일을 만민 중에 알릴지어다 ⁹그에게 노래하며 그를 찬양하고 그의 모든 기사를 전할지어다 ¹⁰그의 성호를 자랑하라 여호와를 구하는 자마다 마음이 즐거울지로다 ¹¹여호와와 그의 능력을 구할지어다 항상 그의 얼굴을 찾을지어다 ¹²⁻¹³그의 종 이스라엘의 후손 곧 택하신 야곱의 자손 너희는 그의 행하신 기사와 그의 이적과 그의 입의 법도를 기억할지어다 ¹⁴그는 여호와 우리 하나님이시라 그의 법도가 온 땅에 있도다 ¹⁵너희는 그의 언약 곧 천 대에 명령하신 말씀을 영원히 기억할지어다 ¹⁶이것은 아브라함에게 하신 언약이며 이삭에게 하신 맹세이며 ¹⁷이는 야곱에게 세우신 율례 곧 이스라엘에게 하신 영원한 언약이라 ¹⁸이르시기를 내가 가나안 땅을 네게 주어 너희 기업의 지경이 되게 하리라 하셨도다 ¹⁹그 때에 너희 사람 수가 적어서 보잘것없으며 그 땅에 객이 되어 ²⁰이 민족에게서 저 민족에게로, 이 나라에서 다른 백성에게로 유랑하였도다 ²¹여호와께서는 사람이 그들을 해하기를 용납하지 아니하시고 그들 때

문에 왕들을 꾸짖어 ²²이르시기를 나의 기름 부은 자에게 손을 대지 말며 나의 선지자를 해하지 말라 하셨도다 ²³온 땅이여 여호와께 노래하며 그의 구원을 날마다 선포할지어다 ²⁴그의 영광을 모든 민족 중에, 그의 기이한 행적을 만민 중에 선포할지어다 ²⁵여호와는 위대하시니 극진히 찬양할 것이요 모든 신보다 경외할 것임이여 ²⁶만국의 모든 신은 헛것이나 여호와께서는 하늘을 지으셨도다 ²⁷존귀와 위엄이 그의 앞에 있으며 능력과 즐거움이 그의 처소에 있도다 ²⁸여러 나라의 종족들아 영광과 권능을 여호와께 돌릴지어다 여호와께 돌릴지어다 ²⁹여호와의 이름에 합당한 영광을 그에게 돌릴지어다 제물을 들고 그 앞에 들어갈지어다 아름답고 거룩한 것으로 여호와께 경배할지어다 ³⁰온 땅이여 그 앞에서 떨지어다 세계가 굳게 서고 흔들리지 아니하는도다 ³¹하늘은 기뻐하고 땅은 즐거워하며 모든 나라 중에서는 이르기를 여호와께서 통치하신다 할지로다 ³²바다와 거기 충만한 것이 외치며 밭과 그 가운데 모든 것은 즐거워할지로다 ³³그리 할 때에 숲 속의 나무들이 여호와 앞에서 즐거이 노래하리니 주께서 땅을 심판하러 오실 것임이로다 ³⁴여호와께 감사하라 그는 선하시며 그의 인자하심이 영원함이로다 ³⁵너희는 이르기를 우리 구원의 하나님이여 우리를 구원하여 만국 가운데에서 건져내시고 모으사 우리로 주의 거룩한 이름을 감사하며 주의 영광을 드높이게 하소서 할지어다 ³⁶여호와 이스라엘의 하나님을 영원부터 영원까지 송축할지로다 하매 모든 백성이 아멘 하고 여호와를 찬양하였더라 ³⁷다윗이 아삽과 그의 형제를 여호와의 언약궤 앞에 있게 하며 항상 그 궤 앞에서 섬기게 하되 날마다 그 일대로 하게 하였고 ³⁸오벧에돔과 그의 형제 육십팔 명과 여두둔의 아들 오벧에돔과 호사를 문지기로 삼았고 ³⁹제사장 사독과 그의 형제 제사장들에게 기브온 산당에서 여호와의 성막 앞에 모시게 하여 ⁴⁰항상 아침 저녁으로 번제단 위에 여호와께 번제를 드리되 여호와의 율법에 기록하여 이스라엘에게 명령하신 대로 다 준행하게 하였고 ⁴¹또 여호와의 인자하심이 영원하시므로 그들과 함께 헤만과 여두둔과 그리고 택함을 받아 지명된 나머지 사람을 세워 감사하게 하였고 ⁴²또 그들과 함께 헤만과 여두둔을 세워 나팔과 제금들과 하나님을 찬송하는 악기로 소리를 크게 내게 하였고 또 여두둔의 아들에게 문을 지키게 하였더라 ⁴³이에 뭇 백성은 각각 그 집으로 돌아가고 다윗도 자기 집을 위하여 축복하려고 돌아갔더라

이야기 속 다른 본문 경청하기

시편 96:1-13; 105:1-15; 106:1, 47-48

언약궤가 예루살렘에 도착한 후, 장면은 하나님의 권능과 자기 백성에 대한 그분의 신실하심을 기억하는 찬양 시간으로 이어진다. 이번 장에서는 세 개의 시편이 하나의 시편으로 합쳐지는데, 온 이스라엘이 함께 모여 한목소리로 주님께 감사와 찬양을 드릴 때 레위인 성가대와 음악가의 지휘를 따라 그 시편으로 찬양한다. 각 시편은 권면의 말로 시작한다. "여호와께 감사하[라]"(대상 16:8), "온 땅이여 여호와께 노래하[라]"(23절), "여호와께 감사하라"(34절). 따라서 다음과 같은 세 개의 문학적 단위로 나뉜다. 시편 105:1-15(=대상 16:8-22), 시편 96:1-13(=대상 16:23-33), 시편 106:1, 47-48(=대상 16:34-36). "아삽과 그의 형제"(7, 37절) 및 언약궤 앞에서 계속되는 그들의 사역(6-7, 37절)에 대한 언급은 이 시편의 틀을 형성하고, 그리하여 이 장에 대칭성을 부여한다.[1] 아마 다윗은 현재의 업무 배정을 주도했을 것이고, 이번 행사와 미래의 예배에 사용할 수 있도록 아삽에게 이 업무 배정을 맡겼을 것이다.[2] 하나님께 드리는 찬양은 이스라엘의 찬양(9-11절)과 만국의 찬양(23-30절), 우주적 찬양(31-33절)으로 구성된다.[3] 하나님은 이제 예루살렘에 거하시기 때문에, 거룩한 회중이 함께 모여 주님께 찬양을 드리고 감사하는 것은 전적으로 합당하다.

— 이야기 설명하기 —

언약궤를 예루살렘으로 옮기고 온 이스라엘이 경축하다(16:1-7)

레위인은 언약궤를 예루살렘의 장막으로 가져오지만, 성막은 기브온에 남아 있다(21:29; 대하 1:3-4). 하나님께 바치는 두 제사, 번제와 화목제(대상 16:1)는 이스라엘 예배의 중심이었다(출 20:24; 민 10:10; 신 27:6-7; 참조. 대상 16:40; 23:31). 제사를 드리고 백성을 축복할 때 다윗의 제사장 역할이 강조된다(16:2; 참조. 15:27). 번제는 제단에서 전부 불태웠지만,[4] 화목제는 백성이 나누어 먹었다. 기름진 부분은 하나님께 바쳤고 나머지는 평민(레 7:11-21)과 제사장(32-35절)이 먹었다. 하나님의 백성은 하나님과 언약 관계에 있었고, 함께 나누는 식사는 그들과 하나님의 사귐 및 서로 간의 사귐의 가시적 표현이었다.[5] 이 경축 행사에서 다윗은 모든 사람이 식사를 나눌 수 있도록 아낌없이 음식을 제공한다(대상 16:3).

다윗은 레위인을 언약궤 앞에서 섬길 사역자로 임명한다. 그들은 아삽이 우두머리가 되어 하나님께 드리는 기도와 감사, 찬양으로 공동체를 인도해야 한다(4-7절). 많은 시편이 아삽과 그 아들들의 것으로 인정되고(시 50, 73-83편; 참조. 대하 29:30), 그는 성가대장으로 임명된다(대상 16:5; 참조. 대하 25:2, 9). 아삽의 후손은 귀환 공동체에서 계속 예배를 인도하는 역할을 맡을 것이다(참조. 스 2:41; 느 7:44; 11:17; 12:46). 나중에 보듯이 아삽, 헤만, 여두둔의 세 레위 가문은 노래와 악기 연주를 위해 구별된다(대상 25:1-8). 그들의 족보는 이미 소개된 바 있는데, 헤만은 그핫의 계보에서 출생했고(6:33-38), 아삽은 게르손의 계보에서(39-43절), 에단은 므라리의 계보에서 출생했다(44-47절).

온 이스라엘이 함께 모여 하나님께 감사하다(16:8-22)

이 시편은 주님께 감사하고 그분의 이름을 부르기 위해 거룩한 회중을 소집하는 레위인의 예배 요청으로 시작한다(16:8). 공동체가 함께 모여 예배할 때, 일련의 명령은 ('감사하라', '선포하라', '알리라', '노래하라', '찬양하라', '전하라', '자랑하라', '찾으라' 등) 찬양의 청각적 요소를 강조한다(8-9절). 거룩하신 하나님이 그들 가운데 보좌에 앉아 계시기 때문에, 예배는 이스라엘 공동체 가장 중심에 있다. 그들의 노래는 하나님께서 행하신 모든 일에 초점을 맞추고, 그들은 그 모든 행사를 열방에 전해야 한다(8절). 첫머리 족보에서 역대기 저자는 이스라엘을 '세계 지도'(1:5-23)의 일부로 열방 중에 두면서 그들이 열방 가운데서 예배하고 증거하는 백성으로 부름받았음을 강조했다. 이것은 이 시편의 첫머리 구절에서도 제시되고 있는 비전이다.

주님을 구하는 이들은 역대기를 관통하는 또 다른 중요한 주제를 강조하면서, '즐거워해야' 한다(16:10). 하나님의 백성은 그분의 선하심(41절; 참조. 대하 7:10)과 하나님께서 자신들을 위해 행하신 모든 일(참조. 20:27; 29:36)을 기뻐한다.[6] 기뻐하는 자들은 하나님을 **구하기**(히. b-q-sh)로 마음을 정했고 "항상 그의 얼굴을 찾을지어다"라고 권면하는데(대상 16:11), 이 표현은 잘 알려진 구절인 "내 이름으로 일컫는 내 백성이 그들의 악한 길에서 떠나 스스로 낮추고 기도하여 **내 얼굴을 찾으면**"(히. b-q-sh, 대하 7:14)을 예고한다.[7] '기억하라'는 부르심은 귀환자들에게 과거를 돌아보고 하나님께서 그들을 위해 행하신 모든 일을 기억하라는 초대장 역할을 한다(대상 16:12). 하나님의 백성은 역사 전반에서 하나님과 그분의 위대한 일들을 기억하라는 권면을 받았다(참조. 신 7:18; 8:2, 18; 시 77:11; 78:35; 105:5).[8] 예루살렘에 모인 사람들은 하나님의 선택된 백성이고, 따라서 그들은 하나님의 사랑과 선택의 대상이다(신 4:37; 7:8; 10:15). 하나님은 자신이 선택한 이들을 잊지 않으셨고(참조. 사

44:1-2; 45:4; 65:9), 여기에는 분명 예루살렘에 살고 있는 귀환자들도 포함된다. 그들은 하나님께서 자신들과 언약을 맺으셨음을 기억해야 하고, 따라서 주님이 자신들의 하나님이라고 선포할 수 있다(대상 16:14). 하나님께서는 아브라함, 이삭, 야곱과 언약을 맺으셨고, 이스라엘에게 그 언약을 확증하셨다(15-18절). 역대기 저자는 이미 족장들의 족보를 회고했고(참조. 1장), 따라서 귀환자들은 땅 약속을 포함한 하나님의 과거 약속에 비추어 자신들을 보아야 한다(창 12:1-3; 15:7-21). 그들은 유배 후 페르시아의 통치 아래 살고 있었지만, 그럼에도 희망을 주는 자신들의 역사와 하나님의 약속을 **기억해야** 했다. 하나님은 자기 백성을 과거에, 그들의 수가 적고 이곳저곳 떠돌아다닐 때에도 보호해 주셨다(대상 16:19-22). 귀환자들은 조상들에게 베푸신 하나님의 보호의 손길을 기억해야 했고, 분명 지금도 자기 백성을 보존해 주실 것이라고 신뢰할 수 있다.

주께서 온 땅의 왕으로 통치하신다(16:23-33)

이 시편의 두 번째 부분은 "온 땅이여 여호와께 노래하[라]"는 권면으로 시작하는데(16:23), 역대기의 또 다른 핵심 주제다(참조. 15:16). 열방 가운데 하나님의 영광을 선포하는 것으로 초점이 옮겨진다. 주님께 찬양을 드리라고 온 땅을 소환한다. 그분의 구원은 날마다 선포되어야 한다. 그들이 이렇게 해야 하는 이유는 주님이 위대하며 "극진히 찬양할" 분이기 때문이다(16:25). 고대 세계에는 많은 신이 있었지만, 열방의 신들은 우상에 불과했기 때문에 주님을 모든 신**보다** 경외해야 했다(26절). 구약성경에서는 열방의 신들이 사람의 손으로 만든 우상에 불과하다는 가르침이 울려 퍼진다(대하 32:19; 참조. 레 19:4; 사 2:8, 20; 31:7; 합 2:18). 사람이 만든 우상과 대조적으로 주님만이 창조주로서 찬양을 받으셔야 한다(16:26; 참조. 창 2:4; 사 45:5-7, 18-19). 이스라엘의 예배는 주님만이 하나님이시라는 열방을 향한 강력한 증언이다. 이 시편은 하나님의 백성에게 그들 가운데 거하시는 하나님을 묵상하라고 권면한다. "존귀와 위엄이 그의 앞에 있으며 능력과 즐거움이 그의 처소에 있도다"(대상 16:27). 구약의 시편 전반에서도 울려 퍼지는 이 시의 하나님 묘사는 눈을 들어 능력과 즐거움이 있는 하나님의 영광스러운 거처를 바라보라고 하나님의 백성들을 초대한다(27절; 참조. 시 68:35; 104:1; 145:5).

주님을 예배하기 위해 초대받은 사람들 중에 열방의 종족이 있는 것은(대상 16:28-29) 땅의 모든 족속이 아브라함의 씨를 통해 복을 받을 것이라는 하나님의 약속을 상기시킨다(창 12:3). 열방을 향해 주님의 이름으로 말미암아 주님께 영광을 돌리고 예배 중에 주님 앞에 예물을 드리라고 초대한다(대상 16:29). 이 주제는 성전 건축 내러티브에서 포착되는데, 이 내러티브의 처음과 끝은 두 비이스라엘 사람이 선포하는 찬양으로 둘러싸여 있기 때문이다(대하 2:11-12; 9:8). 이방 나라들도 예루살렘으로 선물을 가지고 올 것이다(9:9-10, 13-14, 24).[9] 이 우주적 비전을 염두에 두고, 하나님의 능하신 임재를 두려워하며 하나님 앞에서 떨라고 **온 땅**을 향해 권고한다(대상 16:30; 참조. 시 114:7). 온 피조물은 "여호와께서 통치하신다!"라고 선포하며 열방 가운데 찬양을 크게 울려야 한다(대상 16:31; 출 15:18). 나무들도 기쁨으로 주님께 노래할 것이다!(대상 16:32-33) 하나님의 창조 세계 중 그 어떤 것도 그분의 영역 밖에 있지 않다. 클라인(Klein)이 지적하듯이 "역대기 저자는 삼중 우주—하늘, 땅, 바다—더러 연합하여 야웨의 왕국을 경축하라고 초대한다."[10] 이 시편은 주님을 찬양하면서 만물을 다스리시는 그분의 통치를 인정하라고 온 우주를 향해 권고한다(참조. 시 148:1-14).

열방으로부터의 구원을 위해 하나님께 드리는 기도(16:34-36)

이 시편의 세 번째 부분은 시편의 첫머리를 연상시키는(16:8) "여호와께 감사하라"는 권면으로 시작한다(34절). 하나님의 선하심과 그분의 언약적 신의에 감사해야 한다(34절; 참조. 시 106:1). 이스라엘이 어떤 상황에 처해 있든, 하나님의 변함없는 언약적 사랑(히. *hesed*)은 영원히 유지된다. 하나님의 백성은 그분을 부르며 이렇게 외친다. "우리 구원의 하나님이여 우리를 구원하여 만국 가운데에서 건져내시고 모으사"(대상 16:35; 참조. 시 106:47). 구원은 하나님께만 속한 것이고, 이 시에서 하나님은 이스라엘의 구세주로 표현된다(대상 16:35; 시 65:5; 79:9; 85:4; 참조. 사 43:4, 11; 45:17). 이스라엘의 역사 전반에서 하나님은 여러 번 자기 백성을 적들로부터 구원하셨다(출 14:30; 민 10:9; 신 20:4; 33:29; 대상 18:6, 13; 대하 20:9; 32:22). 따라서 하나님의 백성은 그분이 열방으로부터 자신들을 구원해 주시기를 기도하는데, 이는 분명 페르시아의 통치 아래 예루살렘에 살고 있던 이들에게 공감을 불러일으켰을 것이다. 그들의 구원은 하나님의 거룩한 이름에 드리는 감사를 낳을 것이다(대상 16:35). 이 시에서는 전투에서 승리하기 전에도 하나님께 감사하라고 귀환자들을 초대하고(참조. 대하 20:20-22), 그들의 찬양이 열방으로 퍼져나갈 것이라는 희망을 크게 올린다. 시는 이스라엘이 주님을 찬양하면서 마무리되고, 백성들은 웅장한 "아멘"과 "여호와를 찬양하[라]"로 화답한다(대상 16:36). 하나님은 영원부터 영원까지 모든 세대에서 찬양을 받으셔야 한다.

제사장과 레위인에게 임무를 부여하다(16:37-43)

다윗은 아삽과 동료 레위인에게 언약궤 앞에서 섬기는 일을 맡긴다(16:37). 오벧에돔의 가족은 세 달 동안 언약궤를 돌보았고(참조. 13:14), 두 명의 문지기 오벧에돔과 호사를 포함한 이 대가족은 예루살렘에서 언약궤를 돌보는 책임을 맡는다(16:38). 제사장 사독과 그의 친족은 성막이 있는 기브온에 머물러야 한다(39절; 참조. 대하 1:3). 그들은 하나님의 율법에 따라 아침저녁으로 제단에 번제를 드려야 한다(대상 16:40). 제사는 기브온에서 계속되겠지만 가까운 장래에 예루살렘에 있는 성전에서 제사를 드릴 것이다(22:1; 대하 7:1-7). 헤만과 여두둔은 다른 찬양대 및 음악가와 함께 하나님께 감사하기 위해 선택된다(참조. 대상 25:1-31). 그들은 나팔과 제금의 반주를 따라 큰 소리로 찬송을 부르며 기쁨으로 예배한다. 이 경축의 시간이 끝난 후 백성들은 자기 집으로 돌아가고, 다윗도 자기 집으로 돌아와 가족을 축복한다(16:43).

이야기 살아내기

하나님께 드리는 예배는 성경에 뿌리를 두고 있다

하나님의 백성이 언약궤를 예루살렘으로 가져오면서 부르는 시편 모음은 이스라엘 공동체에서의 예배 중심성을 강조한다. 이 긴 시편은 하나님께 드리는 예배가 하나님의 성품에 대한 계시와 그분이 백성을 위해 행하신 구원 행위에 뿌리를 둔다는 사실을 상기시킨다. 토저(A. W. Tozer)는 『하나님을 바로 알자』(Knowledge of the Holy)라는 저서에서 하나님의 백성이 그분이 어떤 분인지 아는 것이 얼마나 중요한지를 강조한다. 그는 서문에서 "지난 세대의 히브리인과 그리스도인 선조들로부터 받은 고귀한 하나님 개념을 훼손하지 않고 그대로 전수하는 것은 다음 세대의 그리스도인들을 위한 가장 큰 봉사"라고 말한다.[11] 이것이 바로 이 감사 시편에서 우리가 볼 수 있는 것이다. 이 시편은 스타카토와 비슷한 방식으로 하나님께서 모든 찬송과 영광을 받으시기에 합당한 이유를 이스라엘 역사 속에서 하나씩 차례로 열거한다. 나아가 열방이 주님의 성품과 그분이 행하신 모든 일을 들을 때 그들도 이스라엘과 연합하여 주 하나님을 찬양할 것이라는 기대도 담고 있다.

우리의 현재 상황을 고려할 때, 이 시편에는 암묵적인 경고의 말씀이 내재해 있다. 성경에 대한 무지가 증가하는 이 시대에 구약성경에 나오는 하나님의 위대한 일들에 대한 이야기는 우리에게 별로 친숙하지 않다. 하나님께 드리는 예배는 교회에서 계속되고 있지만 성경에 근거하지 않은 찬양으로 이어지기 쉽고, 예배보다 오락에 가까운 신나는 가사나 멜로디에 초점을 맞출 수도 있다. 블록(Block)은 『영광의 회복』(For the Glory of God)이라는 저서에서 현대 예배에 대해 논하면서, 예배 찬양을 좌우하는 선택이 가사 내용보다는 사람들이 즐겁게 부르는 노래에 근거한 경우가 너무 많다고 지적한다. 현대 예배에 관한 부분은 시사하는 바가 많고 도전적이다.[12] 특히 이스라엘 예배에서 성경의 중심성을 고려할 때, 그의 비판은 교회 지도자와 일반 성도가 똑같이 신중하게 숙고할 만한 가치가 있다.[13]

레위인이 부르는 시편을 묵상할 때, 그 시들은 신학적으로도 풍부하다. 시편은 성경에 깊이 뿌리내리고 있다. 그리고 토라에 대해 훈련받은 레위인이 시편을 불렀다. 레위인은 자신의 역사를 알고 있었다. 그들은 성경을 연구했기 때문에 하나님의 성품과 그분의 위대한 일들을 열거할 수 있었다. 우리의 예배에서 현대적 멜로디와 예배 스타일이 사용될 수 있고 또 사용되어야 하지만, 시편은 성경에 뿌리내린 예배가 필요하다고 강력하게 증언한다. 모든 예배는 자기 중심이 아닌 하나님 중심이어야 한다. 블록은 우리가 노래하는 가사가 신학적으로 풍부하고 하나님 중심인지 확인하기 위해 주의 깊게 평가하라고 지혜롭게 경고한다.

토라에 훈련된 예배 인도자

다윗은 "여호와의 궤 앞에서 섬기며 이스라엘 하나님 여호와를 칭송하고 감사하며 찬양"할 레위인을 임명한다(16:4; 참조. 23:5-6). 레위인 예배 인도자들은 숙련된 음악가였을 뿐 아니라(참조. 25장), 토라 교육도 잘 받았다는 점을 인식해야 한다(참조. 신 31:9-13; 33:10). 훗날에 여호사밧은 온 이스라엘에게 율법을 가르치기 위해 레위인을 임명한다(대하 17:7-9). 에스라는 모세의 율법에 능통한 레위인의 한 예다. 그는 이스라엘에서 율법을 연구하고 실천하며 가르치기로 마음을 먹었다(스 7:6, 10; 참조. 8:16; 느 8:7-9, 12). 레위인은 또한 십일조를 받았고, 덕분에 성경 연구에 전념할 수 있었다.[14] 레위인은 예배 인도자요 음악가, 작곡가였다. 아삽과 그의 아들들은 여러 시편을 썼다(시 50, 73-83편; 참조. 대하 29:30). 이 시편들을 대충 읽어 보기만 해도 신학적으로 풍부하다는 것을 알 수 있다. 다시 말해 예배를 인도하는 레위인 가문은 숙련된 음악가였을 뿐만 아니라, 현대의 비유를 사용하자면 '신학교에서 훈련받은' 예배 인도자였다. 블록은 오늘날 예배 인도자가 신학적 배경은 최소한으로 강조하고 음악적 재능으로만 선택되는 경우가 많다고 개탄한다. "우리 시대에 사람을 채용하는 방식에도 똑같은 왜곡이 적용된다. 음악 사역자는 성경에 대한 지식이나 정통 교리, 예배 신학을 충분히 고려하지 않은 채 음악적 기술과 업적, 창의성, 무대에서의 열정으로만 세워진다."[15] 시편(과 이번 장)에서 볼 수 있는 신학의 깊이는 이 풍부한 신학적 유산 및 신학적으로 훈련된 예배 인도자의 필요성을 상기시킨다. 찬양 가사가 우리가 공경하고 찬양하는 하나님께 합당하도록, 잠시 멈추어 우리가 노래하는 내용에 신중한 주의를 기울이는 것은 분명 신성한 임무요, 고귀한 소명이다.[16]

17   역대상 17:1-27

이야기 경청하기

¹다윗이 그의 궁전에 거주할 때에 다윗이 선지자 나단에게 이르되 나는 백향목 궁에 거주하거늘 여호와의 언약궤는 휘장 아래에 있도다 ²나단이 다윗에게 아뢰되 하나님이 왕과 함께 계시니 마음에 있는 바를 모두 행하소서 ³그 밤에 하나님의 말씀이 나단에게 임하여 이르시되 ⁴가서 내 종 다윗에게 말하기를 여호와의 말씀이 너는 내가 거할 집을 건축하지 말라 ⁵내가 이스라엘을 애굽에서 올라오게 한 날부터 오늘까지 집에 있지 아니하고 오직 이 장막과 저 장막에 있으며 이 성막과 저 성막에 있었나니 ⁶이스라엘 무리와 더불어 가는 모든 곳에서 내가 내 백성을 먹이라고 명령한 이스라엘 어느 사사에게 내가 말하기를 너희가 어찌하여 내 백향목 집을 건축하지 아니하였느냐고 말하였느냐 하고 ⁷또한 내 종 다윗에게 이처럼 말하라 만군의 여호와께서 이처럼 말씀하시기를 내가 너를 목장 곧 양 떼를 따라다니던 데에서 데려다가 내 백성 이스라엘의 주권자로 삼고 ⁸네가 어디로 가든지 내가 너와 함께 있어 네 모든 대적을 네 앞에서 멸하였은즉 세상에서 존귀한 자들의 이름 같은 이름을 네게 만들어 주리라 ⁹내가 또 내 백성 이스라엘을 위하여 한 곳을 정하여 그들을 심고 그들이 그곳에 거주하면서 다시는 옮겨가지 아니하게 하며 악한 사람들에게 전과 같이 그들을 해치지 못하게 하여 ¹⁰전에 내가 사사에게 명령하여 내 백성 이스라엘을 다스리던 때와 같지 아니하게 하고 또 네 모든 대적으로 네게 복종하게 하리라 또 네게 이르노니 여호와가 너를 위하여 한 왕조를 세울지라 ¹¹네 생명의 연한이 차서 네가 조상들에게로 돌아가면 내가 네 뒤에 네 씨 곧 네 아들 중 하나를 세우고 그 나라를 견고하게 하리니 ¹²그는 나를 위하여 집을 건축할 것이요 나는 그의 왕위를 영원히 견고하게 하리라 ¹³나는 그의 아버지가 되고 그는 나의 아들이 되리니 나의 인자를 그에게서 빼앗지 아니하기를 내가 네 전에 있던 자에게서 빼앗음과 같이 하지 아니할 것이

며 ¹⁴내가 영원히 그를 내 집과 내 나라에 세우리니 그의 왕위가 영원히 견고하리라 하셨다 하라 ¹⁵나단이 이 모든 말씀과 이 모든 계시대로 다윗에게 전하니라 ¹⁶다윗 왕이 여호와 앞에 들어가 앉아서 이르되 여호와 하나님이여 나는 누구이오며 내 집은 무엇이기에 나에게 이에 이르게 하셨나이까 ¹⁷하나님이여 주께서 이것을 오히려 작게 여기시고 또 종의 집에 대하여 먼 장래까지 말씀하셨사오니 여호와 하나님이여 나를 존귀한 자들 같이 여기셨나이다 ¹⁸주께서 주의 종에게 베푸신 영예에 대하여 이 다윗이 다시 주께 무슨 말을 하오리이까 주께서는 주의 종을 아시나이다 ¹⁹여호와여 주께서 주의 종을 위하여 주의 뜻대로 이 모든 큰 일을 행하사 이 모든 큰 일을 알게 하셨나이다 ²⁰여호와여 우리 귀로 들은 대로는 주와 같은 이가 없고 주 외에는 하나님이 없나이다 ²¹땅의 어느 한 나라가 주의 백성 이스라엘과 같으리이까 하나님이 자기 백성을 구속하시려고 나가사 크고 두려운 일로 말미암아 이름을 얻으시고 애굽에서 구속하신 자기 백성 앞에서 모든 민족을 쫓아내셨사오며 ²²주께서 주의 백성 이스라엘을 영원히 주의 백성으로 삼으셨사오니 여호와여 주께서 그들의 하나님이 되셨나이다 ²³여호와여 이제 주의 종과 그의 집에 대하여 말씀하신 것을 영원히 견고하게 하시며 말씀하신 대로 행하사 ²⁴견고하게 하시고 사람에게 영원히 주의 이름을 높여 이르기를 만군의 여호와는 이스라엘의 하나님 곧 이스라엘에게 하나님이시라 하게 하시며 주의 종 다윗의 왕조가 주 앞에서 견고히 서게 하옵소서 ²⁵나의 하나님이여 주께서 종을 위하여 왕조를 세우실 것을 이미 듣게 하셨으므로 주의 종이 주 앞에서 이 기도로 간구할 마음이 생겼나이다 ²⁶여호와여 오직 주는 하나님이시라 주께서 이 좋은 것으로 주의 종에게 허락하시고 ²⁷이제 주께서 종의 왕조에 복을 주사 주 앞에 영원히 두시기를 기뻐하시나이다 여호와여 주께서 복을 주셨사오니 이 복을 영원히 누리리이다 하니라

이야기 속 다른 본문 경청하기

시편 2, 89편

　주님을 찬양하는 경이로운 시간이 지난 후(16장), 다윗왕의 이야기는 하나님께서 정경 전체에 광범위한 영향을 미칠 약속을 주시는 절정에 이른다. 다윗은 아브라함에게 주신 약속을 성취하기 위해 하나님이 유다 혈통에서 선택하신 왕이다(창 17:6, 16; 49:8-10; 참조. 룻 4:18-22). 유다 지파는 첫머리 족보에서 이미 특별한 관심을 받았는데(대상 2:3-4:23), 가장 중요한 것은 다윗이 베레스를 통해 낳은 유다의 직계 후손으로 등장한다는 점이다. 이는 창세기에서 시작한 하나님의 계획에서 다윗의 중심 역할을 강조하며, 그의 왕권은 하나님이 자기 형상대로 인간을 창조해 창조 세계를 다스리게 하신 창조 이야기로 거슬러 올라갈 수도 있다(창 1:26-28). 하지만 이 이야기의 중요한 순간에 하나님이 다윗에게 주신 약속은, 다윗의 **아들**과 하나님 나라를 다스리는 그분의 영원한 통치에 관한 **훨씬 큰 계획**을 계시한다.

　하나님께서는 다윗의 아들 중 하나가 하나님의 영원한 나라를 다스릴 것이라고 약속하신다(대상 17:11-14). 나아가 자신이 다윗의 아들의 **아버지**가 되고, 다윗의 아들은 **하나님의 아들**이 될 것이라고 약속하신다(13절). 고대 세계에서 왕은 자신과 신의 관계를 묘사할 때 가족 용어를 사용했고, 이를 통해 아버지 신에 대한 왕의 친밀감과 의존성을 표현했다.[1] 시편 2편에서는 다윗 계통 왕의 즉위를 묘사하는데, 그때 하나님은 이렇게 선언하신다. "너는 내 아들이라. 오늘 내가 너를 낳았도다"(7절). 왕의 통치는 땅 끝까지 미치고 열방은 그 앞에 무릎을 꿇을 것이기 때문에, 하나님의 아들로 통치하는 왕은 전 세계적 패권을 소유할 것이다(8-12절; 참조. 시 72:8-11).[2] 이 시편은 하나님께서 아들과 관련하여 다윗에게 주신 약속의 배경을 제시할 뿐 아니라(대상 17:13), 왕국의 국경이

확장되고 이방의 귀빈들이 멀리서 선물을 가져오는 솔로몬의 통치도 예고한다.[3]

명심해야 할 또 다른 시편은 89편이다. 시편 저자는 하나님의 언약적 신의를 찬양한 뒤 다윗과 맺은 하나님의 언약을 회상한다. "주께서 이르시되 나는 내가 택한 자와 언약을 맺으며 내 종 다윗에게 맹세하기를 내가 네 자손을 영원히 견고히 하며 네 왕위를 대대에 세우리라 하셨나이다"(3-4절). 시편 2편과 마찬가지로, 시편 저자는 다윗 계통의 왕이 하나님께 이렇게 고백할 것이라고 말한다. "주는 나의 아버지시요 나의 하나님이시요 나의 구원의 바위시라"(26절). 하나님은 다윗 계통의 왕을 맏아들, 곧 '세상 왕들 가운데 지존자'로 임명하겠다고 약속하시고(27절) 그와 맺은 언약적 사랑을 영원히 유지하겠다고 약속하시는데(28절), 다윗이 이번 장에서 진술하는 내용이다(대상 17:13). 따라서 다윗 언약은 역대기에 기록된 왕들의 이야기의 윤곽을 제시하지만, 다윗에게 주신 하나님의 약속은 메시아의 통치를 예고하기 때문에 왕정 시대를 훨씬 넘어 확장된다(뒤의 '이야기 살아내기'를 보라).

이야기 설명하기

나단이 다윗에게 성전을 건축하지 못할 것이라고 말하다(17:1-6)

이제 예루살렘에 언약궤를 둔 다윗은 궁전에 정착했다(17:1). 사무엘서에 언급된 "평안"은 역대상에서는 생략되었다(참조. 삼하 7:1). 평안은 솔로몬이 통치할 때까지(대상 22:9) 또한 다윗이 군사적 승리를 거둔 뒤에야(18절; 23:25) 완전히 실현되기 때문이다. 처음에 이 이야기는 다윗이 예언자 나단과 나눈 대화에 초점을 맞추는데, 다윗은 최근 언약궤를 위해 설치한 임시 장막보다 훨씬 화려한 백향목 궁전을 지었다고 반성한다. 나단은 하나님을 위해 집을 짓겠다는 다윗의 의도를 인정하고, 하나님께서 그와 함께 계신다는 확신을 준다(17:2). 하지만 하나님의 말씀이 나단에게 임하여 다윗은 하나님을 위해 집을 지을 사람이 아님을 계시한다(4절).[4] 나단은 다양한 의미를 가질 수 있는 친숙한 히브리어 단어의 언어유희를 활용해, 다윗이 하나님을 위해 "집"(히. *bayit*, '성전'을 의미함; 4절)을 짓지 못할 것이라고 말한다. 오히려 예언자가 곧이어 알게 하듯이, 하나님께서 다윗을 위해 '집'(히. *bayit*, "왕조"를 의미함; 10절)을 지으실 계획이다. 나단은 하나님께서 이스라엘 초기부터 영구적인 집에 거하지 않으셨고, 어떤 지도자에게도 성전을 짓도록 요구하지 않으셨다는 사실을 다윗에게 상기시킨다. 대신 하나님은 여기저기로 거처를 옮겨 다니셨다(5-6절; 참조. 민 9:15-23; 10:11-12). 이스라엘의 지도자에 대한 언급은 사사 시대를 연상시키고, "새로운 왕정 단계가" 이 시기에 "이스라엘이 직면한 압제에 대한 대답이 될 수 있다"고 시사한다.[5] 그때는 사사들이 통치하는 불안정한 시기였지만, 다윗이 왕이 된 지금 하나님의 백성을 위한 희망이 다가오고 있다.

하나님이 다윗에게 약속하시다(17:7-10a)

하나님은 예언자 나단을 통해 다윗이 목장에서 양을 치다가 이스라엘의 지도자가 되었다는 사실을 상기시키시는데, 이는 다윗 자신의 이야기(삼상 16:11-12; 삼하 6:21; 대상 28:4)와 이스라엘의 기억(11:1-2; 시 78:70-71) 속에 확고히 새겨진 내용이다. '목자로 비유된 왕' 모티브는 고대 근동에서 친숙했지만, 여기서는 다윗의 겸손한 시작을 강조하기 위해 채택되어 하나님의 부르심의 뜻밖의 특징을 상기시키는 역할을 한다. 다윗에 대한 하나님의 선택은 고대 장자법에 근거한 것도 아니었고(삼상 16장; 대상 2:15), 외모에 근거한 것도 아니었다(삼상 16:7). 다윗은 하나님의 주권적 계획에 따라 선택되었다. 다른 고대 문헌에서는 왕이 젊은 시절에 받은 신성한 선택을 강조하고, 이와 같은 겸손한 시작은 왕의 정당성을 증명하는 증거로 작용했다.[6] 다윗은 무엇보다 하나님의 종이기 때문에, 자신의 초기 시절과 자기 인생에 임한 하나님의 부르심을 결코 잊지 않을 것이다.

다윗이 어디를 가든 하나님께서 함께하셨는데(대상 17:8), 이는 족장들에게 주신 하나님의 약속(창 26:3; 28:15; 31:3-5)을 상기시키고 모세(출 3:12), 여호수아(수 1:5), 기드온(삿 6:12-13, 16) 등 다른 지도자들에게 주신 확신을 상기시킨다. 다윗이 어디를 가든 하나님이 함께 계셨다는 말씀은 사울을 피해 도망 다니던 어려운 시절에도 다윗에게 보여 주신 하나님의 고결하고 변함없는 헌신을 강조한다(참조. 대상 12:18, 22). 다윗 자신이 인정하듯이, 하나님의 영속적 임재에서 벗어날 만큼 먼 곳은 없다. 다윗이 하늘로 올라가거나 가장 먼 바다에 거할지라도, 하나님은 여전히 그와 함께 계셨다(시 139:1-12). 하나님은 다윗과 함께하시며 그의 앞에서 모든 대적을 멸하셨고(대상 17:8; 참조. 11:4-9), 곧이어 적들에게 거둘 다윗의 승리는 다른 왕들의 경우와 마찬가지로(대하 13:8-12; 14:9-15; 20:1-30 등) 하나님의 영속적 임재를 증거한다(대상 18-20장). 하나님은 다윗의 이름이 존귀하게 될 것이라고 약속하시지만(17:8; 참조. 창 12:2), 왕으로서 이런 큰 영광이 주어졌음에도 다윗의 삶은 하나님의 이름을 찬양하는 데 바쳐진다(16:8-36; 29:10-16). 그는 자신의 이름이 아니라, 하나님의 이름이 높임받아야 한다는 사실을 결코 잊지 않을 것이다.

하나님은 자기 백성을 위해 한곳을 마련하고 그들을 심으셔서 더 이상 방해와 억압을 받지 않게 하겠다고 약속하신다(17:9). '심다'(히. *n-t-*') 라는 표현은 하나님께서 자기 백성을 이스라엘 땅에 심으셨던 것뿐 아니라(시 80:9, 14-16; 사 5:7; 렘 2:21; 11:17), 하나님의 백성을 유배지에서 뽑아낸 후 다시 그 땅에 심으실 회복의 약속도 상기시켜 준다(렘 1:10; 24:6; 31:28; 겔 36:36; 암 9:15). 평화와 안전의 약속은 다윗의 적들을 "복종하게"(히. k-n-') 하시겠다는 하나님의 약속과 연결되는데(17:10), 이는 이스라엘이 적들을 굴복시켰던 이전 시기를 상기시키고(신 9:3; 삿 3:30; 4:23; 8:28 등) 또한 곧 다가올 다윗의 승리도 예고한다(대상 18:1; 20:4). 다른 동사가 사용되기는 했지만, 이스라엘 적들의 굴복은 인류에게 주어진 창조 명령으로 거슬러 올라간다(히. k-b-sh, 창 1:28). 이 명령은 부분적으로 실현되었지만(민 32:22, 29; 수 18:1), 이러한 상태는 또한 다윗의 승리를 예고한다(대상 22:18). 실제로 다윗 계통 왕의 통치가 땅끝까지 확장될 것이라는 기대가 있는데(시 72:8-11; 슥 9:9-10), 이는 솔로몬의 통치기간에 암시되었다(대하 9:1, 22-24, 26).

'다윗의 집'에 관한 하나님의 약속(17:10b-15)

하나님의 약속은 이제 다윗 왕조에 초점을 맞춘다(17:10). 다윗은 하나님을 위해 성전("집")을 짓기 원했지만, 하나님은 다윗을 위해 왕조("집")를 세우겠다고 약속하신다(10절). 17:11의 시간을 나타내는 문구("네 생명의 연한이 차서 네가 조상들에게로 돌아가면")는 다음 단락에 나오는 약속이 **미래** 다윗의 아들에 관한 것임을 시사한다. 하나님은 다윗의 후손, 문자적으로 그의 "씨"(히. zera'), 곧 미래의 그의 아들 중 하나를 세우겠다고 약속하신다(11절; 참조. 3:10-17). 다윗의 "씨"(히. zera', 참조. 시 89:4, 29, 36 등)에 대한 강조는 아브라함의 "씨"(히. zera', 창 12:7; 13:15, 16; 15:5, 18 등)에 관한 하나님의 약속을 떠오르게 한다. 또한 하나님의 약속은 생물학적 후손을 통해 실현될 것이기 때문에(참조. 마 1:1; 행 13:23), 씨에 대한 강조는 창세기와 역대기 모두에서 족보가 중요한 이유를 강조한다.

하나님은 다윗의 아들이 성전을 지을 것이라고 약속하시는데(대상 17:12), 이 약속은 이 임무를 위해 선택된 왕 솔로몬을 통해 실현될 것이다(22:9-11; 28:5-6; 대하 2:4, 12). 따라서 성전 건축 내러티브가 솔로몬 통치의 중심이다(2-7장). 하나님은 다윗의 아들의 왕위를 영원히 세우겠다고도 약속하신다(대상 17:12). 아버지를 대신해 솔로몬이 통치하겠지만, 하나님의 영원한 보좌에서 통치하려면 그 역시 하나님의 율법에 순종해야 하는데(22:9-13; 28:5-7; 대하 7:17-18), 이는 솔로몬의 실패 원인이 될 것이다(참조. 왕상 11장).

하나님은 친히 자신이 다윗의 아들의 아버지가 될 것이고 그의 아들은 하나님의 아들로 인정될 것이라고 약속하신다(대상 17:13; 28:6). 이는 하나님이 자기 형상대로 인류를 창조하신 창조 이야기에서 이미 '하나님의 아들'로서 왕적 지위를 부여받은 아담에게까지 거슬러 올라가는(창 1:26-28; 참조. 창 5:3) 신학적으로 풍부한 또 하나의 약속이다(참조. 눅 3:38).[7] 역대기 저자는 왕권 이야기를 아담에서부터 시작하기 때문에, 이는 하나님의 영원한 나라를 다스리기 위해 하나님의 "아들"로 임명된 다윗 계통의 왕이 창조 이야기를 계승하고 있음을 암시한다(참조. 시 2:6-7; 89:26).[8] 따라서 인간은 본래 창조 세계를 '다스리는'(히. r-d-h) 왕의 임무를 부여받았는데(창 1:28; 시 8:6), 이 다스림은 이스라엘의 왕들을 통해 계승되고(왕상 4:24; 시 72:8), 제사장적 왕 멜기세덱에게서 다시 울려 퍼진다(참조. 히. r-d-h, 시 110:2, 4).[9]

하나님은 사울에게 하셨던 것과 달리 "인자"(히. hesed)를 다윗의 아들에게서 빼앗지 않겠다고 약속하신다(17:13). 하나님의 언약적 신의는 그분 성품의 특징이다(출 34:6-7; 민 14:18-19; 대하 6:14; 느 1:5; 9:17, 32 등).[10] 역대기 전반에서 하나님의 백성은 "여호와께 감사하라. 그는 선하시며 그의 인자하심이 영원함이로다"라는 권고와 함께(대상 16:34; 또한 41절; 대하 5:13; 7:3, 6; 20:21도 보라) 하나님의 선하심과 언약적 사랑을 찬양한다. 솔로몬은 기도할 때 하나님의 언약적 사랑(히. hesed)에 호소할 것이다. "여호와 하나님이여 주의 기름 부음받은 자에게서 얼굴을 돌리지 마시옵고 주의 종 다윗에게 베푸신 **은총**(great love)을 기억하옵소서"(대하 6:42, 강조 추가). 다윗과 맺은 하나님의 언약은 시편 89편에서 되풀이되는데, 하나님의 인자하심(히. *hesed*)이 다시 이 시편 전반에서 언급되는 것은 놀라운 일이 아닙니다(89:1, 2, 14, 24, 28, 33, 49). 시편 말미에서는 하나님이 약속하신 바를 성취하실 것이라는 희망을 품고 다윗에게 주신 하나님의 '헤세드' 약속에 호소한다(49절).

하나님은 다윗의 아들에 관해 이렇게 약속하신다. "내가 영원히 그를 내 집과 내 나라에 세우리니 그의 왕위가 영원히 견고하리라"(대상 17:14; 참조. 삼하 7:13). 역대기에서 다윗이 세운 왕국은 다윗의 왕국이 아니라 하나님의 왕국으로 표현된다(대상 28:5; 29:23; 대하 13:8). 윌리엄슨의 지적에 따르면, 주님의 왕국이 되는 이 중요한 전환은 "또 다른 특징적 사상을 들여온다. 하나님은 이스라엘의 진짜 왕이시고 왕국은 그분의 왕국이다. 따라서 유일하고 합법적인 왕은 그분이 확증하고 선택하신 왕이다."[11] 하나님의 백성은 **통치하시는** 주님을 찬양했지만(대상 16:31), 하나님은 이제 다윗의 아들이 자신의 왕국을 통치할 것이라는 주권적 계획을 계시하신다. 다윗은 훗날 이 심오한 현실을 깨닫고, 하나님께서 자기 아들 솔로몬을 택하여 "여호와의 나라 왕 위에 앉혀 이스라엘을 다스리게" 하셨다고 단언한다(28:5; 참조. 29:23). 놀랍게도, 하나님은 **자신의 왕국**을 다윗의 아들의 손에 맡기겠다고 약속하신다!(참조. 대하 13:8) 하나님의 보좌와 왕국은 **영원히** 지속될 것인데, 이 단어는 이번 장에 여덟 번 등장한다(대상 17:12, 14, 22, 23, 24, 27; 참조. 단 2:44; 7:13-14). 하나님께서 주시는 약속의 막중함 앞에서 말문이 막힌다. 주님 앞에 말을 잇지 못한 채 앉아 있는 다윗의 단순한 대답은 놀랍지 않다. '내가 누구이기에…?'

다윗이 하나님의 약속에 찬양과 감사로 응답하다 (17:16-27)

다윗에게 주신 하나님의 아낌없고 과분한 약속으로 인해 왕은 소리를 높여 찬양하고 경배한다. 이 약속을 듣고 다윗은 "여호와 앞에 들어가

앉[았다]"(17:16). 다윗이 하나님 앞에 앉은 이때는 친밀한 순간이다. 공적인 기도는 없다. 나단은 더 이상 왕과 함께 있지 않다. 오히려 다윗이 자신의 삶에 임한 하나님의 부르심을 묵상하는 모습을 통해 우리는 주님과 다윗의 친밀한 관계로 이끌려 들어간다. 하나님은 다윗을 온전히 알고 계시고, 그의 기도에서 우리는 왕의 마음을 엿볼 수 있다.

정확한 위치는 나오지 않지만, "여호와 앞에" 앉은 것을 볼 때 다윗은 하나님 앞, 아마도 언약궤 앞에 앉아 있는 것 같다(17:16; 참조. 23:13, 31; 29:22; 대하 1:6). 하나님 앞에 앉아 있던 다윗은 그분이 베푸신 영예를 누릴 자격이 자기에게 없음을 깨닫는다. 하나님의 부르심을 받은 다른 사람들과 마찬가지로, 대단히 놀란 다윗은 이렇게 질문한다. "여호와 하나님이여 나는 누구이오며 내 집은 무엇이기에 나에게 이에 이르게 하셨나이까?"(17:16; 참조. 출 3:11; 대상 29:14). 다윗은 사울을 피해 힘들게 살던 여러 해 동안 하나님의 보호하심을 받았고, 하나님이 그의 도움이 되셨다(참조. 12장). 다윗은 자기 집에 관한 하나님의 약속이 **미래**에 관한 것임을 깨닫는다. 이 약속의 완전한 실현은 천 년이 지나 하나님의 영원한 왕국을 다스릴 다윗의 자손 메시아가 오실 때에야 이루어질 것이다. 이런 종류의 영예는 이미 높은 지위에서 크게 존경받는 사람에게 주어질 수도 있겠지만, 보잘것없는 목동이요 형제 중 막내였던 다윗은 자신에게 자격이 없다는 것을 잊지 않는다(17:18). 그는 하나님의 종(히. 'ebed)에 불과한데, 17장 전반에서 사용된 이 용어는 하나님 앞에서 다윗의 겸손한 자세를 강조한다(17, 18, 19, 23, 24, 25, 26절). 하나님은 자신의 뜻에 따라 또한 자신의 종을 위해 이 모든 큰 약속을 알리셨다. 다윗은 하나님을 경외하며 앉아 있다.

하나님께서 행하신 모든 일을 묵상하던 왕은 터져 나오는 찬양으로 이렇게 고백한다. "여호와여 우리 귀로 들은 대로는 주와 같은 이가 없고 주 외에는 하나님이 없나이다"(17:20). 하나님의 백성은 다른 모든 신이 아니라 주님만을 경외해야 하며 이방 신은 우상에 불과하다고 노래했다(16:25-26). 이것은 "주와 같은 이가 없고"라고 선언할 때 왕의 마음속에서 울려 퍼지는 말이다. 이것은 하나님의 능하신 행동과 구원을 목격한 하나님의 백성이 오랜 세월 고백해 온 증언이다(신 4:33-35, 39; 사 45:5, 21; 64:3-4; 미 7:18). 왕은 하나님이 행하신 모든 일을 묵상한다. 그는 이스라엘 역사에 지울 수 없게 깊이 새겨진 위대한 출애굽의 구원을 기억한다. 그때 하나님은 이집트에서 표적과 기사를 행하셨고 하나님의 위대한 이름을 알리셨다(대상 17:21). 다윗은 하나님께서 이스라엘을 **주의 백성**이라고 부르셨고 "주께서 그들의 하나님이 되셨"다는 사실에 놀란다(22절; 참조. 출 6:7; 20:2). 역대기 저자는 이스라엘의 후손을 추적하는 데 상당한 시간을 할애해, 포로기 이후에도 하나님의 백성 이스라엘에 대한 부르심은 철회될 수 없음을 강조한다(대상 2-8장; 9:2-3). 남북 분열 후에도 하나님의 계획은 모든 이스라엘을 포함하기 때문에 북쪽 지파들을 완전히 잃어버린 것이 아니다(대하 30:1-12, 18, 25; 34:9). 마침내 다윗은 하나님께서 이스라엘을 **영원히** 자기 백성으로 삼으셨다고 단언한다(대상 17:22).

다윗은 이제 하나님의 말씀이 영원히 견고하게 서기를 기도하는데(23절), 이는 솔로몬의 기도의 예고가 된다(대하 1:9; 6:17). 그는 하나님의 이름이 영화롭게 되어 백성들이 "만군의 여호와는 이스라엘의 하나님 곧 이스라엘에게 하나님이시라"고 선포할 수 있도록 행해 달라고 간구한다(17:24). 하나님께서 자기 집을 세우실 것이라고 계시하셨음을 알았기에 다윗은 기도할 용기를 얻었다(25절). 이런 종류의 계시는, 하나님께로만 오는 것이며(신 29:29), 예언자들의 계시와 다르지 않다(삼상 3:7; 9:15; 참조. 행 2:30-31). 다윗의 기도는 다음을 힘차게 선포하여 마무리된다. "여호와여 오직 주는 하나님이시라"(대상 17:26). 또한 이 현실은 하나님께서 하신 약속이 이루어질 것이라는 확신을 다윗에게 준다. 다윗

과 그의 집에 임한 하나님의 복은 영원히 계속될 것이다!(27절; 참조. 민 23:19-20)

이야기 살아내기

예수님은 약속된 아들이요, 영원한 왕이시다

하나님은 다윗의 아들이 하나님의 영원한 왕국을 다스릴 것이고, 그의 아들이 **하나님의 아들**이 될 것이라는 무조건적인 약속을 주신다. 이 이야기는 다윗의 계보에서 왕위가 계승되는 남왕국에 적용된다(참조. 대상 3:1-16). 다윗에게 무조건적 약속이 주어지지만, 하나님의 영원한 왕국을 다스릴 아들은 하나님의 율법에 순종해야 한다(왕상 3:14; 6:11-12; 대상 22:11-13; 28:7; 대하 7:17; 시 89:30-37). 솔로몬은 성전을 건축할 다윗의 아들이지만(대하 1:9; 6:10, 15), 그는 하나님의 영원한 보좌와 왕국을 받지 못한다. 도리어 솔로몬의 우상 숭배로 인해 결국 왕국은 그의 손에서 빼앗기는 결과를 낳을 것이다. 물론 다윗 덕분에 왕국을 **전부** 빼앗기지는 않겠지만 말이다(왕상 11:11-13, 31-36; 대하 10:15). 아사, 여호사밧, 히스기야, 요시야 같은 경건한 왕들이 다윗의 계보에 여럿 있지만, 사실 모든 왕은 어떤 측면에서 실패한다.[12] 왕권은 마침내 주전 586년에 종말을 맞지만, 하나님께서 언젠가 의로운 다윗 계통의 왕을 세우실 것이라는 예언에 담긴 희망은, 확실한 소망으로 남아 있다(사 9:6-7; 렘 23:5-6; 33:14-26; 미 5:1-5 등).

신약성경에는 예수님이 하나님의 오랜 약속에 따라 베들레헴에서 태어나신 다윗의 약속된 아들이라는 기쁜 소식이 가득 울려 퍼진다(마 1:1-17; 2:1-12; 눅 1:26-38; 2:1-20; 참조. 롬 1:1-3). 그래서 천사는 마리아에게 아들에 관해 이렇게 계시한다. "그가 큰 자가 되고 지극히 높으신 이의 아들이라 일컬어질 것이요 주 하나님께서 그 조상 다윗의 왕위를 그에게 주시리니 영원히 야곱의 집을 왕으로 다스리실 것이며 그 나라가 무궁하리라"(눅 1:32-33). 예수님은 천국이 임했다는 선언으로 공생애를 시작하시고(마 3:2), 세례 받으실 때 하늘에서 들려온 음성은 그분이 하나님의 사랑하는 아들이시라고 선언한다(마 3:16-17; 막 1:10-11; 참조. 시 2:7). 예수님의 정체가 다윗의 자손이며 영원한 하나님의 아들이라고 확증하는 더 많은 본문을 인용할 수 있는데,[13] 여기에는 분명 나귀를 타고 예루살렘에 입성하시는 사건이 포함될 것이다. 그때 예수님은 '다윗의 아들'이라는 환호를 받으시고(마 21:1-11; 막 11:1-11; 참조. 슥 9:9-10), 군중은 "찬송하리로다 오는 우리 조상 다윗의 나라여"라고 외친다(막 11:10).

다만 다윗에게 주셨다가 예수님께서 경이롭게 (그리고 예상치 못하게) 성취하신 또 다른 약속에 주목하지 않는다면, 앞에서 언급한 본문은 불완전할 것이다. 하나님은 다윗의 후손을 "세우고" 영원한 왕국을 세우겠다고 약속하셨다(대상 17:11; 참조. 대하 6:10). 히브리어 어근 '세우다, 일으키다'(히. q-w-m)는 여기서 사역형 어간으로 사용된다. 즉 **하나님께서** 다윗의 후손을 **일으키실** 것이다. 쉽게 드러나지 않지만, 신약성경에 비추어 읽을 때 이 약속의 중심에는 예수님의 부활이 있다.

사도행전은 예수님이 부활하신 주님이라고 증언한다. 오순절 설교에서 베드로는 예수님이 십자가에 못 박혀 죽으셨지만, 하나님께서 "그를 사망의 고통에서 풀어 살리셨[다]"고 선포한다(행 2:24). 베드로는 헬라어 동사 '일어나다, 부활하다'(헬. anistemi)를 사용하는데, 70인역(구약성경 헬라어 번역본)에서 하나님이 다윗의 아들을 '세우실'(헬. anistemi, 대상 17:11) 것이라는 약속에 사용된 것과 동일한 동사다. 다시 말해, 신약성경에 비추어 해석할 때 다윗의 아들을 "세우겠다"는 하나님의 약속은 예수님의 부활을 예고하는 것이다.[14] 베드로는 (다윗이 하나님은 거룩한 자를 썩지 않게 하실 것이라고 선포하는) 시편 16:8-11을 인용하면서, 다윗은 죽어 장사되었지만 그는 예언자라서 "하나님이 이미 맹세하사 그 자손 중에서 한 사람을 그 위에 앉게 하리라" 하신 것을 알았다고 상기시킨다(행 2:30). 예수님은 자기 백성을 다스리기 위해 베들레헴에서 태어난 다윗의 약속된 아들이시지만(마 2:5-6), **부활**은 그분이 하나님께서 세우겠다고 약속하신 다윗의 의로운 아들이심을 입증한다!(참조. 롬 1:3-4)

사도 바울도 설교에서 다윗을 언급하며 이렇게 선포한다. "하나님이 약속하신 대로 이 사람의 후손에서 이스라엘을 위하여 구주를 세우셨으니 곧 예수라"(행 13:23). 베드로와 마찬가지로 바울은 십자가 죽음과 장사를 포함해 예수님께 일어난 모든 일을 열거한 뒤(28-29절) 하나님께서 그분을 죽은 자 가운데서 살리셨다고 선포한다(30절). 나아가 바울은 성경에 비추어 예수님의 부활의 의미를 이렇게 설명한다.

> 우리도 조상들에게 주신 약속을 너희에게 전파하노니 곧 하나님이 예수를 **일으키사** 우리 자녀들에게 이 약속을 이루게 하셨다 함이라. 시편 둘째 편에 기록한 바와 같이 너는 내 아들이라. 오늘 너를 낳았다 하셨고 또 **하나님께서** 죽은 자 가운데서 **그를 일으키사** 다시 썩음을 당하지 않게 하실 것을 가르쳐 이르시되 내가 다윗의 거룩하고 미쁜 은사를 너희에게 주리라 하셨으며(32-34절).

사도행전 2:24과 마찬가지로 사도행전 13:33-34에서 하나님이 예수님을 죽은 자 가운데서 **일으키심**을 묘사하는 데 사용된 동사는, 역대상 17:11의 헬라어 번역본에 사용된 동사와 같다(anistemi).[15] 다윗의 후손으로 태어나신 예수님은 죽음에서 부활하심으로 하나님의 아들로 선포되셨고(롬 1:3-4), 다윗에게 주신 약속은 하나님의 목적의 중심에 있다. 부활하신 메시아에 대한 경이로움과 그분의 이름에서 발견되는 구원이 초기 교회 이야기 속에 스며들어 있다. 선포된 설교는 성경에 깊이 뿌리를 두고 있고, 예수님의 부활은 하나님 약속의 성취라고 증언한다. 그러므로 라이트(N. T. Wright)는 이렇게 지적한다. "부활은 초기 그리스도인들에게 이 살아 계신 하나님이 마침내 오래된 약속에 따라 행동하셨고, 이로써 자신이 하나님, 곧 세상의 유일한 창조주요 주권자임을 보여 주신다는 표징이었다."[16] 하나님은 예수님을 죽음에서 살리심으로써 역사 속에서 결정적으로 행동하셨고, 제자들은 이 현실로 인해 변화되었다.

우리는 약속에 대한 소망과 성경에 나오는 '내러티브 세계'를 상실한 문화 속에서 산다. 로버트 젠슨(Robert Jenson)은 「세상은 어떻게 이야기를 잃어버렸나」(How the World Lost Its Story)라는 제목의 통찰력 있고 시사하는 바가 큰 글에서 근대성(modernity)에서 탈근대성(postmodernity)으로 바뀌는 변화를 추적하면서, 그 변화를 특히 이야기의 상실 및 현재 세계를 특징짓는 비일관성과 연결시킨다. 그는 첫머리에서 이런 상황에서 교회의 임무가 무엇인지를 요약한다.

> 교회의 본질적 임무는 성경 내러티브를 세상에 선포하고 예배를 통해 하나님께 전하며, 그 내러티브의 내용에 적합한 방식, 즉 하나님으로부터 받아 세상에 선포하는 약속으로서 그렇게 하는 것이다. 교회의 사명은 하나님을 포함하여 듣는 모든 이에게, 이스라엘의 하나님이 자신의 종 예수를 죽음에서 살리셨다고 전하고 그 사실의 구원론적이고 송영적인 의미를 풀어내는 것이다.[17]

이것은 예수님의 복음, 즉 성경과 하나님의 옛 약속에 깊이 뿌리 내린 복음을 선포하던 초기 교회의 임무였다. 탈근대성을 특징짓는 절망과 대조적으로, 성경 내러티브에서는 소망과 회복이 크게 울려 난다. 또한 이것이 세상의 **참된 이야기다**. 예수님의 부활은 하나님이 약속하신 바를 신실하게 성취하시는 분이라고 증언한다. 라이트가 지적한 것처럼 여기에는 심오한 의미가 있다. "부활은 예수님이 메시아 '하나님의 아들'이시고, 이스라엘의 종말론적 소망이 성취되었으며, 세상 나라들이 이스라엘의 하나님께 복종해야 할 때가 되었음을 의미한다."[18] 부활은 신구약 성경의 내러티브 플롯에서 중심을 차지한다.[19] 또한 우리도 부활하리라는 소망이 있음을 의미한다. 이생이 아니라 다가올 삶에 우리의 소망이 있다. 보컴(Bauckham)과 하트(Hart)는 성경의 종말론이 "온갖 종류의 진보주의적 유토피아주의"로 대체되었기 때문에 오늘날 교회에서 종말에 대한 비전이 사라지고 있다고 주장한다.[20] 경쟁하는 세계관 속에서 우리는 하나님이 예수님을 죽음에서 살리셨다고 선포하고, 아들 안에서 발견되는 부활 생명을 구현하며, 이를 통해 하나님 나라의 '진짜 내러티브'를 증거하고, 참된 이야기를 잃어버린 비극적인 세상에 종말의 소망을 주도록 부름받았다.

18　　　　　　　　　　　　　역대상 18:1-17

이야기 경청하기

¹그 후에 다윗이 블레셋 사람들을 쳐서 항복을 받고 블레셋 사람들의 손에서 가드와 그 동네를 빼앗고 ²또 모압을 치매 모압 사람이 다윗의 종이 되어 조공을 바치니라 ³소바 왕 하닷에셀이 유브라데 강 가에서 자기 세력을 펴고자 하매 다윗이 그를 쳐서 하맛까지 이르고 ⁴다윗이 그에게서 병거 천 대와 기병 칠천 명과 보병 이만 명을 빼앗고 다윗이 그 병거 백 대의 말들만 남기고 그 외의 병거의 말은 다 발의 힘줄을 끊었더니 ⁵다메섹 아람 사람이 소바 왕 하닷에셀을 도우러 온지라 다윗이 아람 사람 이만 이천 명을 죽이고 ⁶다윗이 다메섹 아람에 수비대를 두매 아람 사람이 다윗의 종이 되어 조공을 바치니라 다윗이 어디로 가든지 여호와께서 이기게 하시니라 ⁷다윗이 하닷에셀의 신하들이 가진 금 방패를 빼앗아 예루살렘으로 가져오고 ⁸또 하닷에셀의 성읍 디브핫과 군에서 심히 많은 놋을 빼앗았더니 솔로몬이 그것으로 놋대야와 기둥과 놋그릇들을 만들었더라 ⁹하맛 왕 도우가 다윗이 소바 왕 하닷에셀의 온 군대를 쳐서 무찔렀다 함을 듣고 ¹⁰그의 아들 하도람을 보내서 다윗 왕에게 문안하고 축복하게 하니 이는 하닷에셀이 벌써 도우와 맞서 여러 번 전쟁이 있던 터에 다윗이 하닷에셀을 쳐서 무찔렀음이라 하도람이 금과 은과 놋의 여러 가지 그릇을 가져온지라 ¹¹다윗 왕이 그것도 여호와께 드리되 에돔과 모압과 암몬 자손과 블레셋 사람들과 아말렉 등 모든 이방 민족에게서 빼앗아 온 은금과 함께 하여 드리니라 ¹²스루야의 아들 아비새가 소금 골짜기에서 에돔 사람 만 팔천 명을 쳐죽인지라 ¹³다윗이 에돔에 수비대를 두매 에돔 사람이 다 다윗의 종이 되니라 다윗이 어디로 가든지 여호와께서 이기게 하셨더라 ¹⁴다윗이 온 이스라엘을 다스려 모든 백성에게 정의와 공의를 행할새 ¹⁵스루야의 아들 요압은 군대사령관이 되고 아힐룻의 아들 여호사밧은 행정장관이 되고 ¹⁶아히둡의 아들 사독과 아비아달의 아들 아비멜렉은 제사장이 되고 사워사는

서기관이 되고 [17]여호야다의 아들 브나야는 그렛 사람과 블렛 사람을 다스리고 다윗의 아들들은 왕을 모시는 사람들의 우두머리가 되니라

이야기 속 다른 본문 경청하기
역대상 16:35; 17:10

다윗왕 이야기는 주변 국가들에 대한 군사적 승리(18-20장)와 인구 조사 및 예루살렘을 성전 부지로 선정하는 사건(21장)으로 이어진다. 사무엘서 기록의 많은 부분이 생략되었지만(다윗과 밧세바의 간음 및 그 뒤를 잇는 가족 분쟁 등), 서론에서 언급했듯이 역대기 저자는 단순히 또 다른 역사를 쓰는 것이 아니라, 독자를 위해 사건에 대한 신학적 의미를 설명하고 이스라엘 역사에서 원칙들을 도출하고 있다.[1] 그렇다면 다윗의 군사적 승리에만 주목하는 이 생략된 이야기의 목적은 무엇일까?

첫째, 이 이야기는 하나님께서 다윗의 적을 "복종하게"(히. k-n-') 하겠다는 약속을 성취하고 계심을 보여 준다(대상 17:10; 참조. 18:1; 20:4). 하나님은 신실하게 자신의 약속을 성취하신다. 둘째, 이 승리는 다윗의 군사적 능력이 아니라 하나님의 구원에서 비롯된 것이다(히. y-sh-', 18:6, 13). 이 승리는 하나님의 백성이 부른 찬양, "우리 구원의 하나님이여 우리를 구원하여 만국 가운데에서 건져 내시고 모으[소서]"를 떠오르게 한다(16:35). 오직 하나님만이 자기 백성을 구원하실 수 있고, 다윗 통치 기간에 하나님의 구원 사역은 이 현실을 증언한다. 셋째, 이 전투들은 다윗이 성전 건축에서 배제된 이유를 설명해 준다. 그는 많은 전쟁을 치렀고 많은 피를 흘렸기 때문이다(22:8; 28:3).[2] 넷째, 다윗은 승리의 전리품과 열방으로부터 받은 조공을 거룩한 용도로 헌납하여, 앞으로 솔로몬이 건축할 성전을 준비하기 위한 다윗의 확고한 결단을 강조한다. 마지막으로, 다윗의 군사적 승리는 왕국에 평화를 확립해 다윗의 아들이 성전

건축이라는 중요한 임무에 전념할 수 있도록 해 준다.

— 이야기 설명하기 —

주변 국가들에 대한 다윗의 승리(18:1-6)

다윗의 전투는 이미 다윗과 전쟁을 벌인 적이 있는(14:8-17) 블레셋과의 전투로 시작한다. 블레셋 사람들이 사울의 시신을 무자비하게 절단했을 때(10:1-12) 그들의 잔혹한 전술에 대해 언급했고, 그들은 삼손의 눈까지 뽑은 적이 있었다(삿 16:21-25). 왕정 시대 이전에도 블레셋은 이스라엘과 싸워 수천 명을 살해했고(삼상 4:2) 언약궤를 탈취했다(5:1-5). 사무엘이 이스라엘을 회개로 이끈 후 블레셋은 마침내 정복되었다(7:13-14). 나아가 다윗이 젊은 목동이었을 때 블레셋의 용사 골리앗과 맞선 일을 기억할 것이다. 다윗은 할례받지 않은 이 블레셋 사람이 살아 계신 하나님의 군대를 조롱했기 때문에 패배할 것이라고 생각했다(17:26). 이제 다윗은 똑같은 블레셋 사람들을 격파하고 가드성을 점령한다(대상 18:1).[3] 클라인은 역대상 18-20장에 11번 등장하는 동사 '항복을 받다'(히. n-k-h, 18:1)가 이어지는 각 단락에서 "계속 이어지는 북소리를 만들어 낸다"고 지적한다.[4] 다윗은 블레셋을 완전히 격파하지 못했지만, 그의 승리는 블레셋의 정복과 효과적인 봉쇄를 의미한다.[5]

다윗의 군사적 승리는 사해 동쪽에 살던 모압에 대한 격파로 이어진다. 이스라엘과 모압의 관계는 초기부터 갈등으로 얼룩져 있었지만(민 22-24장; 신 23:3-6; 삿 3:12-30), 다윗은 모압과 친족 관계였고(룻 4:21-22), 그의 부모도 이 지역에서 피난처를 찾았다(삼상 22:3-4). 다윗의 모압 격파는 경제적 이익으로 이어져 조공을 받았고, 무엇보다 이 승리는 다윗이 "레반트 경제 발전의 열쇠, 즉 아프리카와 유럽과 아시아를 오가는

무역품에 세금을 부과할 수 있는 무역로"를 확보했음을 의미한다.[6]

다윗이 아람(소바) 왕 하닷에셀에게 거둔 다음 절의 승리는, 그가 시리아 북부 지역인 하맛까지 진출해 중요한 무역로를 확보했음을 의미한다(대상 18:3).[7] 이 승리로 인해 다윗은 다메섹 북쪽에 위치한 주요 아람 국가인 소바까지 지역 전체를 장악하게 된다. 훗날 솔로몬은 하맛에 국고성을 건설하여 광범위한 국제 무역을 촉진할 것이다(참조. 대하 8:3-4). 유프라테스강은 약속의 땅 북쪽 경계를 표시했기 때문에, 다윗의 영토 확장은 하나님 약속의 성취이자(18:3; 참조. 창 15:18; 출 23:31; 수 1:4), 솔로몬 왕국의 확장된 경계를 예고한다(대하 7:8; 8:3-4; 9:26). 병거와 기병과 보병을 전리품으로 취하지만, 다윗은 수많은 말의 힘줄을 끊는다(참조. 수 11:6-9). 모세는 왕이 말을 많이 두는 것을 금했기 때문에 다윗도 이를 염두에 두고 있었을 것이다(신 17:16). 다메섹의 아람 사람들을 격파함으로써 다윗은 결과적으로 그 지역에 수비대를 배치하고 조공을 받게 된다(대상 18:5-6). 이와 같은 승리는 다윗이 어디를 가든지 하나님께서 그를 구원하고 계신다는 증거였다(6절).

주님께 전리품을 바치다(18:7-11)

다윗의 전리품 중에는 하닷에셀의 신하들이 예루살렘으로 가져온 금 방패를 비롯해 하닷에셀의 소유지인 디브핫과 군 성읍에서 가져온 많은 양의 놋이 있었다(18:7-8). 놋은 솔로몬 성전의 "바다"(대하 4:2)와 더불어 성전 입구에 배치된 정교하게 새겨진 기둥(왕상 7:14-22; 대하 3:15-17)을 만드는 데 사용되었다. 다윗이 받은 전리품은 성전을 짓는 데 사용될 것이고, 따라서 솔로몬이 지을 성전을 예고하기도 한다.

하맛 왕 도우는 다윗이 하닷에셀을 격파했다는 소식을 듣고 신뢰하는 사신 하도람(그의 아들)을 파견해 화친을 구하고 다윗의 승리를 축복한다(대상 18:9-10). 이는 다윗이 중요한 북부 지역을 장악하게 할 일종의 정치적 동맹을 암시한다. 아마 사무엘서에 있는 하도람의 다른 이름(요람, '여호와는 높임을 받으신다')은 다윗과 그의 하나님에 대한 충성을 암시하는 것 같다(삼하 8:10).[8] 하도람은 금, 은, 놋으로 만든 물건을 가져오는데, 다윗은 에돔, 모압, 암몬, 블레셋, 아말렉 등의 나라에서 빼앗은 은 금과 함께 이 모두를 주님께 바친다(대상 18:11; 참조. 대하 5:1). 앞서 시편 83편에는 이스라엘에 맞서 음모를 꾸미는 나라들 가운데 에돔, 모압, 암몬, 아말렉, 블레셋이 포함되어 있다고 언급했다(시 83:1-8). **그들이** 이제 다윗에게 조공을 바친다는 것은 하나님께서 다윗을 위해 싸우셔서 열방이 복종하게 하셨음을 강조하고, 따라서 그들의 금과 은은 거룩하게 사용되도록 구별된다.

에돔에 대한 승리 (18:12-13)

소금 골짜기에서 수천 명의 에돔 족속을 격파한 스루야의 아들 아비새에게 주목하는데(18:12-13), 아마 사해 남쪽과 동쪽 지역을 가리킬 것이다.[9] 다윗의 누이 스루야는 세 아들, 아비새와 요압과 아사헬을 낳았다(2:16). 다윗의 조카 아비새는 다윗을 지원했던 군인 중 한 명이고, 그의 영웅적 행적은 이렇게 기억되었다. "그가 창을 휘둘러 삼백 명을 죽이고 그 세 명 가운데에 이름을 얻었으니"(11:20). 그의 형 요압은 군사령관이었지만(18:15; 19:8), 아비새도 중요한 군사 지도자였다. 다윗은 이때 에돔을 정복하지만, 나중에 그들은 유다와 전쟁을 벌일 것이다(대하 20:22; 참조. 21:8-10; 25:5-13).[10] "다윗이 어디로 가든지 여호와께서 이기게 하셨기" 때문에(대상 18:13) 다윗은 승리를 거두는데, 이것은 이번 장의 중요한 주제를 강조한다.

다윗의 행정 구조 (18:14-17)

온 이스라엘을 다스리는 다윗의 통치는 "모든 백성에게 정의와 공의를 행한" 것으로 묘사된다(18:14). 하나님의 보좌는 "의와 공의"를 특징으로 하고(시 89:14; 또한 97:2; 98:9; 99:4; 103:6을 보라), 따라서 여기에는 다윗 계통의 왕이 하나님의 의로운 윤리 기준을 드러낼 것이라는 기대가 담겼다(렘 22:2-4, 15; 23:5; 33:15). 뒤에서 다윗은 하나님의 백성에게 율법을 가르칠 재판관을 임명할 것이다(대상 26:29-32). 그들의 중요한 역할은 여호사밧왕이 임명하는 재판관에게 내린 지시에 요약되어 있다. "너희가 재판하는 것이 사람을 위하여 할 것인지 여호와를 위하여 할 것인지를 잘 살피라. 너희가 재판할 때에 여호와께서 너희와 함께하심이니라. 그런즉 너희는 여호와를 두려워하는 마음으로 삼가 행하라. 우리의 하나님 여호와께서는 불의함도 없으시고 치우침도 없으시고 뇌물을 받는 일도 없으시니라"(대하 19:6-7; 참조. 신 16:18-20; 17:8-12).

지도자 명단은 다윗의 군대를 통솔하는 요압과 행정장관(recorder) 여호사밧으로 시작한다(대상 18:15). 요압은 다윗 통치 전반에 걸쳐 중요한 역할을 담당하지만(11:6-8; 19:10-19; 20:1-8; 21:1-6 등), 인생 후반부에 아도니야에게 충성할 것이다. 그는 결국 솔로몬이 통치할 때 죽임을 당하고, 그 결과 브나야가 군사령관이 된다(왕상 2:28-35). 아히둡의 아들 사독과 아비아달의 아들 아비멜렉은 제사장이었다(대상 18:16).[11] 아론에게는 네 아들, 곧 나답, 아비후, 엘르아살, 이다말이 있었지만, 나답과 아비후는 갑자기 죽었기 때문에(6:3; 24:2; 참조. 레 10장) 엘르아살과 이다말이 아론의 남은 두 제사장 계보라는 점을 기억해야 한다. 따라서 사독은 엘르아살의 계보에서 태어난 반면, 아비멜렉은 이다말의 계보에서 태어났다(참조. 대상 24:1-3). 그들은 제사장으로 봉사하고 사워사는 서기관으로 봉사한다. 제사장 사역은 엘르아살과 이다말의 두 가문으로 나뉠 텐데, 엘르아살에게 더 많은 수가 배정된다(1-31절). 다윗의 지도자 명단은 그렛 사람과 블렛 사람을 다스린 브나야[12]와 최고 관리인 다윗의 아들들을 언급하면서 마무리된다(18:17; 참조. 삼하 8:18).

이야기 살아내기

주님께서 자기 백성을 구원하시다

다윗이 적들에게 승리를 거둔 이유는 **하나님께서 구원하셨기**(히. y-sh-‘, 18:6, 13; 개역개정은 '이기게 하셨다') 때문이다. 이 구원은 하나님께서 자기 백성을 구원하신 놀라운 출애굽 사건을 떠올리게 한다(출 14:30). 하나님의 백성은 "너희 하나님 여호와는 너희와 함께 행하시며 너희를 위하여 너희 적군과 싸우시고 구원하실 것"(히. y-sh-‘, 신 20:4)을 기억해야 했다. 하나님께서 이스라엘을 위해 싸우셨기 때문에 그들의 전투는 전적으로 세속적이지만은 않았고, 따라서 **거룩한** 전쟁이라고 불린다.[13] 그 이름에서 하나님의 구원을 언급하는 여호수아(히. Yeshua, '야웨는 구원이시다')의 지도 아래, 하나님이 약속의 땅을 이스라엘 백성에게 주실 때 그들은 믿음으로 적을 격파한다. 여호수아가 죽은 후, 하나님은 자기 백성을 적으로부터 '구원할'(히. y-sh-‘) 사사들을 일으키셨다(삿 2:16, 18; 3:9, 31 등). 이 본문들은 구약성경의 중심이 되는 하나님의 구원이 지닌 중요성을 예증하며, 또한 다윗왕의 이 이야기에서도 잘 드러난다. 구원은 하나님께 속한 것이고, 그분만이 이스라엘의 구주시다(시 65:5; 79:9; 85:4; 사 43:3, 11; 45:17). 그런 이유로 언약궤를 예루살렘으로 가져올 때 하나님의 백성이 부른 시편은 다음과 같은 기도로 마무리된다. "우리 구원의 하나님이여 우리를 구원하여(히. y-sh-‘) 만국 가운데에서 건져내시고 모으[소서]"(대상 16:35; 참조. 시 106:47). 그러나 구약에 나타난 하나님의 구원은, '야웨가 구원하신다'라는 뜻의 이름을 가지신 예수님 안에서 궁극적으로 성취되는 신약의 더 큰 구원을 고대한다.

마태복음은 아브라함과 다윗까지 거슬러 올라가는 예수님의 족보를 열거한 후(마 1:1-17), 마리아가 아들을 낳을 것이라는 말을 요셉에게 전하는 천사의 고지를 회고한다(21절). 천사는 마리아의 아들이 **예수**라는 이름을 가져야 한다고 전하는데, 이는 히브리어 이름 여호수아("여호와가 구원하신다")의 헬라어 형태다. 예수라는 이름을 알리면서 천사는 이 아이가 "자기 백성을 그들의 죄에서 구원할" 구원자가 될 것이라고 계시한다(21절). 구약성경에는 이미 하나님의 구원과 회복이 군사적 혹은 정치적 해방 그 이상을 동반할 것이라는 기대가 있었다(사 40-55장을 보라). 이사야는 하나님께서 "영원한 구원"을 성취하실 때를 고대했다(사 45:17). 이 구원은 이스라엘의 죄를 속할 고난받는 종을 통해 이루어질 것이다(사 52:13-53:12). 그래서 예언자 에스겔은 하나님께서 자기 백성을 죄에서 구원하실 것이라고 선포했다(겔 36:29). 구약에서 예고된 이 구원은 예수님 안에서 실현되는데, 그분은 구약성경이 여호와를 묘사한 표현인 **구주**로 인정되신다. 그래서 천사는 예수님이 탄생하실 때 이렇게 선포한다. "오늘 다윗의 동네에 너희를 위하여 구주가 나셨으니 곧 그리스도 주시니라"(눅 2:11). 따라서 하나님의 구원 역사는 다윗의 계보에서 태어난 이스라엘의 구주 예수님을 통해 성취되고 있다(행 5:31; 13:23, 참조. 엡 5:23; 빌 3:20 등).[14] 그런데 무리가 "호산나 다윗의 자손이여!"라고 외칠 때(마 21:9), 그들은 예수님이 "자기 백성을 그들의 죄에서 구원"하시려면(1:21) 구주가 구원을 성취하기 위해 십자가에서 죽으셔야 한다는 사실을 충분히 깨닫지 못했다.

다윗이 스스로를 구원할 수 없었듯이, 즉 **하나님이** 그를 위해 구원을 이루셔야 했듯이, 우리도 스스로를 구원할 수 없다. 여호사밧(대하 20:9)과 히스기야(32:22)가 깨달은 것처럼 구약성경에서 하나님의 백성은 구원이 **오직 하나님에게서만** 온다는 것을 (특히 수적으로 열세였던 시기에) 무수한 전쟁을 통해 배워야 했다. 예언자 이사야는 하나님의 백성이 주님께 돌아와야 하고, "땅의 모든 끝이여… 구원을 받으라. 나는 하나님이라. 다른 이가 없느니라"고 선포한다(사 45:22; 46:7; 렘 2:28; 11:12). 이 말씀은 분명 오늘날 우리의 삶에서 중요한 교훈을 상기시킨다. 우리는 경이로운 구주를 섬기지만, 그분의 구원을 받는 사람은 마음속에 숨어 있는 거짓 신에게서 돌이켜, 우리가 스스로를 구원할 수 있다는 잘못된 희망을 포기하고 무릎을 꿇고 나아가야 한다. 구주는 오직 한 분이시고, 그분의 이름은 **예수**다. 우리가 선포하는 복음의 기쁜 소식은 "누구든지 주의 이름을 부르는 자는 구원을 받으리라"는 것이다(행 2:21; 또한 롬 10:13을 보라). 이것은 약 천 년 전에 다윗에게 베푸신 하나님의 구원에서 예견된 예수님의 구원 사역이다.

19   역대상 19:1-19

— 이야기 경청하기 —

¹그 후에 암몬 자손의 왕 나하스가 죽고 그의 아들이 대신하여 왕이 되니 ²다윗이 이르되 하눈의 아버지 나하스가 전에 내게 호의를 베풀었으니 이제 내가 그의 아들 하눈에게 호의를 베풀리라 하고 사절들을 보내서 그의 아버지 죽음을 문상하게 하니라 다윗의 신하들이 암몬 자손의 땅에 이르러 하눈에게 나아가 문상하매 ³암몬 자손의 방백들이 하눈에게 말하되 왕은 다윗이 조문사절을 보낸 것이 왕의 부친을 존경함인 줄로 여기시나이까 그의 신하들이 왕에게 나아온 것이 이 땅을 엿보고 정탐하여 전복시키고자 함이 아니니이까 하는지라 ⁴하눈이 이에 다윗의 신하들을 잡아 그들의 수염을 깎고 그 의복을 볼기 중간까지 자르고 돌려보내매 ⁵어떤 사람이 다윗에게 가서 그 사람들이 당한 일을 말하니라 그 사람들이 심히 부끄러워하므로 다윗이 그들을 맞으러 보내 왕이 이르기를 너희는 수염이 자라기까지 여리고에 머물다가 돌아오라 하니라 ⁶암몬 자손이 자기가 다윗에게 밉게 한 줄 안지라 하눈과 암몬 자손은 더불어 은 천 달란트를 아람 나하라임과 아람마아가와 소바에 보내 병거와 마병을 삯 내되 ⁷곧 병거 삼만 이천 대와 마아가 왕과 그의 군대를 고용하였더니 그들이 와서 메드바 앞에 진 치매 암몬 자손이 그 모든 성읍으로부터 모여 와서 싸우려 한지라 ⁸다윗이 듣고 요압과 용사의 온 무리를 보냈더니 ⁹암몬 자손은 나가서 성문 앞에 진을 치고 도우러 온 여러 왕은 따로 들에 있더라 ¹⁰요압이 앞 뒤에 친 적진을 보고 이스라엘에서 뽑은 자 중에서 또 뽑아 아람 사람을 대하여 진을 치고 ¹¹그 남은 무리는 그의 아우 아비새의 수하에 맡겨 암몬 자손을 대하여 진을 치게 하고 ¹²이르되 만일 아람 사람이 나보다 강하면 네가 나를 돕고 만일 암몬 자손이 너보다 강하면 내가 너를 도우리라 ¹³너는 힘을 내라 우리가 우리 백성과 우리 하나님의 성읍들을 위하여 힘을 내자 여호와께서 선히 여기시는 대로 행하시기를 원하노라 하고 ¹⁴요압과 그 추종자

가 싸우려고 아람 사람 앞에 나아가니 그들이 그 앞에서 도망하고 ¹⁵암몬 자손은 아람 사람이 도망함을 보고 그들도 요압의 아우 아비새 앞에서 도망하여 성읍으로 들어간지라 이에 요압이 예루살렘으로 돌아오니라 ¹⁶아람 사람이 자기가 이스라엘 앞에서 패하였음을 보고 사신을 보내 강 건너편에 있는 아람 사람을 불러내니 하닷에셀의 군대사령관 소박이 그들을 거느린지라 ¹⁷어떤 사람이 다윗에게 전하매 다윗이 온 이스라엘을 모으고 요단을 건너 아람 사람에게 이르러 그들을 향하여 진을 치니라 다윗이 아람 사람을 향하여 진을 치매 그들이 다윗과 맞서 싸우더니 ¹⁸아람 사람이 이스라엘 앞에서 도망한지라 다윗이 아람 병거 칠천 대의 군사와 보병 사만 명을 죽이고 또 군대 지휘관 소박을 죽이매 ¹⁹하닷에셀의 부하들이 자기가 이스라엘 앞에서 패하였음을 보고 다윗과 더불어 화친하여 섬기고 그 후로는 아람 사람이 암몬 자손 돕기를 원하지 아니하였더라

이야기 속 다른 본문 경청하기

디글랏빌레셀 3세의 비문

이번 장에서는 다윗이 암몬과 아람(시리아)을 상대로 거둔 승리를 기술한다(19장; 참조. 삼하 10장). 요나단의 아들 므비보셋에게 베푼 다윗의 호의에 대한 이야기는 생략되고(9장을 보라) 그의 군사적 승리에만 초점을 맞춘다. 이 자료는 사무엘하 10-12장에서 가져온 것으로, 많은 부분이 생략되었다(11:2-12:25).[1] 다윗과 아람의 전쟁에 대해 이미 진술했다는 점을 고려할 때(대상 18장), 다윗이 아람과 또 한 번 전투를 벌이는 것이 이상해 보일 수도 있다. 하지만 동일한 적을 상대로 반복되는 군사 작전은 이런 종류의 분쟁 지역에서 드물지 않았음을 인식해야 한다.

예를 들어, 앗수르 왕 디글랏빌레셀 1세(주전 1114-1076년)는 아람과 여러 차례 전투를 벌였다.[2] 피타드(Pitard)는 그의 군사 전략에 무역로

에 대한 통제권이 포함되어 있었고, 이는 거의 매년 아람을 공격했다는 의미라고 지적한다.[3] 디글랏빌레셀의 시리아 원정은 비문(Tiglath-pileser III Prism)에 기록되어 있는데, 보존된 조각은 이렇게 자랑한다. "(나는) 아흘라무(Ahlamu) 백성 및 아람 사람들과 스물여덟 번이나 (싸웠고), 1년 동안 유프라테스강을 두 번이나 건넌 적도 있다."[4] 따라서 다윗과 아람의 전투는 놀라운 것이 아니지만, 이번 경우에 그들은 암몬을 도우러 왔기 때문에 다윗은 그들과 싸워야 했다.

이야기 설명하기

암몬의 굴욕적 행동과 요압의 암몬 격파(19:1-15)

이 기사는 암몬 왕 나하스가 죽고 뒤이어 그의 아들 하눈이 통치하는 것으로 시작한다(19:1). 암몬 사람들은 요단강 동쪽에서 자신들에게 할당된 영토에 살고 있던 롯의 후손이다(창 19:36-38; 참조. 신 2:19, 37). 사울이 통치하던 시기에 나하스는 길르앗 야베스를 공격했다. 패배가 임박한 상황에서 야베스 사람들은 나하스와 언약 맺기를 청했고 그의 종이 되기로 합의했다(삼상 11:1). 왕은 언약에 동의하지만, 그들의 오른쪽 눈을 빼내어 이스라엘에게 모욕을 안겨 준다는 한 가지 끔찍한 조건이 붙였다(2절). 이어지는 이야기에서(참조. 1-11절) 사울은 암몬을 격파했지만(그래서 나하스는 그들의 오른쪽 눈을 빼내지 못했다), 암몬의 위협은 다윗이 직면한 위협이 어떤 것인지에 대해 또한 자기 백성의 안전을 확보하려고 애쓰는 왕의 역할이 지닌 무게에 대해 상기시켜 준다.

암몬은 사울 치하에서 패배를 당했지만 나하스는 여전히 왕위에 남아 있었다. 그가 죽은 후 아들 하눈이 그를 대신해 통치한다(대상 19:1). 다윗은 자신에게 베풀었던 호의에 대한 보답으로 하눈에게 호의를 베풀기로 결심한다(2절).[5] 다윗은 암몬 왕에게 사자를 보내 조의를 표하지만, 하눈의 관리들은 다윗의 진짜 이유가 그 땅을 정탐하기 위해서라고 추측한다(3절). 하눈은 사신들을 붙잡아 굴욕적으로 대우한다. 그들의 수염을 깎고 엉덩이까지 옷을 잘라 수치를 주고 돌려보낸다(4절; 참조. 삼하 10:4). 누군가의 알몸을 드러내는 것은 수치스러운 행동이었는데(참조. 사 47:3; 미 1:11; 나 3:5), 하눈은 머리부터 발끝까지 체모를 밀어 그들을 수치스럽게 만들었다(참조. 사 7:20).[6] 부하들이 그와 같은 굴욕을 당했다는 소식을 들은 다윗은 그들에게 전갈을 보내 다시 털이 자랄 때까지 여리고에 머물라고 지시한다(대상 19:5). 매우 공격적인 이 행동으로 인해 암몬 사람들은 다윗에게 '미움을'(히. b-'-sh, 6절) 샀다. '악취를 풍기다, 혐오하다'(히. b-'-sh)라는 이 동사는 구더기가 먹은 썩은 음식에서 나는 악취나(출 16:20) 죽은 물고기가 있는 물에서 나는 악취를 묘사할 때 사용된다(7:18). 이 동사는 또한 압살롬이 궁전 옥상에서 아버지의 첩들과 성관계를 가졌을 때처럼 사람 간의 혐오스러운 행동을 가리킬 수도 있다(삼하 16:21-22). 암몬 사람들이 저지른 일은 다윗에게 대단히 가혹했다. 하지만 암몬 사람들은 이를 깨닫고는(그들은 분명 다윗을 자극할 의도였다), 유프라테스강 북쪽 지역인 아람 나하라임('두 강의 아람')과 다른 두 아람 동맹국 마아가, 소바의 병거와 마병을 고용하기 위해 1천 달란트(30,500 킬로그램으로 추정[7])라는 엄청난 양의 은을 보내 전투를 준비한다(19:6; 참조. 18:3). 헤스본에서 남쪽으로 약 9.5킬로미터 떨어진 모압 지역 메드바에 모인 병력과 병거를 확보함으로써 전쟁 준비는 완료된다(참조. 민 21:30; 수 13:9).[8]

이스라엘에 맞서 연합군이 결성되었다는 소식을 들은 다윗은 군대와 군사령관 요압을 보내 전쟁을 준비한다(19:8-9). 두 개의 전선에서 전투를 치러야 한다는 사실을 깨달은 요압은(암몬 사람들은 성 안에 주둔하고 있는 반면, 아람 사람들은 전차를 모아 들판에서 전투를 준비하고 있었기 때문에) 자신이 선별한 병사들을 모아 아람 사람들과 싸우고, 검증된 군사 지도자인 동생 아비새(참조. 11:20; 18:12-13)는 암몬 사람들과 전투를 벌인다. 그들은 도움이 필요한 곳이 있을 때 서로를 돕기로 합의한다(19:12). 요압은 힘을 내서 성과 백성을 위해 용감하게 싸우자고 동생을 다독이면서, 주님께서 선하게 여기시는 대로 행하실 것이라고 격려한다(13절). 요압은 자기 앞에서 도망치는 아람 사람들에 맞서서 성공적인 전투를 이끈다. 아람 사람들이 도망쳤다는 소식을 들은 암몬 사람들은 후퇴하고, 요압은 예루살렘으로 돌아온다(15절).

다윗이 아람을 격파하다(19:16-19)

하지만 전투는 끝나지 않는다. 아람 사람들이 유프라테스강 너머에 살고 있는 다른 아람 사람들에게 군사 지원을 요청했기 때문인데, 그들의 군대는 소박의 지휘 아래 있었다(19:16). 이 소식을 들은 다윗은 온 이스라엘을 모아 요단강을 건너고, 이스라엘을 이끌고 결정적인 승리를 거둔다(17절). 일부 아람 사람들은 도주하지만, 다윗은 수천 명의 전차병과 보병, 그리고 그들의 사령관 소박을 죽일 수 있었다(18절). 전투에서 패배했음을 깨달은 아람 사람들은 평화 협정을 체결한다. 그들은 다윗의 종이 되고 다시는 암몬을 지원하지 않겠다고 다짐한다(19절).

— 이야기 살아내기 —

하나님 나라가 적대감에 직면하다

다윗이 주변 국가들과 벌이는 전투와 그의 부하들에 대한 굴욕적인 대우는 하나님의 백성과 열방 사이의 적대감을 강조한다. 분명 하나님은 모든 민족에게 복 주실 계획을 세우셨고(창 12:3) 열방은 하나님 백성의 일부가 되겠지만, 이 이야기에서 분명하게 나타나는 또 다른 현실이 있다. 앞서 언급한 바와 같이, 열방은 하나님의 백성에 맞서 일어서기도 한다. 시편 2편이 명확히 밝히듯, "세상의 군왕들이 나서며 관원들이 서로 꾀하여 여호와와 그의 기름 부음받은 자를 대적하며 우리가 그들의 맨 것을 끊고 그의 결박을 벗어 버리자"고 말한다.[9] 하나님은 시온에 왕을 세우셨고 그는 분명 모든 적을 격파하겠지만, 이 시편은 하나님의 기름 부음받은 왕과 지상 왕국들 사이의 영적 갈등을 드러낸다. 다윗의 부하들에 대한 하눈의 굴욕적 대우와 이스라엘에 맞서 결성된 암몬-아람 동맹은, 사방에서 반대에 직면했던 귀환자들에게 전혀 낯설지 않은 이 현실을 다시 한 번 상기시키는 역할을 한다.[10]

하나님 나라에 적대적인 이들과 하나님의 백성 사이의 갈등은 로마 제국 치하에서 초기 교회가 직면했던 격렬한 반대에서도 볼 수 있다. 세례 요한은 투옥되어 참수되었고(눅 3:19-20; 9:7-9), 스데반은 돌에 맞아 죽었으며(행 7장), 요한의 형 야고보는 순교했고(12:2), 사도 바울은 심한 매를 맞았고(고후 6:1-10) 로마에 투옥되었다(행 23:33-24:27; 28:16; 참조. 빌 1:12-14).

예수님은 감람산 설교에서 제자들에게 오랜 핍박과 환난의 기간이 있을 것이라고 가르치셨다(마 24-25장). 민족과 민족이 대적하고 나라와 나라가 대적할 것이기 때문에, 성전과 거룩한 성 예루살렘은 파괴될 것이다. 예수님은 이렇게 경고하셨다. "그때에 사람들이 너희를 환난에 넘겨 주겠으며 너희를 죽이리니 너희가 내 이름 때문에 모든 민족에게 미움을 받으리라"(24:9). 예수님은 이미 제자들 앞에 힘든 길이 있다고 경고하셨고(10:23), 제자들은 단지 스승의 발자취를 따라가고 있었다(10:24-25, 38-39).

감람산 설교는 또한 희망을 널리 전하면서, 인자가 "자기 영광으로 모든 천사와 함께 올 때에 자기 영광의 보좌에 앉으리니[11] 모든 민족을 그 앞에 모으고 각각 구분하기를 목자가 양과 염소를 구분하는 것같이" 할 그날을 고대한다(25:31-32). 그때 왕은 오른쪽에 있는 이들에게 "내 아버지께 복 받을 자들이여 나아와 창세로부터 너희를 위하여 예비된 나라를 상속받으라"(34절)고 말할 것이다. 메릴(Merrill)이 지적하듯이 이 말씀은 최후의 심판 전조 역할을 하는 구약성경의 전투들을 떠올리게 한다. "고대 이스라엘 시대에 승인되고 실행된 거룩한 전쟁은 하나님의 완전한 새 창조 세계에서 마침내 악을 제거하는 종말론적 전쟁의 지상적이고 역사적인 표현에 불과했다."[12] 이 크나큰 우주적 전쟁 안에서 해석할 때, 교회는 모든 민족에게 복음을 선포할 임무를 부여받았으며, 복음이 거부되고 거절당하고 적대감에 부딪힐 것임을 알아야 한다. 하나님의 백성은 반대 속에서도 다윗의 아들이 승리를 거두어 통치하실 것을 기억하면서 인내하며 신실함을 유지해야 한다. 끝이 있기 때문에, 그리스도의 재림(파루시아)은 현재에 인내할 수 있는 희망과 용기를 준다. 서론에서 언급했듯이 역대기는 하나님의 영광스럽고 영원한 왕국에 대한 비전을 포착할 수 있도록 우리 개인의 상황 너머로 눈을 들고, 상황이 다르게 보일지라도 그분이 이 세상에서 어떻게 섭리 가운데 역사하고 현존하시는지를 분별하라고 권면한다.[13] 현대 사회에서 박해는 비방, 믿음에 대한 조롱, 차별의 비난, 친구나 가족의 거부 등의 형태를 취한다. 세계 곳곳에서는 지금도 그리스도를 따르는 것이 가족과의 갈등을 낳고, 어떤 사람들에게는 추방뿐 아니라 고문과 죽음으로 이어질 수도 있다. 모든 시련과 고난 속에서 우리는 **하늘 나라** 시민이라는 사실을 시야에서 놓치지 않아야 한다. 우리는 박해 속에서 인내하고, 부활하여 통치하시는 왕의 승리가 이미 쟁취되었으며, 언젠가 그분이 모든 영광으로 다시 오실 것이라는 깊은 확신을 가지고 하나님 나라의 복음을 선포하도록 부름받았다. "오시옵소서. 주 예수여, 오시옵소서."

20

역대상 20:1-8

이야기 경청하기

¹해가 바뀌어 왕들이 출전할 때가 되매 요압이 그 군대를 거느리고 나가서 암몬 자손의 땅을 격파하고 들어가 랍바를 에워싸고 다윗은 예루살렘에 그대로 있더니 요압이 랍바를 쳐서 함락시키매 ²다윗이 그 왕의 머리에서 보석 있는 왕관을 빼앗아 중량을 달아보니 금 한 달란트라 그들의 왕관을 자기 머리에 쓰니라 다윗이 또 그 성에서 노략한 물건을 무수히 내오고 ³그 가운데 백성을 끌어내어 톱과 쇠도끼와 돌써래로 일하게 하니라 다윗이 암몬 자손의 모든 성읍을 이같이 하고 다윗이 모든 백성과 함께 예루살렘으로 돌아오니라 ⁴이 후에 블레셋 사람들과 게셀에서 전쟁할 때에 후사 사람 십브개가 키가 큰 자의 아들 중에 십배를 쳐죽이매 그들이 항복하였더라 ⁵다시 블레셋 사람들과 전쟁할 때에 야일의 아들 엘하난이 가드 사람 골리앗의 아우 라흐미를 죽였는데 이 사람의 창자루는 베틀채 같았더라 ⁶또 가드에서 전쟁할 때에 그곳에 키 큰 자 하나는 손과 발에 가락이 여섯씩 모두 스물넷이 있는데 그도 키가 큰 자의 소생이라 ⁷그가 이스라엘을 능욕하므로 다윗의 형 시므아의 아들 요나단이 그를 죽이니라 ⁸가드의 키 큰 자의 소생이라도 다윗의 손과 그 신하의 손에 다 죽었더라

이야기 속 다른 본문 경청하기

사무엘하 11-12장

　주변 국가들에 맞선 다윗의 전투는 암몬과의 전쟁으로 이어진다. 사무엘서에 있는 자료를 고려할 때, 다윗의 승리에만 집중하는 역대기 저자의 초점이 강조된다. 역대상 20:1의 전투는 사무엘하 11:1 이야기를 다루지만, 다음 두 절(대상 20:2-3)은 사무엘하 12:26 내러티브를 재개한다(삼하 11:2-12:25의 다윗과 밧세바 이야기는 생략되었다). 역대상 20:4에 나

오는 다음 전투는 사무엘하 21:18 이야기를 다루는데, 이는 그 사이의 아홉 개 장이 생략되었다는 뜻이다.[1] 따라서 역대기 저자는 솔로몬과 성전으로 가는 길을 준비하는 다윗의 군사적 승리에만 초점을 맞춘다. 다윗의 간음과 그 뒤를 잇는 가족 분쟁에 대한 저자의 침묵 덕분에 왕국 내의 평화를 확보하려는 다윗의 역할에만 관심이 집중되는데, 이는 역대기의 특징인 은혜의 신학을 시사하기도 한다.

이야기 설명하기

다윗이 암몬을 격파하고 전리품을 받다(20:1-3)

다윗의 전투 기사가 계속되면서 요압은 암몬에 맞서 이스라엘 군대를 이끈다. 요압은 그들의 땅을 황폐화하고, 전략적으로 중요한 '왕의 길'(King's Highway)에 위치한 암몬의 수도 랍바성을 포위한다(20:1). 역대기 저자는 지나가는 말로 "[그러나] 다윗은 예루살렘에 그대로 있더니"라고 설명하는데(1절), 이는 다윗과 밧세바의 간음과 우리아 살해의 배경을 설정한다(삼하 11:1-12:25). 이 이야기들을 그냥 넘어간 역대기 저자는 요압이 암몬의 수도 랍바를 격파해(12:26) '함락시키는'(…)(히. h-r-s, 20:1) 내러티브를 다룬다. 이 표현은 하나님께서 이집트 사람을 포함해 이스라엘의 적들을 격파하실 때 사용되었는데, 그때 하나님은 자기를 대적하는 자들을 '엎으셨다'(출 15:7; 참조. 시 28:5; 58:6; 사 22:19; 말 1:4). 다윗이 랍바 전투에 개입한 기사는 생략되었지만(삼하 12:27-29), 다윗이 "그 왕의 머리에서… 왕관을 빼앗[았다]"라는 설명으로 이야기를 재개한다(대상 20:2; 참조. 삼하 12:30). 일부 학자들은 이 왕관이 암몬 신 밀곰의 것이라고 주장하지만,[2] 암몬 왕이 사용한 왕관일 가능성이 더 높다. 암만(Amman) 근처에서 왕관을 쓴 머리를 묘사한 조각품이 발견되었지만,

밀곰 신과 암몬 왕 중 누구를 묘사하고 있는지는 확실하지 않다.[3] 누군가의 왕관을 벗기는 것은 그 사람의 명예를 박탈한다는 의미였고(욥 19:9; 겔 21:26), 따라서 이것은 군사적 패배와 복종을 의미하는 상징적 행동이었다(렘 13:18; 애 5:15-16). 암몬 왕이 소유한 왕관은 금으로 만들어졌고 보석이 박혀 있었다(대상 20:2). 전쟁이 끝날 때 다윗이 취한 고도로 상징적인 몸짓과 그가 성 밖으로 가져온 많은 양의 전리품은 적에 대한 승리를 상징한다. 또한 다윗은 "그 가운데 백성을 끌어내어 톱과 쇠도끼와 돌써래로 일하게" 했다(3절).[4] 다윗은 패배한 적들을 노예로 삼는 이 관행을 다른 암몬 성들에도 적용한다(3절). 그 후 다윗과 백성들은 예루살렘으로 돌아온다.

다윗의 블레셋 격파(20:4-8)

역대기 저자는 "이 후에"라는 시간적 어구로 이야기를 이어 나가는데(20:4), 이 어구는 이전 전투를 시작할 때도 사용되어 이 장들에 문학적 통일성을 부여한다(참조. 18:1; 19:1). 게셀에서 벌어진 전쟁은 블레셋과 관련이 있고(20:4), 사무엘하 21:18-22 이야기를 다룬다.[5] 다윗은 앞서 기브온에서 게셀까지 블레셋을 친 적이 있는데(14:16), 블레셋 영토에 인접해 있던 게셀성이 다시 등장한다. 십브개라는 지도자는 다윗의 강한 용사 중 하나이자(11:29) 다윗의 지휘관 중 한 명이었다(27:11). 십브개는 르바임(개역개정은 "키가 큰 자")의 후손으로 표현되는 십배라는 사람을 죽이는데(20:4), 르바임은 우뚝 솟은 엄청난 키로 유명한 민족이다(신 2:10-11, 20; 3:11). 그들은 아브라함의 후손에게 약속된 땅에 사는 주민 중에서도 특히 유명했다(창 15:18-21; 참조. 수 16:10; 삿 1:29). 역대기 저자는 자신의 자료와 달리 이때 블레셋 사람들이 '항복하였다'(히. k-n-‘, 20:4)고 언급한다. 이는 이스라엘의 적을 엎드러지게 하겠다는 하나님의 약속만이 아니라(신 9:3; 삿 3:30; 4:23; 8:28) 다윗에게 주신 최근의 약속, "네 모든 대적으로 네게 복종하게 하리라"(히. *k-n-'*, 대상 17:10; 참조. 대하 13:18; 28:19)도 상기시킨다. 따라서 이 진술은 하나님의 약속의 성취를 나타낸다.

엘하난이라는 사람이 가드 사람 골리앗의 아우를 죽였던 블레셋과의 또 다른 전투를 회고한다(대상 20:5).[6] 그의 "창자루는 베틀채 같다"(5절)라는 묘사는 골리앗을 연상시킬 뿐만 아니라(삼상 17:7) 다른 강력한 적도 연상시킨다(대상 11:23). 키가 큰 또 다른 군인이 이스라엘을 조롱한 것은(20:6) 이전 골리앗의 모욕을 연상시키지만(삼상 17:10, 25, 26), 그 역시 다윗의 조카 요나단에게 죽는다(대상 20:6-7). 다윗과 그의 부하들의 손에 쓰러진 이 패배한 적들은, 다윗의 군사적 승리를 다루는 두 장에 마침표를 찍고, 솔로몬을 위해 준비된 평화로운 왕국을 건설해 간다.

이야기 살아내기

왕국은 하나님의 은혜 아래 계속된다

암몬과 벌인 요압의 전쟁은 다윗이 밧세바와 범한 간음의 배경을 설정한다(20:1; 참조. 삼하 11:1). 다윗의 죄와 그 뒤를 잇는 가족 분쟁을 생략함으로써 역대기 저자는 다윗의 전투에만 집중하면서 솔로몬의 길을 준비한다(참조. 대상 22:8-10). 그런데 이번 장에서 다윗에 대한 역대기 저자의 묘사에는 하나님의 은혜에 대한 단서가 보인다고 할 수 있겠다.[7] 다윗의 심각한 도덕적 실패에도 불구하고, 하나님은 자신의 왕국을 세우기 위해 다윗을 계속 사용하신다. 따라서 셀먼이 지적하듯이, 역대기 저자는 다윗의 죄를 몰랐던 것이 아니라 "우리아/밧세바 비극에서 회개와 용서, 회복에 대한 사무엘서의 마무리 강조점을 부각시키려고 한다"(삼하 12:13, 24-25; 참조. 시 51:13-19).[8] 한(Hahn) 또한 비슷한 강조점을 가지고, 역대기 저자는 "처음부터 끝까지… 과분한 은혜와 용서의 가능성에 대한 이야기"를 전한다고 말한다. "죄는 거듭 반복해서 용서받고, 하나님은 죄와 회개를 통해 더 큰 일을 행하신다."[9] 역대기 저자가 다윗의 죄를 생략한 것은 이런 은혜와 회복이라는 주제에 기여할 가능성이 있다. 다윗의 죄에도 불구하고 그는 왕국의 지도자 역할에서 자격을 상실하지 않는다. 맥콘빌(McConville)은 역대기 저자의 다윗 묘사에 대해 비슷한 결론을 내리면서, "사무엘하 9-20장에 기록된 엄청난 비행과 그것이 왕국을 쇠약하게 만드는 모든 결과를 생략한 이유는, 가장 불완전한 사람들을 자신의 사역에 기꺼이 사용하시는 하나님의 의지를 보여 주는 또 하나의 인상적인 증거"라고 제안한다.[10] 훗날 므낫세 통치 기간에도 동일한 원리를 볼 수 있다. 므낫세는 최악의 남유다 왕이요 가장 심각한 죄인이었지만(대하 33:1-9), 죄를 고백했을 때 하나님은 므낫세를 예루살렘으로 돌아오게 하실 뿐 아니라 놀랍게도 왕국을 그에게 돌려주신다(13절). 이처럼 하나님께서는 회개한 죄인을 사용하시고, 그의 회복으로 인해 므낫세가 왕국에서 종교 개혁을 일으키는 더 큰 역사를 낳는다(14-16절).

　모든 시대에 걸친 기독교 신앙의 놀라운 진리는 하나님께서 용서받고 회복된 죄인들을 그분의 나라를 위해 사용하신다는 것이다(참조. 고전 15:9-10). 하나님의 용서는 다윗이 회복되었으며 계속 그를 통해 하나님의 목적을 성취하신다는 것을 의미한다. 하나님은 다윗이 원수를 정복할(히. *k-n-*', 대상 17:10) 것이라고 약속하셨고, 그의 죄에도 불구하고 이 이야기에서 블레셋은 '항복했다'(히. *k-n-*', 20:4; 참조. 18:1). 다윗의 적들이 정복된 것은 이번 장들의 중요한 주제다. 사무엘서에 비추어 역대기를 읽을 때, 다윗이 밧세바와 간음하고 우리아를 살해한 후에도 강력한 블레셋을 격파한 것은 하나님의 용서와 회복의 실재를 강조한다. 이 사실은 우리의 죄에도 불구하고 하나님은 그분의 나라를 위해 우리를 사용하시고 약속을 신실하게 성취하신다고 격려한다. 사도 바울은 이 사실을 이해했다.

> 미쁘다 모든 사람이 받을 만한 이 말이여. 그리스도 예수께서 죄인을 구원하시려고 세상에 임하셨다 하였도다. 죄인 중에 내가 괴수니라. 그러나 내가 긍휼을 입은 까닭은 예수 그리스도께서 내게 먼저 일체 오래 참으심을 보이사 후에 주를 믿어 영생 얻는 자들에게 본이 되게 하려 하심이라. (딤전 1:15-16)

21

역대상 21:1-30

이야기 경청하기

¹사탄이 일어나 이스라엘을 대적하고 다윗을 충동하여 이스라엘을 계수하게 하니라 ²다윗이 요압과 백성의 지도자들에게 이르되 너희는 가서 브엘세바에서부터 단까지 이스라엘을 계수하고 돌아와 내게 보고하여 그 수효를 알게 하라 하니 ³요압이 아뢰되 여호와께서 그 백성을 지금보다 백배나 더하시기를 원하나이다 내 주 왕이여 이 백성이 다 내 주의 종이 아니니이까 내 주께서 어찌하여 이 일을 명령하시나이까 어찌하여 이스라엘이 범죄하게 하시나이까 하나 ⁴왕의 명령이 요압을 재촉한지라 드디어 요압이 떠나 이스라엘 땅에 두루 다닌 후에 예루살렘으로 돌아와 ⁵요압이 백성의 수효를 다윗에게 보고하니 이스라엘 중에 칼을 뺄 만한 자가 백십만 명이요 유다 중에 칼을 뺄 만한 자가 사십칠만 명이라 ⁶요압이 왕의 명령을 마땅치 않게 여겨 레위와 베냐민 사람은 계수하지 아니하였더라 ⁷하나님이 이 일을 악하게 여기사 이스라엘을 치시매 ⁸다윗이 하나님께 아뢰되 내가 이 일을 행함으로 큰 죄를 범하였나이다 이제 간구하옵나니 종의 죄를 용서하여 주옵소서 내가 심히 미련하게 행하였나이다 하니라 ⁹여호와께서 다윗의 선견자 갓에게 말씀하여 이르시되 ¹⁰가서 다윗에게 말하여 이르기를 여호와의 말씀이 내가 네게 세 가지를 내어 놓으리니 그중에서 하나를 네가 택하라 내가 그것을 네게 행하리라 하셨다 하라 하신지라 ¹¹갓이 다윗에게 나아가 그에게 말하되 여호와의 말씀이 너는 마음대로 택하라 ¹²혹 삼년 기근이든지 혹 네가 석 달을 적군에게 패하여 적군의 칼에 쫓길 일이든지 혹 여호와의 칼 곧 전염병이 사흘 동안 이 땅에 유행하며 여호와의 천사가 이스라엘 온 지경을 멸할 일이든지라고 하셨나니 내가 무슨 말로 나를 보내신 이에게 대답할지를 결정하소서 하니 ¹³다윗이 갓에게 이르되 내가 곤경에 빠졌도다 여호와께서는 긍휼이 심히 크시니 내가 그의 손에 빠지고 사람의 손에 빠지지 아니하기를 원하나이다 하는지라 ¹⁴이

에 여호와께서 이스라엘 백성에게 전염병을 내리시매 이스라엘 백성 중에서 죽은 자가 칠만 명이었더라 [15]하나님이 예루살렘을 멸하러 천사를 보내셨더니 천사가 멸하려 할 때에 여호와께서 보시고 이 재앙 내림을 뉘우치사 멸하는 천사에게 이르시되 족하다 이제는 네 손을 거두라 하시니 그때에 여호와의 천사가 여부스 사람 오르난의 타작 마당 곁에 섰더라 [16]다윗이 눈을 들어 보매 여호와의 천사가 천지 사이에 섰고 칼을 빼어 손에 들고 예루살렘 하늘을 향하여 편지라 다윗이 장로들과 더불어 굵은 베를 입고 얼굴을 땅에 대고 엎드려 [17]하나님께 아뢰되 명령하여 백성을 계수하게 한 자가 내가 아니니이까 범죄하고 악을 행한 자는 곧 나이니이다 이 양 떼는 무엇을 행하였나이까 청하건대 나의 하나님 여호와여 주의 손으로 나와 내 아버지의 집을 치시고 주의 백성에게 재앙을 내리지 마옵소서 하니라 [18]여호와의 천사가 갓에게 명령하여 다윗에게 이르시기를 다윗은 올라가서 여부스 사람 오르난의 타작 마당에서 여호와를 위하여 제단을 쌓으라 하신지라 [19]이에 갓이 여호와의 이름으로 이른 말씀대로 다윗이 올라가니라 [20]그때에 오르난이 밀을 타작하다가 돌이켜 천사를 보고 오르난이 네 명의 아들과 함께 숨었더니 [21]다윗이 오르난에게 나아가매 오르난이 내다보다가 다윗을 보고 타작 마당에서 나와 얼굴을 땅에 대고 다윗에게 절하매 [22]다윗이 오르난에게 이르되 이 타작하는 곳을 내게 넘기라 너는 상당한 값으로 내게 넘기라 내가 여호와를 위하여 여기 한 제단을 쌓으리니 그리하면 전염병이 백성 중에서 그치리라 하니 [23]오르난이 다윗에게 말하되 왕은 취하소서 내 주 왕께서 좋게 여기시는 대로 행하소서 보소서 내가 이것들을 드리나이다 소들은 번제물로, 곡식 떠는 기계는 화목으로, 밀은 소제물로 삼으시기 위하여 다 드리나이다 하는지라 [24]다윗 왕이 오르난에게 이르되 그렇지 아니하다 내가 반드시 상당한 값으로 사리라 내가 여호와께 드리려고 네 물건을 빼앗지 아니하겠고 값 없이는 번제를 드리지도 아니하리라 하니라 [25]그리하여 다윗은 그 터 값으로 금 육백 세겔을 달아

오르난에게 주고 26다윗이 거기서 여호와를 위하여 제단을 쌓고 번제와 화목제를 드려 여호와께 아뢰었더니 여호와께서 하늘에서부터 번제단 위에 불을 내려 응답하시고 27여호와께서 천사를 명령하시매 그가 칼을 칼집에 꽂았더라 28이 때에 다윗이 여호와께서 여부스 사람 오르난의 타작 마당에서 응답하심을 보고 거기서 제사를 드렸으니 29옛적에 모세가 광야에서 지은 여호와의 성막과 번제단이 그때에 기브온 산당에 있었으나 30다윗이 여호와의 천사의 칼을 두려워하여 감히 그 앞에 가서 하나님께 묻지 못하더라

이야기 속 다른 본문 경청하기

창세기 23:1-20

다윗으로 하여금 인구 조사를 실시하도록 부추기는 새로운 적에 초점을 맞추면서 다윗의 전투 기록은 한층 고조된다. 이로 인해 전염병이 일어나 수만 명이 죽겠지만, 이 이야기에서는 희망도 울려 퍼진다. 다윗이 오르난의 타작마당, 즉 앞으로 성전 부지가 될 곳을 구입하기 때문이다(22:1; 대하 3:1). 이 친숙한 이야기를 다시 들려줄 때(삼하 24장을 보라), 역대기 저자는 아브라함이 헷 사람 에브론에게 막벨라굴을 구입한 사건을 연상시키는 언어를 사용한다(창 23:1-20). 윌리엄슨이 지적하듯이, 두 이야기의 중심인물 모두 비이스라엘 사람에게 재산을 구입하고, 두 장소 모두 지속적으로 신성한 목적을 위해 사용될 것이며, 아브라함과 다윗 모두 그 장소를 위해 "충분한 대가"(full price, 역대상은 "상당한 값")를 주겠다고 제안하고(창 23:9, 11; 대상 21:22) '충분한 대가'를 지불하는데, 이는 두 이야기에서만 나오는 독특한 표현이다(창 23:9, 11; 대상 21:22, 24).[1] 아브라함 기사에서 협상이 이루어지고 전액을 지불한 것은 그가 합법적으로 재산을 취득했음을 확증한다.[2] 하나님께서 아브라함에게 헷 족

속의 땅을 포함하여 가나안 땅을 약속하셨음을 고려할 때(창 15:20; 참조. 출 3:8, 17; 13:5; 신 7:1; 20:17 등), 아브라함이 **헷 족속**의 땅을 구입한 것은 사소한 행동이 아니다. 해밀턴(Hamilton)은 창세기 23장의 핵심 요소가 사라의 죽음이 아니라 "아브라함이 외부인의 땅을 취득한 것이고, 따라서 이 사건은 앞으로 일어날 일의 전조"라고 지적한다.[3] 다윗이 **여부스 사람** 오르난의 타작마당과 주변 밭을 구입한 것은 다윗도 외부인의 소유를 취득했음을 강조하고(대상 21:15, 18, 28; 참조. 대하 3:1), 이것 역시 앞으로 일어날 일의 전조가 된다.

이야기 설명하기

다윗이 이스라엘의 인구 조사를 명령하다(21:1-7)

이 기사는 사탄(히. satan의 단순한 음역)이 이스라엘을 대적하여 인구 조사를 실시하도록 다윗을 충동하는 장면으로 시작한다(21:1). 히브리어 명사 '사탄'(satan)은 인간의 '대적'(왕상 5:4; 11:14 등)이나 천사의 대적(민 22:22, 32)을 가리킬 수도 있지만, 사탄으로 알려진 하나님의 하늘 법정 고발자를 가리킬 수도 있다(욥 1:6, 7, 8, 9, 12; 2:1, 2, 3; 슥 3:1-2).[4] 윌리엄슨은 욥기 2:3에서 사탄에 대해 '충동하다'(히. s-w-t)라는 동사를 사용한다는 점을 언급하면서, 역대기 저자가 욥기(와 슥 3:1-2)의 영향을 받았다고 주장한다.[5] 역대상 21:1에 나오는 명사 '사탄'에는 관사가 없기 때문에, 이는 사탄이라는 개인의 이름을 염두에 두고 있음을 암시하기도 한다(참조. NIV). 학계의 논란이 분분하지만[6] 대적을 사탄으로 칭한 것이라는 주장도 제시될 수 있다.[7] 특히 여호와께서 이스라엘의 수를 헤아리도록 다윗을 충동하시는 사무엘하 24:1과 비교해 보면, 역대상 21:1을 이런 식으로 해석한다고 해서 모든 문제가 해결되는 것은 아니다.[8]

하지만 로버트 고든(Robert Gordon)은 이 두 기사(또한 욥기)에서 직면하는 "역할의 상호 보완성은 해결될 수 없다. 성경 저자들은 단지 악의 불가해성을 다루고 있기 때문이다"라고 주장한다.[9] 그는 나아가 역대기는 악과 사탄을 점차 연결시키는 경향을 보여 주는 여러 본문 중 하나고, 이런 경향은 신약성경에서 더욱 완전한 수준으로 발전된다(참조. 고후 12:7; 약 1:13)고 지적한다.[10] 윌리엄슨은 사탄이 왕국을 혼란에 빠뜨리지만, 역대상 21장은 궁극적으로 하나님께서 선택하신 성전 부지에 관한 것이기 때문에, 이 이야기는 (욥기와 마찬가지로) 사탄이 하나님의 주권 아래 있고 그분의 뜻 아래 있는 도구임을 보여 준다고 결론 내린다.[11]

사탄이 이스라엘의 수를 헤아리도록 다윗을 충동하기 때문에, 하나님의 진노를 불러일으킨 다윗의 죄의 본질에 대한 의문이 생긴다. 아무런 부정적 영향 없이 인구 조사를 실시한 때도 있지만(출 30:12; 민 1:2; 26:2), 다윗의 인구 조사는 그가 주님을 신뢰하기보다는 자신의 군사력에 의존하고 있음을 암시한다. 왕은 군사력이나 이방의 권력을 신뢰하지 않고 오직 주님만 신뢰해야 했다(시 20:7; 33:16-17; 147:10). 다윗의 행동에는 다소 의구심이 있는 반면, 경각심을 일깨우는 요압의 반응은 왕의 요청이 얼마나 심각한 범죄인지 강조하는 역할을 한다. "여호와께서 그 백성을 지금보다 백 배나 더하시기를 원하나이다"라는 요압의 첫 간언은 (21:3) 하나님께서 다윗에게 필요한 모든 것을 공급하실 수 있다는 사실을 상기시킨다. 따라서 다윗의 행동은 "여호와의 강한 팔보다 자신이 일으킬 수 있는 군대에 더욱 의존하는 듯 보인다는 점에서 여호와에 대한 모독"이다.[12] 요압의 질문을 들은 다윗은 이스라엘을 죄책에 빠뜨릴 수도 있는, 어리석고 잠재적으로 위험한 명령을 재고했어야 한다(3절). 역대기에 일곱 번 등장하는 용어 '범죄, 잘못'(히. *ashma*)은 엄청난 죄로 인해 초래된 죄책을 묘사할 때 사용된다[대하 24:18; 28:10, 13(3회); 33:23]. 요압은 다윗의 행동이 이스라엘을 죄에 빠뜨릴 것이라고 예견하지만

(21:3; 참조. 7, 14, 17절), 왕의 명령이 우선된다. 요압은 유다 지파에 속한 수만 명을 포함하여 전투를 위해 준비된 이스라엘 백성의 수를 들고 돌아오지만,[13] 그는 레위와 베냐민의 수는 헤아리지 않았다(5-6절). 레위 지파는 성막에서 봉사하도록 구별되었기 때문에 군 복무에서 면제되었다(민 1:47-50). 베냐민 지파는 성막이 베냐민의 영토인 기브온에 있었기 때문에 인구 조사에서 제외되었을 수 있다(참조. 대상 21:29).[14] 왕의 명령은 요압에게 못마땅한 것이었고, 그보다 더욱 심각하게도 "하나님이 이 일을 악하게 여기"셨기 때문에 이스라엘을 벌하시는 결과로 이어진다(7절). 다윗이 이스라엘의 적을 치는 대신(히. *n-k-h*, 18:1, 2, 3, 5, 9), 이제 하나님께서 **이스라엘을** 치신다. 왕은 자신에게 책임이 있음을 깨닫는다.

다윗의 회개와 하나님의 전염병 심판(21:8-17)

다윗은 즉각 하나님 앞에서 회개로 응답하며 큰 죄를 지었다고 고백하고, 자신이 지극히 어리석었음을 인정하면서 죄를 없애 주시도록 담대히 간구한다(21:8). 하나님은 예언자 갓을 통해 다윗이 3년의 기근이나 3개월간 적에게 쫓기는 것, 또는 "여호와의 칼 곧 전염병이 사흘 동안 이 땅에 유행하며 여호와의 천사가 이스라엘 온 지경을 멸할 일" 중에서 받을 형벌을 선택하라고 알려 주신다(12절). 이 말씀을 들은 다윗은 하나님의 자비가 크심을 알기 때문에 주님의 손에 벌을 받기로 선택한다. 결국 하나님은 이스라엘에 전염병을 보내시고 수만 명이 죽는다(14절).

이 참담한 장면이 전환되면서 예루살렘을 멸하기 위해 보내진 천사에게 초점이 맞춰진다. 그러나 마지막 순간에 뜻을 돌이키신 하나님은 천사에게 "족하다! 이제는 네 손을 거두라"고 말씀하신다(15절). 하나님의 손이 머무는 것은 이스라엘이 금송아지를 숭배한 후 하나님께서 뜻을 돌이켜 그들을 멸하지 않으셨을 때 보여 주신 자비를 연상시킨다(출 32:12, 14; 참조. 삿 2:18). 다윗은 눈을 들어 오르난의 타작마당 근처에 서 있던 주님의 천사를 본다. 다윗은 이제 상황의 심각성을 눈으로 볼 수 있다. 천사가 **예루살렘을 향해** 칼을 뺀 채 하늘과 땅 사이에 서 있기 때문이다(대상 21:16). 이제 죄의 무게가 다윗을 짓누르면서 왕과 장로들은 굵은 베옷을 입고 땅에 엎드린다. 천상의 장면은 발람을 향해 서 있던 주님의 천사(민 22:23, 31, 34)나 여호수아에게 나타났던 주님의 천사(수 5:13-15)와 다르지 않다. 예루살렘에 어둡고 불길한 그림자를 드리운 이 천상 장면과 함께, 다윗과 장로들은 얼굴을 땅에 대고 엎드린다. 긴박감을 느낀 다윗은 자신이 죄를 범했고 악하게 행동했다고 고백하면서 하나님께 간구한다(대상 21:17). 다윗은 양들에게 해를 끼친 장본인이 **자신이라는** 사실을 인정하고, 하나님의 심판이 자신과 가족들에게 내리되 백성들에게는 제발 내리지 않기를 간구한다.

다윗이 제단을 쌓으라는 지시를 받고 하나님의 진노를 피하다 (21:18-30)

주님의 사자는 다윗이 여부스 사람 오르난의 타작마당에 주님을 위해 제단을 쌓아야 한다고 예언자 갓에게 말한다(21:18).[15] 다윗은 갓의 말에 순종하지만, 그 사이 밀을 타작하는 오르난에게 주님의 천사가 나타나는데(20절) 기드온을 찾아온 천사의 방문을 연상시킨다(삿 6:11-24). 다윗은 하나님을 경외하는 결연한 마음으로 오르난에게 나아가, 주님께 제단을 쌓아 전염병으로 더 많은 사람이 죽는 것을 멈출 수 있도록 상당한 값으로 타작하는 "곳"(히. *maqom*)을 달라고 요청한다(대상 21:22).

오래전에 하나님은 모세에게 자신의 이름이 거할 "곳"(히. *maqom*)을 선택하겠다고 말씀하셨다(신 12:5, 11, 18; 14:23 등). 다윗은 주님의 천사가 타작마당 옆에 서 있는 것을 보았는데, 바로 그곳이 다윗이 오르난에게서 매입하고 있는 "곳"이었다. 천사가 나타났기 때문에 이제 그곳은 하나님의 임재와 관련된 "곳"이고, 야곱이 천사들의 환상을 보고 "여호와께서 과연 여기 계시거늘 내가 알지 못하였도다"라고 고백했던 때를 연상시킨다(창 28:16). 야곱은 그"곳"을 하나님의 집이라고 칭했다(17절). 다윗이 목격한 신의 현현(theophany)은 이곳 역시 거룩한 장소임을 시사하고, 하나님의 집을 세울 "곳"이 될 것임을 예고한다(대상 22:1). 솔로몬도 이 이야기의 중요성을 놓치지 않았다. 그는 성전 건축을 시작할 때, 모리아산의 위치가 "전에 여호와께서 그의 아버지 다윗에게 나타나신 곳이요 여부스 사람 오르난의 타작마당에 다윗이 정한 곳"이었음을 떠올린다(대하 3:1).

다윗은 타작마당을 확보하려고 애쓰면서, 전염병이 중단될 수 있도록 "상당한 값"(full price)으로 팔라고 오르난에게 요청한다. 앞서 언급했듯이(280쪽), "상당한 값"이라는 표현은 이 본문(대상 21:22, 24)과 아브라함이 사라의 매장지를 에브론에게 샀던 창세기 23:9에만 나온다. 오르난은 다윗에게 타작마당뿐 아니라 소를 번제물로, 타작 기구를 땔감으로, 밀을 소제물로 주겠다고, 다시 말해 다윗에게 필요한 모든 것을 주겠다고 후하게 제안한다!(대상 21:23) 하지만 다윗은 제값을 지불하겠다고 고집한다. 다윗은 오르난에게서 **빼앗아 자기가** 아무런 값도 치르지 않은 물건들을 주님께 드리지 않겠다고 강조한다(24절).

열방이 조공을 선물로 가져오는 것은 물론 적절하지만(18:2, 6; 대하 9:1), 본문의 맥락은 조공이 아닌 다윗의 죄이기에 그는 자신에게 속하지 않은 제물을 주님께 바칠 수 없다. 반드시 **자신의** 제물이어야 한다. 무엇보다 제사 제도의 중심 주제는 **희생** 개념이다. 제사에서 예배자는 무언가 값을 치러야 한다. 번제는 제단 위에서 제물을 전부 태우는 것이기 때문에 가장 값비싼 제사였다. 다윗은 오르난에게 금 600세겔을 주는데,[16] 아브라함이 막벨라굴과 그 주변 밭을 얻기 위해 에브론에게 400세겔을 지불한 일을 떠올리게 한다(창 23:16; 참조. 창 25:9; 49:29-32; 50:13). 다윗은 그곳을 매입한 후 주님께 제단을 쌓는다(대상 21:26). 이는 세겜의 아브라함(창 12:6-7)과 브엘세바의 이삭(26:23-25), 벧엘의 야곱(35:1-7) 등 하나님께서 나타나신 주요 장소에 제단을 쌓고 주님의 이름을 부른 족장들의 모습과 일치한다. 다윗의 경우와 마찬가지로, 이 장소들은 이스라엘에 후대에도 계속해서 종교적 의미를 지녔다. 다윗은 제단에서 번제와 화목제를 드리고 주님께 아뢴다(대상 21:26). 하나님은 하늘에서 불로 응답하시고 천사에게 칼을 거두라고 지시하신다. 다윗은 하나님께서 오르난의 타작마당에서 응답하신 것을 보고 다시 그곳에서 제사를 드린다. 따라서 윌리엄슨이 지적하듯이, 역대기 저자는 "이 내러티브를 읽으면서 하나님의 뜻을 가리키는 명확한 지시를 추적하라고 요청한다. 하나님의 뜻은, 처참한 상황에도, 성막이 있는 기브온 산당이 아니라 오르난의 타작마당으로 특별히 다윗을 인도하시는 것이었다. 그런 다음 불로 응답하심으로써 과거 성막에 집중되었던 국가적 예배의 초점이 이 제단으로 옮겨졌음을 보여 주셨다."[17] 번제단은 기브온에 있었기 때문에(29절; 참조. 대하 1:3), 다윗의 제사(와 하나님의 응답)는 미래의 속죄 장소인 예루살렘으로의 이동을 나타낸다(참조. 대상 22:1-2).

이야기 살아내기

상당한 값을 지불해 주님께 드리다

타작마당을 매입하겠다고 요청했을 때, 다윗은 오르난의 관대한 제안을 거절했다. 왕 다윗은 개인적 대가를 전혀 지불하지 않고 타작마당을 획득하기가 쉬웠을 것이다. 하지만 다윗은 헌물과 관련해 오늘 우리에게도 교훈이 되는 사실을 깨달았다. 이스라엘 백성이 그 땅에 들어가야 했을 때 그들은 양 떼의 가장 좋은 것과 소산물의 가장 좋은 것을 하나님께 드려야 했다(예. 레 1:3, 10; 2:1, 4, 5, 7). 제사 제도는 흠 없는 제물만 하나님께 바칠 수 있다는 점을 강조했다. 예언자 말라기는 하나님의 백성이 눈먼 제물과 저는 제물, 병든 제물을 하나님께 바친다고 꾸짖으면서(말 1:8), 총독조차 이런 저급한 2등급 제물을 받지 않을 텐데 하물며 하나님께서는 어떻게 하시겠냐고 지적한다! 어떤 사람들은 양 떼의 수컷을 바치겠다고 서원했지만 그 뒤에 흠 있는 제물을 하나님께 드렸다(14절). 핵심은 하나님이 형식적인 저급한 선물을 받지 않으신다는 것이다. 그분은 더 값진 것을 받기에 합당하시다.

실례를 들어 보자. 선물을 '재포장'할 때, 우리는 누구나 그것이 신중하게 선택해 구입한 선물과는 같지 않다는 것을 알고 있다. 전에 누군가 우리에게 주었던 선물을 다른 사람에게 준다면 일종의 사회적 요구나 기대를 충족시킬 수는 있겠지만, 마음에서 우러나온 선물이 아니라는 것을 우리 모두 알고 있다. 또 다른 예는 자녀들이 부모에게 주는 선물이다. 자녀들이 어릴 때 부모는 종종 그들이 부모나 형제자매에게 주는 선물의 비용을 지불하지만, 자녀들이 성인이 되면 그들이 **직접** 선물 비용을 지불할 것이라고 기대한다. 선물이 중요한 것이 아니라 선물을 주는 사람의 마음이 중요하다. 다윗은 이 점을 이해했다. 다윗은 **자신이** 타작마당을 사야지, 오르난이 그것을 자기에게 줄 수 없다고 생각했다. 다윗은 아무런 값이 들어가지 않는 것을 하나님께 드리기를 거부했다.

이제 우리는 하나님께 제사를 드리지 않지만(예수님의 값비싼 희생이 우리의 구속에 필요한 값을 치렀기 때문에), 값을 지불한 것을 주님께 드리는 원리는 깊이 숙고해 볼 만한 가치가 있다. 과부의 적은 헌금에서 볼 수 있듯이(막 12:41-44), 예수님은 단순히 얼마나 **많이** 드리는지가 아니라 **희생**의 수준이 중요하다고 가르치셨다. 마리아는 매우 값비싼 향유를 예수님의 발에 부었다는 칭찬을 듣는다(요 12:1-11). 사도 바울은 마게도냐 교회가 가난 속에서도 아낌없이 베풀었다고 칭찬한다. "환난의 많은 시련 가운데서 그들의 넘치는 기쁨과 극심한 가난이 그들의 풍성한 연보를 넘치도록 하게 하였느니라. 내가 증언하노니 그들이 힘대로 할 뿐 아니라 힘에 지나도록 자원하여 이 은혜와 성도 섬기는 일에 참여함에 대하여 우리에게 간절히 구하니"(고후 8:2-4). 이 헌물은 그들이 처음에 바친 그리스도를 향한 사랑의 증거였고, 따라서 재정적 지원에는 그들의 헌신이 반영되어 있었다. 또한 사도 바울은 자신에게 아낌없이 헌금한 빌립보 교인들을 칭찬한다. 그들은 바울의 필요와 사역을 위해 제공했기 때문에(빌 4:14-18), 이는 "받으실 만한 향기로운 제물이요 하나님을 기쁘시게" 했다(18절). 하나님께서 받으실 만한 것을 드리려면 **희생적으로**, 우리가 받은 모든 것에 대한 감사의 응답으로 드려야 한다.

바울은 단순히 재정적 자원을 드리는 데서 그치지 않고, 한 걸음 더 나아가 우리 삶 전체가 하나님의 자비에 대한 응답으로 그분께 드리는 **산 제물**이라고 말한다. "그러므로 형제들아 내가 하나님의 모든 자비하심으로 너희를 권하노니 너희 몸을 하나님이 기뻐하시는 거룩한 산 제물로 드리라. 이는 너희가 드릴 영적 예배니라"(롬 12:1). 우리는 희생적인 봉사와 예배를 통해 하나님께 우리 삶을 바쳐야 한다. 다윗의 인상적인 선언을 쉬운 말로 풀어 보면, "나는 아무런 값도 치르지 않은 것을 주님께 드리지 않겠다"라는 말이다. 아이작 와츠의 유명한 찬송가 마지막 절은 하나님께 드리는 우리의 예배를 이렇게 담아낸다.

> 온 세상 만물 가져도
> 주 은혜 못 다 갚겠네.
> 놀라운 사랑 받은 나
> 몸으로 제물 삼겠네.

다윗은 자기 세대에 하나님의 목적에 봉사했고(참조. 행 13:36), 삶이 마무리되어 갈 때 성전 건축을 위해 아낌없이 자원을 바친다(대상 29장).

우리를 위해 자신을 버리고 피를 흘려 궁극적인 대가를 치르신 우리의 왕 예수님을 따라갈 때, 우리도 신실함과 관대함으로 또한 자기희생적 삶으로 이 세대에서 하나님의 목적에 봉사하도록 부름받았다.

22   역대상 22:1-19

이야기 경청하기

¹다윗이 이르되 이는 여호와 하나님의 성전이요 이는 이스라엘의 번제단이라 하였더라 ²다윗이 명령하여 이스라엘 땅에 거류하는 이방 사람을 모으고 석수를 시켜 하나님의 성전을 건축할 돌을 다듬게 하고 ³다윗이 또 문짝 못과 거멀 못에 쓸 철을 많이 준비하고 또 무게를 달 수 없을 만큼 심히 많은 놋을 준비하고 ⁴또 백향목을 무수히 준비하였으니 이는 시돈 사람과 두로 사람이 백향목을 다윗에게로 많이 수운하여 왔음이라 ⁵다윗이 이르되 내 아들 솔로몬은 어리고 미숙하고 여호와를 위하여 건축할 성전은 극히 웅장하여 만국에 명성과 영광이 있게 하여야 할지라 그러므로 내가 이제 그것을 위하여 준비하리라 하고 다윗이 죽기 전에 많이 준비하였더라 ⁶다윗이 그의 아들 솔로몬을 불러 이스라엘 하나님 여호와를 위하여 성전 건축하기를 부탁하여 ⁷다윗이 솔로몬에게 이르되 내 아들아 나는 내 하나님 여호와의 이름을 위하여 성전을 건축할 마음이 있었으나 ⁸여호와의 말씀이 내게 임하여 이르시되 너는 피를 심히 많이 흘렸고 크게 전쟁하였느니라 네가 내 앞에서 땅에 피를 많이 흘렸은즉 내 이름을 위하여 성전을 건축하지 못하리라 ⁹보라 한 아들이 네게서 나리니 그는 온순한 사람이라 내가 그로 주변 모든 대적에게서 평온을 얻게 하리라 그의 이름을 솔로몬이라 하리니 이는 내가 그의 생전에 평안과 안일함을 이스라엘에게 줄 것임이니라 ¹⁰그가 내 이름을 위하여 성전을 건축할지라 그는 내 아들이 되고 나는 그의 아버지가 되어 그 나라 왕위를 이스라엘 위에 굳게 세워 영원까지 이르게 하리라 하셨나니 ¹¹이제 내 아들아 여호와께서 너와 함께 계시기를 원하며 네가 형통하여 여호와께서 네게 대하여 말씀하신 대로 네 하나님 여호와의 성전을 건축하며 ¹²여호와께서 네게 지혜와 총명을 주사 네게 이스라엘을 다스리게 하시고 네 하나님 여호와의 율법을 지키게 하시기를 더욱 원하노라 ¹³그때에 네가 만일 여호와께서 모세를 통하여 이

스라엘에게 명령하신 모든 규례와 법도를 삼가 행하면 형통하리니 강하고 담대하여 두려워하지 말고 놀라지 말지어다 ¹⁴내가 환난 중에 여호와의 성전을 위하여 금 십만 달란트와 은 백만 달란트와 놋과 철을 그 무게를 달 수 없을 만큼 심히 많이 준비하였고 또 재목과 돌을 준비하였으나 너는 더할 것이며 ¹⁵또 장인이 네게 많이 있나니 곧 석수와 목수와 온갖 일에 익숙한 모든 사람이니라 ¹⁶금과 은과 놋과 철이 무수하니 너는 일어나 일하라 여호와께서 너와 함께 계실지로다 하니라 ¹⁷다윗이 또 이스라엘 모든 방백에게 명령하여 그의 아들 솔로몬을 도우라 하여 이르되 ¹⁸너희 하나님 여호와께서 너희와 함께 계시지 아니하시느냐 사면으로 너희에게 평온함을 주지 아니하셨느냐 이 땅 주민을 내 손에 넘기사 이 땅으로 여호와와 그의 백성 앞에 복종하게 하셨나니 ¹⁹이제 너희는 마음과 뜻을 바쳐서 너희 하나님 여호와를 구하라 그리고 일어나서 여호와 하나님의 성전을 건축하고 여호와의 언약궤와 하나님 성전의 기물을 가져다가 여호와의 이름을 위하여 건축한 성전에 들이게 하라 하였더라

이야기 속 다른 본문 경청하기
벤아몬 이야기

이스라엘의 적들을 정복하고(18-20장) 하나님의 진노를 피한(21장) 다윗은 이제 오르난에게 매입한 바로 그곳에 성전을 건축할 준비를 시작한다(22:1). 레바논의 큰 백향목이 해안 도시 시돈과 두로에서 운송될 것이기 때문에, 이번 장에서는 두 유명한 무역 항구가 두드러진다. 레바논의 소중한 목재를 확보하는 것이 얼마나 중요했는지는 이집트 카르나크(Karnak) 신전의 관리, 벤아몬(Wen-Amon)이 페니키아 해안의 비블로스(Byblos)로 파견된 이야기에서도 확인된다. 그의 임무는 아몬 신상을 나일강 건너편으로 이동시킬 배를 건조하기 위해 목재를 확보하는 것이었

다.[1] 이 원정을 기술하는 신관문자(hieratic) 문헌은 주전 11세기의 것으로 추정되는데, 이 시기는 통일 왕국 시대에 해당한다. 이와 같은 레바논 원정은 다른 고대 문헌에도 알려져 있다. 주전 7세기에 앗수르 왕 에살핫돈은 궁전을 짓기 위해 통나무와 긴 기둥, 얇은 삼나무와 소나무 판자 등의 목재를 레바논에서 니느웨로 가져오라고 요청했다.[2] 페니키아 사람은 큰 백향목을 레바논에서 화물선으로 운송하는 데 매우 능숙한 뛰어난 기량의 해상 무역업자였고, 그들은 이 이야기와 솔로몬의 통치 때에(참조. 대하 2:8-9) 중요한 역할을 한다.[3]

— 이야기 설명하기 —

다윗이 성전 건축을 위해 건축 자재를 획득하다(22:1-5)

다윗은 여전히 오르난의 타작마당을 염두에 두고 "이는 여호와 하나님의 성전이요 이는 이스라엘의 번제단이라"고 인정한다(22:1). 다윗이 성전을 직접 건축하지는 않겠지만, 이제 건축 자재를 모으기 시작한다. 그는 그 땅에 살고 있는 이방인들을 모아 성전 공사에 징집한다(2절). 돌을 다듬기 위해 석공이 필요할 테며 못과 집게를 만들 철을 모으고, 시돈 사람들과 두로 사람들은 백향목을 예루살렘으로 가져온다. 다윗의 활동은 아들 솔로몬의 대대적인 성전 건축을 예고한다(대하 2-4장). 다윗은 아들이 젊고 경험이 부족하다는 것을 알고 있으며, 하나님을 위해 건축할 성전이 "극히 웅장하여 만국에 명성과 영광"을 드러내야 한다는 것을 염두에 두고(대상 22:5) 에너지와 자원을 쏟아부어 건축을 준비한다. 다윗은 하나님의 영광이 **온 땅**에 퍼지는 것이 목표라고 단언하는데, 성전을 건축할 때 더욱 분명히 나타날 주제다(대하 2:11-12; 9:8).

다윗이 솔로몬에게 당부하다(22:6-16)

다윗은 아들 솔로몬을 불러 주님을 위해 집을 지으라고 당부한다(22:6). 그는 자신이 성전을 건축하려고 했지만 피를 많이 흘리고 수없이 전쟁을 치른 까닭에 하나님께서 이 일을 하지 못하도록 막으셨다고 회고한다(8절; 참조. 28:3). 다윗의 전쟁을 묘사한 장들은 이런 현실을 증언하지만(18-20장), 이제 하나님은 다윗을 통해 이스라엘에게 안식을 주셨음을 강조한다(참조. 22:18; 23:25). 머리(Murry)는 다윗이 흘린 피가 땅을 오염시키는 효과를 발휘하여(참조. 민 31:19-24) 그는 신성한 장소를 건축하기에 적합하지 않게 되었다고 주장한다.[4] 그래서 머리는 다음과 같은 결론을 내린다. "다윗의 이례적 수준의 제의적 오염은 성전 건축자에게 필요한 특별한 수준의 제의적 순결에 대한 요구와 해소할 수 없는 긴장 관계에 있다."[5] 전쟁의 사람인 다윗과 대조적으로 솔로몬은 '평화와 안식의 사람'이고(대상 22:9), 따라서 하나님의 약속에 따라(삼하 7:11; 참조. 수 1:13; 21:44) 성전을 건축할 때가 가까이 왔다. '평화, 평화로운'이라는 뜻을 가진 솔로몬의 이름은 그가 물려받을 평화로운 왕국을 상징한다(대상 23:25; 참조. 대하 20:30). 다윗은 솔로몬이 하나님의 집을 짓기 위해 선택되었으며 하나님이 그의 왕국의 보좌를 영원히 세우실 것이라고 단언한다(22:10).[6]

다윗은 주님께서 솔로몬과 함께 계시고 성공적으로 성전을 건축할 수 있도록 아들에게 축복을 선포한다. 하나님은 옛 족장들과 함께 계셨던 것처럼(창 26:3; 28:15) 다윗과도 함께 계셨다(대상 17:8). 다윗은 하나님의 변함없는 임재가 자신을 지탱했고 성공을 가져다주었음을 알았고, 이제 하나님께서 자기 아들과도 함께 계시기를 간구한다. 또한 솔로몬이 주님의 율법을 지킬 수 있도록 지혜와 총명을 주시기를 요청한다(22:12; 참조. 느 8:8, 13). 다윗은 솔로몬이 하나님의 율법을 따를 때에만 성공할 수 있음을 상기시킨다(대상 22:13). 다윗은 모세가 이스라엘과 여호수아에게 준 당부를 연상시키면서(신 31:6-7, 23; 수 1:6-9) 솔로몬에게 다음과 같이 당부한다. "강하고 담대하여 두려워하지 말고 놀라지 말지어다"(대상 22:13; 참조. 대상 28:20; 대하 32:7). 이 말씀은 솔로몬의 모델을 따르는 스룹바벨에게 학개가 준 권면을 예고한다(학 2:4). 비록 임무가 벅찬 듯 보일지라도, 하나님의 임재가 솔로몬을 돕고 지탱해 줄 것이다. 다윗은 아들에게 자신이 "성전을 위하여… 심히 많이 준비하였[다]"는 점을 상기시킨다(대상 22:14). 다윗은 단순히 잉여물을 내놓은 것이 아니라 자기가 값을 지불한 것을 내놓았다(참조. 21:24). 그가 얼마나 풍성하게 드렸는지는 생애 마지막 국면에서 드러날 것이고(참조. 29:12-17), 다른 왕들도 자원을 넉넉히 내놓을 것이다(대하 7:5; 30:24; 35:7). 다윗이 인생 말년에 하나님께 바친 헌신은 주님을 향한 감사와 하나님 나라가 세워지는 것을 보고자 하는 그의 우선순위를 강조한다. 그는 솔로몬의 리더십 아래 일어날 하나님의 새로운 일을 준비하고 있다. 다윗은 자신이 마련해 둔 금과 은에 대해 언급한 후, "여호와께서 너와 함께 계실지로다"라고 아들을 축복하며 끝맺는다(22:16).

다윗이 지도자들에게 솔로몬을 돕고 주님을 찾으라고 당부하다 (22:17-19)

다윗은 이스라엘의 지도자들에게 관심을 돌려 자기 아들 솔로몬을 "도우라"(히. '-z-r)고 지시한다(22:17). 다윗 자신도 인생의 중요한 시기에 지도자들의 도움을 받았다(참조. 12장).[7] 이제 다윗은 신뢰하는 지도자들에게 합법적 왕위 계승자 솔로몬을 도우라고 권고한다(22:17; 참조. 3:10-14; 17:11; 22:9-10). 다윗은 하나님이 그들과 함께 계신다고 상기시키고, 하나님께서 그 땅 주민들을 자기 손에 넘겨주셨다고 단언한다(18절; 참조. 20:8). 다윗은 창조 명령(창 1:28)과 이스라엘이 여호수아의 지도 아래 약속의 땅에 들어간 일(수 18:1; 참조. 민 32:22, 29)을 다시 일깨우면서 이제 그 땅이 "복종하게"(히. k-b-sh, 22:18) 되었다고 단언한다. 따라서 땅이 복종한다는 것은 성전을 건축할 때가 되었음을 의미한다. 다윗이 지도자들에게 준 마지막 권면의 말은 마음과 뜻을 다해 주 하나님을 "구하라"(히. d-r-sh, 19절; 참조. 28:9; 대하 1:5)는 것이다. 그들은 주님의 성소를 건축하여 언약궤와 거룩한 기물을 하나님의 집, 곧 주님의 이름을 위해 지은 성전으로 가져가야 한다(참조. 대하 2:4; 6:10).

이야기 살아내기

말년의 지혜로운 시간과 자원 사용

다윗은 인생 말년에 자신의 시간과 에너지, 자원을 하나님의 일을 위해 바친다. 그는 죽기 전에 성전 건축을 준비하기로 결심하고(22:5), 역대기 다음 일곱 장은 다윗이 죽기 전에 성취한 모든 것을 기술한다(29:28). 이 장들은 다윗의 말년에 **목적**이 있었다고 증언한다. 그는 하나님 나라를 위해 자원을 사용하고자 한다. 다윗은 성전 공사를 위해 숙련된 일꾼을 확보한다. 성전에 필요한 건축 자재를 조달하고 페니키아와 무역 협상을 벌인다. 또한 아들에게 지혜로운 조언을 주고 하나님의 율법을 따르는 것이 얼마나 중요한지 경고한다. 그는 솔로몬에게 "여호와의 성전을 위하여… 많이 준비하였[다]"고 말하면서 많은 양의 금, 은, 놋, 철을 제공한다(22:14). 마지막으로 다윗은 지도자들에게 자기 아들을 도우라고 권면한다. 비록 다윗은 완성된 성전을 볼 때까지 살지 못하고 솔로몬이 받을 세계적 인정을 얻지 못하겠지만(참조. 대하 8-9장), 그는 **하나님 나라**를 목적에 두고 말년을 살아간다.

현대 상황을 고려해 보면 우리 문화는 은퇴기에 많은 비중을 둔다. 은퇴기는 골프를 치고 온화한 기후에서 생활하고 여행하는 등 힘들게 번

돈을 자신에게 소비하는 시기로 묘사된다. 미국에서 매일 평균 1만 명의 베이비붐 세대가 은퇴하고 있고, 향후 20년 내에 약 7천만 명의 베이비붐 세대가 더 이상 일하지 않을 것으로 추정된다.[8] 이는 교회에 전례 없는 도전이고, 은퇴 연령이 다가오는 그리스도인들이 자신의 시간과 에너지, 자원을 어떻게 사용할 것인지에 대해 의문을 제기한다.

콜로라도의 한 기독교 지도자 그룹은 그리스도인에게 은퇴가 어떤 의미인지를 재고해 왔다. 그들의 "은퇴 개혁 선언문"(Retirement Reformation Manifesto)은 다음과 같은 대담한 주장으로 시작한다. "은퇴라는 개념을 개혁하려면 우리의 생각을 재구성하여, 목적 없는 은퇴의 공허함을 조명하고 끝없는 여가와 방종, 자기만족으로부터 벗어나는 자유를 찾아야 한다." 이 선언문은 은퇴자들이 인생 말년을 "자신의 인생 경험과 자원을 활용해 다른 사람들을 섬기고 풍요롭게 하는 영적 성취와 의미를 발견하는" 기회로 보도록 영감을 주기 위한 것이다.[9]

다윗의 말년은 **하나님 나라**의 건설과 관련이 있다. 주님을 위한 다윗의 헌신은 특히 인생의 마지막 계절에 가까워져 가는 이들에게 시간과 자원을 어떻게 사용하고 있는지 숙고해 보도록 도전한다. 그들은 그저 은퇴의 문화적 가치를 수용하는가? 아니면 자신의 시간과 자원을 하나님 나라를 위해 어떻게 사용할 수 있을지를 숙고하는가? 하나님의 부르심은 65세에 끝나지 않는다! 실제로 하나님께서 아브라함을 열방의 복이 되도록 부르셨을 때 그의 나이는 75세였다(창 12:1-3). 가끔 성경 인물들은 특정 임무로 부름받기에는 자신이 너무 어리다고 항변하지만, 우리 문화에서는 많은 사람이 자기가 너무 늙었다고 생각할 것이다. 모세는 120세에 죽을 때까지 하나님을 섬겼고(신 34:7), 여호수아는 110세에 죽을 때까지 하나님을 섬겼다(수 24:29). 이 하나님의 종들은 일평생, 심지어 노인이 되었을 때도 계속 하나님을 섬겼다. 그들의 삶은 우리의 기대와 추구를 돌아보도록 도전한다. 우리는 하나님 나라를 건설하는 데 초점을 맞추고 있는가? 아니면 자신의 쾌락을 추구하기 위해 개인적 부를 축적하는 데 초점을 맞추고 있는가? 다윗처럼 우리는 이 땅에 머무는 나그네이며 모든 것은 하나님께로부터 왔다는 사실을 깨달아야 한다. 우리는 인생 말년을 어떻게 사용해 **하나님 나라**를 목적으로 삼고 살 수 있을지 세심하게 고민해야 한다. 사도 바울은 안디옥에서 설교할 때 청중들에게 이 점을 상기시켰다. 다윗왕은 "당시[자기 세대]에 하나님의 뜻을 따라 섬기다가" 죽었다(행 13:36). 다윗은 하나님 나라를 목적으로 삼고 살았다. 우리도 우리 삶에 대해 이렇게 말하면서, 우리 세대에 하나님의 목적을 위해 봉사할 수 있기를 기도한다.

23   역대상 23:1-32

— 이야기 경청하기 —

¹다윗이 나이가 많아 늙으매 아들 솔로몬을 이스라엘 왕으로 삼고 ²이스라엘 모든 방백과 제사장과 레위 사람을 모았더라 ³레위 사람은 삼십 세 이상으로 계수하니 모든 남자의 수가 삼만 팔천 명인데 ⁴그중의 이만 사천 명은 여호와의 성전의 일을 보살피는 자요 육천 명은 관원과 재판관이요 ⁵사천 명은 문지기요 사천 명은 그가 여호와께 찬송을 드리기 위하여 만든 악기로 찬송하는 자들이라 ⁶다윗이 레위의 아들들을 게르손과 그핫과 므라리에 따라 각 반으로 나누었더라 ⁷게르손 자손은 라단과 시므이라 ⁸라단의 아들들은 우두머리 여히엘과 또 세담과 요엘 세 사람이요 ⁹시므이의 아들들은 슬로밋과 하시엘과 하란 세 사람이니 이는 라단의 우두머리들이며 ¹⁰또 시므이의 아들들은 야핫과 시나와 여우스와 브리아이니 이 네 사람도 시므이의 아들이라 ¹¹그 우두머리는 야핫이요 그다음은 시사며 여우스와 브리아는 아들이 많지 아니하므로 그들과 한 조상의 가문으로 계수되었더라 ¹²그핫의 아들들은 아므람과 이스할과 헤브론과 웃시엘 네 사람이라 ¹³아므람의 아들들은 아론과 모세이니 아론은 그 자손들과 함께 구별되어 몸을 성결하게 하여 영원토록 심히 거룩한 자가 되어 여호와 앞에 분향하고 섬기며 영원토록 그 이름으로 축복하게 되었느니라 ¹⁴하나님의 사람 모세의 아들들은 레위 지파 중에 기록되었으니 ¹⁵모세의 아들은 게르솜과 엘리에셀이라 ¹⁶게르솜의 아들중에 스브엘이 우두머리가 되었고 ¹⁷엘리에셀의 아들들은 우두머리 르하뱌라 엘리에셀에게 이 외에는 다른 아들이 없고 르하뱌의 아들들은 심히 많았으며 ¹⁸이스할의 아들들은 우두머리 슬로밋이요 ¹⁹헤브론의 아들들은 우두머리 여리야와 둘째 아마랴와 셋째 야하시엘과 넷째 여가므암이며 ²⁰웃시엘의 아들들은 우두머리 미가와 그다음 잇시야더라 ²¹므라리의 아들들은 마흘리와 무시요 마흘리의 아들들은 엘르아살과 기스라 ²²엘르아살이 아들이 없이 죽고 딸만 있더니 그의 형제

기스의 아들이 그에게 장가 들었으며 ²³무시의 아들들은 마흘리와 에델과 여레못 세 사람이더라 ²⁴이는 다 레위 자손이니 그 조상의 가문을 따라 계수된 이름이 기록되고 여호와의 성전에서 섬기는 일을 하는 이십세 이상 된 우두머리들이라 ²⁵다윗이 이르기를 이스라엘 하나님 여호와께서 평강을 그의 백성에게 주시고 예루살렘에 영원히 거하시나니 ²⁶레위 사람이 다시는 성막과 그 가운데에서 쓰는 모든 기구를 멜 필요가 없다 한지라 ²⁷다윗의 유언대로 레위 자손이 이십 세 이상으로 계수되었으니 ²⁸그 직분은 아론의 자손을 도와 여호와의 성전과 뜰과 골방에서 섬기고 또 모든 성물을 정결하게 하는 일 곧 하나님의 성전에서 섬기는 일과 ²⁹또 진설병과 고운 가루의 소제물 곧 무교전병이나 과자를 굽는 것이나 반죽하는 것이나 또 모든 저울과 자를 맡고 ³⁰아침과 저녁마다 서서 여호와께 감사하고 찬송하며 ³¹또 안식일과 초하루와 절기에 모든 번제를 여호와께 드리되 그가 명령하신 규례의 정한 수효대로 항상 여호와 앞에 드리며 ³²또 회막의 직무와 성소의 직무와 그들의 형제 아론 자손의 직무를 지켜 여호와의 성전에서 수종드는 것이더라

이야기 속 다른 본문 경청하기

출애굽기 19:6; 민수기 3-4장

다윗은 말년이 가까워 오면서 성전에서 섬길 레위인을 임명하는 데 관심을 갖는다. 레위 지파와 관련해 레위의 세 아들이 게르손, 그핫, 므라리라는 사실은 이미 소개한 바 있다(6:1).[1] 이 세 가문은 게르손(23:7-11), 그핫(12-20절), 므라리(21-23절)의 세 갈래에 따른 레위인 행정 구조의 근간을 이룬다. 레위 지파는 성막에서 섬기기 위해 구별되었다. 그들의 주요 임무는 제사장을 섬기고 성막에 필요한 물자를 지원하며 노동력을 제공하는 것이었다(민 3-4장). 하나님은 모세에게 이렇게 말씀

하셨다. "레위 지파는 나아가 제사장 아론 앞에 서서 그에게 시종하게 하라. 그들이 회막 앞에서 아론의 직무와 온 회중의 직무를 위하여 회막에서 시무하되"(민 3:6-7). 레위인의 임무가 이번 장에서도 나열되지만 (대상 23:26-32), 성막과 그 성물을 거두어 옮겼던 이전의 임무와 달리, 영원한 성전 시대를 앞두고 이제 그들의 직무 양상이 바뀐다(26절). 왕국의 행정 구조에서 제사장과 레위인이 맡은 중심 역할은 하나님의 백성이 "제사장 나라"와 "거룩한 백성"임을 상기시킨다(출 19:6). 왕국은 유다 계보의 왕들이 통치했을 뿐만 아니라, 또한 **신성한** 왕국 곧 주님의 나라였다. 따라서 레위인의 역할은 부차적이거나 미미한 것이 아니라 이스라엘의 정체성과 목적의 중심이었다.

— 이야기 설명하기 —

솔로몬을 왕으로 임명하다(23:1-2)

다윗의 시대가 막바지에 다다르면서, 다윗은 아들 솔로몬을 공동 통치자로 임명하는 동시에 죽을 때까지 왕의 자리를 지킨다(23:1). 공식적이고 공개적인 기름 부음은 나중에 이루어지겠지만(참조. 29:22b-25), 열왕기에 기술된 배경 이야기는 솔로몬의 왕위 계승이 심각한 위협 아래 있었음을 시사한다(참조. 왕상 1장). 따라서 아들을 공동 통치자로 세우려는 다윗의 결정은 필연적이고 상당히 긴급한 사안이었다.[2] 역대기 저자는 솔로몬이 왕위를 계승하기 전의 격동기를 언급하지 않지만, 여기서 간략히 정리하는 게 도움이 될 것이다. 압살롬(마아가가 낳은 다윗의 아들)은 아버지의 왕위를 찬탈하려고 했지만 일련의 사건 끝에 결국 죽고 만다(삼하 15:1-18:18). 다윗이 나이 들었을 때 아도니야(학깃이 낳은 다윗의 또 다른 아들)가 왕위를 노리지만, 제사장 사독과 예언자 나단이 개입하면서 그의 계획은 좌절된다. 밧세바의 도움으로 솔로몬은 적법한 왕위 상속자로 확증된다(왕상 1장). 공동 통치 기간 동안 다윗은 솔로몬의 통치와 성전 건축을 준비하기 위해 왕국을 정비한다. 그래서 솔로몬이 '견습 왕'으로 통치하는 동안 다윗은 죽을 때까지 왕의 자리를 지킨다.[3] 이런 상황을 배경에 두고, 다윗은 이어지는 장들에서 리더십의 원활한 이양을 위해 주요 정치·종교 지도자들을 임명한다. 레위인(대상 23장), 제사장(24장), 음악가(25장), 문지기(26장), 지휘관과 관원(27장) 등 주요 지도자들의 이름과 책임이 다섯 장에 걸쳐 나온다.

세 가문을 따라 여러 갈래로 나뉜 레위인 (23:3-6)

모세의 전통에 따라(민 4:3-39) 다윗은 30세 이상 된 레위인의 수를 헤아린다(대상 23:3). 레위인의 봉사 연령은 다른 곳에서 20세로 나오기 때문에(23:24, 27; 대하 31:17; 스 3:8), 30세라는 나이는 더 오래된 자료를 암시하거나 혹은 특별한 필요에 따라 봉사 연령이 변경될 수 있었음을 암시한다. 레위인은 성전 관리, 관원과 재판관, 문지기, 예배 인도자 등 네 가지 주요 임무를 맡는다(대상 23:4-5).[4] 레위인은 게르손, 그핫, 므라리라는 세 가문에 따라 나뉜다.

레위 지파의 게르손 가문 (23:7-11)

게르손 가문 지도자들의 이름이 먼저 나오지만, 이 명단은 선별된 것이고 몇몇 이름과 관계는 쉽게 풀리지 않는다는 점에 유의해야 한다(23:7-11).[5] 예를 들어, 족보에서 게르손의 맏아들은 라단이지만 다른 곳에서는 립니로 확인된다(출 6:17; 민 3:18; 대상 6:17). 이는 라단을 (문자 그대로의 아들이 아니라) 립니의 후손으로 인정하는 세대 공백을 암시한다(다른 족보에서도 나타난 특징이다). 라단 가문은 주님의 집의 곳간을 관리하는 책임을 맡을 것이다(26:22). 시므이는 게르손의 원래 아들에 대한 언급일 수도 있지만(민 3:21; 대상 6:17), 흔한 이름이기 때문에(구약성경에 40회 이상 등장) 후대의 후손일 가능성도 똑같이 있다. 족보는 세대를 건너뛰고 성전에서 일하도록 배정된 당대의 레위인에 초점을 맞추는 것 같지만,[6] 또한 족보는 성전 인력의 정당성을 확보하기 위해 레위인 혈통이 보존되고 있음을(공백이 보이기는 하지만) 보증한다.

레위 지파의 그핫 가문(23:12-20)

두 번째로 추적하는 가문은 아므람, 이스할, 헤브론, 웃시엘 네 아들을 낳은 레위의 아들 그핫이다(23:12; 또한 6:2을 보라). 아므람이 아론과 모세의 아버지라는 점을 고려할 때(6:3), 이 족보는 역대상 6장에서, 특히 아론의 아들 엘르아살을 통한 제사장 족보에서 가장 중요한 위치를 차지한다. 엘르아살의 계보는 사독과 아사랴, 그리고 바벨론으로 유배된 여호사닥 등 중요한 제사장 인물들로 이어진다(1-15절).

역대기 저자는 아론이 "그 자손들과 함께 [영원토록] 구별되어"라고 언급한다(23:13). 이스라엘의 초기 및 형성기부터 하나님은 이스라엘을 거룩한 백성이 되도록 열방으로부터 "구별"하셨다(히. b-d-l, 레 20:24, 26; 참조. 왕상 8:53; 스 6:21; 9:1). 하나님은 레위인을 동료 이스라엘 백성으로부터 "구별"하여 섬기게 하셨기 때문에(민 8:14; 16:9) 이스라엘 안에서도 별도의 분리가 있었다. 하나님은 레위인 가운데 아론과 그의 아들들을 제사장으로 섬기도록 별도로 "구별"하셨다(16:1-40). 제사장 계보는 영원한 제사장직을 약속받은 엘르아살의 아들 비느하스를 통해 계속된다(25:10-13). 이스라엘 제사장의 임무는 "심히 거룩한 자가 되어 여호와 앞에 분향하고 섬기며 영원토록 그 이름으로 축복하[는]" 것이었다(대상 23:13). 하나님의 사람 모세는 레위의 후손이었기 때문에 그에 대한 언급이 여기 포함된 것은 적절하다(14절). 그리하여 모세는 하나님께 가까이 나아가고 하나님과 이스라엘 사이를 중재하는 신성한 임무를 레위인과 공유한다(출 3, 24, 32-34장). 모세의 두 아들 게르솜과 엘리에셀은 레위 지파에 속하기 때문에 그들도 후손들과 함께 족보에 포함된다(대상 23:15-20; 참조. 출 18:3-4). 이전의 족보와 마찬가지로, 이 명단에 있는 레위인 중 일부는 다윗의 통치 기간에 지도자 역할을 수행한 것으로 알려져 있다(참조. 대상 26:20-25).

레위 지파의 므라리 가문 (23:21-23)

레위의 셋째 아들 므라리 가문은 간략히 언급된다. 므라리에게는 두 아들, 마흘리와 무시가 있었지만(23:21; 출 6:19; 대상 6:29-30) 이 계보는 먼저 마흘리를 통해 이어지는데, 그의 아들은 엘르아살과 기스다. 엘르아살에게는 딸이 있었지만 아들을 낳지 못하고 죽었기 때문에, 기스의 아들들이 엘르아살의 딸들과 결혼한다. 기스의 후손은 나중에 히스기야 통치 기간에 언급된다(대하 29:12). 짧은 명단은 무시의 아들들을 잠깐 언급하면서 끝마친다.

레위인의 책임 (23:24-32)

20세 이상 된 레위인의 이름이 가문 우두머리를 따라 가문별로 등록되었다(23:24; 참조. 민 1:2-3). 다윗 치하에서 성취된 안식으로 인해 성전 인력에 대한 기록을 만들 필요가 있었다. 이로써 성전 건축이 임박했다(대상 23:25; 참조. 22:18). 레위인은 성막을 걷고 옮기는 일을 맡는 대신 성전에서 섬기면서 자신들의 책임을 수행해야 했다.[7] 그들의 임무는 이렇게 설명된다. "여호와의 성전과 뜰과 골방에서 섬기고 또 모든 성물을 정결하게 하는 일 곧 하나님의 성전에서 섬기는 일과 또 진설병과 고운 가루의 소제물 곧 무교전병이나 과자를 굽는 것이나 반죽하는 것이나 또 모든 저울과 자"를 맡았다(23:28-29). 하나님을 향한 예배는 왕국의 삶 중심에 있었고, 레위인은 주님 앞에서 섬기면서 감사와 찬양으로 이

스라엘을 인도하는 특권을 받는다(30-31절; 참조. 대상 15-16장).[8]

이야기 살아내기

하나님의 백성은 하나님을 섬기기 위해 구별된다

구약성경에서 하나님은 레위 지파를 구별해 주님 앞에서 섬기게 하셨다. 하나님은 나아가 아론과 그의 아들들을 제사장 직무를 위해 구별하셨고, 그들 가운데 대제사장에게는 1년에 하루, 휘장 너머 하나님의 임재에 나아가는 특별한 권한이 주어졌다(레 16장을 보라). 성전에서 섬기기 위한 전제 조건이 레위인의 혈통이었기 때문에, 역대기에서 레위 지파의 족보는 매우 중요하다. 귀환 공동체에서 레위인의 혈통 기록을 찾을 수 없는 가문은 부정한 것으로 간주되었고, 그래서 제사장직에서 제외되었다(스 2:61-63). 조상의 유산은 결코 사소한 문제가 아니었다!

레위인은 하나님께 가까이 다가가 그분을 섬기도록 구별되었지만, 그들의 소명은 에덴동산을 "경작하며 지키는" 제사장 역할이 아담에게 주어졌던 옛 시대를 연상시킨다(창 2:15).[9] 웬함(Wenham)은 창세기 2:15에 사용된 두 동사(히. *sh-m-r*와 *'-b-d*)가 레위인의 임무를 설명하는 본문에 함께 나온다는 점에 주목한다(민 3:7-8; 8:26; 18:5-6). 그래서 웬함은 이렇게 결론을 맺는다. "에덴을 이상적인 성소로 볼 수 있다면, 아마도 아담은 레위인의 원형으로 묘사되어야 할 것이다."[10] 아담을 연상시키는 언어로 레위인을 묘사하는 것은 어떤 의미에서 하나님께 나아가 찬양을 드리는 그들의 역할이 **인류**를 위한 것임을 암시한다. 다시 말해, 레위인의 정체성과 소명은 더 큰 실재를 가리킨다.

존 데이비스(John A. Davies)는 출애굽기 19:5에 대한 광범위한 연구를 통해, 하나님께서 이스라엘을 구별하신다는 것은 하나님의 백성이 왕족과 제사장의 특권적 지위를 누려야 한다는 의미이며, 여기에는 하나님의 하늘 법정에 접근하는 권한이 포함된다고 결론을 내린다.[11] 성전 자체는 하나님의 하늘 보좌를 반영하고,[12] 따라서 이스라엘의 제사장과 레위인은 거룩하신 하나님 앞에 가까이 나아갈 때 신성한 영역에 접근할 권한을 받는다. 그런데 출애굽기 19:5은 **온 이스라엘**이 하나님의 소중한 소유물로서 이 특별한 관계를 누리는 것이 하나님의 의도였음을 시사한다.[13] 한(Hahn)은 히스기야 통치 기간에 거룩한 회중이 예배를 위해 모일 때 하나님께 가까이 나아가 예물을 바치도록 초대받았다는 통찰력있는 이야기를 한다(대하 29:31). 그는 백성의 성별과 하나님께 가까이 나아감을 묘사하는 단어가 바로 이스라엘의 제사장에게 사용된 것이고,[14] 그래서 히스기야는 마치 백성들이 제사장인 것처럼 말하고 있다고 언급한다.[15] 그곳에 모인 회중에는 이방인도 포함되어서, 거룩한 회중이 이스라엘 민족에게만 국한되지 않음을 상기시킨다(30:25).

예언자 이사야는 레위인의 혈통이 더 이상 제사장 직분의 전제 조건이 아닌 때를 고대했다. 예언자는 열방이 한꺼번에 나아오는 영광스러운 시온에 대한 환상에서, 하나님이 **열방 가운데서** 제사장과 레위인을 취하시는 모습을 상상한다. 그는 **이방인**이 직접 주님과 연결될 때를 고대한다(사 56:6; 66:20-21). 고대의 폐허를 재건하실 때, 하나님은 모인 백성을 "여호와의 제사장"과 하나님의 "봉사자"라고 부르실 것이다(61:6). 이 말씀은 하나님의 **모든** 백성, 심지어 열방에서 온 이들에게도 이 특권적 소명이 주어져서 하나님의 임재에 접근할 수 있게 될 때를 예고한다.

히브리서 저자는 이런 유구한 역사를 염두에 두고, 신자들은 예수님의 희생적 죽음을 통해 하나님 앞에 제한 없이 자유롭게 나아갈 수 있다고 설명한다. 구약성경에서 레위인은 성전에서 섬기면서 성전과 관련된 온갖 종류의 일을 맡았지만, 하나님 앞에 나아가는 **그들의** 접근 권한은 제한적이었다. 제사장은 제단에서 집전했지만, 대제사장만은 1년에 하루 지성소에 들어갈 수 있었다(레 16장; 히 9:1-14). 놀랍게도, (멜기세덱의 서열에 따라) 큰 대제사장이신 예수님을 통해 우리는 **휘장 너머에 있는** 하나님의 하늘 성소에 들어갈 수 있다는 확신을 가진다(히 10:19-22).[16] 성전에 계신 하나님의 특징인 하나님의 숨어 계심(hiddenness)과 범접할 수 없음은 이제 **성전 휘장이 둘로 찢기면서** 예수님을 통해 열렸다. 우리가 예배를 통해 하나님께 다가갈 수 있는 이유는 예수님께서 새로운 산 길을 열어 놓으셨기 때문이다. 예수님은 하늘로 들어가셔서 자신이 흘린 피를 통해 결정적인 정화를 성취하셨다.

베드로는 그리스도 안에서 신자들이 "신령한 집으로 세워지고 예수 그리스도로 말미암아 하나님이 기쁘게 받으실 신령한 제사를 드릴 거룩한 제사장"이 되었다는 놀라운 진술을 한다(벧전 2:5). 이사야는 이방인이 하나님의 제사장과 봉사자가 될 것이라고 보았고, 이제 베드로는 이방인을 포함한 하나님의 백성에게 다음과 같이 상기시킨다. "그러나 너희는 택하신 족속이요 왕 같은 제사장들이요 거룩한 나라요 그의 소유가 된 백성이니 이는 너희를 어두운 데서 불러내어 그의 기이한 빛에 들어가게 하신 이의 아름다운 덕을 선포하게 하려 하심이라"(벧전 2:9; 참조. 계 1:6; 5:10). 이것은 구약에서 레위인을 통해 내다보았고, 제사장으로 영원히 섬기시는 큰 대제사장 예수님을 통해 성취된 우리의 특권이자 고귀한 소명이다. 레위인은 매일 아침과 저녁에 서서 주님께 감사하고 찬양해야 했다(대상 23:30). 그래서 역대기 저자에게 "삶은 영원한 예배를 위한 것"이고, 이 예배는 "기쁨과 진심이 담긴 일"이 되어야 했다.[17] 우리는 그리스도 안에서 성취된 모든 것을 적용하여 예배를 통해 하나님께 가까이 나아가라고 권고받는다. 역대기와 조화를 이루는 가운데, 예배가 기쁨과 진심이 담긴 일이 되기를 바란다.

24

역대상 24:1-31

이야기 경청하기

¹아론 자손의 계열들이 이러하니라 아론의 아들들은 나답과 아비후와 엘르아살과 이다말이라 ²나답과 아비후가 그들의 아버지보다 먼저 죽고 그들에게 아들이 없으므로 엘르아살과 이다말이 제사장의 직분을 행하였더라 ³다윗이 엘르아살의 자손 사독과 이다말의 자손 아히멜렉과 더불어 그들을 나누어 각각 그 섬기는 직무를 맡겼는데 ⁴엘르아살의 자손 중에 우두머리가 이다말의 자손보다 많으므로 나눈 것이 이러하니 엘르아살 자손의 우두머리가 열여섯 명이요 이다말 자손은 그 조상들의 가문을 따라 여덟 명이라 ⁵이에 제비 뽑아 피차에 차등이 없이 나누었으니 이는 성전의 일을 다스리는 자와 하나님의 일을 다스리는 자가 엘르아살의 자손 중에도 있고 이다말의 자손 중에도 있음이라 ⁶레위 사람 느다넬의 아들 서기관 스마야가 왕과 방백과 제사장 사독과 아비아달의 아들 아히멜렉과 및 제사장과 레위 사람의 우두머리 앞에서 그 이름을 기록하여 엘르아살의 자손 중에서 한 집을 뽑고 이다말의 자손 중에서 한 집을 뽑았으니 ⁷첫째로 제비뽑힌 자는 여호야립이요 둘째는 여다야요 ⁸셋째는 하림이요 넷째는 스오림이요 ⁹다섯째는 말기야요 여섯째는 미야민이요 ¹⁰일곱째는 학고스요 여덟째는 아비야 ¹¹아홉째는 예수아요 열째는 스가냐요 ¹²열한째는 엘리아십이요 열두째는 야김이요 ¹³열셋째는 훕바요 열넷째는 예세브압이요 ¹⁴열다섯째는 빌가요 열여섯째는 임멜이요 ¹⁵열일곱째는 헤실이요 열여덟째는 합비세스요 ¹⁶열아홉째는 브다히야요 스무째는 여헤스겔이요 ¹⁷스물한째는 야긴이요 스물두째는 가물이요 ¹⁸스물셋째는 들라야요 스물넷째는 마아시야라 ¹⁹이와 같은 직무에 따라 여호와의 성전에 들어가서 그의 아버지 아론을 도왔으니 이는 이스라엘의 하나님 여호와께서 명하신 규례더라 ²⁰레위 자손 중에 남은 자는 이러하니 아므람의 아들들 중에는 수바엘이요 수바엘의 아들들 중에는 예드야며 ²¹르하뱌에게 이르러는 그의 아

들들 중에 우두머리 잇시야요 ²²이스할의 아들들 중에는 슬로못이요 슬로못의 아들들 중에는 야핫이요 ²³헤브론의 아들들은 장자 여리야와 둘째 아마랴와 셋째 야하시엘과 넷째 여가므암이요 ²⁴웃시엘의 아들들은 미가요 미가의 아들들 중에는 사밀이요 ²⁵미가의 아우는 잇시야라 잇시야의 아들들 중에는 스가랴이며 ²⁶므라리의 아들들은 마흘리와 무시요 야아시야의 아들들은 브노이니 ²⁷므라리의 자손 야아시야에게서 난 자는 브노와 소함과 삭굴과 이브리요 ²⁸마흘리의 아들 중에는 엘르아살이니 엘르아살은 아들이 없으며 ²⁹기스에게 이르러는 그의 아들 여라므엘이요 ³⁰무시의 아들들은 마흘리와 에델과 여리못이니 이는 다 그 조상의 가문에 따라 기록한 레위 자손이라 ³¹이 여러 사람도 다윗 왕과 사독과 아히멜렉과 제사장과 레위 우두머리 앞에서 그들의 형제 아론 자손처럼 제비 뽑혔으니 장자의 가문과 막내 동생의 가문이 다름이 없더라

이야기 속 다른 본문 경청하기
레위기 10장

   다윗은 계속 솔로몬의 통치와 그가 건축할 성전을 준비하면서, 엘르아살과 이다말 두 제사장 가문을 따라 제사장 직분을 스물네 개 갈래로 조직한다.[1] 모세 시대에 아론과 그의 아들 나답, 아비후, 엘르아살, 이다말은 제사장으로 구별되어 섬겼다(출 28:1-2). 그런데 아론의 두 아들 나답과 아비후는 공인되지 않은 불을 하나님 앞에 드렸다가 죽었다(레 10:1-2; 참조. 레 16:1). 이후 제사장직은 아론의 남은 두 아들, 엘르아살과 이다말을 중심으로 나뉘었다(참조. 민 3:1-4, 10; 16:9-10, 39-40 등). 그들 가문은 제단에서 집전하고 이스라엘의 죄를 속하는 신성한 소명을 받았다. 다만 각 세대에서 한 아들만 대제사장으로 섬겼고, 대제사장직은 아버지가 죽은 후 이 책임을 떠맡게 되었으며(신 10:6; 참조. 레 16:32; 민

20:23-29), 이 승계는 엘르아살 가문을 통해 이루어진다(3:32). 제사장 직분은 세습되었기 때문에 역대기 저자는 족보에 큰 관심을 기울이고, 이번 장 초반에는 사독(다윗 시대에 제사장으로 섬긴)이 엘르아살의 후손이었다고 언급한다(대상 24:3). 계속해서 엘르아살과 이다말 두 제사장 계보에 초점을 맞추는데, 그들의 후손들이 이스라엘의 제사장으로 섬길 것이기 때문이다.

이야기 설명하기

엘르아살과 이다말의 제사장 계보(24:1-6)

24장은 두 부분으로 나뉘는데, 제사장직의 갈래로 시작해(1-19절) 추가적인 레위인의 이름이 뒤따른다(20-31절). 처음에는 아론과 네 아들의 이름이 언급되지만 제사장직은 엘르아살과 이다말의 계보로 계승되고(1절; 참조. 15:11), 다윗 시대에는 사독(엘르아살의 계보에서 태어난)과 아히멜렉(이다말의 계보에서 태어난)이 대표한다. 우리는 이미 언약궤를 예루살렘으로 가져올 때 사독과 (아히멜렉의 아들) 아비아달이 핵심 지도자로서의 역할을 수행한 것을 보았다(11-14절; 16:39-40).

사독은 다윗이 신뢰하는 충성스러운 종이라는 사실이 입증되었다(삼하 15:24-29; 17:15-29; 왕상 1:8, 32-40). 그는 대제사장 아비아달이 솔로몬에게 불충을 범한 후 솔로몬 통치 기간에 대제사장이 되었다(2:27, 35; 참조. 삼상 2:27-36). 사독 가문의 중요한 역할은 그들의 수가 많다는 점에서 확인된다. 열여섯 명의 가문 우두머리는 사독의 갈래를 대표하는 반면, 여덟 명의 가문 우두머리는 이다말의 갈래를 대표하기 때문이다(대상 24:4). 두 제사장 가문의 분업은 제비뽑기로 결정되었고, (레위인이던) 서기관 스마야는 왕, 방백, 사독과 아히멜렉, 제사장 및 레위인 가족의 우두머리들 앞에서 그 결과를 기록한다(6절).

제비뽑기에 따른 제사장직 배분(24:7-19)

제비뽑기의 활용은 오늘날 생소하지만 고대 세계에서는 흔한 일이다(욜 3:3; 욘 1:7; 나 3:10; 참조. 시 22:18). 제비는 열두 지파에게 땅을 분배할 때 사용되었다(민 26:55, 56; 33:54; 34:13-14; 또한 수 14:2; 대상 6:61, 63, 65 등을 보라).[2] 구약성경에서 제비는 하나님의 뜻을 확인하는 데 사용되었는데, 하나님께서 제비를 통해 일하신다는 기대가 있었기 때문이다(레 16:8-10을 보라). 한 잠언은 이렇게 간결하게 요약한다. "제비는 사람이 뽑으나 모든 일을 작정하기는 여호와께 있느니라"(잠 16:33; 또한 행 1:23-26을 보라). 따라서 여호수아가 제비를 뽑을 때 그는 "여호와 앞에서" 제비를 뽑았고(수 18:6, 8, 10), 이번 장에서는 왕과 이스라엘의 종교 지도자들 앞에서 제비를 뽑는다(대상 24:5-6). 제비뽑기의 또 다른 장점은 한 가문이 편애나 특혜를 받지 않도록 제사장 가문들 간에 공평한 책임 분배와 순환을 보장했다는 점이다.

제사장으로 섬기는 스물네 명의 이름이 기록되어 있는데, 열여섯 명은 엘르아살 가문에서, 여덟 명은 이다말 가문에서 나왔다(24:7-18). 이 이름들은 '당번표'(roster)에 해당하는데, 1년 동안 개인이나 소그룹에 특정 임무를 부여하는 교회의 당번 명단과 다르지 않다. 여호야립이 먼저 등장함으로써 그의 가족의 중요성을 강조하며, 특히 후대의 유대 역사에서 중요한 역할을 할 마카베오 가문이 이 계보에서 나온다(참조. 마카베오상 2:1).[3] 이 명단은 기록의 목적을 강조하면서 마무리된다. "이와 같은 직무에 따라 여호와의 성전에 들어가서 그의 아버지 아론을 도왔으니 이는 이스라엘의 하나님 여호와께서 명하신 규례더라"(대상 24:19). 아론이 정한 규례에 따라 성전에서 섬길 제사장을 질서정연하고 체계적으로 배정하는 데 초점이 있다.

제비뽑기에 따른 레위인 가문(24:20-31)

이번 장은 성전 인력으로 섬긴 레위인 명단으로 마무리된다(24:20-30). 레위인 가문은 이미 소개되었기 때문에(23:16-23), 그들이 여기 포함된 것은 제사장이 아닌 레위 계보로 관심을 끌기 위한 것일 수 있고, 나아가 레위인과 제사장 사이의, 또한 아론의 두 제사장 계보 사이의 불화를 치유함으로써 모두가 성전에서 섬기도록 하나님께서 부르셨다고 확증하기 위한 것일 수도 있다.[4] 제사장의 갈래와 마찬가지로 제비뽑기가 다시 사용되고, 다윗왕과 사독, 아히멜렉 및 다른 지도자들 앞에서 공개적으로 제비를 뽑는다(24:31).

이야기 살아내기

공평한 임무 분배

제사장직이 24장의 중심이지만 이 주제에 대해 다른 곳에서 다루었기 때문에,[5] 우리는 본문에서 제기된 또 다른 중요한 문제에 대해 숙고할 것이다. 바로 공평한 임무 분배와 더불어 제비뽑기를 사용한 것이다. 다윗은 제사장과 레위인의 임무 배정을 결정하기 위해 제비를 뽑았고, 다음 두 장에서 음악가와 문지기에게 책임을 부여할 때도 제비를 뽑을 것이다(25:8-9; 26:13-14). 제비의 기능 중 하나는 어느 한쪽에 치우치지 않고 레위인 가문 사이에 공평한 임무 분배를 보장하기 위한 것이었다. 역대기 저자는 여러 번 이 점에 주목하면서 두 제사장 가문이 "차등이 없이" 나뉘었다고 언급하고(24:5), 마지막에 장자 가문과 동생 가문이 똑같이 대우받았다고 언급한다(31절). 마찬가지로 레위 음악가들에게 책임을 부여할 때도 "큰 자나 작은 자나 스승이나 제자를 막론하고" 임무를 배정했다(25:8). 성전 문지기도 "가문을 따라 대소를 막론하고" 제비를 뽑았다(26:13). 제비뽑기는 제사장 가문과 레위인 가문 사이에 편애나 특혜가 없음을 보장했으며, 제비는 궁극적으로 하나님의 뜻을 분별하는 데 사용되었기 때문에, 제비뽑기는 하나님께서 그들의 임무를 정하신다는 것을 의미했다.

오늘날 교회 상황에서, 특히 피아노나 오르간을 연주하는 사람과 관련해 교회에서 특정 음악인 가족이나 음악가가 두각을 나타내는 경우가 드물지 않다. 우리는 한두 명의 뛰어난 음악가들이 더 많이 예배 무대에 설 '권리'를 가지고 있다고 단정하는 이야기에 무척이나 익숙하다. 특정 음악인 가족을 선호하게 되면 불가피하게 다른 음악인은 하나님을 섬기는 데 자신의 은사를 사용하지 못하도록 배제하게 된다. 이 이야기에 나오는 공평한 임무 분배의 원리는 한두 사람을 다른 사람들보다 선호하지 않도록 일종의 순환 제도를 채택함으로써 교회에 쉽게 적용될 수 있다.

나아가 자펫은 포로기 이후에 필요 이상으로 많은 제사장과 레위인이 있었다고 지적한다. 갈래에 따른 조직화를 통해(느 10장을 보라) 성직자로 섬기면서 그 특권을 누리기 위해 경쟁하는 사람들에게 그렇게 할 수 있는 기회를 보장했지만, 항상 그런 것은 아니었다.[6] 마찬가지로 교회 안에 자격을 갖춘 음악가가 필요 이상으로 많을 경우에는 일종의 순환을 통해 모두가 은사를 사용하게 할 수 있다.

이 장들 저변에 흐르는 핵심 개념은 레위인이 **섬김**을 위해 부름받았다는 점이다(민 8:14-22; 16:9). 따라서 본문 전반에서 '섬김'이라는 단어가 사용되는 것은 놀라운 일이 아니고(대상 23:24, 26, 28, 32; 24:3, 19; 25:1 등. NIV에서 'served', 'ministering/ministry'로 다양하게 번역됨), 하나님을 섬기는 고귀한 소명에 비추어 볼 때 개인적 선호는 부차적인 것임을 강조한다. 우리는 하나님께서 주신 은사에 충실하도록 부름받지만, 그 은사는 사랑 안에서 몸을 세우도록(엡 4:1-16) 공동선을 위해 성령께서 주신 것이다(고전 12:1-31). 이것이 우리의 섬김 목표가 되어야 한다. 은사는 자신을 영화롭게 하거나 자신의 잇속을 위해 사용되지 않아야 한다. 교회는 편애나 편파성을 위한 장소가 아니고(약 2:1-9), 오히려 우리는 주님의 몸을 세우는 데 은사를 사용하도록 부름받았다.

　이 주제를 묵상하면서, 필자가 지난 20년간 근무했던 기관의 한 선배 교수님이 떠올랐다. 10여 년 전, 필자는 구약성경 개관 과목의 온라인 수업 녹화에 대해 디지털 교육부서와 상의한 적이 있다. 당시에 한 구약학 선배 교수가 디지털 교육부서와 온라인 과정으로 가르치는 것에 대해 이미 대화를 나누었다는 말을 들었다. 필자는 선배의 의견을 기꺼이 따랐지만, 사무실로 돌아온 후 그분의 전화를 받았다. 선배는 필자가 이 과정을 개발하는 데 관심이 있다는 말을 들었다고 했고, 놀랍게도 **내가** 이 과정으로 가르치기 원하는 것을 알고 양보했다고 알려 주었다. 하나님의 종으로서 그분은 기꺼이 자신의 권리를 포기했다. 하나님은 우리 모두가 서로를 필요로 하도록 교회를 설계하셨다. 따라서 한 사람이 다른 사람보다 더 가치 있는 것이 아니다(고전 12:4-31). 어떤 특권적 임무에 대한 특혜나 경쟁으로 인한 분열은 그리스도의 몸 안에서 설 자리가 없다. 주님을 섬기는 일차적 소명을 고려할 때 우리 자신의 개인적 선호는 부차적인 것이어야 한다. 이 섬김 주제는 레위인 음악가들이 예배로 이스라엘을 인도하도록 임명되는 다음 장에서 계속된다. 그때에도 임무는 제비뽑기로 배정된다.

25 역대상 25:1-31

이야기 경청하기

¹다윗이 군대 지휘관들과 더불어 아삽과 헤만과 여두둔의 자손 중에서 구별하여 섬기게 하되 수금과 비파와 제금을 잡아 신령한 노래를 하게 하였으니 그 직무대로 일하는 자의 수효는 이러하니라 ²아삽의 아들들은 삭굴과 요셉과 느다냐와 아사렐라니 이 아삽의 아들들이 아삽의 지휘 아래 왕의 명령을 따라 신령한 노래를 하며 ³여두둔에게 이르러서는 그의 아들들 그달리야와 스리와 여사야와 시므이와 하사뱌와 맛디디야 여섯 사람이니 그의 아버지 여두둔의 지휘 아래 수금을 잡아 신령한 노래를 하며 여호와께 감사하며 찬양하며 ⁴헤만에게 이르러는 그의 아들들 북기야와 맛다냐와 웃시엘과 스브엘과 여리못과 하나냐와 하나니와 엘리아다와 깃달디와 로맘디에셀과 요스브가사와 말로디와 호딜과 마하시옷이라 ⁵이는 다 헤만의 아들들이니 나팔을 부는 자들이며 헤만은 하나님의 말씀을 가진 왕의 선견자라 하나님이 헤만에게 열네 아들과 세 딸을 주셨더라 ⁶이들이 다 그들의 아버지의 지휘 아래 제금과 비파와 수금을 잡아 여호와의 전에서 노래하여 하나님의 전을 섬겼으며 아삽과 여두둔과 헤만은 왕의 지휘 아래 있었으니 ⁷그들과 모든 형제 곧 여호와 찬송하기를 배워 익숙한 자의 수효가 이백팔십팔 명이라 ⁸이 무리의 큰 자나 작은 자나 스승이나 제자를 막론하고 다같이 제비 뽑아 직임을 얻었으니 ⁹첫째로 제비 뽑힌 자는 아삽의 아들 중 요셉이요 둘째는 그달리야니 그와 그의 형제들과 아들들 십이 명이요 ¹⁰셋째는 삭굴이니 그의 아들들과 형제들과 십이 명이요 ¹¹넷째는 이스리이니 그의 아들들과 형제들과 십이 명이요 ¹²다섯째는 느다냐니 그의 아들들과 형제들과 십이 명이요 ¹³여섯째는 북기야니 그의 아들들과 형제들과 십이 명이요 ¹⁴일곱째는 여사렐라니 그의 아들들과 형제들과 십이 명이요 ¹⁵여덟째는 여사야니 그의 아들들과 형제들과 십이 명이요 ¹⁶아홉째는 맛다냐니 그의 아들들과 형제들과 십이 명이요 ¹⁷열째는 시므이니

그의 아들들과 형제들과 십이 명이요 [18]열한째는 아사렐이니 그의 아들들과 형제들과 십이 명이요 [19]열두째는 하사뱌니 그의 아들들과 형제들과 십이 명이요 [20]열셋째는 수바엘이니 그의 아들들과 형제들과 십이 명이요 [21]열넷째는 맛디디야니 그의 아들들과 형제들과 십이 명이요 [22]열다섯째는 여레못이니 그의 아들들과 형제들과 십이 명이요 [23]열여섯째는 하나냐니 그의 아들들과 형제들과 십이 명이요 [24]열일곱째는 요스브가사니 그의 아들들과 형제들과 십이 명이요 [25]열여덟째는 하나니니 그의 아들들과 형제들과 십이 명이요 [26]열아홉째는 말로디니 그의 아들들과 형제들과 십이 명이요 [27]스무째는 엘리아다니 그의 아들들과 형제들과 십이 명이요 [28]스물한째는 호딜이니 그의 아들들과 형제들과 십이 명이요 [29]스물두째는 깃달디니 그의 아들들과 형제들과 십이 명이요 [30]스물셋째는 마하시옷이니 그의 아들들과 형제들과 십이 명이요 [31]스물넷째는 로맘디에셀이니 그의 아들들과 형제들과 십이 명이었더라

이야기 속 다른 본문 경청하기

시편 150:1-6

성전 건축을 위한 다윗의 준비는 찬양과 경배로 이스라엘을 인도할 레위인 찬양대 임명으로 계속된다. 다윗 자신이 재능 있는 음악가요 작사가였기 때문에(삼상 16:18; 삼하 22:1), 그가 이미 소개된 주제인 음악가 임명에 많은 관심을 기울인 것은 놀라운 일이 아니다(대상 6:31-32; 13:8; 15:16, 19). 이것은 실제로 다윗의 유산 중 하나로, 제의 전통에서 중요한 발전에 해당한다.[1] 하나님 찬양은 거룩하신 하나님 앞에서 이스라엘 존재의 중심이었고, 따라서 당연히 이 성스러운 임무에 주의를 기울여야 한다. 시편의 마지막 시에서는 다양한 악기로 연주되는 찬양이 크게 울려 퍼지는데, 각각의 악기가 주님을 찬양하는 데 사용된다.

할렐루야.

　그의 성소에서 하나님을 찬양하며
　　그의 권능의 궁창에서 그를 찬양할지어다.
　그의 능하신 행동을 찬양하며
　　그의 지극히 위대하심을 따라 찬양할지어다.
　나팔 소리로 찬양하며
　　비파와 수금으로 찬양할지어다.
　소고 치며 춤추어 찬양하며
　　현악과 통소로 찬양할지어다.
　큰 소리 나는 제금으로 찬양하며
　　높은 소리 나는 제금으로 찬양할지어다.

　호흡이 있는 자마다 여호와를 찬양할지어다

　할렐루야. (시 150:1-6)

주님을 찬양하라는 이 초대는 예배의 중요성을 강조하고, 당연히 다윗은 이 성스러운 임무에 레위인을 임명하는 일을 매우 중요하게 여긴다.
　고대 세계에서도 악기는 발달했는데, 악기를 연주하는 음악가를 묘사한 여러 유물은 이에 대한 반가운 사례다. 아스돗에서 발견된 주전 11세기 말 또는 10세기 초의 테라코타 제의 받침대에서는 피리, 제금, 수금, 북을 연주하는 음악가들의 앙상블을 묘사한다.[2] 이스라엘 박물관에 전시된 주전 7세기 것으로 추정되는 또 다른 테라코타 형상은 더블 플루트(double flute)를 연주하는 음악가의 모습을 묘사한다.[3] 이스라엘에서 고대의 다양한 피리가 발견되었는데, 그중 하나는 약 11센티미터 길이의 뼈로 만들어졌다.[4] 이런 고고학적 발견은 이 장을 고대의 맥락 안에 두는 데 도움이 되는 악기들의 풍부한 사례들을 제시한다.[5]

이야기 설명하기

다윗이 이스라엘의 예배를 인도할 세 레위 가문을 구별하다 (25:1-7)

다윗과 그의 군대 지휘관들은 아삽, 헤만, 여두둔의 자손 중에서 이스라엘의 예배를 인도할 음악가를 구별했다(25:1). 군대 지휘관이 선발 과정에 관여하는 것이 이례적으로 보이겠지만, 메릴이 지적하듯이 **거룩한 전쟁에서는 주님께 노래를 불렀기 때문에 음악가들은 종종 이스라엘의 전투에 동행했다**(참조. 출 15:1-18, 20-21; 삿 5:1-31; 또한 대하 20:20-22을 보라).[6] 다른 곳에서 아삽, 헤만, 여두둔의 세 레위 지파는 예배에서 중요한 역할을 한다고 언급되었고, 그들이 사용하는 다양한 악기에는 제금, 나팔, 비파, 수금 등이 있다. 그들과 그들의 가문은 성전을 봉헌할 때 중요한 역할을 맡을 것이다. "노래하는 레위 사람 아삽과 헤만과 여두둔과 그의 아들들과 형제들이 다 세마포를 입고 제단 동쪽에 서서 제금과 비파와 수금을 잡고 또 나팔 부는 제사장 백이십 명이 함께 서 있다가"(대하 5:12). 이들은 노래와 악기로 하나님께 감사하기 위해 선택되고 지명된 세 가문이다(대상 16:4, 41-42). 레위인은 매일 아침과 저녁에 하나님께 감사와 찬양을 드려야 했다(23:30). 하나님을 향한 찬양은 일주일 중 하루인 안식일이나 주요 절기로 밀려나지 않고 **매일** 행해졌다.

"신령한 노래를 하게"(for the ministry of prophesying) 세 레위 가문이 구별된다(25:1). 동사 '예언하다'(prophesy, 히. n-b-'; 개역개정은 '신령한 노래를 하다')는 서두 구절에 세 번 나오는데, 역대기에서 이 동사의 첫 번째 등장이다(1-3절; 참조. 대하 18:7, 9, 11, 17; 20:37). 이 단어는 다른 곳에서 성령이 임한 후 예언한 이스라엘의 장로들(민 11:25-27)과 예언자 일반(예. 대하 18:7, 17; 20:37)을 묘사할 때 사용되었다. 레위인의 예언은 일종의 음악을 동반한(참조. 삼상 10:5-6) 성령의 즉흥적 발화를 암시하거나(참조. 행 2:4), 찬송시가 성령의 영감을 받아 예언적 특성을 지닌다는 것을 나타낸다. 특히 아삽(레위인)은 예언자 직분을 맡았고(대상 25:2), 아삽과 헤만과 여두둔은 다른 곳에서 "선견자"로 나온다(아삽은 대하 29:30; 헤만은 대상 25:5; 여두둔은 대하 35:15).[7] 레위인은 왕궁에서 예언자 역할을 수행했을 수도 있다.[8] 이 '예언하다'라는 표현은 거룩한 회중 내에서 레위인의 중요한 역할을 강조하고, 무엇보다 예배에서 성령의 역할을 상기시킨다. 따라서 주님의 영이 야하시엘이라는 사람에게 임했을 때 그는 여호사밧에게 예언의 말씀을 전하는데, 특별히 그는 아삽의 자손에 속한 레위인으로 확인된다(대하 20:14-17). 또 다른 본문에서 제사장 여호야다의 아들 스가랴에게 성령이 임했을 때, 그는 일반적인 예언 문구 "하나님이 이같이 말씀하시기를"을 활용해 요아스에게 경고의 말씀을 전한다. 물론 스가랴의 말은 거부당하고 그는 죽지만(24:20-21), 이 본문은 레위인 가운데 여러 종류의 예언 활동이 있었음을 시사한다.

다음으로 아삽, 여두둔, 헤만의 후손이 나오는데(대상 25:2-5), 핵심 지도자 역할을 맡은 아삽부터 시작한다. 많은 시편이 그의 것으로 인정되고(시 50, 73-83편; 참조. 대하 29:30), 그는 또한 수석 음악가로 확인된다(대상 16:5). 그의 후손들은 귀환 공동체의 예배에서 계속 중심 역할을 맡았다는 사실을 명심해야 한다(참조. 스 2:41; 느 7:44; 11:17; 12:46). 여두둔의 후손이 다음에 나온다(대상 25:3). 그의 이름은 세 개의 시편과 관련해 등장하고(시 39:1; 62:1; 77:1), 아삽과 마찬가지로 그의 가문은 예배 본문에서 중요하게 등장한다(대상 16:41, 42; 대하 5:12; 35:15). 헤만의 후손이 마지막에 나온다(25:4-5). 그가 대가족을 이룬 것은 그를 높이겠다는 하나님의 약속 때문이고, 딸들이 언급된 유일한 인물이기도 하다(5절). 레위인 음악가 중에 여성이 있다는 것은 레위 지파 출신인 미리암을 떠올리게 한다(출 15:1, 21). 세 음악가 가문은 그들 아버지의 지도 아래 있는 반면, 아삽과 여두둔과 헤만은 다윗왕의 직접적인 지도 아래 있다. 주님의 집에서 그들이 맡은 직무에는 제금, 비파, 수금 등 악기를 연주하면서 부르는 노래가 포함된다(대상 25:6). 이 세 가문의 음악가 후손은 전부 288명이다. 제사장과 레위인의 임무를 배분할 때와 마찬가지로 특정한 직무를 위해 제비를 뽑았고, 이로써 확실히 편애나 특혜가 없도록 했다(8절).[9]

레위인 음악가들의 직무를 위해 제비를 뽑다(25:8-31)
첫 번째 제비는 아삽에게 뽑혔고, 이 과정은 스물네 개의 제비를 뽑을 때까지 계속된다. 이 명단에 언급된 여러 이름 중에는 요셉(25:2)이나 그달리야(3절)와 같이 이미 소개된 이름도 있지만, 다른 이름들은 추가로 언급되지 않는다. 음악가들을 스물네 개 그룹으로 나눈 것은(8-31절) 제사장을 스물네 개 갈래로 임명한 다윗의 제도와 일맥상통한다(24:7-18). 다윗의 군대는 열두 개 반열로 나뉘겠지만, 2만 4천이라는 숫자가 지배적이기 때문에[10] 다윗의 행정 구조에 더 강한 대칭성을 부여할 것이다.

— 이야기 살아내기 —

교회는 찬양과 감사를 이어 간다
하나님의 백성 가운데 계신 그분의 임재는 주변 열방과 하나님의 백성을 구별하는 요소였고(참조. 출 33:16), 따라서 성전에서 주님께 드리는 예배는 삶의 중심이었다. 레위인이 큰 소리로 주님을 경축할 때 이스라엘은 기쁨으로 크게 찬양해야 했다(대상 15:16-22, 28). 시편은 공동체 전체를 향해 주님을 찬양하라고 권면한다. 시편 68:4은 이렇게 하라고 공동체를 초대한다. "하나님께 노래하며 그의 이름을 찬양하라. 하늘을 타고 광야에 행하시던 이를 위하여 대로를 수축하라. 그의 이름은 여호와이시니 그의 앞에서 뛰놀지어다"(또한 시 98:1; 105:2; 149:1; 렘 20:13을 보라). 사실, **온 땅**을 향해 주님을 찬양하라고 권면한다!(시 68:32; 96:1)[11]

하나님을 찬양하는 이 오랜 전통은 이스라엘 백성이 유배에서 돌아왔을 때도 계속되어, 아삽 가문의 찬양대원과 다른 남녀 찬양대원이 귀환자 명단에 들어 있다(스 2:41, 65; 또한 느 7:44; 12:24을 보라). 성전 기초를 봉헌할 때(스 3:10-11), 제2성전을 완공할 때(스 6:16), 예루살렘 성벽을 봉헌할 때(느 12:27-47) 등 이스라엘 역사에서 중요한 순간에 예배가 부각되었다. 예배는 하나님의 백성이 된다는 것이 어떤 의미인지를 보여 주는 핵심이었다.

초기 교회는 찬송을 부르고 하나님께 찬양하는 이런 전통을 이어 갔지만, 새로운 상황에서 예배를 드리기 위해 가정집에서 모여야 했다(행 2:42, 46-47). 바울은 에베소 신자들에게 보낸 편지에서, 술에 취하지 말고 그 대신 "시와 찬송과 신령한 노래들로 서로 화답하며 너희의 마음으로 주께 노래하며 찬송하[라]"고 권면한다(엡 5:19; 참조. 고전 14:26). 마찬가지로 바울은 골로새 신자들에게 그리스도의 말씀이 그들 안에 거하여 "모든 지혜로 피차 가르치며 권면하고 시와 찬송과 신령한 노래를 부르며 감사하는 마음으로 하나님을 찬양"해야 한다고 말한다(골 3:16).[12] 피(Fee)의 주장에 따르면, 바울은 시편의 찬송 패턴을 기독교 찬송가로 옮겨 옴으로써 "이전에 오직 여호와께만 바쳐진 예배 찬양이 초기 기독교인들에게는 '주님'이신 그리스도께로, 즉 우리를 구속하여 하나님의 형상으로 재창조하기 위해 이 땅에 오신 분께로 옮겨졌다."[13] 그는 이 현상을 요약하면서, 시편에서 여호와께(to) 또한 여호와에 대해(about)

불렀던 찬송을 이제 그리스도께 또한 그리스도에 대해 부르고, 따라서 기독교 예배는 기독론에 깊이 뿌리내리고 있다고 설명한다. 그러므로 신약성경의 찬송 자료는 예수님께 초점을 맞춘다(빌 2:5-11; 골 1:15-20; 딤전 2:5-6 등). 이로써 초기 교회는 시편이 그리스도를 증거한다고 단언한다(눅 20:42; 24:44; 행 13:33).

모든 시대에 걸쳐 하나님 백성의 한 가지 특징은 무엇보다도 예배하는 공동체라는 점이다. 블록은 음악이 예배에서 중요한 부분이지만 예배에는 음악보다 더 많은 것이 있고, 모든 기독교 음악이 성경적 예배로 인정되지는 않는다고 지적한다. 또한 '선포'가 예배의 중심이고, 그리스도 중심의 예배는 **말씀**이 이끈다고 강조한다.[14] 본회퍼(Bonhoeffer)는 『성도의 공동생활』(Life Together)이라는 책에서 동일한 내용을 주장하면서, 우리는 단순히 곡조를 함께 흥얼거리는 것이 아니며 우리의 예배는 "노래로 된 **말씀**"(sung Word)이라고 지적했다. 그는 계속해서 "모든 경건, 모든 관심은 찬송에 담긴 말씀에 집중되어야 한다"고 말한다. 이 '노래로 된 말씀'에는 하나님께 드리는 찬양의 말, 감사의 말, 고백, 기도가 포함되고, 따라서 "음악은 철저히 말씀의 종이다."[15] 최근에 필자는 십대 시절 청소년 수련회에서 배웠던 찬양 하나가 떠올랐다.

> 주께 구속된 자들이 돌아오네.
> 시온으로 오며 노래하네.
> 그 머리 위에 영영한 기쁨을 쓰겠네.

이 노래는 이사야서 말씀을 거의 단어 그대로 가져온다(참조. 사 35:10; 51:11). 이것이 "노래로 된 말씀"이고, 필자는 40년이 지난 지금도 이 노래를 기억할 수 있다. 신학적으로 풍부하고 성경에 충실한 노래와 찬송은 기독교 신학의 핵심 교리를 강화하는 교훈적 기능을 한다.

오늘날 현대 예배에서 하나님의 말씀은 때로 음악의 종이 되었다. 레위인 음악가들은 토라를 교육받았고 그중 몇몇은 여러 시편을 썼기 때문에, 우리가 부르는 찬양의 **내용**이 중요하다는 점을 기억해야 한다. 그렇다고 해서 다양한 악기, 심지어 큰 소리를 내는 악기의 사용을 배제하지 않지만(시 150편을 보라), 우리가 노래하는 가사가 성경적으로 건전하고 그리스도 중심적인지를 확인하기 위해 세심한 주의를 기울여야 한다. 만약 초기 교회가 부른 노래가 본질상 교리를 담고 있어서 "신학적 요지로 가득하고" 그리스도인들이 실제로 하나님과 그리스도에 대해 믿었던 바를 증언한다는 피(Fee)의 설명이 옳다면,[16] 우리는 찬송가와 찬양의 내용이 건전한 성경적 가르침에 부합하는지, 따라서 우리가 섬기는 하나님께 합당한지 확인하기 위해 세심한 주의를 기울여야 한다.

26

역대상 26:1-32

── 이야기 경청하기 ──

[1]고라 사람들의 문지기 반들은 이러하니라 아삽의 가문 중 고레의 아들 므셀레먀라 [2]므셀레먀의 아들들인 맏아들 스가랴와 둘째 여디야엘과 셋째 스바댜와 넷째 야드니엘과 [3]다섯째 엘람과 여섯째 여호하난과 일곱째 엘여호에내이며 [4]오벧에돔의 아들들은 맏아들 스마야와 둘째 여호사밧과 셋째 요아와 넷째 사갈과 다섯째 느다넬과 [5]여섯째 암미엘과 일곱째 잇사갈과 여덟째 브울래대이니 이는 하나님이 오벧에돔에게 복을 주셨음이라 [6]그의 아들 스마야도 두어 아들을 낳았으니 그들의 조상의 가문을 다스리는 자요 큰 용사라 [7]스마야의 아들들은 오드니와 르바엘과 오벳과 엘사밧이며 엘사밧의 형제 엘리후와 스마갸는 능력이 있는 자이니 [8]이는 다 오벧에돔의 자손이라 그들과 그의 아들들과 그의 형제들은 다 능력이 있어 그 직무를 잘하는 자이니 오벧에돔에게서 난 자가 육십이 명이며 [9]또 므셀레먀의 아들과 형제 열여덟 명은 능력이 있는 자라 [10]므라리 자손 중 호사에게도 아들들이 있으니 그의 장자는 시므리라 시므리는 본래 맏아들이 아니나 그의 아버지가 장자로 삼았고 [11]둘째는 힐기야요 셋째는 드발리야요 넷째는 스가랴니 호사의 아들들과 형제들이 열세 명이더라 [12]이상은 다 문지기의 반장으로서 그 형제처럼 직임을 얻어 여호와의 성전에서 섬기는 자들이라 [13]각 문을 지키기 위하여 그의 조상의 가문을 따라 대소를 막론하고 다 제비 뽑혔으니 [14]셀레먀는 동쪽을 뽑았고 그의 아들 스가랴는 명철한 모사라 모사를 위하여 제비 뽑으니 북쪽을 뽑았고 [15]오벧에돔은 남쪽을 뽑았고 그의 아들들은 곳간에 뽑혔으며 [16]숩빔과 호사는 서쪽을 뽑아 큰 길로 통한 살래겟 문 곁에 있어 서로 대하여 파수하였으니 [17]동쪽 문에 레위 사람이 여섯이요 북쪽 문에 매일 네 사람이요 남쪽 문에 매일 네 사람이요 곳간에는 둘씩이며 [18]서쪽 뜰에 있는 큰 길에 네 사람 그리고 뜰에 두 사람이라 [19]고라와 므라리 자손의 문지기의 직책은 이러하였더라 [20]레

위 사람 중에 아히야는 하나님의 전 곳간과 성물 곳간을 맡았으며 ²¹라단의 자손은 곧 라단에게 속한 게르손 사람의 자손이니 게르손 사람 라단에게 속한 가문의 우두머리는 여히엘리라 ²²여히엘리의 아들들은 스담과 그의 아우 요엘이니 여호와의 성전 곳간을 맡았고 ²³아므람 자손과 이스할 자손과 헤브론 자손과 웃시엘 자손 중에 ²⁴모세의 아들 게르솜의 자손 스브엘은 곳간을 맡았고 ²⁵그의 형제 곧 엘리에셀에게서 난 자는 그의 아들 르하뱌와 그의 아들 여사야와 그의 아들 요람과 그의 아들 시그리와 그의 아들 슬로못이라 ²⁶이 슬로못과 그의 형제는 성물의 모든 곳간을 맡았으니 곧 다윗 왕과 가문의 우두머리와 천부장과 백부장과 군대의 모든 지휘관이 구별하여 드린 성물이라 ²⁷그들이 싸울 때에 노략하여 얻은 물건 중에서 구별하여 드려 여호와의 성전을 개수한 일과 ²⁸선견자 사무엘과 기스의 아들 사울과 넬의 아들 아브넬과 스루야의 아들 요압이 무엇이든지 구별하여 드린 성물은 다 슬로못과 그의 형제의 지휘를 받았더라 ²⁹이스할 자손 중에 그나냐와 그의 아들들은 성전 밖에서 이스라엘의 일을 다스리는 관원과 재판관이 되었고 ³⁰헤브론 자손 중에 하사뱌와 그의 동족 용사 천칠백 명은 요단 서쪽에서 이스라엘을 주관하여 여호와의 모든 일과 왕을 섬기는 직임을 맡았으며 ³¹헤브론 자손 중에서는 여리야가 그의 족보와 종족대로 헤브론 자손의 우두머리가 되었더라 다윗이 왕 위에 있은 지 사십 년에 길르앗 야셀에서 그들 중에 구하여 큰 용사를 얻었으니 ³²그의 형제 중 이천칠백 명이 다 용사요 가문의 우두머리라 다윗 왕이 그들로 르우벤과 갓과 므낫세 반 지파를 주관하여 하나님의 모든 일과 왕의 일을 다스리게 하였더라

이야기 속 다른 본문 경청하기

역대상 9:17-34; 히타이트의 신전 관리를 위한 지침

성가대원과 음악가를 준비한 후, 다윗은 이제 성전 문지기(26:1-19), 곳간 관리자(20-28절), 관원과 재판관(29-32절)을 임명한다. 이런 임무는 처음에 다소 세속적으로 보일 수 있지만, 신뢰할 만한 지도자를 임명하는 것은 왕국의 효과적 관리를 위해 필수다. 히타이트(헷)의 한 고대 비문은 신뢰할 만하고 충성스러운 신전 인력을 두는 것이 얼마나 중요한지를 보여 준다.[1] 이 비문에서 성전 하인들에게는 빵과 맥주, 포도주 등 제의에 바쳐진 음식과 음료를 취하는 것이 허용되지 않는다. 마찬가지로 신뢰할 만한 금, 은, 귀중품 관리인도 반드시 필요했다. "그대들이 들고 있는 신들의 은이나 금, 의복, 청동 도구가 무엇이든, 그대들은 (단지) 관리인일 뿐이다. 그대들에게는 신들의 은과 금, 의복, 청동 도구를 가질 권리가 전혀 없고, 신들의 집에 있는 물건 중 어떤 것에 대해서도 아무 권리가 없다. 그것들은 오직 신의 것이다."[2] 문지기는 신전을 지키는 특히 중요한 임무를 맡았으며 이를 위해 오랜 시간을 섬겨야 했다. "게다가 밤새 순찰하기 위해 밤에 고용한 파수꾼이 필요했다. 경비병은 울타리 밖에서 감시해야 하고, 성전 관리는 성전 안에서 밤새도록 순찰하면서 잠을 자지 않아야 한다. 밤마다 대제사장 중 한 명이 순찰을 담당해야 한다."[3] 신전 경비병은 순찰 중에 자기 집에서 밤을 보내는 것이 금지되었다. 이런 행위는 사형에 해당했다! 다윗이 성전 주요 인력과 왕실 재산 관리자를 임명한 것은 매우 중요하다. 그들은 왕국의 사무를 관리하는 '필수 인력'이었기 때문이다. 신뢰할 만한 지도자를 임명한다면 솔로몬이 왕이 될 때 순조롭게 왕위를 이양할 수 있을 것이다.

다윗은 성전과 곳간을 보호하는 문지기를 임명하는데, 그들은 또한 신성한 구역을 일반인의 침입으로부터 보호했다. 이 임무를 위해 임명된 레위인은 불법 침입으로부터 성전을 보호하고 곳간을 지키는 경비병 역할을 했다. 경비병으로서 그들의 중요한 역할은 훗날 어린 왕자 요아스가 왕으로 기름 부음받을 때 볼 수 있을 것이다. 그때 레위인들은 — 손에 무기를 들고! — 제사장과 레위인 외에 누구도 성전에 들어가지 못하게 하라는 지시를 받는다(대하 23:6-11; 참조. 대하 26:16-23). 레위인 문지기가 귀환자들 중에 있었기 때문에, 이 장은 귀환 공동체와도 지속적인 관련이 있다(대상 9:17-34; 참조. 느 13:19-22).[4]

이야기 설명하기

다윗이 고라와 므라리 가문의 레위인 문지기를 임명하다(26:1-19)

이번 장의 명단은 다소 혼란스러울 수 있고, 일부 관계는 파악하기가 쉽지 않다. 이런 관계를 설명하기보다는 이곳에 등장하는 주요 가문과 그들에게 부여된 임무에 초점을 맞추는 것이 유익하다. 이 단락에 대한 자펫의 간결한 요약이 도움이 된다. 그녀는 **고라**의 계보가 므셀레먀와 오벧에돔이라는 두 하위 분파로 대표되는 반면, **므라리** 가문은 호사로 대표된다고 지적한다.[5] 이 두 계보를 염두에 두고, 오벧에돔이 가장 크고 중요한 가문이라는 점에 유의해야 한다. 그는 하나님의 복을 받아 여덟 아들을 낳았는데(26:4-8), 우리는 이 가족이 웃사의 문제가 되는 사건(13:13-14)이 있고 난 후 언약궤를 돌보았다는 사실을 떠올릴 것이다. NIV는 이 사람들이 "매우 유능하고"(very capable, 26:6) "능력이 있다"(able, 8절)고 설명하지만, 군사적 능력에 주목하는 NASB 번역('mighty men of valor', 'valiant men')이 정확하고 더 바람직하다(참조. 대하 23:1-15; 개역개정은 "큰 용사", "능력이 있어"로 번역한다). 이들 레위인은 성전에 들어오는 불법 침입을 막고 질서를 유지하며 성전의 재원을 보호하기 위해 임명된 경비병이었는데, 군사력이 필요한 일이었을 것이다.[6] 이런 책임은 세속적이거나 행정적인 직책에 가까워 보이지만, 그들의 일에는 신성한 성전과 성전 곳간을 보호하는 일이 수반되었기 때문에 레위 지파 사람들만이 이 역할을 맡을 수 있었다. 비록 예배를 인도하는 중요한 직책을 받지는 않았지만, 그들은 동료 레위인과 함께 "여호와의 성전에서 섬기는" 역할을 수행한다(26:12). 문지기로 섬기는 레위인은 제사장을 돕고 예배를 인도하는 레위인과 마찬가지로 소중하다. 모두 주님을 섬기는 자기만의 일을 하고 있기 때문이다. 그리고 다른 레위인의 임무와 마찬가지로 책임을 배정하기 위해 제비를 뽑는다(13절).[7]

중요한 동쪽 문의 제비는 셀레먀의 가족이 뽑았는데(26:14), 이 동쪽 문은 앞서 왕의 문으로 표현된 바 있다(9:18). 페르시아 시대에 왕의 문을 지키는 것은 중요한 정치적 직위였다. 그래서 라이트(Wright)는 경비병을 중요한 정부 관리에 비유한다.[8] 북쪽 문의 제비는 스가랴가 뽑았고, 남쪽 문은 오벧에돔과 그의 아들들이 뽑았는데 여기에는 곳간을 관리하는 일도 포함되었다(26:15). 라이트의 지적에 의하면 성전은 "고대의 은행 같은 역할을 했고, 은유를 확장하자면 성전 창고는 은행 금고였다. 이와 같은 창고의 출입구를 관리하는 임무는 왕국의 재정에 대한 상당한 통제를 동반했을 것이다."[9] 이 신뢰받는 책무가 오벧에돔의 가족에게 맡겨진 반면, 서쪽 문의 제비는 숩빔과 호사가 뽑는다(16절). 경비병에 대한 설명을 보면, 매일 동쪽에 여섯 명, 북쪽에 네 명, 남쪽에 또 다른 네 명, 그리고 곳간에 두 명의 레위인을 배치했다(17절). 이것이 레위인 고라와 므라리 가문의 문지기에게 부여된 임무였다(19절).

곳간을 지키기 위해 임명된 레위 가문(26:20-28)

성전 곳간에는 아마 골방이 있어서 십일조와 헌물, 전리품, 왕의 예물을 보관했을 것이다. 성전 곳간과 주님께 바쳐진 물품을 돌보기 위해 두 레위 지파 가문을 임명한다(26:20). 성전에는 많은 양의 금과 은, 귀금속, 보석을 보관했다(참조. 29:1-8; 대하 5:1; 32:27-28). 이 물품들을 보호하려면 높은 수준의 신뢰가 필요했을 뿐만 아니라, 이방 왕이 약탈하려고 시도할 경우를 대비하여 군사적 능력도 필요했다(12:9; 25:23-24; 36:18). 신성한 그릇과 물건은 이방 왕들의 귀중한 소유물 중 하나였다(참조. 단 1:2; 5:1-3). 따라서 성전 곳간의 관리자가 되는 것은 결코 작은 일이 아니었다. 성전 곳간에는 다윗이 전리품으로 가져온 헌물과 더불어(26:26-27; 또한 18:6-11; 20:2을 보라) 사무엘과 사울이 취득한 귀중품이 있었다(28절).

다윗의 관원과 재판관(26:29-32)

다윗은 또한 레위인 관원과 재판관을 임명한다(26:29-32). 모세는 이스라엘 초기 형성기에 재판관을 임명했다(출 18:13-24; 신 16:18-20; 17:1-13; 19:17-18; 참조. 민 25:5).[10] 그들은 하나님의 율법에 따라 사법 결정을 내려야 했으며, 이스라엘의 제사장과 레위인은 하나님의 율법을 따르도록 백성을 가르쳐야 했다(대하 17:9; 19:8-10; 31:4; 또한 스 7:10을 보라). 다윗이 재판관을 임명함으로써 하나님의 공의와 의가 다윗의 통치 아래 확립될 수 있었고, 여호사밧왕은 훗날 유다의 요새화된 성읍 전체에 재판관을 임명할 것이다(대하 19:5-8).

다윗은 성전 경내에 임명된 이들 외에 레위인 지도자를 임명해 요단강 서쪽(대상 26:30)과 동쪽의 업무를 감독하는데, 여기에는 르우벤, 갓, 므낫세 반 지파에 대한 감독이 포함되었다(31-32절; 참조. 민 32:1-42; 수 22:1-9). 성전에서 일하지 않는 레위인 역시 하나님의 공의를 집행하고 모든 민사 분쟁에서 왕을 대리하도록 부름받았기 때문에 이는 신성한 일이다.[11] 레위인은 하나님의 율법을 교육받았으므로, 이들의 임명은 하나님의 공의와 의가 왕국 전체에 확립되기를 바라는 다윗의 열망을 강조한다. 이번 경우에는 제비를 뽑기보다 사람들을 신중하게 선택함으로써(대상 26:31) 왕국 내에서 그들의 중요한 역할을 강조한다. 후에 여호사밧은 재판관을 임명할 때 그들에게 이렇게 지시한다. "너희가 재판하는 것이 사람을 위하여 할 것인지 여호와를 위하여 할 것인지를 잘 살피라. 너희가 재판할 때에 여호와께서 너희와 함께하심이니라. 그런즉 너희는 여호와를 두려워하는 마음으로 삼가 행하라. 우리의 하나님 여호와께서는 불의함도 없으시고 치우침도 없으시고 뇌물을 받는 일도 없으시니라"(대하 19:6-7). [12]

이야기 살아내기

주님을 섬기다

다윗은 성전 문지기, 곳간 경비병, 관리와 재판관을 임명했다. 문지기는 왕의 보안 요원으로서 신성한 성전과 그 곳간을 보호하는 임무를 맡았다. 문지기는 성전을 재건한 후 예루살렘에 거주하던 귀환자들 가운데서도 중요한 역할을 맡았다(참조. 대상 9:17-32). 자펫이 지적하듯 그들의 임무에는 "매일 문 열기, 재고 관리 및 기물과 거룩한 기구의 유지, 또한 빵 제사에 사용되는 밀가루와 기름, 포도주 제사에 사용되는 포도주, 향을 만드는 유향과 향료 등 정기 예배에 필요한 물품을 보호하는 일"이 포함되었을 것이다.[13] 이런 여러 임무는 다소 평범해 보일 수도 있지만 그들은 신뢰받는 직책을 맡았고(26:22, 26), 주님을 향한 그들의 섬김은 필수였다. 이번 장에서 우리는 성전이 효과적으로 기능하기 위해서는 레위인이 수행하는 다양한 의무가 필요함을 보았다. 그들은 모든 일이 제대로 이루어져 공동체 전체가 주님을 예배할 수 있도록 보증하는 왕국의 '핵심 인력'이었다.

오늘의 교회를 생각할 때, 교회가 효과적으로 기능하기 위해서는 온갖 종류의 임무가 필요하다. 설교자와 교사만 있는 것이 아니라 청소부와 정원사, 재산 관리인, 수위, 안내원, 음향 기술자, 재무 담당자, 그리고 친교 시간을 위해 커피와 빵을 준비하는 사람도 있다. 이런 임무 중 많은 것이 설교자와 예배 인도자의 역할에 비해 평범하고 덜 중요해 보일 수도 있지만, 모두가 함께 참여할 때 온몸이 효과적으로 기능할 수 있고, 또한 가장 중요하게 매주일 교인들이 함께 모여 하나님을 예배할 수 있다. 실제로 역대기 저자는 문지기들에게 "그 형제"와 똑같이 성전에서 섬기는 임무를 부여했다고 언급한다(26:12). 궁극적으로 큰 자든 작은 자든, 젊은이든 노인이든, 모든 레위인은 주님을 섬겼고(24:5, 31; 25:8; 26:13) 따라서 그들이 하는 모든 일은 가치 있었다.

사도 바울은 그리스도인에게 주어진 다양한 영적 은사에 대해 설명하면서, 그 은사들은 공동의 선을 위해 주어진 것이라고 명확히 밝힌다(고전 12:7). 그는 몸에서 모든 지체가 소중할 뿐만 아니라(12-17절), 하나님께서 원하시는 대로 각 지체를 몸 안에 두셨다고 가르친다. 나아가 "더 약하게 보이는 몸의 지체가 도리어 요긴하고" 따라서 몸 안에서 귀히 여겨져야 한다고 강조한다(22-23절). 다윗이 다양한 자리에서 섬기는 레위인을 임명한 것은 성전을 중심에 두고 번영하는 왕국을 위해 모든 종류의 일이 필요했음을 강조한다. 설교나 가르침 혹은 교회 재산을 적절히 관리하는 일이든, 어떤 방식으로 하나님을 섬기도록 우리를 부르셨든, 모든 일은 소중하고 우리는 모두 한 분이신 주님을 섬긴다. 그래서 셀먼은 이렇게 쓴다. "하나님의 백성이 예배 공동체로서 자신들의 신분에 적절한 주의를 기울일 때, 성스러운 것과 세속적인 것의 구별이 사라진다. 하나님 보시기에 모든 것은 소중하다."[14] 이 이야기는 하나님 나라에 다양한 임무가 필요하며, 우리는 모두 한 분이신 주님을 섬기기 때문에 모든 일이 소중하다는 사실을 일깨운다.

27   역대상 27:1-34

이야기 경청하기

¹이스라엘 자손의 모든 가문의 우두머리와 천부장과 백부장과 왕을 섬기는 관원들이 그들의 숫자대로 반이 나누이니 각 반열이 이만 사천 명씩이라 일 년 동안 달마다 들어가며 나왔으니 ²첫째 달 반의 반장은 삽디엘의 아들 야소브암이요 그의 반에 이만 사천 명이라 ³그는 베레스의 자손으로서 첫째 달 반의 모든 지휘관의 우두머리가 되었고 ⁴둘째 달 반의 반장은 아호아 사람 도대요 또 미글롯이 그의 반의 주장이 되었으니 그의 반에 이만 사천 명이요 ⁵셋째 달 군대의 셋째 지휘관은 대제사장 여호야다의 아들 브나야요 그의 반에 이만 사천 명이라 ⁶이 브나야는 삼십 명 중에 용사요 삼십 명 위에 있으며 그의 반 중에 그의 아들 암미사밧이 있으며 ⁷넷째 달 넷째 지휘관은 요압의 아우 아사헬이요 그다음은 그의 아들 스바댜니 그의 반에 이만 사천 명이요 ⁸다섯째 달 다섯째 지휘관은 이스라 사람 삼훗이니 그의 반에 이만 사천 명이요 ⁹여섯째 달 여섯째 지휘관은 드고아 사람 익게스의 아들 이라이니 그의 반에 이만 사천 명이요 ¹⁰일곱째 달 일곱째 지휘관은 에브라임 자손에 속한 발론 사람 헬레스이니 그의 반에 이만 사천 명이요 ¹¹여덟째 달 여덟째 지휘관은 세라 족속 후사 사람 십브개이니 그의 반에 이만 사천 명이요 ¹²아홉째 달 아홉째 지휘관은 베냐민 자손 아나돗 사람 아비에셀이니 그의 반에 이만 사천 명이요 ¹³열째 달 열째 지휘관은 세라 족속 느도바 사람 마하래이니 그의 반에 이만 사천 명이요 ¹⁴열한째 달 열한째 지휘관은 에브라임 자손에 속한 비라돈 사람 브나야이니 그의 반에 이만 사천 명이요 ¹⁵열두째 달 열두째 지휘관은 옷니엘 자손에 속한 느도바 사람 헬대니 그 반에 이만 사천 명이었더라 ¹⁶이스라엘 지파를 관할하는 자는 이러하니라 르우벤 사람의 지도자는 시그리의 아들 엘리에셀이요 시므온 사람의 지도자는 마아가의 아들 스바댜요 ¹⁷레위 사람의 지도자는 그무엘의 아들 하사뱌요 아론 자손의 지도자는 사독이요

¹⁸유다의 지도자는 다윗의 형 엘리후요 잇사갈의 지도자는 미가엘의 아들 오므리요 ¹⁹스불론의 지도자는 오바댜의 아들 이스마야요 납달리의 지도자는 아스리엘의 아들 여레못이요 ²⁰에브라임 자손의 지도자는 아사시야의 아들 호세아요 므낫세 반 지파의 지도자는 브다야의 아들 요엘이요 ²¹길르앗에 있는 므낫세 반 지파의 지도자는 스가랴의 아들 잇도요 베냐민의 지도자는 아브넬의 아들 야아시엘이요 ²²단은 여로함의 아들 아사렐이니 이들은 이스라엘 지파의 지휘관이었더라 ²³이스라엘 사람의 이십 세 이하의 수효는 다윗이 조사하지 아니하였으니 이는 여호와께서 전에 말씀하시기를 이스라엘 사람을 하늘의 별같이 많게 하리라 하셨음이라 ²⁴스루야의 아들 요압이 조사하기를 시작하고 끝내지도 못해서 그 일로 말미암아 진노가 이스라엘에게 임한지라 그 수효를 다윗 왕의 역대지략에 기록하지 아니하였더라 ²⁵아디엘의 아들 아스마웻은 왕의 곳간을 맡았고 웃시야의 아들 요나단은 밭과 성읍과 마을과 망대의 곳간을 맡았고 ²⁶글룹의 아들 에스리는 밭 가는 농민을 거느렸고 ²⁷라마 사람 시므이는 포도원을 맡았고 스밤 사람 삽디는 포도원의 소산 포도주 곳간을 맡았고 ²⁸게델 사람 바알하난은 평야의 감람나무와 뽕나무를 맡았고 요아스는 기름 곳간을 맡았고 ²⁹사론 사람 시드래는 사론에서 먹이는 소 떼를 맡았고 아들래의 아들 사밧은 골짜기에 있는 소 떼를 맡았고 ³⁰이스마엘 사람 오빌은 낙타를 맡았고 메로놋 사람 예드야는 나귀를 맡았고 하갈 사람 야시스는 양 떼를 맡았으니 ³¹다윗 왕의 재산을 맡은 자들이 이러하였더라 ³²다윗의 숙부 요나단은 지혜가 있어서 모사가 되며 서기관도 되었고 학모니의 아들 여히엘은 왕자들의 수종자가 되었고 ³³아히도벨은 왕의 모사가 되었고 아렉 사람 후새는 왕의 벗이 되었고 ³⁴브나야의 아들 여호야다와 아비아달은 아히도벨의 뒤를 이었고 요압은 왕의 군대 지휘관이 되었더라

이야기 속 다른 본문 경청하기

역대상 11:10-47; 게셀 달력

다윗 왕국의 행정 조직은 군 지휘관(27:1-15)과 지파 지도자(16-24절), 재산 및 농업 생산 감독관(25-31절), 지혜로운 모사(32-34절)의 임명으로 완결될 것이다. 이번 장에 등장하는 이스라엘의 지도자들은 다윗 치하에서 번영하는 통일 왕국의 모습을 보여 준다. 이런 지도자 중 몇 명은 이미 소개된 바 있지만(11:10-47을 보라)[1] 그들에 대해 언급한 내용을 상기해 보아야 한다. "다윗에게 있는 용사의 우두머리는 이러하니라. 이 사람들이 온 이스라엘과 더불어 다윗을 힘껏 도와 나라를 얻게 하고 그를 세워 왕으로 삼았으니 이는 여호와께서 이스라엘에 대하여 이르신 말씀대로 함이었더라"(10절). 이 지도자들은 단순히 세속적 정부 관리가 아니라 왕국 건설에서 핵심적인 영적 역할을 맡았으며(22:17; 28:1-8), 자신을 성별하고 성전을 위해 아낌없이 자원을 바치는 이들이라는 점을 명심해야 한다(29:6-10). 곧이어 보게 되듯이, 이미 많은 지도자들이 다윗에게 전폭적인 충성을 바쳤다. 다윗의 삶이 막바지에 다다르면서 신뢰할 만한 지도자를 세우고 이를 통해 다음 세대에게 왕국을 잘 물려주도록 대비하는 것이 핵심이었다.

고대에 왕은 일반적으로 많은 재산을 소유했고, 이를 위해 신뢰할 만하고 유능한 관리자의 감독이 필요했다. 다윗의 왕실 재산에는 포도밭과 포도주 곳간, 감람나무와 뽕나무, 소, 낙타, 나귀, 양 떼가 포함되었다(27:27-31). 도시에 사는 현대인은 농경 사회의 생활 방식으로부터 멀리 떨어져 있지만 고대 사회에서는 그렇지 않았다. 고대 이스라엘의 삶은 기후와 강우에 의해 결정되는 예측 가능한 파종과 수확의 계절로 이루어진 한 해 농사가 그 중심에 있었다. 게셀에서 발견된 주전 10세기 고대 토판에는 농업 생활의 중요성을 강조하면서 이렇게 기록되어 있다.

두 달은 (감람나무를) 수확하고

두 달은 (곡물을) 심고

두 달은 늦심기 기간이다.

한 달은 아마를 괭이질하고

한 달은 수확하고 **잔치하며**

두 달은 포도나무를 가꾸고

한 달은 여름 과일을 거둔다.[2]

이 토판의 본래 목적에 대해서는 논란의 여지가 있지만, 고대 사회에서 농경 달력이 얼마나 중요했는지를 일깨워 준다. 그래서 킹(King)과 스태거(Stager)는 "고대 이스라엘 경제의 근간인 농업은 사실상 일상생활의 거의 모든 측면, 특히 종교와 경제, 법률, 사회 영역에 영향을 미쳤다"고 지적한다.[3] 따라서 다윗이 감독관과 관리자를 임명한 일은 사소하지 않았다.

이야기 설명하기

다윗이 군대를 열두 반열로 조직하다(27:1-15)

다윗의 군대는 열두 반열로 나뉘고, 각 반에 지휘관 한 명을 임명한다(27:1-15). 자펫은 군대가 물론 전쟁에 나가 싸웠지만, 아마 그들의 업무 분장 범위는 더 넓었을 것이라고 지적한다. "평화 시기에 이들 예비군에게는 왕국의 국경을 수호하고, 정복한 영토에서 경찰 업무를 수행하면서 질서를 유지하고, 요새와 성을 지키며, 병거와 말 등 무기와 장비를 돌보는 임무가 주어졌을 것이라고 추측할 수 있다."[4] 그들은 열두 반열이 서로 교대로 복무했다. 병사들은 "달마다" 근무했는데, 이는 경비병의 교대를 가리킨다(1절; 참조. 왕하 11:9; 대하 23:8).[5] 각 반열의 수는 2만 4천 명이지만, **천**(히. 'eleph)이라는 단어는 (문자적인 인원수가 아니라) 지파 내 하위 단위를 가리킬 수도 있기 때문에, 이 경우 복무를 위해 선발된 적격 남성들은 "징집된 가문의 가용 인력보다 상당히 적다는 것"을 의미한다.[6] 이스라엘 군대는 방패와 창과 투구, 갑옷, 활, 물맷돌 등 무기와 보호 장비를 모두 사용할 수 있었다(참조. 대상 11:11, 20, 23; 대하 26:14). 고대 세계의 무기에는 백병전에 사용되는 무기(몽둥이, 철퇴, 도끼, 단검, 칼 등), 손으로 던지는 무기(창, 긴 창, 새총 등), 장거리 전투에 사용되는 무기(활과 화살 등)가 있었다.[7]

다윗의 군대 지휘관의 이름은 유다 지파 베레스의 후손(대상 27:2-3; 참조. 2:5, 9-15), 야소브암으로 시작한다(27:2). 서열상 첫째인 야소브암은 다윗을 지원했던 사람들 가운데 하나였고 영웅적인 행동으로 알려져 있었다(11:11). 야소브암이 첫째 직책을 맡고, 그의 부대는 첫째 달에 책임을 맡을 것이다(27:2-3). 도대는 두 번째고, 둘째 달의 책임을 맡았다(4절). 제사장 여호야다의 아들 브나야가 셋째 반열의 우두머리로 임명된다(5절). 브나야와 그의 아들 암미사밧이 레위인이었음을 기억해야 하는데, 이는 이스라엘 군대의 전투가 전적으로 세속적이지만은 않았음을 강조한다. 앞서 레위인 문지기를 묘사할 때 군사 용어가 사용되었고(26:6, 9), 따라서 그와 같이 저명한 제사장 가문이 군대에 있었다는 것은 그리 놀랍지 않다. 브나야는 다윗의 신뢰를 얻은 30명 중 하나로, 상당히 큰 키의 이집트인과 두 명의 모압인을 죽인 것으로 유명했다(11:22-25; 참조. 삼하 23:20-23). 브나야는 다윗의 아들 아도니야가 왕위를 찬탈하려 했을 때 다윗에게 충성했고(왕상 1:8-10), 솔로몬이 왕으로 기름 부음받을 때 사독 및 나단과 함께 축복을 빌기도 했다(32-37절). 사실 브나야는 아도니야(2:25)와 요압(28-35절)을 처형하는 책임을 맡을 텐데, 이는 그들이 솔로몬에게 불충을 범했기 때문이다(35절; 또한 4:4을 보라).

넷째 반열은 요압의 동생 아사헬과 그의 아들 스바댜가 함께 이끈다 (대상 27:7). 아사헬은 (다윗이 왕이 되기 전에) 일찍이 죽었기 때문에, 아들의 이름이 명단에 올라갔을 것이다(삼하 2:18-23을 보라). 다섯째 반열은 이스라 사람 삼훗이 이끌었고(대상 27:8), 여섯째는 드고아 출신으로 다윗의 30인 용사 중 하나였던 이라가 이끌었다(11:28). 일곱째 반열은 에브라임 출신의 헬레스가 이끌었고(27:10), 여덟째는 군사적 능력으로 유명한 십브개가 이끌었으며(20:4; 또한 삼하 21:18; 대상 11:29을 보라), 아홉째는 베냐민 출신의 아비에셀이(27:12), 그리고 열째는 세라 사람 마하래가 이끄는데, 그는 유다 지파와 관련이 있다(13절; 참조. 2:4, 6). 이들 네 사람은 다윗을 전폭적으로 지원하여 다윗이 신뢰한 30인 가운데 있었다(11:27-30). 마지막 두 갈래는 에브라임 사람 브나야(27:14; 또한 삼하 23:30을 보라)와 옷니엘 가문의 헬대(대상 27:15; 참조. 4:13)가 이끌었다.

지파 지도자들 (27:16-22)

다음 단락은 각 지파의 지도자를 다룬다(27:16-22). '최고 책임자'(chief officer, ESV)로 번역되는 "지도자"(히. nagid)라는 호칭은 왕(삼상 10:1; 13:14; 25:30; 삼하 5:2), 왕 밑에서 섬기는 관리(대상 13:1; 대하 11:11; 19:11; 28:7), 레위인 지도자(대상 9:11, 20; 12:27; 26:24; 대하 31:12) 등 왕국 내의 다양한 고위 직책을 묘사하는 데 사용되었다. 레위 지파를 포함하여 각 지파에서 한 명의 지도자가 지명된다(대상 27:16-22). 하사뱌는 레위 지파의 최고 책임자로 지명되지만, 사독은 아론 자손의 지도자다(17절). 갓과 아셀 지파는 포함되지 않았기 때문에,[8] 두 개의 므낫세 반 지파(요단 양쪽에 정착한 반 지파씩)가 포함됨으로써 열둘이라는 숫자가 완성된다. 다윗은 하나님의 진노가 임했던 이전의 인구 조사를 떠올리면서 20세 이하 남자의 수를 헤아리지 않았다고 간략하게 언급한다(27:23-24; 또한 대상 21장을 보라).[9] 이 기록에서 이스라엘을 하늘의 별처럼 번성하게 하겠다는 하나님의 약속을 언급함으로써, 왕국의 번영이 족장들에게 하신 하나님의 약속에 따른 것임을 시사한다(27:24; 참조. 창 15:5; 22:17; 26:4).

왕의 재산 관리자(27:25-31)

아스마웻은 왕의 곳간을 감독하는 임무를 맡았고, 요나단은 지방과 마을의 곳간을 감독했다(27:25). 곡식은 창고에 저장되었는데, 이스라엘의 삼분할 기둥 건축물(tripartite pillared buildings)에 저장실이 있었을 것이다.[10] 고고학자들이 발견한 저장 항아리는 손잡이에 새겨진 문구 때문에 lmlk 항아리("왕의 것")로 인정되는데, 왕실 물품을 위해 필요한 저장 용기였음을 표시한다.[11] 솔로몬은 여호사밧과 마찬가지로(대하 17:12-13; 또한 32:28을 보라) 여러 개의 국고성을 건설할 것이다(8:4-6).

에스리는 밭 가는 농민들의 감독관으로 임명되었지만(27:26), 감람나무와 포도원, 기름 생산에 대한 감독은 시므이, 삽디, 바알하난, 요아스에게 분배되었다(27-28절). 감람유 생산은 레반트 지역에서 유명했으며, 이스라엘의 주요 산업이라서 잉여 기름을 수출할 수 있을 정도였다. 주요 생산지는 백 개가 넘는 감람유 압착기가 발견된 블레셋 도시 에그론이었다. 한 추정에 따르면 에그론은 연간 천 톤의 기름을 생산했다.[12] 따라서 시므이, 삽디, 바알하난에게 주어진 책임은 결코 작지 않았다.

시드래는 사론 평원에서, 그리고 사밧은 골짜기에서 가축을 감독했다(29절). 지중해 연안에 위치한 사론 평원은 소를 기를 수 있는 풍부한 목초지를 제공했다. 이스마엘 사람 오빌은 낙타를 맡았다(30절).[13] 낙타는 고대 세계에서 짐 나르는 짐승으로 길들여졌고, 특히 수분을 저장하는 능력이 뛰어나 장거리 여행에 이상적이었기 때문에 유용했다(대하 9:1을 보라). 또 다른 무리 동물인 나귀는 단거리 교통수단으로 유용했고 예드야가 맡았다(대상 27:30). 마지막으로, 하갈 사람 야시스가 양 떼를 맡았다(30절).[14] 양과 염소는 고기와 옷, 우유를 제공한 고대 이스라엘의 중요한 가축이었다. 명단은 이 사람들이 다윗왕이 소유한 재산을 감독했다는 설명으로 마무리된다(31절).

모사의 임명 (27:32-34)

다윗의 지도자 명단은 지혜롭고 숙련된 서기관으로 알려진 삼촌 요나단을 포함한 모사들(counselors)로 마무리된다(27:32). 고대 세계는 지혜를 소중히 여겼고, 왕은 재산을 운용하기 위해 지혜로운 조언이 필요했다. 특히 왕이 하나님의 율법을 외면하지 않도록 지혜로운 모사가 필요했다. 르호보암은 원로들의 지혜로운 조언을 저버려서 결국 끔찍한 결말을 맞을 것이다(대하 10장).[15] 여히엘은 다윗의 아들들을 보살폈는데, 아마도 왕자들을 가르치는 일이 포함되었을 것이다. 아히도벨은 왕의 벗인 후새와 함께 모사로 확인된다(27:33; 참조. 삼하 15:32-17:29). 이번 장은 아비아달과 여호야다가 아히도벨의 뒤를 이었다고 언급하면서 모사들의 갱신된 명단으로 마무리된다(대상 27:33). 요압은 다윗의 군대 지휘관이었지만, 솔로몬에게 불충을 범하여 결국 죽음을 맞을 것이다(왕상 2:34을 보라).

― 이야기 살아내기 ―

다음 세대 지도자를 위한 승계 계획

이제 다윗이 새 왕 솔로몬을 위해 왕국을 준비하면서 임명한 지도자 명단이 끝마쳤다(23-27장). 다윗은 성전 인력으로 섬기면서 군대 지휘관과 경비병, 재산 관리인으로도 섬길 신뢰할 만한 경험 많은 지도자들을 배치해 왕국의 질서 유지에 대비한다. 이들은 세속적인 임명직으로 여겨지지 않아야 하고, 곧이어 보게 되듯이 그들은 주님께 깊이 헌신되어 하나님께 자신을 성별하고 성전을 위해 아낌없이 바친다. 하나님의 백성은 그들의 자발적 응답에 기뻐할 것이다. 지도자들이 "성심으로 여호와께 자원하여 드렸기" 때문이다(29:9). 다윗이 세운 지도자들의 역할을 고려해 보면 명백하게 그들은 세속적인 군 지휘관이나 재산의 청지기 이상이었다. 다윗은 그들이 즐거이 드리는 것과 하나님을 향해 헌신하는 것을 목도하면서 큰 기쁨의 원천을 발견한다(17절). 제비를 뽑아 레위인 중에 직책과 책임을 결정한 이전 장들과 달리(24:5, 7, 31; 25:8, 9; 26:13, 14), 다윗은 군대, 지파, 재산 관리자를 임명할 때 제비를 뽑지 않는다. 경건한 지도자를 임명하는 것은 모든 세대에서 매우 중요하다.

신약성경은 리더십 계승을 위해 경건한 지도자를 선택하고 계획을 세우는 것이 중요하다고 가르친다. 디모데와 디도에게 보낸 편지에서 바울은 자신의 사역이 막바지에 다다르면서 다음 세대를 위해 반드시 경건한 지도자를 임명하겠다는 뜻을 밝힌다. 바울은 디도에게 모든 성읍에 지도자를 세우라고 지시하고(딛 1:5), 디도와 디모데가 지도자들에게서 어떤 자질을 찾아야 하는지 요약한다. "그러므로 감독은 책망할 것이 없으며 한 아내의 남편이 되며 절제하며 신중하며 단정하며 나그네를 대접하며 가르치기를 잘하며 술을 즐기지 아니하며 구타하지 아니하며 오직 관용하며 다투지 아니하며 돈을 사랑하지 아니하며"(딤전 3:2-3). 이런 특성에는 가정을 다스릴 수 있고 교회 밖 사람들에게 좋은 평판을 얻는 것이 포함된다. 바울은 디모데에게 편지를 쓰면서, 그에게 가기를 바라지만 늦어질 경우 하나님의 집에서 신자들이 어떻게 행동해야 하는지를 디모데가 알기를 바란다(14-15절). 분명 교회 지도자에게 경건한 성품은 필수적이고(3:1-16; 5:17-25; 딛 1:5-9), 또한 하나님의 말씀을 가르치는 것도 강조된다(딤후 4:1-5; 딛 1:9; 참조. 딤전 4:13-16). 디모데는 비록 젊었지만 경건한 지도자의 모범이었고, 바울은 "말과 행실과 사랑과 믿음과 정절에 있어서 믿는 자에게 본이 되[라]"고 권면한다(12절).

모든 시대의 교회는 다음 세대를 위해 반드시 경건한 지도자를 임명해야 한다. 2017년 바나(Barna) 그룹에서 실시한 주요 연구에 따르면, 1992년 미국 개신교 성직자의 평균 연령은 44세였다. 또한 1992년에 목회자 3명 중 1명이 40세 미만이었고, 4명 중 1명은 55세 이상이었다. 바나 연구에서는 이를 최근 상황과 비교한다. "25년이 지난 후 성직자의 평균 연령은 54세다. 목회자 7명 중 1명만이 40세 미만이고, 절반은 55세 이상이다. 65세 이상의 교회 지도자 비율은 거의 세 배 가까이 증가했는데, 이는 이제 최고령 목회자가 40세 미만의 지도자보다 많다는 의미다."[16] 이 연구는 기대 수명의 증가, 목회자로의 커리어 전환의 증가, 경제적 이유로 은퇴할 수 없는 원로 목회자 등 고령화의 가능한 원인을 제시하지만, 또한 "밀레니얼 세대와 X세대 가운데 리더십 개발 부족과 베이비부머 세대의 승계 계획 결여"도 지적한다.[17] 이 연구에 따르면, 목회자들은 사역에 적합한 후보자를 찾는 데 어려움을 겪고 있다. 신학생들이 사역을 준비하면서 짊어져야 할 학자금 대출 수준도 또 다른 요인이라고 할 수 있겠다.[18] 승계 계획에는 경건한 지도자를 선발하는 것만이 아니라 신학생들이 막대한 채무에 대한 부담 없이 사역에 진입할 수 있도록 재정적으로 지원하는 것도 포함된다.[19] 왕국의 번영에 필요한 재정 자원을 마련하는 것은, 바로 다윗의 생애 마지막 장에서 그가 공동체 전체를 모아 주님의 일에 즐거이 드리도록 권면할 때 일어난 일이다(대상 29장). 그의 승계 계획은 핵심 지도자의 임명(23-27장) **그리고** 솔로몬이 성전을 건축하는 소명을 완수할 수 있도록 자원을 제공하는 것(28-29장) 모두를 동반했다. 승계 계획이 중요하다는 것은 이 임무에 여러 장이 할애되었다는 데서 확인되고(23-29장), 한 학자가 제안하듯이 이것이 다윗의 중요한 유산이었다.[20] 이는 오늘날 교회에 필요한 다음 세대 지도자를 세우기 위해 우리가 어느 정도나 헌신해야 하는지 숙고하도록 도전한다.

28   역대상 28:1-21

── 이야기 경청하기 ──

¹다윗이 이스라엘 모든 고관들 곧 각 지파의 어른과 왕을 섬기는 반장들과 천부장들과 백부장들과 및 왕과 왕자의 모든 소유와 가축의 감독과 내시와 장사와 모든 용사를 예루살렘으로 소집하고 ²이에 다윗 왕이 일어서서 이르되 나의 형제들, 나의 백성들아 내 말을 들으라 나는 여호와의 언약궤 곧 우리 하나님의 발판을 봉안할 성전을 건축할 마음이 있어서 건축할 재료를 준비하였으나 ³하나님이 내게 이르시되 너는 전쟁을 많이 한 사람이라 피를 많이 흘렸으니 내 이름을 위하여 성전을 건축하지 못하리라 하셨느니라 ⁴그러나 이스라엘 하나님 여호와께서 전에 나를 내 부친의 온 집에서 택하여 영원히 이스라엘 왕이 되게 하셨나니 곧 하나님이 유다 지파를 택하사 머리를 삼으시고 유다의 가문에서 내 부친의 집을 택하시고 내 부친의 아들들 중에서 나를 기뻐하사 온 이스라엘의 왕을 삼으셨느니라 ⁵여호와께서 내게 여러 아들을 주시고 그 모든 아들 중에서 내 아들 솔로몬을 택하사 여호와의 나라 왕위에 앉혀 이스라엘을 다스리게 하려 하실새 ⁶내게 이르시기를 네 아들 솔로몬 그가 내 성전을 건축하고 내 여러 뜰을 만들리니 이는 내가 그를 택하여 내 아들로 삼고 나는 그의 아버지가 될 것임이라 ⁷그가 만일 나의 계명과 법도를 힘써 준행하기를 오늘과 같이 하면 내가 그의 나라를 영원히 견고하게 하리라 하셨느니라 ⁸이제 너희는 온 이스라엘 곧 여호와의 회중이 보는 데에서와 우리 하나님이 들으시는 데에서 너희 하나님 여호와의 모든 계명을 구하여 지키기로 하라 그리하면 너희가 이 아름다운 땅을 누리고 너희 후손에게 끼쳐 영원한 기업이 되게 하리라 ⁹내 아들 솔로몬아 너는 네 아버지의 하나님을 알고 온전한 마음과 기쁜 뜻으로 섬길지어다 여호와께서는 모든 마음을 감찰하사 모든 의도를 아시나니 네가 만일 그를 찾으면 만날 것이요 만일 네가 그를 버리면 그가 너를 영원히 버리시리라 ¹⁰그런즉 이제 너는 삼갈지어다 여호와께서 너를

택하여 성전의 건물을 건축하게 하셨으니 힘써 행할지니라 하니라 [11]다윗이 성전의 복도와 그 집들과 그 곳간과 다락과 골방과 속죄소의 설계도를 그의 아들 솔로몬에게 주고 [12]또 그가 영감으로 받은 모든 것 곧 여호와의 성전의 뜰과 사면의 모든 방과 하나님의 성전 곳간과 성물 곳간의 설계도를 주고 [13]또 제사장과 레위 사람의 반열과 여호와의 성전에서 섬기는 모든 일과 여호와의 성전을 섬기는 데에 쓰는 모든 그릇의 양식을 설명하고 [14]또 모든 섬기는 데에 쓰는 금 기구를 만들 금의 무게와 모든 섬기는 데에 쓰는 은 기구를 만들 은의 무게를 정하고 [15]또 금 등잔대들과 그 등잔 곧 각 등잔대와 그 등잔을 만들 금의 무게와 은 등잔대와 그 등잔을 만들 은의 무게를 각기 그 기구에 알맞게 하고 [16]또 진설병의 각 상을 만들 금의 무게를 정하고 은상을 만들 은도 그렇게 하고 [17]갈고리와 대접과 종지를 만들 순금과 금 잔 곧 각 잔을 만들 금의 무게와 또 은 잔 곧 각 잔을 만들 은의 무게를 정하고 [18]또 향단에 쓸 순금과 또 수레 곧 금 그룹들의 설계도대로 만들 금의 무게를 정해 주니 이 그룹들은 날개를 펴서 여호와의 언약궤를 덮는 것이더라 [19]다윗이 이르되 여호와의 손이 내게 임하여 이 모든 일의 설계를 그려 나에게 알려 주셨느니라 [20]또 그의 아들 솔로몬에게 이르되 너는 강하고 담대하게 이 일을 행하라 두려워하지 말며 놀라지 말라 네가 여호와의 성전 공사의 모든 일을 마치기까지 여호와 하나님 나의 하나님이 너와 함께 계시사 네게서 떠나지 아니하시고 너를 버리지 아니하시리라 [21]제사장과 레위 사람의 반이 있으니 하나님의 성전의 모든 공사를 도울 것이요 또 모든 공사에 유능한 기술자가 기쁜 마음으로 너와 함께할 것이요 또 모든 지휘관과 백성이 온전히 네 명령 아래에 있으리라

이야기 속 다른 본문 경청하기

출애굽기 40:1-11; 사무엘하 7:8-17; 역대상 17:1-15

다윗의 생애가 막바지에 다다르면서, 왕은 지도자들을 모아 하나님께서 성전 건축을 위해 솔로몬을 선택하셨다는 것을 상기시킨다. 다윗과 맺은 하나님의 언약은 이어지는 이야기의 핵심이다(삼하 7:8-17). 하나님은 다윗에게 이렇게 약속하셨다. "네 생명의 연한이 차서 네가 조상들에게로 돌아가면 내가 네 뒤에 네 씨 곧 네 아들 중 하나를 세우고 그 나라를 견고하게 하리니 그는 나를 위하여 집을 건축할 것이요 나는 그의 왕위를 영원히 견고하게 하리라"(대상 17:11-12).[1] 다윗은 이미 솔로몬에게 이 약속을 설명했지만(22:7-16), 아들에게 마지막 지혜의 말씀을 나누어 주는 나이든 아버지처럼 이 말씀은 다시 다윗의 마음속에 스며들고 있다. 하나님께서 다윗과 맺으신 언약은 이어지는 모든 일의 배경이 되며, 이 언약은 다윗이 죽고 아들이 통치하게 된 뒤에 다시 부상할 것이다(대하 1:9).

이야기 설명하기

다윗이 솔로몬에 대한 하나님의 선택을 확증하다(28:1-7)

왕국의 조직 구조를 갖춘 후(23-27장) 다윗은 모든 지도자를 예루살렘에 소집한다(28:1). 앞서 다윗은 방백과 제사장, 레위인을 '모았지만'(히. *asap*, 23:2) 이제는 '소집하다'(히. *q-h-l*)라는 동사가 사용되는데, 이 단어는 대개 종교 의식의 절정인 거룩한 집회를 위해 모인 하나님 백성의 모임을 가리킨다.[2] 다윗왕은 일어서서 모인 지도자들에게 연설한다. 이들은 신중하게 임명된 다윗의 관리들이다(23-27장). 다윗은 그들에게 자신이 언약궤를 모실 영구적인 집을 지으려고 했지만, 나단이 알린 대로 자기 아들이 성전을 지을 것이라고 상기시킨다(17:1-15). 다윗은 성전을 짓기 위해 준비했는데, 여기에는 오르난의 타작마당을 구입하고

(21:1-30), 금과 은, 놋, 철(22:14)과 함께 목재와 돌을 대량으로 모으고(1-5, 14절), 숙련된 일꾼과 석공, 목수를 확보하는 것이 포함된다(15절). 하지만 다윗은 많은 전투에서 흘린 피로 인해 거룩한 성전을 건축하기에는 부적절하게 되었기 때문에 성전 건축에서 배제되었다(28:3; 또한 22:8을 보라).[3]

다윗은 자신의 삶에 임한 하나님의 부르심을 소중히 기억하면서, 사무엘이 자기 집을 찾아와, 전혀 예상치 못한 상태에서 왕으로 기름 부어 준 잊지 못할 날을 떠올린다(28:4; 삼상 16:1-13을 보라). 삶을 변화시킨 그 날은 이스라엘의 기억과 마찬가지로(시 78:70-72) 다윗의 마음과 생각 속에 지울 수 없이 새겨져 있었을 것이다. 그때 다윗의 삶은 영원히 변화되었다. 하나님은 양을 돌보던 어린 목동을 데려다가 이스라엘의 목자로 선택하셨다(삼상 16:1-13; 참조. 대상 11:2). 하나님께서 다윗을 온 이스라엘을 다스리는 왕으로 삼기를 기뻐하셨다는 사실을 경이에 차서 회상할 때, "내가 누구기에?"라는 이전 기도의 메아리가 다윗의 마음속에 울려 퍼진다(28:4). 하나님은 유다를 지도자 지파로 선택하시는데, 이는 야곱이 임종 직전에 아들 유다에게 선포한 축복을 떠올리게 한다(창 49:8-10). 유다는 형제들보다 우세했고, 그의 계보에서 왕이 나올 것이다(대상 5:1-2; 또한 2:3-4:23을 보라). 다윗의 배후에는 불가능한 상황에서 역사하신 하나님의 섭리의 손길이 있었다(참조. 삼상 16장; 룻 4:18-22).

다윗은 하나님께서 여러 아들 중에 솔로몬을 왕위에 앉히도록 선택하셨다고 인정하고(대상 28:5; 참조. 22:5-16), 그가 "여호와의 나라"를 통치할 것이라고 확증한다(28:5; 17:14; 참조. 대하 13:8; 20:6). 솔로몬은 하나님의 집을 짓도록 선택되었지만, 다윗은 나아가 솔로몬이 하나님의 **아들**이 되리라 하신 것을 떠올리는데(대상 28:6; 참조. 17:13), 이는 아버지 하나님과의 친밀한 관계를 강조하는 것이다(시 2:7).[4] 다윗은 이 약속을 아들에게 주는 경고의 말과 함께 되풀이한다. 즉 하나님은 영원한 왕국을 세우시겠지만, "나의 계명과 법도를 힘써 준행하기를 오늘과 같이" 할 때에만 그렇다(28:7). 하나님의 보좌의 특징은 의와 공의이며, 따라서 다윗 계통의 왕이 하나님의 율법을 대표할 것이라는 기대가 있었다(참조. 시 89:14; 97:2; 99:4; 103:6; 사 9:6-7). 예언자 이사야가 왕과 관련하여 선포했듯이, 그분은 "다윗의 왕좌와 그의 나라에 군림하여 그 나라를 굳게 세우고 지금 이후로 영원히 정의와 공의로 그것을 보존하실" 것이다(사 9:7). 이 말씀은 순종의 중요한 역할을 강조하는데, 하나님께서 앞으로 솔로몬에게 알려 주실 내용이다(대하 7:17-22).

다윗이 지도자들과 솔로몬에게 권면하다(28:8-10)

다윗은 이제 예루살렘에 모인 지도자들에게 연설한다. "너희 하나님 여호와의 모든 계명을 구하여 지키기로 하라. 그리하면 너희가 이 아름다운 땅을 누리고 너희 후손에게 끼쳐 영원한 기업이 되게 하리라"(28:8). 지도자들은 이스라엘이 하나님의 명령을 따르게 하는 중요한 역할을 맡는다. 그렇지 않을 경우 하나님의 백성은 그 땅에서 뿌리째 뽑히는 상황으로 이어질 수 있기 때문이다(대하 7:19-22; 참조. 36:14-20).[5]

다윗은 이제 솔로몬에게 직접 말한다. "내 아들 솔로몬아. 너는 네 아버지의 하나님을 알고 온전한 마음과 기쁜 뜻으로 섬길지어다. 여호와께서는 모든 마음을 감찰하사 모든 의도를 아시나니 네가 만일 그를 찾으면 만날 것이요. 만일 네가 그를 버리면 그가 너를 영원히 버리시리라"(대상 28:9). 하나님의 백성을 특징짓는 경건한 미덕인 "온전한 마음"(wholehearted devotion)으로 하나님을 섬기라고 솔로몬에게 권면한다(22:19; 29:19; 대하 15:12).[6] 솔로몬 말년의 비극적인 증언은 그의 마음이 "그의 아버지 다윗의 마음과 같지 아니하여 그의 하나님 여호와 앞에 온전하지 못하였[다]"는 것이다(왕상 11:4). 다윗은 하나님께서 모든 마음을 감찰하시고 내면의 생각을 이해하신다고 고백한다(대상 28:9; 참조.

29:17). 다윗은 솔로몬에게 하나님을 "찾으면"(히. d-r-sh) 그분을 만날 것이라고 다독인다(28:9). 하나님을 찾는 것은 역대기의 중심 주제다.[7] 솔로몬은 통치 초기에 하나님을 찾는데(히. d-r-sh, 대하 1:5), 이는 젊은 왕에 대한 승인의 신호다. 다윗이 아들에게 준 주님을 버리지 말라는 경고는 뒤에서 하나님이 솔로몬에게 직접 주시는 경고가 될 것이다(7:19-22; 참조. 왕상 11:1-11, 33). 다윗의 권면은 하나님께서 솔로몬을 왕으로 선택하셨을 뿐만 아니라 성전을 건축하도록 선택하셨다는 사실을 상기시키며 마무리된다(대상 28:10; 참조. 5, 6절). 앞서 그랬듯이 다윗은 다시 솔로몬에게 "힘써 행할지니라"고 권면한다(10절; 참조. 22:11-13; 28:20).

다윗이 솔로몬에게 성전 건축 설계도를 주다(28:11-19)

내러티브의 초점은 하나님께서 다윗에게 주신 건축 "설계도"(히. tabnit)로 바뀌는데(28:11-18), 여기에는 "성전의 복도와 그 집들과 그 곳간과 다락과 골방과 속죄소"(11절) 및 그 모든 기물(13-18절)의 설계도가 포함된다. 다윗이 본 설계도는 하나님이 모세에게 성막의 양식(히. tabnit)을 주셨던 이스라엘 초기 역사를 떠올리게 한다(출 25:9, 40).[8] 고대 근동 문헌에는 신들이 왕에게 건축 설계도와 모형을 준 이야기가 나온다.[9] **하나님**께서 (자기 손으로 직접) 다윗에게 성전과 기물의 설계도를 주셨기 때문에 **그분이** 성전 설계의 책임자라는 점을 깨달아야 한다. 솔로몬이 건축한 성전과 기물에 대해 논할 때 지상의 성전은 하나님의 하늘 거처를 상징한다는 점이 분명해질 것이다.[10] 이 사실의 중요성을 놓쳐서는 안 된다. **하늘 성전**이 어떤 모습인지는 하나님만 아시지만, 다윗에게 주신 청사진을 통해 하나님은 사실상 왕이 **하늘 보좌**를 엿보게 하신 것이다. 마지막으로 언급된 기물은 언약궤로, 여기서는 그룹들의 날개로 덮인 금 수레로 묘사된다(대상 28:18; 또한 대하 3:10-13; 5:7-8을 보라). 다윗이 받은 설계도는 그를 지성소로, 지상에 있는 하나님의 발판으로 데려간다.

성전은 물리적 구조물로 지어질 것인데, 이는 하늘의 영역으로 들어가는 접근로를 성전에서 찾을 수 있다는 의미다. 따라서 솔로몬이 지은 정교하고 영광스러운 성전은 그 자체를 넘어 하나님의 하늘 보좌를 가리킨다. 하나님이 설계 책임자시다. 이는 아브라함이 하나님께서 건축하고 설계하신 하늘의 도성을 바란 것처럼(히 11:10), 지상의 건물은 하나님의 백성에게 하늘 거처에 대한 갈망을 불러일으키기 위한 것임을 의미한다. 이 대목에서 하늘의 영역이 계시될 때, 다윗은 "여호와의 손이 내게 임하여 이 모든 일의 설계를 그려 나에게 알려 주셨느니라"고 고백한다(대상 28:19). 하나님이 설계도에 어느 정도나 개입하셨는지 보는 것은 경이롭다. 이 사실은 하나님의 구속 계획에서 성전의 중요성을 강조하는데, 우리가 성전 건축 내러티브에서 살펴볼 내용이다(대하 2-5장). 이것은 성령께서 다윗의 마음에 불어넣으신 설계도로(28:12), 동일한 성령께서는 성막을 짓는 이들에게도 지혜를 주셨다(출 28:3; 31:3; 35:31).

솔로몬에게 주는 다윗의 마지막 당부(28:20-21)

이 단락은 솔로몬에게 주는 마지막 권면으로 마무리된다. "너는 강하고 담대하게 이 일을 행하라. 두려워하지 말며 놀라지 말라. 네가 여호와의 성전 공사의 모든 일을 마치기까지 여호와 하나님 나의 하나님이 너와 함께 계시사 네게서 떠나지 아니하시고 너를 버리지 아니하시리라"(28:20; 참조. 22:13).[11] 다윗은 하나님의 임재로 인해 솔로몬이 그 앞에 놓인 성스러운 임무를 완수할 것이라는 확신을 주는데, 성전 건축은 곧이어 다룰 주제다(대하 2-5장). 솔로몬은 제사장 및 레위인과 더불어 관리와 백성의 지지를 받고, 그들은 무엇이든 솔로몬이 명하는 일을 수행할 것이다(대상 28:21).

이야기 살아내기

우리 삶을 형성하는 하나님 나라의 비전 품기

이 이야기에서 성전 건축을 감독하시는 하나님의 모습은 성전이 단순히 지상의 건물을 훨씬 뛰어넘는 것임을 상기시킨다. 하나님께서 다윗에게 청사진을 보여 주셨을 때 왕은 하나님의 **하늘** 성전을 볼 수 있는 창을 얻었고, 이 비전은 그의 시간과 에너지, 자원 사용에 영향을 미쳤다. 다윗의 초점은 하나님 나라에 맞추어져 있다. 라이트가 지적하듯, 이는 현현 사건(epiphany)으로 묘사될 수 있다. "역대기에서 하나님의 직접적인 현현은 계시적이다. 즉 인간의 영역에 신의 영역이 나타나는 산발적 현현이다."[12] 이 현현 사건이 모든 사람에게 열려 있는 것은 아니지만, 다윗은 성전 설계도를 보면서 신의 영역에 대한 통찰을 얻은 사람 중 하나다.

구약성경의 다른 인물들도 신의 영역을 언뜻 엿보았다. "거룩하다 거룩하다 거룩하다 만군의 여호와여. 그의 영광이 온 땅에 충만하도다"라는 스랍들의 외침을 들었을 때, 예언자 이사야는 높이 들린 하나님의 하늘 보좌 환상을 보았다(사 6:3). 예언자 에스겔도 "하늘이 열리며 하나님의 모습"을 보았을 때 비슷한 환상을 본다(겔 1:1). 높이 들린 하나님의 하늘 보좌에 대한 영광스러운 환상으로 인해 그는 주님의 영광 앞에 엎드린다(1-28절). 예언자 다니엘은 하늘 보좌가 놓인 방의 환상을 보았는데, 그곳에서 수만의 섬기는 자들이 옛적부터 항상 계신 분을 모시고 있었다. 그는 하늘의 영역을 엿보면서 인자가 영광스럽고 영원한 왕국을 받는 것을 목격했다(단 7:9-14). 옛 예언자들처럼 다윗도 하늘의 영역을 얼핏 보았다.[13] 이 청사진은 지상의 성전이 훨씬 크고 영광스러운 하늘 보좌를 상징한다는 것을 시사한다. 그런데 이 하늘 환상은 왕에게 어떤 영향을 미치는가? 이 환상에는 어떤 **지상적** 가치가 있는가?

하나님의 하늘 왕국의 메아리가 이어지는 기도에서 울려 퍼질 때, 다윗은 이렇게 고백한다. "여호와여 위대하심과 권능과 영광과 승리와 위엄이 다 주께 속하였사오니 천지에 있는 것이 다 주의 것이로소이다. 여호와여 주권도 주께 속하였사오니 주는 높으사 만물의 머리이심이니이다"(대상 29:11). 하나님의 하늘 왕국을 엿본 사람의 삶은 변화된다. 다윗의 삶이 막바지에 다다르면서, 그가 성전 건축을 위해 모든 재산과 부를 기꺼이, 거침없이 하나님께 바치는 것은 우연이 아니다. 마찬가지로, 하나님의 **하늘** 왕국을 언뜻 본다면 우리의 삶도 달라진다. 우리는 더 이상 우리의 작은 왕국을 건설하는 데 집중하지 않고, 우리의 우선순위는 **하나님 나라**에 맞춰진다.

하나님 나라에 초점을 맞추고 산다는 것이 어떤 의미인지 숙고하면서, 필자의 영적 부모인 오스트레일리아의 한 부부가 떠올랐다. 그 부부는 선교지와 우리 지역의 침례 교회에서 하나님을 섬기는 데 삶을 헌신했다. 강가 나무가 우거진 곳에 아름답고 우아한 저택을 소유하고 있었지만, 그들에 대해 가장 기억에 남는 일은 그 집이 항상 우리 교회 청소년들이나 함께 머무는 손님들로 가득 차 있었다는 점이다. 그들은 필요한 사람들이 항상 이용할 수 있도록 문을 열어 두는 원칙을 세웠다. 가구는 편안했지만 마모된 흔적을 볼 수 있었다. 카펫은 최신 색상이 아니었고 많은 사람들로 인해 낡아 있었다. 부엌은 차와 푸짐한 식사를 나누는 이들로 북적거렸지만, 대리석 조리대나 최신 가전제품은 없었다. 오스트레일리아를 떠나 미국 매사추세츠주에서 살게 된 뒤에도, 필자는 그 부엌에서 나눈 많은 대화를 기억한다. 그들의 초점은 **사람들에게** 있었고, 그들의 우선순위는 하나님 나라였다. 그들은 하나님이 세우신 도성을 찾고 있었기 때문에, 말하자면 그들은 '이 땅의 나그네'로 살았다. 그들이 굳이 말하지 않았지만, 그냥 알 수 있었다.

하나님 나라가 임하기를 기도하면서, 우리의 세계관은 하나님 나라에 대한 비전으로 변화되어야 한다(마 6:10). 성경은 다윗이 받은 청사진처럼 하나님의 하늘 나라에 대한 비전을 우리에게 준다. 하나님의 하늘 나라가 이 땅에서 살아가는 우리의 삶의 방식을 변화시킬 수 있도록 눈을 높이 들어야 한다. 예수님은 우리가 먼저 그분의 나라를 구하고 **그분의 나라가 임하도록 기도해야 한다고 가르치셨다.** 사도 바울은 다윗이 "당시[자기 세대]에 하나님의 뜻을 따라 섬[긴]" 후 죽었다고 말했다(행 13:36). 다윗의 생애 마지막 몇 년 동안, 우리는 성전 건축을 준비하는 그의 변함없는 헌신을 본다. 다윗은 자기 자신보다 더 큰 것에 대한 비전을 품었다. 주님을 향한 다윗의 헌신은 이어지는 이야기에서, 그가 하나님의 하늘 나라를 위해 지상의 모든 재물을 아낌없이 바치는 모습에서 볼 수 있다. 다윗처럼 우리도 하나님의 하늘 나라를 언뜻 엿보고, **그분의 나라를 먼저 구하는** 사람들이 되기를 바란다.

역대상 29:1-30

― 이야기 경청하기 ―

¹다윗 왕이 온 회중에게 이르되 내 아들 솔로몬이 유일하게 하나님께서 택하신 바 되었으나 아직 어리고 미숙하며 이 공사는 크도다 이 성전은 사람을 위한 것이 아니요 여호와 하나님을 위한 것이라 ²내가 이미 내 하나님의 성전을 위하여 힘을 다하여 준비하였나니 곧 기구를 만들 금과 은과 놋과 철과 나무와 또 마노와 가공할 검은 보석과 채석과 다른 모든 보석과 옥돌이 매우 많으며 ³성전을 위하여 준비한 이 모든 것 외에도 내 마음이 내 하나님의 성전을 사모하므로 내가 사유한 금, 은으로 내 하나님의 성전을 위하여 드렸노니 ⁴곧 오빌의 금 삼천 달란트와 순은 칠천 달란트라 모든 성전 벽에 입히며 ⁵금, 은 그릇을 만들며 장인의 손으로 하는 모든 일에 쓰게 하였노니 오늘 누가 즐거이 손에 채워 여호와께 드리겠느냐 하는지라 ⁶이에 모든 가문의 지도자들과 이스라엘 모든 지파의 지도자들과 천부장과 백부장과 왕의 사무관이 다 즐거이 드리되 ⁷하나님의 성전 공사를 위하여 금 오천 달란트와 금 만 다릭 은 만 달란트와 놋 만 팔천 달란트와 철 십만 달란트를 드리고 ⁸보석을 가진 모든 사람은 게르손 사람 여히엘의 손에 맡겨 여호와의 성전 곳간에 드렸더라 ⁹백성들은 자원하여 드렸으므로 기뻐하였으니 곧 그들이 성심으로 여호와께 자원하여 드렸으므로 다윗 왕도 심히 기뻐하니라 ¹⁰다윗이 온 회중 앞에서 여호와를 송축하여 이르되 우리 조상 이스라엘의 하나님 여호와여 주는 영원부터 영원까지 송축을 받으시옵소서 ¹¹여호와여 위대하심과 권능과 영광과 승리와 위엄이 다 주께 속하였사오니 천지에 있는 것이 다 주의 것이로소이다 여호와여 주권도 주께 속하였사오니 주는 높으사 만물의 머리이심이니이다 ¹²부와 귀가 주께로 말미암고 또 주는 만물의 주재가 되사 손에 권세와 능력이 있사오니 모든 사람을 크게 하심과 강하게 하심이 주의 손에 있나이다 ¹³우리 하나님이여 이제 우리가 주께 감사하오며 주의 영화로운 이름을 찬양하나이

다 ¹⁴나와 내 백성이 무엇이기에 이처럼 즐거운 마음으로 드릴 힘이 있었 나이까 모든 것이 주께로 말미암았사오니 우리가 주의 손에서 받은 것으로 주께 드렸을 뿐이니이다 ¹⁵우리는 우리 조상들과 같이 주님 앞에서 이방 나그네와 거류민들이라 세상에 있는 날이 그림자 같아서 희망이 없나이다 ¹⁶우리 하나님 여호와여 우리가 주의 거룩한 이름을 위하여 성전을 건축하려고 미리 저축한 이 모든 물건이 다 주의 손에서 왔사오니 다 주의 것이니이다 ¹⁷나의 하나님이여 주께서 마음을 감찰하시고 정직을 기뻐하시는 줄을 내가 아나이다 내가 정직한 마음으로 이 모든 것을 즐거이 드렸사오며 이제 내가 또 여기 있는 주의 백성이 주께 자원하여 드리는 것을 보오니 심히 기쁘도소이다 ¹⁸우리 조상들 아브라함과 이삭과 이스라엘의 하나님 여호와여 주께서 이것을 주의 백성의 심중에 영원히 두어 생각하게 하시고 그 마음을 준비하여 주께로 돌아오게 하시오며 ¹⁹또 내 아들 솔로몬에게 정성된 마음을 주사 주의 계명과 권면과 율례를 지켜 이 모든 일을 행하게 하시고 내가 위하여 준비한 것으로 성전을 건축하게 하옵소서 하였더라 ²⁰다윗이 온 회중에게 이르되 너희는 너희 하나님 여호와를 송축하라 하매 회중이 그의 조상들의 하나님 여호와를 송축하고 머리를 숙여 여호와와 왕에게 절하고 ²¹이튿날 여호와께 제사를 드리고 또 여호와께 번제를 드리니 수송아지가 천 마리요 숫양이 천 마리요 어린 양이 천 마리요 또 그 전제라 온 이스라엘을 위하여 풍성한 제물을 드리고 ²²이 날에 무리가 크게 기뻐하여 여호와 앞에서 먹으며 마셨더라 무리가 다윗의 아들 솔로몬을 다시 왕으로 삼아 기름을 부어 여호와께 돌려 주권자가 되게 하고 사독에게도 기름을 부어 제사장이 되게 하니라 ²³솔로몬이 여호와께서 주신 왕위에 앉아 아버지 다윗을 이어 왕이 되어 형통하니 온 이스라엘이 그의 명령에 순종하며 ²⁴모든 방백과 용사와 다윗 왕의 여러 아들들이 솔로몬 왕에게 복종하니 ²⁵여호와께서 솔로몬을 모든 이스라엘의 목전에서 심히 크게 하시고 또 왕의 위엄을 그에게 주사 그전 이스라엘 모든 왕보다 뛰어나게 하셨더라 ²⁶이새의 아들 다윗이 온 이스라엘의 왕이 되어 ²⁷이스라엘을 다스린 기간은 사십 년이라 헤브론에서 칠 년간 다스렸고 예루살렘에서 삼십삼 년을 다스렸더라 ²⁸그가 나이 많아 늙도록 부하고 존귀를 누리다가 죽으매 그의 아들 솔로몬이 대신하여 왕이 되니라 ²⁹다윗 왕의 행적은 처음부터 끝까지 선견자 사무엘의 글과 선지자 나단의 글과 선견자 갓의 글에 다 기록되고 ³⁰또 그의 왕 된 일과 그의 권세와 그와 이스라엘과 온 세상 모든 나라의 지난 날의 역사가 다 기록되어 있느니라

이야기 속 다른 본문 경청하기

출애굽기 25장

    다윗의 삶에 관한 마지막 장에서, 다윗왕은 온 이스라엘을 함께 모으고 백성은 주님께 아낌없이 바친다. 성전 건축에 사용하기 위한 그들의 아낌없는 기부는 이스라엘의 헌물이 성막에 사용된 초기 시대를 연상시킨다(출 25장). 하나님께서 그들 가운데 거하실 수 있도록 성소를 만들기 위해, 하나님은 모세에게 이스라엘 백성의 예물을 모으라고 지시하셨다(8절). 우리는 성전을 위해 하나님께서 다윗에게 주신 "설계도"(히. *tabnit*, 28:11-12, 18-19)가 성막을 위해 모세에게 주신 "양식"(히. *tabnit*, 출 25:9, 40)을 연상시킨다고 언급한 바 있다. 모세의 지도 아래 이스라엘 백성은 금과 은과 놋, 값비싼 청색, 자색, 홍색 재료 및 성막 건설에 필요한 기타 물품을 기부했다(출 25:1-8). 다윗이 성전을 위해 제공한 고귀한 물품은 고귀한 마노를 포함하여(대상 29:2; 참조. 출 25:7; 28:9, 20 등) 성막 건설에 사용된 재료를 연상시킨다(대상 29:2; 참조. 출 25:3-7; 35:5-9, 22-28).[1] 가장 중요한 지점은, 이 이야기 전반에 나오는 '즐거이 드리다, 자원하여 드리다'(히. *n-d-b*)라는 어구의 반복이[29:5, 6, 9(2회), 14, 17(2회)] 이스라엘 백성이 성막을 위해 드린 자발적인 예물을 연상시키고(히. *n-d-b*, 출

25:2; 35:5, 21, 22, 29), 따라서 두 이야기를 더 깊이 연결해 준다는 것이다.[2] 그러므로 성전은 완전히 새로운 것이라고 볼 수 없고, 하나님이 모세에게 알려 주신 대로 자기 백성과 함께 거하시려는 의도의 연속선상에 있음을 더욱 명확히 알려 준다(출 25:8).

이야기 설명하기

다윗이 성전을 위해 보물을 바치다(29:1-9)

다윗은 거룩한 회중을 모아 하나님께서 솔로몬을 왕으로 선택하셨다고 공적으로 선언하지만, 그가 아직 어리고 경험이 부족하다고 인정한다(29:1; 참조. 22:5). 화려하게 장식된 성전은 사람이 아니라 하나님을 위해 지은 것임을 고려할 때, 앞으로 벌어질 일은 의미심장하다. 다윗은 이미 금, 은, 놋, 철, 나무 등 하나님의 집을 위한 자원을 마련했다(22:14). 이 재료들과 함께 "마노와 가공할 검은 보석과 채석과 다른 모든 보석과 옥돌"을 바쳤다(29:2). 고대 세계에서 금은 "희귀하고 탐나고 매우 비쌌으며, 금을 소유할 수 있는 자, 곧 신의 존엄성과 능력을 상징하는 데 더 없이 적합했기" 때문에 성전에 사용되었다.[3] 곧이어 보겠지만 금은 성전과 기물, 특히 지성소와 가까운 곳에 사용되었다. 젠슨(Jenson)이 지적하듯이 "물품의 가치가 높을수록 하나님과의 거리는 가까워진다."[4]

다윗은 성전에 대한 기쁨으로 자기 보물을 하나님의 집을 위해 바친다(대상 29:3). 이스라엘 역사 초기에 하나님은 자기 백성을 "소유"(treasured possession)라고 표현하셨지만(출 19:5; 신 7:6; 14:2; 시 135:4), 다윗은 이제 이미 제공한 것에 덧붙여 자신이 "사유한" 보물을 하나님께 바친다. 왕은 성전과 기물을 위해 엄청난 양의 금과 은을 바친다(29:4-5; 참조. 대하 2:7, 14).[5] 자기 보물을 바친 뒤 다윗은 이렇게 묻는다. "오늘 누가 즐거이 손에 채워 여호와께 드리겠느냐?"(대상 29:5) 이스라엘의 최고 지도자인 다윗이 **먼저** 보물을 바쳤기에, 이제 다른 **지도자들**더러 따르라고 요청한다. 이 단락에서 '즐거이 바치다'[히. n-d-b, 29:5, 6, 9(2회), 14, 17(2회)]라는 동사의 반복은 헌금의 자발적 성격을 강조하고, 하나님의 백성이 성막을 위해 기꺼이 헌금한 모세 시대를 연상시킨다(출 25:2; 35:21, 29).

하지만 다윗은 단순히 지도자들에게 헌물을 드리라고 요청하지 않는다. 그는 **먼저** 그들에게 주님 앞에서 자신을 기꺼이 성별하라고 요청한다(대상 29:5). 혹은 더 문자적인 의미로 "오늘 누가 주님을 위해 기꺼이 자기 손을 채우겠는가?"라고 요청한다. 흥미롭게도 '손을 채우다'라는 표현은 주님을 섬기기 위해 구별되거나 위임받은 제사장들에게 사용되었다(출 28:41; 29:9, 29, 33, 35; 레 16:32 등). 다윗은 지도자들에게 **먼저** 자신을 주님께 성별하라고 요청한다. 이어지는 헌물은 하나님께 자신을 드린 사람들의 예배 행위일 뿐이다. 그런 다음 가문의 지도자와 지파의 우두머리, 군 지휘관, 관리 등 지도자의 위치에 있는 모든 사람이 기꺼이 소중한 자원을 바친다(대상 29:6). 자유롭게 바치는 이 장면은, 백성들이 자유롭게 자원하는 제사장적 왕의 통치와 다르지 않다(참조. 시 110:3). 많은 양의 금과 은, 놋, 철을 바친 것은 그들의 넉넉함과 하나님을 향한 헌신을 강조한다(대상 29:7).[6] 보석을 가진 사람들은 게르손 사람 여히엘이 안전하게 지키는 성전 곳간에 드렸다(8절; 참조. 26:20-28).

이스라엘 지도자들의 넉넉함은 예루살렘에 모인 백성들의 눈에 띄지 않을 수 없었다. "그들이 기꺼이 주님께 예물을 바쳤으므로, 그들이 이렇게 기꺼이 바치게 된 것을, 백성도 기뻐"했다(29:9, 새번역). 지도자는 온전한 마음으로 하나님을 섬기도록 부름받고(28:9; 대하 19:9), 그들의 아낌없는 드림은 하나님 나라를 위한 헌신의 가시적 증거다. 다윗은 그들의 넉넉함을 목격하면서 큰 기쁨을 맛보고 온 이스라엘과 함께 기뻐한다(대상 29:9).

다윗이 하나님을 찬양하다 (29:10-22a)

이 기쁨의 시기에, 다윗의 마음은 이스라엘의 하나님께 대한 찬양으로 향한다. 그의 기도는 이렇게 시작된다. "우리 조상 이스라엘의 하나님 여호와여 주는 영원부터 영원까지 송축을 받으시옵소서"(29:10). 위대함과 권능, 영광, 승리와 위엄이 주님의 것이라고 인정하면서 다윗은 찬양의 목소리를 높인다. 그는 이 왕국이 하나님의 것이며 주님은 만물의 머리로 높임을 받으신다고 고백한다(11절). 다윗은 왕국을 다스리는 왕이지만, 이 왕국은 자신의 것이 아니라 주님의 것이라고 공적으로 단언한다(참조. 17:14; 28:5; 대하 9:8; 13:8). 다윗은 지상의 왕국이 더 큰 실재를 가리킨다는 사실을 이해하고 있다. 하나님의 보좌는 하늘에 세워졌고, 그분은 만물을 다스리신다(시 45:6; 103:19; 145:11, 13). 하나님은 만물의 머리로 높임을 받으신다(대상 29:11).

따라서 다윗은 부와 명예가 하나님에게서 오고 그분이 만물의 통치자라고 고백한다(12절). 여호사밧의 기도에서도 바로 이 점을 인정하면서 이렇게 고백할 것이다. "우리 조상들의 하나님 여호와여 주는 하늘에서 하나님이 아니시니이까? 이방 사람들의 모든 나라를 다스리지 아니하시나이까?"(대하 20:6) 히스기야도 마찬가지다(왕하 19:15; 사 37:16). 예언자들은 메시아의 통치가 "바다에서 바다까지 이르고 유브라데강에서 땅끝까지" 이를 때를 상상하는데(슥 9:10; 참조. 시 72:8), 그때는 하나님의 하늘 통치가 확장되어 온 땅을 아우를 것이다(참조. 미 5:1-5).

다윗은 나아가 권세와 능력이 하나님의 것이고, 그분이 사람을 높이고 강하게 하는 분이라고 인정한다(대상 29:12). 다윗은 왕의 지위를 얻은 것이 자신의 자질 덕분이 아니라 하나님 덕분이라고 여긴다. 하나님께서 자기를 왕으로 세우셨고, 이스라엘을 위해 그렇게 하셨다는 사실을 잊지 않았기 때문이다. 다윗은 하나님께 감사하고 그분의 영광스러운 이름을 찬양하면서, 거룩한 회중과 함께 주님을 송축한다(13절). 하나님의 위대하심을 생각하면서 다윗은 아낌없이 헌금할 수 있도록 자신과 백성들에게 주신 특권에 감격한다. 모세가 자신의 삶에 임한 하나님의 부르심을 깊이 생각했을 때와 마찬가지로(출 3:11) "내가 누구기에?"라는 가슴을 울리는 다윗의 질문은, 하나님께서 **자신을** 선택하셨다는 사실에 놀라 그분 앞에 멍하니 앉아 있던 이전의 응답을 떠올리게 한다(대상 17:16). 다윗은 모든 것이 하나님의 손에서 왔다고 인정하는데(29:14), 이는 그와 백성들이 단지 하나님께 먼저 받은 것을 드린 것일 뿐임을 의미한다. 이 신학은 하나님께서 이스라엘에게 주신 땅 선물에 뿌리를 두고 있다. 이스라엘에게 베푸신 하나님의 관대하심은 언약 백성 가운데 호혜성을 길러, 이스라엘이 넉넉함과 희생으로 하나님께 되돌려 드리도록 인도하기 위한 것이었다.[7]

이어 다윗은 이렇게 고백한다. "우리는 우리 조상들과 같이 주님 앞에서 이방 나그네와 거류민들이라. 세상에 있는 날이 그림자 같아서 희망이 없나이다"(29:15; 참조. 시 39:12). 이 땅의 나그네로 장막에서 살았던 옛 족장들처럼(참조. 히 11:9-10), 다윗의 고백은 하나님이 땅을 선물해 주신 것에 신학적 뿌리를 둔다. 땅은 이스라엘에게 주어졌지만 "땅과 그 혜택의 향유는 이것들을 포기할 준비가 되어 있는지의 여부에 달려 있다."[8] 땅은 궁극적으로 여호와의 것이고 그분의 백성은 "이방 나그네와 거류민"(29:15; 참조. 레 25:23)이라는 인식을 통해 다윗과 백성들은 자신들의 자원을 가볍게 여길 수 있었다. 유배 후 예루살렘으로 돌아와 살던 이들은 곤경에 직면했고, 자기네 땅이 다른 사람의 소유라는 현실로 인해 어려움을 겪고 있었다(느 9:32-37을 보라). 그들도 이 땅에서 이방 나그네요 거류민이었기 때문에, 다윗의 말은 그들에게 공감을 불러일으켰을 것이다. 지상의 것에 대한 그들의 관점을 바꿔 줄 미래의 유산이 있었다(참조. 히 11:9-16). 다윗은 이 땅에서 자신의 날이 단지 그림자처럼 짧다는 것을 잘 알았다(대상 29:15; 참조. 시 102:11; 109:23; 144:4). 자신의 삶 막바지에 다가가고 있던 왕이 한 말이다. 그는 하나님의 영원한 나라와 비교할 때 자기 삶이 얼마나 덧없는지를 깨닫는다.

다윗은 마음속으로 가장 중요하게 여겼던 풍요라는 주제로 돌아가, 모든 것이 하나님의 손에서 왔고 모든 것이 하나님의 것이라고 인정한다(대상 29:16). 하나님은 마음을 시험하시고 정직을 기뻐하시는데, 정직은 그분의 통치를 드러내는 특성이다(17절; 시 9:8; 96:10; 98:9; 99:4). 다윗은 진실한 마음으로 이 모든 것을 기꺼이 주님께 드렸다고 고백하고, 백성들도 기꺼이 하나님께 드리는 것을 보면서 큰 기쁨을 느낀다(대상 29:17). 다윗은 하나님께서 이런 생각과 의도를 백성들의 마음에 영원히 간직해 주시고, 그들의 마음이 하나님을 향하게 해 주시도록 기도한다(18-19절). 이 기도는 자신의 양 떼를 위해 진심으로 기도하면서 그들이 주님께 신실함을 유지하기를 열망하는 목자가 드린 것이다. 그는 회중에게 주님을 송축하라고 권면하면서 기도를 마무리하는데, 하나님의 백성이 "머리를 숙여 여호와와 왕에게 절하는" 마지막 장면은 올바른 예배의 모습이다(20절). 하나님의 위대하심과 능력과 위엄에 비추어 볼 때, 예배는 단 하나의 적절한 반응이다.

다음 날, 하나님의 백성은 수천 번의 번제와 더불어 전제 및 기타 풍성한 제물을 하나님께 바친다(29:21). 구약의 5대 제사 중 번제는 제단 위에서 완전히 불태워졌고(참조. 레 1장), 따라서 가장 값비싼 제사였다.[9] 이 이야기에 스며들어 있는 아낌없고 온 마음을 다한 헌신이라는 주제에 비추어 볼 때(대상 29:1-9), 수천 마리 번제물을 제단 위에서 **온전히** 주님께 바치는 것은 타당하다. 번제의 목적 중 하나가 "제사 드리는 자의 기도를 강조하기 위한 것이라면, 즉 그들이 하고 있는 말에 덧붙은 일종의 감탄 부호"라면,[10] 이런 번제는 하나님을 향한 헌신을 가시적으로 표현하는 역할을 한다. 하나님의 백성이 "크게 기뻐하여 여호와 앞에서 먹으며 마셨다"(22절; 참조. 12:39-40). 큰 기쁨으로 이 모임이 마무리되는 것은 놀라운 일이 아니다.[11]

솔로몬이 왕으로 기름 부음을 받다 (29:22b-25)

이제 솔로몬의 공적인 기름 부음으로 시선을 돌린다(29:22b). 다윗은 앞서 솔로몬을 공동 통치자로 임명했지만(23:1), 이제 공식적이고 공개적인 기름 부음 의식을 진행한다.[12] 사독과 나단은 이 성스러운 의식에서 중요한 역할을 담당하지만, 역대기 저자는 사독이 솔로몬과 함께 기름 부음을 받았다고 언급하는데(29:22), 이로써 왕과 제사장의 이중 리더십을 강조한다.[13] 공적이고 합법적인 기름 부음 행위는 솔로몬을 하나님이 정하신 후계자로 합법화하는 역할을 하고, 이로써 "솔로몬이 왕위에 앉는 것이 불법적으로 또는 다윗의 의지에 반하여 일어나지 않았다"는 점을 강조한다.[14] 기름 붓는 의식을 통해 왕은 다윗 계통 왕의 중요한 호칭인 주님의 "기름 부음받은 자"로 인정된다(22절; 참조. 대하 6:42; 시 2:2). 솔로몬이 앉은 왕위는 다름 아닌 "여호와께서 주신 왕위"다(대상 29:23절; 참조. 17:14; 28:5). 솔로몬은 하나님의 축복 아래 번영함으로써(29:23), 하나님의 임재로 인해 성공을 이룰 수 있을 것이라는 다윗의 권면을 상기시킨다(22:11, 13; 참조. 대하 7:17-18). 또한 다윗의 지도자들과 다른 아들들은 "솔로몬왕에게 복종"했다(문자적 의미는 '그들은 솔로몬 아래에 손을 두었다', 대상 29:24). 어떤 사람의 허벅지 아래에 손을 넣는 상징적 행위는 충성을 맹세할 때 사용되었다(참조. 창 24:9; 47:29). '허벅지'라는 단어는 사용하지 않았지만, 이 상징적 표현은 동일한 법적 기능을 수행한다.[15] 왕위의 불안정한 특성을 고려할 때(왕상 1-2장을 보라), 솔로몬에 대한 그들의 공적 지지는 솔로몬을 합법적 후계자로 확증한다. 하나님은 온 이스라엘 앞에서 솔로몬을 높이시고 그에게 왕의 영예를 부여하신다(대상 29:25; 참조. 대하 1:1).

다윗의 죽음과 장례 (29:26-30)

다윗은 이스라엘 왕으로 40년간 통치했는데, 처음에 헤브론에서 7년간 통치했고 이후 예루살렘에서 33년간 통치했다(삼하 5:1-5; 왕상 2:11; 대상 3:4; 참조. 대상 11:1-3). 다윗은 "나이 많아 늙도록 부하고 존귀를 누리다가" 죽는다(29:28; 참조. 창 25:8; 35:29). 다윗의 통치에 대한 기사는 사무엘, 나단, 갓의 기록과 함께(대상 29:29), 그의 통치를 기록한 문서 기록을 언급하며 마무리된다.[16]

― 이야기 살아내기 ―

하늘에 보물을 쌓아 두다

다윗 생애의 마지막 장에서는 하나님을 향한 진심 어린 감사가 크게 울려 퍼지는데, 크나큰 감사로 인해 왕과 백성은 성전을 위해 아낌없이 바친다. 이것은 의무감으로 바치는 헌물이 아니다. 그들의 헌물은 십일조가 아니라, 오히려 하나님을 향한 헌신의 가시적 표현이다. 다윗은 값을 전혀 치르지 않은 것은 주님께 드리지 않기로 결심했고(대상 21:24), 바로 이 희생적인 헌물이 왕의 마음에 닿는다. 다윗의 마음은 하나님께서 행하신 모든 일에 대한 감사로 가득하다. 그의 삶은 **하늘에 보물을 쌓아 둔** 이의 간증이다.

예수님은 제자들에게도 하늘에 보물을 쌓아 두어야 한다고 가르치셨다. "너희를 위하여 보물을 땅에 쌓아 두지 말라. 거기는 좀과 동록이 해하며 도둑이 구멍을 뚫고 도둑질하느니라. 오직 너희를 위하여 보물을 하늘에 쌓아 두라. 거기는 좀이나 동록이 해하지 못하며 도둑이 구멍을 뚫지도 못하고 도둑질도 못하느니라"(마 6:19-20). 부를 사용하는 것은 하나님의 뜻을 행하고자 하는 자발적 의지의 외적이고 가시적인 표현이었다.

예수님은 많은 부를 축적하여 세상 재물을 저장하기 위해 헛간을 더 지으려 하는 부자의 비유를 가르치신 적이 있다(눅 12:16-20). 그는 소중한 재물을 누릴 충분한 시간이 있으리라고 엉뚱하게 속단했다가, 바로 그날 밤 예기치 않은 죽음을 맞고 말았다. 이 땅에서의 날이 그림자와 같다는 것을 깨달은 다윗과 달리(대상 29:15), 이 어리석은 사람은 **자기가** 날을 통제할 수 있다고 속단했다. **모든 것**이 하나님의 것임을 깨달은 다윗과 달리, 이 어리석은 사람은 모든 것이 **자기 것**이라고 속단했다("내…곡식", "내 곳간", '내 남은 곡식'). 예수님은 자기 자신을 위해 낭비하지 말고 하나님께 인색하지 않아야 한다는 가르침으로 끝맺으셨다(눅 12:21).

나아가 예수님은 이렇게 가르치셨다. "너희 소유를 팔아 구제하여 낡아지지 아니하는 배낭을 만들라. 곧 하늘에 둔 바 다함이 없는 보물이니 거기는 도둑도 가까이 하는 일이 없고 좀도 먹는 일이 없느니라. 너희 보물 있는 곳에는 너희 마음도 있으리라"(눅 12:33-34). 예수님은 천국이 밭에 감춰진 보화와 같다고 가르치셨다. 그것을 발견한 사람은 자기가 가진 모든 것을 팔아 그 밭을 살 것이다(마 13:44). 천국은 또한 최상품 진주를 찾는 상인과 같다. 귀한 진주 하나를 발견한 상인은 자기가 가진 모든 것을 팔아 그 진주를 살 것이다(마 13:45-46). 천국을 맛본 사람은 헤아릴 수 없는 가치를 발견한다. 천국은 지상의 보물, 심지어 우리의 가장 소중한 소유물보다 훨씬 가치 있다. 귀한 진주를 발견한 상인처럼, 이런 사람들은 천국을 최우선 순위에 두고 그 무한한 가치 때문에 지상의 재산을 기꺼이 희생한다.

사도 바울은 젊은 디모데에게, 이 세상의 부유한 자들에게 재물에 소망을 두지 말고 하나님께 소망을 두도록 가르치라고 당부했다. 그들이

"선을 행하고 선한 사업을 많이 하고 나누어 주기를 좋아하며 너그러운 자가 되게 하라. 이것이 장래에 자기를 위하여 좋은 터를 쌓아 참된 생명을 취하는 것"이다(딤전 6:18-19). 이 구절이 다윗의 생애 말년을 요약해 준다. 우리가 재정적 자원을 어떻게 사용하고 있는지, 또한 우리 헌금이 주님을 향한 내적 헌신의 가시적 증거인 넉넉함을 드러내는지 숙고하려 할 때, 다윗의 아낌없는 드림은 좋은 본보기 역할을 한다. 노예제 폐지론자인 윌리엄 윌버포스(William Wilberforce)의 말도 다윗의 삶을 똑같이 요약해 준다. "참된 그리스도인은 자신이 엄격한 채권자를 만족시키는 중이 아니라 감사의 빚을 갚는 중이라고 여긴다."[17]

존 라인하트(John Rinehart)의 『복음의 후원자들: 관대함으로 세상을 변화시킨 사람들』(Gospel Patrons: People Whose Generosity Changed the World)은 복음의 대의를 위해 자기 자신과 재산을 바친 세 복음 후원자의 사역을 추적하는 감동적이고 도전적인 책이다.[18] 라인하트는 조지 휫필드(George Whitefield)의 설교 활동을 지원한 헌팅턴 부인(Lady Huntington) 이야기를 들려준다. 그녀의 희생적인 헌금과 하나님 말씀의 선포를 위한 확고한 헌신에 대해 알게 되면, 누구나 놀랄 수밖에 없다. 그녀는 조지 휫필드의 사역을 후원했을 뿐만 아니라, 말씀이 선포되는 강단이 잘 훈련된 설교자로 채워져 하나님의 말씀이 알려지는 것을 보고 싶은 부담감을 갖고 있었다. 그래서 헌팅턴 부인은 교회 건축을 위해 헌금하고 신학교를 설립했으며, 사역을 위해 훈련받고 있는 신학생들에게 자금을 지원하면서도 자신을 위해서는 적은 비용만 사용하기로 결심했다. 학생들의 의식주와 선교지 여행 경비를 지원하는 등 신학교를 후원하기 위해 그녀는 연간 수입의 절반을 하나님의 일을 위해 사용했다. 라인하트는 이렇게 쓰고 있다. "헌팅턴 부인과 조지 휫필드가 이룬 업적은 정말 헤아릴 수 없을 정도였다. 그들은 신실한 교회와 복음 설교자가 없던 영국과 미국의 미개척 지역에 손을 뻗었다."[19] 헌팅턴 부인의 아낌없는 헌금과 주님을 향한 헌신은 하나님 나라의 확장을 위해 우리의 시간과 에너지, 자원을 어떻게 사용하고 있는지 깊이 생각해 보도록 도전한다.[20] 다윗처럼 이 땅에서 우리의 날은 하나님의 영원한 나라에 비하면 금방 사라지는 그림자와 같다는 것을 깨닫고, 다윗처럼 하나님을 섬기고 그분의 나라를 위해 우리 자원을 사용하는 일에 최우선순위를 두기 바란다.

역대하 1:1-17

이야기 경청하기

¹다윗의 아들 솔로몬의 왕위가 견고하여 가며 그의 하나님 여호와께서 그와 함께하사 심히 창대하게 하시니라 ²솔로몬이 온 이스라엘의 천부장들과 백부장들과 재판관들과 온 이스라엘의 방백들과 족장들에게 명령하여 ³솔로몬이 온 회중과 함께 기브온 산당으로 갔으니 하나님의 회막 곧 여호와의 종 모세가 광야에서 지은 것이 거기에 있음이라 ⁴다윗이 전에 예루살렘에서 하나님의 궤를 위하여 장막을 쳐 두었으므로 그 궤는 다윗이 이미 기럇여아림에서부터 그것을 위하여 준비한 곳으로 메어 올렸고 ⁵옛적에 훌의 손자 우리의 아들 브살렐이 지은 놋 제단은 여호와의 장막 앞에 있더라 솔로몬이 회중과 더불어 나아가서 ⁶여호와 앞 곧 회막 앞에 있는 놋 제단에 솔로몬이 이르러 그 위에 천 마리 희생으로 번제를 드렸더라 ⁷그날 밤에 하나님이 솔로몬에게 나타나 그에게 이르시되 내가 네게 무엇을 주랴 너는 구하라 하시니 ⁸솔로몬이 하나님께 말하되 주께서 전에 큰 은혜를 내 아버지 다윗에게 베푸시고 내가 그를 대신하여 왕이 되게 하셨사오니 ⁹여호와 하나님이여 원하건대 주는 내 아버지 다윗에게 허락하신 것을 이제 굳게 하옵소서 주께서 나를 땅의 티끌같이 많은 백성의 왕으로 삼으셨사오니 ¹⁰주는 이제 내게 지혜와 지식을 주사 이 백성 앞에서 출입하게 하옵소서 이렇게 많은 주의 백성을 누가 능히 재판하리이까 하니 ¹¹하나님이 솔로몬에게 이르시되 이런 마음이 네게 있어서 부나 재물이나 영광이나 원수의 생명 멸하기를 구하지 아니하며 장수도 구하지 아니하고 오직 내가 네게 다스리게 한 내 백성을 재판하기 위하여 지혜와 지식을 구하였으니 ¹²그러므로 내가 네게 지혜와 지식을 주고 부와 재물과 영광도 주리니 네 전의 왕들도 이런 일이 없었거니와 네 후에도 이런 일이 없으리라 하시니라 ¹³이에 솔로몬이 기브온 산당 회막 앞에서부터 예루살렘으로 돌아와서 이스라엘을 다스렸더라 ¹⁴솔로몬이 병거와 마병을 모으매 병거가 천사

백 대요 마병이 만 이천 명이라 병거성에도 두고 예루살렘 왕에게도 두었으며 ¹⁵왕이 예루살렘에서 은금을 돌같이 흔하게 하고 백향목을 평지의 뽕나무같이 많게 하였더라 ¹⁶솔로몬의 말들은 애굽과 구에에서 사들였으니 왕의 무역상들이 떼로 값을 정하여 산 것이며 ¹⁷애굽에서 사들인 병거는 한 대에 은 육백 세겔이요 말은 백오십 세겔이라 이와 같이 헷 사람들의 모든 왕들과 아람 왕들을 위하여 그들의 손으로 되팔기도 하였더라

이야기 속 다른 본문 경청하기

출애굽기 25-40장; 열왕기상 3:1-15; 닝기르수의 신전 건축

왕권에 대한 기사는 다윗의 아들 솔로몬으로 이어지지만, 그의 왕위 계승은 겉으로 보이는 만큼 순탄치 않았다(배경 이야기는 왕상 1-2장을 보라). 역대기 저자는 하나님의 축복 아래 안정적으로 왕위에 앉은 솔로몬의 이야기를 이어 간다. 대규모 건축 프로젝트에 착수할 때 두로 왕과의 무역 관계는 솔로몬의 최우선순위다. 성전을 아름답게 장식하기 위해 전문가의 솜씨를 발휘할 페니키아 장인을 확보하고, 레바논에서 백향목을 운송한다. 귀중한 금은 먼 오빌 지역에서 배로 실어 왔는데, 왕실 매입품 중에는 이국적인 동물도 있다. 국제 무역의 절정기에는 귀한 아나톨리아 말을 비롯하여 엄청난 숫자의 병거와 말을 수입했다. 솔로몬 왕국이 확장하고 번영하면서 이방 왕들은 사치스러운 선물을 예루살렘으로 가져오고, 솔로몬은 스바 여왕의 방문으로 인해 큰 영광을 누린다. 이렇듯 하나님의 축복 아래 번영하는 왕국은 하나님이 정하신 성전 건축자로서 솔로몬의 통치 배경을 설정한다.

이 장들의 주요 초점은 성전 건축과 성전에 가득한 하나님의 영광스러운 임재에 맞춰진다(대하 2-5장). 솔로몬은 하나님께 합당한 화려한 집을 짓기 위해 모든 노력을 기울인다. 프랭크퍼트(Frankfort)가 지적하듯,

고대 세계에서는 신전 건축가로서 왕의 역할에 높은 가치를 부여했다. "신의 집을 지어 드리는 것보다 신께 바치는 더 큰 섬김은 없다."[1] 성전 건축은 명예롭고 신성한 임무였지만, 종종 두려움과 떨림을 동반했다. 왕은 이같이 신성한 임무에 착수하기 전에 신탁을 통해 자신이 신들의 뜻에 따라 행동하고 있다는 확신을 얻어야 했다. 신의 확증을 받은 후, 왕은 신께 합당한 웅장한 신전을 짓기 위해 모든 노력을 기울였다.

주전 3천 년 말 구데아(Gudea)라는 이름의 메소포타미아 통치자가 지은 신전은 고대 신전 건축 기사의 한 예다. 설형문자로 기록되어 루브르 박물관에 소장된 구데아의 원통형 비문(Gudea cylinder)에는 구데아가 닝기르수(Ningirsu) 신을 위해 지은 신전이 묘사되어 있다.[2] 두 개의 점토 비문은 닝기르수가 구데아의 꿈에 나타나 신전을 짓도록 임명하면서 설계도와 더불어 노동자 징집, 사용할 재료, 구체적 장식과 기물에 대한 세부 사항을 주었다고 기술한다.[3] 이 기사에서는 큰 돌을 채석하고, 배로 삼나무를 가져오고, 구리를 채굴하고, 벽돌을 빚었다고 언급한다. 이 방대한 설명은 향을 피우고 기도를 드리면서 닝기르수 신상이 도착하는 것으로 마무리된다. 구데아는 성 전체가 무릎을 꿇고 엎드려 신의 도착에 경의를 표하게 한다. 밤새도록 기도와 간구를 드리자 마침내 닝기르수는 자기 집으로 들어가는데, 이는 집의 주인이 도착했음을 상징한다. 이것은 고대로부터 알려진 여러 신전 건축 문헌 중 하나다.[4] 이런 문헌을 주의 깊게 분석해 보면, 고대의 전형적인 특징을 파악하고 그 세계에서 신전 건축의 중요성을 인식하는 데 도움이 된다.

그런데 솔로몬 성전에 대한 역대기 저자의 묘사는 무엇보다 이스라엘의 성스러운 전승에 의해 형성되었고, 이 장들 전체에서 창조 이야기와 성막 내러티브의 메아리가 울려 퍼진다.[5] 예루살렘 성전은 완전히 새로운 것이 아니라 에덴에서 시작된 하나님의 목적에서 절정의 순간이다. 성전 벽과 기물을 장식하는 식물 및 나무 이미지와 더불어, 성전을 장식하는 데 사용된 금과 귀중한 보석은 에덴동산을 연상시킨다. 하나님이 에덴동산에서 아담과 하와와 함께 걸으셨듯이, 그분은 성막과 성전에서도 백성들 사이를 거니신다. 성전은 하나님의 구속 계획의 다음 단계를 상징하고, 이제 하나님은 창조 세계의 축소판이 되도록 설계하신 성스러운 건물 안에서 자기 백성 가운데 거하신다.

솔로몬이 지은 성전은 내러티브의 궁극적 목표가 아니다. 오히려 백성 가운데 계신 하나님의 영광스러운 임재와 뒤이어 나오는 기도가 궁극적 목표라는 점을 명심해야 한다. 가장 중요한 것은 풍부한 금과 보석, 레바논의 백향목, 이집트와 구에의 말, 열방의 선물, 심지어 금으로 덮은 솔로몬의 호화로운 상아 왕좌도 아니다. 이 장들에서 가장 중요한 것은 주 하나님께서 에덴에서 잃어버린 것을 회복하시면서 자기 백성과 함께 거하신다는 것이다. 그래서 역대기 저자는 성전에 대해 자세히 묘사하지만, 성전 건물 너머로 우리의 시선을 돌려 솔로몬의 긴 봉헌 기도(6:12-42)와 그에 대한 하나님의 응답(7:12-22)을 성찰하게 하는데, 두 단락은 잘 만들어진 교차 대구 구조의 중심에 놓여 있다.[6] 가장 높은 하늘이라도 주님을 담을 수 없지만, 성전이 하나님의 영광이 거하는 장소가 될 것이라는 사실은 신비다. 고대 세계의 신전과 달리 이 성전에는 물리적 형상이 전혀 설치되지 않고, 주님은 분명 제사장들에 의해 운반되거나 생명을 얻을 필요가 없으시다. 참되고 살아 계신 주님, 창조주요 생명을 주시는 주님은 하늘 보좌에 앉아 계시지만, 신비롭게 구름 가운데 내려오셔서 에덴의 그룹들 위와 화려하게 장식된 밝은 채색 휘장 너머에서 자기 백성 가운데 거하신다.

이스라엘 백성 가운데 계신 하나님의 임재에 솔로몬의 기도가 뒤따르면서, 왕은 커다란 놋 단상 위에 무릎을 꿇고 하늘을 향해 손을 든다. 지금은 왕이 하나님과 교감하는 성스러운 순간이다. 여기는 하늘과 땅이 만나는 곳이다. 듣지 못하고 말하지 못하는 고대 세계의 우상과 대조적으로, 솔로몬은 들으시고 보시는 **살아 계신** 하나님께 기도한다(6:19, 20, 21, 23, 25, 27, 30, 33, 35, 39). 왕은 하나님의 백성에게 주 그들의 하나님께 기도하라고 권면한다. 이 이야기에서 우리는 하나님이 솔로몬의 기도를 들으실 뿐 아니라 그 기도에 응답하신다는 놀라운 진리를 배운다. 이 이야기는 또한 기도는 대화고, 하나님과 교제하는 사람의 올바른 자세는 겸손임을 보여 준다. 이로써 하나님의 백성을 향해 스스로 겸비하여 기도하고 그분의 얼굴을 찾으라 초대하며, 놀랍게도 하나님은 하늘에서 듣고 용서하고 고치겠다고 약속하신다(7:14). 이 약속은 역대하 전반에서 울려 퍼진다. 앞으로 우리는 역대하 7:14에 나오는 겸손과 기도의 중요성에 대해 숙고하겠지만, 지금은 무엇보다도 성전이 하나님이 임재하시는 곳이라는 점에 주목한다. 그분의 영광은 금과 은보다 훨씬 귀하다. 그분의 영광은 레바논의 모든 백향목보다 귀하고, 분명 이방의 고관들로부터 얻는 명성보다 훨씬 귀하다. 범접할 수 없는 거룩함 속에 거하시고 모든 영광 가운데 휘장 너머에 숨어 계신 하나님은, 자기 백성을 향해 기도하고 자기 얼굴을 찾으라고 요청하신다. 또한 하나님은 자기를 찾는 자를 만나주실 것이라고 약속하신다. 정말 놀라운 일이다.

— 이야기 설명하기 —

솔로몬이 기브온에서 주님을 예배하다(1:1-13)

하나님은 다윗과 함께 계셨던 것처럼(대상 17:8) 젊은 왕 솔로몬과 함께 계시고(대하 1:1; 참조. 대상 22:11, 16-18) 그를 크게 높이신다. 솔로몬은 지도자들과 모든 백성을 예루살렘 북쪽으로 약 8킬로미터 떨어진 곳, 회막이 놓여 있던 기브온에 모은다(대하 1:1-3). 이스라엘의 이전 역사에서 성막은 실로에 있었지만(수 18:1; 19:51; 삼상 1:3) 블레셋의 공격으로 인해 하나님의 영광이 떠나고 말았다(삼상 4장; 참조. 렘 7:12). 다윗은 언약궤를 기럇여아림에서 예루살렘으로 가져와 임시 장막 안에 두었다(대상 13, 15장; 대하 1:4). 아삽과 그의 친족은 언약궤를 감독했고, 제사장 사독은 성막에서 집전했다(대상 16:37-40). 놋 제단은 모세 시대의 유명한 장인 브살렐이 만든 것이었다(출 31:1-11; 36:1; 참조. 대상 2:20). 솔로몬과 모든 백성은 주님께 나아오고, 솔로몬은 제단에서 소 천 마리의 번제를 드린다(대하 1:5-6).

솔로몬과 백성들이 주님을 찾은 후, 하나님은 밤에 솔로몬의 꿈에 나타나신다(7절). 그들이 주님을 찾는 것은 모세가 오래전에 준 가르침에 따른 것이었다. 이스라엘 백성은 하나님의 이름이 거할 곳으로 택하신 곳에서 하나님을 찾아야 했기 때문이다(신 12:5). 다윗은 아들에게 주님을 찾으라고 권면했고(대상 22:19; 28:9), 솔로몬에게 주신 하나님의 말씀은 하나님을 찾는 자가 그분을 만날 것이라고 확증한다(28:9; 참조. 신 4:29). 하나님은 솔로몬에게 무엇을 주기 원하느냐고 물으신다(대하 1:7). 솔로몬은 하나님께서 아버지 다윗에게 언약의 신의를 보여 주셨고, 이제 자신이 아버지를 대신해 통치한다고 고백한다. 솔로몬은 많은 백성의 왕이 되었다고 고백하면서(8-9절), 아버지에게 하신 약속을 확증해 주시도록 하나님께 간구한다.

솔로몬은 백성을 올바르게 인도할 수 있도록 하나님께 지혜와 지식을 간구한다. 지혜는 공정한 법령을 내리고 공평하게 통치할 수 있게 하는 왕의 중요한 자질이었다(잠 8:15-16; 29:12; 참조. 사 11:1-5). 따라서 지혜에 대한 솔로몬의 열망은 호의적으로 받아들여지고, 하나님은 훗날 모든 사람이 인정하는 지혜와 지식을 솔로몬에게 주신다(왕상 4:29-34; 대하 2:12; 9:5-6). 그런데 하나님은 솔로몬이 구하지도 않은 부와 재물, 영광까지 주신다(1:11-12). 기브온에서 이 확신의 말씀을 받은 후 솔로몬은 예루살렘으로 돌아온다(13절).

솔로몬의 막대한 부와 병거 (1:14-17)

솔로몬은 엄청난 수의 병거와 마병을 소집해 지정된 성에 배치한다 (1:14; 또한 왕상 9:19; 대하 8:6을 보라). 가나안 땅에는 왕정 시대 이전부터 병거가 있었다는 기록이 있으며, 다윗이 여러 나라를 상대로 거둔 군사적 승리에는 병거와 마병의 취득도 포함되었다(대상 18:3-4). 이제 왕국이 확장하고 번성하면서(왕상 4:20-25), 거처와 먹이와 물을 공급하기 위해 대규모의 마구간과 관리인이 필요했다. 이 책임은 솔로몬의 열두 행정 구역에 임명된 지도자들에게 맡겨진다(26-28절). 은과 금이 풍부했고 백향목도 많았다(대하 1:15).[7]

솔로몬이 취득한 것 중에는 이집트와 구에에서 수입한 말들도 있다(16절). 고대 세계의 왕들은 좋은 말과 병거를 얻기 위해 열을 올렸는데, 전쟁에 사용하기 위해서만이 아니라 지위와 영광의 상징으로 이것들을 구했다.[8] 정교하게 장식된 병거는 한 왕이 다른 왕에게 주는 왕실 선물이었고, 왕의 소중한 보물 중 하나였다. 솔로몬의 무역상은 이집트에서 말을 취득하지만, 우수한 말이 많기로 유명했던 아나톨리아 남동부의 구에 지역에서 말을 사들이기도 했다. 심지어 그들은 은 600세겔이라는 비싼 가격에 이집트 병거를 확보하고, 말 한 필을 150세겔에 확보한다(17절). 이 비싼 병거는 왕과 고관들이 사용한 잘 만들어진 왕실 병거였을 가능성이 높고(출 15:4; 삼상 8:11; 삼하 15:1), 요셉이 명예로운 직책에 오른 후 탔던 이집트 병거와 비슷하다(창 41:42-43). 고대에 왕실의 병거는 금과 은으로 정교하게 장식되었고, 때로 귀중한 보석으로 장식되기도 했다. 병거는 위엄 있는 행렬과 의식에 사용되었기 때문에 왕의 영광과 지위를 보여 주었다.[9] 나이와 품질에 따라 말의 가격은 상당히 다양했지만, 솔로몬이 150세겔을 지불한 것은 그가 왕의 행렬을 위해 잘 훈련된 우수한 말을 구입했음을 암시한다.[10] 솔로몬의 무역상은 시리아 북부에 있는 히타이트와 아람 왕에게 말을 수출했다(대하 1:17). 이 지역에서 말 무역은 잘 알려져 있었고, 솔로몬은 분명 국제 무역의 중심인물이었다.

이야기 살아내기

주님을 찾다

솔로몬의 통치가 활기찬 분위기로 시작하면서 온 공동체가 기브온에 모인다. 역대기 저자는 이 기사를 시작하면서 왕과 백성들이 여호와를 '찾았다'(히. d-r-sh; 개역개정은 "나아가서")고 언급한다(대하 1:5). 역대기에서 "묻다, 찾다, 구하다"(히. d-r-sh)라는 동사의 높은 빈도는 그 중요성을 강조한다. 비교해 보자면, 이 동사는 사무엘상에 세 번,[11] 열왕기에 열세 번 나오지만,[12] 역대기에는 마흔 번 이상 나온다.[13] 이스라엘 역사의 중요한 순간에 저자는 잠시 멈추어, 아사(14:4, 7; 15:2, 12) 및 여호사밧(17:3-4; 19:3; 20:3)과 같이 왕이 주님을 찾은 때와, 사울(대상 10:13-14; 13:3)과 같이 그렇게 하지 못했던 때를 강조한다. 역대기 전반에서 주님을 찾는 것에 대한 강조는 우리 삶이 기도의 특징을 보이는가라는 질문을 제기한다. 주님을 찾는 것은 상황에 대한 지혜나 응답을 구할 때 하나님께 묻는 것을 의미할 수 있다. 때로 하나님의 일에 우리 자신을 헌신하고(22:19) 그분의 명령을 따르는 것을 의미하기도 한다(대하 14:4). 따라서 주님을 찾는 것은 하나님의 뜻에 따라 살고 그분을 의지하려고 애쓰는 하나님 중심적 삶의 특징이다. 종종 어려운 상황으로 인해 우리는 기도로 하나님께 부르짖는다(예. 대상 4:10; 대하 14:11; 15:4; 18:31; 20:3-4). 여호사밧은 적의 공격에 직면했을 때 주님을 찾기로 굳게 결심했다(3-4절). 그는 다른 곳에서 도움을 구하거나 해결책을 찾는 대신 하나님께 향했다. 예언자 예레미야는 유배 후 하나님의 백성이 온 마음을 다해 주님을 찾을 때를 고대했고(렘 29:13-14; 참조. 신 4:29), 이것은 역대기의 중요한 미덕이다. 에스라서와 느헤미야서의 삶에서 볼 수 있듯이, 바벨론 유배라는 힘든 시기는 기도에 대한 새로운 강조로 이어진다(스 8:21-23; 9:5-15; 10:1-2; 느 1:4-11; 2:4; 4:9; 6:9; 9:1-37).

이 주석서를 쓰는 동안, 우리는 코로나19로 인해 발생한 전 세계적인 팬데믹 한가운데 놓였다. 코펜하겐 대학교(University of Copenhagen)의 연구에 따르면, 이 팬데믹 기간에 95개국에서 기도에 대한 구글 검색이 기하급수적으로 증가했다.[14] 연구자들은 한 나라에서 코로나19 첫 확진자가 나오기 전에는 기도에 대한 검색이 비교적 미미했지만, 바이러스가 세계적으로 창궐하면서 기도에 대한 인터넷 검색은 급증하여 2020년 3월에는 지난 5년 중 최고 수준으로 치솟았다는 사실을 발견했다. 세계적 팬데믹으로 인해 사람들은 하나님의 응답을 구하게 되었다.

솔로몬 이야기에서 우리는 주님을 찾는 것이 우리 삶의 특징이어야 함을 떠올린다. 다시 말해, 하나님은 힘든 시기에 우리가 다른 어떤 것을 신뢰하기보다 하나님께 힘과 도움을 구하길 바라신다. 그런데 우리는 단지 위기 때에만 하나님을 찾지 않아야 한다. 시인은 계속해서 하나님을 찾으라고 권면한다. "여호와와 그의 능력을 구할지어다. 항상 그의 얼굴을 찾을지어다"(대상 16:11). 우리는 미디어로 포화된 문화가 유비쿼터스 이미지와 메시지로 우리를 채워 하나님의 음성을 쉽게 외면할 수 있는 시대를 살고 있기에, 너무 산만해서 기도하지 못할 수도 있다.

글로벌 데이터 분석 회사 닐슨(Nielson)의 연구에 따르면, 2018년 1분기에 미국 성인은 미디어를 "듣거나 보거나 읽거나, 미디어와 폭넓게 상호 작용하는 데" 매일 11시간 이상을 소비하는 것으로 추정됐다.[15] 데이비스(Davis)는 온라인 미디어에 대한 끊임없는 집착을 개탄하면서 이렇게 쓰고 있다. "인류 역사에서 인간의 정신이 나이아가라 폭포처럼 끝없이 쏟아지는 정보와 이미지, 오락, 문자, 소리, 환상, 포르노그래피, 상업 광고로 이렇게 과도하게 자극받고 주의가 산만해지며 과부하에 걸렸던 때는 한 번도 없었다."[16] 그는 "당신의 상상력을 사로잡은 것이 당신의 영혼을 사로잡았다"라고 지적한 뒤, "당신 마음의 진정한 존재론적 고향은 어디인가?"라는 질문을 던진다.[17] 역대기는 주님을 찾으라는 초대장 역할을 한다. 주님은 우리를 향해 온전한 마음을 바치라고 손짓하신다. 솔로몬 이야기에서 주목할 만한 점은 하나님이 꿈으로 왕에게 응답하시고, 그가 간구한 것보다 훨씬 많이 주신다는 점이다(대하 1:11-12; 참조. 마 7:7-11). 이 주님이 우리를 그분과의 대화로 초대하신다. 주님은 **말씀**을 통해 자신을 계시하시기 때문이다. 가장 높은 하늘도 주님을 담을 수 없다는 점을 고려해 보면(대하 2:6), 자기를 찾는 자는 만나게 될 것이라는 주님의 은혜로운 약속은 실로 놀랍다(신 4:29; 대하 7:14; 15:2). 하지만 하나님을 찾는 습관을 기르기 위해, 우리는 그분의 목소리와 경쟁하는 목소리에서 돌아서고, 우리 주의를 하나님에게서 멀어지게 하는 것들을 물리쳐야 한다. 모바일 기기를 끄고, 플러그를 뽑고, 성경 읽는 시간을 가져야 한다. 하나님의 말씀은 "살아 있고 활력이 있[으며]"(히 4:12), 그 안에서 그분을 만날 수 있다. 우리는 시간을 내어 기도하고 주님의 얼굴을 찾아야 한다. 이것이 오늘 우리를 향해 하나님이 권면하시는 말씀이다.

역대하 2:1-18

— 이야기 경청하기 —

¹솔로몬이 여호와의 이름을 위하여 성전을 건축하고 자기 왕위를 위하여 궁궐 건축하기를 결심하니라 ²솔로몬이 이에 짐꾼 칠만 명과 산에서 돌을 떠낼 자 팔만 명과 일을 감독할 자 삼천육백 명을 뽑고 ³솔로몬이 사절을 두로 왕 후람에게 보내어 이르되 당신이 전에 내 아버지 다윗에게 백향목을 보내어 그가 거주하실 궁궐을 건축하게 한 것같이 내게도 그리 하소서 ⁴이제 내가 나의 하나님 여호와의 이름을 위하여 성전을 건축하여 구별하여 드리고 주 앞에서 향 재료를 사르며 항상 떡을 차려 놓으며 안식일과 초하루와 우리 하나님 여호와의 절기에 아침 저녁으로 번제를 드리려 하오니 이는 이스라엘의 영원한 규례니이다 ⁵내가 건축하고자 하는 성전은 크니 우리 하나님은 모든 신들보다 크심이라 ⁶누가 능히 하나님을 위하여 성전을 건축하리요 하늘과 하늘들의 하늘이라도 주를 용납하지 못하겠거든 내가 누구이기에 어찌 능히 그를 위하여 성전을 건축하리요 그 앞에 분향하려 할 따름이니이다 ⁷이제 청하건대 당신은 금, 은, 동, 철로 제조하며 자색 홍색 청색 실로 직조하며 또 아로새길 줄 아는 재주 있는 사람 하나를 내게 보내어 내 아버지 다윗이 유다와 예루살렘에서 준비한 나의 재주 있는 사람들과 함께 일하게 하고 ⁸또 레바논에서 백향목과 잣나무와 백단목을 내게로 보내소서 내가 알거니와 당신의 종은 레바논에서 벌목을 잘 하나니 내 종들이 당신의 종들을 도울지라 ⁹이와 같이 나를 위하여 재목을 많이 준비하게 하소서 내가 건축하려 하는 성전은 크고 화려할 것이니이다 ¹⁰내가 당신의 벌목하는 종들에게 찧은 밀 이만 고르와 보리 이만 고르와 포도주 이만 밧과 기름 이만 밧을 주리이다 하였더라 ¹¹두로 왕 후람이 솔로몬에게 답장하여 이르되 여호와께서 자기 백성을 사랑하시므로 당신을 세워 그들의 왕을 삼으셨도다 ¹²후람이 또 이르되 천지를 지으신 이스라엘의 하나님 여호와는 송축을 받으실지로다 다윗 왕에게 지혜로운 아들

을 주시고 명철과 총명을 주시사 능히 여호와를 위하여 성전을 건축하고 자기 왕위를 위하여 궁궐을 건축하게 하시도다 ¹³내가 이제 재주 있고 총명한 사람을 보내오니 전에 내 아버지 후람에게 속하였던 자라 ¹⁴이 사람은 단의 여자들 중 한 여인의 아들이요 그의 아버지는 두로 사람이라 능히 금, 은, 동, 철과 돌과 나무와 자색 청색 홍색 실과 가는 베로 일을 잘하며 또 모든 아로새기는 일에 익숙하고 모든 기묘한 양식에 능한 자이니 그에게 당신의 재주 있는 사람들과 당신의 아버지 내 주 다윗의 재주 있는 사람들과 함께 일하게 하소서 ¹⁵내 주께서 말씀하신 밀과 보리와 기름과 포도주는 주의 종들에게 보내소서 ¹⁶우리가 레바논에서 당신이 쓰실 만큼 벌목하여 떼를 엮어 바다에 띄워 욥바로 보내리니 당신은 재목들을 예루살렘으로 올리소서 하였더라 ¹⁷전에 솔로몬의 아버지 다윗이 이스라엘 땅에 사는 이방 사람들을 조사하였더니 이제 솔로몬이 다시 조사하매 모두 십오만 삼천육백 명이라 ¹⁸그중에서 칠만 명은 짐꾼이 되게 하였고 팔만 명은 산에서 벌목하게 하였고 삼천육백 명은 감독으로 삼아 백성들에게 일을 시키게 하였더라

이야기 속 다른 본문 경청하기

에스겔 26:1-28:19; 벤아몬 이야기

솔로몬 이야기는 성전 준비로 이어진다. 왕의 방대한 건축 프로젝트를 고려할 때, 다윗이 이미 마련한 것 이상으로 엄청난 양의 재료가 필요할 것이다. 솔로몬은 목재와 기타 건축 재료를 조달하기 위해 두로 왕과 동맹을 맺는다. 페니키아인이 유명한 항구인 비블로스와 시돈, 두로를 점령한 해상 무역상이었다는 사실은 이미 언급한 바 있다.[1] 아몬 신전의 관리였던 벤아몬이라는 이집트 특사는 의식용 거룻배에 사용할 목재를 조달하기 위해 비블로스로 가는 여정을 묘사한다. 다소 험난한 여

정 끝에 벤아몬은 아몬 신의 축복을 요청하고, 목재와 교환하기 위해 이집트의 물품을 공급한다. 이 긴 기사는 해변을 따라 번성했던 활발한 무역을 증명한다.[2] 경험 많은 해상 무역업자였던 솔로몬은 페니키아인이 잘 건조된 화물선으로 큰 백향목을 레바논에서 운반해야 한다는 것을 알고 있다(대상 22:4; 참조. 겔 27:4-6). 고대에 목재의 중요성을 과소평가해서는 안 된다. 목재는 성전과 궁전, 배를 만드는 재료로 수요가 매우 많았기 때문이다. 결혼을 통해 시돈 사람들과 동맹을 맺은 솔로몬은 페니키아인들과 강력하고 유익한 관계를 맺을 수 있었을 것이다(왕상 11:1). 페니키아인들은 사치품을 받았고, 그 결과 자신들의 수고와 풍부한 부를 맞바꾸었을 것이다.[3] 따라서 두로와 시돈은 해상 무역을 통해 번성했지만, 교만해진 그들은 하나님의 심판 아래 놓일 것이다(사 23:1-18; 렘 25:22; 47:4; 겔 26:1-28:19; 암 1:9-10; 슥 9:2-4).

이야기 설명하기

솔로몬이 두로 왕 후람에게 나무와 장인을 요청하다(2:1-10)

솔로몬은 자신의 왕궁과 함께 주님을 위한 성전 건축을 준비한다(2:1). 이 두 프로젝트는 완공까지 20년이 걸릴 것이다(7:11; 8:1; 참조. 왕상 9:10-11). 성전 완공은 다윗에게 주신 하나님의 약속의 성취와 영원한 왕조의 성립을 상징하기 때문에, 성전이 가장 중요한 구조물이었다(대상 17:12-14; 22:9-10; 참조. 대하 6:41-42). 솔로몬이 건축하는 성전은 "나의 하나님 여호와의 이름"을 위한 것이고(2:4), 이는 예루살렘이 그분의 **이름**이 거할 곳임을 확증한다(신 12:18; 14:25; 15:20). 방대한 규모의 건축 프로젝트라는 점을 고려할 때, 솔로몬의 일꾼은 수만 명에 달하여 지정된 감독자 밑에서 무거운 돌을 채석하고 옮긴다(대하 2:2; 참조. 왕상 5:13-18;

대하 2:17-18). 솔로몬은 아버지 다윗과 후람이 맺은 호의적 관계를 떠올리며 목재와 숙련된 일꾼을 얻기 위해 두로 왕 후람에게 접근한다(왕상 5:1; 대상 14:1-2). 약 16만 제곱미터에 달하는 섬 도시 두로는 주전 11세기 말에 주요 무역 중심지가 되었고, 따라서 솔로몬이 건축 프로젝트에 필요한 자원을 얻기 위해 후람에게 접근한 것은 놀라운 일이 아니다. 성전은 향을 피우고, 항상 진설병을 차려 놓고, 매일의 예배와 이스라엘 종교 절기에 번제를 드리는 장소가 될 것이다(대하 2:4). 솔로몬은 성전을 염두에 두고, 자신의 하나님이 다른 모든 신보다 크다고 선언하면서 (5절) 시편에 나오는 내용을 되풀이한다. "내가 알거니와 여호와께서는 위대하시며 우리 주는 모든 신들보다 위대하시도다"(시 135:5; 참조. 시 95:3; 97:9). 솔로몬은 다른 모든 신보다 높으신 주님을 위해 성전을 건축할 자격이 자신에게 없다고 고백한다.

솔로몬은 "금, 은, 동, 철로 제조하며 자색 홍색 청색 실로 직조"할 숙련된 일꾼을 보내 달라고 히람에게 요청한다(대하 2:7). 그들의 근거지 너머에서도 발견되는 페니키아 도자기에서 볼 수 있듯이, 페니키아 사람은 손재주로 유명했다. 페니키아 장인은 귀금속을 다루었고, 섬세한 금 세공품과 금속 접시를 만들었다.[4] 성전은 주 하나님께 어울리는 영광스러운 집이 될 수 있도록 귀중한 금과 보석, 값비싼 재료로 장식되었을 것이다. 지중해 연안에는 값비싼 청자색 염료를 만들어 내는 뿔고둥 (Murex snail)이 서식했다.[5] 최근 딤나의 고고학적 발굴은 방사성 탄소 연대 측정에 근거해 다윗과 솔로몬 시대에 보라색으로 염색된 직물의 증거를 제시한다.[6] 성전을 장식하고 제사장 의복을 꾸미는 밝은 색채의 직물은 이 염료로 만들어졌다. 제사장 의복 한 벌을 만드는 데 수천 마리의 연체동물이 필요했을 것으로 추정된다.[7] 솔로몬은 금속을 다룰 수 있는 장인을 구해 달라고 두로 왕에게 요청하고, 레바논의 백향목과 잣나무, 백단목도 요구한다(8-9절). 높이가 35미터에 이를 만큼 우뚝 솟은 것으로 유명한 레바논 백향목은 수요가 많고 귀한 물품이었다. 솔로몬은 그 대가로 밀과 보리, 포도주, 기름을 제공하기로 동의한다(10절).

솔로몬이 성전 건축에 필요한 재료와 숙련된 장인을 확보하다
(2:11-16)

두로 왕은 솔로몬의 요청에 답장을 보낸다. 후람은 편지를 시작하면서 하나님의 백성 이스라엘에 대한 그분의 언약적 사랑을 확증하고(2:11), 뒤이어 이렇게 찬양한다. "천지를 지으신 이스라엘의 하나님 여호와는 송축을 받으실지로다"(12절). 그의 말은 오래전 이방 왕 멜기세덱이 선포한 축복을 연상시킨다(창 14:19-20).[8] 페니키아인에게는 만신전을 포함하여 자신들의 고유한 신과 여신, 또한 그들 중에 숭배하던 주요 신들이 있었다는 점을 기억해야 한다. 고대 페니키아의 도시국가 카르타고에서는 신들에게 심지어 어린아이도 바쳤다. 멜카르트(Melqart, '성의 왕')는 두로의 수호신이었고, 후람은 멜카르트와 아스타르테(Astarte) 여신을 위해 신전을 지은 것 같다.[9] 페니키아인이 숭배한 다양한 신들을 고려할 때 하나님을 향한 후람의 찬양은 사소하지 않고, 열방 가운데서 주님께 드리는 찬양을 낳는 것이 성전의 목적임을 깨닫게 해 준다. 실제로 역대기 저자는 두 비이스라엘 사람의 고백으로 성전 건축 내러티브 틀을 형성하는데, 하나는 여기 후람의 고백이고 다른 하나는 주 하나님을 찬양하는 스바 여왕의 고백이다(대하 9:8). 주님을 향한 이방인의 송축이 성전 내러티브의 틀을 형성하는 것은 놀라운 일이 아니다. 이스라엘의 예배는 열방 중에서 선포되도록 의도되었고, 열방이 이스라엘과 함께 주님을 찬양할 것이라는 기대가 있었기 때문이다(대상 16:8, 23-26, 31; 참조. 대하 6:32-33). 후람은 솔로몬의 지혜를 인정하고, 이것은 이방 고관들이 예루살렘으로 몰려드는 또 다른 이유가 될 것이다. 그때 지상의 모든 왕은 "하나님께서 솔로몬의 마음에 주신 지혜를 [듣기]" 위해

그의 말을 청취하고자 할 것이다(대하 9:23). 두로 왕의 고백은 역대기 전체에 울려 퍼지는 이런 열방의 예배 주제를 암시한다.

성전에 대한 후람왕(또한 "내 아버지 후람에게 속하였던 자"인 후람아비와 함께)의 공헌은, 성전이 이스라엘에 의해 지어졌지만 '이방인 조력자'와 함께 이루어진 '국제적 프로젝트'임을 강조한다.[10] 이처럼 솔로몬은 프로젝트를 개시하지만 비이스라엘 사람들이 "재료와 기술로 협력한다."[11] 이사야는 회복된 시온에 대한 묘사에서 성전 건축을 위한 열방의 역할을 상상한다(사 60:1-14). 후람은 후람아비(Huram-Abi)라는 숙련된 장인을 보내기로 동의하는데(대하 2:13-14), 그는 지혜와 총명을 부여받은 자였다. 이것은 바로 성막과 제사장 의복을 만들었던 이스라엘 백성 가운데서 발견되는 자질이다(출 28:3; 31:6; 35:10; 36:1, 2, 4, 8). 후람아비는 금, 은, 동, 철, 돌, 나무를 다루는 데 능숙했고 값비싼 직물을 만든 경험이 있었다. 후람은 레바논의 목재를 가져와 욥바 해안 지역으로 운반하는 데 동의하고, 솔로몬의 종들은 밀과 보리, 기름, 포도주를 보내야 한다(대하 2:15-16).

열방 중에서 일꾼을 임명하다(2:17-18)

이제 성전 건축을 위한 준비가 진행되고, 역대기 저자는 노동력 징집에 관한 주제로 돌아와 문학적 수미상관(inclusio)을 형성한다(2:2, 17-18). 사무엘은 이스라엘 백성에게 왕이 아들들에게 노역을 부과할 것이라고 경고했는데(삼상 8:11-12), 이것이 바로 솔로몬이 하는 일이다. 알라라크(Alalakh)와 우가리트(Ugarit)의 문헌 증거는 팔레스타인에서 노동력 징집이 있었음을 증명한다.[12] 다윗에게는 필요한 노동력이 있었던 것으로 보이지만(삼하 20:24), 솔로몬 통치 기간에는 이런 거대한 건축 프로젝트로 인해 강제 노동이 광범위하게 이루어졌다. 동료 이스라엘 백성은 영구 노역의 대상이 아니었지만(레 25:35-46; 참조. 대하 8:9), 왕의 필요에 따라 제한된 기간 동안 징집될 수 있었다(왕상 5:13; 15:22). 성전에서 일하는 이방인에 대한 강조는(대하 8:7-8; 참조. 대상 22:2) 성전 건축이 국제적 프로젝트라는 개념에 기여한다(참조. 사 60:10, 13). 솔로몬의 아들 르호보암이 왕이 되었을 때, 무거운 노동 문제는 특히 북쪽 지파들 사이에서 논쟁의 원인이 된다(대하 10:1-19).[13]

― 이야기 살아내기 ―

하나님의 이름이 열방 중에 높임을 받다

값비싼 건축 재료로 만들어져 화려하게 장식된 성전은 하나님의 이름에 찬송과 영광을 돌리기 위한 것이었다(대하 2:4). 성전 건축을 준비할 때 이 점을 이해한 다윗은 하나님을 위해 지은 성전이 "극히 웅장하여 만국에 명성과 영광이 있게 하여야" 한다고 인정한다(대상 22:5). 정교하게 건축된 성전을 통해 하나님의 이름에 영광이 돌아가지만, 솔로몬이 하나님의 위대하심을 공적으로 선포할 때도 그의 입을 통해 같은 주제가 드러나는 것을 발견할 수 있다. 솔로몬은 이방 신들로 둘러싸인 다신교 세계에서 살았다는 점을 기억해야 한다. 페니키아 사람은 멜카르트, 아스타르테, 바알-샤멤(Baal-Shamem), 바알-사폰(Baal-Saphon), 에슈문(Eshumun), 바알-시돈(Baal-Sidon), 바알랏 구블라(Baalat Gubla), 샤드라파(Shadrapa) 같은 신을 숭배했다.[14] 이런 종교 다원주의 속에서 솔로몬은 페니키아 왕에게 **자신의** 하나님, 여호와의 이름을 위해 성전을 짓고 있다고 말한다. 그는 "우리 하나님은 모든 신들보다 크심이라"고 담대하게 선언하는데(대하 2:5), 이는 분명 페니키아 신들에 대한 비난이었다(참조. 대상 16:25-26). 그의 공적 고백은 비이스라엘 사람인 후람으로 하여금 하나님을 찬양하고 주께서 하늘과 땅의 창조주이심을 인정하는 결과를 낳는다(2:12; 참조. 창 14:19).

하나님은 위대하시다는 솔로몬의 공적 증언은 북쪽의 사마리아와 동쪽의 암몬, 남쪽의 아랍과 에돔, 서쪽의 페니키아 등 열방으로 둘러싸여 있던 귀환자들에게 본보기가 된다.[15] 특히 페니키아의 신들은 페르시아 시대에도 계속 숭배되었고, 새로운 지역을 식민지화하면서 페니키아의 종교 제의와 신전은 퍼져 나갔다. 귀환 공동체는 열방으로 둘러싸인 방대한 페르시아 제국 안에서 살았지만, 그들 가운데서 예배하고 증거하는 공동체가 되라는 소명은 남아 있었다. 그런 이유로 역대상 1장은 이스라엘의 족보와 열방의 표를 나란히 배치하여, 이스라엘의 소명이 열방 **가운데서** 실천되어야 한다는 것을 보여 주는 시각적 '지도'를 내놓는다(참조. 대상 16:24). 귀환자들은 아브라함의 후손으로서 주변 민족에게 복이 되라는 부르심을 받았다(창 12:3). "작은 일의 날"이지만(슥 4:10; 참조. 학 2:3, 23; 새번역은 "시작이 미약하다고") 하나님의 부르심은 변하지 않았고, 그분은 자신의 목적을 이루기 위해 일하셨다.

이것은 다원주의 사회 속에 있는 오늘날 교회의 선교적 비전이기도 하다. 우리는 **모든 민족**에게 하나님 나라의 복음을 선포하도록 부름받았다(마 24:14; 참조. 행 8:12; 19:8; 20:24-25; 28:23, 31). 현대 사회에서 우리는 누군가를 불쾌하게 하거나 정치적으로 올바르지 못한 말을 할까 두려워, 복음 선포가 사적으로 이루어져야 한다고 속단하기 쉽다. 그러나 주님은 위대하시다는 솔로몬의 선포는 이방 왕에게 공적으로 한 것이었고, 이스라엘의 성전에서 이루어지는 하나님을 향한 예배는 주변 국가들에게 주님이 통치하신다는 공적 증언의 역할을 했다. 복음은 공동체 안에서 실천되어야 하지만, 또한 공적 선언도 필요하다(물론 기독교에 적대적인 국가에서는 이것이 불가능하지만 말이다). 때로 하나님은 자기 백성을 부르셔서 권위 있는 자들에게 담대하게 말하고 복음을 위해 확고한 입장을 취하게 하신다. 사도 바울은 벨릭스와 베스도 같은 로마 총독 앞에서(행 23:23-25:22), 아그립바왕(25:23-26:32)과 로마의 황제(26:32; 27:24) 앞에서 증언한다. 베드로와 요한은 통치자와 장로들 앞에서 예수님의 이름을 선포하고(4:1-12), 예수 이름으로 말하지 말라는 명령을 받았을 때 담대하게 말하기를 멈추지 않는다(18-20, 31절). 예수님은 적대감과 고난으로 이어진다 하더라도 다른 사람들 앞에서 기꺼이 주님을 고백해야 한다고 가르치셨다(마 10:32-36). 다원주의적인 현대 사회에서 예수님의 유일하심이 항상 용인되는 메시지는 아니지만, 솔로몬이 자신만의 고유한 종교 신념을 가진 후람에게 했던 담대한 선포에서 우리는 참된 한 분 하나님이 계시고 이 메시지는 지금도 동일하다는 사실을 떠올린다.

사도 바울은 그리스 아테네를 여행하면서 우상으로 가득한 도시를 보고 격분했다(행 17:16). 그는 아테네 사람들이 매우 '종교적'이라는 점을 깨달았지만, 그들의 숭배가 무지 속에서 이루어졌다고 지적했다. 그는 다음과 같은 말로 담대하게 증언한다. "우주와 그 가운데 있는 만물을 지으신 하나님께서는 천지의 주재시[라]"(24절). 뒤이어 바울은 **그분이** 생명과 호흡을 주셨고, **그분이** 모든 민족을 만드셔서 역사 속에서 그들의 연대와 경계를 정하셨다고 말한다. 나아가 이렇게 선포한다. "이는 사람으로 혹 하나님을 더듬어 찾아 발견하게 하려 하심이라"(27절). 바울은 회개하라고 촉구하고, 그의 말을 들은 사람들 중 일부는 "그를 가까이하여 믿[었다]"(34절). 이것이 바로 복음의 기쁜 소식이다. 주님이 열방의 모든 신보다 크시다고 선언한 솔로몬처럼, 오늘 우리는 그리스도인으로서 예수님의 이름이 모든 이름 위에 있음을 알리면서 모든 민족에게 복음을 선포하도록 부름받았다.

32   역대하 3:1-17

이야기 경청하기

¹솔로몬이 예루살렘 모리아 산에 여호와의 전 건축하기를 시작하니 그곳은 전에 여호와께서 그의 아버지 다윗에게 나타나신 곳이요 여부스 사람 오르난의 타작 마당에 다윗이 정한 곳이라 ²솔로몬이 왕위에 오른 지 넷째 해 둘째 달 둘째 날 건축을 시작하였더라 ³솔로몬이 하나님의 전을 위하여 놓은 지대는 이러하니 옛날에 쓰던 자로 길이가 육십 규빗이요 너비가 이십 규빗이며 ⁴그 성전 앞에 있는 낭실의 길이가 성전의 너비와 같이 이십 규빗이요 높이가 백이십 규빗이니 안에는 순금으로 입혔으며 ⁵그 대전 천장은 잣나무로 만들고 또 순금으로 입히고 그 위에 종려나무와 사슬 형상을 새겼고 ⁶또 보석으로 성전을 꾸며 화려하게 하였으니 그 금은 바르와임 금이며 ⁷또 금으로 성전과 그 들보와 문지방과 벽과 문짝에 입히고 벽에 그룹들을 아로새겼더라 ⁸또 지성소를 지었으니 성전 넓이대로 길이가 이십 규빗이요 너비도 이십 규빗이라 순금 육백 달란트로 입혔으니 ⁹못 무게가 금 오십 세겔이요 다락들도 금으로 입혔더라 ¹⁰지성소 안에 두 그룹의 형상을 새겨 만들어 금으로 입혔으니 ¹¹두 그룹의 날개 길이가 모두 이십 규빗이라 왼쪽 그룹의 한 날개는 다섯 규빗이니 성전 벽에 닿았고 그 다른 날개도 다섯 규빗이니 오른쪽 그룹의 날개에 닿았으며 ¹²오른쪽 그룹의 한 날개도 다섯 규빗이니 성전 벽에 닿았고 그 다른 날개도 다섯 규빗이니 왼쪽 그룹의 날개에 닿았으며 ¹³이 두 그룹이 편 날개가 모두 이십 규빗이라 그 얼굴을 내전으로 향하여 서 있으며 ¹⁴청색 자색 홍색 실과 고운 베로 휘장문을 짓고 그 위에 그룹의 형상을 수놓았더라 ¹⁵성전 앞에 기둥 둘을 만들었으니 높이가 삼십오 규빗이요 각 기둥 꼭대기의 머리가 다섯 규빗이라 ¹⁶성소같이 사슬을 만들어 그 기둥 머리에 두르고 석류 백 개를 만들어 사슬에 달았으며 ¹⁷그 두 기둥을 성전 앞에 세웠으니 왼쪽에 하나요 오른쪽에 하나라 오른쪽 것은 야긴이라 부르고 왼쪽 것은 보아스

라 불렀더라

이야기 속 다른 본문 경청하기

창세기 22:1-19; 출애굽기 25-27장; 30:1-31:11; 36-38장; 40장; 열왕기상 6:1-36; 역대상 21:1-30

성전 건축이 진행되면서, 성전의 위치는 모리아산으로 확인된다(3:1). 이스라엘 전통에 깊이 뿌리내린 아브라함과 다윗의 이야기는 이스라엘에서 가장 성스러운 장소의 배경이 된다. 모리아산은 하나님께서 아브라함에게 사랑하는 아들 이삭을 번제로 바치라고 말씀하시며 그를 시험하셨던 때를 상기시킨다(창 22:1-19).[1] 그 이야기는 모리아 지역의 한 산에서 일어났다. 나아가 역대기 저자는 다윗이 여부스 사람 오르난에게 (아마도 주변 지역을 포함하여) 타작마당을 구입한 것을 회고하면서, 모리아가 하나님께서 다윗에게 나타나신 장소라고 표현한다(대상 22:1). 다윗은 이곳에 제단을 쌓고 주님께 번제와 화목제를 드렸다. 하나님은 제단의 불로 다윗에게 응답하셨고, 이 장소는 이제 수없이 많은 제사가 드려질 장소로 확인된다. 두 이야기 모두 모리아산의 성전 건축이 하나님의 계획과 목적 안에 영원히 새겨져 있음을 강조한다.[2]

본문을 경청하면서 성전에 대한 묘사에서 드러나는 성막의 메아리를 들어야 한다. 모세에게 성막의 청사진을 주셨듯이(출 25:9, 40), 하나님은 다윗에게 성전의 건축 설계도를 주셨다(대상 28:11-19). 브살렐이 만든 놋 제단은 성막 내러티브에 그 기원을 두고 있고(31:1-11; 36:1; 참조. 대상 2:20), 단 지파 출신인 그의 조력자는 후람아비의 단 지파 혈통에 반영되어 있다(출 31:6; 참조. 대하 2:14). 성막 건설을 연상시키는 표현은 솔로몬이 성전과 그 기물을 '만들었다' 또는 '지었다'(히. '-s-h)라는 반복적 묘사에서(대하 3:8, 10, 14, 16; 4:1, 2 등; 참조. 출 38:2, 3, 4, 6, 8, 9 등) 또한 건축 프로젝트의 완성에서(출 39:32; 대하 5:1) 나타난다.

블록은 나아가 성막 내러티브가 일곱 번의 신적인 말씀("하나님이 모세에게 말씀하여 이르시되")을 따라 구성되었다고 지적했다. 여섯 번의 말씀은 성막 건설을 묘사하는 반면(출 25:1; 30:11, 17, 22, 34; 31:1), 일곱 번째 말씀은 안식일로 마무리된다(31:12). 따라서 그는 성막 건설이 창조의 6일("하나님이 이르시되")과 그 뒤의 안식일(창 2:2-3)에 상응한다고 주장한다.[3] 솔로몬이 '만들었다'라고 강조하는 것도 창조 이야기의 반영일 수 있는데, 창조 기사에서 동사 '만들다'(히. '-s-h)는 모든 일을 행하시고 쉬시는 데서 절정을 이룬(창 2:2-3; 참조. 출 40:33; 대하 5:1; 7:11) 하나님의 창조 활동을 묘사하는 데 사용되었다(창 1:7, 16, 25, 31; 2:2-4).

창조의 메아리는 숫자 7의 두드러진 사용에서도 볼 수 있다. 학자들이 지적하듯이, 성전을 건축하는 데 **7**년이 걸렸고(왕상 6:38), 성전은 **일곱째** 달에 봉헌되었으며(대하 5:3; 참조. 7:10), 축제는 **7**일 동안 열렸고(7:9), 솔로몬의 기도는 **일곱** 개의 청원을 중심으로 구성되어 있다.[4] 여기서 주목할 점은 성전이 자기 백성과 함께 성막에 거하시려는 하나님의 계획의 성취를 나타낸다는 것이다. 또한 성전이 창조 자체를 모델로 삼았다는 것에 대한 암시일 수도 있다.[5]

솔로몬이 지대와 낭실, 대전을 세우다(3:1-7)

성전의 위치는 아브라함(창 22장)과 다윗(대상 21장)이 번제를 드린 신성한 장소와 관련 있는 모리아산으로 확인된다. 성전 부지는 또한 하나님의 거룩한 언덕이요, 그분의 영광스러운 즉위 장소인 시온산으로도 알려진다(시 2:6; 48:1-3; 78:68-69; 132:6-18; 참조. 대상 11:5).[6] 역대기 저자는 솔로몬이 즉위 4년에 성전을 건축하기 시작했다는 역사 진술로 이 서론 격의 언급을 마무리하는데, 이때는 주전 966년으로 추정된다(참조. 왕상 6:1). 고고학자들은 레반트에서 고대에 다양한 구조물이 사용되었음을 암시하는 여러 신전 구조물을 발굴했다. 데이비(Davey)는 광범위한 조사를 통해 레반트 지역에서 세 개의 방 신전(three-room temples), 넓은 방 신전(broad-room temples), 긴 방 신전(long-room temples) 등 세 가지 기본 건축 설계에 대해 살펴본다.[7] 낭실(즉 현관)과 외벽을 따라 창고가 있는 대전(즉 본당), 가장 성스러운 장소로 알려진 내부 성소를 포함하여 솔로몬 성전은 잘 알려진 3분할 구조로 이루어져 있다.

건축 기사는 길이 60규빗, 너비 20규빗의 지대로 시작한다(대하 3:3). 두 개의 다른 규빗이 사용되었기 때문에, 성전의 크기는 27.4미터×9.1미터 또는 32미터×10.6미터였을 것으로 추정된다.[8] 고대 세계에서는 성전 지대가 완성되면 대개 특별한 의식을 거행했고, 후대에 성전을 허물 자를 저주하는 문구를 지대에 새겨 넣었다. 귀환자들이 제2성전의 지대를 놓았을 때도 특별한 의식이 동반되었다(스 3:10-13; 참조. 학 2:15-19; 슥 4:6b-10a; 8:9-13).

솔로몬이 지은 성전은 내부 벽과 천장 들보, 문틀, 문을 덮은 순금으로 화려하게 장식되었다(대하 3:4-7). 다소 사치스러운 묘사처럼 들릴 수도 있겠지만, 이집트의 신전은 기둥과 출입구, 벽, 심지어 바닥까지 빛나는 금판으로 화려하게 장식되었다. 아시리아에서 나온 문헌 증거는 벽을 대낮처럼 밝게 만들기 위해 금을 사용했음을 입증한다.[9] 다윗의 통치 기간에 이미 많은 양의 금과 은을 헌납했다(대상 29:6-7; 참조. 대하 1:15). 솔로몬은 오빌이라고 알려진 먼 곳에서 엄청난 양의 금을 확보했고(왕상 9:28; 10:11) 또한 선물로도 받았다(9:14; 10:14; 대하 9:13-14).[10] 성전을 장식하는 데 사용된 보석은 다윗의 통치 기간에 받은 귀한 마노와 터키옥, 다양한 색상의 돌을 연상시킨다(대상 29:2; 참조. 계 21:18-20). 학자들은 사용된 귀중한 재료만이 아니라 틀림없이 에덴동산의 그룹들을 연상시키는(창 3:24) 벽에 새겨진 날개 달린 그룹들에서도 에덴동산과 성전 사이의 유사점을 보았다. 이는 성전이 창조의 축소판으로 설계되었음을

시사한다.[11]

솔로몬이 지성소를 건설하고 장식하다(3:8-14)

지성소의 건설과 장식으로 초점이 옮겨져 간다(3:8-14). 직사각형 모양을 한 성전 대전과 달리, 내부 성소는 너비와 길이가 각각 20규빗인 정사각형이었다. 귀한 금을 아낌없이 사용하여 벽을 덮었고, 못에도 600세겔에 달하는 금을 칠했는데, 다윗이 제단을 위해 지불한 가격을 연상시킨다(대상 21:25). 성전 문에는 종려나무와 그룹, 꽃이 새겨져(참조. 왕상 6:32) 신성한 건물의 아름다움을 더할 뿐 아니라 울창한 정원도 연상시켰다. 두 개의 조각된 그룹이 지성소를 장식했고, 네 개의 날개가 방 전체를 덮고 있었다(대하 3:10-13). 그룹은 대개 하나님의 하늘 보좌와 관련된 천상의 피조물을 상징했다(사 37:16; 참조. 겔 1:4-21; 10:1-22). 얼굴이 내부 성소의 입구를 바라보는 수호자로 나란히 서 있는 그들은(3:13) 에덴동산 입구를 지키는 상상 속의 그룹을 떠올리게 한다(창 3:24). 접근이 허용되지 않은 가운데 오직 대제사장만이 1년에 하루 휘장 너머의 지성소에 들어갈 수 있도록 허용되었다(레 16장). 빛나는 내부 성소는 값비싼 청색, 자색, 홍색 실과 고운 베로 만들어 그 위에 그룹을 수놓은 밝은 채색 휘장에 대한 묘사로 마무리된다(대하 3:14; 참조. 출 26:31-35). 휘장에 수놓은 그룹들은 또한 거룩하신 하나님이 휘장 너머, 성소 내부인 지성소에 즉위해 계심을 대제사장에게 알린다.

솔로몬이 두 개의 화려한 기둥을 세우다(3:15-17)

성전 현관 앞에는 화려한 기둥머리가 달린 두 개의 우뚝 솟은 기둥이 서 있었다(3:15-17). 이 기둥들은 기둥머리를 두르고 있는 석류로 정교하게 장식되었고, 꼭대기에는 금 사슬이 엮여 있었다. 이런 묘사는 청색과 자색 재료를 사용해 가장자리에 석류를 매달았던 제사장 의복(출

28:33, 34; 39:24, 25)과 더불어 꼬아서 흉패에 매단 금 사슬을 떠올리게 한다(28:14, 22; 39:15). 솔로몬은 기둥 하나를 오른쪽에 세워 야긴('그분이 세우실 것이다')이라 부르고, 다른 하나를 왼쪽에 세워 보아스('능력으로'; 대하 3:17)라 불렀다.[12] 우뚝 솟은 기둥은 예배자에게 성막이 이곳에서 저곳으로 옮겨 다니던 과도기적 시기와 대조되는 성전의 힘과 안정성을 상기시킨다.

이야기 살아내기

자기 백성과 함께 계신 하나님

에덴에서 잃어버린 것을 회복하시려는 하나님의 계획은 성막에서 또한 이제 성전에서 자기 백성 가운데 거하시면서 실현되고 있다. 이곳에 하나님의 영광의 구름이 밝은 채색 휘장 너머에 있는 금 그룹들 위에 머물 것이다. 하지만 우리는 대제사장만이 지성소에 들어갈 수 있었다는 사실을 기억해야 한다. 일반 이스라엘 백성은 하나님의 영광을 보지 못하도록 배제되었다. 히브리서 저자는 예루살렘 성전을 묵상하면서 "오직 둘째 장막은 대제사장이 홀로 일 년에 한 번 들어가되 자기와 백성의 허물을 위하여 드리는 피 없이는 아니하나니"라고 언급한다(히 9:7). 구약성경에서 휘장 너머에 계신 하나님의 영광스러운 임재는 대제사장을 통해 이스라엘 백성에게 매개되었다. 그래서 팔머(Palmer)는 제사장의 의복에 대해 이렇게 지적한다. "임직식에서 형성된 제사장의 독특한 정체성은 옷을 입은 몸을 통해 실현된다. 옷은 대제사장이 상징하는 두 세계 사이의 연결을 구현해 낸다. 이를 통해 제사장은 신적인 것에 다가가는 접촉점이 되게 하고, 옷을 입은 그의 몸은 하늘과 땅이 만나는 장소가 된다."[13] 거룩한 장막, 걸어 다니는 성막과 제사장을 동일시하는 신성한 의복으로 치장한 **그를** 통해 하나님의 백성은 하나님의 영광을 언뜻 볼 수 있다.[14] 그는 언젠가 예수님께서 자기 백성 가운데 장막을 치시고 우리가 그분의 영광을 볼 때 완전히 계시될 그것을 예고한다(요 1:14). 옛 언약 아래서 대제사장은 신적 세계로 가는 접촉점이었다. 팔머가 쓰고 있듯이, "그는 '두 세계 사이에 있는' 사람이다. 즉 하나님과 인간의 관계의 축소판으로 두 세계를 연결하고 구현한다."[15]

이런 제사장 이미지를 염두에 두고 히브리서 저자는 큰 대제사장이신 예수님께서 "손으로 짓지 아니한 것 곧 이 창조에 속하지 아니한 더 크고 온전한 장막"에 들어가셨다고 설명한다(히 9:11). 지상 성전은 하나님의 하늘 성소의 복사본이었지만(24절; 계 11:19; 참조. 대상 28:11-12), 더 크고 온전한 성소는 하나님께서 높은 보좌에 앉아 계신 하늘 그 자체였다. 따라서 **온 땅**은 그분의 영광으로 가득 차 있다(민 14:21; 시 72:19; 사 6:3). 예수님은 제사장이 1년에 한 번씩 들어가듯이 지상의 지성소에 들어가지 않고 "바로 그 하늘에 들어가사 이제 우리를 위하여 하나님 앞에" 나타나셨다(히 9:24). 예수님은 지극히 높은 하나님의 하늘 보좌, 즉 예언자들이 멀리서 희미하게만 보았던 곳으로 들어가신다(사 6:1; 겔 1:26; 10:1; 단 7:9). 우리 삶을 위한 경이로운 현실은, 예수님께서 휘장 너머에 새로운 살길을 놓으셨기 때문에 이제 우리는 예수님을 통해 당당하게 하나님 앞에 들어갈 수 있다는 것이다(히 10:19-20). 이것이 바로 복음의 기쁜 소식이다. 예수님의 속죄 사역을 통해 하나님과의 교제가 회복되어 우리는 하나님의 하늘 보좌 앞에 나아갈 수 있게 되었다. 우리는 모든 피조물과 함께 우리 주님이시며, 왕이신 하나님을 찬양하고 경배한다(계 4:8-11; 5:13-14).

에덴동산의 그룹들이 언약궤 옆에 서 있고, 영광스럽고 화려하게 장식된 지성소는 하나님의 높은 보좌를 엿볼 수 있게 해 준다. 이 풍부한 이미지는 하나님의 영광과 거룩하심을 바라보는 우리의 마음을 형성하고 상상력을 변화시켜야 한다. 요한계시록은 다시 모든 영광 가운데 계신 하나님의 하늘 보좌를 볼 수 있도록 도와준다. 하늘이 열리면서 요한은 어떤 분이 반짝이는 보좌 위에 앉아 있는 장면을 보는데, 그분의 모습은 빛나는 무지개로 둘러싸인 보석에 비유된다. 그분의 보좌는 스물네 개의 다른 보좌로 둘러싸여 있고, 장로들은 흰옷을 입고 금 면류관을 쓰고 있다(4:1-4). 하나님 보좌 앞에서 요한은 보좌에 앉으신 분께 영광과 존귀를 돌리는 생물들과 유리 바다를 본다. 하늘 환상에서 요한은 장로들이 "보좌에 앉으신 이 앞에 엎드려 세세토록 살아 계시는 이에게 경배"하는 모습을 본다(10절). 그들은 보좌 앞에 자기의 면류관을 내려놓으면서, 주님은 영광과 존귀를 받으시기에 합당한 분이라고 선포한다.

이것은 솔로몬이 지은 성전에서 예고된 하늘 보좌지만, 이제 우리는 메시아가 오셔서 휘장 너머 하나님 앞에 들어갈 수 있는 길을 마련해 주셨기에 지금 그분의 하늘 보좌 앞에서 살고 있다. 우리도 죽임을 당하신 어린양 앞에 엎드려 경배할 때, 모든 피조물과 함께 소리를 높여 이렇게 찬양한다. "보좌에 앉으신 이와 어린양에게 찬송과 존귀와 영광과 권능을 세세토록 돌릴지어다"(5:13). 오늘 우리의 예배는 그리스도의 재림, 즉 언젠가 우리가 무수한 생물 및 모든 성도와 함께 보좌에 앉으신 어린양을 영원히 찬양할 그날의 맛보기다(4:1-11; 5:11-13; 15:2-8). 1851년에 매튜 브리지스(Matthew Bridges)가 작곡한 찬송가 "면류관 벗어서"(Crown Him with Many Crowns)는 그리스도의 재림을 기대하며 보좌에 앉으신 어린양을 경배하라고 초대한다.

면류관 벗어서
주 앞에 드리세.
저 천사 기쁜 노래가
온 땅에 퍼지네.

내 혼아 깨어서
주 찬송하여라.
온 백성 죄를 속하신
만왕의 왕일세.

33   역대하 4:1-22

── 이야기 경청하기 ──

¹솔로몬이 또 놋으로 제단을 만들었으니 길이가 이십 규빗이요 너비가 이십 규빗이요 높이가 십 규빗이며 ²또 놋을 부어 바다를 만들었으니 지름이 십 규빗이요 그 모양이 둥글며 그 높이는 다섯 규빗이요 주위는 삼십 규빗 길이의 줄을 두를 만하며 ³그 가장자리 아래에는 돌아가며 소 형상이 있는데 각 규빗에 소가 열 마리씩 있어서 바다 주위에 둘렸으니 그 소는 바다를 부어 만들 때에 두 줄로 부어 만들었으며 ⁴그 바다를 놋쇠 황소 열두 마리가 받쳤으니 세 마리는 북쪽을 향하였고 세 마리는 서쪽을 향하였고 세 마리는 남쪽을 향하였고 세 마리는 동쪽을 향하였으며 바다를 그 위에 놓았고 소의 엉덩이는 다 안으로 향하였으며 ⁵바다의 두께는 한 손 너비만 하고 그 둘레는 잔 둘레와 같이 백합화의 모양으로 만들었으니 그 바다에는 삼천 밧을 담겠으며 ⁶또 물두멍 열 개를 만들어 다섯 개는 오른쪽에 두고 다섯 개는 왼쪽에 두어 씻게 하되 번제에 속한 물건을 거기서 씻게 하였으며 그 바다는 제사장들이 씻기 위한 것이더라 ⁷또 규례대로 금으로 등잔대 열 개를 만들어 내전 안에 두었으니 왼쪽에 다섯 개요 오른쪽에 다섯 개이며 ⁸또 상 열 개를 만들어 내전 안에 두었으니 왼쪽에 다섯 개요 오른쪽에 다섯 개이며 또 금으로 대접 백 개를 만들었고 ⁹또 제사장의 뜰과 큰 뜰과 뜰 문을 만들고 그 문짝에 놋을 입혔고 ¹⁰그 바다는 성전 오른쪽 동남방에 두었더라 ¹¹후람이 또 솥과 부삽과 대접을 만들었더라 이와 같이 후람이 솔로몬 왕을 위하여 하나님의 성전에서 할 일을 마쳤으니 ¹²곧 기둥 둘과 그 기둥 꼭대기의 공 같은 머리 둘과 또 기둥 꼭대기의 공 같은 기둥 머리를 가리는 그물 둘과 ¹³또 그 그물들을 위하여 만든 각 그물에 두 줄씩으로 기둥 위의 공 같은 두 머리를 가리는 석류 사백 개와 ¹⁴또 받침과 받침 위의 물두멍과 ¹⁵한 바다와 그 바다 아래에 소 열두 마리와 ¹⁶솥과 부삽과 고기 갈고리와 여호와의 전의 모든 그릇들이라 후람의 아버지가 솔로몬

왕을 위하여 빛나는 놋으로 만들 때에 [17]왕이 요단 평지에서 숙곳과 스레다 사이의 진흙에 그것들을 부어 내었더라 [18]이와 같이 솔로몬이 이 모든 기구를 매우 많이 만들었으므로 그 놋 무게를 능히 측량할 수 없었더라 [19]솔로몬이 또 하나님의 전의 모든 기구를 만들었으니 곧 금 제단과 진설병 상들과 [20]지성소 앞에서 규례대로 불을 켤 순금 등잔대와 그 등잔이며 [21]또 순수한 금으로 만든 꽃과 등잔과 부젓가락이며 [22]또 순금으로 만든 불집게와 주발과 숟가락과 불 옮기는 그릇이며 또 성전 문 곧 지성소의 문과 내전의 문을 금으로 입혔더라

이야기 속 다른 본문 경청하기
창세기 2-3장; 출애굽기 25-27장; 31:1-11

이번 장의 초점은 성전에서 사용하기 위해 만든 성스러운 기물과 기구다. 분명 실용적 기능도 갖지만, 에덴동산 이미지가 이 설계 속에도 지워지지 않는 것으로 새겨져 있다. 기물에 조각되고 성전 벽에 새겨진 나무와 수목 이미지는 창조 이야기, 구체적으로 에덴동산을 연상시키기 위한 것이다. 하나님께서 동산에서 아담과 하와와 거니셨던 것처럼(창 3:8) 성막과 성전에서 자기 백성 가운데 걸어 다니신다(레 26:12; 삼하 7:6; 대상 17:6). 성막, 성전, 제사장 의복은 금과 보석으로 장식되어 있어서(출 25:11-39; 28:6-27; 대상 29:2; 대하 3-4장; 겔 28:13; 참조. 계 21:19-20), 에덴에 풍부했던 금과 보석을 연상시킨다(창 2:12; 참조. 겔 28:13-14). 성막과 성전의 수호자로 레위인을 임명한 것은(민 3:7-8; 8:25-26; 18:5-6; 대상 23:32) 신성한 공간의 수호자로서 아담의 제사장 역할을 떠올리게 한다(창 2:15). 푸른 정원을 연상시키는 성전 벽은 박과 꽃을 새긴 조각으로 장식되어 있고(왕상 6:18), 성전 벽과 문에는 그룹들과 종려나무, 활짝 핀 꽃이 조각되어 있다(29-35절). 두 개의 놋 기둥에는 장식용 석류가 조각

되었고(대하 3:16; 4:12-13), "바다"라고 불리는 큰 물두멍은 사자, 소, 그룹, 종려나무로 장식된(왕상 7:29, 36) 열두 마리 소 위에 놓여 있다(25절). 꽃이 핀 나무 모양의 금 등잔대는 생명 나무를 연상시킨다(대하 4:7; 참조. 출 25:31-40). 벽과 지성소에 새겨진 그룹들과 언약궤 옆에 있는 금 그룹들의 날개는 에덴동산의 그룹들을 떠올리게 한다(창 3:24; 겔 28:14, 16).[1] 풍부한 에덴동산의 상징은 하나님께서 성전을 창조 세계의 축소판으로 설계하셨음을 시사한다.

― 이야기 설명하기 ―

솔로몬이 성전 기물을 만들다(4:1-10)

성전 기물에 대한 묘사는 지성소와 같은 크기로 솔로몬이 만든 20×20규빗의 거대한 놋 제단으로 시작한다.[2] 성막에는 번제를 드리는 제단이 놓여 있었지만(출 27:1-8; 40:6-7), 솔로몬이 만든 제단은 그 위에서 바치는 제물의 양이 아주 많았기 때문에 훨씬 컸다(참조. 대하 7:4-5). "바다"라고 불리는 커다란 원형 물두멍은 주물로 만들었다. 물두멍은 열두 마리 소로 만들어진 받침대 위에 놓였고, 소들의 얼굴은 땅의 네 모퉁이를 향하고 있었다(4:4-5). 열둘이라는 숫자는 에스겔서의 성문과 마찬가지로 아마 이스라엘 열두 지파를 상징할 것이다(겔 48:30-34; 참조. 계 21:12, 14).[3] 물두멍이 "바다"라는 독특한 묘사는 아마도 에덴에서 흘러나온 창조 시기의 물을 상징하기 위해 의도된 것으로(창 2:10-11), 이 물은 성전 자체에서 흐르는 것으로 묘사된다(겔 47:1-12; 욜 3:18; 참조. 계 21:6; 22:1-2).[4] 넓은 물두멍은 제의적 씻음을 위해 제사장들만 사용했고(참조. 출 30:17-21), 솔로몬은 열 개의 물두멍을 추가로 만들어 성전 양쪽에 다섯 개씩 배치했다(대하 4:6; 참조. 왕상 7:27-40).

솔로몬은 열 개의 금 등잔대를 만들었는데(대하 4:7, 20; 참조. 출 25:31-40; 37:17-24), 이는 하나님의 임재의 빛을 상징하기 위해 의도된 것이다.[5] 제사장은 성막에서 빛을 관리하는 책임을 맡고 있었고 기름으로 채워진 등잔은 계속 타올라야 했다(레 24:1-4; 민 8:2-4; 참조. 대하 13:11). 솔로몬은 또한 성소 양쪽에 다섯 개씩 열 개의 상과 백 개의 금 대접을 만들었다(4:8). 성막에서는 한 개의 상만 진설병에 사용했지만(출 25:23-30; 레 24:5-9), 이 목적을 위해 열 개의 상을 사용했을 수도 있다. 물론 다른 곳에서는 하나의 상이 언급된다(대하 13:11; 29:18; 겔 41:22). 성스러운 기물과 그릇을 만든 후, 제사장이 사용하는 안뜰과 더불어 일반 백성을 위한 큰 뜰을 만든다(대하 4:9; 참조. 왕상 6:36; 7:12).

후람아비와 솔로몬이 만든 기구와 기물 (4:11-22)

다음으로 후람(후람아비)이 만든 기구와 기물을 묘사하는데, 여기에는 화려하게 장식된 기둥머리를 가진 두 기둥, 물두멍과 받침대, 바다와 그 아래 있는 열두 소, 솥과 부삽, 고기 갈고리 및 기타 물품이 포함된다(4:12-16).[6] 후람아비는 뛰어난 장인 기술 덕분에 고용되었는데(2:13-14), 빛나는 놋으로 만든 그의 예술 작품에 대한 묘사는 내러티브에 문학적 대칭성을 부여할 뿐 아니라 또한 그가 수행하도록 의뢰된 작업이 완성되었음을 보여 준다(4:16-17). 이 단락은 솔로몬이 만든 성물에 많은 양의 놋과 금이 필요했다는 요약으로 마무리된다(18-22절).

이야기 살아내기

새 예루살렘에 계신 하나님

솔로몬이 지은 성전은 하나님의 하늘 성소를 상징했다(참조. 시 78:69).

성전은 에덴의 특징과 우주적 특징을 드러내는 "여호와의 진짜 하늘 거처의 지상 복제품"이 되도록 만들어졌다.[7] 그 기물과 장식, 구조는 하나님께서 성전을 우주의 축소판으로 설계하셨음을 암시한다.[8] 한(Hahn)은 성전이 "창조 세계라는 우주적 성전의 건축학적 재현"이라고 간결하게 설명한다.[9] 솔로몬이 지은 성전은 순금으로 화려하게 꾸며졌고 나무와 수목 이미지로 장식되었지만, 단지 하나님의 하늘 성소에 대한 복제품 또는 복사본에 불과했다. 성전은 궁극적으로 더 큰 것, 그 **너머**에 있는 무언가를 가리켰다.

요한계시록은 성전에 대한 하나님의 목적이 드러나면서 지상의 성전 구조물 **너머**에 있는 것에 대한 통찰을 전해 준다. 특히 새 하늘과 새 땅이 성전 도시로 묘사되는 마지막 두 장에서 이것을 볼 수 있다(계 21-22장). 하늘에서 내려오는 천상의 도시는 보좌에서 들려오는 큰 음성과 함께 이런 말씀을 동반한다. "보라 하나님의 장막이 사람들과 함께 있으매 하나님이 그들과 함께 계시리니"(21:3). 이 말씀은 성막과 성전에서 처음 실현되고 있는 바 자기 백성과 함께 거하시려는 하나님의 계획을 상기시킨다(출 25:8; 레 26:11-12; 겔 37:27). 요한은 하나님의 영광으로 빛나는 거룩한 성, "그 빛이 지극히 귀한 보석 같고 벽옥과 수정같이 맑[은]" 성을 본다(21:11). 이 성은 순금으로 만들어졌고 온갖 종류의 보석으로 장식되어 있어서(18-19절), 금과 보석으로 만든 정교하고 값비싼 성전 기물들을 연상시킨다. 새 하늘과 새 땅은 오래전에 에스겔이 본 성전 환상에 따라 성 전체를 아우르는 성전 도시로 묘사된다.[10] 이제 요한은 성전 도시가 더 멀리 뻗어 나가는 것을 본다. 처음부터 하나님의 목표는 그분의 영광스러운 임재가 온 땅을 채우는 것이었다(민 14:21; 시 72:19; 사 6:3; 합 2:14). 요한은 영광스럽게 장식된 새 예루살렘이 정사각형 모양을 하고 있음을 본다(21:16; 참조. 대하 3:8-14). 이것은 지성소에 대한 시적 묘사로, 비일(Beale)이 적고 있듯이 거룩한 공간이 확장되어 온 우주를 덮고 있음을 시사한다. "따라서 이스라엘 옛 성전의 세 부분(지성소, 성소, 바깥뜰)은 요한계시록 21장의 성전에서 더 이상 나오지 않는다. 이전에 지성소에만 국한되었던 하나님의 특별한 임재가 이제 분출되어 온 땅을 포괄하기 때문이다."[11] 보석으로 장식된 정사각형 모양의 금빛 성전 도시에 대한 요한의 묘사는 솔로몬이 지은 지상 성전 너머에 있는 더 큰 실재를 가리킨다. 성전에서 소규모로 실현되고 있던 하나님의 계획, 즉 자기 백성과 함께 거하시려는 계획은 하나님의 거처가 **영원히** 그분의 백성 가운데 있게 될 새 하늘과 새 땅을 예고한다. "주 하나님 곧 전능하신 이와 및 어린양이 그 성전"이시기 때문에 더 이상 성전은 없을 것이고(계 21:22), 하나님과 어린양의 보좌는 이제 성 안에 있다(22:3; 참조. 겔 48:35). 어린양의 피로 씻은 옷을 입고 있는 하나님의 백성은 하나님과 영원한 사귐을 누릴 것이다. 솔로몬 성전에 관한 이야기를 읽으면서 우리 앞에 놓인 영광스러운 소망, 곧 지상의 구조물 너머에 있는 하늘의 실재에 시선을 고정하기 바란다. 하나님의 보좌에서 들려오는 음성을 들을 때까지 고대하며 기다리기 바란다. "보라 하나님의 장막이 사람들과 함께 있[도다]"(21:3). 매트 길먼(Matt Gilman)의 노래 "새 예루살렘"(New Jerusalem)에 나오는 가사는 하나님 백성의 마음의 갈망을 잘 포착한다.

> 나는 사람의 손으로 만들지 않은 성을 그리워하고 있어요.
> 언젠가 하나님께서 사람과 함께 거니신 동산을 그리워하고 있어요.
> 영원이 내 마음에 기록되어 있기에
> 영원히 우리가 헤어지지 않을 그날을 그리워하고 있어요.
> 그때 모든 눈물은 씻길 것이고, 슬픔도, 상처도, 고통도 없을 것이며
> 밤도 더 이상 없을 거예요.
> 모든 것이 새롭게 되고, 완전히 새로운 길이 펼쳐질 거예요.

하나님께서 의로 통치하시고 어린양이 빛이 되실 거예요.

그때 하나님의 장막은 사람들과 함께 있고
그분은 우리 하나님이 되시고, 우리는 그분의 백성이 될 거예요.
신부와 어린양이 결혼할 거예요.
그날이 올 때까지 나는 새 예루살렘을 그리워하고 있어요.[12]

우리는 시대를 초월하여 하나님의 백성과 함께 이렇게 고백한다. "아멘, 주 예수여 오시옵소서."

34   역대하 5:1-14

이야기 경청하기

¹솔로몬이 여호와의 전을 위하여 만드는 모든 일을 마친지라 이에 솔로몬이 그의 아버지 다윗이 드린 은과 금과 모든 기구를 가져다가 하나님의 전 곳간에 두었더라 ²이에 솔로몬이 여호와의 언약궤를 다윗 성 곧 시온에서부터 메어 올리고자 하여 이스라엘 장로들과 모든 지파의 우두머리 곧 이스라엘 자손의 족장들을 다 예루살렘으로 소집하니 ³일곱째 달 절기에 이스라엘 모든 사람이 다 왕에게로 모이고 ⁴이스라엘 장로들이 이르매 레위 사람들이 궤를 메니라 ⁵궤와 회막과 장막 안에 모든 거룩한 기구를 메고 올라가되 레위인 제사장들이 그것들을 메고 올라가매 ⁶솔로몬 왕과 그 앞에 모인 모든 이스라엘 회중이 궤 앞에서 양과 소로 제사를 드렸으니 그 수가 많아 기록할 수도 없고 셀 수도 없었더라 ⁷제사장들이 여호와의 언약궤를 그 처소로 메어 들였으니 곧 본전 지성소 그룹들의 날개 아래라 ⁸그룹들이 궤 처소 위에서 날개를 펴서 궤와 그 채를 덮었는데 ⁹그 채가 길어서 궤에서 나오므로 그 끝이 본전 앞에서 보이나 밖에서는 보이지 아니하며 그 궤가 오늘까지 그곳에 있으며 ¹⁰궤 안에는 두 돌판 외에 아무것도 없으니 이것은 이스라엘 자손이 애굽에서 나온 후 여호와께서 그들과 언약을 세우실 때에 모세가 호렙에서 그 안에 넣은 것이더라 ¹¹이 때에는 제사장들이 그 반열대로 하지 아니하고 스스로 정결하게 하고 성소에 있다가 나오매 ¹²노래하는 레위 사람 아삽과 헤만과 여두둔과 그의 아들들과 형제들이 다 세마포를 입고 제단 동쪽에 서서 제금과 비파와 수금을 잡고 또 나팔 부는 제사장 백이십 명이 함께 서 있다가 ¹³나팔 부는 자와 노래하는 자들이 일제히 소리를 내어 여호와를 찬송하며 감사하는데 나팔 불고 제금 치고 모든 악기를 울리며 소리를 높여 여호와를 찬송하여 이르되 선하시도다 그의 자비하심이 영원히 있도다 하매 그때에 여호와의 전에 구름이 가득한지라 ¹⁴제사장들이 그 구름으로 말미암아 능히 서서 섬기지 못하

였으니 이는 여호와의 영광이 하나님의 전에 가득함이었더라

이야기 속 다른 본문 경청하기

열왕기상 8:1-11; 역대상 13, 16장; 시편 99:1-5; 132:7-8

솔로몬은 이제 언약궤를 다윗성에서 새로 지은 성전으로 옮겨 올 준비를 한다. 이스라엘의 가장 성스러운 물건인 언약궤를 다루기 위해서는 율법에 명시된 올바른 절차를 따르는 세심한 주의가 필요하다(대상 13, 15장).[1] 언약궤는 다윗이 예루살렘으로 옮겨 임시 장막에 두기 전까지 기럇여아림에 보관되었다(16:37-38; 대하 1:4). 이제 언약궤를 성전 안의 영구적 장소인 지성소로 옮겨야 할 때가 되었다. 언약궤는 하나님의 발판, 즉 하나님께서 보좌에 앉아 계신 장소를 나타낸다는 점에서 중요하다(대상 28:2). 하나님은 그룹들 위에 있는 하늘 보좌에서 통치하시지만(시 99:1; 사 6:3), 비일(Beale)이 시적으로 묘사한 것처럼, 언약궤는 하나님이 "하늘 보좌에 앉아 발을 뻗으시는" 장소다.[2] 언약궤 위 하나님의 임재는 하나님께서 그분의 백성 가운데 보좌에 앉아 계심을 가리키며, 주 하나님을 높이고 "그의 발등상 앞에서 경배"하도록 백성을 초대한다(시 99:5; 참조. 132:7). 하나님께서 언약궤 위 안식처에 도착하실 때, 하나님의 백성은 기쁨으로 노래해야 한다(8-9절). 우리는 곧이어 백성 가운데 계신 하나님의 임재가 큰 기쁨과 경축의 이유임을 볼 것이다.

이야기 설명하기

언약궤를 지성소로 옮기다(5:1-10)

성전을 완공하는 데 7년이 걸렸고(왕상 6:38), 솔로몬의 왕궁은 13년이

더 걸려서(7:1), 결국 건축 프로젝트는 20년간 진행되었다(대하 8:1). 역대기 저자는 왕궁에 대해 지나가는 말로만 언급함으로써(2:1; 7:11; 8:1; 9:11), 언약궤를 지성소로 옮기는 절정의 사건에 집중할 수 있게 한다. 솔로몬은 이날을 준비하면서 다윗이 하나님께 바친 은과 금, 도구를 성전 곳간에 넣는다(5:1; 참조. 대상 29:1-5). 그런 다음 초막절 기간인 일곱째 달에 장로들과 지파의 우두머리, 이스라엘 자손의 족장들을 모은다(대하 5:3; 참조. 레 23:33-43). 레위인은 언약궤와 회막과 성물을 성전으로 운반해야 한다(참조. 대상 15:11-15). 솔로몬과 온 회중은 다윗이 전에 했던 것처럼(26절; 16:1) 많은 양과 소를 제물로 바친다. 제사장은 언약궤를 채에 메고 지성소로 옮겨 금 그룹들의 날개 아래 언약궤를 둔다(대하 5:7-9). 두 돌판에 새겨진 십계명이 언약궤 안에 놓여 하나님께서 자기 백성과 맺으신 영원한 언약의 증거 역할을 한다(10절; 참조. 신 10:2-5).

하나님의 영광이 성전을 채우다(5:11-14)

이스라엘 백성이 언약궤의 성전 도착을 경축할 때, 레위인 음악가들은 제단 동쪽에 서서 "세마포를 입고… 제금과 비파와 수금"을 연주한다(대하 5:12). 아삽, 헤만, 여두둔의 세 레위인 가문은 노래와 악기 연주를 위해 구별되었다(대상 25:1-7). 그들과 그 아들들은 나팔을 부는 120명의 제사장과 함께 일제히 소리를 내어 하나님께 감사와 찬양을 드린다(대하 5:13). 노래하는 이들은 다양한 악기 반주에 맞추어 목소리를 높여 주님을 찬양하면서 잘 알려진 후렴구를 부른다. "선하시도다. 그의 자비하심이 영원히 있도다"(13절). 찬양의 노래가 하늘을 향해 올라가는 동안, 성전은 짙은 구름으로 가득하여 제사장들이 직무를 수행할 수 없었다(13-14절; 참조. 출 40:34-35; 계 15:8). 구름은 하늘의 영역을 상징한다(시 97:2). 구름은 대개 하늘 환상(겔 1:4, 28; 참조. 단 7:13)이나 신의 현현(출 19:9, 16; 24:15-16)과 관련 있다. 보이는 구름이 성전에 내려온 것은 보이지 않는 고귀한 하늘의 영역이 어떤 의미에서 지상에 임했음을 의미한다.[3] 성전에 충만한 하나님의 영광은 시내산(출 24:16-17; 33:18-23; 34:5-7)과 성막(40:34-35)에 임한 하나님의 영광을 연상시킨다. 이날은 분명 거룩한 회중이 그들 가운데 계신 하나님의 임재를 경축하는 큰 기쁨의 때다.

― 이야기 살아내기 ―

기쁨으로 주님을 예배하라!

성전에 가득한 하나님의 영광의 임재는 제금과 비파, 수금, 나팔 등 악기가 연주되고 노래와 찬양이 가득한 즐거운 경축의 때였다. 이 이야기는 성막에 충만한 하나님의 영광을 떠올리게 하지만(출 40:34-35), 한(Hahn)은 성전 내러티브에 무언가 새로운 것이 있다고 지적한다. 바로 기쁨의 찬양과 경배다! 이전 시대에도 찬양이 없지는 않았지만(참조. 출 15:1-18; 신 32-33장; 삿 5장), 음악가를 공식적으로 조직한 것은 다윗이고, 이로써 그들은 왕정 시대 이후로 예배에서 중심 역할을 맡는다(참조. 대상 25장). 한은 "이스라엘 역사상 처음으로 성소에서 뿔과 제금, 비파, 수금으로(대상 16:4, 7-36; 23:2-6; 25:1-31) 감사의 시를 노래했다"라고 주장한다.[4] 다윗이 언약궤를 예루살렘으로 가져왔고(15장), 그 후로 주님을 찬양하며 세 개의 시편을 노래하는 긴 예배 시간이 이어졌다(16장). 그들의 예배에는 성스러운 노래를 연주하는 데 사용된 나팔과 제금 및 여러 악기의 소리가 동반되었다(42절). 그들은 즐거운 행사에서 노래했다. "여호와를 구하는 자마다 마음이 즐거울지로다"(10절). 그때에 다윗은 레위인을 음악가로 임명해 "비파와 수금과 제금 등의 악기를 울려서 즐거운 소리를 크게 내[게]" 했다(15:16). 사실 기쁨이라는 주제는 역대기 전반에 스며들어 있다. 그래서 한(Hahn)은 이렇게 지적한다. "역대기는 성경 다른 곳과 필적할 수 없는 방식으로 하나님을 향한 예배가 진심으로 기쁜 일이라고 묘사한다. 이것이 의도한 바였다."[5] 나아가 그는 이스라엘의 기쁨이 오래전 모세와 맺은 하나님 약속의 성취라고 지적한다(신 12:7, 12, 18). 하나님의 이름이 거할 곳을 언급할 때, 모세는 "너희의 하나님 여호와 앞에서 즐거워[하라]"고 말했다(12절). 성전 건축 기사의 절정에서 레위인은 이제 제금과 비파, 수금, 나팔 및 기타 악기를 사용해 하나님의 백성을 찬양과 경배로 인도한다(대하 5:12-13). 솔로몬은 긴 기도를 드린 후 이렇게 권고한다. "주의 성도들에게 은혜를 기뻐하게 하옵소서"(6:41).

역대기 저자가 저작 전반에서 기쁨을 강조하는 것은 귀환 공동체와 우리에게 보내는 초대장과 같다. 우리는 서론(34-37쪽)에서 귀환자들의 삶이 쉽지 않았다고 언급한 바 있다. 그들은 다윗과 솔로몬의 영광의 날에 비하면 극히 미약한 땅만 차지한 채 방대한 페르시아 제국 한가운데서 작은 속주로 살았다. 극심한 가난에 직면한 일부 사람들은 땅을 팔고 계약 종살이를 해야 했다. 귀환자들은 주변 민족의 반대에 직면했다. 그들의 상황은 특히 지난날을 기억할 때 쉽사리 절망으로 이어질 수도 있었다. 하지만 역대기 저자는 하나님의 백성에게 목전의 상황 너머로 눈을 들어 하나님께서 그들 가운데서 **행하고 계신** 일을 깨달으라고 권면한다.[6] 하나님은 고귀하고 영광스러운 보좌 위에서 통치하고 계셨고, 이는 변함없는 현실이었다. 귀환자들은 자신들의 상황과 상관없이 하나님 앞에서 기쁨으로 노래해야 했다. 예언자 하박국은 이 사실을 이해했다. 그는 앞으로 닥칠 어려움에도 불구하고 하나님 안에서 기쁨을 찾을 수 있었다. "[그러나] 나는 여호와로 말미암아 즐거워하며 나의 구원의 하나님으로 말미암아 기뻐하리로다"(합 3:18). 이것은 분명 오늘 우리에게도 좋은 말씀이다. 기쁨은 주변 환경이 아니라 하나님의 임재에서 발견되기 때문이다. 레위인들이 노래했듯이 "능력과 즐거움이 **그의** 처소에" 있다(대상 16:27, 강조 추가). 기쁨은 우리 내부에서 발휘되는 어떤 것이 아니라 하나님의 임재와 **그분이** 통치하신다는 실재에서 발견된다.

사도 바울은 빌립보 신자들에게 편지를 보낼 때 기쁨은 상황에 근거한 것이 아님을 알았다. 바울은 비록 감옥에 갇혀 있지만 그리스도가 선포될 때 기뻐할 이유를 발견했다(빌 1:18). 바울의 기쁨은 상황에 근거한 것이 아니었다. "만일 너희 믿음의 제물과 섬김 위에 내가 나를 전제로 드릴지라도 나는 기뻐하고 너희 무리와 함께 기뻐하리니"(2:17). 바울이 기뻐하는 이유는 즐거운 주변 상황 때문이 아니라 복음의 확신과 소망 때문이다. 바울은 그들에게 자신과 함께 기뻐하자고 권면하면서(18절) 잘 알려진 말을 덧붙인다. "주 안에서 항상 기뻐하라. 내가 다시 말하노니 기뻐하라"(4:4; 참조. 살전 5:16). 1907년에 헨리 반 다이크(Henry van Dyke)가 베토벤의 "환희의 송가"(Ode to Joy) 곡조에 맞춰 쓴 찬송시는 잘 알려진 첫 연에서 이 기쁨을 표현한다.

> 기뻐하며 경배하세
> 영광의 주 하나님.
> 주 앞에서 우리 마음
> 피어나는 꽃 같아.
> 죄와 슬픔 사라지고
> 의심 구름 걷히니
> 변함없는 기쁨의 주
> 밝은 빛을 주시네!

즐거운 찬양과 경배가 우리 삶의 특징이 되어 예수님의 기쁨이 우리 안에 있기를 바란다(요 15:11). 우리 모두 목소리 높여 감사하고 찬양하면서, 바울의 권면을 마음 깊이 받아들이기를 바란다. "주 안에서 항상 기뻐하라. 내가 다시 말하노니 기뻐하라."

35 역대하 6:1-42

이야기 경청하기

¹그때에 솔로몬이 이르되 여호와께서 캄캄한 데 계시겠다 말씀하셨사오나 ²내가 주를 위하여 거하실 성전을 건축하였사오니 주께서 영원히 계실 처소로소이다 하고 ³얼굴을 돌려 이스라엘 온 회중을 위하여 축복하니 그때에 이스라엘의 온 회중이 서 있더라 ⁴왕이 이르되 이스라엘 하나님 여호와를 송축할지로다 여호와께서 그의 입으로 내 아버지 다윗에게 말씀하신 것을 이제 그의 손으로 이루셨도다 이르시기를 ⁵내가 내 백성을 애굽 땅에서 인도하여 낸 날부터 내 이름을 둘 만한 집을 건축하기 위하여 이스라엘 모든 지파 가운데서 아무 성읍도 택하지 아니하였으며 내 백성 이스라엘의 주권자가 될 사람을 아무도 택하지 아니하였더니 ⁶예루살렘을 택하여 내 이름을 거기 두고 또 다윗을 택하여 내 백성 이스라엘을 다스리게 하였노라 하신지라 ⁷내 아버지 다윗이 이스라엘의 하나님 여호와의 이름을 위하여 성전을 건축할 마음이 있었더니 ⁸여호와께서 내 아버지 다윗에게 이르시되 네가 내 이름을 위하여 성전을 건축할 마음이 있으니 이 마음이 네게 있는 것이 좋도다 ⁹그러나 너는 그 성전을 건축하지 못할 것이요 네 허리에서 나올 네 아들 그가 내 이름을 위하여 성전을 건축하리라 하시더니 ¹⁰이제 여호와께서 말씀하신 대로 이루셨도다 내가 여호와께서 말씀하신 대로 내 아버지 다윗을 대신하여 일어나 이스라엘 왕위에 앉고 이스라엘의 하나님 여호와의 이름을 위하여 성전을 건축하고 ¹¹내가 또 그곳에 여호와께서 이스라엘 자손과 더불어 세우신 언약을 넣은 궤를 두었노라 하니라 ¹²솔로몬이 여호와의 제단 앞에서 이스라엘의 모든 회중과 마주 서서 그의 손을 펴니라 ¹³솔로몬이 일찍이 놋으로 대를 만들었으니 길이가 다섯 규빗이요 너비가 다섯 규빗이요 높이가 세 규빗이라 뜰 가운데에 두었더니 그가 그 위에 서서 이스라엘의 모든 회중 앞에서 무릎을 꿇고 하늘을 향하여 손을 펴고 ¹⁴이르되 이스라엘의 하나님 여호와여 천지에 주와 같은

신이 없나이다 주께서는 온 마음으로 주의 앞에서 행하는 주의 종들에게 언약을 지키시고 은혜를 베푸시나이다 15주께서 주의 종 내 아버지 다윗에게 허락하신 말씀을 지키시되 주의 입으로 말씀하신 것을 손으로 이루심이 오늘과 같으니이다 16이스라엘의 하나님 여호와여 주께서 주의 종 내 아버지 다윗에게 말씀하시기를 네 자손이 그들의 행위를 삼가서 네가 내 앞에서 행한 것같이 내 율법대로 행하기만 하면 네게로부터 나서 이스라엘 왕위에 앉을 사람이 내 앞에서 끊어지지 아니하리라 하셨사오니 이제 다윗을 위하여 그 허락하신 말씀을 지키시옵소서 17그런즉 이스라엘 하나님 여호와여 원하건대 주는 주의 종 다윗에게 하신 말씀이 확실하게 하옵소서 18하나님이 참으로 사람과 함께 땅에 계시리이까 보소서 하늘과 하늘들의 하늘이라도 주를 용납하지 못하겠거든 하물며 내가 건축한 이 성전이오리이까 19그러나 나의 하나님 여호와여 주의 종의 기도와 간구를 돌아보시며 주의 종이 주 앞에서 부르짖는 것과 비는 기도를 들으시옵소서 20주께서 전에 말씀하시기를 내 이름을 거기에 두리라 하신 곳 이 성전을 향하여 주의 눈이 주야로 보시오며 종이 이 곳을 향하여 비는 기도를 들으시옵소서 21주의 종과 주의 백성 이스라엘이 이 곳을 향하여 기도할 때에 주는 그 간구함을 들으시되 주께서 계신 곳 하늘에서 들으시고 들으시사 사하여 주옵소서 22만일 어떤 사람이 그의 이웃에게 범죄하므로 맹세시킴을 받고 그가 와서 이 성전에 있는 주의 제단 앞에서 맹세하거든 23주는 하늘에서 들으시고 행하시되 주의 종들을 심판하사 악한 자의 죄를 정하여 그의 행위대로 그의 머리에 돌리시고 공의로운 자를 의롭다 하사 그 의로운 대로 갚으시옵소서 24만일 주의 백성 이스라엘이 주께 범죄하여 적국 앞에 패하게 되므로 주의 이름을 인정하고 주께로 돌아와서 이 성전에서 주께 빌며 간구하거든 25주는 하늘에서 들으시고 주의 백성 이스라엘의 죄를 사하시고 그들과 그들의 조상들에게 주신 땅으로 돌아오게 하옵소서 26만일 그들이 주께 범죄함으로 말미암아 하늘이 닫히고 비가 내리지 않는 주의 벌을 받을 때에 이 곳을 향하여 빌며 주의 이름을 인정하고 그들의 죄에서 떠나거든 ²⁷주께서는 하늘에서 들으사 주의 종들과 주의 백성 이스라엘의 죄를 사하시고 그 마땅히 행할 선한 길을 가르쳐 주시오며 주의 백성에게 기업으로 주신 주의 땅에 비를 내리시옵소서 ²⁸만일 이 땅에 기근이나 전염병이 있거나 곡식이 시들거나 깜부기가 나거나 메뚜기나 황충이 나거나 적국이 와서 성읍들을 에워싸거나 무슨 재앙이나 무슨 질병이 있거나를 막론하고 ²⁹한 사람이나 혹 주의 온 백성 이스라엘이 다 각각 자기의 마음에 재앙과 고통을 깨닫고 이 성전을 향하여 손을 펴고 무슨 기도나 무슨 간구를 하거든 ³⁰주는 계신 곳 하늘에서 들으시며 사유하시되 각 사람의 마음을 아시오니 그의 모든 행위대로 갚으시옵소서 주만 홀로 사람의 마음을 아심이니이다 ³¹그리하시면 그들이 주께서 우리 조상들에게 주신 땅에서 사는 동안에 항상 주를 경외하며 주의 길로 걸어가리이다 ³²주의 백성 이스라엘에 속하지 않은 이방인에게 대하여도 그들이 주의 큰 이름과 능한 손과 펴신 팔을 위하여 먼 지방에서 와서 이 성전을 향하여 기도하거든 ³³주는 계신 곳 하늘에서 들으시고 모든 이방인이 주께 부르짖는 대로 이루사 땅의 만민이 주의 이름을 알고 주의 백성 이스라엘처럼 경외하게 하시오며 또 내가 건축한 이 성전을 주의 이름으로 일컫는 줄을 알게 하옵소서 ³⁴주의 백성이 그 적국과 더불어 싸우고자 하여 주께서 보내신 길로 나갈 때에 그들이 주께서 택하신 이 성과 내가 주의 이름을 위하여 건축한 성전 있는 쪽을 향하여 주께 기도하거든 ³⁵주는 하늘에서 그들의 기도와 간구를 들으시고 그들의 일을 돌보시옵소서 ³⁶주께 범죄하지 아니하는 사람이 없사오니 그들이 주께 범죄하므로 주께서 그들에게 진노하사 그들을 적국에게 넘기시매 적국이 그들을 사로잡아 땅의 원근을 막론하고 끌고 간 후에 ³⁷그들이 사로잡혀 간 땅에서 스스로 깨닫고 그들을 사로잡은 자들의 땅에서 돌이켜 주께 간구하기를 우리가 범죄하여 패역을 행하며 악을 행하였나이다 하며 ³⁸자기들을 사로잡아 간 적국의 땅에서 온 마음과 온 뜻으로 주께 돌아와서 주께서 그들의 조상들에게 주신 땅과 주께서 택하신 성과 내가 주의 이름을 위하여 건축한 성전 있는 쪽을 향하여 기도하거든 [39]주는 계신 곳 하늘에서 그들의 기도와 간구를 들으시고 그들의 일을 돌보시오며 주께 범죄한 주의 백성을 용서하옵소서 [40]나의 하나님이여 이제 이 곳에서 하는 기도에 눈을 드시고 귀를 기울이소서 [41]여호와 하나님이여 일어나 들어가사 주의 능력의 궤와 함께 주의 평안한 처소에 계시옵소서 여호와 하나님이여 원하옵건대 주의 제사장들에게 구원을 입게 하시고 또 주의 성도들에게 은혜를 기뻐하게 하옵소서 [42]여호와 하나님이여 주의 기름 부음받은 자에게서 얼굴을 돌리지 마시옵고 주의 종 다윗에게 베푸신 은총을 기억하옵소서 하였더라

이야기 속 다른 본문 경청하기

레위기 26:39-40; 신명기 4:29-31; 12:1-28; 30:1-3; 역대상 17:12-14

성전이 완공되고 하나님의 영광이 성전을 채운 뒤, 이야기는 솔로몬의 봉헌 기도로 이어진다. 솔로몬의 기도에서 표현된 주제는 이스라엘 역사에 깊이 내재해 있었다. 하나님은 오래전에 백성들이 (죄로 인해) 멀리 흩어졌을 때라도 기도로 그분을 찾으면 만날 것이라고 모세에게 말씀하셨다(신 4:29). 하나님은 그들에게 이런 말로 권면하셨다. "이 모든 일이 네게 임하여 환난을 당하다가 끝날에 네가 네 하나님 여호와께로 돌아와서 그의 말씀을 청종하리니"(30절). 이번 장 전반에서 하나님께 돌아오라는 요청이 울려 퍼지면서 솔로몬은 기도와 회개의 중요성을 강조한다. 이 요청은 역대기의 핵심적인 신학 주제로 우리를 데려간다. 솔로몬의 기도는 무엇보다 귀환자들에게 매우 중요했다. 딜라드(Dillard)는 역대기 저자가 "솔로몬의 기도와 하나님의 응답에서 선포된 원리가 이스라엘 역사에서 실현되었음을 보여 주기 위해 거듭해서 노력할 것"

이라고 정확하게 지적한다.[1] 6장은 기도와 회개의 핵심 역할을 강조하고, 그런 면에서 솔로몬의 기도는 모든 시대의 하나님의 백성에게 적용될 수 있는 기도의 모범으로서 역할을 한다.

이야기 설명하기

솔로몬이 하나님께서 다윗에게 하신 약속을 성취하셨다고 고백하다(6:1-11)

솔로몬은 하나님이 "캄캄한 구름 속에 계시겠다"고 말씀하셨다고 회고한다(6:1, 새번역; 참조. 신 4:11; 5:22). 구름은 하늘의 영역에 속하기 때문에, 보이지 않는 하나님의 하늘 임재를 표현하기에 적합한 도구다.[2] 성전이 '웅장한'(magnificent, NIV) 또는 '높이 솟은'(lofty, NASB) 집이라는 솔로몬의 묘사는(대하 6:2) 지상 영역보다 높은 하나님의 하늘 보좌에 비유된 존귀한 장소를 가리킨다(참조. 사 63:15). 그래서 비일(Beale)은 "성전은 물리적으로 창조된 궁창과 그것이 가리키는 보이지 않는 하나님의 하늘 거처와 관련이 있다"라고 결론을 내린다.[3] 이 높은 거처를 염두에 두고 솔로몬은 다윗에게 하신 말씀을 신실하게 성취하신 하나님을 찬양하면서 자기 앞에 모인 모든 백성을 축복한다(대하 6:4; 참조. 대상 17:12-14). 솔로몬은 하나님께서 자기 이름이 거할 곳으로 예루살렘을 선택하셨으며(6:6; 참조. 신 12:5-28), 다윗이 하나님의 택하신 왕이라고 단언한다(대하 6:6; 참조. 삼상 16장). 다윗은 성전을 건축할 계획을 세웠지만, 하나님은 그의 아들이 성전을 지을 것이라고 말씀하셨다(대하 6:7-9; 또한 대상 17:4-15; 22:6-10을 보라). 솔로몬은 다윗에게 주신 하나님 약속의 성취로(17:12, 14; 22:10; 28:5; 29:23) 이제 자신이 아버지의 뒤를 이어 이스라엘 왕위에 앉았다고 인정한다(6:10; 참조. 대상 29:23).

솔로몬의 봉헌 기도(6:12-42)

솔로몬은 모든 백성이 지켜보는 가운데 제단 앞에 선다(6:12). 왕은 성전 뜰에 높이 솟은 놋 대를 세웠고, 이 성스러운 순간에 그 위에서 무릎을 꿇고 하늘을 향해 두 손을 편다(13절; 참조. 출 9:29, 33; 스 9:5; 시 143:6; 사 1:15). 솔로몬은 하늘에나 땅에 주님과 같은 신은 없다고 단언하며 기도를 시작한다(대하 6:14). 하나님의 유일하심은 구약성경 전반에서 확증되고(출 15:11; 신 4:39; 사 44:6; 45:5-7, 21; 46:9), 이 선언은 고대 다신교 세계관과 대비된다. 솔로몬은 하나님의 한결같은 사랑을 찬양하는데, 이는 특히 다윗에 대한 하나님의 신실하심에서 잘 드러나는(대하 6:15; 참조. 시 89:30-37, 49) 그분의 성품의 특징이다(신 7:9; 느 1:5; 9:32).

솔로몬은 다윗에게 주신 말씀을 지키시라고 하나님께 간구한다. 그때 하나님은 이렇게 약속하셨다. "네 자손이 그들의 행위를 삼가서 네가 내 앞에서 행한 것같이 내 율법대로 행하기만 하면 네게로부터 나서 이스라엘 왕위에 앉을 사람이 내 앞에서 끊어지지 아니하리라"(대하 6:16). 이 말씀은 하나님 약속의 확실성을 강조하면서도, 약속을 받는 사람이 하나님의 율법을 지켜야 했기에 그 약속의 조건적 특성을 부각한다(왕상 2:3-4; 8:25; 시 132:10-12). 솔로몬이 아버지를 이어 왕위에 올랐지만, 하나님의 율법에 순종할 때에만 그분의 영원한 왕국을 통치할 것이다.[4] 의로운 다윗 계통의 왕이 아닌 이가 하나님의 영원한 왕좌에 앉아서 다스리는 것은 상상도 할 수 없는 일이었다. 그래서 솔로몬은 "그런즉 이스라엘 하나님 여호와여. 원하건대 주는 주의 종 다윗에게 하신 말씀이 확실하게 하옵소서"라고 기도한다(대하 6:17).

솔로몬은 하나님께서 예루살렘을 자신의 거처로 택하신 것에 놀라 이렇게 질문한다. "하나님이 참으로 사람과 함께 땅에 계시리이까?"(18절) 그는 가장 높은 하늘도 하나님을 다 담을 수 없다면, 자신이 지은 이 집은 더욱 그럴 것이라는 사실을 잘 알고 있다! 지극히 높고 영광스러운 하나님의 보좌를 언뜻 본 예언자 이사야는, 하나님의 보좌는 하늘에 있고(사 6:1-7) 땅은 그분의 발판에 불과하다고 단언한다(66:1). 예언자 미가야도 비슷한 환상을 보았다. "내가 보니 여호와께서 그의 보좌에 앉으셨고 하늘의 만군이 그의 좌우편에 모시고 섰는데"(대하 18:18). 사실 성전은 하늘 높은 곳에 거하시는 주 하나님을 담을 수 없다(6:21; 30:27). 그러므로 기도 전반에서 솔로몬은 **하늘에서** 들으시라고 하나님께 간구한다(6:25, 27, 30, 33, 35, 39; 참조. 7:14, 30:27). 하나님의 하늘 거처를 염두에 두고, 솔로몬은 하나님을 위해 이 땅에 어떤 종류의 집을 지을 수 있겠느냐고 올바르게 묻는다. 하나님의 하늘 보좌는 솔로몬이 지은 화려하고 호화로운 성전보다 훨씬 영광스러웠다. 성전은 단지 하나님이 보좌에 앉아 계신(시 11:4; 47:7-8; 93:1-2; 103:19; 사 66:1; 행 7:49) 하늘 성소의 복사본에 불과했다(참조. 출 25:9; 대상 28:19; 히 8:5). 언약궤는 "하늘 보좌에 앉아 발을 뻗으시는" 하나님의 발판으로 표현되었다.[5] 따라서 하나님의 영광이 지상 성전에 가득할지라도, 보다(Boda)는 성전이 "보좌 전체가 아니라 하나님의 하늘 보좌가 있는 방으로 들어가는 입구라고 여겨야 한다"고 정확하게 지적한다.[6]

솔로몬은 주의 종이 드리는 기도를 들으시고, 주의 이름이 거할 곳인 이 집을 보시도록 하나님께 기도한다(대하 6:19-20). 그는 하나님께서 "들으시고… [죄를] 사하여" 주시기를 간구하는데(21절), 기도 전반에서 다양한 표현으로 반복되는 개념이다(19, 20, 21, 23, 25, 27절 등). 자기 백성의 기도를 들으시는 하나님의 능력은 그분께서 귀는 있지만 듣지 못하는 우상과 다르다는 것을 다시금 상기시킨다(시 115:1-8; 단 5:23; 참조. 왕상 18:24-29). 하나님은 백성이 스스로 낮추고 그분의 얼굴을 구하며 악한 길에서 돌이킬 때 그들의 기도를 듣겠다고 솔로몬에게 약속하신다(대하 7:14). 기도는 하나님과 그분 백성과의 관계 중심에 있기 때문에, 당연히 역대기 저자는 응답받은 기도에 주목한다(30:20, 27; 33:13; 34:27).

솔로몬은 하나님의 백성이 죄를 지었을 때 "사하여" 주시기를 하나님께 간구한다(히. s-l-kh, 6:21, 25, 27, 30, 39). 하나님은 오래전 모세에게 제사 제도를 통해 은혜롭게 용서받을 수 있다고 계시하셨다(레 4:20, 26, 31; 5:10, 13, 16). 제사장의 신성한 임무는 '공동체를 위해 속죄하여' 그들의 죄가 용서받도록 하는 것이었다(4:20; 참조. 대상 6:49). 그러나 이스라엘 역사에서 중요한 순간에, 하나님의 백성이 오만하게 하나님을 거역할 때(이른바 '악의적 죄'), 하나님은 제물이 희생되지 않을 때에도 은혜로운 성품에 근거해 이스라엘의 죄를 용서하신다. 이와 같은 경우 속죄는 이스라엘 대신 기도하는 중보자(모세 같은)를 통해 성취되었고, 이로써 희생 제사 없는 속죄를 낳았다.[7] 그리하여 모세는 하나님의 성품에 호소할 수 있다는 것을 알고서 금송아지 사건에서 이렇게 기도했다. "내가 주께 은총을 입었거든 원하건대 주는 우리와 동행하옵소서. 이는 목이 뻣뻣한 백성이니이다. 우리의 악과 죄를 사하시고 우리를 주의 기업으로 삼으소서"(출 34:9). 이때 하나님은 모세에게 자신의 이름을 계시하셨다. "여호와라 여호와라. 자비롭고 은혜롭고 노하기를 더디하고 인자와 진실이 많은 하나님이라. 인자를 천대까지 베풀며 악과 과실과 죄를 용서하리라"(6-7절; 참조. 민 14:18-19). 그래서 스클라(Sklar)는 이렇게 결론을 맺는다. "속죄는 자비를 베푸시는 하나님의 성품 때문에 가능하다. 하나님은 자기 백성을 그들의 죄가 다루어져야 할 방식과 똑같이 대하지 않으신다. 속죄는 단순히 은혜에 뿌리를 둔 것이 아니다(제1교훈). 자비 때문에 은혜를 베푸시는 것은 하나님의 본성 자체."[8] 성전은 여호와의 **이름**이 거할 곳이었기 때문에(신 12:5-28; 대하 2:4), 솔로몬은 과거에 그랬듯이 이스라엘의 죄를 용서해 주시도록 주님께 담대히 기도한다.

솔로몬은 계속 기도하면서 일련의 불리한 상황을 열거한다. 첫 번째 상황은 이웃에게 죄를 범하고 맹세를 해야만 하는 어떤 사람에 관한 것이다(대하 6:22-23). 맹세는 때로 분쟁을 해결하기 위한 법적 절차의 일부였고(출 22:11), 누군가의 유죄 또는 무죄를 결정할 때 사용되었다(민 5:11-31).[9] 범죄 혐의를 받은 사람은 유죄 판결을 받거나 무죄 판결을 받기 위해 재판관 앞에 서야 했다(예. 출 22:8-9; 신 17:8-13; 25:1). 솔로몬은 하나님께서 재판관이 되어 무고한 사람에게 무죄를 선고해 주시도록 간구한다.

다음 상황은 죄로 인해 적 앞에서 당하는 패배를 다루는데(대하 6:24), 이는 언약의 저주 중 하나였다(레 26:17; 신 28:25, 48). 남왕국은 자신들의 범죄로 인해 바벨론에게 패하겠지만(대상 9:1; 대하 36:15-20), 솔로몬은 기도하면서 하나님의 백성에게 "주의 이름을 인정하고 주께로 돌아와서 이 성전에서 주께 빌며 간구"하라고 권면한다(6:24). 다니엘이 하나님께 듣고 사하여 주시기를 간구할 때 그가 이해한 바처럼, 성전이 파괴된 후에 하나님의 백성은 바벨론에서라도 회개 기도를 드릴 수 있었다(단 9:3-19). 하나님께로 '돌이키라, 돌아오라'(히. sh-w-b, 대하 6:24, 26, 37)는 요청은 오래전에 주신 하나님의 회복 약속에 깊이 뿌리박고 있다(신 4:29-30; 30:1-3, 8, 10). 따라서 솔로몬의 기도에서도 회개의 중요성이 강조되고(대하 6:37-38; 7:14; 참조. 15:4; 30:9), 예언자들은 주님께 돌아오라고 백성에게 반복해서 요청한다(24:19; 참조. 렘 35:15; 36:2-3, 7). 이와 같은 회개는 하나님 백성의 특징인 찬양(히. y-d-h, 대하 6:24)을 동반했다(대상 16:4, 7-8, 34-35, 41; 23:30; 25:3 등; 개역개정은 "인정", "감사"로 번역).

하나님의 백성은 성전에서 하나님께 기도하고 간구해야 했다(대하 6:24). 동사 '기도하다'(히. p-l-l)는 이 장에 8번 나오고(19, 20, 21, 24, 26, 32, 34, 38절), 기도라는 주제는 다른 곳에서도 언급된다(7:1, 14; 30:18; 32:20, 24; 33:13). 기도의 중추적 역할은 바벨론에 잡혀간 동안 하나님께 기도한 므낫세왕 이야기에서 잘 나타난다. 그는 스스로 낮추고 기도했기 때문에 하나님은 그를 회복시키셨다(33:12-13, 19). 기도와 고백의 중요성은 귀환 공동체에서 더 두드러진다(스 10:1; 느 1:4, 6; 2:4 등). '간구하다'(히. h-n-n)를 뜻하는 두 번째 동사는 '자비를 구하다'로 번역하는 게 최선인데, 은혜로운 하나님 앞에서 자비를 구하는 간절하고 진심 어린 간청을 떠오르게 한다(신 3:23; 시 9:13; 30:8; 142:1). 주님의 성품은 은혜로우시기 때문에(출 33:19; 참조. 민 6:25), 그분의 자비에 호소하라고 하나님의 백성에게 권면한다.

솔로몬은 하나님께 이렇게 간청한다. "하늘에서 들으시고 주의 백성 이스라엘의 죄를 사하시고 그들과 그들의 조상들에게 주신 땅으로 돌아오게 하옵소서"(대하 6:25). 하나님은 자기 백성이 율법에 불순종하면 그들을 그 땅에서 쫓아내 유배지로 보내겠다고 경고하셨지만(레 26:33-34, 38-39; 신 28:32, 36, 41, 64), 또한 그들이 하나님께 돌아오면 회복해 주겠다고 약속하셨다(레 26:40-45; 신 30:3-5). 이스라엘의 죄로 인해 비가 내리지 않을 때(6:26; 참조. 레 26:19; 신 11:17; 28:23-24), 이스라엘은 기도하고 하나님의 이름을 찬양하며 죄에서 돌이켜야 한다. 뒤이어 솔로몬은 하나님의 축복을 상징하는 비를 내려 달라고 하나님께 간구한다(대하 6:27; 참조. 레 26:4; 신 11:14; 28:12; 말 3:10). 기근이나 전염병, 병충해, 깜부기, 메뚜기, 황충, 적의 공격 또는 여타 재난이나 질병과 같은 다른 불리한 상황도 열거된다(대하 6:28; 참조. 레 26:14-39; 신 28:15-68). 하나님의 백성에게 어떤 재앙이 닥치든, 그 대응은 항상 하나님 앞에 드리는 기도와 간구여야 한다(대하 6:29). 하나님의 백성이 주님을 경외하고 그분의 길을 걷는 법을 배우는 것이 목표다(31절).

뒤이어 솔로몬은 "주의 백성 이스라엘에 속하지 않[았지만]… 주의 큰 이름과 능한 손과 펴신 팔을 위하여 먼 지방에서" 온 **이방인**에게 관심을 돌린다(32절). 이방인도 하나님께 기도하라고 초대한다! 솔로몬은 대담하게 "모든 이방인이 주께 부르짖는 대로 이루"시기를 하나님께 간구한다(33절). 주님은 기도를 듣고 응답하시는 참되고 살아 계신 유일한 하나님이기 때문에, 응답받은 기도는 하나님과 열방의 우상을 구별해 준다. 주님은 응답받은 기도를 통해 자신이 하나님임을 드러내신다(참조. 33:13). 솔로몬은 땅의 모든 백성이 하나님의 이름을 알고 그분을 경외할 것이라는 소망을 표현한다(6:33; 시 33:8). 시편 저자도 응답받은 기도가 예배로 이어질 것이라고 상상한다. "주께서 지으신 모든 민족이 와서 주의 앞에 경배하며 주의 이름에 영광을 돌리리이다"(시 86:9). 역대기의 열방 주제가 다시 등장하면서, 성전은 **모든 민족**이 기도하는 집임을 강조한다(참조. 사 56:7).[10]

다음으로 솔로몬은 백성이 적과 싸우러 나갔다가 죄로 인해 유배지로 보내질 때 어떤 일이 벌어지는지 언급한다(대하 6:34-36). 이 상황은 바벨론에 의한 패배와 추방으로 점철된 귀환자들의 최근 역사와 깊은 관련이 있다(대상 9:1; 대하 36:20). 이런 재난 가운데 나오는 동사들에는 하나님의 백성에게 필요한 진심 어린 회개가 가득 담긴 채 울려 퍼진다('스스로 깨닫다', '돌이키다', '간구하다', '돌아오다', '기도하다', 6:37-38). 이 경우 회개 기도에는 말로 드리는 고백이 동반된다. "우리가 범죄하여 패역을 행하며 악을 행하였나이다"(37절; 참조. 시 106:6; 단 9:5, 15). 역대기에는 여러 가지 죄의 고백이 나오지만(대하 12:6-7; 29:5-9; 30:7-11; 33:12-13), 참담한 유배 경험 이후 솔로몬의 기도는 공동체의 삶에 더욱 온전히 통합되었고 긴 고백 기도는 회복의 중심이 된다.

솔로몬은 성전에서 드리는 기도에 눈을 드시고 귀를 기울이시라고 하나님께 간청하면서 기도를 마무리한다(6:40; 참조. 단 9:18-19). 그의 기도는 시편 132:8-10을 인용하는데, 성전에 있는 언약궤 안식처와 신실한 자들이 하나님의 선하심을 기뻐할 때 뒤따르는 기쁨에 주목한다(대하 6:41). 이어 하나님의 기름 부음받은 자를 거절하지 마시고 다윗에게 베푸신 은총을 기억해 달라는 간구로 마무리된다(42절; 참조. 대상 17:13; 시 89:33). 다윗 계통의 왕은 기름 부음을 받았을 뿐만 아니라(예. 삼상 16:3,

13; 대상 29:22), 말 그대로 하나님의 "기름 부음을 받은 자"로 알려진다(삼상 2:10; 12:3; 16:6; 24:6, 10 등). 이렇게 솔로몬의 기도는 시작했던 곳에서 마무리되면서, 다윗에게 보여 주신 하나님의 언약적 신의에 초점을 맞춘다(대하 6:14-15).

이야기 살아내기

회개와 용서

솔로몬의 기도에서 회개의 핵심 역할은 깊이 숙고할 만한 가치가 있다. 하나님은 일찍이 회개가 하나님 백성의 회복에 필수적이라는 것을 모세에게 알려 주셨다(신 4:29-31). 보다(Boda)는 "이 기도의 두 번째 부분이 유배 공동체와 귀환 공동체의 예전 관행에 미친 영향은 과소평가할 수 없다. 이 기도는 나라의 멸망과 민족의 유배라는 상상조차 할 수 없는 최악의 재난을 겪으며 살고 있는 공동체에게 지침을 주었다"라고 올바르게 논평한다.[11] 따라서 고백 기도가 귀환 시기의 특징이라는 것은 놀라운 일이 아니다(스 9:5-15; 10:1-2; 느 1:7; 9:33-34; 참조. 단 9:3-19). 옛 언약 아래서 희생 제사는 죄의 용서를 위한 하나님의 대비책이었지만(레 5:15-19; 민 15:22-31), 고의적 죄는 보통 사형을 요구했다는 점을 명심해야 한다(예. 레 20장). 다만 구약성경에는 사형이 마땅한 이스라엘의 죄가 중재자의 기도를 통해, 제사 없이 용서받은 경우가 있다고 언급한 바 있다.[12] 다윗과 므낫세 같은 왕들은 자신의 죄를 인정한 후 하나님의 용서를 경험했지만 희생 제사를 드리지는 않았다(삼하 12:1-15; 대하 33:10-13; 참조. 시 32:1-5). 솔로몬은 이제 진정한 회개와 함께 **고백의 기도**를 드릴 때 하나님께서 이스라엘의 죄를 용서해 주시기를 간구한다. 여기에 이스라엘의 죄에 대한 해결책이 있고, 실은 인간의 죄라는 곤경에 대한 해결책이 있다. 궁극적 해결책은 죄를 기꺼이 용서하시는 하나님의 자비에서 찾을 수 있다. 솔로몬은 하나님께서 과거에 이스라엘의 죄를 용서하셨으며, 은혜를 베푸는 것이 그분의 성품임을 알았다(참조. 출 34:7; 시 130:1-4; 참조. 느 9:17). 따라서 솔로몬의 기도는 목전의 성전을 넘어 이스라엘의 회복을 위한 신학적 비전을 제공하는데(단 9:4-19을 보라), 귀환 공동체의 계속되는 삶의 중심이 될 내용이다(스 9:5-15; 10:1, 10-11; 느 1:4-11; 9:5-37).

이스라엘 역사에서 회개의 중요성은 마지막 예언자, 곧 하나님의 백성에게 회개를 촉구한 말라기에게서 볼 수 있다(말 3:1-15; 4:5-6). 그의 예언의 말씀은 "회개하라. 천국이 가까이 왔느니라"고 선포한 세례 요한의 사역에서 성취된다(마 3:2). 세례 요한은 주님이 오실 길을 준비한 광야의 예언자다(1-12절; 막 1:1-8; 눅 3:2-18). 백성들은 그의 선포에 응답해 자기 죄를 고백하고 세례를 받는다(마 3:6). 회개의 중요성은 신약성경 전반에서 울려 퍼진다. 예수님은 공생애 사역을 시작하면서 "회개하라. 천국이 가까이 왔느니라"고 선언하신다(4:17; 참조. 막 1:15). 따라서 회개는 하나님 나라에 들어가는 필수 조건이다. 예수님은 자신의 사역이 죄인들을 회개하도록 부르는 것이라고 규정하신다(눅 5:32; 13:3, 5). 그분은 비유로 죄인 한 사람이 회개할 때 하늘에 큰 기쁨이 있다고 가르치셨다(15:7, 10, 32). 예수님은 회개하라고 죄인들을 부르실 뿐만 아니라 죄를 용서할 신적 권위를 가지고 계신다(5:20-26). 그분의 속죄 희생은 하나님의 용서가 값없이 자애롭게 베풀어져 새 언약의 용서 약속이 실현되는 방편이다(마 26:28). 솔로몬이 지은 성전에서 수없이 많은 제사가 드려지겠지만, 사실 그런 제사는 결코 죄를 없앨 수 없다(히 10:1-18). 그런데 세상 죄를 위해 사랑하는 아들을 내어 주실 때, 하나님 자신이 완전한 속죄 제물이 되셨다(막 10:45; 요 3:16-17; 롬 3:21-26; 참조. 사 53:10). 이것이 솔로몬의 기도에서 예고된 용서다.

예수님은 이렇듯 "죄 사함을 받게 하는 회개"의 메시지가 자신의 이름으로 "예루살렘에서 시작하여 모든 족속에게" 전파되어야 한다고 제자들에게 가르치셨다(눅 24:47). 솔로몬 성전은 단지 이스라엘만을 위한 기도 장소가 아니라 모든 민족을 위한 기도 장소로 계획되었다(사 56:6-7; 막 11:17). 성령이 부어진 후 제자들은 하나님 나라의 기쁜 소식을 선포하면서 회개하라고 촉구했다. 그들은 누구든지 주님의 이름을 부르는 사람은 예수님의 이름으로 구원받고 용서를 얻을 것이라고 선포했다(행 2:38; 3:19; 4:12; 5:31). 솔로몬이 희미하게 본 그것이 이제 그리스도 안에서 실재가 되었다.

로라 힐렌브랜드(Laura Hillenbrand)는 『언브로큰』(Unbroken)이라는 책에서 제2차 세계대전에 징집되어 참전했던 루이스 잠페리니(Louis Zamperini)의 놀라운 이야기를 들려준다.[13] 군 복무 기간 중 비행기가 추락하면서 잠페리니와 다른 두 사람은 무수한 날 동안 뗏목 위에서 오도 가도 못하다가 마침내 일본군에게 발견되어 2년간 혹독한 포로수용소로 보내졌다. 전쟁이 끝나고 풀려난 후 잠페리니는 아내와 함께 캘리포니아에서 살면서 술로 위안을 얻었다. 어두운 밤에 그는 '그놈'(the Bird)이라는 별명을 가진 교도관의 목을 조르는 모습을 상상하면서 끔찍한 악몽에 시달렸다. 한낮의 빛은 잠페리니의 괴로운 영혼에 아무런 위안을 주지 못했고, 깨어 있는 시간에는 분노로 가득했다. 그의 아내는 예수님께 자신의 삶을 헌신한 후, 캘리포니아에서 열리고 있던 빌리 그레이엄(Billy Graham) 집회에 남편을 초대했다. 1949년, 마침내 잠페리니는 마지못해 집회에 참석했고, 그때 처음으로 복음의 메시지를 들었다. 그는 바다에서 표류하는 동안 하나님께 드린 서원을 기억하면서 자신이 용서가 필요한 죄인이라고 고백하며 하나님 앞에 무릎을 꿇었다. 그는 마음과 영혼에 영원히 새겨진 그날을 이렇게 회고한다.

밧줄 끝에 이르러 어디에도 돌아갈 곳이 없을 때, 사람들은 하나님께 돌아간다.… 나는 무릎을 꿇고 믿음을 고백했다. 거기서 믿을 수 없는 일이 내게 일어나고 있었다. 나는 더 이상 취하지 않으리라는 것을 알았다. '그놈'을 포함해 모든 간수를 용서했다는 것을 알았다. 정말 믿기지 않는 일이었다. 진짜 기적이었다.[14]

그리스도께 자신의 삶을 바친 후, 잠페리니는 그날 이후 악몽이 멈췄다고 간증한다. 심지어 '그놈'까지 용서할 수 있었다. 2014년 세상을 떠날 때까지 여생을 자신이 설립한 비영리 단체를 통해 위험에 처한 소년들을 위해 일했다. 1949년 그날, 참회하는 죄인 루이스 잠페리니는 그리스도 안에서만 찾을 수 있는 하나님의 용서를 받았다. 이것이 바로 솔로몬이 제단에 무릎을 꿇었을 때 **아득하게나마** 깨달은 것이다. 하나님은 회개하는 죄인의 기도를 들으시고 죄를 용서하신다. 그분만이 회복과 새 생명을 가져다주신다. 이것이 바로 그리스도 안에서 찾을 수 있는 삶을 변화시키는 용서다. 엘리베이션 워십(Elevation Worship)의 현대 찬양곡 "제단으로 오라"(O Come to the Altar)는 이 심오한 진리를 잘 표현한다.[15] 이것이 바로 솔로몬이 제단에 무릎을 꿇었을 때 멀리서 본 실재다. 하나님께서 아낌없이 베푸신 용서는 그리스도의 보혈로 산 것이다. 이것이 바로 루이스 잠페리니가 주님 앞에 무릎 꿇었을 때 발견한 것이고, 회개하며 하나님의 얼굴을 찾는 모든 이에게 보내는 초대다. 얼마나 놀라운 구주이신가? 경이로우시지 않은가?

36   역대하 7:1-22

이야기 경청하기

¹솔로몬이 기도를 마치매 불이 하늘에서부터 내려와서 그 번제물과 제물들을 사르고 여호와의 영광이 그 성전에 가득하니 ²여호와의 영광이 여호와의 전에 가득하므로 제사장들이 여호와의 전으로 능히 들어가지 못하였고 ³이스라엘 모든 자손은 불이 내리는 것과 여호와의 영광이 성전 위에 있는 것을 보고 돌을 깐 땅에 엎드려 경배하며 여호와께 감사하여 이르되 선하시도다 그의 인자하심이 영원하도다 하니라 ⁴이에 왕과 모든 백성이 여호와 앞에 제사를 드리니 ⁵솔로몬 왕이 드린 제물이 소가 이만 이천 마리요 양이 십이만 마리라 이와 같이 왕과 모든 백성이 하나님의 전의 낙성식을 행하니라 ⁶그때에 제사장들은 직분대로 모셔 서고 레위 사람도 여호와의 악기를 가지고 섰으니 이 악기는 전에 다윗 왕이 레위 사람들에게 여호와께 감사하게 하려고 만들어서 여호와의 인자하심이 영원함을 찬송하게 하던 것이라 제사장들은 무리 앞에서 나팔을 불고 온 이스라엘은 서 있더라 ⁷솔로몬이 또 여호와의 전 앞뜰 가운데를 거룩하게 하고 거기서 번제물과 화목제의 기름을 드렸으니 이는 솔로몬이 지은 놋 제단이 능히 그 번제물과 소제물과 기름을 용납할 수 없음이더라 ⁸그때에 솔로몬이 칠 일 동안 절기를 지켰는데 하맛 어귀에서부터 애굽 강까지의 온 이스라엘의 심히 큰 회중이 모여 그와 함께하였더니 ⁹여덟째 날에 무리가 한 성회를 여니라 제단의 낙성식을 칠 일 동안 행한 후 이 절기를 칠 일 동안 지키니라 ¹⁰일곱째 달 제이십삼일에 왕이 백성을 그들의 장막으로 돌려보내매 백성이 여호와께서 다윗과 솔로몬과 그의 백성 이스라엘에게 베푸신 은혜로 말미암아 기뻐하며 마음에 즐거워하였더라 ¹¹솔로몬이 여호와의 전과 왕궁 건축을 마치고 솔로몬의 심중에 여호와의 전과 자기의 궁궐에 그가 이루고자 한 것을 다 형통하게 이루니라 ¹²밤에 여호와께서 솔로몬에게 나타나사 그에게 이르시되 내가 이미 네 기도를 듣고 이 곳을 택하여 내게 제

사하는 성전을 삼았으니 ¹³혹 내가 하늘을 닫고 비를 내리지 아니하거나 혹 메뚜기들에게 토산을 먹게 하거나 혹 전염병이 내 백성 가운데에 유행하게 할 때에 ¹⁴내 이름으로 일컫는 내 백성이 그들의 악한 길에서 떠나 스스로 낮추고 기도하여 내 얼굴을 찾으면 내가 하늘에서 듣고 그들의 죄를 사하고 그들의 땅을 고칠지라 ¹⁵이제 이 곳에서 하는 기도에 내가 눈을 들고 귀를 기울이리니 ¹⁶이는 내가 이미 이 성전을 택하고 거룩하게 하여 내 이름을 여기에 영원히 있게 하였음이라 내 눈과 내 마음이 항상 여기에 있으리라 ¹⁷네가 만일 내 앞에서 행하기를 네 아버지 다윗이 행한 것과 같이 하여 내가 네게 명령한 모든 것을 행하여 내 율례와 법규를 지키면 ¹⁸내가 네 나라 왕위를 견고하게 하되 전에 내가 네 아버지 다윗과 언약하기를 이스라엘을 다스릴 자가 네게서 끊어지지 아니하리라 한 대로 하리라 ¹⁹그러나 너희가 만일 돌아서서 내가 너희 앞에 둔 내 율례와 명령을 버리고 가서 다른 신들을 섬겨 그들을 경배하면 ²⁰내가 너희에게 준 땅에서 그 뿌리를 뽑아내고 내 이름을 위하여 거룩하게 한 이 성전을 내 앞에서 버려 모든 민족 중에 속담거리와 이야깃거리가 되게 하리니 ²¹이 성전이 비록 높을지라도 그리로 지나가는 자마다 놀라 이르되 여호와께서 무슨 까닭으로 이 땅과 이 성전에 이같이 행하셨는고 하면 ²²대답하기를 그들이 자기 조상들을 애굽 땅에서 인도하여 내신 자기 하나님 여호와를 버리고 다른 신들에게 붙잡혀서 그것들을 경배하여 섬기므로 여호와께서 이 모든 재앙을 그들에게 내리셨다 하리라 하셨더라

이야기 속 다른 본문 경청하기

출애굽기 25:22; 40:34-38

솔로몬이 기도를 마치자, 하나님의 영광이 성전에 가득하고 하늘에서 내려온 불이 제물을 삼킨다. 솔로몬은 소와 양 수천 마리를 제물로 바치

고, 축제는 막바지에 다다른다. 경축 행사가 끝나고 하나님의 백성은 자기 집으로 돌아가지만 성전 내러티브는 아직 끝나지 않았다. 하나님께서 밤에 솔로몬에게 나타나 그의 기도를 **들으셨다**고 말씀하시기 때문이다(7:12). 이로써 성전은 단순히 건물이 아니라 하나님이 자기 백성과 **만나는** 장소임을 상기시킨다. 기도는 대화다. 하나님의 백성은 그분께 기도하며, 하나님은 듣고 응답하시기 때문이다. 성경은 주님이 말씀하시는 하나님이라는 심오한 진리를 증언한다. 성막을 지으라고 모세에게 지시하셨을 때, 하나님은 그곳에서 말씀하시겠다고 선언하셨다(출 25:22). 하나님의 백성은 놀랍게도 불 가운데서 말씀하시는 하나님의 음성을 들었고, 하늘에서 들려오는 그분의 음성도 들었다(신 4:33, 36). 이어지는 이야기에서 하나님은 이제 솔로몬에게 말씀하신다(대하 7:12-22).

라이트가 지적하듯이, 역대기에서 하나님은 예언자 미가야의 설명처럼 **하늘**에 거하시기 때문에 대부분 '물리적으로' 부재하신다. "내가 보니 여호와께서 그의 보좌에 앉으셨고 하늘의 만군이 그의 좌우편에 모시고 섰는데"(대하 18:18). 그런데 라이트는 하나님이 역대기에서 **말씀**으로 **지상**에 임재하신다는 예리한 주장을 내놓는데, 이는 바로 이번 장에서 진술하는 이야기를 통해 우리가 보는 것이다. 하나님께서 솔로몬에게 나타나셨을 때(1:7), 그분의 '나타나심'을 볼 수는 없지만 **들을** 수는 있었다. 따라서 라이트는 역대하 1:7과 마찬가지로 7:12에서도 하나님께서 솔로몬에게 나타나시지만, 그분의 나타나심은 **전해진 말씀** 안에 있다고 주장한다(12-22절). 라이트는 하나님께서 "솔로몬과 나눈 대화 속에서만" 나타나신다고 결론을 내린다.[1] 이것은 하나님의 임재가 하나님의 말씀 안에서 나타난다는 매력적인 연구며, 솔로몬의 이야기는 기도가 대화라는 기도의 핵심으로 우리를 데려간다. 하나님은 자신이 백성 가운데 거할 수 있도록 성막을 지으라고 모세에게 지시하셨지만(출 25:8), 성막은 하나님과 모세가 대화를 나누는 장소이기도 했다(22절).

이어지는 이야기에서 하나님의 영광은 성전에 가득하지만(대하 7:1-3), 이것은 또한 하나님께서 신적 말씀을 통해 솔로몬에게 나타나시는 때를 가리키기도 한다(12-22절). 솔로몬에게 하신 하나님의 말씀은 모든 시대 하나님 백성에게 지속적 의미를 갖는다.

— 이야기 설명하기 —

제사를 드리고 성전을 봉헌하다(7:1-10)

솔로몬이 기도를 마치자 하늘에서 불이 내려와 번제물과 제물을 태우고, 하나님의 영광이 성전을 가득 채운다(7:1). 윌리엄슨이 지적하듯이 이 장면은 "솔로몬의 요청에 기꺼이 응답하시는 하나님을 인상적으로 강조한다."[2] 제사장은 이전과 마찬가지로(5:14) 영광이 가득한 성전에 들어갈 수 없지만(7:2), 이제 하나님의 영광은 불을 동반하여 제물을 삼킨다. 백성들은 그 응답으로 땅에 엎드려 경배한다(7:3). 그들의 겸손한 자세는 불의 임재로 기쁨만이 아니라 경외심을 불러일으키는 존귀하신 주님께 합당하다(레 9:23-24). 백성들은 다음과 같은 후렴구를 통해 찬양과 감사로 화답한다. "선하시도다. 그의 인자하심이 영원하도다"(대하 7:3). 그들의 찬양은 모든 시대 하나님의 백성과 연합해 하나님의 선하심과 언약적 신의를 칭송한다(대상 16:34; 시 106:1; 107:1; 118:1; 136:1 등). 이 기쁜 봉헌식에 수천 마리의 제물이 제단에서 드려진다(대하 7:5).[3] 제사장과 레위인은 정해진 자리에 서고(6절; 참조. 5:12-13), 레위인 음악가는 다윗이 만든 악기를 연주한다(참조. 대상 23:5; 25:1-6). 솔로몬은 주요 성전 구역의 앞뜰 한가운데를 봉헌한다. 제물은 보통 놋 제단에서 드려지지만(출 27:1-8; 29:10-14; 레 1:1-8), 그 수가 너무 많아 조절해야 했다(대하 7:7). 언약 공동체가 7일간의 순례 축제를 위해 예루살렘에 모이면서 경축 행사는 더 오래 이어진다(8-9절; 참조. 레 23:33-43). 하나님의 백성은 북부 하맛 지역과 저 멀리 남쪽 이집트 접경의 강에서부터 예루살렘으로 오는데, 여기에는 그 땅의 외곽 경계가 반영되어 있다(7:8; 참조. 창 15:18; 민 34:5, 8; 수 15:4 등). 축제가 끝나면서 백성들은 "여호와께서 다윗과 솔로몬과 그의 백성 이스라엘에게 베푸신 은혜로 말미암아 기뻐하며 마음에 즐거워"하며 집으로 돌아간다(대하 7:10).[4]

하나님께서 솔로몬의 기도에 응답하시고 소망의 말씀을 주시다 (7:11-16)

주님은 이전과 마찬가지로 밤에 솔로몬에게 나타나셔서, 그의 기도를 들으셨고 성전이 제사를 드리는 집으로 선택되었다는 확신을 주신다(7:12). 이처럼 하나님은 말씀으로 솔로몬에게 "나타나신다." **하늘에** 계신 그분의 임재는(참조. 6:21, 25, 30 등) 이런 방식으로 **지상에** 나타난다. 솔로몬은 하나님께서 정말 사람과 함께 이 땅에 거하실 수 있는지 물었지만(18절), 성전 안에 계신 그분의 영광스러운 임재가(7:1-3) 이제 신적 말씀의 형태로 솔로몬에게 임한다. 언젠가 하나님의 말씀은 육신이 되어 사람과 함께 이 땅에 거하실 것이다.

하나님은 비가 내리지 않거나 메뚜기 떼나 전염병 등 하나님의 백성에게 닥칠 수 있는 세 가지 유형의 불행한 상황에 대해 언급하신다(13절). 이는 하나님 백성의 죄로 인해 닥칠 수 있는 불행한 상황의 예시일 뿐인데, 모세 언약을 연상시킨다(레 26:1-39; 신 28:15-68).

다음으로 하나님 백성의 네 가지 반응이 하나님의 약속과 함께 나온다. "내 이름으로 일컫는 내 백성이 그들의 악한 길에서 떠나 스스로 낮추고 기도하여 내 얼굴을 찾으면 내가 하늘에서 듣고 그들의 죄를 사하고 그들의 땅을 고칠지라. 이제 이곳에서 하는 기도에 내가 눈을 들고 귀를 기울이리니"(대하 7:14-15). 윌리엄슨에 따르면 이 구절에 나오는 용어들은 뒤이은 내러티브들에서 사용되고, "이런저런 시점에 역대기의 고유한 특징인 그와 같은 기적적 개입 중 하나를 소개하는 표식" 역할을 한다.[5] 이 구절은 역대기에만 나오는 독특한 표현이고 역대기 신학의 핵심으로 우리를 데려간다.[6]

그 반응의 첫 번째 특징은 스스로 겸비하는 것이다(히. $k-n-'$). 회복을 위해 스스로 겸비하는 것의 중요성은 이미 모세에 의해 예고되었고(레 26:41), 그래서 역대기 저자는 스스로 겸비한 주요 인물을 강조하면서 하나님의 진노가 멈추고, 거기에 이어지는 회복에 주목한다[히. $k-n-'$; 대하 12:6-7, 12; 30:11; 32:26('뉘우치다'); 33:12, 19; 34:27]. 스스로 겸비하는 것은 단순히 겸손한 사람이 되는 것이 아니라 하나님과 그분의 말씀에 대한 복종을 동반한다. 따라서 그 반대는 교만이 아니라 **목이 곧은** 것이다. 유다의 마지막 왕 시드기야는 예레미야를 통해 하나님의 말씀을 들었지만 스스로 겸비하기를 거부하고 오히려 목을 곧게 하고 마음을 완악하게 한다(36:12-13). 하나님과 그분의 말씀에 복종하기를 거부하는 것은 하나님의 심판으로 이어질 텐데(28:19; 33:23; 36:12), 이로써 하나님의 백성에게 요구되는 자세는 주님을 향한 복종임을 강조한다.

기도는 두 번째 반응이다(히. $p-l-l$, 7:14). 솔로몬은 이미 기도가 중요하다는 점을 강조했지만(6:19, 20, 21, 24, 26, 32, 34, 38), 이제 하나님이 **직접** 권하신다. 불행한 상황 속에서도 기도하라고 자기 백성에게 권면하신다. 역대기 저자는 이 말씀에 공감하면서 하나님 백성의 삶에서 기도의 역할을 강조한다(30:18; 32:20, 24). 므낫세는 기도의 삶에서 모범이 된다. 그의 죄는 모든 왕 중에서도 가장 참담하지만, 바벨론에서 고통 중에 스스로 겸비하여 하나님께 기도한다(33:12-13, 19). 하나님은 그의 기도를 들으시고, 회개한 왕은 자신의 왕국으로 돌아온다.

하나님께서 백성들에게서 찾으시는 다음 반응은 하나님의 얼굴을 '찾는' 것이다(히. $b-q-sh$, 7:14). 오래전 모세는 만일 하나님의 백성이 주님을 찾으면 그분을 만날 것이라고 가르쳤고(신 4:29; 참조. 대하 15:2, 4, 15), 다윗 치하에서 백성들은 주님을 찾도록 끊임없이 권고받았다(대상 16:10-11, 개역개정은 '구하다'). 동사 '찾다'(히. b-q-sh)는 누군가를 찾기 위해 사람을 탐색하는 행동을 가리킨다(창 37:15-16; 수 2:22; 삿 4:22; 삼상 10:21). 하나님의 백성이 하나님의 **임재**를 찾아야 한다는 사실은 그들이 찾는 대상, 즉 하나님의 **얼굴**에서 암시된다. 이 구절은 "너희는 내 얼굴을 찾으라 하실 때에 내가 마음으로 주께 말하되 여호와여 내가 주의 얼굴을 찾으리이다 하였나이다"라는 시편 저자의 열망을 반영하고(시 27:8), "여호와는 그의 **얼굴**을 네게 비추사 은혜 베푸시기를 원하며 여호와는 그 **얼굴**을 네게로 향하여 드사 평강 주시기를 원하노라" 하는 제사장의 축복도 연상시킨다(민 6:25-26). 그리하여 역대기 저자는 왕과 백성들이 주님을 찾는 때를 열거하는데(대하 11:16; 20:4; 참조. 스 8:23), 귀환자들에게 (또한 우리에게) 하나님과 그분의 호의를 찾으라고 권면하는 역할을 한다. 기도 및 하나님을 찾는 것과 더불어 회개의 요건("악한 길에서 떠나")도 강조된다(히. sh-w-b, 7:14). 솔로몬은 기도하면서 이 점을 강조했었고(6:24, 26, 37), 저자는 다른 곳에서도 그 중요성을 강조한다(15:4; 30:6, 9). 그러나 가장 중요한 것은 회개하지 않으면 참담한 결과를 맞이하리라는 사실이다(36:13).[7]

하나님은 솔로몬에게 하늘에서 듣고 그들의 죄를 용서하며 땅을 고치겠다고 약속하신다(대하 7:14). 왕은 백성들이 회개할 때 하나님께서 그들의 기도를 들어 달라고 거듭 간구했고(6:20, 21, 23, 25, 27 등), 하나님은 이제 기도를 **들으셨다**고 솔로몬을 안심시키신다(7:12). 피 흘림 없이는 죄 사함도 없기 때문에(히 9:22; 참조. 레 17:11), 제사 제도는 죄 사함을 위한 하나님의 대비책이었다는 점을 명심해야 한다(레 4-5장; 19:22; 민 15:25, 28). 그런데 우리는 구약성경에서 제사를 드리지 않았음에도 하나님께서 이스라엘의 (악의적) 죄를 용서하신 때가 있었음을 보았다.[8]

다윗의 기도에서 볼 수 있듯이, 이 같은 경우에는 고백과 회개가 필수적이었다. "내 허물을 여호와께 자복하리라.… 주께서 내 죄악을 사하셨나이다"(시 32:5; 참조. 51:1-4). 이제 하나님은 **회개하는** 죄인에게 용서를 약속하신다. 하나님의 은혜로운 용서 제안은 언제나 죄를 용서하시는 그분의 성품과 의지에 근거해 있다(참조. 출 34:9; 민 14:19-20). 용서하겠다는 하나님의 약속 배후에 그분의 성품이 있고, 이 사실은 궁극적으로 하나님께서 회개하는 자들을 값없이 용서하기 위해 필요한 '단번의' 제사를 마련하실 때 드러날 것이다.

하나님은 그들의 땅을 '고치겠다'고 약속하신다(히. r-p-', 대하 7:14). 치유의 약속은 질병에서 벗어나는 육체적 치유를 가리킬 수도 있지만(레 13:18, 37; 14:3; 대하 22:6 등) 때로 질병은 죄의 결과로 오고, 이 경우 육체적 회복은 하나님의 진노가 사라진 후에 온다(출 15:26; 민 12:1-15; 삼상 6:3). 그래서 시편 저자는 이렇게 기도한다. "여호와여 내게 은혜를 베푸소서. 내가 주께 범죄하였사오니 나를 고치소서"(시 41:4; 참조. 시 103:3; 147:3; 사 53:5). 이런 종류의 영적 회복(치유)은 스스로 겸비하여 악한 길에서 돌이키는 북쪽 지파를 위해 기도하는 히스기야의 모습에서 볼 수 있다(대하 30:6-11, 20).[9] **그 땅**을 고치겠다는 하나님의 약속은, 질병에서 벗어나는 육체적 치유가 아니라 이스라엘의 회복을 염두에 두고 있음을 암시한다.

마지막으로 하나님은 자기 이름이 거할 곳으로 성전을 택하셨기 때문에 성전에서 드리는 기도에 눈을 들고 귀를 기울이겠다고 약속하신다(7:15-16). 예언자 다니엘은 바벨론에서 기도할 때, 특히 윗방에서 "예루살렘으로 향한 창문을 열고" 기도할 때 아마 이 약속을 염두에 두었을 것이다(단 6:10). 솔로몬의 기도는 귀환자들에게 하나님께서 자기 백성의 기도를 들으신다는 깊은 확신을 심어 주었다(참조. 스 9:5-15; 느 1:4-11; 9:1-37).

하나님께서 솔로몬과 백성에게 경고하시다 (7:17-22)

이제 초점은 다음과 같은 하나님의 약속과 함께 구체적으로 솔로몬에게 옮겨져 간다. "네가 만일 내 앞에서 행하기를 네 아버지 다윗이 행한 것과 같이 하여 내가 네게 명령한 모든 것을 행하여 내 율례와 법규를 지키면 내가 네 나라 왕위를 견고하게 하되 전에 내가 네 아버지 다윗과 언약하기를 이스라엘을 다스릴 자가 네게서 끊어지지 아니하리라 한 대로 하리라"(7:17-18). 하나님은 다윗에게 그의 아들의 왕위를 영원히 견고히 하겠다고 약속하셨지만(18절; 대상 17:12, 14), 하나님의 보좌에서 다스리는 아들은 그분의 율법에 순종해야 한다(28:5-7, 9; 참조. 시 89:30-37).[10] 메릴이 쓰듯 다윗 언약은 "모세 언약과 불가분 연결되어 있다. 모세 언약에 불순종하는 것은 다윗 언약을 위태롭게 하기 때문이다."[11] 솔로몬은 하나님의 명령을 따르는 것의 중요성에 대해, 자기 아버지만이 아니라(대상 22:11-13; 28:9) 하나님으로부터(왕상 6:12-13; 참조. 3:14; 9:2-9; 11:9) 여러 차례 경고를 받았다. 주님의 왕국을 다스리는 다윗 계통의 왕은 정의와 공의로 다스려야 했다(삼하 8:15; 23:1-3; 시 72:1-2; 렘 23:2-4). 솔로몬에게 주신 하나님의 경고는 자의적 요구가 아니라 이스라엘의 전통에 깊이 뿌리를 두고 있다. 사실 의로운 다윗 계통의 왕이 아닌 다른 이가 왕위에서 하나님 나라를 다스리는 것은 상상할 수 없는 일이다. 왕은 지상에서 **하나님의 통치**를 상징하기 때문이다.

하나님은 또한 솔로몬이 율법을 버리고 다른 신을 숭배할 경우 어떤 일이 일어날지를 경고하신다. "내가 너희에게 준 땅에서 그 뿌리를 뽑아내고 내 이름을 위하여 거룩하게 한 이 성전을 내 앞에서 버려 모든 민족 중에 속담거리와 이야깃거리가 되게 하리니"(7:20). 이스라엘은 뿌리가 뽑혀 유배지로 끌려갈 것이고, 성전은 폐허의 장소와 조롱의 대상이 될 것이다. 이 구절은 유다에 일어날 일을 예고하지만(대상 9:1; 대하 36:11-20), 이 대목에서 초점은 솔로몬 치하에서 번성하는 왕국에 놓여 있다.

이야기 살아내기

하나님 앞에서 겸손한 자세를 기르다

자신을 낮추는 것은 하나님의 백성에게 합당한 자세다. 여기에는 잘못을 인정하고(12:6-7), 회개하며(30:11), 겸손하게 하나님의 도움을 구하고(33:12-13), 교만을 뉘우치고(32:26), 하나님의 말씀에 복종하는 것(34:27)이 포함된다. 상황은 다양하겠지만, 공통된 요소는 하나님의 뜻에 복종하며 그분 앞에서 적극적으로 자신을 낮추는 것이다. 그래서 윌리엄슨이 지적하듯이, 역대기 저자는 독자들에게 하나님께서 "과거 비슷한 상황에서 명확히 개입하신 것처럼 그들 세대에도 다시 개입하실 수 있도록 겸손과 기도로 하나님께 돌아가라"고 권면한다.[12]

이 구절은 '겸손과 기도'로 하나님께 돌아가라고 격려하지만, 또한 우리 자신이 하나님 앞에서 갖는 자세에 대해 질문을 던진다. 우리는 개인의 권리가 중요한 미덕인 시대를 살고 있는데, 개인의 권리는 대개 오만과 교만을 동반한다. 데이비드 브룩스(David Brooks)는 『인간의 품격』(The Road to Character)이라는 책에서, 우리는 "겸손의 문화에서 이른바 '비대해진 자아'(Big Me)라고 부를 수 있는 문화로, 자신에 대해 겸손하게 생각하도록 장려하는 문화에서 자신을 우주의 중심으로 보도록 장려하는 문화로 바뀌는 광범위한 변화를 목격했다"라고 주장한다.[13] 교회도 이렇듯 교만과 오만으로 쉽게 발전할 수 있는 자아와 개인의 권리에 대한 집착에서 면제되지 않는다. 이런 종류의 성품의 특성은 몸(교회)을 해칠 정도로 개인적 선호를 격상시킬 때 나타난다. 예를 들어, 우리 중 많은 사람들은 카펫 색깔, 강단의 크기와 위치, 찬송가인가 아니면 현대적 찬양인가 등과 같은 문제를 놓고 큰 갈등이 발생하는 교회에 다닌 적이 있을 것이다. 이런 갈등은 교리나 도덕 문제가 아니라 보통 우리의 전통에 내재된 개인의 취향과 관련이 있음을 깨달아야 한다. 바로 여기서 개인의 권리라는 문화적 가치가 교회 안으로 스며들어 분열과 갈등을 일으킨다(참조. 약 4:1-6). 반대로, 겸손의 자세는 몸을 위해 개인의 권리와 선호를 포기하도록 요구한다. 양 떼를 목양할 책임이 지도자에게 주어지기 때문에, 이는 또한 목회 리더십에 대한 복종을 의미한다.

예수님은 겸손하게 행하며 하나님의 뜻에 복종하는 것이 어떤 의미인지 모범을 보이셨다. 그분은 제자들에게 무엇보다도 겸손한 종이 되어야 한다고 가르치셨다. 예수님은 섬김을 받기 위해서가 아니라 섬기러 오셨기 때문이다(마 20:28; 막 10:45; 요 13:1-17; 참조. 빌 2:1-11). 자기를 높이는 사람은 낮아질 테지만, 자기를 낮추는 사람은 높아질 것이다(마 23:12). 예수님은 스스로 겸손하고 아버지의 뜻에 복종하는 것이 어떤 의미인지 모범을 보여 주신다(빌 2:7-8). 우리는 자신의 이익에 초점을 맞추지 말고 다른 사람의 이익에 주목해야 한다. 심지어 종교성의 가면을 쓰고서 개인적 권리를 주장하기보다 겸손으로 옷 입고 하나님의 능하신 손 아래서 겸손해야 한다(벧전 5:5-6; 약 4:1-10). 겸손한 자세는 오늘 우리 문화에서 잃어버린 미덕이지만, 하나님의 백성인 우리는 주님의 겸손을 반영하고 비추면서, 하나님 앞에서 또한 교회 공동체 안에서 겸손한 자세를 기르도록 부름받았다.

예수님 안에서 성취된 하나님의 용서와 치유 약속

하나님은 자기 백성이 스스로 겸비하고 기도하며 악한 길에서 돌이키면, 용서하고 치유하겠다고 약속하신다.[14] 이 약속은 시편 103편에 요약되어 있는데, 거기서 시편 저자는 "네 모든 죄악을 사하시며 네 모든 병을 고치시[는]" 하나님을 찬양한다(3절). 용서하고 치유하겠다는 하나님의 관대한 제안은 역대기의 중심에 있다. 윌리엄슨이 지적하듯 "역대기 독자들도 같은 방식으로 반응하라는 호소가 여기에 보인다. 그 뒤에 나오는 내용 대부분은, 어떤 상황도 약속을 성취하시려는 하나님의 즉각적이고 직접적이며 또한 필요할 경우 기적적인 행동을 막는 것은 불가능함을 보여 주기 위해 계획된 것"이기 때문이다.[15] 특히 히스기야의 용서와 치유에서 이것을 볼 수 있지만(대하 30장을 보라), 예수님의 사역에 대한 설명에서 볼 수 있듯이, 하나님의 약속은 예수님을 통해 오는 용서와 치유의 무대를 준비한다.

> 예수께서 온 갈릴리에 두루 다니사 그들의 회당에서 가르치시며 천국 복음을 전파하시며 백성 중의 모든 병과 모든 약한 것을 고치시니 그의 소문이 온 수리아에 퍼진지라. 사람들이 모든 앓는 자 곧 각종 병에 걸려서 고통당하는 자, 귀신 들린 자, 간질하는 자, 중풍병자들을 데려오니 그들을 고치시더라. (마 4:23-24)

예수님의 사역 특징은 병자의 치유였고(8:1-17; 9:1-8, 18-38), 그분이 "모든 도시와 마을에 두루 다니사 그들의 회당에서 가르치시며 천국 복음을 전파하시며 모든 병과 모든 약한 것을 고치시니라"고 하는 또 다른 요약 진술이 나온다(9:35). 이 같은 치유는 예수님께 죄를 용서하는 권한이 있다(하나님만이 하실 수 있는 일)는 예시였고, 따라서 영적 회복의 표식이었다(참조. 1-8절). 예수님의 치유는 하나님 나라가 도래했음을 알리면서 그분이 약속된 메시아시라고 인정한다(8:16-17; 11:1-5; 참조. 사 35:3-6; 53:4).

예수님의 치유 사역은 하나님의 용서와 치유 약속이 궁극적으로 그분을 통해 성취된다는 것을 보여 준다. 윌리엄슨의 말을 적용하면, 메시아의 오심은 "약속을 성취하기 위한 하나님의 기적적인 행동"이다.[16] 예수님의 속죄 희생은 모든 사람이 하나님의 용서와 회복을 누릴 방편이다. 죄 용서는 회개하고 예수님을 믿는 자에게 값없이 주어진다(요 3:16; 행 5:31; 20:21; 고전 15:3-4; 요일 1:9-10; 2:2). 이것은 역대하 7:14에서 솔로몬에게 주신 하나님의 약속에서 예고된 복음의 기쁜 소식이다. 하나님 백성의 특징은 하나님께 용서를 받고 다른 이들에게 값없이 용서를 베푸는 사람이 되는 것이다(마 18:21-35; 눅 17:3-4; 참조. 엡 4:32; 골 3:13). 용서받고 회복된 죄인들로 구성된 교회는 우리 하나님께는 어떤 상황도 불가능하지 않다고 지속적으로 증언하는 역할을 한다.

그래미(Grammy)상을 6번이나 받은 수상자이자 찬양 그룹 임피리얼즈(Imperials)의 리드 보컬 러스 태프(Russ Taff)의 이야기는 예수님 안에서 찾은 용서와 치유의 강력한 간증이다. 최근 다큐멘터리 〈러스 태프: 나는 지금도 믿는다〉(Russ Taff: I Still Believe)에서 가수이자 작곡가인 러스는 무가치하다는 느낌과 깊은 상처를 남긴 유년기의 학대와 트라우마에 대해 이야기한다.[17] 그는 큰 성공을 거두었지만 우울증과 고통스런 영혼에 대한 위안을 술에서 찾았다. 러스는 오랜 기간의 재활 치료와 아내 및 가족의 도움 끝에, 암으로 죽어 가는 연로한 목사님을 방문한 병실에서 하나님의 내적 치유와 용서를 경험했던 때를 회고한다. 초대받은 것은 러스였지만, 놀랍게도 목사님은 **그에게** 자기를 위해 기도해 달라고 부탁했다. 러스는 병실에서 무릎을 꿇고, 이 연로한 목사님의 기도와 격려의 말을 들으면서 눈물을 흘리기 시작했다. 러스의 머리를 부드럽게 어루만지는 아버지와 같은 손길은, 상처 입은 영혼에 바르는 연고와 같았다. 그날 러스는 하나님의 용서와 치유, 회복을 경험했다. 러스는 자신의 말로 이렇게 간증한다. "저는 예수님께서 지금도 한순간 한 사람의 상처받은 이를 위해 아버지의 일을 하고 계신다는 살아 있는 증거입니다."[18] 러스가 불렀던 "용서"(Forgiven)라는 노래는 그의 개인적 간증이 되었다. 러스는 솔로몬이 내다본 것, 즉 하나님은 '용서하고 잊으신다'라는 진리를 경험했다. 러스는 완전히 자유롭게 하나님 앞에 서는 것이 얼마나 좋은 일인지를 깨달았다. 그는 이미 **용서받았기** 때문이다.

역대하 8:1-18

이야기 경청하기

¹솔로몬이 여호와의 전과 자기의 궁궐을 이십 년 동안에 건축하기를 마치고 ²후람이 솔로몬에게 되돌려 준 성읍들을 솔로몬이 건축하여 이스라엘 자손에게 거기에 거주하게 하니라 ³솔로몬이 가서 하맛소바를 쳐서 점령하고 ⁴또 광야에서 다드몰을 건축하고 하맛에서 모든 국고성들을 건축하고 ⁵또 위 벧호론과 아래 벧호론을 건축하되 성벽과 문과 문빗장이 있게 하여 견고한 성읍으로 만들고 ⁶또 바알랏과 자기에게 있는 모든 국고성들과 모든 병거성들과 마병의 성들을 건축하고 솔로몬이 또 예루살렘과 레바논과 그가 다스리는 온 땅에 건축하고자 하던 것을 다 건축하니라 ⁷이스라엘이 아닌 헷 족속과 아모리 족속과 브리스 족속과 히위 족속과 여부스 족속의 남아 있는 모든 자 ⁸곧 이스라엘 자손이 다 멸하지 않았으므로 그 땅에 남아 있는 그들의 자손들을 솔로몬이 역군으로 삼아 오늘에 이르렀으되 ⁹오직 이스라엘 자손은 솔로몬이 노예로 삼아 일을 시키지 아니하였으니 그들은 군사와 지휘관의 우두머리들과 그의 병거와 마병의 지휘관들이 됨이라 ¹⁰솔로몬 왕의 공장을 감독하는 자들이 이백오십 명이라 그들이 백성을 다스렸더라 ¹¹솔로몬이 바로의 딸을 데리고 다윗 성에서부터 그를 위하여 건축한 왕궁에 이르러 이르되 내 아내가 이스라엘 왕 다윗의 왕궁에 살지 못하리니 이는 여호와의 궤가 이른 곳은 다 거룩함이니라 하였더라 ¹²솔로몬이 낭실 앞에 쌓은 여호와의 제단 위에 여호와께 번제를 드리되 ¹³모세의 명령을 따라 매일의 일과대로 안식일과 초하루와 정한 절기 곧 일년의 세 절기 무교절과 칠칠절과 초막절에 드렸더라 ¹⁴솔로몬이 또 그의 아버지 다윗의 규례를 따라 제사장들의 반열을 정하여 섬기게 하고 레위 사람들에게도 그 직분을 맡겨 매일의 일과대로 찬송하며 제사장들 앞에서 수종들게 하며 또 문지기들에게 그 반열을 따라 각 문을 지키게 하였으니 이는 하나님의 사람 다윗이 전에 이렇게 명령하였음이라 ¹⁵제사장

들과 레위 사람들이 국고 일에든지 무슨 일에든지 왕이 명령한 바를 전혀 어기지 아니하였더라 ¹⁶솔로몬이 여호와의 전의 기초를 쌓던 날부터 준공하기까지 모든 것을 완비하였으므로 여호와의 전 공사가 결점 없이 끝나니라 ¹⁷그때에 솔로몬이 에돔 땅의 바닷가 에시온게벨과 엘롯에 이르렀더니 ¹⁸후람이 그의 신복들에게 부탁하여 배와 바닷길을 아는 종들을 보내매 그들이 솔로몬의 종들과 함께 오빌에 이르러 거기서 금 사백오십 달란트를 얻어 솔로몬 왕에게로 가져왔더라

이야기 속 다른 본문 경청하기
열왕기상 9:10-28; 시편 72:7-11

이제 예루살렘에 성전을 건축하고 봉헌한 솔로몬은 북쪽으로 하맛까지 방어성과 국고성을 건축해 왕국을 확장하고, 이로써 번성의 상징인 말 무역에 필요한 광범위한 기반 시설을 구축한다. 솔로몬의 외교 정책 중심에는 국제 결혼을 통해 맺은 중요한 동맹이 있었다. 이집트 바로의 딸과 솔로몬의 결혼은 그의 값진 업적 중 하나였을 것이다. 솔로몬 치하에서 왕국이 확장될 때, 이는 다윗 왕국이 땅끝까지 확장되고 있다는 신호라는 점을 깨달아야 한다. 시편 72편은 다윗 계통 왕의 통치를 다음과 같이 묘사한다.

> 그의 날에 의인이 흥왕하여 평강의 풍성함이 달이 다할 때까지 이르리로다. 그가 바다에서부터 바다까지와 강에서부터 땅끝까지 다스리리니 광야에 사는 자는 그 앞에 굽히며 그의 원수들은 티끌을 핥을 것이며 다시스와 섬의 왕들이 조공을 바치며 스바와 시바 왕들이 예물을 드리리로다. 모든 왕이 그의 앞에 부복하며 모든 민족이 다 그를 섬기리로다.… 그들이 생존하여 스바의 금을 그에게 드리며 사람들이 그를 위하여 항

상 기도하고 종일 찬송하리로다. (시 72:7-11, 15)

솔로몬 왕국의 지리적 확장(대하 8:3-6; 9:26), 먼 땅에서 가져온 금과 이국적 동물들(8:17-18, 9:21) 그리고 이방인 고관들에게 받은 보물과 값비싼 상품(9:1, 9, 13-14, 24)은 메시아에 대한 기다림이 가득 울려 퍼지는 이상적인 왕국의 형성에 기여한다.

이야기 설명하기

건축 프로젝트를 통해 확장된 솔로몬의 영토(8:1-11)

솔로몬은 예루살렘에 웅장한 왕궁과 성전을 건축하면서 20년을 보냈다(대하 8:1; 참조. 왕상 6:38; 7:1). 이 기간에 예루살렘의 면적은 약 13만 제곱미터로 추정된다.[1] 솔로몬은 성전 건축을 위해 공급한 목재의 대가로 후람에게 여러 성을 주었고(왕상 9:11-14을 보라), 바로의 딸의 결혼 지참금으로 게셀성을 받았다(16-17절). 역대기 저자는 이런 세부 사항을 생략하고 솔로몬이 후람에게 받은 성들을 건설하는 이야기를 다룸으로써, 이방 왕들에게 받은 선물과 조공이라는 주제를 강조하는 데 기여하는 듯하다(대상 8:2; 참조. 9:24).[2] 솔로몬은 하맛을 점령하여 북쪽으로 왕국을 확장하는데(8:3; 참조. 대상 18:9-10), 광야의 다드몰과 더불어 그의 국고성은 무역을 촉진하기 위해 전략적으로 중요한 위치에 자리 잡고 있었다. 솔로몬이 값비싼 아나톨리아 말을 광범위하게 중개 무역하려면 상당한 기반 시설과 무역로에 접근한 기회가 필요했을 것이다.[3] 북쪽에 대한 통제는 이스라엘 국경의 확장을 입증하고(참조. 왕하 14:28; 17:24; 대상 18:3), 북쪽 하맛에서부터 남쪽 이집트 접경 강까지의 백성들이 모인 데서 볼 수 있듯이(대하 7:8) 솔로몬 치하에서 이상적인 북쪽 국경에

도달했음을 시사한다. 바알랏과 함께 전략적 성인 위 벧호론과 아래 벧호론을 요새화함으로써(8:5; 참조. 수 10:10-11; 삼상 13:18) 왕국의 안전을 더욱 공고히 할 수 있었다.[4] 솔로몬은 병거와 말을 위해 국고성을 건설했고 "예루살렘과 레바논과 그가 다스리는 온 땅에 건축하고자 하던 것을 다 건축"했다(대하 8:6). 므깃도에서 발견된 유물은 마구간들이 존재했음을 알려 주는데(주전 9세기에 유래한 것이지만), 그것들은 솔로몬의 많은 말과 병거에 필요한 기반 시설들을 강조한다.[5]

솔로몬은 왕국에 남아 있던 헷 족속과 아모리 족속, 브리스 족속, 히위 족속, 여부스 족속 중에서 노동력을 확보한다(8:7; 참조. 2:17-18). 이스라엘 역사를 보면, 그들 가운데 살고 있던 이방인은 계속해서 강제 노동자가 되었다(참조. 수 16:10; 17:13; 삿 1:28, 30 등). 이스라엘 백성은 제한된 기간 동안에 필요한 경우가 아니라면(왕상 5:13; 15:22) 그 같은 노동에서 제외되었다(레 25:39, 42, 44). 이스라엘 백성은 솔로몬의 병사로 복무했고, 지휘관과 대장은 그들 가운데 선택되었다(대하 8:9-10).

솔로몬이 바로의 딸을 위해 지은 궁전을 간략히 언급한다(11절). 솔로몬은 바로의 딸과 결혼하여 이집트 왕과 정치적 동맹을 맺었을 때(왕상 3:1) 지참금으로 게셀성을 받았다(9:16). 솔로몬과 바로의 딸의 결혼은 그의 광범위한 권력과 영향력을 증명하지만,[6] 정치적 동맹에 의존하는 것은 일반적으로 왕이 주님을 신뢰하지 않는다는 의미였다(참조. 대하 16:7; 18:1; 19:2 등). 열왕기 기사를 염두에 두고 읽을 때, 우리는 솔로몬의 이방인 아내들이 결국 그의 파멸을 가져오리라는 사실을 알고 있다(왕상 11:1-13). 솔로몬의 이집트인 아내는 언약궤 가까이에 있을 수 없기 때문에 다윗성 **밖의** 궁전에서 살았다는 진술에는, 탐탁지 않아 하는 어조가 담겨 있는 것 같다(대하 8:11).

예루살렘 성전에 정착된 정기 예배 (8:12-16)

솔로몬은 자신이 만든 제단에서 주님께 번제를 드리는데(8:12), 이러한 제사는 이스라엘 종교 절기의 중심이었다(12-13절). 다윗이 이미 확립한 것을 이어받아 제사장과 레위인, 문지기가 임명되어 신성한 임무를 수행한다.[7] 이제 새로 지은 성전에서 정기 예배가 정착되었고, 성전 건축가로서 솔로몬의 임무는 완료되었다(16절).

솔로몬의 국제 무역 (8:17-18)

솔로몬은 멀리 남쪽의 아카바만 근처에 위치한 에시온게벨과 엘롯으로 이동한다(8:17). 솔로몬과 후람의 동맹에는 오빌에서 귀중한 금을 구하려는 공동 해상 사업도 포함된다(18절). 오빌의 위치에 대해서는 상당한 논쟁이 오가는데,[8] 동아프리카나 서아라비아가 가장 가능성 있는 선택지다.[9] 금과 보석, 백단향으로 유명한 오빌은 장거리 항해를 할 만한 가치가 있는 곳이었다. 특히 이집트와 메소포타미아의 예술적인 배 표현에서 볼 수 있듯이, 고대 근동의 조선업에는 오랜 역사가 있었다.[10] 주전 8세기에서 7세기의 것으로 추정되는 작은 인장에서 발견된 히브리어가 새겨진 범선이 이스라엘의 배를 잘 보여 줄 수 있겠다(참조. 20:36-37).[11] 페니키아 사람은 해양 전문가였기 때문에, 솔로몬은 해상 원정을 위해 현명하게 후람과 그의 신하들을 확보한다. 원정의 성공은 솔로몬에게 가져온 금 450달란트에서 확인할 수 있다(8:18).

― **이야기 살아내기** ―

자신이 아니라 하나님께 영광을 돌리기 위해 자원을 사용하다

번영하는 솔로몬 왕국과 더불어 그의 건축 활동, 많은 말과 병거, 무역

동맹을 통해 예루살렘으로 가져온 풍부한 금 등이 이번 장에서 강조되었다. 분명 그의 왕국은 번영했지만, 모세가 오래전 이스라엘에게 주었던 경고, 즉 왕은 "[자기를 위해] 병마를 많이" 두지 않아야 한다는 경고를 명심해야 한다(신 17:16).[12] 또한 왕은 "아내를 많이" 두거나 "자기를 위하여 은금을 많이 쌓지" 않아야 한다(17절). 맥콘빌은 이스라엘 왕들이 이집트와의 무역, 대규모 후궁 소유, 과도한 부의 축적 세 가지 영역에서 제약을 받았다고 정확히 지적한다. 그는 이 금지 명령이 각각 "군사·정치·경제 영역에서 확립된 왕의 특권과 관련이 있는데, 왕은 이 모든 영역의 수장이었다"라고 언급한다.[13] 맥콘빌은 나아가 이렇게 말한다. "따라서 전통적 기준에서 볼 때 이런 것은 성공의 표식이었다. 그런 기준에서 볼 때 솔로몬보다 성공한 이스라엘 왕은 없었다."[14] 앞서 보았듯 이는 바로 솔로몬 통치의 특징이었다. 즉 그는 자기를 위해 말을 많이 두었고(대하 1:14, 16-17, 9:25), 많은 아내를 두었으며(8:11; 또한 왕상 11:1을 보라), 풍부한 금과 은을 소유했다(대하 8:17-18; 9:13-14, 20, 21). 이와 대조적으로 다윗은 생애 말년에 모든 보물을 아낌없이 하나님께 드렸다(대상 29장). 솔로몬의 생애 마지막 장은 부의 축적과 그 결과로 얻은 명성에 주목하지만(다음 장에서 볼 수 있듯이), 통치 초기와 달리(대하 1:5) 솔로몬이 주님을 찾았다는 언급은 전혀 없다. 고대 왕의 기준에 따르면 솔로몬은 크게 성공한 왕이지만, 다른 왕들에게서 볼 수 있는 것과 같은 **성품**에 대한 인정은 전혀 없다. 히스기야의 통치에 대한 평가와 비교해 보자.

> 히스기야가 온 유다에 이같이 행하되 그의 하나님 여호와 보시기에 선과 정의와 진실함으로 행하였으니 그가 행하는 모든 일 곧 하나님의 전에 수종드는 일이나 율법이나 계명이나 그의 하나님을 찾고 한마음으로 행하여 형통하였더라. (31:20-21)

사실 왕에 대한 이런 종류의 긍정적 평가는 역대기 전반에 나오지만 (14:2; 17:3-4; 24:2; 25:2; 26:4-5; 29:2; 34:2), 이 장에서는 두드러지지 않는다. 우리는 주님을 향한 헌신을 동반하지 않은 성공과 번영은 금세 파멸로 이어질 수 있다는 사실을 떠올린다. 솔로몬의 삶은 오늘 우리에게 경고 역할을 한다. 하나님께서 우리 중 일부에게 부를 허락하실 때 지위와 권력의 상승으로 이어질 수도 있지만, 우리는 겸손의 자세를 기르고 모든 것이 하나님의 것임을 깨달아야 한다.

앞서 존 라인하트의 저서 『복음의 후원자들』을 언급한 바 있다. 라인하트는 후한 헌금을 드린 세 사람의 삶을 추적한다. 이 책에 나오는 세 번째 후원자는 유명한 찬송 작가 존 뉴턴(John Newton)의 복음 후원자가 된 부유하고 성공한 사업가 존 손턴(John Thorton)이다. 그는 한 편지에서 경건한 독서에 대해 뉴턴에게 이렇게 썼다.

> 오늘 아침 저는 묵상과 기도에 몰입하여, 정오까지 침묵을 지키면서 "여호와께서 주시는 복은 사람을 부하게 하고 근심을 겸하여 주지 아니하시느니라"는 잠언 10:22 말씀을 몇 시간 암송하다가 이 말씀에 아멘이라고 답했습니다. 감히 부탁드리건대, 당신은 기도로 우리를 도울 수 있습니다. 주님. 우리 모두 올바른 눈으로 주님을 바라보도록 도우셔서, 우리가 거룩한 소명을 더럽히지 않게 하소서.[15]

뉴턴은 이렇게 답장한다. "지금 돈을 과대평가하는 사람들은 죽음의 시간과 심판의 날에 돈이 얼마나 무가치한지를 깨달을 것입니다. 다른 모든 것은 하찮고 헛되지만 예수님에 대한 지식과 섬김은 그렇지 않을 때가 오고 있습니다."[16]

솔로몬의 이야기에서 얻는 인상은 그가 부와 명성을 쌓는 데 집중했다는 것이다. 이와 대조적으로, 그의 아버지 다윗은 자신의 비천한 시작과 자기 인생을 향한 하나님의 부르심을 결코 잊지 않았다. 다윗은 생애 마지막에 하나님께서 행하신 모든 일에 감사하며 소중한 예물을 기꺼이 바쳤다(대상 29장). 솔로몬의 삶은 자만심에 대한 경고 역할을 하는 동시에, 감사와 아낌없이 드릴 관대함을 길러 자신의 영광이 아닌 하나님의 영광에 집중할 수 있도록 격려하는 역할을 한다. 결국 돈과 명예는 무가치한 것으로 드러나겠지만, 뉴턴과 손턴이 상기시키듯이 "예수님에 대한 지식과 섬김은 그렇지 않다."

38   역대하 9:1-31

— 이야기 경청하기 —

¹스바 여왕이 솔로몬의 명성을 듣고 와서 어려운 질문으로 솔로몬을 시험하고자 하여 예루살렘에 이르니 매우 많은 시종들을 거느리고 향품과 많은 금과 보석을 낙타에 실었더라 그가 솔로몬에게 나아와 자기 마음에 있는 것을 다 말하매 ²솔로몬이 그가 묻는 말에 다 대답하였으니 솔로몬이 몰라서 대답하지 못한 것이 없었더라 ³스바 여왕이 솔로몬의 지혜와 그가 건축한 궁과 ⁴그의 상의 음식물과 그의 신하들의 좌석과 그의 신하들이 도열한 것과 그들의 공복과 술 관원들과 그들의 공복과 여호와 전에 올라가는 층계를 보고 정신이 황홀하여 ⁵왕께 말하되 내가 내 나라에서 당신의 행위와 당신의 지혜에 대하여 들은 소문이 진실하도다 ⁶내가 그 말들을 믿지 아니하였더니 이제 와서 본즉 당신의 지혜가 크다 한 말이 그 절반도 못 되니 당신은 내가 들은 소문보다 더하도다 ⁷복되도다 당신의 사람들이여, 복되도다 당신의 이 신하들이여, 항상 당신 앞에 서서 당신의 지혜를 들음이로다 ⁸당신의 하나님 여호와를 송축할지로다 하나님이 당신을 기뻐하시고 그 자리에 올리사 당신의 하나님 여호와를 위하여 왕이 되게 하셨도다 당신의 하나님이 이스라엘을 사랑하사 영원히 견고하게 하시려고 당신을 세워 그들의 왕으로 삼아 정의와 공의를 행하게 하셨도다 하고 ⁹이에 그가 금 백이십 달란트와 매우 많은 향품과 보석을 왕께 드렸으니 스바 여왕이 솔로몬 왕께 드린 향품 같은 것이 전에는 없었더라 ¹⁰(후람의 신하들과 솔로몬의 신하들도 오빌에서 금을 실어 올 때에 백단목과 보석을 가져온지라 ¹¹왕이 백단목으로 여호와의 전과 왕궁의 층대를 만들고 또 노래하는 자들을 위하여 수금과 비파를 만들었으니 이같은 것들은 유다 땅에서 전에는 보지 못하였더라) ¹²솔로몬 왕이 스바 여왕이 가져온 대로 답례하고 그 외에 또 그의 소원대로 구하는 것을 모두 주니 이에 그가 그의 신하들과 더불어 본국으로 돌아갔더라 ¹³솔로몬의 세입금의 무게가 금 육백

육십육 달란트요 ¹⁴그 외에 또 무역상과 객상들이 가져온 것이 있고 아라비아 왕들과 그 나라 방백들도 금과 은을 솔로몬에게 가져온지라 ¹⁵솔로몬 왕이 쳐서 늘인 금으로 큰 방패 이백 개를 만들었으니 방패 하나에 든 금이 육백 세겔이며 ¹⁶또 쳐서 늘인 금으로 작은 방패 삼백 개를 만들었으니 방패 하나에 든 금이 삼백 세겔이라 왕이 이것들을 레바논 나무 궁에 두었더라 ¹⁷왕이 또 상아로 큰 보좌를 만들고 순금으로 입혔으니 ¹⁸그 보좌에는 여섯 층계와 금 발판이 있어 보좌와 이어졌고 앉는 자리 양쪽에는 팔걸이가 있고 팔걸이 곁에는 사자가 하나씩 섰으며 ¹⁹또 열두 사자가 있어 그 여섯 층계 양쪽에 섰으니 어떤 나라에도 이같이 만든 것이 없었더라 ²⁰솔로몬 왕이 마시는 그릇은 다 금이요 레바논 나무 궁의 그릇들도 다 순금이라 솔로몬의 시대에 은을 귀하게 여기지 아니함은 ²¹왕의 배들이 후람의 종들과 함께 다시스로 다니며 그 배들이 삼 년에 일 차씩 다시스의 금과 은과 상아와 원숭이와 공작을 실어옴이더라 ²²솔로몬 왕의 재산과 지혜가 천하의 모든 왕들보다 큰지라 ²³천하의 열왕이 하나님께서 솔로몬의 마음에 주신 지혜를 들으며 그의 얼굴을 보기 원하여 ²⁴각기 예물을 가지고 왔으니 곧 은 그릇과 금 그릇과 의복과 갑옷과 향품과 말과 노새라 해마다 정한 수가 있었더라 ²⁵솔로몬의 병거 메는 말의 외양간은 사천이요 마병은 만 이천 명이라 병거성에도 두고 예루살렘 왕에게도 두었으며 ²⁶솔로몬이 유브라데 강에서부터 블레셋 땅과 애굽 지경까지의 모든 왕을 다스렸으며 ²⁷왕이 예루살렘에서 은을 돌같이 흔하게 하고 백향목을 평지의 뽕나무 같이 많게 하였더라 ²⁸솔로몬을 위하여 애굽과 각국에서 말들을 가져왔더라 ²⁹이 외에 솔로몬의 시종 행적은 선지자 나단의 글과 실로 사람 아히야의 예언과 선견자 잇도의 묵시 책 곧 잇도가 느밧의 아들 여로보암에 대하여 쓴 책에 기록되지 아니하였느냐 ³⁰솔로몬이 예루살렘에서 온 이스라엘을 다스린 지 사십 년이라 ³¹솔로몬이 그의 조상들과 함께 자매 그의 아버지 다윗의 성에 장사되고 그의 아들 르호보암이 대신하여 왕이 되니라

이야기 속 다른 본문 경청하기

열왕기상 10:1-13; 11:41-43; 시편 72편; 이사야 60:1-6

솔로몬의 통치가 막바지에 다다르면서, 초점은 솔로몬의 명성이 이스라엘 국경 너머로 퍼지면서 예루살렘으로 몰려오는 열방의 부에 맞춰진다. 불리한 일부 이야기가 생략되었기에(참조. 왕상 11:1-40), 어떤 학자들은 역대기 저자가 솔로몬에 대해 이상주의적 시각을 가지고 있다고 결론 내린다. 하지만 역대기 저자가 이번 장에서 묘사하는 솔로몬의 모습은 단지 그의 죄를 얼버무리고 넘어가기 위한 것이 아니라, 하나님의 이름이 열방으로 확장되는 데 초점이 있다. 이는 방대한 페르시아 제국 안에서 살아가는 귀환자들에게도 비전과 희망을 준다. 시편 72편은 다윗 계통 왕의 통치가 땅끝까지 확장될 것을 꿈꾼다. 스바와 시바 왕들이 예물을 들고 오고, 열방이 왕 앞에 엎드린다(시 72:8-11, 15). 열방이 시온의 영광에 끌리면서, 하나님을 향한 찬송은 땅끝까지 퍼진다(시 48:10; 100:1; 사 62:7). 예언자 이사야는 이방 왕들이 하나님의 영광을 보기 위해 멀리서 올 때 열방의 부가 시온으로 몰려들 것이라고 상상했다(60:3-5; 참조. 61:6; 66:18-19). 예언자는 스바에서 오는 금과 유향을 언급한다. "스바 사람들은 다 금과 유향을 가지고 와서 여호와의 찬송을 전파할 것이며"(60:6). 이것이 9장 전체에 울려 퍼지는 비전으로, 인간의 실패에도 불구하고 하나님이 친히 그분 왕국의 목적을 성취하고 계심을 강조한다.

— 이야기 설명하기 —

스바 여왕의 방문(9:1-12)

이야기는 스바 여왕이 솔로몬의 명성을 듣는 것으로 시작한다(9:1).

여왕은 대규모 대상을 이끌고 약 2천4백킬로미터의 광야를 횡단해 예루살렘까지 긴 여정을 떠난다. 여왕은 빈손으로 오지 않는다. 낙타가 운반하는 많은 양의 금과 보석과 향신료를 선물로 가져온다.[1] 낙타는 건조하고 무더운 광야를 가로질러 향료와 기타 이국적 제품을 운반할 수 있었기에 장거리 여행에 가장 적합했다. 주전 13세기 히타이트 왕자의 이집트 방문과 서부 아라비아까지 여행했던 바벨론 왕 나보니두스(Nabonidus)의 여행 등 왕실 대상은 고대에 유명했다.[2] 스바는 아라비아반도 남서부에 위치한 예멘의 고대 도시 사바(Saba)로 확인되고, 유향과 기타 향료 및 이국적인 제품의 무역으로 유명했다.[3] 서부 아라비아에서 장거리 여행에 있어서 급부상한 낙타는 이 지역의 무역과 상업 발전에 기여했을 것이다.[4] 여왕은 솔로몬의 지혜를 직접 듣기 위해 대상과 함께 예루살렘까지 여행한다. 혹은 오빌에서 이룬 솔로몬의 업적이 그 지역에서 자신의 무역 사업을 잠식한다고 우려했을 수도 있다.[5] 여왕은 솔로몬의 지혜를 듣고, 풍성하게 차려 놓은 음식과 호화로운 옷을 입은 신하와 술 관원, 그가 성전에서 드린 번제를 본 후(4절), 왕 앞에서 깜짝 놀란다. 여왕이 본 모든 것은 자신이 들은 소문을 확증했고, 사실 그 이상이었다(5-6절). 솔로몬의 명성은 분명 열방까지 뻗어 나갔다!

주님을 향한 후람의 찬양을 연상시키면서(대하 2:11-12) 스바 여왕은 솔로몬의 왕권을 인정하는 찬사를 내놓는다. "당신의 하나님 여호와를 송축할지로다. 하나님이 당신을 기뻐하시고 그 자리에 올리사 당신의 하나님 여호와를 위하여 왕이 되게 하셨도다. 당신의 하나님이 이스라엘을 사랑하사 영원히 견고하게 하시려고 당신을 세워 그들의 왕으로 삼아 정의와 공의를 행하게 하셨도다"(9:8). 이 고백은 역대기의 열방 주제에 기여하면서 주님을 향한 경배가 열방으로 널리 확장되고 있음을 상징한다. 역대기 저자는 솔로몬의 왕위가 주님의 왕위라고 인정하는데(8절; 참조. 왕상 10:9, "이스라엘의 왕위"), 이는 다른 본문의 신학과 일치한다

(대상 17:14; 28:5; 29:23; 대하 13:8). 딜라드는 이것이 귀환 공동체에 갖는 의미에 대해 설명하면서 "이스라엘은 외세(페르시아)의 지배 아래 있지만 왕국은 여전히 안전하다. 다윗의 후손이 왕위에 앉아 있지 않을지라도, 하나님은 항상 이스라엘의 진짜 왕이셨고 지금도 왕이시며 왕국이 영원히 지속될 것이라고(9:8) 약속하신다"라고 지적한다.[6] 스바 여왕은 금 120달란트와 수많은 향신료, 보석을 솔로몬에게 선물한다(9절). 여왕의 선물은 후람과 그의 신하들이 솔로몬에게 가져온 금, 백단목, 보석에 더해진다(10절; 참조. 8:18). 이것들은 성전 및 궁전의 계단을 만들고 수금과 비파를 만드는 데 사용되었다(9:11). 멀리서 여행 온 스바 여왕은 집으로 돌아갈 준비를 한다. 여왕의 관대함은 호혜적 결과로 돌아온다. 솔로몬은 여왕이 원하는 모든 것을 주고, 결국 여왕이 가져온 것보다 더 많이 가지고 예루살렘을 떠나기 때문이다(12절).

솔로몬의 부 축적과 사치스러운 왕좌(9:13-24)

솔로몬은 매년 666달란트 무게의 풍부한 금을 축적한다(9:13). 아라비아의 왕들과 방백들이 가져온 금은과 함께 무역상과 객상의 수익이 들어오면서 그의 부는 더욱 증가한다(14절). 오늘날 화폐로 무게를 환산할 경우 금의 무게는 엄청난 것 같지만,[7] 키친(Kitchen)의 지적에 따르면 디글랏빌레셀 2세는 두로의 메텐(Metten) 2세에게 금 150달란트를 받았고, 페르시아 제국이 인도만(Indus Basin)에서 걷은 연간 수입은 금 360달란트였다.[8] 고대 맥락에서 볼 때 이같이 엄청난 양의 금은 상상할 수 없는 것이 아니다. 고대에는 많은 양의 금이 궁전에 보관되어 신전을 장식하는 데 사용되었다.[9] 예를 들어 밀라드(Millard)가 지적하듯이, 아메노피스(Amenophis) 3세는 이집트 카르낙의 몬투(Montu) 신전에 2.24톤에 해당하는 정제된 금을 기부했다고 자랑하고, 투트모세(Tuthmosis) 2세는 카르낙의 아문(Amun) 신전에 13.6톤에 해당하는 금을 기부했다.[10]

밀라드는 솔로몬이 얻은 금의 양이 고대 세계에서 유사한 사례가 없지 않았음을 보여 주는 다른 사례도 내놓는다. 솔로몬은 받은 헌물로 큰 방패 200개와 작은 방패 300개를 만들었는데, 모두 금을 두드려 만든 것으로 레바논 나무궁 안에 두었다(16절; 참조. 왕상 7:1-12). 이 방패들은 사르곤(Sargon) 2세의 신전에 전시되어 있던 금 방패와 비슷하게 솔로몬 궁전에 전시되었을 가능성이 높다.[11]

솔로몬의 값비싼 왕좌는 상아로 장식되었고 순금을 입혔다(대하 9:17). 고대 세계에서 나무로 만든 정교한 왕좌와 의자는 상아 판자로 덮였고, 일부는 보석과 금박으로 장식되기도 했다.[12] 솔로몬의 왕좌에는 여섯 층계와 금 발판이 있었다. 양쪽에 두 마리 사자가 서서 왕좌의 팔걸이를 지탱했고, 층계 양쪽에는 열두 마리의 사자 상이 서 있었다(18-19절). 당시의 화려함은 금으로 만든 솔로몬의 술잔에서도 확인할 수 있다(20절). 금 그릇은 마리(Mari) 지역에서 발견된 문서에서 언급되고, 금 그릇과 접시는 엘-아르마나(El-Armana) 문서에 열거된 선물 중 하나다.[13] 고대 왕들은 귀중한 금 그릇을 소유했을 것이고, 솔로몬도 분명 그 가운데 하나다. 솔로몬은 후람과의 해상 사업을 통해 먼 나라의 많은 사치품을 받아서 금과 은, 상아, 이국적 동물을 모을 수 있었다(21절; 참조. 8:18). 역대기 저자는 이 시기를 요약하면서 솔로몬의 "재산과 지혜가 천하의 모든 왕보다" 컸다고 언급한다(9:22). 이방 왕들은 하나님께서 솔로몬의 마음에 두신 지혜를 듣기 위해 솔로몬을 접견하고자 했다. 솔로몬에게 온 이들은 은과 금, 의복, 무기, 향품, 말, 노새를 선물로 가져왔다. 솔로몬의 명성으로 인해 열방의 부가 예루살렘으로 몰려들고 있다!

솔로몬이 열방에서 모은 말과 널리 확장된 그의 통치(9:25-28)

역대기 저자는 예루살렘 외에 병거성에 배치된 솔로몬의 마구간, 병거, 마병에 대한 주제로 돌아온다(9:25).[14] 내러티브 이 대목에 나오는 솔로몬의 말들에 대한 언급은 유쾌한 문학적 수미상관을 형성한다(참조. 1:14, 16-17). 솔로몬의 방대한 왕국은 그가 "유브라데강에서부터 블레셋 땅과 애굽 지경까지의 모든 왕을 다스렸다"는 진술에서 강조되고(9:26), 다윗 계통 왕의 통치가 땅끝까지 확장될 것이라는 메시아 대망에 크게 기여한다(시 72:8; 슥 9:10).

솔로몬의 말년(9:29-31)

예언자 나단의 글과 아히야의 예언, 선견자 잇도의 묵시에 대한 언급으로 솔로몬의 통치는 막바지에 다다른다(참조. 대상 29:29; 대하 12:15). 이 마무리 논평에는 솔로몬과 이방인 아내들의 결혼, 우상 숭배 관행, 하나님의 심판, 그리고 에돔의 공격에 대한 언급이 확연히 빠져 있다(왕상 11:1-25). 이 이야기들은 의심의 여지없이 이스라엘 역사에 새겨져 있었고, 아히야의 예언에 대한 역대기 저자의 간결한 언급만으로도 이런 사건을 연상시키기에 충분하다(왕상 11:29-39). 그런데 초점은 번영하는 왕국에 맞추어져 있고, "솔로몬의 약점에도 불구하고 하나님은 여전히 그를 통해 자신의 목적을 이루고 계셨다"라는 사실을 상기시킨다.[15] 셀먼의 논평은 솔로몬의 통치에 대한 적절한 결론 역할을 한다. 왕은 죽어서 묻히지만(대하 9:30-31), 언젠가 더 위대한 솔로몬이 와서 하나님의 영원한 왕국을 다스릴 것이다.

이야기 살아내기

솔로몬보다 큰 왕이 오셨다

이번 장에서는 솔로몬이 스바 여왕과 이방 고관들에게 받은 귀한 예물을 열거한다. 앞에서 언급했듯이, 예언자들은 열방의 조공이 시온으로 몰려올 때를 상상했다(사 60:3-6; 61:6; 66:18-19). 스바에서 온 예물은 열방이 다윗 계통에서 난 왕 앞에 절할 것이라는 기대의 중심이다(시 72:8-11, 15). 이 값비싼 예물은 하나님의 찬양이 땅끝까지 퍼지고 있음을 알린다(시 48:10; 100:1; 사 62:7). 이번 장에 묘사된 내용은 이상적인 다윗 계통의 왕이 왕좌에서 통치할 때 어떤 일이 일어날지를 예고한다. 따라서 스바 여왕이 가져온 금과 향품, 보석 및 예물은 더 큰 영광과 명예를 누릴 자격이 있는 더 큰 왕을 가리킨다.

약 천 년 후, 동방 박사들은 메시아의 탄생을 알리는 하늘의 특이한 현상에 이끌려 예루살렘으로 온다. 그들은 왕께 경배하기 위해 먼 곳에서 힘든 여정을 떠난다. 마태는 동방 박사들이 아기가 있는 곳에 도착하자마자 "엎드려 아기께 경배하고"라고 기록하는데(마 2:11), 하나님의 맏아들이 세상에 오실 때 경배하는 천사들을 연상시킨다(히 1:6; 참조. 눅 2:9-14). 그런데 마태가 기록하듯 동방 박사들은 빈손으로 오지 않고 스바 여왕처럼 왕에게 어울리는 예물을 가지고 왔다. "보배합을 열어 황금과 유향과 몰약을 예물로 드리니라"(2:11). 그들은 영원하지 않을 왕국을 다스리는 지상의 왕 앞에 절하는 대신 만왕의 왕, 곧 땅끝까지 확장될 영원한 왕국을 다스리는 다윗 약속의 진정한 상속자께 귀한 예물을 가지고 온다. 동방 박사들은 화려하게 장식된 금 왕좌 대신 어머니 마리아와 함께 있는 한 아기를 본다. 예물을 가져와 왕께 경배할 때, 그들은 주님을 향한 경배가 땅끝까지 확장되고 있으며 그분의 나라가 높아지고 있음을 상징한다(시 72:8-11; 참조. 미 5:4; 슥 9:10).

예수님의 사역은 하나님 나라가 도래했다는 왕의 선포로 시작될 것이다. 예수님은 모든 왕 위에 높이 계신 왕이시고 그분의 왕좌는 영원하다. 예수님이 태어나실 때 천사는 이렇게 선포한다. "그가 큰 자가 되고 지극히 높으신 이의 아들이라 일컬어질 것이요 주 하나님께서 그 조상 다윗의 왕위를 그에게 주시리니 영원히 야곱의 집을 왕으로 다스리실 것이며 그 나라가 무궁하리라"(눅 1:32-33). 모든 나라에서 온 백성이 왕을 경배할 때 하나님을 향한 찬양은 땅끝까지 뻗어 나간다(시 48:10; 100:1; 사 62:7). 솔로몬의 통치 시기는 왕국이 가장 번성하던 시기를 보여 준다. 그는 자기 지혜에 대해 듣고자 땅끝에서 온 스바 영왕의 영광스러운 방문을 받는다(마 12:42). 그런데 예수님은 "솔로몬보다 더 큰 이가 여기 있느니라"고 외치신다(42절). 그분의 영광은 솔로몬 왕국의 영광보다 훨씬 크다. 그분만이 영광과 존귀와 감사를 받기에 합당하시다(계 4:9). 우리는 옛 성도들과 함께 보좌에 앉으신 왕 앞에 엎드려 면류관을 그분 앞에 드리면서 그분만이 합당하시다고 외친다(9-11절). 시편 104편을 개사한 로버트 그랜트(Robert Grant)의 찬송, "영광의 왕께 다 경배하며"(O Worship the King)는 왕에 대한 찬양으로 우리 마음을 고양시킨다.

> 영광의 왕께 다 경배하며
> 그 크신 사랑 늘 찬송하라.
> 예부터 영원히 참 방패시니
> 그 영광의 주를 다 찬송하라.
>
> 무한한 능력 영원한 사랑
> 천사들 기뻐 다 경배하네.
> 구속된 피조물 찬란한 영광
> 찬미의 노래로 주 송축하라.[16]

예수님은 하나님의 옛 약속을 성취하시는 만왕의 왕이다. 우리의 상황이 어떠하든, 솔로몬의 통치 묘사에 담긴 메시아 소망은 지극히 영광스러운 하나님의 왕이 보좌에 높이 앉아 계시고 언젠가 그분의 통치가 땅끝까지 확장되리라는 사실을 일깨워 준다.

39   역대하 10:1-19

― 이야기 경청하기 ―

¹르호보암이 세겜으로 갔으니 이는 온 이스라엘이 그를 왕으로 삼고자 하여 세겜에 이르렀음이더라 ²느밧의 아들 여로보암이 전에 솔로몬 왕의 낯을 피하여 애굽으로 도망하여 있었더니 이 일을 듣고 여로보암이 애굽에서부터 돌아오매 ³무리가 사람을 보내어 그를 불렀더라 여로보암과 온 이스라엘이 와서 르호보암에게 말하여 이르되 ⁴왕의 아버지께서 우리의 멍에를 무겁게 하였으나 왕은 이제 왕의 아버지께서 우리에게 시킨 고역과 메운 무거운 멍에를 가볍게 하소서 그리하시면 우리가 왕을 섬기겠나이다 ⁵르호보암이 그들에게 대답하되 삼 일 후에 다시 내게로 오라 하매 백성이 가니라 ⁶르호보암 왕이 그의 아버지 솔로몬의 생전에 그 앞에 모셨던 원로들과 의논하여 이르되 너희는 이 백성에게 어떻게 대답하도록 권고하겠느냐 하니 ⁷그들이 대답하여 이르되 왕이 만일 이 백성을 후대하여 기쁘게 하고 선한 말을 하시면 그들이 영원히 왕의 종이 되리이다 하나 ⁸왕은 원로들이 가르치는 것을 버리고 그 앞에 모시고 있는 자기와 함께 자라난 젊은 신하들과 의논하여 ⁹이르되 너희는 이 백성에게 어떻게 대답하도록 권고하겠느냐 백성이 내게 말하기를 왕의 아버지께서 우리에게 메운 멍에를 가볍게 하라 하였느니라 하니 ¹⁰함께 자라난 젊은 신하들이 왕께 말하여 이르되 이 백성들이 왕께 아뢰기를 왕의 아버지께서 우리의 멍에를 무겁게 하였으나 왕은 우리를 위하여 가볍게 하라 하였은즉 왕은 대답하시기를 내 새끼 손가락이 내 아버지의 허리보다 굵으니 ¹¹내 아버지가 너희에게 무거운 멍에를 메게 하였으나 이제 나는 너희의 멍에를 더욱 무겁게 할지라 내 아버지는 가죽 채찍으로 너희를 치셨으나 나는 전갈 채찍으로 하리라 하소서 하더라 ¹²삼 일 만에 여로보암과 모든 백성이 르호보암에게 나왔으니 이는 왕이 명령하여 이르기를 삼 일 만에 내게로 다시 오라 하였음이라 ¹³왕이 포학한 말로 대답할새 르호보암이 원로들의 가르침을 버리

고 ¹⁴젊은 신하들의 가르침을 따라 그들에게 말하여 이르되 내 아버지는 너희의 멍에를 무겁게 하였으나 나는 더 무겁게 할지라 내 아버지는 가죽 채찍으로 너희를 치셨으나 나는 전갈 채찍으로 치리라 하니라 ¹⁵왕이 이같이 백성의 말을 듣지 아니하였으니 이 일은 하나님께로 말미암아 난 것이라 여호와께서 전에 실로 사람 아히야로 하여금 느밧의 아들 여로보암에게 이르신 말씀을 응하게 하심이더라 ¹⁶온 이스라엘은 왕이 자기들의 말을 듣지 아니함을 보고 왕에게 대답하여 이르되 우리가 다윗과 무슨 관계가 있느냐 이새의 아들에게서 받을 유산이 없도다 이스라엘아 각각 너희의 장막으로 돌아가라 다윗이여 이제 너는 네 집이나 돌보라 하고 온 이스라엘이 그들의 장막으로 돌아가니라 ¹⁷그러나 유다 성읍들에 사는 이스라엘 자손들에게는 르호보암이 그들의 왕이 되었더라 ¹⁸르호보암 왕이 역군의 감독 하도람을 보냈더니 이스라엘 자손이 저를 돌로 쳐 죽인지라 르호보암 왕이 급히 수레에 올라 예루살렘으로 도망하였더라 ¹⁹이에 이스라엘이 다윗의 집을 배반하여 오늘날까지 이르니라

이야기 속 다른 본문 경청하기

열왕기상 11-12장; 14:21-24

솔로몬이 죽은 후 그의 아들 르호보암이 왕이 되지만, 이 시기는 왕국 분열로 이어진 북쪽 지파들의 반란으로 물들었다. 하나님은 솔로몬의 왕국이 영원히 서겠지만 그분의 계명을 따를 때만 그럴 것이라고 경고하셨다(대하 7:17-22). 율법의 핵심은 우상 숭배 금지였지만(출 20:3-5), 솔로몬은 노골적으로 이 명령에 불순종했다(왕상 11:1-8). 하나님은 왕국이 솔로몬에게서 떨어져 나갈 것이라고 경고하셨지만, 그의 지독한 죄에도 불구하고 다윗에게 주신 약속 때문에 왕국은 완전히 파괴되지 않을 것이다(9-13절). 역대기 저자는 솔로몬의 우상 숭배를 언급하지 않지

만, 그의 우상 숭배는 이후 하나님 백성의 역사 속에 확고하게 새겨졌다 (느 13:26; 참조. 대하 9:29; 10:15). 예언자 아히야는 왕국이 솔로몬에게서 떨어져 나갈 것이며 여로보암이라는 군 지휘관에게 열 지파를 주실 것이라고 선포했다(왕상 11:29-39; 참조. 대하 10:15). 이 예언의 말씀이 불길한 그림자를 드리우면서, 솔로몬은 여로보암을 죽이려고 시도했지만 그는 달아나 이집트로 피신한다. 여로보암은 솔로몬이 죽을 때까지 이집트에 머물렀고(왕상 11:40; 대하 10:2), 이제 르호보암이 왕위에 오르면서 이야기는 여로보암이 세겜에 도착한 사건을 다룬다.

— 이야기 설명하기 —

온 이스라엘이 모여 르호보암을 왕으로 세우다(10:1-2)

르호보암을 왕으로 세우기 위해 온 이스라엘이 세겜에 모인다(10:1). 세겜은 이스라엘 북부에 있는 에브라임 산지에 있었다(수 20:7; 대상 6:67; 7:28). 세겜은 족장부터 내려오는 중요하고도 오랜 역사가 있다(창 12:6-7; 33:18-20). 여호수아도 이곳에서 언약을 갱신했다(수 8:30-35; 24:1-24). 종교적 중요성을 고려할 때 온 이스라엘이 세겜에 모이는 것은 놀랍지 않지만, 다윗은 유다 영토 내 **헤브론**에서 왕으로 기름 부음을 받았다(대상 11:1-4). 특히 에브라임은 여로보암이 속한 지파의 영토였기에(왕상 11:26), 온 이스라엘이 이제 북쪽 영토 **에브라임**에 모인다는 것은 르호보암에게 유리하지 않다. 아히야의 예언이 배경으로 남아 실현되기를 기다린다는 점에서, 여로보암의 세겜 도착은 르호보암에게 불길한 징조다.

여로보암과 백성들이 멍에를 덜어 달라고 요청하다(10:3-5)

추가 설명 없이, 지도자 역할을 맡은 여로보암과 백성들은 고된 노동 문제를 언급한다. 솔로몬의 대규모 건축 활동은 백성에게 무거운 짐이었다(참조. 왕상 5:13-14; 대하 2:17-18). 예루살렘에 호화로운 성전을 짓기 위해 7년에 걸친 대규모 공사가 진행되었고(왕상 6장; 대하 3-5장), 왕궁을 건설하기 위해 다시 13년이 소요되었다. 장인과 숙련된 노동자를 고용했지만, 이 같은 광범위한 건축 프로젝트를 완수하려면 강제 노동이 필요했다. 물론 그 짐은 이방인에게 부과되었지만(8:7-9), 북쪽 이스라엘 지파들도 비자발적 노동에서 면제되지 않았다(왕상 5:13). 영구 노역은 아니었을지라도 이는 왕국의 정치 불안과 갈등으로 이어졌다. 이 건축 프로젝트를 끝마치고 새 왕이 왕위에 오르자, 백성들은 작업 요구량을 줄여서 노동 부담을 경감해 달라고 요청한다(대하 10:3-4). 자신들의 노동이 "무거운 멍에"라는 묘사는 목에 멍에를 메고 있는 소의 모습을 떠올리게 하면서(참조. 민 19:2; 신 21:3) 이집트에서 겪은 오랜 종살이를 연상시킨다(레 26:13; 렘 2:20). 백성은 르호보암에게 자신들의 요구를 전달하면서, 무거운 멍에를 가볍게 할 때에만 왕을 섬기겠다는 최후통첩을 왕에게 고한다. 그들의 조건을 들은 르호보암은 사흘 동안 이 문제에 대해 숙고하겠다고 동의한다.

원로들이 원만한 승계를 위해 르호보암에게 조언하다(10:6-7)

르호보암은 아버지 솔로몬을 섬겼던 원로들(elders, 장로들)의 조언을 구한다. 장로는 모세 시대에 지도력 책임을 분담하기 위해 임명되었고(출 24:1; 민 11:16-30; 참조. 수 24:1), 이스라엘에서 계속 지도자 역할을 맡았다(삼상 8:4; 삼하 3:17; 대상 11:3). 원로들은 르호보암에게 백성을 후대하고 호의적으로 답하라고 조언한다(대하 10:6-7). 현명하게도 그들은 보다 관대한 왕의 정책이 북쪽 지파들의 충성심을 확보해 왕국의 안정을 도모할 수 있다고 판단한다.

르호보암이 젊은 신하들의 조언을 듣다(10:8-15)

르호보암은 어리석게도 원로들의 조언을 거부하고 자기와 함께 자란 청년들의 조언을 구한다(10:8-9). 그들은 오만하게도 노동량을 늘려야 한다고 젊은 왕에게 답한다. 심지어 왕이 해야 할 말을 일러주면서, 왕으로서 권리를 주장하고 백성의 멍에를 더 무겁게 하라고 조언한다!(10b-11절) 젊은 신하들은 르호보암이 북쪽 지파들의 충성을 얻어야 한다는 것과 그들이 노역에 시달리게 둘 경우 반란만 부추길 뿐이라는 사실을 알아차리지 못한다. 사흘이 지난 후 여로보암과 온 이스라엘은 르호보암에게 나아오지만, 왕은 어리석게도 원로들 대신 젊은 신하들의 조언을 따른다(12-14절). 르호보암은 지혜로운 조언을 거부하고 어떤 종류의 리더십이 필요한지 분별하지 못함으로써 왕국의 분열을 초래한다(15절). 독자들은 이런 상황 속에서 사건을 조율하시는 하나님의 손길을 분별해야 한다. 역대기 저자는 "이 일은 하나님께로 말미암아 난 것이라. 여호와께서 전에 실로 사람 아히야로 하여금 느밧의 아들 여로보암에게 이르신 말씀을 응하게 하심이더라"고 언급한다(15절; 참조. 왕상 12:15).

왕국 분열은 아히야를 통해 주신 하나님 말씀의 성취다(10:16-19)

자기들의 요청이 거절당했다는 소식을 들은 백성들은 이제 다윗 가문과 관계를 맺지 않겠다고 선언한다(10:16). 그들은 다윗이 자기 집이나 돌보아야 한다는 짧은 말을 남긴 뒤 자기 장막으로 돌아간다. 이스라엘 가운데 있던 불안은 이제 노골적인 반역이 되었다. 긴박한 상황을 인식한 르호보암은 강제 노역을 담당한 하도람을 보내지만(18절; 참조. 왕상 4:6; 5:14), 강제 노동이 불만의 원인이었기 때문에 아마 현명한 선택은 아니었을 것이다. 백성들이 하도람을 돌로 쳐 죽이면서, 수면 아래 있던 불만이 터져 나온다. 르호보암은 병거를 타고 급히 예루살렘으로 도주

하고(대하 10:18), "이에 이스라엘이 다윗의 집을 배반하여 오늘날까지 이르니라"고 하는 최종 진술이 나온다(19절).

이야기 살아내기

지혜로운 조언에 귀 기울이지 않다

르호보암은 통치 초기에 백성들의 반란에 직면했다. 어려운 상황에 대처하는 그의 대응은 왕국에 광범위한 영향을 미쳤다. 르호보암은 처음에 원로들에게 조언을 구하려 했는데, 이는 지혜를 구하는 것이 중요하다고 강조하는 잠언과 일치한다. "미련한 자는 자기 행위를 바른 줄로 여기나 지혜로운 자는 권고를 듣느니라"(잠 12:15). 다른 잠언도 비슷하게 말한다. "너는 권고를 들으며 훈계를 받으라. 그리하면 네가 필경은 지혜롭게 되리라"(19:20; 참조. 20:18). 르호보암은 지혜로운 조언에 귀 기울이는 대신 젊은 친구들의 불경건한 조언을 구한다. 그들의 대답은 오만한 냄새를 풍기면서, 왕은 무엇이든 원하는 것을 할 수 있다고 말한다. 르호보암은 왕이라 할지라도 무한한 권위를 가진 것은 아님을 깨닫지 못했다.[1] 그는 스스로 겸비하고 동포 이스라엘 백성보다 자기를 높이지 말아야 했다. 르호보암의 친구들은 왕의 권위를 과대평가하고 통치력은 지위와 권력이 전부라고 지레짐작한다. 그들은 경건한 리더십의 표식이 겸손과 지혜로운 조언을 듣는 능력임을 이해하지 못했다. 자신들이 무엇을 해야 할지 알기 위해 경건한 지혜가 필요했다(참조. 대상 12:32). 역대기 전반에서 왕의 성품은 백성의 조언이든(13:1; 대하 20:21; 30:2, 23; 32:3) 예언자의 조언이든(25:16; 참조. 왕상 1:12), 조언에 어떻게 반응하는지를 통해 알 수 있다. 특히 예언자의 경우에는 더욱 그렇다. 예언자는 왕에게 하나님의 말씀을 전했고, 주의하지 않으면 하나님의 심판으로 이어질 것이기 때문이다. 르호보암은 무엇이든 자기가 하고 싶은 일을 하는 독단적인 인물이었다. 그는 지혜로운 조언을 듣지 않음으로써 하나님의 율법을 저버릴 때 벌어질 반역의 씨앗을 심는다(대하 12:1).

이 이야기는 목사든 장로든 교사든 혹은 그리스도인 친구든, 기독교 공동체의 다른 이들에게 겸손하게 복종해야 한다는 점을 일깨워 준다. 우리는 모두 교만과 속임수에 쉽게 빠지기 때문에 서로가 필요하다. 악한 행위가 드러난 기독교 지도자에게 목회자들과 다수의 교인들이 반복해서 경고했지만 아무 소용이 없었다는 말을 심심찮게 듣는다. 이는 공동체 안에 있는 사람들의 경고와 꾸지람을 기꺼이 받아들이는 겸손의 중요성을 일깨워 준다. 우리는 모두 그리스도의 종이다. 겸손과 그리스도에 대한 복종은 동료 신자들의 조언을 듣고 책망을 받는 것을 포함하여, 우리가 맺는 관계의 특징이 되어야 한다(마 18:15-17; 눅 17:3; 딤전 5:20; 약 5:19-20). 우리는 그리스도의 말씀이 우리 안에 거할 수 있도록 "모든 지혜로 피차 가르치며 권면하[라]"는 부르심을 받는다(골 3:16). 야고보는 하늘로부터 오는 지혜는 "첫째 성결하고 다음에 화평하고 관용하고 양순하며 긍휼과 선한 열매가 가득하고 편견과 거짓이 없나니"라고 가르친다(약 3:17). 르호보암에게 필요했지만 구하지 않은 것이 바로 이런 지혜다. 다른 사람을 통해 그리고 하나님의 말씀을 통해 바로잡는 말씀을 받을 수 있도록, 이런 종류의 지혜를 얻기 위해 겸손한 자세가 필요하다(딤후 4:2). 르호보암 이야기는 지혜로운 조언을 듣지 않을 때의 결과를 강조하지만, 곧이어 보게 되듯이 이것은 일회적 사건이 아니라 그의 마음 자세를 깊이 드러낸다.

40

역대하 11:1-23

이야기 경청하기

¹르호보암이 예루살렘에 이르러 유다와 베냐민 족속을 모으니 택한 용사가 십팔만 명이라 이스라엘과 싸워 나라를 회복하여 르호보암에게 돌리려 하더니 ²여호와의 말씀이 하나님의 사람 스마야에게 임하여 이르시되 ³솔로몬의 아들 유다 왕 르호보암과 유다와 베냐민에 속한 모든 이스라엘 무리에게 말하여 이르기를 ⁴여호와께서 이같이 말씀하시기를 너희는 올라가지 말라 너희 형제와 싸우지 말고 각기 집으로 돌아가라 이 일이 내게로 말미암아 난 것이라 하셨다 하라 하신지라 그들이 여호와의 말씀을 듣고 돌아가고 여로보암을 치러 가던 길에서 되돌아왔더라 ⁵르호보암이 예루살렘에 살면서 유다 땅에 방비하는 성읍들을 건축하였으니 ⁶곧 베들레헴과 에담과 드고아와 ⁷벧술과 소고와 아둘람과 ⁸가드와 마레사와 십과 ⁹아도라임과 라기스와 아세가와 ¹⁰소라와 아얄론과 헤브론이니 다 유다와 베냐민 땅에 있어 견고한 성읍들이라 ¹¹르호보암이 그 방비하는 성읍들을 더욱 견고하게 하고 지휘관들을 그 가운데에 두고 양식과 기름과 포도주를 저축하고 ¹²모든 성읍에 방패와 창을 두어 매우 강하게 하니라 유다와 베냐민이 르호보암에게 속하였더라 ¹³온 이스라엘의 제사장들과 레위 사람들이 그들의 모든 지방에서부터 르호보암에게 돌아오되 ¹⁴레위 사람들이 자기들의 마을들과 산업을 떠나 유다와 예루살렘에 이르렀으니 이는 여로보암과 그의 아들들이 그들을 해임하여 여호와께 제사장의 직분을 행하지 못하게 하고 ¹⁵여로보암이 여러 산당과 숫염소 우상과 자기가 만든 송아지 우상을 위하여 친히 제사장들을 세움이라 ¹⁶이스라엘 모든 지파 중에 마음을 굳게 하여 이스라엘의 하나님 여호와를 찾는 자들이 레위 사람들을 따라 예루살렘에 이르러 그들의 조상들의 하나님 여호와께 제사하고자 한지라 ¹⁷그러므로 삼 년 동안 유다 나라를 도와 솔로몬의 아들 르호보암을 강성하게 하였으니 이는 무리가 삼 년 동안을 다윗과 솔로몬의 길로 행하였

음이더라 ¹⁸르호보암이 다윗의 아들 여리못의 딸 마할랏을 아내로 삼았으니 마할랏은 이새의 아들 엘리압의 딸 아비하일의 소생이라 ¹⁹그가 아들들 곧 여우스와 스마랴와 사함을 낳았으며 ²⁰그 후에 압살롬의 딸 마아가에게 장가 들었더니 그가 아비야와 앗대와 시사와 슬로밋을 낳았더라 ²¹르호보암은 아내 열여덟 명과 첩 예순 명을 거느려 아들 스물여덟 명과 딸 예순 명을 낳았으나 압살롬의 딸 마아가를 모든 처첩보다 더 사랑하여 ²²르호보암은 마아가의 아들 아비야를 후계자로 세웠으니 이는 그의 형제들 가운데 지도자로 삼아 왕으로 세우고자 함이었더라 ²³르호보암이 지혜롭게 행하여 그의 모든 아들을 유다와 베냐민의 온 땅 모든 견고한 성읍에 흩어 살게 하고 양식을 후히 주고 아내를 많이 구하여 주었더라

이야기 속 다른 본문 경청하기

열왕기상 12:20-33; 14:21-31

르호보암은 이제 북쪽의 열 지파를 제외하고 축소된 남왕국 유다의 왕으로 통치한다. 사울이 왕이었을 때 유다와 베냐민 지파는 다윗을 중심으로 모였고, 같은 지파 출신이었음에도 사울에게 충성하지 말라고 베냐민 사람들에게 요구했다(대상 12:16-18, 29). 르호보암 시대 이후로, 베냐민 지파는 유다 지파와 합류해 레위 지파와 함께(대하 11:13-14) 남왕국을 형성한다(11:12, 23; 14:8; 15:2 등). 북쪽 지파의 일부도 남왕국에 합류하고(16-17절), 그들의 존재는 "온 이스라엘"이라는 주제에 기여한다(참조. 15:9; 30:1, 10-11; 34:9). 유배 이후 예루살렘에 살고 있던 귀환자들은 유다 및 베냐민 지파와 더불어 에브라임, 므낫세, 레위 지파로 구성되어 있다(대상 9:3). 남왕국 이야기는 이제 르호보암에서 시작하지만, 왕이 군사적 개입을 통해 북쪽 지파에 대한 통제력을 다시 확보하려고 시도하기 때문에 좋은 출발은 아니다. 온 이스라엘의 연합은 역대기를

관통하는 중요한 주제지만, 화해는 군사적 수단이 아니라 기도와 회개, 용서를 통해 이루어질 것이다(대하 30장을 보라).

이야기 설명하기

르호보암이 이스라엘에 맞서 전투를 준비하나 예언자의 꾸지람에 순종하다(11:1-4)

강제 노동 감독관이 돌에 맞아 죽은 후 르호보암은 애당초 예루살렘으로 도망했다(10:18). 그는 예루살렘에 도착하자마자 유다와 베냐민에서 수만 명의 군인을 모아 왕국을 회복하기 위해 이스라엘에 맞서 전쟁을 벌인다.[1] 하지만 주님의 말씀이 스마야라는 예언자를 통해 르호보암에게 임하고, 그는 다음과 같이 경고한다. "여호와께서 이같이 말씀하시기를 너희는 올라가지 말라. 너희 형제와 싸우지 말고 각기 집으로 돌아가라. 이 일이 내게로 말미암아 난 것이라"(11:4). 이스라엘 지파들이 모두 한 가족에 속해 있었음을 고려해(대상 2:1-2) 형제 이스라엘 백성과 싸우지 말라고 르호보암에게 경고한다. 그는 이 사건이 하나님으로부터 온 것임을 이해해야 한다. 이 말을 들은 왕과 백성들은 예언자의 말에 귀를 기울이고 예루살렘으로 돌아간다(대하 11:4).

르호보암이 왕국을 요새화하다(11:5-12)

르호보암은 왕국을 강화하고 요새화하는 데 집중한다. 유다와 베냐민 영토 안의 열다섯 개 성읍을 지정한다(11:6-10). 학자들은 이 성읍들의 지리적 분포를 조사하여 목록이 이런 순서로 나열된 근거를 파악했다.[2] 자펫이 지적하듯이, 이 성읍들은 "유다 산지 중심부로 이어지는 주요 도로를 따라 전략적 요충지에 위치해 있으며, 유다로 가는 가장 일반적인 경로이자 가장 임박한 위험에 노출된 서쪽 접근로에 가장 큰 관심을 기울인다."[3] 다음 장에서 예루살렘을 겨냥한 시삭의 공격을 묘사한다는 점을 명심해야 한다. 이는 르호보암의 요새화가 이집트의 공격을 예상한 것이었음을 시사한다(참조. 12:4). 물론 자펫은 르호보암이 공격 전과 후에 성읍을 요새화했다고 지적하지만 말이다.[4] 르호보암은 요새화된 성읍에 지휘관을 배치하고, 그들에게 양식과 기름, 포도주와 더불어 방패와 창을 충분히 공급하도록 조치한다(11:11-12).

여로보암이 북왕국을 세우다(11:13-17)

제사장과 레위인은 이스라엘 지파 중에 지정된 레위인의 성읍에 흩어져 있었지만(대상 6:54-81), 이제 여로보암 치하에서 우상 숭배가 자리 잡자 유다와 예루살렘으로 돌아온다. 여로보암은 단과 벧엘의 제의 중심지에서 집전할 비레위인을 제사장으로 임명한다(참조. 왕상 12:25-33). 그는 금송아지 두 개를 만들어 단과 벧엘에 두고 불경스럽게 이스라엘의 신이라고 지칭하며 이렇게 말한다. "이스라엘아 이는 너희를 애굽 땅에서 인도하여 올린 너희의 신들이라"(28절; 참조. 출 32:4, 8). 그들의 우상 숭배에는 율법에 따라 엄격히 금지된(레 17:7) 숫염소 우상도 포함되었다(대하 11:15). 이와 같은 노골적인 우상 숭배 속에서 북쪽 지파의 일부 백성은 주님을 찾기로 결심하고 레위인을 따라 예루살렘으로 와서 주님께 제사를 드린다(16절). 그들은 르호보암을 전폭적으로 지지하고, 왕국은 강화된다(17절).

르호보암의 가족(11:18-23)

다음으로 다윗 왕실 구성원과의 가족 관계를 강조하는 르호보암의 아내들과 자녀들의 이름이 나온다(11:18-21). 이는 왕실 혈통을 지키기 위해 왕족 간에 결혼을 하는 고대 근동의 관행과 일치한다.[5] 르호보암은 18명의 아내와 60명의 첩을 두었고, 28명의 아들과 60명의 딸을 낳았다(21절). 그는 하나님의 축복 아래 번영하는 듯 보이지만, 모세는 왕이 여러 아내를 두어서는 안 된다고 경고했다(신 17:17). 압살롬의 딸로 확인된 르호보암의 아내 마아가는 특별히 왕의 사랑을 받았다. 르호보암은 마아가의 아들 아비야를 왕세자로 임명하고 그를 왕으로 삼으려 한다(대하 12:22; 참조. 13:1-14:1). 르호보암은 현명하게 아들들을 유다와 베냐민 영토 전역으로 흩어 요새화된 성읍에서 살게 한다. 르호보암은 그들에게 양식을 공급하고 여러 아내를 얻어 주었다(23절).

이야기 살아내기

하나 된 하나님의 백성

모든 열두 지파의 혈통이 이스라엘로 알려진 족장 야곱으로 거슬러 올라간다는 사실에 비추어 볼 때(대상 2:1-2), 왕국의 분열은 참담하고 비극적인 사건이었다. 하지만 우리는 모두 가인과 아벨(창 4:1-16), 야곱과 에서(창 27-28장), 요셉과 형제들(창 37-50장) 이야기에서 보듯이 인류 초기부터 벌어진 형제간의 갈등에 매우 친숙하다. 이스라엘 열두 지파가 두 왕국으로 나뉘면서, 죄의 결과로 나타난 가족 간의 소외가 이제 국가적 차원에서 작동한다. 르호보암은 군사력으로 반역하는 북쪽 지파들을 되찾으려고 시도했지만(대하 11:1), 이는 유혈 사태를 낳을 수 있었기에 왕은 형제 이스라엘 백성과 싸우지 말라는 경고를 받는다(2-4절; 참조. 28:9-11). 지파들 사이의 화해는 군사력이 아니라 겸손과 회개, 기도, 용서를 통해 이루어질 것이다.[6] 역대기 신학의 핵심에는 열두 지파가 한 민족이라는 확고한 신념이 있다(대상 1:1-9). 하나로 회복된 하나님의 백성에 대한 비전은 예언자들의 중요한 메시지고(렘 3:18; 50:4, 5; 겔

36:10; 37:15-23; 참조. 시 133:1-3) 역대기의 중요한 주제다(참조. 대상 9:3; 12:1-40; 대하 30:1, 11, 18 등). 역대기에서 다윗과 솔로몬에게 많은 장이 할애된 이유도 바로 이 때문이다. 이 장들은 한 명의 왕이 다스리는 하나 된 하나님의 백성에 대한 비전을 제시한다(참조. 겔 34:23, 24; 37:22). 하나님은 형제와 형제가 싸우는 것을 반대하셨기 때문에, 르호보암을 향한 예언자의 꾸지람은 이 비전에 더욱 기여한다.

하나 된 하나님의 백성에 대한 비전은 궁극적으로 예수님의 화해 사역을 통해 결실을 본다. 예수님은 유대인과 이방인의 소외와 적대감 대신 "이 둘로 자기 안에서 한 새 사람을 지어 화평하게 하시고 또 십자가로 이 둘을 한 몸으로 하나님과 화목하게" 하신다(엡 2:15-16). 바울은 에베소 교회에 "이제부터 너희는 외인도 아니요 나그네도 아니요 오직 성도들과 동일한 시민이요 하나님의 권속이라"고 편지를 보냈다(19절). 예수님은 실제로 자기 백성이 하나가 되도록 기도하셨다(요 17:11, 21-22). 인간의 마음 상태는 형제자매, 부족, 국가 간의 갈등과 소외를 낳지만, 하나님의 구속 계획은 하나님과 우리의 회복만이 아니라 서로 간의 회복도 포함한다. 현대 문화는 다양성을 최고의 미덕으로 숭상하지만, 성경적인 다양성 신학은 그리스도 안에서 이루어진 연합에 근거를 두어야 한다. 한 분 하나님을 예배할 때 다양한 인종과 민족 집단이 하나로 연합한다(계 7:9-17). 이 주제는 성경 전체에서 울려 퍼지고, 우리 자신의 삶과 공동체 안에 반영되어야 한다.

41   역대하 12:1-16

— 이야기 경청하기 —

¹르호보암의 나라가 견고하고 세력이 강해지매 그가 여호와의 율법을 버리니 온 이스라엘이 본받은지라 ²그들이 여호와께 범죄하였으므로 르호보암 왕 제오년에 애굽 왕 시삭이 예루살렘을 치러 올라오니 ³그에게 병거가 천이백 대요 마병이 육만 명이며 애굽에서 그와 함께 온 백성 곧 리비아와 숙과 구스 사람이 헤아릴 수 없이 많더라 ⁴시삭이 유다의 견고한 성읍들을 빼앗고 예루살렘에 이르니 ⁵그때에 유다 방백들이 시삭의 일로 예루살렘에 모였는지라 선지자 스마야가 르호보암과 방백들에게 나아와 이르되 여호와께서 이같이 말씀하시기를 너희가 나를 버렸으므로 나도 너희를 버려 시삭의 손에 넘겼노라 하셨다 한지라 ⁶이에 이스라엘 방백들과 왕이 스스로 겸비하여 이르되 여호와는 의로우시다 하매 ⁷여호와께서 그들이 스스로 겸비함을 보신지라 여호와의 말씀이 스마야에게 임하여 이르시되 그들이 스스로 겸비하였으니 내가 멸하지 아니하고 저희를 조금 구원하여 나의 노를 시삭의 손을 통하여 예루살렘에 쏟지 아니하리라 ⁸그러나 그들이 시삭의 종이 되어 나를 섬기는 것과 세상 나라들을 섬기는 것이 어떠한지 알게 되리라 하셨더라 ⁹애굽 왕 시삭이 올라와서 예루살렘을 치고 여호와의 전 보물과 왕궁의 보물을 모두 빼앗고 솔로몬이 만든 금 방패도 빼앗은지라 ¹⁰르호보암 왕이 그 대신에 놋으로 방패를 만들어 궁문을 지키는 경호 책임자들의 손에 맡기매 ¹¹왕이 여호와의 전에 들어갈 때마다 경호하는 자가 그 방패를 들고 갔다가 경호실로 도로 가져갔더라 ¹²르호보암이 스스로 겸비하였고 유다에 선한 일도 있으므로 여호와께서 노를 돌이키사 다 멸하지 아니하셨더라 ¹³르호보암 왕은 예루살렘에서 스스로 세력을 굳게 하여 다스리니라 르호보암이 왕위에 오를 때에 나이가 사십일 세라 예루살렘 곧 여호와께서 이스라엘의 모든 지파 중에서 택하여 그의 이름을 두신 성에서 십칠 년 동안 다스리니라 르호보암의 어머니의 이름은

나아마요 암몬 여인이더라 ¹⁴르호보암이 악을 행하였으니 이는 그가 여호와를 구하는 마음을 굳게 하지 아니함이었더라 ¹⁵르호보암의 처음부터 끝까지의 행적은 선지자 스마야와 선견자 잇도의 족보책에 기록되지 아니하였느냐 르호보암과 여로보암 사이에 항상 전쟁이 있으니라 ¹⁶르호보암이 그의 조상들과 함께 누우매 다윗 성에 장사되고 그의 아들 아비야가 그를 대신하여 왕이 되니라

이야기 속 다른 본문 경청하기

열왕기상 14:21-31; 셰숑크 1세의 카르낙 석비

르호보암과 온 이스라엘이 하나님의 율법을 버리면서 남왕국의 이야기는 악화되기 시작된다. 하나님은 유다에 맞서 이집트 왕 시삭을 보내시지만, 왕과 백성들은 스스로 겸비하여 하나님의 큰 진노를 피한다. 성경에서 시삭으로 알려진 이집트 왕 셰숑크(Shoshenq) 1세는 프수세네스(Psusenes) 2세의 군사령관이었지만, 프수세네스가 후계자 없이 죽자 셰숑크 1세가 왕위에 올랐다(주전 945-924년). 셰숑크 1세의 카르낙 석비(Karnak Stela)는 팔레스타인 원정을 기술하면서, 대부분이 팔레스타인 북부에 있는 175개 성읍을 언급한다.[1] 므깃도에서 발견된 셰숑크의 석비 조각은 왕이 이스라엘과 조약을 맺었거나 어쩌면 왕이 그 성을 지배하고 있었음을 암시할 수도 있다.[2] 증거는 제한적이지만, 이 시기에 팔레스타인에서 셰숑크의 존재감을 입증한다.

열왕기 기사는 이 시기 유다의 영적 상태에 대한 중요한 배경 정보를 제공한다. 르호보암의 통치는 만연한 우상 숭배가 특징이었고 유다도 예외가 아니었다. 유다는 주님 보시기에 악을 행하여 주님의 진노를 불러일으켰다(왕상 14:22). 왕국은 이렇게 묘사된다.

이는 그들도 산 위에와 모든 푸른 나무 아래에 산당과 우상과 아세라 상을 세웠음이라. 그 땅에 또 남색하는 자가 있었고 여호와께서 이스라엘 자손 앞에서 쫓아내신 국민의 모든 가증한 일을 무리가 본받아 행하였더라. (23-24절)

이와 같은 노골적인 배교는 당연히 하나님의 진노를 촉발하고 시삭은 유다를 침공한다.

이야기 설명하기

하나님을 버리자 이집트의 공격을 받다(12:1-4)

왕국이 강해지면서 르호보암과 온 이스라엘은 주님의 율법을 버린다(12:1). 강함은 긍정적으로 볼 수 있지만, 교만으로 이어질 수 있는 위험도 내재한다. 왕은 하나님의 율법을 묵상하고 그것을 따라야 했는데(신 17:18-19), 이것은 바로 다윗이 솔로몬에게 지시한 일이다(대상 22:12; 참조. 대하 6:16). 제사장과 레위인은 이처럼 하나님의 말씀에 우선순위를 두고 백성에게 주님의 길을 가르쳐야 했다(17:9; 19:8-10; 31:4; 참조. 스 7:10). 주님의 율법은 이스라엘 행동의 모든 측면을 지배해야 했다(예. 대하 23:18; 25:4; 36:16). 순종은 언약의 축복으로 이어지지만(레 26:1-13; 신 28:1-14), 불순종은 저주로 이어질 것이다(레 26:14-39; 신 28:15-68). 애석하게도 하나님의 백성은 율법을 버리고, 그러자 적의 공격이 뒤따른다(대하 12:2; 참조. 신 28:48-50). 시삭은 제22왕조를 세운 리비아 출신의 이집트 왕 셰송크 1세로 확인된다.[3] 그의 군대는 리비아와 숙과 구스 사람 등 다양한 민족으로 구성되었다(대하 12:3). 이렇듯 다양한 인종으로 구성된 군대는 이집트와 아시아 사이의 갈등을 묘사한 셰송크 1세의 카르낙 석비에서 암시된다.[4] 시삭은 유다의 요새화된 여러 성읍을 점령하고 예루살렘에 도착하지만, 하나님은 예언자를 보내 르호보암에게 개입하신다(4-5절).

예언자 스마야가 이집트 침략의 신학적 이유를 내놓다(12:5-8)

르호보암과 방백들이 예루살렘에 모이는데, 이때 예언자 스마야는 그들이 하나님을 버렸기 때문에 하나님이 시삭에게 그들을 버리셨다고 설명한다(12:5; 참조. 15:2). 동사 '버리다'(히. '-z-b)는 역대기 저자가 언약 관계의 위반을 묘사할 때 흔히 사용하는 언약 용어다(12:1; 15:2; 21:10; 24:20; 28:6; 29:6; 참조. 신 28:20; 29:25). 하나님은 만일 하나님의 백성이 자기를 버리면 하나님도 그들을 버릴 것이라고 경고하신다(대하 15:2; 24:20, 24).

이 시점에 르호보암과 방백들의 반응이 중요하다. 그들이 가장 먼저 한 일은 "스스로 겸비[한]" 것이다(히. k-n-', 12:6-7). 역대기의 핵심인 이런 겸손 행동은[5] 하나님의 진노를 되돌린다(참조. 7:14; 30:11; 32:26; 33:12, 19; 34:27). 르호보암과 방백들은 "여호와는 의로우시다"고 선언한다(히. tsaddiq, 12:6). 법정에서 사용하는 법률 용어를 사용하고 있는(신 16:19; 25:1) 주님의 의로우심에 관한 선언은 자신들의 죄에 대한 고백이다(참조. 느 9:33-34; 단 9:7, 14, 16). 예언자 스마야는 하나님께서 그들이 스스로 겸비한 것을 보셨고, 그들을 멸하지 않으시며 예루살렘에 진노를 쏟지 않으실 것이라고 선포한다(대하 12:7-8, 12).

시삭이 예루살렘 약탈에 성공하지만 성은 보존되다(12:9-16)

예루살렘은 이때 멸망하지 않지만, 르호보암은 죄의 결과에서 완전히 자유롭지 못하다. 시삭은 하나님의 집과 왕궁의 보물을 전리품으로 취하는 데 성공한다(참조. 36:7; 단 1:2; 5:1-4). 르호보암의 통치가 막바지에 다다르면서 역대기 저자는 르호보암이 스스로 겸비했다는 주제로 돌아가, 하나님의 진노를 피하고 예루살렘을 보존하는 데 겸비함이 미친 영향을 강조한다(대하 12:12). 이는 그들의 범죄가 이집트의 공격으로 이어지기는 했지만, 예언자의 말씀에 반응하여 르호보암이 스스로 겸비했던 약간 밝은 순간, 곧 "유다에 선한 일"이 있었음을 상기시키는 역할을 한다(12절; 참조. 19:3).

르호보암 이야기는 그가 왕이 된 나이와 통치 기간에 대한 정형화된 진술로 마무리된다(12:13; 참조. 왕하 14:21). "여호와께서 이스라엘의 모든 지파 중에서 택하여 그의 이름을 두신 성"으로 표현되는 예루살렘으로 초점이 이동한다(대하 12:13; 참조. 신 12:11, 14; 대하 2:4; 6:6, 20 등). 르호보암의 어머니 암몬 사람 나아마에 대한 언급은(12:13) 솔로몬의 이방인 아내들을 연상시킨다(왕상 11:1-8). 르호보암의 통치는 이렇게 요약된다. "르호보암이 악을 행하였으니 이는 그가 여호와를 구하는 마음을 굳게 하지 아니함이었더라"(12:14). 주님을 구하는 것(히. *d-r-sh*)은 경건한 지도자의 특징이지만,[6] 하나님을 구하지 않은 르호보암의 실패는 왕국에 끔찍한 결과를 안겨 주었다. 계속되는 여로보암과의 전쟁은 그의 왕국이 평안하지 못함을 시사하고(참조. 13:2), 그가 통치한 왕국의 영적 상태를 암시한다(12:15). 르호보암의 통치는 그의 죽음과 장례로 막을 내리고, 왕권에 관한 이야기는 르호보암을 대신해 통치하는 그의 아들 아비야로 계속된다(16절).

이야기 살아내기

진정한 강함: 겸손과 주님을 의지하는 것

앞에서 언급했듯이 왕국이 분열된 후 르호보암이 가장 먼저 한 일은 북쪽 지파들과 전쟁을 벌이는 것이었다(11:1). 예언자가 개입한 후 르호보암은 왕국을 요새화하고 방어성을 강화하는 데 집중한다(11-12절). 그런데 왕이 주님을 찾았다는 언급을 이 이야기에서는 전혀 찾아볼 수 없고, 이로써 그는 아사(14:4), 여호사밧(17:4, 6), 요시야(34:3) 같은 왕들과 대조된다. 르호보암에 대해서는 그와 같은 진술이 전혀 없는데, 사실은 "르호보암이 악을 행하였으니 이는 그가 여호와를 구하는[찾는] 마음을 굳게 하지 아니함" 때문임을 알게 된다(12:14). 오늘날 우리가 지도자들에 대해 쉽게 칭송하듯이 르호보암의 노력은 왕국을 강화하는 데 집중되었지만, 하나님을 의지하지 않은 이와 같은 강함은 몰락으로 이어졌다.

"나라가 견고하고 세력이 강해지매"(12:1) 르호보암과 온 이스라엘은 하나님의 율법을 버렸다. 르호보암은 유능하고 활력 있는 지도자였지만, 자신의 업적과 강함이 실패의 원인이 된 용두사미형 인물이었다(1절). 웃시야왕은 자신의 강함이 교만으로 이어져 왕의 권위를 넘어서고, 하나님의 심판 아래 떨어진 또 다른 사례다(26:16-21). 르호보암의 경우 내러티브 전반의 강조점은 왕국의 강함에 있지만(11:11, 12, 17; 12:13), 이제 그의 강함은 하나님의 율법을 버리는 것으로 이어진다(12:1). 르호보암이 요새화한 바로 그 성읍들은 역설적으로 시삭에게 정복된다(4절).

지도자에 있어서 강함은 긍정적 자질이지만(예. 대상 22:13; 28:10, 20; 대하 15:7), 보통 하나님의 도움과 임재의 결과로 온다(대상 11:9-10; 22:11-19; 28:10, 20; 대하 19:11; 26:7-8; 32:7-8). 그래서 다윗은 솔로몬을 향해 하나님이 그와 함께 계시기 때문에 "강하고 담대하[라]"고 권면했다(대상 28:20). 마찬가지로, 히스기야도 하나님의 백성에게 하나님이 함께 계시기 때문에 앗수르의 공격에 맞서 "마음을 강하게 하고 담대히 하라"고 권면한다(대하 32:7-8). 이 본문들은 예언자 하나니의 말처럼 강함은 주님께로부터 온다는 것을 가르쳐 준다. "여호와의 눈은 온 땅을 두루 감찰하사 전심으로 자기에게 향하는 자들을 위하여 능력을 베푸시나니"(16:9; 참조. 27:6). 자신의 노력으로 얻은 강함은 쉽사리 교만과 자기 의존으로 이어질 수 있고, 르호보암의 경우 심지어 하나님을 외면했다. 르호보암은 예언자의 꾸지람을 들었을 때 스스로 겸비하며 하나님의 심판을 피하지만(12:6-8, 12), 만일 왕이 통치 초기에 주님을 찾았다면 이런 일을 피할 수 있었을 것이다.

현대 문화에서 우리는 너무 쉽게 강하고 능력 있는 것을 소중히 여기는데, 이런 세속적 가치는 교회에 쉽게 영향을 미칠 수 있다. 우리는 기도로 하나님께 향하는 대신 자기 자신을 의지하고 심지어 일을 해낼 능력을 갖고 있다고 자부한다. 하지만 하나님은 종종 그분만을 의지해야 하는 상황 속으로 자기 백성을 몰아넣으신다. 하나님은 우리가 자기 자신을 신뢰하지 않고 하나님을 신뢰하도록 하기 위해 이렇게 하신다. 이 사실을 이해한 사도 바울은 자신이 로마 감옥에서 편지를 쓰고 있다는 것을 알면서도 "내게 능력 주시는 자[그리스도] 안에서" 모든 것을 할 수 있다고 말했다(빌 4:13). 그는 주님을 의지하는 법을 배웠기 때문에 자신이 약할 때 실은 강하다는 것을 잘 알았다. 이것이 오늘도 모든 그리스도인의 소명이다. 곧 하나님 나라 사역에 헌신하되, 주님을 의지하는 중에 그렇게 하고 그분의 강한 능력으로 강건해지는 것이다(엡 6:10).

역대하 13:1-22

── 이야기 경청하기 ──

¹여로보암 왕 열여덟째 해에 아비야가 유다의 왕이 되고 ²예루살렘에서 삼 년 동안 다스리니라 그의 어머니의 이름은 미가야요 기브아 사람 우리엘의 딸이더라 아비야가 여로보암과 더불어 싸울새 ³아비야는 싸움에 용감한 군사 사십만 명을 택하여 싸움을 준비하였고 여로보암은 큰 용사 팔십만 명을 택하여 그와 대진한지라 ⁴아비야가 에브라임 산 중 스마라임 산 위에 서서 이르되 여로보암과 이스라엘 무리들아 다 들으라 ⁵이스라엘 하나님 여호와께서 소금 언약으로 이스라엘 나라를 영원히 다윗과 그의 자손에게 주신 것을 너희가 알 것 아니냐 ⁶다윗의 아들 솔로몬의 신하 느밧의 아들 여로보암이 일어나 자기의 주를 배반하고 ⁷난봉꾼과 잡배가 모여 따르므로 스스로 강하게 되어 솔로몬의 아들 르호보암을 대적하였으나 그 때에 르호보암이 어리고 마음이 연약하여 그들의 입을 능히 막지 못하였었느니라 ⁸이제 너희가 또 다윗 자손의 손으로 다스리는 여호와의 나라를 대적하려 하는도다 너희는 큰 무리요 또 여로보암이 너희를 위하여 신으로 만든 금송아지들이 너희와 함께 있도다 ⁹너희가 아론 자손인 여호와의 제사장들과 레위 사람들을 쫓아내고 이방 백성들의 풍속을 따라 제사장을 삼지 아니하였느냐 누구를 막론하고 어린 수송아지 한 마리와 숫양 일곱 마리를 끌고 와서 장립을 받고자 하는 자마다 허무한 신들의 제사장이 될 수 있도다 ¹⁰우리에게는 여호와께서 우리 하나님이 되시니 우리가 그를 배반하지 아니하였고 여호와를 섬기는 제사장들이 있으니 아론의 자손이요 또 레위 사람들이 수종 들어 ¹¹매일 아침 저녁으로 여호와 앞에 번제를 드리며 분향하며 또 깨끗한 상에 진설병을 놓고 또 금 등잔대가 있어 그 등에 저녁마다 불을 켜나니 우리는 우리 하나님 여호와의 계명을 지키나 너희는 그를 배반하였느니라 ¹²하나님이 우리와 함께하사 우리의 머리가 되시고 그의 제사장들도 우리와 함께하여 전쟁의 나팔을 불어 너희를 공격

하느니라 이스라엘 자손들아 너희 조상들의 하나님 여호와와 싸우지 말라 너희가 형통하지 못하리라 ¹³여로보암이 유다의 뒤를 둘러 복병하였으므로 그 앞에는 이스라엘 사람들이 있고 그 뒤에는 복병이 있는지라 ¹⁴유다 사람이 뒤를 돌아보고 자기 앞 뒤의 적병으로 말미암아 여호와께 부르짖고 제사장들은 나팔을 부니라 ¹⁵유다 사람이 소리 지르매 유다 사람이 소리 지를 때에 하나님이 여로보암과 온 이스라엘을 아비야와 유다 앞에서 치시니 ¹⁶이스라엘 자손이 유다 앞에서 도망하는지라 하나님이 그들의 손에 넘기셨으므로 ¹⁷아비야와 그의 백성이 크게 무찌르니 이스라엘 택한 병사들이 죽임을 당하고 엎드러진 자들이 오십만 명이었더라 ¹⁸그때에 이스라엘 자손이 항복하고 유다 자손이 이겼으니 이는 그들이 그들의 조상들의 하나님 여호와를 의지하였음이라 ¹⁹아비야가 여로보암을 쫓아가서 그의 성읍들을 빼앗았으니 곧 벧엘과 그 동네들과 여사나와 그 동네들과 에브론과 그 동네들이라 ²⁰아비야 때에 여로보암이 다시 강성하지 못하고 여호와의 치심을 입어 죽었고 ²¹아비야는 점점 강성하며 아내 열넷을 거느려 아들 스물둘과 딸 열여섯을 낳았더라 ²²아비야의 남은 사적과 그의 행위와 그의 말은 선지자 잇도의 주석 책에 기록되니라

이야기 속 다른 본문 경청하기
열왕기상 15:1-7

아비야는 아버지 르호보암이 아직 살아 있을 때 왕세자로 임명되었지만(11:22), 아버지가 죽으면서 이제 왕위에 오른다. 역대기에서는 언급되지 않지만 열왕기에서 아비야에 대해 기록한 내용을 염두에 두어야 한다. 아비야가 "그의 아버지가 이미 행한 모든 죄를 행하고 그의 마음이 그의 조상 다윗의 마음과 같지 아니하여 그의 하나님 여호와 앞에 온전하지 못"였다(왕상 15:3). 르호보암은 이방 신을 숭배하기 위해 산당

을 세웠고, 제의 남창을 두었다(14:22-24). 아비야는 자기 아버지의 길을 따르지만, 그의 죄에도 불구하고 역대기에서는 다윗의 아들이 주님의 왕국을 다스린다는 점을 강조한다(대하 13:8). 직접적으로 언급되지는 않지만, 이 이야기 저변에는 다윗에게 주신 하나님의 약속이 있다(대상 17:11-14; 29:23). 왕들의 범죄에도 불구하고 왕국은 끝나지 않는다(참조. 왕상 15:4). 이때 아비야와 북왕국 여로보암 사이에 내전이 발발한다(참조. 대하 12:15). 열왕기에서는 간단히 언급하는(왕상 15:6) 이 전투를 역대기 저자는 자세히 기술하는데, 여기에는 다윗의 왕권과 하나님 왕국에 대한 인정과 더불어 북왕국의 우상 숭배에 대한 부정적 평가가 포함된다.

이야기 설명하기

아비야와 여로보암 사이의 내전(13:1-12)

아비야는 3년간 짧게 통치하는데, 관심은 여로보암과의 전쟁으로 얼른 옮겨 간다(13:1-2). 이 장면에서 아비야와 그의 군대는 수적으로 크게 열세에 놓인다. 그의 군대는 여로보암 군대의 절반 규모였기 때문이다(3절).[1] 이런 극복할 수 없는 상황은 하나님의 백성에게 그분을 신뢰할 수 있는 기회를 준다(참조. 15:8-11; 16:8; 20:1-25). 아비야와 그의 군대는 에브라임 산지에 집결하는데, 클라인은 그곳을 베냐민 영토로 본다.[2] 왕은 하나님께서 다윗과 그의 후손에게 소금 언약으로 왕권을 주셨음을 여로보암에게 상기시키는데(13:5; 참조. 대상 17:11-14), "소금"은 언약의 영속성을 강조한다(참조. 민 18:19).[3] 다윗 계통의 왕과 전쟁을 벌이는 것은 다윗의 후손에게 맡겨진 주님의 왕국에 저항하는 것이나 다름없었다(대하 13:8). 다윗 계통의 왕은 주님의 왕국을 다스렸다(대상 17:14; 참조. 28:5; 29:11, 23; 대하 9:8). 이는 아비야에 맞선 여로보암의 전쟁이 바로 하나님에 대한 모욕이라는 의미였다. 아비야는 여로보암과 백성들이 금송아지를 가지고 전쟁에 나온 것을 조롱한다(13:8). 이 신들은 결코 신이 아니라 인간이 만든 우상에 불과했다(9절; 참조. 사 37:19; 45:20; 57:6; 렘 2:11, 27-28; 3:9; 겔 20:32; 합 2:19 등). 호세아의 예언적 고발을 연상시키는 (호 8:6) "우상은 신이 아니다"라는 아비야의 선언은 왕의 연설에서 절정의 순간을 표시한다.[4] 북왕국은 자기들 가운데 거하던 제사장과 레위인까지 쫓아냈는데(대하 13:9; 참조. 11:14), 이는 북쪽 지파 출신이라면 **누구나** 제사장으로 재직할 수 있다는 의미였다. 즉 제사장 직분이 **매매** 되고 있었다![5] 이처럼 스스로 임명된 제사장들의 허무함은 그들이 신이 아닌 우상을 섬긴다는 데 있었다.

하지만 아비야는 주님께서 유다와 함께하신다고 단언한다. "우리에게는 여호와께서 우리 하나님이 되시니 우리가 그를 배반하지 아니하였고 여호와를 섬기는 제사장들이 있으니 아론의 자손이요 또 레위 사람들이 수종 들어"(13:10). 이 절은 북왕국의 우상 숭배와 예루살렘 성전에서 주님께 드리는 예배를 대조한다. 남왕국에도 우상 숭배가 없지 않았지만(참조. 12:1), 북왕국에서 '신이 아닌 것'에게 드리는 비이스라엘 제사장의 숭배와 성전에서 아론의 아들들이 제사장으로 섬기는 하나님에 대한 예배 사이에 대조가 이루어지고 있다. 레위인은 매일 아침과 저녁에 번제를 드리고 향을 피웠다. 상 위에 진설병을 놓았고 매일 저녁 금 등잔대에 불을 켰다. 그들의 매일 예배는 주님의 요구에 따른 것이었지만, 북이스라엘은 하나님을 버렸다(13:11; 참조. 2:4). 아비야는 자기들과 싸우지 말라고 그들에게 경고한다. 그들은 유다의 머리로서 함께하시는 하나님께 맞서 전쟁을 벌이는 것이고, 따라서 여로보암은 성공하지 못할 것이기 때문이다(13:12).

하나님이 유다를 도우셔서 남왕국이 승리하다 (13:13-19)

유다는 전후방의 공격에 맞닥뜨리지만, 전투 중에 주님께 부르짖고 제사장은 나팔을 분다(13:13-14). 이스라엘의 제사장은 적의 공격을 받을 때 나팔을 불어 주님께서 자기 백성을 기억하시고 그들을 구원하시도록 해야 했다(민 10:1-10). 하나님의 백성은 이스라엘 역사 전반에서 여러 차례 하나님께 부르짖었는데(출 14:10; 민 20:15-16; 신 26:6-9), 특히 사사 시대에 그랬다(삿 4:3; 10:12; 참조. 느 9:27). 하나님의 백성이 이제 필사적으로 하나님께 부르짖고, 나팔이 울리자 하나님은 "여로보암과 온 이스라엘을 아비야와 유다 앞에서 치"셨다(13:15). '치다'로 번역된 동사 (히. n-g-p)는 하나님께서 이집트를 심판하여 재앙으로 치실 때 사용되었고(출 8:2; 12:13, 23, 27; 참조. 출 32:35; 대하 21:14; 21:18), 이스라엘의 적에 대한 하나님의 심판에서도 사용된다(예. 대상 19:16; 대하 14:12; 20:22). 북쪽 백성들이 도망치자 아비야와 그의 군대는 수십만 명을 학살하고 북왕국은 항복한다.[6] 유다 백성은 주님을 의지하기 때문에 승리를 거둔다(13:18; 참조. 14:11; 16:8). 여로보암은 이때부터 약화되어, 아비야는 북쪽의 여러 성읍을 점령한다(13:19). 그의 죽음이 예고되는 이유는 하나님께서 여로보암을 심판하시기 때문인데(20절), 여기에는 그의 온 가족이 포함될 것이다(왕상 14:7-11, 14-16; 15:29-30). 반면에 아비야의 힘은 강성해지고 그의 집은 많은 아들과 딸로 불어난다(대하 13:21).

이야기 살아내기

하나님을 신뢰하고 하나님께 부르짖다

고대 이스라엘의 전투는 왕과 백성에게 주님을 의지할 수 있는 기회를 주었다. 그들은 이방 신이나 군사력을 신뢰하는 대신, 구원을 위해 주님을 신뢰해야 했다. 이스라엘 백성은 이런 극복할 수 없는 상황에서 주님께로부터 도움이 온다는 것을 배워야 했다. 이것이 모든 세대에 걸친 하나님 백성의 간증이다. 시편 저자는 이렇게 단언한다. "하나님은 우리의 피난처시요 힘이시니 환난 중에 만날 큰 도움이시라. 그러므로 땅이 변하든지 산이 흔들려 바다 가운데에 빠지든지… 우리는 두려워하지 아니하리로다"(시 46:1-3). 시편 저자는 다음과 같은 희망의 말을 이어 간다. "하나님이 그 성 중에 계시매 성이 흔들리지 아니할 것이라. 새벽에 하나님이 도우시리로다"(5절). 또 다른 시편은 이스라엘과 한마음으로 이렇게 하라고 우리를 초대한다.

> 나의 영혼아 잠잠히 하나님만 바라라.
> 무릇 나의 소망이 그로부터 나오는도다.
> 오직 그만이 나의 반석이시요 나의 구원이시요
> 나의 요새이시니 내가 흔들리지 아니하리로다.
> 나의 구원과 영광이 하나님께 있음이여.
> 내 힘의 반석과 피난처도 하나님께 있도다.
> 백성들아 시시로 그를 의지하고
> 그의 앞에 마음을 토하라.
> 하나님은 우리의 피난처시로다. (62:5-8)

다윗은 사울을 피해 도망할 때 하나님이 진정으로 그의 도움이심을 깨달았다(대상 11-12장을 보라). 시편은 이 실재를 증언한다. 즉 우리는 하나님을 신뢰할 수 있고, 그분에게서만 도움이 온다(시 9:9; 18:30; 27:5; 37:5; 86:7; 118:5-6, 8; 125:1).

오늘 우리는 하나님께서 이스라엘에게 약속하신 것과 동일한 전투에 직면하지 않았고, 새 언약 아래 지상 전투에서 군사적 승리를 약속받지도 않았다. 하지만 하나님은 시대를 초월해 자기 백성이 오직 하나님만 신뢰하기를 원하신다. 삶에서 부딪히는 힘들고 고통스러운 상황은 우리를 하나님께로 더 가까이 이끌 수 있다. 야고보는 믿음의 시련이 인내를 만들어 내기에 시련을 당할 때 "온전히 기쁘게 여기라"고 가르쳤다(약 1:2-3). 초기 교회 신자들은 시련을 겪고 시험을 받았지만 기도로 함께 연합했다. 베드로가 감옥에 갇혀 있던 동안 "교회는 그를 위하여 간절히 하나님께 기도"했다(행 12:5). 감옥에서 기적적으로 풀려난 베드로는 "여러 사람이… 모여 기도하고 있던" 마리아의 집에 도착한다(12절). 이 경이로운 사건은 인생의 어려운 시절에 우리가 기도로 함께 연합하여 하나님의 도움을 구해야 한다는 사실을 일깨워 준다.

바울은 고린도 교인들에게 자신과 디모데가 삶 자체를 절망할 정도까지 아시아에서 고난을 겪었다고 쓴다(고후 1:8-9). 하지만 바울은 하나님의 주권적 손길이 역사하고 계심을 알고 그분을 의지하라고 가르쳤다. 아마 우리는 하나님께서 불리한 상황을 통해 어떤 교훈을 주시는지, 또한 어떻게 그 상황을 하나님을 의지하는 기회로 여길 수 있는지 자문할 것이다. 바울의 고백은 오늘 우리에게 교훈을 주면서, 하나님이 우리 상황에서 어떻게 일하시는지 이해하도록 도움을 준다. "이는 우리로 자기를 의지하지 말고 오직 죽은 자를 다시 살리시는 하나님만 의지하게 하심이라. 그가 이같이 큰 사망에서 우리를 건지셨고 또 건지실 것이며 이후에도 건지시기를 그에게 바라노라. 너희도 우리를 위하여 간구함으로 도우라"(고후 1:9b-11a). 이 구절은 힘들고 절망적으로 보이는 상황에서 하나님을 의지하고, 그분께만 소망을 두며, 성도들의 기도를 통해 도움을 받는 것 등의 여러 중요한 주제를 연결한다. 이런 주제 중 몇 가지는 아비야 이야기에서 반복되었다. 백성들은 고통 속에서 하나님께 부르짖었고, 하나님은 그분을 신뢰하는 그들을 구원하셨다. 이 원리는 이어지는 아사왕 이야기에서 다시 배우게 된다.

43   역대하 14:1-15

이야기 경청하기

¹아비야가 그의 조상들과 함께 누우매 다윗 성에 장사되고 그의 아들 아사가 대신하여 왕이 되니 그의 시대에 그의 땅이 십 년 동안 평안하니라 ²아사가 그의 하나님 여호와 보시기에 선과 정의를 행하여 ³이방 제단과 산당을 없애고 주상을 깨뜨리며 아세라 상을 찍고 ⁴유다 사람에게 명하여 그 조상들의 하나님 여호와를 찾게 하며 그의 율법과 명령을 행하게 하고 ⁵또 유다 모든 성읍에서 산당과 태양상을 없애매 나라가 그 앞에서 평안함을 누리니라 ⁶여호와께서 아사에게 평안을 주셨으므로 그 땅이 평안하여 여러 해 싸움이 없은지라 그가 견고한 성읍들을 유다에 건축하니라 ⁷아사가 일찍이 유다 사람에게 이르되 우리가 우리 하나님 여호와를 찾았으므로 이 땅이 아직 우리 앞에 있나니 우리가 이 성읍들을 건축하고 그 주위에 성곽과 망대와 문과 빗장을 만들자 우리가 주를 찾았으므로 주께서 우리 사방에 평안을 주셨느니라 하고 이에 그들이 성읍을 형통하게 건축하였더라 ⁸아사의 군대는 유다 중에서 큰 방패와 창을 잡는 자가 삼십만 명이요 베냐민 중에서 작은 방패를 잡으며 활을 당기는 자가 이십팔만 명이라 그들은 다 큰 용사였더라 ⁹구스 사람 세라가 그들을 치려 하여 군사 백만 명과 병거 삼백 대를 거느리고 마레사에 이르매 ¹⁰아사가 마주 나가서 마레사의 스바다 골짜기에 전열을 갖추고 ¹¹아사가 그의 하나님 여호와께 부르짖어 이르되 여호와여 힘이 강한 자와 약한 자 사이에는 주밖에 도와 줄 이가 없사오니 우리 하나님 여호와여 우리를 도우소서 우리가 주를 의지하오며 주의 이름을 의탁하옵고 이 많은 무리를 치러 왔나이다 여호와여 주는 우리 하나님이시오니 원하건대 사람이 주를 이기지 못하게 하옵소서 하였더니 ¹²여호와께서 구스 사람들을 아사와 유다 사람들 앞에서 치시니 구스 사람들이 도망하는지라 ¹³아사와 그와 함께한 백성이 구스 사람들을 추격하여 그랄까지 이르매 이에 구스 사람들이 엎드러지고 살아 남은 자

가 없었으니 이는 여호와 앞에서와 그의 군대 앞에서 패망하였음이라 노략한 물건이 매우 많았더라 ¹⁴여호와께서 그랄 사면 모든 성읍 백성을 두렵게 하시니 무리가 그의 모든 성읍을 치고 그 가운데에 있는 많은 물건을 노략하고 ¹⁵또 짐승 지키는 천막을 치고 양과 낙타를 많이 이끌고 예루살렘으로 돌아왔더라

이야기 속 다른 본문 경청하기
역대하 6:34-35; 시편 33:16-17

아사의 통치는 남왕국의 정점을 나타낸다. 아사는 통치 초기에 대대적인 종교 개혁을 단행함으로써 이전 왕들의 우상 숭배 관행을 뒤집는다(왕상 14:22-24; 15:1-3). 역대기 저자에게 아사가 얼마나 중요했는지는 그에게 기울인 큰 관심에서 볼 수 있다. 열왕기에서는 짧은 분량만 다루지만(15:9-24), 역대기에서는 세 장에 걸쳐 그의 통치를 다룬다(대하 14-16장). 이 본문을 경청하면서 수십 년 전 솔로몬이 드린 기도를 떠올리는 것이 도움이 된다(6:12-42). 왕은 기도를 통해 하나님의 백성이 적의 공격에 직면했을 때 어떻게 대응해야 하는지를 언급했다. "주의 백성이 그 적국과 더불어 싸우고자 하여 주께서 보내신 길로 나갈 때에 그들이 주께서 택하신 이 성과 내가 주의 이름을 위하여 건축한 성전 있는 쪽을 향하여 주께 기도하거든 주는 하늘에서 그들의 기도와 간구를 들으시고 그들의 일을 돌보시옵소서"(34-35절). 아사는 전쟁 중에 기도하는 왕의 본보기며, 곧 보게 되듯이 하나님은 왕의 기도에 응답하신다. 시편 33:16은 아사 이야기 저변에 있는 신학을 요약하면서 "많은 군대로 구원 얻은 왕이 없으며 용사가 힘이 세어도 스스로 구원하지 못하는도다. 구원하는 데에 군마는 헛되며 군대가 많다 하여도 능히 구하지 못하는도다"라고 명확히 진술한다(16-17절). 하나님의 백성은 군사력을

의존하는 대신 구원을 위해 그분을 신뢰하고 **그분께** 소망을 두어야 했다(18-22절). 이것이 바로 아사가 한 일이고, 이로써 역대기 저자에게 어려운 상황 속에서 하나님께 신실하다는 것이 무엇을 의미하는지를 가르쳐 주는 풍성한 자료를 제공한다. 예루살렘에 살고 있는 귀환자들과 오늘 우리는 아사의 삶에서 많은 것을 얻을 것이다.

이야기 설명하기

아사가 종교 개혁을 단행하고 왕국을 요새화하다(14:1-7)

아사의 통치는 아버지 아비야가 죽은 후 시작되고, 그의 시대에 나라가 10년간 평안했다는 논평이 덧붙는다(14:1). 이것은 역대기 저자의 몇 가지 연대 표시 중 하나로써(15:10, 19; 16:1, 12-13) 아사 이야기가 의도적으로 연대기적 틀 안에 배치되었음을 강조한다.[1] 처음에 아사는 "그의 하나님 여호와 보시기에 선과 정의를 행[한]" 왕으로 묘사된다(14:2). 이런 긍정적 묘사는 여호사밧(20:32), 요아스(24:2), 아마샤(25:2), 웃시야(26:4-5), 히스기야(29:2), 요시야(34:2) 같은 왕들의 특징이다. 아사는 이방 제단과 산당, 주상, 아세라상을 제거하는 등 우상 숭배 근절에 관심을 기울인다(14:3). 우상 숭배와 관련된 이 네 가지 물건은 이스라엘에서 엄격하게 금지되었다(출 34:13; 신 7:5; 12:3; 참조. 왕하 17:9-10). 모세는 이스라엘 백성이 그 땅에 들어갈 때 이교 숭배에 사용되는 주상과 아세라상을 파괴해야 한다고 경고했다. 아세라 숭배가 아합 통치 기간에 널리 퍼지는 동안(왕상 16:33; 18:19), 남왕국도 그 같은 이교 관행에서 예외가 아니었다(왕하 21:2-3, 7; 대하 24:18; 참조. 31:1). 따라서 종교 개혁은 거짓 숭배와 관련된 모든 물건을 근절해야 했다(14:3; 참조. 15:16; 17:6; 19:3; 31:1; 34:3-4, 7).

아사는 우상 숭배를 여호와 예배로 대체한다. 그는 유다 백성에게 주
님을 찾고 그분의 율법을 따르라고 명령한다(14:4). 동사 '찾다'(히. d-r-
sh)는 이 장들에서 여섯 번 등장하여(14:4, 7; 15:2, 12, 13; 16:12) 아사 통치
기에 그 중요성을 강조한다.[2] 이것이 바로 유다에게 필요한 경건한 리
더십으로, 여호사밧 통치 기간에 다시 볼 것이다(20:3-4). 역대기 저자가
이 두 왕에게 많은 관심을 기울이는 것은 우연이 아니다. 그들은 귀환
공동체의 모범이 되기 때문이다(14-20장). 아사의 왕권은 안식으로 상징
되는 하나님의 축복 아래 있고(14:5-6; 참조. 수 21:44; 23:1; 삼하 7:11), 유다
는 성읍을 건축하고 요새화할 기회를 얻는다(대하 14:7).

구스 군대가 예루살렘을 향해 진격하다(14:8-10)
관심은 유다와 베냐민 출신의 용감한 전사 수십만 명으로 구성된 아사
의 군대로 옮겨 가지만(14:8), 방패와 창, 활에 불과한 그들의 무기는 적
이 사용하는 수많은 전차의 적수가 될 수 없다! 구스 사람으로 확인되는
세라가 엄청난 군대와 많은 병거를 이끌고 아사를 치러 온다(9절). 구스
사람들은 이집트 남쪽 수단 지역에 위치한 사하라 사막 이남의 아프리
카 민족이었다. 주전 8세기 중반에 그들은 이집트를 정복하고 약 100년
동안 지속된 제25 구스 왕조를 세웠다.[3] 구스 사람들은 훗날에는 히스
기야를 돕기 위해 오겠지만(왕하 19:9), 이 시기에 그들은 예루살렘에 맞
서 전쟁을 벌이고 있다. 세라는 이집트 왕 오소르콘(Osorkon) 1세가 보낸
군대 장군이었을 것이고,[4] 아사의 군대는 수십만에 불과한 반면 세라
의 군대는 백만 명에 달했다(대하 14:9). "천"으로 번역된 히브리어 단어
(히. 'eleph)는 더 작은 부대를 가리킬 수 있고, 이 경우 소대의 규모에 따
라 그 수는 훨씬 적었을 것이다.[5]

구약성경의 다른 거룩한 전쟁과 마찬가지로, 이스라엘 백성이 수적으
로 상대편보다 열세인 경우는 드물지 않다(참조. 대하 20:2; 32:7). 예언자

하나니는 이 전투를 회상하면서 이 점을 짧게 언급한다. "구스 사람과 룹 사람의 군대가 크지 아니하며 말과 병거가 심히 많지 아니하더이까? 그러나 왕이 여호와를 의지하였으므로 여호와께서 왕의 손에 넘기셨나이다"(16:8). 이집트에서 온 이 큰 군대는 전략적 위치 때문에 르호보암이 요새화한 성읍 중 하나인(11:8) 마레사까지 진격한다(14:9).[6] 아사와 그의 군대는 전투를 위해 진격하지만, 전장에서 벌어지는 일은 우리를 이야기의 핵심으로 데려간다.

아사가 하나님께 도움을 요청하고 구스가 패하다(14:11-15)

아사와 그의 군대가 전투를 준비할 때, 왕은 절박한 심정으로 하나님께 부르짖는다. "여호와여 힘이 강한 자와 약한 자 사이에는 주밖에 도와 줄 이가 없사오니 우리 하나님 여호와여 우리를 도우소서. 우리가 주를 의지하오며 주의 이름을 의탁하옵고 이 많은 무리를 치러 왔나이다. 여호와여 주는 우리 하나님이시오니 원하건대 사람이 주를 이기지 못하게 하옵소서"(14:11). 아사는 시작하면서 하나님으로부터만 도움이 온다고 단언한다. 그는 자신과 백성들은 강력한 구스 군대와 비교할 때 약하고 무력하다고 고백한다. 이 상황은 르우벤, 갓, 므낫세가 하갈 사람들과의 전투 중에 하나님께 부르짖었을 때 그분이 도우셨던 일을 연상시킨다(대상 5:20). 시편은 하나님이 그분께 부르짖는 자를 도우신다는 희망을 크게 되울린다(시 18:1-6; 22:19; 28:2, 6-9 등).[7] 이제 아사와 백성들은 주님께 부르짖고 주님을 의지한다. 동사 '의지하다, 의탁하다'(히. sh-'-n)는 이번 장들에서 여러 번 사용된다(대하 14:11; 16:7, 8; 참조. 13:18). 이사야는 병거를 의지하는 것에 대해 경고했다. 하나님의 백성은 구원을 얻기 위해 그분만 의지해야 하기 때문이다(사 31:1; 참조. 대하 13:18). 임박한 공격에 직면한 아사는 자신의 군사력이나 군대가 아니라 주님을 의지한다. 도움을 바라는 아사의 외침은 "우리와 함께하시는 이는 우리의 하나님 여호와시라. 반드시 우리를 도우시고 우리를 대신하여 싸우시리라"고 고백하는 히스기야의 기도를 예고한다(32:8). 하나님께서 도움을 바라는 그들의 외침에 응답해 구스 사람들을 치시자 그들은 도망하여 아무도 살아남지 못했다(14:12-13). 하나님이 주신 두려움이 그들에게 임했기 때문에 아사는 그들의 성읍을 약탈하고 많은 가축을 가져오는데(14-15절), 옛적에 적을 물리친 다윗의 승리를 연상시킨다.

이야기 살아내기

기도하고 하나님을 의지하다

구스 사람들에 대한 아사의 승리는 구약성경에서 이스라엘 백성이 적에 비해 수적으로 크게 열세였던 여러 전투 중 하나다. 이 이야기는 "많은 군대로 구원 얻은 왕이 없으며 용사가 힘이 세어도 스스로 구원하지 못하는도다"라는 점을 강조한다(시 33:16). 하나님은 이 전투를 통해 하나님의 백성은 그분만을 의지해야 한다고 가르치고 계신다. 이 이야기의 전환점은 군사력이나 전문성이 아니라 기도와 하나님을 의지하는 것이다. 여기서 중요한 영적 교훈을 얻을 수 있다. 역대기 저자는 귀환자들이 그들 삶에서 기르기를 바라는 영적 원리를 가르치기 위해 의도적으로 비슷한 이야기를 강조했다. 즉 하나님은 자기 백성이 **하나님께** 도움을 요청하길 바라신다.[8] 오늘날 우리는 이런 식의 전투에 참여하지 않지만, 기도로 하나님을 향하고 그분을 의지하는 원리는 여전히 동일하다.

우리 삶의 문제는 하나님 대신 다른 것 또는 다른 사람을 의지하고 있는가의 여부다. 예언자 이사야는 이스라엘에게 이렇게 경고했다. "도움을 구하러 애굽으로 내려가는 자들은 화 있을진저. 그들은 말을 의지하며 병거의 많음과 마병의 심히 강함을 의지하고 이스라엘의 거룩하신 이를 앙모하지 아니하며 여호와를 구하지 아니하나니"(사 31:1). 우리는 도움을 얻기 위해 이집트를 바라보거나, 말과 병거에 의지하려는 유혹에 빠지지는 않지만, 하나님께 향하는 대신 쉽게 의지할 수 있는 다른 것들이 있다. 우리의 직업이나 성취, 은퇴 계좌, 정규직 교수 채용 등이 포함될 수 있고, 이 목록은 계속 늘어날 수 있다. 교회나 기독교 기관은 마케팅과 인맥, 소셜 미디어, 심지어 부유한 후원자에게 쉽게 의존할 수 있고, 이 목록은 계속 늘어날 수 있다. 하나님은 하나님 나라의 사역을 위해 이런 것들을 사용하시지만, 우리는 이런 것들을 **의지**하거나 **신뢰**하지 않아야 한다. 이스라엘의 왕은 군대를 소유했지만, 그들은 군대를 의지하지 않고 주님을 의지해야 했다. 자펫이 지적하듯이, 왕은 "군사력을 소유할 뿐 아니라 군사력의 사용을 포기하고 보호를 얻기 위해 오직 하나님만 의지해야" 했다.[9] 이런 이유로 하나님께서는 종종 그들이 하나님만 신뢰하는 법을 배울 수 있도록 그들을 수적 열세 상황에 두신다. 우리는 너무 쉽게 자기 힘을 의지하고 자족할 수 있지만, 잠언은 자신을 신뢰하는 사람은 미련한 자라고 가르친다(잠 28:26).

2017년 바나 그룹의 연구에 따르면, 활동적인 그리스도인 중 52퍼센트가 "하나님은 스스로 돕는 자를 돕는다"라는 격언이 성경에 있다고 "강력하게 동의한다."[10] 이 격언의 대중성이 문제가 아니라, 그리스도인들조차 이 격언이 **성경에** 있다고 생각하는 것이 문제다. 이 친숙한 격언의 역사를 추적한 헤인즈(Haynes)는 벤저민 프랭클린(Benjamin Franklin)이 이 격언을 대중화시켰지만 그보다 앞선 1,600년대에 앨저넌 시드니(Algernon Sydney)라는 영국 정치인이 쓴 것이고, 그 뿌리는 그리스 신화로 거슬러 올라간다고 지적한다.[11] 이 대중적인 격언은 무해한 듯 보이지만, 인간 문제의 핵심에 도달한다. 자기 자신을 의지할 때 우리 마음은 금세 주님에게서 멀어진다. 예언자 예레미야는 이렇게 경고한다.

"무릇 사람을 믿으며 육신으로 그의 힘을 삼고 마음이 여호와에게서 떠난 그 사람은 저주를 받을 것이라"(렘 17:5). 역대기에서 우리는 왕이 강해졌을 때 쉽게 하나님으로부터 멀어졌음을 깨닫는다(대하 12:1을 보라). 그런데 하나님은 자신의 도움이 **필요하다**는 것을 상기시키기 위해, 특히 하나님의 백성이 수적으로 열세인 전투를 종종 사용하신다. 그들은 하나님의 도움 없이는 승리할 수 없다는 영적 교훈을 **배워야** 했다. 이 이야기에서 우리가 배워야 할 원리는, 우리는 강할 때는 쉽게 자신을 의지하지만 하나님은 우리가 약할 때 이런 상황을 통해 그분을 의지하도록 가르치신다는 것이다. 이 교훈을 깨달은 사도 바울에게 깊이 공감하기를 바란다. "그러므로 내가 그리스도를 위하여 약한 것들과 능욕과 궁핍과 박해와 곤고를 기뻐하노니 이는 내가 약한 그때에 강함이라"(고후 12:10). 우리는 아사의 기도로 하나님께 부르짖는다. "우리 하나님 여호와여 우리를 도우소서. 우리가 주를 의지하오며 주의 이름을 의탁하옵고"(대하 14:11). 아이작 와츠의 유명한 찬송가 "예부터 도움 되시고"(Our God, Our Help in Ages Past)에 잘 나타나듯이, 하나님은 정녕 우리의 도움이시다.

> 예부터 도움 되시고
> 내 소망 되신 주
> 이 세상 풍파 중에도
> 늘 보호하시리.
>
> 주님의 보좌 그늘에
> 성도들 안전하고
> 주님의 능력의 팔로
> 우리는 안전해.

역대하 15:1-19

이야기 경청하기

¹하나님의 영이 오뎃의 아들 아사랴에게 임하시매 ²그가 나가서 아사를 맞아 이르되 아사와 및 유다와 베냐민의 무리들아 내 말을 들으라 너희가 여호와와 함께하면 여호와께서 너희와 함께하실지라 너희가 만일 그를 찾으면 그가 너희와 만나게 되시려니와 너희가 만일 그를 버리면 그도 너희를 버리시리라 ³이스라엘에는 참 신이 없고 가르치는 제사장도 없고 율법도 없은 지가 오래 되었으나 ⁴그들이 그 환난 때에 이스라엘 하나님 여호와께로 돌아가서 찾으매 그가 그들과 만나게 되셨나니 ⁵그때에 온 땅의 모든 주민이 크게 요란하여 사람의 출입이 평안하지 못하며 ⁶이 나라와 저 나라가 서로 치고 이 성읍이 저 성읍과 또한 그러하여 피차 상한 바 되었나니 이는 하나님이 여러 가지 고난으로 요란하게 하셨음이라 ⁷그런즉 너희는 강하게 하라 너희의 손이 약하지 않게 하라 너희 행위에는 상급이 있음이라 하니라 ⁸아사가 이 말 곧 선지자 오뎃의 예언을 듣고 마음을 강하게 하여 가증한 물건들을 유다와 베냐민 온 땅에서 없애고 또 에브라임 산지에서 빼앗은 성읍들에서도 없애고 또 여호와의 낭실 앞에 있는 여호와의 제단을 재건하고 ⁹또 유다와 베냐민의 무리를 모으고 에브라임과 므낫세와 시므온 가운데에서 나와서 저희 중에 머물러 사는 자들을 모았으니 이는 이스라엘 사람들이 아사의 하나님 여호와께서 그와 함께하심을 보고 아사에게로 돌아오는 자가 많았음이더라 ¹⁰아사 왕 제십오년 셋째 달에 그들이 예루살렘에 모이고 ¹¹그날에 노략하여 온 물건 중에서 소 칠백 마리와 양 칠천 마리로 여호와께 제사를 지내고 ¹²또 마음을 다하고 목숨을 다하여 조상들의 하나님 여호와를 찾기로 언약하고 ¹³이스라엘 하나님 여호와를 찾지 아니하는 자는 대소 남녀를 막론하고 죽이는 것이 마땅하다 하고 ¹⁴무리가 큰 소리로 외치며 피리와 나팔을 불어 여호와께 맹세하매 ¹⁵온 유다가 이 맹세를 기뻐한지라 무리가 마음을 다하여 맹세하고 뜻을 다하여

여호와를 찾았으므로 여호와께서도 그들을 만나 주시고 그들의 사방에 평안을 주셨더라 16아사 왕의 어머니 마아가가 아세라의 가증한 목상을 만들었으므로 아사가 그의 태후의 자리를 폐하고 그의 우상을 찍고 빻아 기드론 시냇가에서 불살랐으니 17산당은 이스라엘 중에서 제하지 아니하였으나 아사의 마음이 일평생 온전하였더라 18그가 또 그의 아버지가 구별한 물건과 자기가 구별한 물건 곧 은과 금과 그릇들을 하나님의 전에 드렸더니 19이 때부터 아사 왕 제삼십오년까지 다시는 전쟁이 없으니라

이야기 속 다른 본문 경청하기

사사기 2:11-13

    아사와 백성들은 하나님의 도움으로 강력한 구스 군대를 물리친 후 예루살렘으로 돌아온다. 하지만 그들의 군사적 승리는 안주로 이어져선 안 되었고, 오히려 예언자 아사랴가 전하는 하나님을 찾으라는 권면에 귀 기울여야 했다. 바로 예언자의 이름('여호와께서 도우신다')이 이 중심 주제를 대변한다. 예언자는 조상들이 하나님의 구원을 경험한 후 매번 얼마나 빨리 하나님으로부터 멀어졌는지를 상기시켜 주는 데 도움을 주는 이스라엘 역사의 한 시기를 회고한다(사사 시대를 가리킬 가능성이 가장 크다). 그들은 바알을 섬기면서 하나님 보시기에 악을 행했다. "애굽 땅에서 그들을 인도하여 내신 그들의 조상들의 하나님 여호와를 버리고 다른 신들 곧 그들의 주위에 있는 백성의 신들을 따라 그들에게 절하여 여호와를 진노하시게 하였으되 곧 그들이 여호와를 버리고 바알과 아스다롯을 섬겼으므로"(삿 2:12-13). 그런데 그들이 하나님께 부르짖었을 때 하나님은 구원자를 일으켜 그들을 구원하셨다(18절; 3:9; 4:3; 10:10 등). 귀환 공동체는 이스라엘 역사에서 잘 알려진 이 시기를 회상하면서, 조상들이 하나님을 거역하고 그분의 율법을 외면했던 때를 기억한다(느

9:26). 하나님은 그들을 원수의 손에 넘기셨지만, 그들이 고통 속에서 하나님께 부르짖자 하나님은 하늘에서 듣고 그들을 구원하셨다(27절). 그러나 적으로부터 안식을 얻은 후 악순환은 계속되었다. "그들이 평강을 얻은 후에 다시 주 앞에서 악을 행하므로 주께서 그들을 원수들의 손에 버려 두사 원수들에게 지배를 당하게 하시다가 그들이 돌이켜 주께 부르짖으매 주께서 하늘에서 들으시고 여러 번 주의 긍휼로 건져내시고"(28절). 하나님께서는 예언자를 통해 성령으로 자기 백성을 훈계하셨는데(30절), 바로 여기서 예언자 아사랴를 통해 하고 계신 일이다. 하나님의 백성은 그 땅에서 안식을 경험했고(대하 14:7; 참조. 15:15), 따라서 아사랴의 경고는 시의적절하다.

이야기 설명하기

예언자 아사랴가 아사에게 경고하다(15:1-7)

오뎃의 아들 아사랴에게 하나님의 영이 임하면서 이야기가 시작된다(15:1). 성령께서 예언자를 통해 이렇게 말씀하신다. "아사와 및 유다와 베냐민의 무리들아 내 말을 들으라. 너희가 여호와와 함께하면 여호와께서 너희와 함께하실지라. 너희가 만일 그를 찾으면 그가 너희와 만나게 되시려니와 너희가 만일 그를 버리면 그도 너희를 버리시리라"(2절). 하나님은 자기 백성이 하나님을 찾고 의지했을 때 구스를 물리치셨지만, 위기가 끝난 후 유혹에 빠져 하나님을 버릴 위험이 있었다. 여기에는 사사 시대에 만연한 것과 같은(삿 2:12-13; 10:6-7) 우상 숭배가 포함되었을 가능성이 높다(참조. 삼상 8:8; 대하 7:22; 24:18 등). 예언자는 만일 그들이 하나님을 버리면 하나님도 자기 백성을 버리시고 재앙이 그들에게 임할 것이라고 선포한다(7:22; 28:6; 29:6-10; 34:25). 아사랴는 이스라엘에

"참 신이 없고 가르치는 제사장도 없고 율법도 없[던]" 때를 회고한다 (15:3). 이것은 아마 우상 숭배가 특징이었던 사사 시대를 가리키는 것으로 보인다. 그때에 그들은 "참 신"이 없었고(참조. 삿 2:11-19; 3:7; 10:6), 미가가 자기 아들을 제사장으로 임명했기에(17:1-5; 참조. 18:14) "제사장"도 없었으며, 모두가 자기 보기에 옳은 대로 행했기에(17:6) "율법"도 없었다. 혹자는 이 구절이 북왕국을 가리킨다고 주장한다(참조. 호 3:4). 그들은 두 금송아지를 숭배했고("참 신이 없고"), 레위인이 아닌 사람이 제사장으로 섬겼으며("가르치는 제사장도 없고"), 하나님의 율법을 따르지 않았기("율법도 없[다]") 때문이다.[1] 사사 시대를 염두에 둔 것 같지만, 아사랴의 논점은 참 하나님께 드리는 예배와 가르치는 제사장, 하나님의 율법으로 구성된 "믿음의 세 가지 본질"을 강조하는 것이다.[2] 이것은 이스라엘 신앙의 핵심 결정체로, 언약 공동체에서 하나님의 말씀을 가르치는 것이 중요하다고 강조한다. 이어지는 내용에서 역대기 저자는 우상 숭배와 하나님의 말씀을 가르치지 않음으로 인해 어떤 종류의 혼란이 초래되는지 기술한다. "그때에 온 땅의 모든 주민이 크게 요란하여 사람의 출입이 평안하지 못하며 이 나라와 저 나라가 서로 치고 이 성읍이 저 성읍과 또한 그러하여 피차 상한 바 되었나니 이는 하나님이 여러 가지 고난으로 요란하게 하셨음이라"(대하 15:5-6). 이것은 분명 사사 시대의 특징이고, 이어지는 개혁에서 남왕국에게 동기를 부여하기 위해 의도된 것이다(8-13절). 따라서 이런 다른 예들과 대조적으로 그들은 "강하게… 손이 약하지 않게" 해야 한다(7절). 주님과 그분의 말씀으로 돌아오도록 하나님의 백성을 부르는 것은 결코 헛되지 않다. 이 일에는 항상 보상이 따른다.

종교 개혁과 언약 갱신(15:8-19)

아사는 예언의 말씀을 듣고 용기를 낸다! 그는 유다와 베냐민 땅, 심지어 자기가 점령한 에브라임 산지의 성읍에서 가증한 우상을 제거한다 (15:8). 아사는 그 땅에서 가증한 우상을 제거할 뿐 아니라 주님의 제단도 재건해 제사 드릴 준비를 한다(8절). 그는 유다와 베냐민과 더불어 자기들 중에 정착한 북쪽 지파의 에브라임, 므낫세, 시므온 사람들을 예루살렘으로 모으는데 "이스라엘 사람들이 아사의 하나님 여호와께서 그와 함께하심을 보고 아사에게로 돌아오는 자가 많았[기]" 때문이다(9절; 참조. 2절). 역대기 저자는 북쪽 사람들이 남왕국에 합류할 때를 귀환자들에게 상기시키려고 애쓴다(11:16; 30:11-12, 18-19). 이 사건은 분명 그들이 유다 및 베냐민과 더불어 에브라임과 므낫세의 연합 지파로 살면서 하나 된 하나님의 백성이 되도록 격려했을 것이다(대상 9:3).[3] 자기 백성 가운데 계신 하나님의 임재는 북쪽 지파들이 언약 공동체의 일원이 되도록 이끌면서, 스가랴가 보았듯이 이방인들이 "하나님이 너희와 함께하심을 들었나니 우리가 너희와 함께 가려 하노라"고 말할 때를 예고한다(슥 8:23).

거룩한 회중이 모여 노략물 중에서 소와 양 수천 마리를 제물로 바친다(대하 15:11). 그들은 "마음을 다하고 목숨을 다하여 조상들의 하나님 여호와를 찾기로" 언약을 맺는다(12절). 동사 '찾다'(히. *d-r-sh*)는 아사의 경건한 통치를 나타내고(14:4, 7; 15:2, 12, 13)[4] 마음을 다하는 것은 역대기에서 경건의 또 다른 중요한 특징이다(대상 22:19; 28:9; 29:19). 아사는 누구든 하나님 찾기를 거부하는 이들은 사형이 마땅하다는 과감한 조치를 취한다(대하 15:13). 다소 극단적으로 보일 수 있지만, 왕은 하나님을 따르지 않을 경우 더 큰 위험을 초래한다는 것을 알고 있다(참조. 3절). 이런 점을 고려하면서 왕은 자신이 재위하는 동안에는 이 같은 일이 일어나지 않기를 바란다. 나아가, 한 사람의 범죄는 공동체 전체에 치명적 결과를 초래할 수 있다(참조. 수 7:1-26; 대상 2:7).[5] 따라서 하나님을 향한 온전한 마음은 그 땅의 평안을 보장하기 위해 필수적이었다. 하나님의 백성은 언약 갱신에 동참하는데, "무리가 마음을 다하여 맹세하고 뜻을 다하여 여호와를 찾았으므로 여호와께서도 그들을 만나" 주셨기 때문에 그들이 했던 맹세에 기쁨이 동반된다(대하 15:15). 언약 갱신은 사방의 평안을 가져다주었다(15절).

아사는 할머니(개역개정은 "어머니") 마아가를 태후의 자리에서 끌어내리는 대담한 조치를 취한다(16절; 또한 왕상 15:2, 10을 보라). 왕위 계승 문제에서 밧세바가 끼친 영향력에서 볼 수 있듯이(왕상 1:11-31), 정치 영역에서 태후는 상당한 영향을 미쳤다. 특히나 밧세바의 왕좌는 솔로몬의 왕좌 오른쪽에 있었다!(2:19) 아세라와 바알 숭배를 조장하는 이세벨의 역할에서 볼 수 있듯이, 태후는 종교 영역에도 영향을 미쳤다(16:31-33; 18:19). 마아가가 혐오스러운 아세라상을 세웠기에, 아사는 종교 개혁을 통해 할머니를 그 자리에서 폐위시켜야 했다(대하 15:16; 참조. 14:3). 그는 마아가가 만든 우상을 파괴하고 기드론 골짜기에서 불태운다(15:16). 우상 숭배에 사용된 산당을 완전히 파괴하지는 않았지만(17절; 참조. 17:6; 20:33; 28:4), 아사의 마음은 "일평생 [여호와께] 온전하였다"(15:17). 장이 마무리되어 가면서, 아사는 아버지와 자신이 바친 은과 금을 성전으로 가져와 하나님을 향한 헌신을 입증한다(18절). 아사 통치 35년까지 그 땅은 평안했다(19절).[6]

이야기 살아내기

하나님의 말씀을 가르치는 것은 중요하다

예언자 아사랴는 참 하나님께 드리는 예배, 가르치는 제사장, 하나님의 율법으로 표현되는 "믿음의 세 가지 본질"을 간결하게 요약한다.[7] 예언자 말라기는 제사장의 역할을 기술하는데, 그의 입술은 "지식을 지켜야 하겠고 사람들은 그의 입에서 율법을 구하게 되어야 할 것이니 제사장은 만군의 여호와의 사자"이기 때문이다(말 2:7). 그런데 성경을 가르치는 제사장이 없으면 하나님의 백성은 하나님을 떠나 방황하기 쉽다. 이스라엘 역사는 그들이 얼마나 빨리 거짓 신을 숭배하고 주변 나라의 관행과 세계관을 받아들였는지 보여 준다. 사사 시대의 역사는 이러한 '본질'이 결여되었을 때 어떤 일이 벌어지는지에 대한 인상적인 사례를 보여 준다.[8] 클라인의 요약은 이 대목에서 유익하다.

> 권위를 갖고 가르치며 여호와의 뜻을 새로운 상황에 적용할 수 있는 제사장이 없었다. 역대기 저자에게 율법이 없다는 것은 이스라엘이 시내산 계시를 몰랐던 때가 그 땅에 있었다는 의미가 아니라, 끊임없이 변화하는 삶의 도전 속에서 이 율법을 올바르게 가르치거나 적용하지 못했다는 의미다. 이것은 먼 과거의 상황이었지만, 역대기 저자 자신의 상황을 포함하여 모든 시대의 위험이기도 했다.[9]

하나님의 백성을 가르치는 레위인의 중요한 역할은 이스라엘 역사 여러 시기에 강조되었고(예. 대하 17:9; 31:4; 35:3; 스 8:16; 느 8:7-9), 이는 모든 세대를 향해 교사를 두어야 할 필요성을 강조한다.[10]

에스라는 귀환 시기에 모세 율법에 능통한 율법 교사로 알려진 레위인 가운데 하나였다(스 7:10; 참조. 느 8:13). 그는 하나님의 율법을 추구하고 실행하며, 이스라엘에서 그 법령과 규례를 가르치는 데 헌신했다. 그의 공적인 가르침 사역은 특히 그가 연단에 서서 대중에게 오랜 시간 율법을 낭독해 줄 때 볼 수 있다(느 8장). 이 기사는 '백성에게 율법을 가르치고'(7절), 그 뜻을 명확히 설명해 "백성에게 그 낭독하는 것을 다 깨닫게" 하는(8절) 레위인의 역할을 강조한다. 하나님의 말씀을 가르치는 사람들이 성경을 꼼꼼히 살피는 것은 필수적이었다(13-14절). 말씀을 전하는 것은 이 시기에 주님과 그들의 관계를 새롭게 하는 결과를 낳았다.

하나님의 말씀을 가르치는 것은 모든 세대에서 교회의 삶과 행복을 위해 중요하다. 케네스 브리그스의 저서『보이지 않는 베스트셀러』(The Invisible Best Seller)는 성경 판매량이 사상 최고치에 있지만 실제 성경 읽기는 당혹스러울 만큼 쇠퇴하고 있음을 보여 주는 연구 중 하나에 불과하다.[11] 우리는 바나 그룹이 여러 연구에서 지적한 것처럼 성경에 무지해지는 위기에 직면해 있다.[12] 성경에 대한 무지란 단순히 성경 이야기의 상실을 의미하는 것이 아니다. 그것은 교회가 성경에서 하나님에 대한 근본 개념(category)을 얻지 못하면, 이때 만들어진 공백이 본질상 우상 숭배적인 문화의 근본 개념을 채택하여, 하나님을 정의하기에 이른다는 것을 의미한다.

하나님의 말씀을 가르치는 것이 중요하다는 예언자 아사랴의 경고는 우리의 삶과 지역 교회에서 성경의 역할을 성찰하도록 요청한다. 브리그스는 광범위한 연구를 통해 다음과 같은 사실을 발견했다. "사람들이 성경을 읽지 않는다고 말하는 주요한 이유는 성경을 이해할 수 없기 때문이다. 수백 가지의 새로운 번역본이 나왔음에도 언어와 문체, 이제는 사라진 세상에 대한 언급 때문에 성경을 가까이할 수 없다고 사람들은 증언한다."[13] 그는 설교자들이 성경에 기초한 설교를 하지만 "그 말씀이 나온 더 큰 배경을 회중이 이해할 수 있다고 더는 기대할 수 없다. '솔라 스크립투라'(sola Scriptura, '오직 성경')가 일종의 '놀라 스크립투라'(nola Scriptura, '성경 부재' 혹은 '성경 배재')로 바뀌고 있다"고 지적한다.[14] 우리는 앞선 주석에서 성경 연구의 중요성에 대해 논한 바 있고,[15] 교회에서 성경을 가르치려면 신학생들이 큰 빚을 지지 않도록 신학교 학생들에 대한 투자가 필요하다는 말을 덧붙이고 싶다. 신학생은 말하자면 하나님의 말씀을 가르치기 위해 훈련받고 있는 현대의 '레위인'이다. 개신교 성직자가 고령화되고 있고 사역에 진입하는 밀레니얼 세대가 줄어들고 있다는 점을 고려할 때 이는 한층 시급한 문제다.[16] 그들의 필요를 채우기 위해 하나님 백성의 풍성한 헌금이 필요할 것이다.[17] 험프리 몬머스(Humphrey Monmouth)가 윌리엄 틴데일의 후원자였다는 사실을 기억할 것이다. 그는 틴데일을 재정적으로 지원했을 뿐 아니라, 자기 집에서 숙식을 제공했다.[18] 사역을 준비하는 신학생들에게 재정을 지원해 주어야 하지만, 숙식을 제공하는 것과 같은 창의적 발상 또한 그들을 지원하는 다른 방법이다. 바울이 디모데에게 준 시대를 초월한 당부를 떠올릴 때, 목표는 하나님의 말씀을 교회에서 전파하고 가르치는 것이다. "너는 말씀을 전파하라. 때를 얻든지 못 얻든지 항상 힘쓰라. 범사에 오래 참음과 가르침으로 경책하며 경계하며 권하라"(딤후 4:2). 이것은 설교자와 교사의 신성한 임무고, 모든 세대에 하나님의 말씀을 가르치는 것은 교회의 책임이다.

45   역대하 16:1-14

— 이야기 경청하기 —

¹아사 왕 제삼십육년에 이스라엘 왕 바아사가 유다를 치러 올라와서 라마를 건축하여 사람을 유다 왕 아사에게 왕래하지 못하게 하려 한지라 ²아사가 여호와의 전 곳간과 왕궁 곳간의 은금을 내어다가 다메섹에 사는 아람 왕 벤하닷에게 보내며 이르되 ³내 아버지와 당신의 아버지 사이에와 같이 나와 당신 사이에 약조하자 내가 당신에게 은금을 보내노니 와서 이스라엘 왕 바아사와 세운 약조를 깨뜨려 그가 나를 떠나게 하라 하매 ⁴벤하닷이 아사 왕의 말을 듣고 그의 군대 지휘관들을 보내어 이스라엘 성읍들을 치되 이욘과 단과 아벨마임과 납달리의 모든 국고성들을 쳤더니 ⁵바아사가 듣고 라마 건축하는 일을 포기하고 그 공사를 그친지라 ⁶아사 왕이 온 유다 무리를 거느리고 바아사가 라마를 건축하던 돌과 재목을 운반하여다가 게바와 미스바를 건축하였더라 ⁷그때에 선견자 하나니가 유다 왕 아사에게 나와서 그에게 이르되 왕이 아람 왕을 의지하고 왕의 하나님 여호와를 의지하지 아니하였으므로 아람 왕의 군대가 왕의 손에서 벗어났나이다 ⁸구스 사람과 룹 사람의 군대가 크지 아니하며 말과 병거가 심히 많지 아니하더이까 그러나 왕이 여호와를 의지하였으므로 여호와께서 왕의 손에 넘기셨나이다 ⁹여호와의 눈은 온 땅을 두루 감찰하사 전심으로 자기에게 향하는 자들을 위하여 능력을 베푸시나니 이 일은 왕이 망령되이 행하였은즉 이 후부터는 왕에게 전쟁이 있으리이다 하매 ¹⁰아사가 노하여 선견자를 옥에 가두었으니 이는 그의 말에 크게 노하였음이며 그때에 아사가 또 백성 중에서 몇 사람을 학대하였더라 ¹¹아사의 처음부터 끝까지의 행적은 유다와 이스라엘 열왕기에 기록되니라 ¹²아사가 왕이 된 지 삼십구 년에 그의 발이 병들어 매우 위독했으나 병이 있을 때에 그가 여호와께 구하지 아니하고 의원들에게 구하였더라 ¹³아사가 왕위에 있은 지 사십일 년 후에 죽어 그의 조상들과 함께 누우매 ¹⁴다윗 성에 자기를 위하여 파 두었던 묘

실에 무리가 장사하되 그의 시체를 법대로 만든 각양 향 재료를 가득히 채운 상에 두고 또 그것을 위하여 많이 분향하였더라

이야기 속 다른 본문 경청하기

카데시 조약

아사의 통치는 계속되지만, 북이스라엘 왕 바아사가 남쪽으로 진격하여 베냐민 영토에 있던 라마성을 점령하면서 아사왕은 심각한 위협에 직면한다. 바아사의 남왕국 침범과 더불어 고립될 수 있다는 두려움에 빠진 아사의 전략은 정치적 동맹을 통해 벤하닷(다메섹에서 통치하던 아람 왕)의 군사 지원을 확보하는 것이었다. 람세스(Rameses) 2세와 하투실리스(Hattusilis) 사이의 유명한 국제 평화 조약은, 적의 공격을 받았을 경우 왕이 조약 상대국으로부터 어떤 군사적 지원을 기대할 수 있는지를 보여 준다. 이 조약의 히타이트어 버전은 이스탄불 고고학 박물관의 귀중한 유물 중 하나다. 이 조약을 통해 이집트와 히타이트 간의 오랜 전쟁 후에 평화가 정착되었는데, 우리의 목적을 위해 주목할 내용은 상대 왕이 적의 공격을 받을 경우 군사 지원을 보내겠다는 양측 당사자의 약속이다. 조약을 발췌하면 다음과 같다.

> 외국에서 적이 하티(Hatti) 땅을 치러 오면 하티 땅의 위대한 왕 하투실리스는 나에게 이런 전갈을 보낸다. "나에게 와서 적과 싸우도록 도우소서." 이집트 땅의 위대한 왕 레아-마셰샤 마이 아마나(Rea-mashesha mai Amana)는 보병과 전차병을 보낼 것이고, 그들은 [하투실리스의 적을] 죽이고 하티 땅을 위해 적에게 복수할 것이다.[1]

마찬가지로, 적이 이집트를 침공할 경우 하투실리스는 군인과 전차로

군사 지원을 보내야 했다. 조약에 대한 의무는 다름 아니라 양측 당사자가 서로 돕기 위해 출병하는 것을 요구했다. 이것이 바로 아사가 벤하닷과 동맹을 맺을 때 염두에 둔 것이다. 그가 지불하는 금과 은은 그 같은 군사 지원에 대한 작은 대가에 불과하다! 이것은 영리하고 효과적인 정치 전략이었겠지만, 예언자 하나니는 아사가 주님 대신 아람 왕을 의지했다고 책망할 것이다.

이야기 설명하기

아사가 벤하닷과 조약을 맺고 바아사가 퇴각하다(16:1-6)

바아사는 아사 36년에 유다를 치러 온다(16:1).[2] 그는 예루살렘에서 북쪽으로 약 8킬로미터 떨어진 곳에 있는 전략 도시 라마성을 요새화한다. 바아사가 베냐민 영토를 향해 남쪽으로 진군한 것은 적대적인 움직임을 의미했고, 가볍게 여겨서는 안 되었다. 하지만 아사는 후대의 여호사밧처럼 주님께 도움을 청하는 대신(20:1-4) 성전 곳간과 궁전에서 은과 금을 가져다가 아람 왕 벤하닷에게 보낸다(16:2; 참조. 왕하 12:18; 대하 12:9).[3] 아사는 이렇게 함으로써 이방 왕에게 "보호받는 것을 돈으로 매수하려고" 한다.[4]

아사는 왕에게 은과 금을 보내면서 자신의 의도를 분명히 밝힌다. "내 아버지와 당신의 아버지 사이에와 같이 나와 당신 사이에 약조하자"(대하 16:3). 그의 선물은 벤하닷이 바아사와 맺은 조약을 파기하도록 유도하여 바아사에 대한 지원을 철회하도록 하기 위한 것이었다(3절). 왕들 사이의 조약에는 그와 같은 신의가 필요했고, 아사는 벤하닷이 바아사와 맺은 이전 조약을 파기함으로써 충정을 보여 주기를 기대한다. 벤하닷은 동의하고 납달리에 속한 국고성과 이스라엘 북부의 여러 성을 치러 군대를 보낸다(4절). 아람의 공격은 성공적 결과를 가져온다. 바아사는 라마에서 건축을 중단하고 공사를 포기한다(5절). 그런 다음 아사는 사람들을 보내 라마에서 건축 재료를 가져와 인근의 두 성읍 게바와 미스바를 건설하는 데 사용한다(6절). 아사의 정치적 책략은 성공적이었지만, 예언자를 통해 주신 하나님의 말씀은 그분이 왕의 행동 방식을 기뻐하지 않으셨음을 시사한다.

예언자 하나니가 아사를 꾸짖다(16:7-14)

하나님께서 예언자를 일으켜 경건한 길에서 벗어난 왕들을 꾸짖는 말씀을 주시는데(대하 12:5-8; 19:2; 20:37), 이는 하나님이 그들의 책략대로 두지 않으신다는 것을 일깨운다. 이번에 하나님은 예언자 하나니를 일으켜 다음과 같은 말씀으로 아사를 꾸짖으신다. "왕이 아람 왕을 의지하고 왕의 하나님 여호와를 의지하지 아니하였으므로 아람 왕의 군대가 왕의 손에서 벗어났나이다"(16:7). 아사의 동맹은 바아사의 후퇴를 낳았지만, 아사가 주님을 신뢰했다면 "이스라엘과 아람이라는 두 적을 이길 수 있었기에" 더 큰 승리를 놓쳤음을 깨닫는다.[5] 예언자는 아사와 구스의 이전 전투를 떠올리면서, 왕이 주님을 의지했기 때문에 (수적으로 크게 열세였음에도 불구하고) 하나님께서 그들을 아사의 손에 넘겨주셨다는 사실을 상기시킨다(8절; 참조. 14:9-15). 당시의 승리는 아사의 군사력이나 영리한 정치 전략을 통해 얻은 것이 아니라 오히려 그가 주님을 의지했기에 얻은 것이었다(14:11). 예언자는 나아가 주님의 눈은 "온 땅을 두루 감찰하사 전심으로 자기에게 향하는 자들을 위하여 능력을 베푸시나니"라고 설명한다(16:9; 참조. 슥 4:10). 누군가 또는 무언가를 간절히 찾는 사람과 마찬가지로(민 11:8; 삼하 24:2, 8; 렘 5:1), 하나님은 신실한 종을 찾아 그들에게 능력을 베풀기 위해 살펴보고 계신다. 이 절의 사역동사는 사람이 **자신의** 능력을 발휘하는 것이 아니라, 오히려 **하나님으로부터**

능력이 온다는 것을 시사한다.[6]

하지만 아사는 주님을 의지하지 않았고, 그 어리석음 때문에 그는 전쟁을 치를 것이다(대하 16:9). 역설적이게도 이것이 바로 그가 피하려고 한 것이다. 이 말을 들은 아사는 대노한다. 그는 예언자를 감옥에 가두고 자기 백성 몇 사람을 학대한다(10절). 아사의 완고한 마음은 마지막 날에 비극적으로 드러난다. 주님의 징계로 인한 것이었을 수도 있는 (21:15, 18-19을 보라) 발의 질병 앞에서조차(12절) 왕은 주님이 아닌 의사의 도움을 구한다(16:12). 아사는 2년 뒤에 죽고, 다윗성에 있는 자기 무덤에 묻힌다(13-14절).

이야기 살아내기

성령의 음성에 귀 기울이기

아사의 개혁 이야기는 하나님의 영의 중요한 역할을 강조한다. 이전 장에서 예언자 아사랴는 하나님의 말씀을 왕에게 전했다(15:1-7). 예언의 말씀은 아사에게 용기를 주었고, 종교 개혁이 뒤따랐다(8-14절). 하지만 이번 이야기에서 예언자 하나니에 대한 아사의 반응은 분노 및 예언자와 자기 백성에 대한 학대다(16:10). 이 이야기에서 우리가 보는 것은 성령의 역사에 대한 두 가지 다른 반응으로, 두 가지 매우 다른 결과를 낳는다. 하나님의 영은 구약성경 전반에서 활동하며 특정 임무를 위해 능력을 부여받은 주요 지도자들에게 임하지만(민 11:17, 25; 27:18; 삼상 16:13), 특별히 하나님의 말씀을 선포하는 예언자에게 임한다(대하 11:2-4; 12:5-8; 16:7-9; 18:3-22; 20:14-17). 아사의 초기 삶에서 볼 수 있듯이, 성령께서 하시는 말씀이 겸손과 순종을 만나면 회개와 개혁으로 이어진다. 하지만 거부할 경우에는 불경건과 완고한 마음으로 이어진다.

구약은 하나님께서 자신의 영을 **모든 육체에** 부어 주실 때를 고대했다(사 44:3; 61:1; 욜 2:28). 하나님은 자기 백성 **안에** 자기 영을 두셔서, 그들로 하여금 하나님의 길로 행하고 하나님의 율법을 따르게 하실 것이다(겔 36:26-27). 오순절에 부어진 하나님의 영은 요엘의 예언이 성취되었고(행 2:1-13; 참조. 욜 2:28-32), 이제 우리는 그 수혜자가 되었음을 보여 준다. 오순절에 시작되어 초기 교회에서 계속된 성령의 부으심은(행 10:34-48; 11:15-18) 새로운 시대의 여명을 알린다. 하나님의 영은 구약에서 활동했지만, 동일한 영이 오늘 우리 삶에 임재하여 활동하면서 우리 가운데 하나님의 임재를 나타내 준다. 성령은 우리에게 새 생명을 주시고(요 6:63; 롬 7:6; 8:2, 11; 고후 3:6), 우리는 믿음으로 새 생명을 받는다(갈 3:3, 14).

그런데 성령의 역사는 우리 삶에 경건을 가져온다는 점도 주목하자. 교회는 종말론적 공동체가 되었고 "그 구성원은 영원의 도장을 받은 자로 현재를 살고 있기" 때문이다.[7] 고든 피(Gordon Fee)는 그 함의를 이렇게 설명한다. "그러므로 윤리적 삶은 우리가 따라 살아야 할 규칙으로 구성되지 않는다. 오히려 우리는 지금 성령의 능력을 힘입어 현 시대에 미래의 삶을 살고 있다. 이러한 삶은 하나님 그분의 특징이다."[8] 신자 안에 능력을 주시는 하나님의 영은 죄를 깨닫게 하고(요 16:8-11; 행 7:51; 고전 6:11), 하나님의 진리를 계시하며(요 15:26; 16:13-15), 경건한 성품과 관련된 열매를 맺는다(갈 5:22-23). 이스라엘 왕과 백성들이 성령의 활동에 주의를 기울이고 세심하게 주목해야 했던 것처럼, 우리도 우리 삶과 교회에서 성령의 역사에 주목해야 한다. 우리는 성령을 근심하게 하거나 소멸시키지 말고(엡 4:30; 살전 5:19; 참조. 행 7:51), 오히려 성령의 인도하심을 받아(롬 8:12-16; 갈 5:18) 우리 삶에서 성령의 열매가 나타나도록 해야 한다.

아사의 통치는 순조롭게 시작되었지만 비극으로 끝마쳤다. 이 이야기에서 우리는 성령의 핵심 역할을 인식한다. 그러나 그들과 대조적으로 우리는 지금 종말론적 공동체로 살고 있다. 즉 시대의 마지막이 **우리에게** 임했다(참조. 고전 10:11). 그러니까 이 말은 성령을 통한 공동체의 삶이 하나님을 버리고 성령의 음성을 듣지 않은 아사와는 반대편에 서 있다는 의미다. 그래서 피(Fee)는 우리가 "새 시대에 진입했는데, 그곳은 성령이 충분하고 모든 면에서 육체와 대립한다"고 지적한다.[9] 이것은 우리에게 큰 격려를 준다. 구약성경의 이스라엘 백성과 달리, 우리는 지금 내주하시는 성령을 통해 하나님의 임재의 능력을 받아 새 시대의 생명을 경험한다.

겸손 없는 성공의 위험

아사 이야기는 성령의 음성을 듣는 것이 중요함을 일깨울 뿐만 아니라 성공의 위험에 대해 경고하는 역할도 한다. 우리는 아사와 벤하닷의 동맹이 영리한 정치적 전략이었음을 보았고, 동맹은 매우 성공적이었다. 벤하닷은 북이스라엘 여러 성읍을 정복했고, 바아사는 라마 요새화를 중단하고 퇴각했으며, 아사가 그 성읍을 장악했다(16:4-6). 이는 분명 중요한 정치적 승리였지만, 예언자 하나니는 아사가 **망령되이**(foolishly) 행동했다고 말하는데(9절), 이는 사울(삼상 13:13)만이 아니라 다윗(대상 21:8)의 어리석음도 연상시킨다. 아사의 어리석음은 무엇이었을까? 그는 주님 대신 이방 왕을 의지해 성공을 거두었다. 이것은 사소한 범죄처럼 보일 수 있지만, 성경은 하나님의 백성이 이방 나라 군사력이 아니라 오직 주님만 의지해야 한다는 메시지를 강조한다. 아사의 성공은 교만과 완고한 마음으로 이어졌다. 예언자의 꾸지람을 들었을 때 왕은 스스로 겸비하여 회개하지 않고, 오히려 더 완고하게 독단적인 사람이 되어 왕의 지위를 이용해 하나님의 종과 자기 백성을 억압한다. 결국 그는 엄청난 대가를 치르고 성공을 얻은 셈인데, 마침내는 불경건한 성품의 특징이 수면 위로 드러났다.

　우리는 성공과 성취에 사로잡힌 사람들을 보았고, 성공과 성취가 그들의 성품에 미치는 영향도 보았다. 그들은 친절과 온유, 절제 같은 경건한 덕목을 기르는 대신 오만하고 이기적인 사람이 되었다. 심지어 아사가 백성들에게 한 것처럼 자기 밑에 있는 사람들을 학대한다. 이 이야기는 하나님을 의지하지 않고 자기 노력으로 얻는 '성공'의 위험에 대해 경고해 준다. 일을 어떻게 성취하느냐는 하나님께 중요하다. 결과가 수단을 정당화하지 않는다. 하나님은 왕에게 성공을 주시지만, 성공은 **하나님**께 달려 있다.

역대하 17:1-19

이야기 경청하기

¹아사의 아들 여호사밧이 대신하여 왕이 되어 스스로 강하게 하여 이스라엘을 방어하되 ²유다 모든 견고한 성읍에 군대를 주둔시키고 또 유다 땅과 그의 아버지 아사가 정복한 에브라임 성읍들에 영문을 두었더라 ³여호와께서 여호사밧과 함께하셨으니 이는 그가 그의 조상 다윗의 처음 길로 행하여 바알들에게 구하지 아니하고 ⁴오직 그의 아버지의 하나님께 구하며 그의 계명을 행하고 이스라엘의 행위를 따르지 아니하였음이라 ⁵그러므로 여호와께서 나라를 그의 손에서 견고하게 하시매 유다 무리가 여호사밧에게 예물을 드렸으므로 그가 부귀와 영광을 크게 떨쳤더라 ⁶그가 전심으로 여호와의 길을 걸어 산당들과 아세라 목상들도 유다에서 제거하였더라 ⁷그가 왕위에 있은 지 삼 년에 그의 방백들 벤하일과 오바댜와 스가랴와 느다넬과 미가야를 보내어 유다 여러 성읍에 가서 가르치게 하고 ⁸또 그들과 함께 레위 사람 스마야와 느다냐와 스바댜와 아사헬과 스미라못과 여호나단과 아도니야와 도비야와 도바도니야 등 레위 사람들을 보내고 또 저희와 함께 제사장 엘리사마와 여호람을 보내었더니 ⁹그들이 여호와의 율법책을 가지고 유다에서 가르치되 그 모든 유다 성읍들로 두루 다니며 백성들을 가르쳤더라 ¹⁰여호와께서 유다 사방의 모든 나라에 두려움을 주사 여호사밧과 싸우지 못하게 하시매 ¹¹블레셋 사람들 중에서는 여호사밧에게 예물을 드리며 은으로 조공을 바쳤고 아라비아 사람들도 짐승 떼 곧 숫양 칠천칠백 마리와 숫염소 칠천칠백 마리를 드렸더라 ¹²여호사밧이 점점 강대하여 유다에 견고한 요새와 국고성을 건축하고 ¹³유다 여러 성에 공사를 많이 하고 또 예루살렘에 크게 용맹스러운 군사를 두었으니 ¹⁴군사의 수효가 그들의 족속대로 이러하니라 유다에 속한 천부장 중에는 아드나가 으뜸이 되어 큰 용사 삼십만 명을 거느렸고 ¹⁵그다음은 지휘관 여호하난이니 이십팔만 명을 거느렸고 ¹⁶그다음은 시그리의 아들 아마시야니

그는 자기를 여호와께 즐거이 드린 자라 큰 용사 이십만 명을 거느렸고 ¹⁷베냐민에 속한 자 중에 큰 용사 엘리아다는 활과 방패를 잡은 자 이십만 명을 거느렸고 ¹⁸그다음은 여호사밧이라 싸움을 준비한 자 십팔만 명을 거느렸으니 ¹⁹이는 다 왕을 모시는 자요 이 외에 또 온 유다 견고한 성읍들에 왕이 군사를 두었더라

이야기 속 다른 본문 경청하기

신명기 31:9-13

남왕국의 이야기는 아사의 아들 여호사밧의 통치로 이어진다(17-20장). 클라인은 102절에 달하는 여호사밧의 통치 기사가 분열 왕국 시대의 다른 어떤 왕보다 길어서, 역대기에서 그의 중요성을 보여 준다고 언급한다.[1] 하나님의 얼굴을 찾고, 극복할 수 없는 장애 속에서 하나님을 신뢰하며, 우상 대신 주님을 예배하고, 하나님의 말씀에 우선순위를 두고, 예언자의 말에 귀를 기울이는 등 역대기 전반에서 울려 퍼지는 많은 주제를 이 장들에서 발견할 수 있다. 하지만 여호사밧의 실수도 그냥 넘어가지 않는데, 겸손히 회개한다면 하나님은 실패한 평범한 사람을 사용해 그분 나라의 목적을 성취하신다는 사실을 일깨워 준다. 결론적으로, 여호사밧은 하나님의 백성에게 기도와 금식, 하나님을 향한 변함없는 신뢰를 요청하는 잊지 못할 탁월한 왕으로 등장한다. 이런 이야기의 반복을 통해 **신실함**이 어떤 의미인지를 실제로 보여 주게 된다. 역대기 저자는 청중에게서 그들의 상황과 상관없이 바로 이 신실함이 자라나기를 바란다.

하나님의 말씀을 가르치는 데 우선순위를 둔 여호사밧의 조치는 이스라엘 역사에서 오랫동안 이어져 내려온 것이다. 제사장과 레위인이 이 신성한 임무를 맡았기 때문이다(레 10:11; 신 17:9-11; 31:9-13; 33:8-10; 참

조. 렘 18:18; 학 2:11). 이스라엘의 제사장은 매 7년 마지막에 그들 가운데 사는 이방인을 포함하여 공동체 전체를 모아, 주님을 경외하는 법을 배울 수 있도록 율법을 낭독해야 했다(신 31:10-13). 이것은 에스라에게 다음과 같은 지시가 내려진 귀환 시기와 다르지 않다. "에스라여 너는 네 손에 있는 네 하나님의 지혜를 따라 네 하나님의 율법을 아는 자를 법관과 재판관을 삼아 강 건너편 모든 백성을 재판하게 하고 그중 알지 못하는 자는 너희가 가르치라"(스 7:25). 귀환자들 가운데서 율법을 가르치는 것의 중요성은 에스라의 사역에서만 볼 수 있는 것이 아니다(6절; 참조. 느 8:1-18). 야마우치는 이것이 페르시아의 정책과 어울린다고 언급하면서, 다리우스가 민중 문자와 아람어로 이집트 법을 성문화하도록 명령했던 때를 언급한다.[2] 역대기 저자는 여호사밧 통치 기간에 율법의 핵심 역할을 강조함으로써(대하 17:7-9; 19:4-11), 이 이야기와 자신의 상황을 연결하는 동시에 이스라엘 전승에 깊이 뿌리내린다(신 17:9-12; 31:9-13).

── 이야기 설명하기 ──

하나님께서 여호사밧을 통해 자신의 왕국을 세우시다(17:1-6)

아버지 아사를 이어 왕이 된 여호사밧은 이스라엘에 맞서 국력을 강화시킨다(17:1). 그의 첫 임무는 요새화된 유다 성읍에 군대를 주둔시키는 등 왕국을 요새화하는 것이다(1-2절). 하지만 여호사밧은 군사력에 있어서 본보기가 아니며, 역대기 저자는 그의 통치 초기에 이렇게 언급한다. "여호와께서 여호사밧과 함께하셨으니 이는 그가 그의 조상 다윗의 처음 길로 행하여 바알들에게 구하지 아니하고 오직 그의 아버지의 하나님께 구하며 그의 계명을 행하고 이스라엘의 행위를 따르지 아니하였음이라"(3-4절). 주님께 드리는 여호사밧의 예배는 아합 통치기의 바알 숭배 확산과 날카로운 대조를 이루면서(왕상 16:29-32; 참조. 왕하 10:18-28), 예언자 엘리야가 갈멜산에서 450명의 바알 예언자들과 싸운 일을 연상시킨다!(왕상 18:1-46) 하지만 다행히 여호사밧은 아합과 **달랐다**. 주님은 그의 왕국을 확고히 하시는데, 그의 왕국은 다름 아닌 주님의 왕국이다(대상 17:14; 28:5; 29:23; 대하 9:8; 13:8). 유다 백성이 여호사밧의 왕권을 인정하며 가져온 선물은 그에게 큰 부귀와 영광을 준다(17:5). 주님을 향한 여호사밧의 헌신은 그가 유다에서 산당과 아세라 목상을 제거한 데서 볼 수 있다(6절).[3]

여호사밧이 유다 전역에서 하나님의 율법을 가르치게 하다(17:7-9)
여호사밧은 통치 3년에 유다 성읍에서 백성을 가르칠 방백들과 더불어, 엘리사마와 여호람이라는 두 제사장과 레위인들을 보낸다(17:7-8). "방백"(히. *sar*)이라는 용어는 대개 일종의 군사 지도자나 관리를 가리킨다(12:10; 16:4; 17:14, 15 등). 물론 이 용어는 레위인과 제사장 우두머리에게도 사용되지만(대상 12:28; 15:5-10), 이는 이 교사들 가운데 일반 백성이 있었음을 시사한다. 제사장과 레위인은 율법을 가르치는 신성한 임무를 맡았고(신 17:9-13; 33:8-11; 참조. 대하 35:3; 느 8:7-8), 에스라는 그 가운데서 귀환 공동체에서 잘 알려진 사람이다(스 7:10; 느 8:1-8). 히스기야는 후에 레위인들이 하나님의 율법에 전념할 수 있도록 십일조를 모을 것이다(대하 31:4-5). 여호사밧의 지도 아래 제사장과 레위인은 하나님의 백성을 가르칠 수 있도록 "율법책"을 가지고 여러 유다 성읍을 여행한다(17:9).[4]

여호사밧이 군사력을 확보하고 왕국을 굳건히 세우다(17:10-19)
주님을 두려워하는 마음이 주변 나라에 임하여 평화의 시기로 이어진다(17:10). 열방에 임한 두려움은 보통 군사적 승리 후에 오지만(대상

14:17; 대하 14:14; 20:29), 이번 경우에는 여호사밧의 경건함으로 인해 유다와 열방으로부터 조공을 받는다. 이스라엘의 적 중 하나였던 블레셋 사람들도 여호사밧에게 조공을 바치고, 아라비아 사람들은 수천 마리의 동물을 가져온다(17:11; 참조. 9:14). 예루살렘으로 몰려들어 오는 열방의 조공은 다윗과 솔로몬 치하의 번영하던 왕국을 연상시키고(대상 18:2, 10-11; 대하 9:1-14, 24), 그 통치권이 땅끝까지 미치는 이상적인 다윗 계통의 왕을 상징한다(시 72:8-11).[5] 여호사밧 치하에서 번영하는 왕조는 그의 군사력으로 인한 것도, 그의 리더십으로 인한 것도 아니었다. 여호사밧이 주 하나님을 찾았고 하나님이 왕과 함께 계셔서 왕국을 세우셨기 때문이다.

여호사밧은 르호보암과 아사가 그랬던 것처럼(대하 11:5-12; 14:6-7) 요새와 국고성을 건설하면서 점점 강해진다(17:12). 이 장은 예루살렘에 주둔한 군인들에게 집중된 상비군에 대한 설명으로 마무리된다(13절). 광범위하게 징집된 군대를 감독하는 다섯 군대 지휘관의 이름이 나온다(14-19절).[6] 군인들이 예루살렘에 주둔했다는 것은 여호사밧이 적의 공격에 잘 대비하고 있다는 뜻이고, 이는 앞으로 중요한 내용이 될 것이다(20:1을 보라).

― 이야기 살아내기 ―

하나님의 말씀을 가르치는 우선순위

여호사밧은 왕국 전역에서 하나님의 말씀을 가르치도록 조치한다. 유서 깊은 성경은 언약 공동체의 안녕을 위해 중요했다. 모세는 이스라엘에게 율법을 가르쳤을 뿐 아니라(신 4:1, 5, 10, 14; 6:1), 하나님의 백성에게 율법을 배우고 순종하라고 권면했다(5:1). 왕 자신이 하나님의 율법을 연구하고 묵상해야 했으며(17:18-20), 이스라엘 지도자의 성공은 순종에 좌우되었다(수 1:7-8; 대상 22:12-13; 28:7). 아사랴는 여호사밧의 아버지에게 "가르치는 제사장도 없고 율법도 없[을]" 때 백성에게 어떤 일이 벌어지는지를 경고했다(대하 15:3).[7] 이 경고를 배경에 두고, 여호사밧은 주도권을 잡고 제사장과 레위인이 (또한 아마도 정치 지도자가) 유다 성읍을 다니면서 하나님의 말씀을 가르치도록 조치한다. 이 순회 교사들은 율법책을 가지고 다님으로써(17:9; 참조. 수 1:8) 성경의 변치 않는 권위를 강조한다. 하나님의 말씀은 귀환자들의 삶에서도 중심이었으며, 모든 세대에 하나님의 말씀을 가르쳐야 한다는 점을 다시 강조한다(스 7:6, 10, 25-26; 느 8:1-18).

오늘의 신자들에게, 신약성경은 교회에서 구약을 포함한 하나님의 모든 말씀에 지속적으로 우선순위를 두어야 한다고 증언한다. 바울이 "모든 성경은 하나님의 감동으로 된 것으로 교훈과 책망과 바르게 함과 의로 교육하기에 유익"하다고 가르쳤기 때문에(딤후 3:16) 이것은 자명한 내용처럼 보일 수도 있지만, 오늘날에는 당연시할 수 없다. 저명한 목회자이자 작가 앤디 스탠리(Andy Stanley)는 구약성경을 교회에서 '떼어 내야' 한다고 주창한다. 그의 주장에 따르면, 특히 구약과 신약을 혼합할 경우 구약성경은 현대 교회에 너무 많은 문제를 야기한다. 그 대신 그는 예수님이 완전히 새로운 운동을 시작하셨다고 천명한다.[8] 그의 저서 『거부할 수 없는 사실』(Irresistible)에는 다음과 같은 구약성경에 대한 잘못된 가정으로 가득하다. 몇 가지 예를 들어 보자면, 하나님은 자기 백성이 왕의 통치를 받도록 의도하신 적이 없었고, 성전은 하나님의 생각이 아니었으며, 옛 언약은 오직 유대인만을 위한 것이고, 구약은 도덕적 교훈이나 적용을 위한 지침으로 사용되지 않아야 한다는 것 등이다.[9] 스탠리의 책이 아마존서점 '기독교 교회 성장 베스트셀러' 순위에서 22위를 차지했다는 사실은 확고한 성경적 가르침이 교회에 얼마나 절실히 필요한지 잘 보여 준다.

바울은 거짓 가르침에 대해 거듭 경고한다(딤전 1:3-7; 4:1-2; 6:3-5; 딤후 4:3-4; 딛 1:9-11, 13-14; 참조. 벧후 2:1; 요일 4:1-6). 또한 성령께서 어떤 사람들에게 교사가 되도록 은사를 주셨다고 인정하면서(고전 12:28-29; 엡 4:11; 참조. 롬 12:7; 히 5:12; 약 3:1) 하나님의 말씀을 가르치는 일에 헌신하라고 권면한다(딤전 5:17; 딤후 1:13-14; 2:2; 4:2-5; 딛 1:11; 2:1). 이렇듯 하나님의 말씀을 가르치는 교회의 임무는 점증하는 성경에 대한 무지, 곧 케네스 브리그스가 명명한 '성경 없는 기독교'에 우리가 직면해 있기 때문에 오늘날 특히 중요하다.[10]

여호사밧은 유다 성읍 전역에 성경을 가르치는 순회 교사를 임명하여 하나님의 말씀을 가르치도록 조치했다. 현대 교회는 강단에서, 소그룹 성경 공부에서, 또한 미래의 목회자와 교회 지도자를 교육하는 신학교에서 성경을 성실하게 가르치는 일에 우선순위를 두어야 한다. 에드 스테처(Ed Stetzer)는 지역 교회에서 하나님의 말씀을 가르치기 위해 다양한 접근 방식을 고민했다. 문제점을 강조하는 여러 통계를 조사한 후, 그는 이런 질문을 제기한다. "그렇다면 우리는 어떻게 사람들이 책장에서 성경을 꺼내 자신들의 삶에 꽂아 넣게 할 수 있을까?"[11] 그는 자신의 연구를 바탕으로 성경에 깊이 참여하도록 이끌 수 있는 아홉 가지 요소를 제안하는데, 그중 하나가 소그룹에서 성경을 공부하는 것이다. 그는 이렇게 지적한다. "소그룹은 성경에 대한 무지라는 전염병에 맞서 싸우고 변화시키는 열쇠다. 우리의 연구에 따르면, 그리스도인들이 소그룹에 더 많이 참여할수록 성경 연관성 지수는 상승한다."[12] 여호사밧이 왕국에서 하나님의 말씀을 가르치기 위해 전략을 개발했듯이, 목회자와 교회 지도자는 각자 자신의 교회 상황에서 어떻게 하나님의 말씀을 가르칠지 전략적으로 사고해야 한다. 하나님의 변함없는 말씀에 항상 초점을 맞추는 것은 변하지 않지만, 하나님의 말씀을 가르치는 **방법**

은 변화하는 사역 상황에 따라 달라진다.

　필자가 아는 한 목회자는 7년마다 율법을 읽어야 한다는 모세의 가르침을 묵상한 후(신 31:9-13) 자기 교회에서 새로운 전략을 개발했다. 그 목회자와 리더십 팀은 7년마다 성경 전체를 훑으며 설교하고 가르치기로 결단했다.[13] 필자가 구약성경에 대해 가르치기 위해 그 교회를 방문했을 때, 수련회에 참석한 많은 이들에게서 하나님의 말씀에 대한 갈급함을 감지할 수 있었다. 필자가 아는 다른 목회자들은 대면 교육이 불가능했던 팬데믹 기간에 줌(Zoom) 플랫폼을 활용하여 매주 성경 공부를 가르쳐 왔다. 어떤 전략을 사용하든 중요한 원리는, 모든 세대에게 하나님의 말씀을 가르쳐야 한다는 것이다. 성경에 대한 무지가 심각해지는 상황은 분명 도전이지만, 또한 성경을 가르치려는 의도적 헌신이 필요한 기회이기도 하다. 사도 바울은 하나님의 말씀을 전파하고 가르치는 일에 헌신하라는 특별한 지시를 디모데에게 주었다(딤전 4:11-16; 딤후 2:15; 3:14-17; 4:2). 다음과 같은 시대를 초월한 바울의 확언을 기억하는 것이 마땅하다. "모든 성경은 하나님의 감동으로 된 것으로 교훈과 책망과 바르게 함과 의로 교육하기에 유익하니"(딤후 3:16; 참조. 롬 15:4). 이것이 오늘 우리의 부르심이다. 성경에 대한 무지가 심각해져 가는 상황을 고려할 때 이 부르심은 한층 절실하다. 성경을 연구하고 회중에게 하나님의 말씀을 가르치는 일에 헌신한 목회자가 우리에게도 필요하다.

역대하 18:1-34

이야기 경청하기

¹여호사밧이 부귀와 영광을 크게 떨쳤고 아합 가문과 혼인함으로 인척 관계를 맺었더라 ²이 년 후에 그가 사마리아의 아합에게 내려갔더니 아합이 그와 시종을 위하여 양과 소를 많이 잡고 함께 가서 길르앗 라못 치기를 권하였더라 ³이스라엘 왕 아합이 유다 왕 여호사밧에게 이르되 당신이 나와 함께 길르앗 라못으로 가시겠느냐 하니 여호사밧이 대답하되 나는 당신과 다름이 없고 내 백성은 당신의 백성과 다름이 없으니 당신과 함께 싸우리이다 하는지라 ⁴여호사밧이 또 이스라엘 왕에게 이르되 청하건대 먼저 여호와의 말씀이 어떠하신지 오늘 물어 보소서 하더라 ⁵이스라엘 왕이 이에 선지자 사백 명을 모으고 그들에게 이르되 우리가 길르앗 라못에 가서 싸우랴 말랴 하니 그들이 이르되 올라가소서 하나님이 그 성읍을 왕의 손에 붙이시리이다 하더라 ⁶여호사밧이 이르되 이 외에 우리가 물을 만한 여호와의 선지자가 여기 있지 아니하니이까 하니 ⁷이스라엘 왕이 여호사밧에게 이르되 아직도 이믈라의 아들 미가야 한 사람이 있으니 그로 말미암아 여호와께 물을 수 있으나 그는 내게 대하여 좋은 일로는 예언하지 아니하고 항상 나쁜 일로만 예언하기로 내가 그를 미워하나이다 하더라 여호사밧이 이르되 왕은 그런 말씀을 마소서 하니 ⁸이스라엘 왕이 한 내시를 불러 이르되 이믈라의 아들 미가야를 속히 오게 하라 하니라 ⁹이스라엘 왕과 유다 왕 여호사밧이 왕복을 입고 사마리아 성문 어귀 광장에서 각기 보좌에 앉았고 여러 선지자들이 그 앞에서 예언을 하는데 ¹⁰그나아나의 아들 시드기야는 철로 뿔들을 만들어 가지고 말하되 여호와께서 이같이 말씀하시기를 왕이 이것들로 아람 사람을 찔러 진멸하리라 하셨다 하고 ¹¹여러 선지자들도 그와 같이 예언하여 이르기를 길르앗 라못으로 올라가서 승리를 거두소서 여호와께서 그 성읍을 왕의 손에 넘기시리이다 하더라 ¹²미가야를 부르러 간 사자가 그에게 말하여 이르되 선지자들의 말이 하나같이

왕에게 좋게 말하니 청하건대 당신의 말도 그들 중 한 사람처럼 좋게 말하소서 하니 13미가야가 이르되 여호와께서 살아 계심을 두고 맹세하노니 내 하나님께서 말씀하시는 것 곧 그것을 내가 말하리라 하고 14이에 왕에게 이르니 왕이 그에게 이르되 미가야야 우리가 길르앗 라못으로 싸우러 가랴 말랴 하는지라 이르되 올라가서 승리를 거두소서 그들이 왕의 손에 넘긴 바 되리이다 하니 15왕이 그에게 이르되 여호와의 이름으로 진실한 것 이외에는 아무것도 말하지 말라고 내가 몇 번이나 네게 맹세하게 하여야 하겠느냐 하니 16그가 이르되 내가 보니 온 이스라엘이 목자 없는 양같이 산에 흩어졌는데 여호와의 말씀이 이 무리가 주인이 없으니 각각 평안히 자기들의 집으로 돌아갈 것이니라 하셨나이다 하는지라 17이스라엘 왕이 여호사밧에게 이르되 저 사람이 내게 대하여 좋은 일로 예언하지 아니하고 나쁜 일로만 예언할 것이라고 당신에게 말씀하지 아니하였나이까 하더라 18미가야가 이르되 그런즉 왕은 여호와의 말씀을 들으소서 내가 보니 여호와께서 그의 보좌에 앉으셨고 하늘의 만군이 그의 좌우편에 모시고 섰는데 19여호와께서 말씀하시기를 누가 이스라엘 왕 아합을 꾀어 그에게 길르앗 라못에 올라가서 죽게 할까 하시니 하나는 이렇게 하겠다 하고 하나는 저렇게 하겠다 하였는데 20한 영이 나와서 여호와 앞에 서서 말하되 내가 그를 꾀겠나이다 하니 여호와께서 그에게 이르시되 어떻게 하겠느냐 하시니 21그가 이르되 내가 나가서 거짓말하는 영이 되어 그의 모든 선지자들의 입에 있겠나이다 하니 여호와께서 이르시되 너는 꾀겠고 또 이루리라 나가서 그리하라 하셨은즉 22이제 보소서 여호와께서 거짓말하는 영을 왕의 이 모든 선지자들의 입에 넣으셨고 또 여호와께서 왕에게 대하여 재앙을 말씀하셨나이다 하니 23그나아나의 아들 시드기야가 가까이 와서 미가야의 뺨을 치며 이르되 여호와의 영이 나를 떠나 어디로 가서 네게 말씀하더냐 하는지라 24미가야가 이르되 네가 골방에 들어가서 숨는 바로 그 날에 보리라 하더라

²⁵이스라엘 왕이 이르되 미가야를 잡아 시장 아몬과 왕자 요아스에게로 끌고 돌아가서 ²⁶왕이 이같이 말하기를 이 놈을 옥에 가두고 내가 평안히 돌아올 때까지 고난의 떡과 고난의 물을 먹게 하라 하셨나이다 하니 ²⁷미가야가 이르되 왕이 참으로 평안히 돌아오시게 된다면 여호와께서 내게 말씀하지 아니하셨으리이다 하고 또 이르되 너희 백성들아 다 들을지어다 하니라 ²⁸이스라엘 왕과 유다 왕 여호사밧이 길르앗 라못으로 올라가니라 ²⁹이스라엘 왕이 여호사밧에게 이르되 나는 변장하고 전쟁터로 들어가려 하노니 당신은 왕복을 입으소서 하고 이스라엘 왕이 변장하고 둘이 전쟁터로 들어가니라 ³⁰아람 왕이 그의 병거 지휘관들에게 이미 명령하여 이르기를 너희는 작은 자나 큰 자나 더불어 싸우지 말고 오직 이스라엘 왕하고만 싸우라 한지라 ³¹병거의 지휘관들이 여호사밧을 보고 이르되 이가 이스라엘 왕이라 하고 돌아서서 그와 싸우려 한즉 여호사밧이 소리를 지르매 여호와께서 그를 도우시며 하나님이 그들을 감동시키사 그를 떠나가게 하신지라 ³²병거의 지휘관들이 그가 이스라엘 왕이 아님을 보고 추격을 그치고 돌아갔더라 ³³한 사람이 무심코 활을 당겨 이스라엘 왕의 갑옷 솔기를 쏜지라 왕이 그의 병거 모는 자에게 이르되 내가 부상하였으니 네 손을 돌려 나를 진중에서 나가게 하라 하였으나 ³⁴이 날의 전쟁이 맹렬하였으므로 이스라엘 왕이 병거에서 겨우 지탱하며 저녁 때까지 아람 사람을 막다가 해가 질 즈음에 죽었더라

이야기 속 다른 본문 경청하기

열왕기상 16:30-33; 21:25-26

여호사밧 이야기는 어리석게도 우상을 숭배하는 북왕국의 아합과 동맹을 맺으면서 악화된다. 열왕기의 중요한 본문은 이어지는 이야기의 배경이 되고, 북왕국과 동맹을 맺은 것이 여호사밧에게 얼마나 비참한

전략이었는지 강조한다. 아합의 통치에 여러 장을 할애하지만(왕상 16:29-22:40), 이 왕에 대한 서두의 논평은 처음부터 그의 불경건한 성품을 드러낸다.

> 오므리의 아들 아합이 그의 이전의 모든 사람보다 여호와 보시기에 악을 더욱 행하여 느밧의 아들 여로보암의 죄를 따라 행하는 것을 오히려 가볍게 여기며 시돈 사람의 왕 엣바알의 딸 이세벨을 아내로 삼고 가서 바알을 섬겨 예배하고 사마리아에 건축한 바알의 신전 안에 바알을 위하여 제단을 쌓으며. (왕상 16:30-33)

심지어 아합에 대해 "예로부터 아합과 같이 그 자신을 팔아 여호와 앞에서 악을 행한 자가 없음은 그를 그의 아내 이세벨이 충동하였음이라. 그가 여호와께서 이스라엘 자손 앞에서 쫓아내신 아모리 사람의 모든 행함같이 우상에게 복종하여 심히 가증하게 행하였더라"고 말한다(21:25-26). 여호사밧은 사마리아를 방문하여 바로 이 왕을 만나고, 비극적으로 그의 꾐에 빠져 전쟁에 나가는데, 이 일은 거의 목숨을 잃을 뻔한 끔찍한 결과를 초래한 것이다.

― 이야기 설명하기 ―

여호사밧이 어리석게 아합과 동맹을 맺다(18:1-8)

여호사밧은 큰 부와 명예를 얻었지만, 어리석게도 결혼을 통해 아합과 동맹을 맺는다(18:1).[1] 국제 결혼은 솔로몬 외교 정책의 핵심이었지만(8:11), 이방 왕들과 맺은 동맹은 주님을 신뢰하지 못한 실패를 보여주었다. 여호사밧은 수도 사마리아성에 있는 아합을 방문한다. 바알 신전이 세워진 바로 그 성이다!(18:2; 참조. 왕상 16:29-33) 여호사밧은 바알을 찾지 않았지만(대하 17:3), 우리는 그가 **왜** 악한 왕 아합과 동맹을 맺었는지 의문이 든다(참조. 19:2). 호어스(Hoerth)는 실제로 카르카르(Karkar) 전투에서 수행한 전략적 역할에서 볼 수 있듯이 아합은 가장 강력한 북왕국의 왕들 중 하나였다고 언급한다.[2] 아합은 오므리의 아들인데, 오므리 왕조는 아합 이후 두 세대가 더 이어진다. 따라서 고대 문헌에서 이스라엘 땅은 '오므리의 땅'으로 알려지고, 그의 왕조는 '오므리의 집'으로 표현된다. 우리는 곧이어 이 왕조가 남왕국에 불경건한 영향력을 행사하고, 아합의 딸인 살인적 찬탈자 아달랴가 권좌에 오르는 데서 절정에 이르는 것을 보게 된다.[3] 아합이 강력한 왕이었음을 고려할 때, 여호사밧은 아합과 우호적 관계를 맺는 것이 유리하다고 느꼈을 수 있다. 이유가 무엇이든, 주님의 도움을 구하는 왕에게 언제나 대안이 될 (경건한) 길이 열려 있음을 곧 보게 될 것이다(20장).

여호사밧과 수행단이 예루살렘에서 북쪽으로 약 56킬로미터 떨어진 사마리아성에 도착하자 아합은 많은 양과 소를 잡는 인상적인 장면을 연출한다. 아합의 의도는 소중한 손님이 사마리아에서 약 80-95킬로미터 떨어진 길르앗 라못을 함께 치도록 유도하는 것이다(18:2). 길르앗 라못은 이전 원정에서 벤하닷에게 함락되었을 가능성도 있지만(왕상 22:3), 여기서는 전쟁의 명분이 나오지 않기 때문에 여호사밧은 "속이기 쉬워 보이고 불안한 도덕적 구실에 근거한 듯" 보이게 된다.[4] 이어지는 대화는 여호사밧이 아합의 동맹자가 되기로 결심했음을 보여 주지만, 그는 현명하게 주님의 뜻을 '물으라'고 제안한다(*d-r-sh*, 대하 18:4; 참조. 6, 7절). 동사 '묻다, 찾다'(seek)는 역대기에서 경건한 왕을 묘사할 때 자주 사용되는데(참조. 19:3; 20:3),[5] 거룩한 전쟁을 수행하기 전에 먼저 하나님의 승인이 필요했기에 여호사밧은 주님께 묻는 올바른 일을 한다. 아합은 400명의 예언자를 모아 길르앗 라못과 싸워야 하는지 묻는다. 그들은 만장일치로 승리할 것이라고 왕에게 장담하지만, 여호사밧은 또 다른 예언자가 필요하다고 판단한다. 아합은 예언자 미가야를 소환하지만, 왕은 "그는 내게 대하여 좋은 일로는 예언하지 아니하고 항상 나쁜 일로만 예언"한다고 말하며 그에 대해 부정적인 평가를 내놓는다!(18:7) 그럼에도 여호사밧의 요청에 따라 미가야를 소환한다(8절).

예언자 미가야가 아합의 패배를 예언하다(18:9-27)

한편, 400명의 (거짓) 예언자들 앞에서 왕복을 입고 사마리아 성문 옆 왕좌에 앉아 있는 아합과 여호사밧에게 시선이 향한다(18:9). 시드기야라는 예언자가 아람의 패배를 상징적으로 묘사하기 위해 뿔을 들어 한 번 더 승리의 확신을 준다! 미가야가 소환될 때 사자는 그에게 유리한 의견을 내놓으라고 경고한다(12절). 미가야는 거절하면서 "여호와께서 살아 계심을 두고 맹세하노니"라고 엄숙히 맹세하고, **하나님께서** 말씀하시는 것만 말하겠다고 한다(13절). 미가야는 처음에 아합이 듣고 싶어 하는 말을 전하지만, 진실을 말하라고 재촉했을 때 온 이스라엘이 목자 없는 양처럼 흩어져 있는 환상을 보았다고 말한다. '목자'가 고대 세계에서 왕의 이미지로 잘 알려져 있음을 감안할 때, 이것은 군사적 패배의 전조를 명백하게 보여 주는 신호였다(16절; 참조. 나 3:18). 미가야의 관심은 주님의 높은 보좌에 대한 환상으로 바뀌는데, 이 환상은 인간사에 대한 하나님의 주권적 통치를 강조하고(18:18), 하나님의 하늘 보좌에 대한 이사야서의 환상을 연상시킨다(사 6:1-13). 때로 예언자들은 하늘의 영역을 언뜻 엿볼 수 있었는데(1-7절; 겔 1:4-28; 단 7:9-14; 슥 3:1-5; 참조. 렘 23:18-22), 이번 경우에 미가야는 하나님께서 우상 숭배자 아합의 몰락을 가져오고 계신다는 것을 이해해야 했다.

하늘 회의 장면에서 주님은 "누가 이스라엘 왕 아합을 꾀어 그에게 길르앗 라못에 올라가서 죽게 할까?"라고 물으신다(대하 18:19). 하늘의 대화가 오가는 중에 한 영이 "내가 그를 꾀겠나이다"라고 대답한다(20절). 그 영은 예언자들의 입에서 속이는 영이 될 것이고, 주님은 "나가서 그리하라"는 명령으로 그 계획을 승인하신다(21절). 미가야가 아합에게 닥칠 재앙(하나님의 심판)을 알리자, 거짓 예언자 시드기야는 미가야의 뺨을 때린다. 아합은 예언자의 말에 귀를 기울이는 대신 그를 감옥에 가두고, 자신이 무사히 돌아올 때까지 떡과 물 외에 아무것도 주지 말라고 지시한다. 미가야는 아합이 무사히 돌아온다면 하나님께서 자기에게 말씀하신 것이 아니라고 대꾸한다(27절; 참조. 신 18:15-22). 곧이어 아합이 죽을 때, 우리는 하나님께서 노골적인 우상 숭배의 특징을 드러낸 아합의 통치를 심판하기 위해 하늘의 특사를 통해 무대 뒤에서 역사하고 계심을 알아야 한다(왕상 16:30-33; 21:25-26). 구약성경에서 거짓 예언자는 백성을 그릇된 길로 인도했다고 하나님께 정죄받지만(신 18:19-22; 렘 23:9-26), 이 이야기에서 주님은 거짓 예언자를 통해 아합의 종말을 적극적으로 실행하고 계신다. 앞서 예언자 엘리야는 아합에게 심판을 선언했고(왕상 21:17-21), 이제 "여호와께서 왕에게 대하여 재앙을 말씀하셨기" 때문에 주님은 미가야를 통해 아합을 심판할 계획을 계시하신다(대하 18:22).

아합이 죽고, 여호사밧은 하나님께 부르짖다(18:28-34)

미가야의 충고와 반대로, 아합과 여호사밧은 어리석게도 길르앗 라못을 치러 올라간다. 아합은 변장할 계획을 세우지만, (잘 속는!) 여호사밧에게는 자신의 왕복을 입으라고 제안한다(18:28-29). 앞으로 벌어질 일의 함의를 깨닫지 못한 여호사밧은 곧 자신의 행동이 어리석었음을 깨닫는다. 아람 지휘관들은 **그가** 이스라엘의 왕이라고 지레짐작한다. 여호사밧은 절박하게 탄식하며 주님께 부르짖음으로써(31절) 우리를 역대기 신학의 핵심으로 데려간다. 즉 하나님은 도와 달라고 부르짖는 이들을 도우신다. 여호사밧의 절박한 부르짖음에 대한 응답으로 주님은 왕을 도와 적을 물리치신다. 하지만 아합은 중상을 입고, 전투가 격화되는 중에 병거에 몸을 의지하다가 결국 그날 저녁 죽음을 맞는다(34절). 열왕기 기사는 피로 흠뻑 젖은 그의 병거를 사마리아 못에서 씻는 동안, 하나님의 심판의 말씀에 따라 개들이 그의 피를 핥았다고 기록한다(왕상 22:34-38; 참조. 왕상 21:18-19). 한편, 여호사밧은 가까스로 탈출해 예루살렘에 무사히 도착한다.

이야기 살아내기

거짓 예언자와 교사에 대한 경고

사마리아에서 아합을 만난 여호사밧은 주님께 물어야 한다고 지혜롭게 말했지만, 하나님께서 승리를 주실 것이라는 확신을 왕에게 주는 거짓 예언자들의 집중 포화를 받았다. 아마 이것은 바로 그들이 듣고 싶었던 말일 것이다. 즉 하나님께서 **그들의** 계획을 축복하신다. 모세는 이스라엘 백성에게 거짓 예언자를 주의하라고 경고했다(신 18:9-22). 이 이야기에 나오는 거짓 예언자들은 권위를 담은 문구, "여호와께서 이같이 말씀하시기를"을 사용해 하나님을 직접 대변한다고 주장한다(대하 18:10). 구약성경에는 하나님의 말씀을 전한다고 주장하지만(참조. 렘 28:1-17; 겔 34:1-10) 결국 비극적으로 하나님의 백성을 잘못된 길로 인도한 수많은 사람들의 사례가 있다. 이것은 단지 하나님에게 들었다고 혹은 (심지어 표적을 동반해!) '하나님의 이름'으로 말씀을 전하는 것으로 **주장한다**고 해서 그것이 실제로 하나님의 말씀이라는 의미는 아니라는 점을 일깨운다.

기독교계나 소셜 미디어를 통해 "주께서 이렇게 말씀하신다"는 자칭 예언자들의 말을 심심찮게 듣는다. 「뉴욕 타임즈」의 작가 루스 그레이

엄(Ruth Graham)은 기독교 예언자의 우려스러운 증가에 대해 논평한다. 그녀는 이렇게 주장한다. 이런 부류의 "예언자는 지금 기독교에서 가장 급성장하고 있는 분야의 인기인이다. 즉 자신들이 초자연적 힘을 전달할 수 있고 세계적 사건에 대해 특별한 영적 통찰력을 가지고 있다고 믿는 수백 명의 사람들이 주도하는 느슨하지만 열렬한 운동이다."[6] 바이올라 대학교(Biola University) 교수 브래드 크리스터슨(Brad Christerson)이 논평하듯이, 이런 자칭 예언자들이 공백을 메우고 있다. "이것은 우리 시대의 증후군이다. 사람들은 제도를 신뢰하지 않고 대학과 정부, 과학, 미디어 등 모든 주류 기관이 부패했다고 생각한다. 그들은 진리의 진정한 근원을 찾고 있다."[7] 하지만 그의 글에서 열거하듯 이런 자칭 예언자들의 이른바 '예언'은 성경적 검증을 통과하지 못한다. 미가야가 명확히 진술했듯이, 예언은 반드시 실현되어야 한다.

신약성경을 살펴보면 예언자의 존재는 초기 교회에서도 입증된다(행 11:28; 13:1; 15:32; 21:10; 고전 12:28-29; 14:29; 엡 2:20; 4:11). 예언자 요엘이 선포했듯이 하나님의 영이 부어지면 아들과 딸이 예언할 것이기 때문에(욜 2:28) 이는 놀라운 일이 아니다. 하지만 예수님도 거짓 예언자, 즉 **예수님의** 이름으로 말한다고 주장하면서 귀신을 쫓아내고 병을 고치지만 정작 예수님은 알지 못한다고 말씀하실 이들의 위험에 대해 경고하셨다(마 7:15-23). 바울이 만났던 이런 부류의 거짓 예언자는 거짓과 속임수로 가득했다(행 13:6-12).

신약성경 저자들은 동료 신자들에게 거짓 예언자와 교사에 대해 신중하게 경고하면서, 하나님에게서 직접 왔다고 주장되는 말씀을 검증하는 것이 중요하다고 지적한다. 요한은 거짓 예언자에 대해 경고하면서, "오직 영들이 하나님께 속하였나 분별하라. 많은 거짓 선지자가 세상에 나왔음이라"고 촉구한다(요일 4:1). 바울도 마찬가지로 고린도 교인들에게 예언자가 하는 말을 '분별하라'(weigh carefully)고 가르친다(고전 14:29).

베드로도 구약의 거짓 예언자들과 비교하면서, 파괴적인 이단을 은밀하게 들여오는 거짓 교사에 대해 경고한다(벧후 2:1). 그들도 하나님의 심판 아래 떨어질 것이다. 거짓 예언자는 요한계시록에서 하나님의 백성을 속여 주님께 드리는 예배에서 멀어지게 만드는 자들로 등장하는데 (계 13:11-18; 16:13; 19:20), 특히 하나님의 주권적 통치를 찬탈하려고 애쓰는 적그리스도의 악의적 의도에서 볼 수 있다.

오늘날 그리스도인들은 예언자라고 주장하는 이들의 말과 성품을 주의 깊게 살펴보아야 한다. 예수님은 선한 열매로 예언자를 판별해야 한다고 가르치셨다(마 7:16-20). 하나님은 또한 성령을 통해 우리에게 분별력을 주신다. 선별된 사람들에게만 성령이 임한 구약과 대조적으로, 하나님은 이제 모든 육체에 성령을 부어 주신다(사 44:3; 욜 2:28; 행 2:17). 이런 현실은 교회 공동체에서 모든 신자의 역할을 격상시키고(롬 5:5; 8:9; 고전 2:12; 3:16; 갈 3:2; 4:6), 특히 바울은 성령을 통해 유대인 거짓 예언자가 거짓말하는 것을 알아챘다(행 13:9-10). 이는 하나님께서 성령을 통해 하실 수도 있는 말씀을 경청하도록 우리를 격려하고, 또한 그들의 열매와 말이 성경과 일치해야 하기 때문에 사람의 열매와 말 모두로 평가하도록 이끈다. 예언을 멸시하지 말고 "모든 것을 분간하고 좋은 것을 굳게 잡으라"고 신자들에게 촉구해야 한다(살전 5:21, 새번역; 참조. 요일 4:1-6; 요이 1:7-9).

콜린 스미스(Colin Smith)는 "거짓 교사의 7가지 특징"(7 Traits of False Teachers)이라는 글에서, 속이는 자인 사탄이 건재하게 살아 있기 때문에 우리는 교회에서 거짓 교사와 예언자를 발견할 가능성이 높다고 주장한다. 스미스는 그 사람의 근원과 메시지, 지위, 성품, 매력, 열매를 고려하는 등 거짓 교사를 검증하는 일곱 가지 방법을 요약하면서 이런 류의 검증을 뒷받침하는 성경 구절을 인용한다.[8] 구약성경에서 예언자에 대한 궁극적인 검증은 그들의 말이 실현되는가 하는 것이었다(신

18:20-22; 대하 18:27). 이 이야기는 하나님께 직접 들었다고 주장하는 사람들의 말을 신중하게 검증해야 한다고 일깨우는 경고 역할을 한다. 다시 말해, 단순히 예언자라고 **주장한다**고 해서 그 사람이 예언자가 되는 것은 아니다. 나아가 아하스와 여호사밧 앞에서 말한 많은 '예언자'에게 그들이 진짜 예언자라는 조짐이 전혀 없었듯이 예언의 검증은 어떤 사람의 SNS 팔로워 수가 몇천 명 또는 몇만 명이냐에 달려 있지 않다. 사실 단 한 명의 진정한 예언자가 하나님의 말씀을 전했고, 그의 예언의 말씀은 실현되었다. 이것이 가장 중요한 검증이고, 소셜 미디어에서 들리는 소리들에 근거할 때 이 검증을 통과할 사람은 그리 많지 않을 것 같다.

역대하 19:1-11

이야기 경청하기

¹유다 왕 여호사밧이 평안히 예루살렘에 돌아와서 그의 궁으로 들어가니라 ²하나니의 아들 선견자 예후가 나가서 여호사밧 왕을 맞아 이르되 왕이 악한 자를 돕고 여호와를 미워하는 자들을 사랑하는 것이 옳으니이까 그러므로 여호와께로부터 진노하심이 왕에게 임하리이다 ³그러나 왕에게 선한 일도 있으니 이는 왕이 아세라 목상들을 이 땅에서 없애고 마음을 기울여 하나님을 찾음이니이다 하였더라 ⁴여호사밧이 예루살렘에 살더니 다시 나가서 브엘세바에서부터 에브라임 산지까지 민간에 두루 다니며 그들을 그들의 조상들의 하나님 여호와께로 돌아오게 하고 ⁵또 유다 온 나라의 견고한 성읍에 재판관을 세우되 성읍마다 있게 하고 ⁶재판관들에게 이르되 너희가 재판하는 것이 사람을 위하여 할 것인지 여호와를 위하여 할 것인지를 잘 살피라 너희가 재판할 때에 여호와께서 너희와 함께하심이니라 ⁷그런즉 너희는 여호와를 두려워하는 마음으로 삼가 행하라 우리의 하나님 여호와께서는 불의함도 없으시고 치우침도 없으시고 뇌물을 받는 일도 없으시니라 하니라 ⁸여호사밧이 또 예루살렘에서 레위 사람들과 제사장들과 이스라엘 족장들 중에서 사람을 세워 여호와께 속한 일과 예루살렘 주민의 모든 송사를 재판하게 하고 ⁹그들에게 명령하여 이르되 너희는 진실과 성심을 다하여 여호와를 경외하라 ¹⁰어떤 성읍에 사는 너희 형제가 혹 피를 흘림이나 혹 율법이나 계명이나 율례나 규례로 말미암아 너희에게 와서 송사하거든 어떤 송사든지 그들에게 경고하여 여호와께 죄를 범하지 않게 하여 너희와 너희 형제에게 진노하심이 임하지 말게 하라 너희가 이렇게 행하면 죄가 없으리라 ¹¹여호와께 속한 모든 일에는 대제사장 아마랴가 너희를 다스리고 왕에게 속한 모든 일은 유다 지파의 어른 이스마엘의 아들 스바댜가 다스리고 레위 사람들은 너희 앞에 관리가 되리라 너희는 힘써 행하라 여호와께서 선한 자와 함께하실지로다 하니라

이야기 속 다른 본문 경청하기

신명기 16:18-19

여호사밧 이야기는 그가 예루살렘으로 무사히 돌아오면서 계속된다. 아합과 맺은 동맹으로 인해 예언자 예후의 꾸지람을 받은 후, 여호사밧은 유다가 주님께 돌아오게 하는 데 중요한 공헌을 한다. 이는 특히 하나님의 율법을 따르도록 하기 위해 재판관을 임명하는 데서 볼 수 있다. 정의를 집행하기 위해 재판관을 임명하는 방식은 공동체에서 존경받는 자들을 임명해 사법 업무를 분담했던 모세 시대로 거슬러 올라갈 수 있다(출 18:17-26; 신 1:13-18; 참조. 삿 4:4). 모세는 이스라엘에게 이렇게 지시했다. "네 하나님 여호와께서 네게 주시는 각 성에서 네 지파를 따라 재판장들과 지도자들을 둘 것이요. 그들은 공의로 백성을 재판할 것이니라. 너는 재판을 굽게 하지 말며 사람을 외모로 보지 말며 또 뇌물을 받지 말라. 뇌물은 지혜자의 눈을 어둡게 하고 의인의 말을 굽게 하느니라"(신 16:18-19; 참조. 17:8-12). 이런 오랜 전통을 이어받아 여호사밧 치하에서 사법 개혁이 확립된다. 그의 이름('여호와가 재판하신다')에서부터 이 중요한 주제가 대변된다.

이야기 설명하기

여호사밧이 아합과의 동맹으로 인해 꾸지람을 받다(19:1-3)

여호사밧이 예루살렘에 무사히 돌아온 후(배경 이야기는 대하 18장을 보라) 예언자 예후는 왕을 만나 이렇게 말한다. "왕이 악한 자를 돕고 여호와를 미워하는 자들을 사랑하는 것이 옳으니이까?"(19:2) 아합 통치의 특징이 노골적 우상 숭배였음을 고려할 때(왕상 16:30-34) 여호사밧은 그와 동맹을 맺지 않았어야 한다. 그는 하나님의 심판에 떨어지는 대신, 올바르게 대응해 아세라 목상을 제거하고 주님을 찾기로 마음을 정한다(대하 19:3). 이어지는 재판관의 임명은 하나님을 찾으려는 그의 결단을 강조한다.

여호사밧이 재판관을 임명하다(19:4-11)

여호사밧은 예루살렘에 살고 있지만, 백성들을 주님께 돌아오게 하려는 그의 개인적 결심은 브엘세바에서부터 에브라임 산지까지 왕국 전역을 다니는 데서 확인할 수 있다(19:4). 이 성읍들에서 왕을 만난다면 의심의 여지없이 큰 영광이었겠지만, 가장 중요한 것은 백성들이 주님께로 돌아오는 결과를 낳았다는 점이다(4절). 왕은 하나님의 율법을 가르치고 지키도록 하기 위해 재판관을 임명하고(5-7절), 이로써 왕국에서 하나님의 의와 공의의 기준을 따르도록 조치한다(참조. 렘 22:2-4; 23:5-8). 자펫이 지적하듯 재판관은 신성한 임무를 맡았다. "주님의 임재로 인해 모든 사법 판단은 신의 임재에 대한 적절한 경외심을 갖고 준수해야 할 종교적 행위가 된다."[1] 성경의 가르침에 따르면 주님은 불의와 편파성, 뇌물을 미워하시고(참조. 신 16:19; 미 3:1-4, 9-11), 따라서 재판관의 판결은 온 땅의 재판관이신 하나님의 의로우심을 반영해야 한다(참조. 시 7:11; 9:7-8; 50:6; 82:1-8). 제사장과 레위인은 예루살렘에서 사법 기관 역할을 하면서 유다 각 성읍 법정에 법률적 조언을 제공한다(19:8).[2] 그들의 신성한 임무에 대해 여호사밧은 이렇게 당부한다. "너희는 진실과 성심을 다하여 여호와를 경외하라"(9절). 어떤 문제가 예루살렘에서 제사장과 레위인 앞에 제기될 때 그들은 송사에 하나님의 율법을 적용하고, 주님의 진노가 임하지 않도록 그분께 죄를 짓지 말라고 하나님의 백성에게 경고해야 했다(10절). 히스기야가 나중에 깨닫듯이, 하나님의 진노는 심각하게 받아들여져야 했다(29:6-9; 32:25-26). 여호사밧은 대제사장 아마랴를 제사장과 레위인의 지도자로 임명하고, 유다 집안의 어른 스바댜를 왕과 관련한 모든 일의 책임자로 임명한다(19:11). 다윗왕의 통치 기간에 보았듯이, 왕의 지도자 임명은 왕국의 번영을 위해 매우 중요했다.[3] 여호사밧은 지도자들에게 이렇게 권면한다. "너희는 힘써 행하라. 여호와께서 선한 자와 함께하실지로다"(11절).

이야기 살아내기

기독교 공동체의 분쟁 해결

여호사밧 치하에 확립된 사법 개혁은 언약 공동체 내부에 존재하는 분쟁의 현실과, 하나님의 의로운 기준에 따라 분쟁을 해결할 수 있는 지도자의 필요성을 보여 준다. 오늘날의 교회에서도 이렇게 기독교 공동체의 갈등을 해결하는 기본 원리가 똑같이 유지된다. 신자들은 하나님의 거룩하심과 의로우심을 반영하고 비추도록 부름받았기 때문이다. 신자들 사이의 분쟁은 세속적 관행을 채택하지 않고 성경적 원리에 따라 해결되어야 한다. 예수님은 제자들에게 어떤 사람이 죄를 범하면 한 명의 동료 신자가 그 형제나 자매와 개인적으로 문제를 해결하라고 가르치셨다. 만약 그 사람이 듣기를 거부하면, 문제를 해결하기 위해 한두 명의 신자를 대화에 초대한다. 소규모의 사적 상황에서 문제를 해결할 수 없을 경우, 교회는 징계 조치를 취해야 한다(마 18:15-17).

우리는 과도하게 소송을 일삼는 사회에서 살고 있다. 미국은 인구 10만 명당 소송 건수가 다른 어떤 나라보다 많아서, 연구 결과를 보면 캐나다보다 4배 높고 호주보다 3.8배 높으며 일본보다 3.3배 높다. 또한 미국의 1인당 변호사 수(이스라엘 제외)와 1인당 판사 수(프랑스 제외)는 전 세계 다른 어떤 나라보다 많다.[4] 이렇듯 소송을 일삼는 문화는 그리스도인들이 서로 분쟁을 해결하는 방식에도 영향을 끼치기가 매우 쉽다. 바울은 교회 공동체에 갈등이 일어날 때 신자들에게 세속 법정을 통해 해결책을 찾지 말라고 가르치면서, 대신 고린도 교회에 이렇게 촉구한다. "너희 중에 누가 다른 이와 더불어 다툼이 있는데 구태여 불의한 자들 앞에서 고발하고 성도 앞에서 하지 아니하느냐?"(고전 6:1) 로마서 13:1-7에서는 형사 사건과 관련된 문제에서 판결할 수 있는 정부의 권리를 인정하지만, 바울은 고린도전서 6:1-8에서 민사 소송에 대해 다룬다. 로마 시대의 고린도에서 민사 소송은 "법적 소유권, 계약 위반, 손해 배상, 사기, 상해" 등의 문제를 포함했다.[5] 고린도의 사법 절차는 한 해 동안 봉사할 한두 명의 명예 치안 판사를 임명했다. 치안 판사 앞에서 소송을 제기했고, 간혹 사회적 지위가 높은 로마 시민 중에서 배심원을 선발하기도 했다. 뇌물은 재판 결과에 영향을 미칠 가능성이 있는 일반적 관행이었다.[6] 윈터(Winter)는 나아가 사법 절차가 개인의 불만을 악화시켰다고 지적한다. 검사의 수사(rhetorical) 전략에는 적대적인 연설과 인격 모독(로마인들이 지칭하는 *reprehensio vitae* 또는 *vituperation*, '상대방의 인격에 대한 개인적 공격')을 통해 상대에게 퍼붓는 공격이 동반되었기 때문이다. 고린도 교회에는 이미 신자들 사이에 분열이 있었고(1:10-17; 3:1-7), 윈터는 로마 법정에서의 소송이 공동체 안에 이미 존재하던 적대감을 공적으로 표출하는 데 사용되었을 것이라고 주장한다.[7] 바울의 논점은 경미한 범죄는 법적 역량을 갖추고 훌륭하게 행동할 수 있는 교회 공동체의 중재자에 의해 해결되어야 한다는 것이다. 윈터는 고린도 교회가 이렇게 했다고 결론을 내린다.

> 그들은 내부인에 대해 판단해야 했으나 애석하게도 그렇게 하지 못했다 (5:13). 반면에 그들은 불의한 외부인이 내부인을 판단하도록 허용했다 (6:1). 사법 훈련을 받았기에 사적 중재자로 행동하기 위해 필요한 자격

을 갖추었을 동료 그리스도인들을 활용했어야 하는데 말이다.[8]

고든 피는 나아가 바울의 가르침 뒤에는 교회가 종말론적 공동체라는 이해가 있으며, 이는 불만을 세속 법정에서 해결해서는 안 된다는 의미라고 말한다. 피(Fee)가 지적하듯이, 그들의 종말론적 실존은 "그와 같은 불만을 사소하게 만들고, 신자 자신이 결국 판단하게 될 바로 그 사람들에게 판결을 요청하는 어색한 입장에 놓인다."[9] 신자들 사이의 분쟁을 세속 법정에서 판결하도록 요구하는 것은 복음 증거에도 영향을 미친다. 현대 사법 제도는 1세기의 법적 상황과 동일하지 않지만, 소송을 지나치게 일삼는 세속 문화가 교회에 과도한 영향을 미치고 있는 것은 아닌지 의문을 갖는 게 마땅하다. 윈터는 실제로 고린도에서 법적 절차의 개시는 "법정에서 판결이 내려지기 전에 이미 관계에서 실패했음을 보여 주는 신호"였다고 지적한다.[10] 그래서 바울은 세속 법정에서 분쟁의 해결책을 찾기보다 억울한 일을 당하는 편이 훨씬 낫다고 주장한다.

우리는 구약성경에서 분쟁을 해결하기 위해 언약 공동체의 지도자를 임명하는 것을 보았다. 사소한 분쟁은 성읍 내에서 해결해야 했지만, 제사장과 레위인은 더 중대한 사안에 대해 조언을 주기 위해 임명되었다. 하나님께서는 죄와 분쟁을 해결하기 위해 교회에 지도자를 임명하셨지만, 갈등을 성경적으로 기독교 공동체 내에서 해결할 수 있도록 그리스도인다운 중재를 제공하는 단체도 있다. 그와 같은 기독교 단체 중 하나가 피스메이커 선교회(Peacemaker Ministries)다.[11] 이 단체의 목표는 그리스도인들이 분쟁에 성경적으로 대응하도록 돕는 것뿐 아니라, 그리스도인들이 기독교 공동체 내에서 분쟁을 해결할 수 있도록 합법적 중재 서비스를 제공하는 것이다. 세속 문화는 개인의 권리를 과시하지만, 기독교 공동체는 그리스도의 주되심 아래 겸손과 자기희생을 구현하도록 부르심을 받았다.

49					역대하 20:1-37

── 이야기 경청하기 ──

¹그 후에 모압 자손과 암몬 자손들이 마온 사람들과 함께 와서 여호사밧을 치고자 한지라 ²어떤 사람이 와서 여호사밧에게 전하여 이르되 큰 무리가 바다 저쪽 아람에서 왕을 치러 오는데 이제 하사손다말 곧 엔게디에 있나이다 하니 ³여호사밧이 두려워하여 여호와께로 낯을 향하여 간구하고 온 유다 백성에게 금식하라 공포하매 ⁴유다 사람이 여호와께 도우심을 구하려 하여 유다 모든 성읍에서 모여와서 여호와께 간구하더라 ⁵여호사밧이 여호와의 전 새 뜰 앞에서 유다와 예루살렘의 회중 가운데 서서 ⁶이르되 우리 조상들의 하나님 여호와여 주는 하늘에서 하나님이 아니시니이까 이방 사람들의 모든 나라를 다스리지 아니하시나이까 주의 손에 권세와 능력이 있사오니 능히 주와 맞설 사람이 없나이다 ⁷우리 하나님이시여 전에 이 땅 주민을 주의 백성 이스라엘 앞에서 쫓아내시고 그 땅을 주께서 사랑하시는 아브라함의 자손에게 영원히 주지 아니하셨나이까 ⁸그들이 이 땅에 살면서 주의 이름을 위하여 한 성소를 주를 위해 건축하고 이르기를 ⁹만일 재앙이나 난리나 견책이나 전염병이나 기근이 우리에게 임하면 주의 이름이 이 성전에 있으니 우리가 이 성전 앞과 주 앞에 서서 이 환난 가운데에서 주께 부르짖은즉 들으시고 구원하시리라 하였나이다 ¹⁰옛적에 이스라엘이 애굽 땅에서 나올 때에 암몬 자손과 모압 자손과 세일 산 사람들을 침노하기를 주께서 용납하지 아니하시므로 이에 돌이켜 그들을 떠나고 멸하지 아니하였거늘 ¹¹이제 그들이 우리에게 갚는 것을 보옵소서 그들이 와서 주께서 우리에게 주신 주의 기업에서 우리를 쫓아내고자 하나이다 ¹²우리 하나님이여 그들을 징벌하지 아니하시나이까 우리를 치러 오는 이 큰 무리를 우리가 대적할 능력이 없고 어떻게 할 줄도 알지 못하옵고 오직 주만 바라보나이다 하고 ¹³유다 모든 사람들이 그들의 아내와 자녀와 어린이와 더불어 여호와 앞에 섰더라 ¹⁴여호와의 영이 회중 가운데에서 레

위 사람 야하시엘에게 임하셨으니 그는 아삽 자손 맛다냐의 현손이요 여이엘의 증손이요 브나야의 손자요 스가랴의 아들이더라 ¹⁵야하시엘이 이르되 온 유다와 예루살렘 주민과 여호사밧 왕이여 들을지어다 여호와께서 이같이 너희에게 말씀하시기를 너희는 이 큰 무리로 말미암아 두려워하거나 놀라지 말라 이 전쟁은 너희에게 속한 것이 아니요 하나님께 속한 것이니라 ¹⁶내일 너희는 그들에게로 내려가라 그들이 시스 고개로 올라올 때에 너희가 골짜기 어귀 여루엘 들 앞에서 그들을 만나려니와 ¹⁷이 전쟁에는 너희가 싸울 것이 없나니 대열을 이루고 서서 너희와 함께한 여호와가 구원하는 것을 보라 유다와 예루살렘아 너희는 두려워하지 말며 놀라지 말고 내일 그들을 맞서 나가라 여호와가 너희와 함께하리라 하셨느니라 하매 ¹⁸여호사밧이 몸을 굽혀 얼굴을 땅에 대니 온 유다와 예루살렘 주민들도 여호와 앞에 엎드려 여호와께 경배하고 ¹⁹그핫 자손과 고라 자손에게 속한 레위 사람들은 서서 심히 큰 소리로 이스라엘 하나님 여호와를 찬송하니라 ²⁰이에 백성들이 아침에 일찍이 일어나서 드고아 들로 나가니라 나갈 때에 여호사밧이 서서 이르되 유다와 예루살렘 주민들아 내 말을 들을지어다 너희는 너희 하나님 여호와를 신뢰하라 그리하면 견고히 서리라 그의 선지자들을 신뢰하라 그리하면 형통하리라 하고 ²¹백성과 더불어 의논하고 노래하는 자들을 택하여 거룩한 예복을 입히고 군대 앞에서 행진하며 여호와를 찬송하여 이르기를 여호와께 감사하세 그의 인자하심이 영원하도다 하게 하였더니 ²²그 노래와 찬송이 시작될 때에 여호와께서 복병을 두어 유다를 치러 온 암몬 자손과 모압과 세일 산 주민들을 치게 하시므로 그들이 패하였으니 ²³곧 암몬과 모압 자손이 일어나 세일 산 주민들을 쳐서 진멸하고 세일 주민들을 멸한 후에는 그들이 서로 쳐죽였더라 ²⁴유다 사람이 들 망대에 이르러 그 무리를 본즉 땅에 엎드러진 시체들뿐이요 한 사람도 피한 자가 없는지라 ²⁵여호사밧과 그의 백성이 가서 적군의 물건을 탈취할새 본즉 그 가운데에 재물과 의복과 보물이 많이 있으므로 각기 탈취하는데 그 물건이 너무 많아 능히 가져갈 수 없을 만큼 많으므로 사흘 동안에 거두어들이고 [26]넷째 날에 무리가 브라가 골짜기에 모여서 거기서 여호와를 송축한지라 그러므로 오늘날까지 그곳을 브라가 골짜기라 일컫더라 [27]유다와 예루살렘 모든 사람이 다시 여호사밧을 선두로 하여 즐겁게 예루살렘으로 돌아왔으니 이는 여호와께서 그들이 그 적군을 이김으로써 즐거워하게 하셨음이라 [28]그들이 비파와 수금과 나팔을 합주하고 예루살렘에 이르러 여호와의 전에 나아가니라 [29]이방 모든 나라가 여호와께서 이스라엘의 적군을 치셨다 함을 듣고 하나님을 두려워하므로 [30]여호사밧의 나라가 태평하였으니 이는 그의 하나님이 사방에서 그들에게 평강을 주셨음이더라 [31]여호사밧이 유다의 왕이 되어 왕위에 오를 때에 나이가 삼십오 세라 예루살렘에서 이십오 년 동안 다스리니라 그의 어머니의 이름은 아수바라 실히의 딸이더라 [32]여호사밧이 그의 아버지 아사의 길로 행하여 돌이켜 떠나지 아니하고 여호와 보시기에 정직하게 행하였으나 [33]산당만은 철거하지 아니하였으므로 백성이 여전히 마음을 정하여 그들의 조상들의 하나님께로 돌아오지 아니하였더라 [34]이 외에 여호사밧의 시종 행적은 하나니의 아들 예후의 글에 다 기록되었고 그 글은 이스라엘 열왕기에 올랐더라 [35]유다 왕 여호사밧이 나중에 이스라엘 왕 아하시야와 교제하였는데 아하시야는 심히 악을 행하는 자였더라 [36]두 왕이 서로 연합하고 배를 만들어 다시스로 보내고자 하여 에시온게벨에서 배를 만들었더니 [37]마레사 사람 도다와후의 아들 엘리에셀이 여호사밧을 향하여 예언하여 이르되 왕이 아하시야와 교제하므로 여호와께서 왕이 지은 것들을 파하시리라 하더니 이에 그 배들이 부서져서 다시스로 가지 못하였더라

이야기 속 다른 본문 경청하기

시편 44편

여호사밧의 통치는 이방 연합군이 유다에 맞서 전쟁을 벌일 때 절정에 이른다. 역대기 저자는 왕의 대응을 통해 스스로 겸비함, 기도, 하나님을 의지함, 믿음 등 경건한 미덕에 대해 가르친다. 여호사밧은 적을 마주했을 때 하나님의 백성에게 기도와 금식을 요청한다. 이 이야기의 중심에는 여호사밧의 공동체 탄식 기도(20:5-12)와 뒤이어 야하시엘이 전한 구원 신탁(13-19절)이 놓여 있다. 본문을 경청할 때, 시편에 나오는 개인과 공동체의 탄식 기도에는 학자들이 '탄식시'로 분류할 수 있는 공통 특징들이 있음을 기억하는 것이 도움이 된다(참조. 시 3-7, 22, 44, 51, 80편). 이런 특징들을 간략히 살펴보는 것은 탄식시 장르를 염두에 두고 여호사밧의 기도를 읽는 데 도움이 될 것이다.

시편 44편은 공동체 탄식시의 좋은 예다. 시편 저자는 과거에 하나님이 행하신 구원 활동을 회고한다.

> 하나님이여 주께서 우리 조상들의 날
> 곧 옛날에 행하신 일을
> 그들이 우리에게 일러 주매
> 우리가 우리 귀로 들었나이다.
> 주께서 주의 손으로 뭇 백성을 내쫓으시고
> 우리 조상들을 이 땅에 뿌리박게 하시며
> 주께서 다른 민족들은 고달프게 하시고
> 우리 조상들은 번성하게 하셨나이다.
> 그들이 자기 칼로 땅을 얻어 차지함이 아니요
> 그들의 팔이 그들을 구원함도 아니라.
> 오직 주의 오른손과 주의 팔과
> 주의 얼굴의 빛으로 하셨으니
> 주께서 그들을 기뻐하신 까닭이니이다. (1-3절)

시편 저자와 마찬가지로 여호사밧도 기도를 시작하면서 하나님의 권세와 능력을 인정하고 과거에 그 땅 주민들을 쫓아내신 하나님의 일하심을 회고한다(대하 20:6-7). 시편 저자는 하나님께 외치면서 승리가 하나님을 통해 올 것이라고 단언한다(시 44:4-5). 또한 주님을 향한 신뢰를 선포하면서 "나는 내 활을 의지하지 아니할 것이라. 내 칼이 나를 구원하지 못하리이다"라고 고백한다(6절). 이는 여호사밧이 자신의 연약함을 염두에 두고 주님을 의지한다고 인정하는 것과 마찬가지다(대하 20:12). 시편 저자는 하나님께 도움을 간구하며 끝마친다. "일어나 우리를 도우소서. 주의 인자하심으로 말미암아 우리를 구원하소서"(시 44:26). 그의 기도에는 하나님께 도움을 요청하며 이렇게 기도하는 여호사밧의 외침이 나타난다. "우리 하나님이여 그들을 징벌하지 아니하시나이까. 우리를 치러 오는 이 큰 무리를 우리가 대적할 능력이 없고 어떻게 할 줄도 알지 못하옵고 오직 주만 바라보나이다"(대하 20:12).

왕의 탄식 기도에 이어 야하시엘이 선포하는 구원 신탁은 특징적인 권면으로 시작한다. "너희는 이 큰 무리로 말미암아 두려워하거나 놀라지 말라. 이 전쟁은 너희에게 속한 것이 아니요 하나님께 속한 것이니라"(20:15). 이 구절은 여호사밧 시대의 유다 백성만이 아니라, 강한 민족들로 둘러싸여 소수의 남은 자로 살아 가는 귀환 공동체에게도 격려의 말씀이 된다. 그들도 두려워하거나 낙담하지 않아야 하고, 그들도 주님을 불러야 한다.

이야기 설명하기

열방이 여호사밧과 전쟁을 벌이다(20:1-4)

이야기는 모압 자손과 암몬 자손, 마온 사람들이 여호사밧과 전쟁을 벌이면서 시작된다(20:1).[1] 다윗은 수백 년 전에 모압을 물리쳤고, 그들과 암몬으로부터 조공을 받았다(대상 18:2, 11). 마온 사람들은 구약성경에서 거의 언급되지 않기에(참조. 4:41, 개역개정은 "모우님 사람"; 대하 26:7) 그들의 정체는 불확실하다. 그들은 뒤에서 언급된 세일산(20:10, 22-23)과 서로 병행 가능한 지명인 네겝 남부에 살았을 것이다. 여호사밧은 "큰 부대가 사해 건너편 에돔에서… 치러 왔다"는 소식을 듣는다(2절, 새번역). 아사왕은 자기를 치러 오는 많은 군대에 맞닥뜨렸지만, 고통 속에서 하나님께 도움을 요청해 구원을 받았다(14:9-12). 이제 여호사밧은 자신의 군사력을 뛰어넘는 군사적 위협에 직면한다. 군대가 예루살렘에서 약 56킬로미터 떨어진 사해 서쪽 엔게디까지 진격했다는 사실은 상황의 긴급성을 강조한다(20:2). 엔게디는 유다 지파에 속했는데, 따라서 그들은 이스라엘 영토를 침범하고 있다(수 15:62; 참조. 삼상 23:29).

이 소식을 들은 왕은 당연히 경각심을 갖지만, 예루살렘에 주둔하고 있던 상비군을 소집하는 대신(참조. 대하 17:13) 주님께 얼굴을 향하여 그분을 찾는다(20:3). 동사 '찾다, 묻다'(히. *d-r-sh*)는 상황을 조사한다는 의미일 수 있지만(신 13:14; 17:4; 19:18; 삿 6:29), 응답을 구한다는 의미일 수도 있다(신 17:9). 앞서 여호사밧은 아합과 함께 전쟁에 나가야 하는지 예언자에게 물었지만(대하 18:4, 6-7), 그는 미가야의 말을 듣지 않았고 결국 거의 죽을 뻔했다. 뼈아픈 교훈을 얻은 여호사밧은 이번에는 하나님께 묻고, 곧이어 보듯이 예언자의 말에 귀를 기울인다. 하나님을 찾고자 하는 여호사밧의 간절한 열망은 그가 금식을 선포한 데서 볼 수 있다. 구약성경에서 금식은 애도와 관련 있지만(예. 삼하 1:12; 대상 10:12), 때로 기도를 동반해 하나님의 응답을 구하는 사람의 간절한 열망을 강조한다(삼하 12:16, 21-23; 스 8:21, 23; 느 1:4). 공동체 전체에 기도와 금식을 요청하는 여호사밧의 모습은 겸손의 자세다.

여호사밧이 하나님께 도움을 간청하다 (20:5-12)

여호사밧은 주님의 전에서 백성들 앞에 선다. 그는 주님께서 열방의 모든 왕국을 다스리는 통치자시며 권세와 능력이 하나님의 것이라고 고백한다(20:5-6). 이 고백은 "여호와여 위대하심과 권능과 영광과 승리와 위엄이 다 주께 속하였사오니 천지에 있는 것이 다 주의 것이로소이다. 여호와여 주권도 주께 속하였사오니 주는 높으사 만물의 머리이심이니이다"라고 인정한 다윗의 기도를 떠올리게 한다(대상 29:11). 다윗은 경축의 시간에 이런 고백을 했지만, 이제 적의 맹공격 앞에서 여호사밧은 하나님께 시선을 돌려 그들 가운데 계신 분이 **누구신지** 하나님의 백성에게 상기시킨다. 이것은 두려운 상황에 직면했을 때 기억해야 할 중요한 원리다. 하나님이 다스리신다는 사실 말이다. 왕은 하나님께서 조상들을 위해 행하신 일, 즉 그들 앞에서 열방을 쫓아내고 그 땅을 주셨던 일을 기억한다(대하 20:7-8). 솔로몬의 기도의 메아리가 여호사밧의 기도에서도 울려 퍼지는 가운데, 왕은 하나님의 백성에게 재앙이 임할 경우 성전에 계신 하나님 앞에 서서 고통 중에 하나님께 부르짖어야 한다는 사실을 떠올린다(9절; 참조. 6:28-30). 그는 두려움에 사로잡히는 대신 거룩한 성경 말씀을 되풀이하면서 적에 맞서 굳건히 설 수 있는, 말하자면 하나님의 전신 갑주를 입는다. 그는 믿음의 방패를 들고 하나님이 자기 백성을 구원해 주실 것이라고 고백한다.

여호사밧은 끔찍한 상황을 설명하면서, 이 이방 나라들이 지금 유다를 치러 와서 자기들이 받은 기업에서 몰아내려 하고 있다고 호소한다 (20:10-11). 자펫은 이것이 "제한된 군사적 승리나 영토 이득을 위한 보통의 원정"이 아니라 "이스라엘의 존립 자체를 위협하는 전면전"이라고 예리하게 주장한다.[2] 예루살렘에 대한 그들의 공격은 "세상을 위한 하나님의 계획을 방해하는 직접적인 모욕"이다.[3] 우리는 앞서 다윗과 이방 나라들의 전투에는 영적인 요소가 있어서, 지상의 왕들이 주님과 그 기름 부음받은 자를 대적해 일어난다고 묘사하는 시편 2편을 상기시킨다고 언급한 바 있다(시 2:1-3).[4] 반면에 시인은 열방을 향해서는 하나님이 진노하시기 때문에 경계하라고 충고한다(10-12절). 따라서 여호사밧이 자기를 공격하는 자들에게 심판을 내려 달라고 하나님께 요청하는 것은 놀라운 일이 아니다(대하 20:10-11). 그는 이 거대한 군대에 비하면 자신과 백성들은 무력하다고 인정한다. 여호사밧은 하나님을 전적으로 의지하며 기도를 마무리한다. "우리가… 어떻게 할 줄도 알지 못하옵고 오직 주만 바라보나이다"(12절). 여호사밧은 지도자로서 자신의 약함과 무엇을 해야 할지 모르는 무능함을 인정하지만, 정확히 자신이 **해야 할** 일을 하고 있다. 바로 도움을 얻기 위해 주님께 향하는 것이다. 하나님은 그와 함께 싸우실 분이다.

주님의 영이 야하시엘을 통해 격려하시다(20:13-19)

온 회중이 주님 앞에 서자, 하나님의 영이 아삽 계보의 레위인 야하시엘이라는 사람에게 임한다(20:14). 하나님의 영은 왕정 시대 전반에서 활동하면서 꾸지람과 격려 둘 다를 준다(대상 12:18; 대하 15:1; 20:14; 24:20). 이 이야기에서 하나님의 영을 통한 즉각적인 응답은 하나님께서 여호사밧의 기도를 **이미** 들으셨음을 확증하고, 그분은 이제 여호사밧이 할 일을 깨닫도록 도와주신다. 즉 그는 하나님의 구원을 **기다려야** 한다. 이것이 그가 전투를 치르는 방식이다.

야하시엘은 이제 백성들에게 절실히 필요한 권면의 말을 전한다. 그들은 눈앞에 있는 큰 군대를 두려워하지 않아야 한다. 전투는 그들의 것이 아니라 하나님의 것이기 때문이다!(20:14-15) 그들은 다음 날 시스 고개(아마도 사해 서쪽 해안의 드고아 지역에 있었을 것이다)로 나가야 한다. 놀랍게도 그들은 직접 싸우지 않는 대신 하나님의 구원을 **기다려야** 한다(17절).[5] 다윗은 수많은 전투를 통해, 하나님만이 이스라엘의 구주시기 때문에 구원은 오직 하나님으로부터만 온다는 것을 배웠다(대상 16:35; 참조. 시 65:5; 79:9; 85:4; 사 43:3, 11; 45:17). 하나님은 여러 차례 자기 백성을 적으로부터 구원하셨고, 그분이야말로 의지할 유일한 존재다(참조. 출 14:30; 민 10:9; 신 20:4; 33:29; 대상 18:6, 13; 대하 20:9; 32:22). 구원 신탁을 들은 여호사밧이 "몸을 굽혀 얼굴을 땅에 대니 온 유다와 예루살렘 주민들도 여호와 앞에 엎드려 여호와께 경배"했다(20:18). 얼굴을 땅에 대고 엎드린 모습은 하나님께 전적으로 의지하는 장면이다. 그들은 스스로를 구원할 수 없고, 이것이 바로 하나님께서 자기 백성에게 가르치신 것이다. 즉 하나님만이 이스라엘의 구주시다. 우리는 레위인이 부르는 노래에 친숙해졌고, 그들은 이제 위기에 대처하면서 아주 큰 목소리로 이스라엘의 하나님을 찬양한다(19절).

하나님께서 승리를 주시고 온 백성이 찬양하다(20:20-28)

여호사밧과 백성들은 아침 일찍 일어나 예루살렘 남쪽으로 몇 킬로미터 떨어진 드고아 들로 이동한다(20:20). 왕은 백성에게 주 하나님을 믿으라고 권면한다. 여호사밧은 하나님의 뜻보다 앞서 간다는 것이 어떤 의미인지를 배웠지만(참조. 18장), 이제 하나님을 신뢰하고 백성에게도 믿음을 권면함으로써 이 '믿음의 도전'에 잘 대처한다. 그는 이전에 하나님의 예언자가 전한 말에 귀 기울이지 않았지만(참조. 19장), 이제는 유다가 성공할 수 있도록 하나님과 그분의 예언자를 신뢰하라고 권면한다(20:20). 동사 '신뢰하다, 믿다'(히. '-m-n)는 주님을 믿은 아브라함에게 맨 처음 사용되었다(창 15:6). 믿음은 언제나 하나님 백성의 중심 표지였다(합 2:4; 참조. 롬 1:17). 실제로 "믿음으로" 나라를 정복하고(히 11:32-34), 믿음으로 말미암아 약한 자는 강해진다(34절). 이제 여호사밧왕은 하나님의 백성에게 극복할 수 없는 상황에도 불구하고 주님을 믿으라고 권면한다. 그는 자신들이 **승리**하리라는 확신을 심어 주는데, 바로 아합의 예언자들이 거짓으로 했던 약속이다(대하 18:11, 14). 승리는 주님을 신뢰하고 주님의 영에 귀를 기울일 때 성취된다.

여호사밧은 하나님의 백성을 찬양과 감사로 인도하기 위해 음악가들을 임명해 "여호와께 감사하세. 그의 인자하심이 영원하도다"라고 노래하게 한다(20:21; 참조. 대상 16:34). 백성들은 하나님의 한결같은 사랑을 붙들고 있기 때문에, 이런 위기 속에서도 하나님께 찬양을 드린다. 그들은 전투에서 승리하기도 전에 믿음으로 하나님을 찬양한다. 그들이 하나님을 찬양하고 감사하기 **시작하는** 순간[6] 주님은 암몬과 모압과 세일산 사람들에 맞서 복병을 두시고, 그들은 패한다(대하 20:22). 연합군은 협력하는 대신 서로 등을 돌려 자멸하고 결국 큰 살육으로 이어진다(23절). 유다 병사들은 들에 널려 있는 전사자의 시신을 발견하고 장비와 모든 귀중품을 탈취하는데, 약탈품이 너무 많아서 모으는 데 사흘이나 걸린다(25절). 하나님께서 적을 물리치고 그들에게 기쁨을 주셨기 때문에, 넷째 날에 여호사밧과 백성들은 큰 기쁨을 안고 예루살렘으로 돌아온다!(26-28절)[7]

하나님께서 유다에 안식을 주시다(20:29-34)

이전 시대에 일어난 하나님의 구원을 연상시키면서, 하나님이 이스라엘 백성에게 승리를 주셨다는 소식을 들은 주변 모든 나라에 주님을 향한 두려움이 임한다(20:29; 참조. 출 15:16; 신 2:25; 11:25). 왕국은 평화를 누리는데, 하나님께서 다윗에게 주신 약속을 상기시킨다(삼하 7:11; 대상 22:9; 23:25). 여호사밧의 통치가 막바지에 다다르면서 역대기 저자는 그가 아버지 아사의 길로 행하여 주님 보시기에 옳은 일을 행했다고 기록한다(대하 20:32). 하지만 산당은 완전히 제거하지 않았는데, 산당 제거는 훗날 요시야 통치 기간에 일어날 것이다.

여호사밧과 아하시야의 어리석은 동맹 (20:35-37)

하지만 여호사밧 이야기는 남쪽 항구 에시온게벨에 함대를 설치하기 위한 노력의 일환으로 (불경건한) 이스라엘 왕 아하시야와 동맹을 맺었다는 논평과 함께 암울한 어조로 마무리된다(20:35-36). 예언자 예후가 아합과 동맹을 맺었다고 여호사밧을 꾸짖은 적이 있는데(19:2), 이번 동맹 역시 예언자 엘리에셀의 심판의 말씀에 직면하게 된 것은 놀랍지 않다. 결국 여호사밧의 배는 파손되어 항해할 수 없었다. 여호사밧 통치 말기에 대한 역대기 저자의 솔직한 평가는 모든 왕이 어떤 면에서 실패했다는 점을 일깨운다.[8]

― 이야기 살아내기 ―

군사력이 아닌 믿음으로 행하다

여호사밧이 적군의 진격에 대해 들었을 때 왕이 무엇을 **하지 않는지**에 주목해야 한다. 그는 예루살렘과 유다 성읍에 주둔하고 있던 군대를 소집하지 않는다(17:13, 14-18). 전투를 준비할 때 대규모 군대를 소집하는 아마샤왕 이야기와 비교해 보자(25:5-13). 여호사밧은 그렇게 하지 않는다. 대신 그는 기도로 하나님을 찾는다(20:3). 정말 놀라운 일이다. 자펫이 통찰력 있게 논평하듯이, 군사력은 왕에게 귀속되어 있지만 "경건한 왕은 군사력을 소유할 뿐 아니라 군사력의 사용을 포기하고 오직 하나님만 의지하리라고 기대된다."[9] 따라서 자펫은 이것이 역대기 저자의 사상에 나타난 역설 중 하나라고 언급한다.[10] 여호사밧의 군대는 예루살렘에 주둔하고 있지만, 그의 우선순위는 기도하는 것이다. 기도로 하나님을 향하는 것은 하나님 백성의 특징이고, 이것은 예루살렘에 살고 있는 귀환자들에게도 주님을 찾으라는 본보기가 된다. 우리는 새 언약 아래서 지상 전투의 군사적 승리를 약속받지는 않았지만,[11] 하나님의 임재를 확신하면서 주님을 믿은 여호사밧과 백성들이 그런 것처럼 믿음으로 행하라는 부르심을 받았다(20절). 이 이야기는 위기의 때 혹은 극복할 수 없는 상황에 직면했을 때 우리가 무엇을 해야 하는지 숙고해 보도록 도전한다. 자신의 방책에 시선을 돌려 자기 자신을 의지하는가? 아니면 주님께 시선을 돌려 그분의 도움을 요청하는가?

하나님을 간절히 찾을 때 우리는 그분만을 신뢰해야 한다. 맥콘빌이 올바르게 지적하듯이, 하나님의 신실하심은 "부와 행복을 결과에 맡기고 그분의 약속에 근거해 결단을 내리기 전까지는 알 수 없다. 실제로 의자에 앉아 보지 않고서는 의자가 체중을 감당할 수 있는지 확실하게 아는 것이 불가능한 것과 마찬가지다."[12] 믿음은 실제로 시대를 초월한 하나님 백성의 특징이지만(창 15:6; 합 2:4; 롬 1:17; 참조. 히 11:1-40), 결과가 확실해지기 **전에** 믿음으로 발걸음을 내딛으라고 요구한다. 우리의 상황과 상관없이 하나님은 신뢰할 만한 분이고 "믿음이 없이는 하나님을 기쁘시게 하지 못[한다]"는 것을 기억하며 **전적으로** 그분만을 의지하기 원하신다(히 11:6).

기도와 금식

여호사밧은 기도할 뿐 아니라 공동체 전체에 금식하도록 청하는데(20:3), 이로써 그들이 전적으로 주님을 의지하고 있음을 보여 준다. 금식이란 대개 진심 어린 슬픔의 표현인 애도와 관련 있지만(삿 20:26; 삼상 31:13; 삼하 1:12; 대상 10:12), 절박한 상황에서 금식과 기도는 같이 생겨난다. 사무엘이 이스라엘의 죄를 고백하고 블레셋으로부터 구원해 주시도록 간구하며 그들을 위해 기도할 때 이스라엘 백성은 금식했다(삼상 7:6). 다윗은 아들이 죽지 않게 해 달라고 하나님께 간청할 때 기도하고 금식했다(삼하 12:16, 22). 예언자 다니엘은 이스라엘의 죄를 고백하고 자기 백성을 회복시켜 주시도록 기도하고 금식했다(단 9:3). 자펫은 금식이 "영혼을 살피며 하나님께 완전히 항복했다는 것에 대한 가장 강력한 표현"이라고 정확하게 지적한다.[13] 금식은 귀환 시기에 두드러지게 나타나는데, 에스라(스 8:21, 23)와 느헤미야(느 1:4) 등이 기도하고 금식했다. 이번 경우에 여호사밧은 함께 하나님을 찾기 위해 하나님의 백성을 공동의 금식으로 인도한다(대하 20:3; 참조. 스 8:21, 23; 느 9:1). 그는 전쟁의 승리는 힘이나 능력으로 얻는 것이 아니라 하나님의 영으로 얻는다는 것을 뼈저리게 체득했다(슥 4:6).

신약성경을 보면, 특별한 상황에서 간절히 기도할 때 금식을 동반했다. 무엇보다 특히 예수님은 마귀에게 시험을 받으시기 전에 40일 동안 밤낮 금식하셨다(마 4:2). 초기 교회가 기도와 금식을 실천했을 때 성령은 하나님의 일을 위해 바나바와 사울을 따로 세우라고 계시하셨다(행 13:1-4). 이와 마찬가지로 기도와 금식 후에 장로들을 임명하기도 했다(14:23). 예수님은 종교적으로 보이거나 사람들의 인정을 받기 위해 금식하지 말고, 오히려 하나님만 보실 수 있도록 은밀하게 금식해야 한다고 강조하셨다(마 6:16-18). 기도에 금식이 동반되든 아니든, 핵심은 **기도해야** 한다는 것이다. 예수님은 어떻게 기도하는지 가르쳐 주셨고, 또한 기도 중에 인내해야 한다고 가르쳐 주셨다. 구약성경에서 기도하고 금식한 많은 사람들과 함께, 여호사밧 이야기는 하나님이 기도를 듣고 응답하신다는 것을 기억하면서 모든 상황 속에서 하나님을 찾으라고 권면해 준다.

50   역대하 21:1-20

이야기 경청하기

¹여호사밧이 그의 조상들과 함께 누우매 그의 조상들과 함께 다윗 성에 장사되고 그의 아들 여호람이 대신하여 왕이 되니라 ²여호사밧의 아들 여호람의 아우들 아사랴와 여히엘과 스가랴와 아사랴와 미가엘과 스바댜는 다 유다 왕 여호사밧의 아들들이라 ³그의 아버지가 그들에게는 은금과 보물과 유다 견고한 성읍들을 선물로 후히 주었고 여호람은 장자이므로 왕위를 주었더니 ⁴여호람이 그의 아버지의 왕국을 다스리게 되어 세력을 얻은 후에 그의 모든 아우들과 이스라엘 방백들 중 몇 사람을 칼로 죽였더라 ⁵여호람이 왕위에 오를 때에 나이가 삼십이 세라 예루살렘에서 팔 년 동안 다스리니라 ⁶그가 이스라엘 왕들의 길로 행하여 아합의 집과 같이 하였으니 이는 아합의 딸이 그의 아내가 되었음이라 그가 여호와 보시기에 악을 행하였으나 ⁷여호와께서 다윗의 집을 멸하기를 즐겨하지 아니하셨음은 이전에 다윗과 더불어 언약을 세우시고 또 다윗과 그의 자손에게 항상 등불을 주겠다고 말씀하셨음이더라 ⁸여호람 때에 에돔이 배반하여 유다의 지배하에서 벗어나 자기 위에 왕을 세우므로 ⁹여호람이 지휘관들과 모든 병거를 거느리고 출정하였더니 밤에 일어나서 자기를 에워싼 에돔 사람과 그 병거의 지휘관들을 쳤더라 ¹⁰이와 같이 에돔이 배반하여 유다의 지배하에서 벗어났더니 오늘까지 그러하였으며 그때에 립나도 배반하여 여호람의 지배 하에서 벗어났으니 이는 그가 그의 조상들의 하나님 여호와를 버렸음이더라 ¹¹여호람이 또 유다 여러 산에 산당을 세워 예루살렘 주민으로 음행하게 하고 또 유다를 미혹하게 하였으므로 ¹²선지자 엘리야가 여호람에게 글을 보내어 이르되 왕의 조상 다윗의 하나님 여호와께서 이같이 말씀하시기를 네가 네 아비 여호사밧의 길과 유다 왕 아사의 길로 행하지 아니하고 ¹³오직 이스라엘 왕들의 길로 행하여 유다와 예루살렘 주민들이 음행하게 하기를 아합의 집이 음행하듯 하며 또 네 아비 집에서 너보다 착한

아우들을 죽였으니 ¹⁴여호와가 네 백성과 네 자녀들과 네 아내들과 네 모든 재물을 큰 재앙으로 치시리라 ¹⁵또 너는 창자에 중병이 들고 그 병이 날로 중하여 창자가 빠져나오리라 하셨다 하였더라 ¹⁶여호와께서 블레셋 사람들과 구스에서 가까운 아라비아 사람들의 마음을 격동시키사 여호람을 치게 하셨으므로 ¹⁷그들이 올라와서 유다를 침략하여 왕궁의 모든 재물과 그의 아들들과 아내들을 탈취하였으므로 막내 아들 여호아하스 외에는 한 아들도 남지 아니하였더라 ¹⁸이 모든 일 후에 여호와께서 여호람을 치사 능히 고치지 못할 병이 그 창자에 들게 하셨으므로 ¹⁹여러 날 후 이 년 만에 그의 창자가 그 병으로 말미암아 빠져나오매 그가 그 심한 병으로 죽으니 백성이 그들의 조상들에게 분향하던 것같이 그에게 분향하지 아니하였으며 ²⁰여호람이 삼십이 세에 즉위하고 예루살렘에서 팔 년 동안 다스리다가 아끼는 자 없이 세상을 떠났으며 무리가 그를 다윗 성에 장사하였으나 열왕의 묘실에는 두지 아니하였더라

이야기 속 다른 본문 경청하기

역대상 17:11-15; 시편 89:34-37

여호사밧이 죽은 후, 그의 아들 여호람이 왕이 되면서 남왕국은 참담하게 악화된다. 여호람은 형제들을 무자비하게 살해할 뿐만 아니라, 유다를 우상 숭배로 이끌어 북왕국의 아합에 비유된다. 여호람과 아합 집안의 긴밀한 관계는 아합의 딸 아달랴와의 결혼을 통해 형성되었다. 우리는 이제 여호람의 아들 아하시야의 통치로 이어지고 살인적인 아달랴의 통치가 뒤따르는 남왕국의 가장 어두운 시기로 접어들고 있다(21-23장). 이 통치자들은 왕국을 혼란에 빠뜨리고, 그들의 불경건한 행동은 다윗의 계보에 가장 심각한 위협을 가한다. 아합 집안이 남쪽에 영향력을 행사하면서 유다에 바알 숭배가 도입된다. 셀먼은 이 시기 남유다와

북이스라엘의 밀접한 관계는 유다 왕들의 이름으로 상징된다고 언급하면서, 다른 남왕국 왕들은 여호람이나 아하시야라고 불리지 않지만 아합의 집에서는 이런 이름이 발견된다고 지적한다(아합의 아들은 아하시야, 그의 손자는 여호람이다).[1] 그는 아하시야와 아달랴의 통치 기간에 아합 왕조가 유다를 실질적으로 지배했다고 결론 내린다.[2]

만연한 우상 숭배와 유혈 사태에도 불구하고, 하나님께서 다윗에게 이렇게 약속하셨음을 명심해야 한다. "내가 네 뒤에 네 씨 곧 네 아들 중 하나를 세우고 그 나라를 견고하게 하리니 그는 나를 위하여 집을 건축할 것이요 나는 그의 왕위를 영원히 견고하게 하리라"(대상 17:11-12). 따라서 시편 저자는 다음과 같은 하나님의 약속에서처럼, 다윗과 맺은 하나님 언약의 영원성을 확증한다. "내 언약을 깨뜨리지 아니하고 내 입술에서 낸 것은 변하지 아니하리로다. 내가 나의 거룩함으로 한 번 맹세하였은즉 다윗에게 거짓말을 하지 아니할 것이라. 그의 후손이 장구하고 그의 왕위는 해같이 내 앞에 항상 있으며 또 궁창의 확실한 증인인 달같이 영원히 견고하게 되리라"(시 89:34-37; 참조. 렘 33:20-26). 역대기 저자는 이 본문들을 염두에 두고 여호람이 멸망하지 않은 이유를 설명한다. "여호와께서 다윗의 집을 멸하기를 즐겨하지 아니하셨음은 이전에 다윗과 더불어 언약을 세우시고 또 다윗과 그의 자손에게 항상 등불을 주겠다고 말씀하셨음이더라"(대하 21:7). 따라서 여호람과 그 뒤를 이은 불경건한 왕들의 이야기 배후에는 다윗과 맺은 하나님의 언약이 있다.

이야기 설명하기

여호람이 아합의 죄를 따르다(21:1-7)

여호사밧의 승계 계획은 장남 여호람에게 왕국을 물려주는 것이었다.

고대 세계에서 장자는 두 몫의 분깃을 받았지만(신 21:17), 하나님의 선택이 항상 장자 상속에 근거하지는 않았다(대상 2:13-15; 3:1-5). 여호람의 여섯 형제 이름이 나열된다(대하 21:2). 그들은 아버지로부터 은금의 선물과 유다의 요새화된 성을 받았지만, **왕국**은 여호람에게 주어졌다. 그런데 여호람이 세력을 얻은 후 재앙이 닥친다(4절; 참조. 13절). 왕은 모든 형제와 이스라엘의 방백 일부를 학살한다. 그의 의도는 왕권에 대한 잠재적 위협을 제거하는 데 있었지만, 악명 높은 북왕국의 왕 아합에 비유되는 것을 볼 때(6절) 그의 통치는 자신의 생각보다 훨씬 보잘것없었다. 여호람은 아합의 딸 아달랴와 결혼해(왕하 8:18; 대하 21:6; 참조. 18:1) 아합 집안과 관계를 맺었다. 이 결혼 동맹의 끔찍한 결과는 영적 상태에까지 영향을 미쳐 남왕국은 우상 숭배로 치달았다. 그래서 여호람은 "여호와 보시기에 악을 행[한]" 왕으로 묘사된다(21:6). 모세 언약에 따라 살인자는 사형에 처해야 했지만(출 21:12-14; 레 24:17), 친형제를 살해하는 충격적이고 비난받아 마땅한 행동에도 불구하고 다윗과 맺은 언약 때문에 하나님의 진노는 한꺼번에 쏟아지지 않고 유보된다. 하나님은 다윗에게 항상 "등불"을 주겠다고 약속하셨는데(히. *nir*, 대하 21:7; 참조. 대상 17:1-15), 이 용어는 다윗의 후손을 가리키는 은유로 사용된다(왕상 11:36; 15:4; 왕하 8:19; 시 132:17). 이 약속은 꺼져 가는 악인의 등불과 대조적으로(욥 18:5-6; 잠 13:9; 24:20) 그의 계보가 영원하리라는 사실을 상징했다.[3] 아침과 저녁에 빛을 비추는 성전의 등잔대와 마찬가지로(대하 13:11), 다윗은 항상 영원한 등불을 소유할 것이다. 르호보암(12:14), 아하시야(22:4), 므낫세(33:2), 아몬(22절), 여호야김(36:5), 여호야긴(9절), 시드기야(12절) 등 많은 왕들이 "여호와 보시기에 악을" 행했지만 하나님은 다윗에게 주신 약속에 신실함을 유지하신다. 그의 빛은 꺼지지 않을 것이다.

여호람이 주님을 버리자 에돔이 반란을 일으키다(21:8-11)

일어난 사건을 고려할 때, 에돔이 유다에 반역해 자신들의 왕을 세우는 것은 놀랍지 않다(21:8).[4] 여호람은 군사 작전으로 대응하지만 반란을 진압할 수는 없었다(10절; 참조. 25:5-22). 또 다른 불안의 징조로 립나마저 이때 반란을 일으킨다(21:10). 가나안의 성 립나는 여호수아에게 패배하여 유다에 속해 있었지만(수 10:29-30; 12:15; 15:42), 그들의 반란은 여호람의 악한 통치로 초래된 더욱 깊은 불안을 암시한다. 왕이 우상을 숭배하는 장소를 설치하고 하나님의 백성이 "음행하게" 유도하여 유다를 미혹한다는 설명을 읽을 때는 비통함이 느껴진다(대하 21:11). '음행하다'(히. z-n-h)라는 단어는 예언자들이 우상 숭배를 묘사할 때 은유적으로 사용되었다(겔 16:35; 23:3; 호 1:2; 2:7; 4:10 등). 그래서 자펫은 여호람의 죄가 "백성들을 잘못된 길로 이끄는 고의적이고 악의적인 선동"이라고 결론 내린다.[5] 여호사밧은 하나님의 백성을 주님께 돌아오게 했지만(대하 19:4), 이제 여호람에게는 그들을 미혹한 책임이 있다(21:11). 이는 가장 가혹한 처벌을 받을 수 있는 심각한 범죄였다(신 13:1-8; 참조. 신 30:17-18).

하나님께서 여호람에게 심판을 내리시다(21:12-20)

여호람의 긴 죄 목록을 고려하면 당연히 다음에 무슨 일이 벌어질지가 예상된다. 왕은 예언자 엘리야의 편지를 받는다. 이 편지는 아마 이전에 작성되었을 텐데, 예언자는 이미 회오리바람을 타고 사라졌기 때문이다(왕하 2장을 보라). 그의 신탁이 직접 연설이 아닌 편지 형식으로 온 이유가 그 때문일 것이다.[6] 이 편지는 여호람에 대한 통렬한 고발이다.

> 왕의 조상 다윗의 하나님 여호와께서 이같이 말씀하시기를 네가 네 아비 여호사밧의 길과 유다 왕 아사의 길로 행하지 아니하고 오직 이스라

엘 왕들의 길로 행하여 유다와 예루살렘 주민들이 음행하게 하기를 아합의 집이 음행하듯 하며 또 네 아비 집에서 너보다 착한 아우들을 죽였으니. (대하 21:12-13)

하나님은 왕의 아들과 아내, 그리고 모든 재물을 포함하여 왕의 집안을 치겠다고 선언하신다(14절). 심판은 가혹하지만, 하나님은 죄를 심각하게 여기시고 죄인이 처벌을 면하도록 용납하지 않으실 것이다.

엘리야의 예언을 성취하면서 하나님은 특히 블레셋 사람들과 아라비아 사람들, 곧 여호사밧에게 조공을 바친 두 민족을 부추기신다(16-17절; 17:11을 보라). 불경건한 왕으로 인해 이제 상황은 몇 년 만에 역전된다. 이 이방 나라들이 유다를 쳐서 와서 여호람의 재산을 약탈품으로 취한다(21:16-17). 그의 아내들은 납치되고 막내아들 여호아하스[7]를 제외한 아들들은 죽임을 당하는데, 여호아하스가 무사한 것은 다윗의 "등불"이 꺼지지 않았다는 보증이다(17절). 하나님은 창자에 병이 나는 불치병으로 여호람을 치시고(18-19절; 참조. 신 28:59, 61), 2년 만에 결국 창자가 빠져나와 왕은 큰 고통 중에 죽는다. 그는 8년이라는 짧은 시간 동안 통치한 후 명예롭지 못하게 죽는다(대하 21:20).

이야기 살아내기

경건한 지도자의 중요성

여호람의 통치에 대해 숙고할 때, 여호사밧이 여러 해 전 자기 아들과 아달랴의 결혼을 통해 아합과 동맹을 맺었다는 사실을 떠올려야 한다(왕하 8:26; 대하 18:1). 이 불경건한 동맹의 영향력은 여호사밧 자신의 통치에서만 볼 수 있는 것이 아니라(18장) 독거미의 거미줄처럼 계속 퍼져

나간다. 이세벨은 이미 북왕국에 아세라와 바알 숭배를 조장했고(왕상 16:31-33; 18:19), 이제 여호람과 그의 아내는 남왕국에 불경건한 영향력을 행사하는데, 그 중대함은 곧이어 드러날 것이다(대하 22-23장). 따라서 아합의 집은 북왕국과 남왕국 모두를 혼란에 빠뜨렸다.

앞서 살펴본 것처럼 아사는 아세라를 위해 신상을 세웠다는 이유로 할머니 마아가를 태후의 자리에서 폐위시키는 과감한 조치를 취했다(15:16; 참조. 왕상 15:1, 10). 만약 여호사밧이 재앙으로 이어진 아합과의 불경건한 동맹에서 교훈을 얻어 비슷한 조치를 취했다면 어떤 일이 일어났을까?(대하 18:1-34; 19:2; 20:35-36을 보라) 하지만 여호사밧은 **아합의 딸**과 결혼한 아들 여호람에게 왕국을 물려준다(21:6). 이 결정은 유다와 이스라엘 사이에 맺은 불경건한 동맹을 합법화하는 역할을 했고, 아달랴로 하여금 남왕국에 더 큰 영향력을 행사할 수 있도록 했다. 여호사밧의 승계 계획은 아달랴의 모든 영향력을 제거하는 대신 왕국을 파멸 직전까지 몰고 간다.

이와 대조적으로 다윗은 경건한 지도자를 임명하는 것이 얼마나 중요한지 이해했고, 왕국을 아들 솔로몬에게 넘겨줄 때 신뢰할 만한 지도자를 세우는 데 많은 시간과 에너지를 쏟았다(대상 23-27장을 보라).[8] 또한 다윗은 솔로몬에게 아버지다운 조언을 주면서 주님을 따르라고 촉구했다(22:6-19; 28:9-10, 20). 부모라면 누구나 이해하듯이 이 같은 경고가 모든 것을 보장하지는 않지만, 다윗은 왕권 이양에 상당한 관심을 기울이면서 지도자들에게 주님을 찾으라고 촉구했다(22:17-19). 지도자는 공동체 전체의 영적 분위기를 형성하는 잠재력을 가지고 있기 때문에 이스라엘에서 지도자의 성품은 특히 중요했다.

신약성경도 교회 지도자의 요건으로 경건한 성품의 중요성을 강조한다(딤전 3:1-16; 5:17-25). 바울은 모든 성에 장로를 임명할 수 있도록 디도를 그레데에 남겨 두면서, 장로에게 요구되는 경건한 미덕을 상기시켰다(딛 1:5-9). 초기 교회는 이런 조치를 통해 경건한 지도자를 세우도록 보증했을 뿐 아니라 거짓 교사들을 책망하여 그들이 그리스도의 몸에 부정적 영향을 미치지 못하도록 했다.[9] 그래서 천사는 두아디라 교회에 이 점을 지적하면서 이세벨을 제거하지 못한 그들의 실패를 꾸짖는다. "그러나 네게 책망할 일이 있노라. 자칭 선지자라 하는 여자 이세벨을 네가 용납함이니 그가 내 종들을 가르쳐 꾀어 행음하게 하고 우상의 제물을 먹게 하는도다"(계 2:20). 불경건한 지도자는 교회를 순식간에 잘못된 길로 인도하고 그리스도의 몸에 부당한 영향력을 행사할 수 있다. 여호람이 아합의 딸과 결혼했는데도 그를 왕으로 임명하려는 여호사밧의 결정에서 우리가 본 것이 바로 이것이다. 여호사밧은 죽기 전에 왕국을 경건한 자의 손에 맡기는 조치를 취했어야 한다. 마찬가지로 교회 지도자는 경건한 사람들이 교회를 인도하도록 조치해야 한다. 지도자가 잘 알려진 공인이라 할지라도, 이렇게 하기 위해 때로 죄에 맞서고 징계를 내리는 등 용기 있는 행동이 필요하다. 이어지는 이야기는 아달랴가 왕국에 불경건한 영향력을 행사하면서 벌어지는 대혼란을 강조하지만, 놀랍게도 죄로 뒤덮인 이 어두운 시기에 한 경건한 여성이 큰 용기와 리더십으로 행동할 것이다. 그녀는 남편과 함께 죽음을 무릅쓰면서 왕국을 합법적 왕위 계승자의 손에 넘기고 악을 제거하기 위해 혼신의 힘을 다한다.

51   역대하 22:1-12

— 이야기 경청하기 —

¹예루살렘 주민이 여호람의 막내 아들 아하시야에게 왕위를 계승하게 하였으니 이는 전에 아라비아 사람들과 함께 와서 진을 치던 부대가 그의 모든 형들을 죽였음이라 그러므로 유다 왕 여호람의 아들 아하시야가 왕이 되었더라 ²아하시야가 왕이 될 때에 나이가 사십이 세라 예루살렘에서 일 년 동안 다스리니라 그의 어머니의 이름은 아달랴요 오므리의 손녀더라 ³아하시야도 아합의 집 길로 행하였으니 이는 그의 어머니가 꾀어 악을 행하게 하였음이라 ⁴그의 아버지가 죽은 후에 그가 패망하게 하는 아합의 집의 가르침을 따라 여호와 보시기에 아합의 집 같이 악을 행하였더라 ⁵아하시야가 아합의 집의 가르침을 따라 이스라엘 왕 아합의 아들 요람과 함께 길르앗 라못으로 가서 아람 왕 하사엘과 더불어 싸우더니 아람 사람들이 요람을 상하게 한지라 ⁶요람이 아람 왕 하사엘과 싸울 때에 라마에서 맞아 상한 것을 치료하려 하여 이스르엘로 돌아왔더라 아합의 아들 요람이 병이 있으므로 유다 왕 여호람의 아들 아사랴가 이스르엘에 내려가서 방문하였더라 ⁷아하시야가 요람에게 가므로 해를 입었으니 이는 하나님께로 말미암은 것이라 아하시야가 갔다가 요람과 함께 나가서 님시의 아들 예후를 맞았으니 그는 여호와께서 기름을 부으시고 아합의 집을 멸하게 하신 자이더라 ⁸예후로 하여금 아합의 집을 심판하게 하실 때에 유다 방백들과 아하시야의 형제들의 아들들 곧 아하시야를 섬기는 자들을 만나서 죽였고 ⁹아하시야는 사마리아에 숨었더니 예후가 찾으매 무리가 그를 예후에게로 잡아가서 죽이고 이르기를 그는 전심으로 여호와를 구하던 여호사밧의 아들이라 하고 장사하였더라 이에 아하시야의 집이 약하여 왕위를 힘으로 지키지 못하게 되니라 ¹⁰아하시야의 어머니 아달랴가 자기의 아들이 죽은 것을 보고 일어나 유다 집의 왕국의 씨를 모두 진멸하였으나 ¹¹왕의 딸 여호사브앗이 아하시야의 아들 요아스를 왕자들이 죽임을 당하는

중에서 몰래 빼내어 그와 그의 유모를 침실에 숨겨 아달랴를 피하게 하였으므로 아달랴가 그를 죽이지 못하였더라 여호사브앗은 여호람 왕의 딸이요 아하시야의 누이요 제사장 여호야다의 아내이더라 ¹²요아스가 그들과 함께 하나님의 전에 육 년을 숨어 있는 동안에 아달랴가 나라를 다스렸더라

이야기 속 다른 본문 경청하기

출애굽기 1-2장; 여호수아 2:1-24; 사사기 4-5장

아합 집안은 여호람의 막내이자 유일하게 살아남은 아들 아하시야 통치 기간에 남왕국까지 악의 촉수를 계속 확장한다. 악한 어머니 아달랴의 영향을 받은 아하시야는 북이스라엘 왕들의 길을 따라 하나님 보시기에 악한 일을 행한다. 하지만 그의 짧은 1년 통치는 하나님께서 아하시야를 심판하고 계신다는 **또 다른** 현실을 증언한다. 예후가 아합의 집을 치는 하나님의 심판을 집행할 것이라고 선포한 예언자 엘리사의 말을 간단히 되풀이하는 것이 도움이 된다. 엘리사는 예후에게 이렇게 말한다. "너는 네 주 아합의 집을 치라. 내가 나의 종 곧 선지자들의 피와 여호와의 종들의 피를 이세벨에게 갚아 주리라. 아합의 온 집이 멸망하리니 이스라엘 중에 매인 자나 놓인 자나 아합에게 속한 모든 남자는 내가 다 멸절하[리라]"(왕하 9:7-8; 참조. 왕상 21:17-26). 이 예언의 말씀이 배경으로 울려 퍼지는 가운데 우리는 이제 아하시야의 통치로 넘어간다.

이야기 설명하기

아하시야가 북왕국과 동맹을 맺다 (22:1-6)

예루살렘 백성들은 여호람의 막내아들 아하시야를 왕으로 삼는다. 그

의 형제들이 유다를 치러 온 침략자들에게 살해되었기 때문이다(22:1; 참조. 21:16-17). 이미 소개한 대로 그의 어머니는 아합의 딸이요, 오므리 가문 사람인 아달랴였다(22:2; 참조. 21:6). 스물두 살의 젊은 왕이었지만 (22:2),[1] 그의 통치는 단 1년 동안 지속될 것이다. 그는 악을 꾀하는 어머니의 불경건한 조언에 영향을 받아 아합왕의 길로 행한다(3절). 아하시야는 북왕국의 요람과 동맹을 맺어 강력한 아람 왕 하사엘에 맞서 연합군을 형성하는데(5절), 몇 해 전 아합의 연합군을 연상시킨다(18:1-33). 아람어로 쓰인 텔 단 석비(Tel Dan Stela)는 주전 9세기 아람 왕의 승리를 입증한다. 물론 약간의 재구성이 필요하겠지만 이 석비의 내용은 아마도 이번 사건을 가리킬 것이다.[2] 아합과 마찬가지로 요람은 전투 중에 부상을 입고, 안전을 위해 이스르엘로 도주한다. 이스르엘은 전장으로부터 사마리아보다 16킬로미터나 가까웠기 때문에 요양 장소로 선택되었을 것이다.[3] 그런데 피비린내를 풍기는 이 장소는 나봇이 그곳에서 흘린 무고한 피를 연상시킨다(왕상 21:1-26; 참조. 왕하 9:1-10, 30-37; 10:1-11). 이런 사건들이 불길한 그림자를 드리우는 가운데, 요람의 이스르엘 도착은 그의 임박한 죽음만이 아니라 부상당한 동맹자를 만나려고 온 아하시야에게도 불길한 조짐이 된다.

예후가 아하시야와 그의 친족을 살해하다(22:7-9)

아하시야는 눈앞에 놓인 위험을 인식하지 못하지만, 하나님은 섭리 가운데 역사하신다. 역대기 저자는 아하시야의 몰락이 하나님으로부터 왔음을 독자들에게 상기시킨다(22:7). 아하시야는 단지 요람을 문병하기 위해 이스르엘에 갔지만, 하나님은 아합의 집을 멸하기 위해 이미 예후에게 기름을 부으셨다(7절; 참조. 왕하 9:6-10). 아하시야는 아버지의 결혼만이 아니라 자신의 악행으로 인해 아합의 집과 동일시된다(대하 22:2-4). 이야기가 펼쳐지면서 역대기 저자는 열왕기에 기록된 여러 사건을 그냥 지나치지만,[4] 주목해야 할 것은 하나님의 심판이 왕족 구성원을 포함해 남왕국까지 확장되고 있다는 점이다(8절). 아하시야는 예후를 피해 숨으려고 애썼지만, 결국 발각되어 예후에게 끌려가 죽임을 당한다(9절; 참조. 왕하 9:27). 예후는 아하시야의 장례를 치르지만, 단지 온 마음을 다해 주님을 찾은 할아버지 여호사밧에 대한 존경심에서 비롯된 것이다(대하 22:9). 왕실 구성원들까지 죽었기 때문에 역대기 저자는 이런 논평으로 마무리한다. "이에 아하시야의 집이 약하여 왕위를 힘으로 지키지 못하게 되니라"(9절). 이것은 권력에 굶주린 아달랴가 다음 행동을 취하는 배경이 된다.

아달랴가 왕족을 살해하지만 요아스는 목숨을 건지다(22:10-12)
아들이 죽은 후 아달랴는 왕국을 장악할 기회를 잡는다. 그녀는 왕실 가문 전체(문자적 의미는 '왕국의 모든 씨')를 무자비하게 학살한다(22:10). 여기서 "씨"(히. zera')라는 단어가 중요한 이유는 하나님께서 다윗에게 그의 "씨"에 관해 약속하셨고(대상 17:11), 따라서 다윗 혈통의 영속성은 이 약속의 성취에 매우 중요했기 때문이다. 잔인하고 사악한 아달랴와 극명한 대조를 이루는 또 한 명의 여성이 무대에 등장한다. 왕의 딸로 소개된 여호사브앗은 아하시야의 누이로 나온다(22:11). 여호사브앗은 용감하게 어린 조카 요아스를 몰래 빼내어 유모와 함께 침실에 숨긴다(11절). 여호사브앗과 그녀의 남편 여호야다는 아달랴가 왕위에 있던 6년 동안 요아스를 성전에 숨겨 둘 수 있었다(12절). 그녀는 제사장과 결혼했기 때문에 성전 경내에 접근할 수 있었고, 성전은 아기에게 안전한 피난처가 되었다. 이 장은 여기서 마무리되지만, 다음 장에서는 어린 소년이 일곱 살이 되었을 때를 다룰 것이다.

이야기 살아내기

용감한 믿음의 여성들

아달랴는 남왕국을 혼란에 빠뜨리지만, 바로 몇 절 뒤에서 우리는 왕국에 가늠할 수 없이 큰 영향을 끼친 여호사브앗이라는 독실한 여성을 만난다. 아달랴 치하의 고도로 불안정한 상황에서는 큰 용기와 자기 목숨을 걸 수 있는 의지가 필요했다. 그녀는 남편과 함께 개인적인 위험을 무릅쓰고, 왕위 계승자가 왕으로 기름 부음받을 때를 준비하면서 그의 목숨을 보존할 수 있었다. 만약 발각되었다면 그녀는 틀림없이 죽임을 당했을 것이다. 그래서 클라인은 여호사브앗을 "용기 있는 행동으로 다윗 왕조를 멸절에서 구한 대담한 다윗의 후손"이라고 결론 내린다.[5]

구약성경에는 이스라엘 역사의 중요한 시기에 큰 믿음과 용기를 가지고 행동한 여러 독실한 여성들이 나온다. 십브라와 부아는 무시무시한 이집트 왕의 명령에 귀 기울이기를 거부했다. 그들은 하나님을 경외하는 마음으로 용감하게 목숨을 걸고 이스라엘 백성의 아들들이 살해되도록 허용하지 않았다. 왕과 맞닥뜨렸을 때 그들은 이집트의 최고 권력자보다 하나님을 두려워하면서 자신의 신념을 굳게 지켰다. 그들의 믿음과 용기로 인해 이스라엘의 남자아이들이 목숨을 보존할 수 있었다(출 1:15-21).

이렇게 갓 태어난 한 아들의 어머니는 왕의 명령을 거역하고 아들을 석 달 동안 숨긴다(2:1-2). 그녀는 남편과 함께 믿음으로 이렇게 행동함으로써 왕의 칙령을 두려워하지 않는다는 것을 보여 주었다(히 11:23). 더 이상 아기를 숨길 수 없었을 때, 어머니는 아들을 바치는 마음으로 또한 큰 믿음으로 아들을 바구니에 담아 아이가 나일강 갈대 사이를 떠다니는 모습을 지켜본다. 누이는 멀리 서서 바라보며 동생에게 무슨 일이 일어날지를 기다린다. 바로의 딸이 아기를 물 밖으로 건져 냈을 때, 누이는 히브리 여인 중에서 유모를 불러와도 되는지를 용감하게 물어본다(출 2:4-7). 결국, 모세라는 이름으로 불리게 된 어린 아기는 섭리 가운데 어머니를 만나고 생명을 보존한다(7-8절). 이집트 왕실 안에서 아들을 기르기 위해서는 또 다른 용기와 믿음의 행동이 필요했다. 진짜 정체가 밝혀질 경우 그녀와 아들은 죽임을 당했을지도 모른다.

이 이야기에는 아이러니가 가득하다. 이집트 왕은 히브리 **소년**들이 왕국에 대한 위협이라고 생각했지만, 하나님 백성의 생존을 위해 과감하고 결단력 있게 행동한 이스라엘 **여성**들의 중요성을 인식하지 못했다. 뿐만 아니라, 이스라엘 백성은 이때도 계속 번성하고 강해졌다(출 1:20). 이스라엘의 **남자아이**만 죽이라고 명령한 것을 볼 때, 바로는 여성이 전혀 위협이 되지 않는다고 속단했다. 그런데 그들의 용기와 믿음은 **모세**를 보호하는 결과를 낳았다. 바로 하나님께서 자기 백성을 구원하고 바로와 맞서기 위해 부르신 그 사람이다!(3:10-22)

성경은 라합처럼 목숨을 건 믿음의 행동으로 결국 온 가족의 안전을 지켜 낸 용기 있는 여성들에 대해 증언한다(수 2:1-24; 히 11:31). 드보라는 용기와 믿음으로 난관에 맞서 시스라의 군대를 물리치고 이스라엘을 승리로 이끈다(삿 4-5장). 이 이야기에서도 야엘이라는 여성은 적군의 사령관 시스라가 자기 장막에 들어왔을 때 큰 용기를 발휘한다. 그녀는 왕의 명령을 따르는 대신 천막 말뚝으로 시스라를 찔러 죽인다(4:17-22; 5:24-27). 역설적이게도 한 여성이 강력한 지휘관을 죽였다! 에스더는 자기 백성을 보존하기 위해 용감하게 믿음으로 행동한 여성의 또 다른 사례다(에 3:13-15; 4:16). 따라서 여호사브앗 이야기는 용기와 큰 믿음으로 기꺼이 행동한 구약성경의 경건한 여성들의 계보 안에 있다. 이 여성들은 오늘 우리에게 본보기가 되어, 하나님은 권력을 가진 자들보다 주님을 **더욱** 두려워하도록 우리 모두를 부르시고, 또한 하나님 나라의 사역이 좌절되지 않도록 하기 위해 때로 믿음과 용기의 과감한 발걸음을 내디뎌야 한다는 것을 일깨운다.

역대하 23:1-21

이야기 경청하기

¹제칠년에 여호야다가 용기를 내어 백부장 곧 여로함의 아들 아사랴와 여호하난의 아들 이스마엘과 오벳의 아들 아사랴와 아다야의 아들 마아세야와 시그리의 아들 엘리사밧 등과 더불어 언약을 세우매 ²그들이 유다를 두루 다니며 유다 모든 고을에서 레위 사람들과 이스라엘 족장들을 모아 예루살렘에 이른지라 ³온 회중이 하나님의 전에서 왕과 언약을 세우매 여호야다가 무리에게 이르되 여호와께서 다윗의 자손에게 대하여 말씀하신 대로 왕자가 즉위하여야 할지니 ⁴이제 너희는 이와 같이 행하라 너희 제사장들과 레위 사람들 곧 안식일에 당번인 자들의 삼분의 일은 문을 지키고 ⁵삼분의 일은 왕궁에 있고 삼분의 일은 기초문에 있고 백성들은 여호와의 전 뜰에 있을지라 ⁶제사장들과 수종 드는 레위 사람들은 거룩한즉 여호와의 전에 들어오려니와 그 외의 다른 사람은 들어오지 못할 것이니 모든 백성은 여호와께 지켜야 할 바를 지킬지며 ⁷레위 사람들은 각각 손에 무기를 잡고 왕을 호위하며 다른 사람이 성전에 들어오거든 죽이고 왕이 출입할 때에 경호할지니라 하니 ⁸레위 사람들과 모든 유다 사람들이 제사장 여호야다가 명령한 모든 것을 준행하여 각기 수하에 안식일에 당번인 자와 안식일에 비번인 자들을 거느리고 있었으니 이는 제사장 여호야다가 비번인 자들을 보내지 아니함이더라 ⁹제사장 여호야다가 하나님의 전 안에 있는 다윗 왕의 창과 큰 방패와 작은 방패를 백부장들에게 주고 ¹⁰또 백성들에게 각각 손에 무기를 잡고 왕을 호위하되 성전 오른쪽에서부터 성전 왼쪽까지 제단과 성전 곁에 서게 하고 ¹¹무리가 왕자를 인도해 내어 면류관을 씌우며 율법책을 주고 세워 왕으로 삼을새 여호야다와 그의 아들들이 그에게 기름을 붓고 이르기를 왕이여 만세수를 누리소서 하니라 ¹²아달랴가 백성들이 뛰며 왕을 찬송하는 소리를 듣고 여호와의 전에 들어가서 백성에게 이르러 ¹³보매 왕이 성전 문 기둥 곁에 섰고 지휘관들과 나팔수들이

왕의 곁에 모셔 서 있으며 그 땅의 모든 백성들이 즐거워하여 나팔을 불며 노래하는 자들은 주악하며 찬송을 인도하는지라 이에 아달랴가 그의 옷을 찢으며 외치되 반역이로다 반역이로다 하매 ¹⁴제사장 여호야다가 군대를 거느린 백부장들을 불러내어 이르되 반열 밖으로 몰아내라 그를 따르는 자는 칼로 죽이라 하니 제사장의 이 말은 여호와의 전에서는 그를 죽이지 말라 함이라 ¹⁵이에 무리가 그에게 길을 열어 주고 그가 왕궁 말문 어귀에 이를 때에 거기서 죽였더라 ¹⁶여호야다가 자기와 모든 백성과 왕 사이에 언약을 세워 여호와의 백성이 되리라 한지라 ¹⁷온 국민이 바알의 신당으로 가서 그 신당을 부수고 그의 제단들과 형상들을 깨뜨리고 그 제단 앞에서 바알의 제사장 맛단을 죽이니라 ¹⁸여호야다가 여호와의 전의 직원들을 세워 레위 제사장의 수하에 맡기니 이들은 다윗이 전에 그들의 반열을 나누어서 여호와의 전에서 모세의 율법에 기록한 대로 여호와께 번제를 드리며 다윗이 정한 규례대로 즐거이 부르고 노래하게 하였던 자들이더라 ¹⁹또 문지기를 여호와의 전 여러 문에 두어 무슨 일에든지 부정한 모든 자는 들어오지 못하게 하고 ²⁰백부장들과 존귀한 자들과 백성의 방백들과 그 땅의 모든 백성을 거느리고 왕을 인도하여 여호와의 전에서 내려와 윗문으로부터 왕궁에 이르러 왕을 나라 보좌에 앉히매 ²¹그 땅의 모든 백성이 즐거워하고 성중이 평온하더라 아달랴를 무리가 칼로 죽였었더라

이야기 속 다른 본문 경청하기

신명기 17:18-20; 역대상 17:10-14

　어린 왕자 요아스를 숨긴 후, 제사장 여호야다는 피에 굶주린 아달랴가 왕국을 지배하는 동안 요아스를 왕으로 기름 부을 계획을 밝힌다. 하나님은 다윗에게 그의 아들 중 하나가 왕국을 다스릴 것이라고 약속하셨고, 이 약속은 여호야다와 제사장들에게 다음 단계로 나아갈 확신을

준다(대상 17:10-15을 보라). 여호야다는 모인 사람들 앞에서 "여호와께서 다윗의 자손에게 대하여 말씀하신 대로 왕자가 즉위하여야" 할 것이라고 단언한다(대하 23:3). 역대상 3:10-14에 나오는 다윗 왕실의 족보는 모든 왕이 전임 왕의 **아들**로 나오는 단일한 혈통 계보를 통해 왕권을 추적한다.[1] 특히 아달랴는 불법적인 찬탈자였기 때문에 족보에 포함되지 않았다!

요아스의 기름 부음을 뒷받침하는 또 다른 본문은 신명기 17:18-20이다. 오래전에 모세는 왕이 레위 제사장 앞에서 율법의 사본을 기록해야 한다고 가르쳤다. 왕은 평생 동안 날마다 율법을 읽어 주님을 경외하고 마음이 교만해지지 않는 법을 배워야 했다. 기름 부음 의식에서 요아스는 레위인에게 둘러싸여 머리에 왕관을 쓴 후 언약의 사본을 건네받는다(대하 23:11). 언약의 중요성은 이어지는 이야기에서 볼 수 있다.

이야기 설명하기

요아스를 왕으로 기름 붓다(23:1-11)

여호야다는 놀라운 용기를 발휘하여 7년째 되던 해에 어린 요아스를 왕으로 기름 붓는 계획을 실행에 옮긴다(23:1). 그는 지휘관들과 언약을 맺는데, 그중 일부는 아마 레위인이었을 것이다(대상 27:5을 보라). 그들은 유다 땅 전역을 돌아다니며 다른 레위인과 족장을 모아 예루살렘으로 데려와야 했다(대하 23:1-2). 모인 사람들은 하나님의 전에서 왕과 언약을 맺고 합법적 왕위 계승자인 "왕자"에 대한 충성을 확증한다(3절). 왕위를 찬탈한 불법적 여왕 아달랴(21:6; 22:2, 10-12)는 폐위되고 정당한 후계자가 회복되어야 한다. 여호야다는 제사장과 레위인을 주요 장소에 문지기로 배치하고, 성전을 지키는 사람들은 제사장과 레위인만 신성한 경내에 들어갈 수 있도록 조치한다(23:4-6).[2] 그들은 칼을 손에 들고 왕을 보호하라는 명령을 받았는데, 누구든 불법적으로 성전에 들어오는 사람은 죽여야 했다(7절). 여호야다는 변덕스럽고 잔인한 아달랴가 여전히 권력을 쥐고 있는 상황에서 요행을 바라지 않는다. 완전 무장한 지휘관이 지정된 자리에 배치되고(8-10절) 모든 준비를 마친 상태에서 왕자를 성전으로 데려온다. 마침내 왕관을 그의 머리에 씌울 때가 왔다(11절). 이 성스러운 순간에 주님의 나라를 다스리는 왕으로서 그의 신성한 역할을 상징하는 언약의 사본("율법책")을 요아스에게 준다. 여호야다와 그의 아들들은 요아스를 왕으로 기름 부으며 "왕이여 만세수를 누리소서!"라고 선포한다(11절).

아달랴가 여호야다에게 살해되다(23:12-15)

백성들이 새로 기름 부음을 받은 왕에게 환호하며 기뻐하는 소리를 들었을 때, 아달랴는 성전 입구 기둥 옆에 서 있는 어린 왕 요아스를 본다. 레위인은 하나님께 찬양을 드리는데, 왕자가 정당하게 왕위에 복귀했기 때문에 나팔을 불고 백성들은 기뻐한다(23:12-13). 요아스의 존재 자체가 아달랴에게 분명 큰 충격이었을 것이고, 곧이어 분노를 불러일으켰을 것이다. 그의 머리에 씌워진 왕관을 보고 아달랴는 크게 격분했을 것이다. 그녀는 즉시 옷을 찢으며 "반역이로다! 반역이로다!"라고 외친다(13절). 하지만 아무도 그녀를 도와주러 오지 않는다. 여호야다는 백부장들에게 아달랴를 대열 밖으로 끌어내고 누구든 그녀를 따르는 자는 죽이라고 지시한다. 백부장들은 아달랴를 붙잡아, 신성한 성전에서 떨어진 궁전 문어귀에서 사형에 처한다(14-15절).

여호야다가 종교 개혁을 단행하다(23:16-21)

정당한 다윗 계통의 왕이 왕위에 복귀하면서 백성들은 주님과 맺은 언약 관계를 갱신한다(23:16). 주님을 향한 충성심은 모든 이방 신상을 파괴하도록 요구했다. 그들은 바알의 전을 허물고 거짓 숭배에 사용된 제단과 우상을 부순다(17절). 언약은 주 하나님과의 배타적 관계를 동반했기 때문에, 주님은 다른 신들에 대한 숭배를 금지하셨다(출 20:1-6). 가나안의 폭풍신 바알에 대한 숭배는 아합 통치 기간에 특히 두드러졌다(왕상 16:28-22:40). 그는 사마리아에 바알 신전을 지었고 무려 450명의 바알 예언자를 두었지만(16:31-32; 18:20-46), 예후왕은 아합과 바알 숭배자에게 하나님의 심판을 집행했다(왕하 10:18-28). **유다**에서 바알 숭배가 성행한 이유는 남왕국에 끼친 아달랴의 불경건한 영향 때문이지만, 여호야다는 바알 제단과 신상을 부수고 바알 제사장을 죽임으로써 여호와께 드리는 예배를 회복한다(대하 23:17). 성전에 대한 감독은 다윗의 지시에 따라(대상 23-26장) 레위인 제사장의 손에 맡겨진다. 그들은 모세의 율법을 좇아 기쁨과 노래로 주님께 번제를 드려야 했다(대하 23:18). 문지기는 성전을 지키면서 부정한 사람이 신성한 구역에 들어오지 못하도록 막았다. 마침내 이스라엘의 지도자들과 모든 백성 앞에서 요아스를 성전에서 왕궁으로 데려와 왕의 보좌에 앉힌다(20절). 아달랴가 죽었으므로 백성들은 기뻐하고 성은 평온하다(21절).

이야기 살아내기

교회 안의 죄에 직면하다

남왕국에 미친 아달랴의 악영향은 언약 공동체 내의 죄가 해결되고 있는지 확인하는 경고 역할을 하고, 불경건한 한 사람이 양 떼에 미칠 수 있는 영향력을 과소평가하지 말아야 한다는 사실을 일깨운다. 불경건한 지도자와 거짓 교사는 양 떼를 순식간에 잘못된 길로 인도할 수 있다. 사도 바울은 공동체 내에 회개하지 않는 죄를 용인하는 것이 얼마나 위험한지 고린도 교회에 경고했다. 그들에게 보낸 편지에서 근친상간 문제를 다룬 바울은, 그 죄를 범한 사람을 교제권 밖으로 내보내야 한다고 언급한다(고전 5:1-2). 바울은 경건하지 않은 한 사람이 교회 전체에 미칠 영향을 설명하기 위해 누룩 비유를 사용하면서 이런 질문을 던진다. "적은 누룩이 온 덩어리에 퍼지는 것을 알지 못하느냐?"(6절). 또한 이렇게 지시한다. "너희는 누룩 없는 자인데 새 덩어리가 되기 위하여 묵은 누룩을 내버리라"(7절). 그는 또한 언약 공동체 **내에서** 이런 행위를 저지르고 있는 사람에 대해 쓰고 있다고 설명한 후, 다음과 같은 대담한 지시로 마무리한다. "이 악한 사람은 너희 중에서 내쫓으라"(13절; 신 13:5을 보라). 다소 가혹해 보일 수도 있지만, 아달랴 이야기는 불경건한 한 사람이 공동체 전체에 미칠 수 있는 영향력을 강조한다. 모세는 하나님의 백성을 잘못된 길로 이끄는 자에 대해 가장 가혹한 처벌이 필요하다고 이스라엘에 경고했다(신 13:1-9). 그래서 여호야다는 아달랴를 죽였다. 이것은 극단적 조치처럼 보이겠지만, 그녀는 공동체 전체를 미혹해 바알 숭배로 이끌었다. 므낫세의 회개는 하나님께서 최악의 죄인도 용서하신다는 것을 보여 주지만(대하 33장), **회개하지 않는** 죄와 그것이 공동체에 미친 파괴적 영향력은 여전히 문제다.

신약성경에서 교회의 징계는 그리스도의 몸의 거룩함을 보존하기 위해 시행되어야 하지만(고전 5:7), 회복과 화해로 이어지도록 의도된 것이다(갈 6:1; 약 5:20). 고린도 교회에 주는 바울의 가르침은 징계받은 사람이 구원을 받을 것이라는 희망을 표현한다(고전 5:5). 교회의 징계에 대한 가르침은 가혹해 보일 수도 있지만, 바울의 논점은 회개하지 않고 계속 죄를 범하는 사람은 그리스도의 몸에 부당한 영향을 미칠 수 있다는 것이다. 2018년 라이프웨이 리서치(Lifeway Research)의 연구에 따르면 설문 조사에 참여한 1천 명의 목회자 중 절반 이상이 목회자로 재직하는 동안(또는 재직 전에), 교회에서 징계를 받은 사람이 한 명도 없었다고 응답했다. 이 연구는 교회의 견책이 가뭄에 콩 나듯 이루어진다고 결론을 내렸다.[3]

지도자의 책임을 묻는 것은 훨씬 중요하다. 따라서 경건한 지도자를 임명하는 일은 중요한 임무고, 공동체 전체가 이 과정에 참여해야 한다 (행 14:23; 딤전 3:1-13; 딛 1:5-9, 벧전 5:1-4). 그리스도의 머리 되심 아래 경건한 지도자가 교회를 인도하도록 모든 주의를 기울여야 하고, 지도자는 "적은 누룩이 온 덩어리에 퍼[진다]"는 사실을 기억하면서 양 떼 안의 회개하지 않은 죄를 해결하기 위해 노력해야 한다. 그리스도의 몸 안에서 다뤄지지 않는 지도자의 죄는 소셜 미디어에서 너무 쉽게 드러나 교회의 평판에 큰 손상을 입힐 수 있다. 여호야다와 그의 아내 여호사브앗은 아달랴의 악한 통치에 맞서기 위해 용감한 조치를 취했고, 여호야다의 경건한 영향력은 이어지는 이야기에서 계속될 것이다.

역대하 24:1-27

이야기 경청하기

¹요아스가 왕위에 오를 때에 나이가 칠 세라 예루살렘에서 사십 년 동안 다스리니라 그의 어머니의 이름은 시비아요 브엘세바 사람이더라 ²제사장 여호야다가 세상에 사는 모든 날에 요아스가 여호와 보시기에 정직하게 행하였으며 ³여호야다가 그를 두 아내에게 장가들게 하였더니 자녀를 낳았더라 ⁴그 후에 요아스가 여호와의 전을 보수할 뜻을 두고 ⁵제사장들과 레위 사람들을 모으고 그들에게 이르되 너희는 유다 여러 성읍에 가서 모든 이스라엘에게 해마다 너희의 하나님의 전을 수리할 돈을 거두되 그 일을 빨리 하라 하였으나 레위 사람이 빨리 하지 아니한지라 ⁶왕이 대제사장 여호야다를 불러 이르되 네가 어찌하여 레위 사람들을 시켜서 여호와의 종 모세와 이스라엘의 회중이 성막을 위하여 정한 세를 유다와 예루살렘에서 거두게 하지 아니하였느냐 하니 ⁷이는 그 악한 여인 아달랴의 아들들이 하나님의 전을 파괴하고 또 여호와의 전의 모든 성물들을 바알들을 위하여 사용하였음이었더라 ⁸이에 왕이 말하여 한 궤를 만들어 여호와의 전 문 밖에 두게 하고 ⁹유다와 예루살렘에 공포하여 하나님의 종 모세가 광야에서 이스라엘에게 정한 세를 여호와께 드리라 하였더니 ¹⁰모든 방백들과 백성들이 기뻐하여 마치기까지 돈을 가져다가 궤에 던지니라 ¹¹레위 사람들이 언제든지 궤를 메고 왕의 관리에게 가지고 가서 돈이 많은 것을 보이면 왕의 서기관과 대제사장에게 속한 관원이 와서 그 궤를 쏟고 다시 그 곳에 가져다 두었더라 때때로 이렇게 하여 돈을 많이 거두매 ¹²왕과 여호야다가 그 돈을 여호와의 전 감독자에게 주어 석수와 목수를 고용하여 여호와의 전을 보수하며 또 철공과 놋쇠공을 고용하여 여호와의 전을 수리하게 하였더니 ¹³기술자들이 맡아서 수리하는 공사가 점점 진척되므로 하나님의 전을 이전 모양대로 견고하게 하니라 ¹⁴공사를 마친 후에 그 남은 돈을 왕과 여호야다 앞으로 가져왔으므로 그것으로 여호와의 전에 쓸 그

룻을 만들었으니 곧 섬겨 제사 드리는 그릇이며 또 숟가락과 금은 그릇들이라 여호야다가 세상에 사는 모든 날에 여호와의 전에 항상 번제를 드렸더라 [15]여호야다가 나이가 많고 늙어서 죽으니 죽을 때에 백삼십 세라 [16]무리가 다윗 성 여러 왕의 묘실 중에 장사하였으니 이는 그가 이스라엘과 하나님과 그의 성전에 대하여 선을 행하였음이더라 [17]여호야다가 죽은 후에 유다 방백들이 와서 왕에게 절하매 왕이 그들의 말을 듣고 [18]그의 조상들의 하나님 여호와의 전을 버리고 아세라 목상과 우상을 섬겼으므로 그 죄로 말미암아 진노가 유다와 예루살렘에 임하니라 [19]그러나 여호와께서 그들에게 선지자를 보내사 다시 여호와에게로 돌아오게 하려 하시매 선지자들이 그들에게 경고하였으나 듣지 아니하니라 [20]이에 하나님의 영이 제사장 여호야다의 아들 스가랴를 감동시키시매 그가 백성 앞에 높이 서서 그들에게 이르되 하나님이 이같이 말씀하시기를 너희가 어찌하여 여호와의 명령을 거역하여 스스로 형통하지 못하게 하느냐 하셨나니 너희가 여호와를 버렸으므로 여호와께서도 너희를 버리셨느니라 하나 [21]무리가 함께 꾀하고 왕의 명령을 따라 그를 여호와의 전 뜰 안에서 돌로 쳐죽였더라 [22]요아스 왕이 이와 같이 스가랴의 아버지 여호야다가 베푼 은혜를 기억하지 아니하고 그의 아들을 죽이니 그가 죽을 때에 이르되 여호와는 감찰하시고 신원하여 주옵소서 하니라 [23]일 주년 말에 아람 군대가 요아스를 치려고 올라와서 유다와 예루살렘에 이르러 백성 중에서 모든 방백들을 다 죽이고 노략한 물건을 다메섹 왕에게로 보내니라 [24]아람 군대가 적은 무리로 왔으나 여호와께서 심히 큰 군대를 그들의 손에 넘기셨으니 이는 유다 사람들이 그들의 조상들의 하나님 여호와를 버렸음이라 이와 같이 아람 사람들이 요아스를 징벌하였더라 [25]요아스가 크게 부상하매 적군이 그를 버리고 간 후에 그의 신하들이 제사장 여호야다의 아들들의 피로 말미암아 반역하여 그를 그의 침상에서 쳐죽인지라 다윗 성에 장사하였으나 왕들의 묘실에는 장사하지 아니하였더라 [26]반역한 자들은 암몬 여인 시므앗의 아들 사밧과 모압 여인 시므릿의 아들 여호사밧이더라 ²⁷요아스의 아들들의 사적과 요아스가 중대한 경책을 받은 것과 하나님의 전을 보수한 사적은 다 열왕기 주석에 기록되니라 그의 아들 아마샤가 대신하여 왕이 되니라

이야기 속 다른 본문 경청하기

역대하 15:2

요아스는 주님을 따르는 경건한 왕의 특징을 보이지만, 제사장 여호야다가 죽은 후 상황은 악화되기 시작한다. 요아스의 통치를 설명하는 데 도움이 되는 주요 본문은 역대기에서 이미 나왔다. 아사왕 통치 기간에 하나님의 영이 예언자 아사랴에게 임했다. 그는 하나님의 백성이 주님을 버리면 하나님도 그들을 버리실 것이라고 경고했다(대하 15:1-2). 이 경고는 역대기 전반에서 반복되는 후렴구로 울려 퍼진다(7:22; 28:6; 29:6-10; 34:25). 이어지는 이야기에서 예언자 스가랴는 요아스의 우상 숭배로 인해 이와 동일한 경고를 주지만(24:20), 회개하지 않는 완고한 마음을 만날 것이다. 예언자가 전한 메시지의 결과는 이어지는 비극적 사건에서 볼 수 있다.

— 이야기 설명하기 —

여호야다의 영향을 받은 요아스의 경건한 통치(24:1-16)

요아스는 일곱 살에 왕으로 기름 부음을 받고 예루살렘에서 40년간 통치한다(24:1). 그의 어머니 시비아는 브엘세바 출신이지만 앞선 이야기에는 등장하지 않았다(22:11-12). 처음에 우리는 요아스가 주님 보시기에 옳은 일을 행했음을 알지만 "제사장 여호야다가 세상에 사는 모든

날"이라는 간결하고 의미심장한 진술은(24:2; 참조. 17절) 앞으로 닥칠 안타까운 상황을 예고한다. 열왕기 기사에서는 여호야다의 가르치는 역할이 강조된다("제사장 여호야다가 그를 교훈하는 모든 날 동안", 왕하 12:2). 여호야다는 요아스를 위해 두 아내를 선택하고, 요아스는 그들을 통해 아들과 딸을 낳는다(대하 24:3).

역대기 저자가 요아스에 대해 기록한 첫 사건은, 아달랴 치하에서 방치되고 강탈되었기에 필요했던(24:7) 성전 보수 결정이다(4절; 참조. 왕하 12:6). 요아스는 제사장과 레위인을 모아 성전을 수리하기 위해 온 이스라엘에서 돈을 모으라고 지시한다(4-5절). 성전은 아주 오랜 세월 파손된 상태였다(왕하 12:6을 보라). 그래서 요아스는 레위인을 꾸짖으면서 왜 모세가 부과한 세금을 징수하라고 요구하지 않았느냐고 여호야다에게 묻는다(대하 24:6). 율법에서는 스무 살 이상의 모든 이스라엘 백성이 매년 성막을 위해 헌금해야 한다고 가르쳤다(출 30:13, 16; 참조. 느 10:32). 레위인의 태만으로 인해 새로운 정책이 탄생한다. 즉 성전 문에 있는 궤에 헌금을 넣게 했는데, 이런 방식으로 레위인이 헌금을 모으는 대신 백성들이 직접 헌금을 드릴 수 있었다(대하 24:8). 매일 풍성한 예물이 드려지고 기쁨이 동반된다(10-11절; 참조. 대상 29:9). 요아스와 여호야다는 이 헌금을 모은 후 석수와 목수, 철공과 놋쇠공 등 성전을 수리하기 위해 고용된 사람들에게 나누어 준다(대하 24:12-13).

남은 금과 은 예물은 왕과 제사장 앞에 가져가고, 그것으로 성전에서 사용할 기구와 그릇을 만들었다(24:14). 주님께 드리는 번제는 매일 예배가 정착되었음을 상징한다(14절; 참조. 출 29:42; 대상 16:40; 23:30-31; 대하 2:4; 13:11; 23:18). 하지만 새로 수리한 성전에서 드리는 제사에 대한 진술은 불길한 어조를 풍긴다. "여호야다가 세상에 사는 모든 날에" 계속 번제를 드렸다는 언급 때문인데(24:14), 이 주제는 이미 소개된 바 있다(2절). 여호야다는 장수했고 "그가 이스라엘과 하나님과 그의 성전에 대하여 선을 행하였[기]" 때문에 다윗성에 있는 왕실 묘실에 영예롭게 안장된다(16절). 하지만 그가 죽으면서 모든 것이 변한다.

백성들과 왕이 주님을 버리다 (24:17-22)

여호야다가 죽은 후 유다의 방백들이 "와서 왕에게 절하매 왕이 그들의 말을 [들었다]"(24:17). 백성이 경의를 표하는 행동으로 왕에게 절할 수 있었지만(예. 왕상 1:16, 23, 31), 역대기에서 이런 종류의 경의는 보통 주님이나(대상 16:29; 29:20; 대하 7:3; 20:18; 29:28-30; 32:12) 다른 신들을(7:19, 22; 25:14; 33:3) 예배할 때 등 **종교적** 영역에서 이루어진다. 방백들이 **왕** 앞에 절할 때 이는 이미 무언가 잘못되었음을 암시한다. 우리는 그들이 왕에게 무슨 말을 했는지 확인할 수 없다. 그러나 이어지는 이야기는 그 말이 분명 여호야다의 경건한 가르침과 달리, 지혜로운 조언이 아니었음을 암시한다. 그 후 성전은 버려지고 백성들은 아세라 목상과 우상을 섬긴다.[1] 그 결과 하나님의 진노가 유다와 예루살렘에 임한다(24:18). 하나님은 긍휼하심 가운데 예언자를 보내어 그들을 향해 자기에게 돌아오라고 부르시지만, 그들은 듣기를 거절한다(19절; 참조. 36:15-16). 예언자의 말에 귀를 기울이지 않는 백성들의 반복된 실패에도 불구하고, 하나님은 하나님의 영으로 감동된 **또 다른** 예언자 스가랴를 보내신다(24:20).

하나님의 영은 왕국 역사에서 중요한 순간에 특정 사람에게 임하여 격려와 책망의 말씀을 주신다(15:1; 20:14; 24:20). 이번 경우에 하나님의 영은 아마샤에게 그랬던 것처럼(대상 12:18; 참조. 삿 6:34) 스가랴를 '옷 입히셨다'(개역개정은 '감동시키셨다' 188쪽의 주석을 보라). 그는 제사장 여호야다의 아들로 확인되어, 요아스가 왕으로 기름 부음받았을 때 소개된 여호야다의 여러 아들을 떠올리게 한다(대하 23:11). 스가랴는 백성 앞에 서서 신적 권위를 가지고 하나님의 말씀을 선포한다. "하나님이 이같이 말씀하시기를." 그는 백성에게 왜 주님의 명령에 불순종했는지 묻고 그들이 번영하지 못할 것이라고 말한다. 그들이 주님을 버렸기 때문에 주님도 그들을 버리셨다(24:20). 동사 '버리다, 떠나다'(히. '-z-b)는 보통 역대기 저자가 언약 위반을 묘사할 때 사용하는 언약 용어다(12:1; 15:2; 21:10; 24:20; 28:6; 29:6). 우상 숭배는 주님과의 관계에서 심각한 위법이었다(24:18; 또한 신 28:20; 29:25; 31:6을 보라). 예언자 아사랴는 아사왕 시대에 하나님의 백성이 그분을 버리면 하나님도 그들을 버리실 것이라고 선포했다(대하 15:2). 이 일은 곧이어 하나님께서 아람을 일으켜 유다를 물리치실 때 일어났다.

요아스와 백성들은 회개하는 대신, 왕의 명령에 따라 스가랴를 무자비하게 돌로 쳐 죽였다(24:21). 돌로 치는 것은 유아 인신 제사(레 20:2, 7), 신성 모독(24:14, 16, 23), 무당이나 영매가 되는 것(20:27), 안식일을 어기는 것(민 15:35-36), 주님께 바쳐진 물건을 취하는 것(수 7:25) 등 특히 참담한 죄를 벌하기 위해 마련되었지만, 하나님의 백성들은 하나님의 말씀이나 행동 방침에 대해 오만하게 거역하려 할 때도 돌로 쳤다(민 14:10; 대하 10:18; 또한 행 5:26; 7:58; 14:5을 보라). 하나님은 요아스에게 예언자를 보내셨지만, 예루살렘에서 예언자는 이제 왕의 거역하는 마음의 증거로 돌에 맞아 죽는다(참조. 마 23:34-37). 스가랴의 아버지가 목숨을 걸고 자기를 살려 준 제사장 여호야다였다는 점을 고려할 때(대하 22:11-12; 23:1-11), 스가랴를 죽이라는 요아스의 명령은 한층 가증스럽다. 스가랴는 죽어 가는 순간에 "여호와는 감찰하시고 신원하여 주옵소서"라고 기도한다(24:22). 요아스는 스가랴의 아버지가 자기에게 보여 준 충성을 기억하지 못했지만, 스가랴의 이름('여호와께서 기억하셨다')이 증언하듯이, 주님은 기억하신다.

아람이 유다를 침략하고 요아스가 살해되다(24:23-27)

스가랴의 마지막 말이 어른대는 가운데, 해가 바뀔 무렵 아람 군대가 요아스를 치러 행군하여 유다와 예루살렘을 침공한다(24:23). 그들은 요아스의 신하들을 죽이고(특히 유다를 우상 숭배로 이끈 신하들, 17-18절) 약탈품을 다메섹 왕에게 보낸다(23절; 참조. 왕하 12:18). 아람 군대는 요아스의 "심히 큰 군대"와 대조적으로 "적은 무리"에 불과했지만 하나님의 백성을 물리칠 수 있었다(대하 24:24). 하나님의 백성은 종종 전투에서 수적으로 열세였지만(14:8-11; 16:7-9; 20:12), 주님을 의지할 때 하나님은 적은 수에도 불구하고 그들에게 승리를 주셨다(16:8). 이 이야기는 아무리 큰 군대를 거느리고 있어도 "많은 군대로 구원 얻은 왕은 없[다]"라는 사실을 강조한다(시 33:16).

요아스의 죽음은 모순되는 반전으로 가득하다. 그는 하나님을 '버렸지만'(대하 24:20), 이제 군대가 그를 '버린다'(25절). 요아스가 여호야다의 아들의 피를 흘렸기 때문에 신하들은 그를 칠 '반역'을 꾸미는데(25-26절), 이는 백성들이 스가랴를 칠 음모를 꾸민 일을 연상시킨다(21절, 개역개정은 '꾀하다'). 그의 아들 아마샤도 그를 칠 음모를 꾸미는 자들의 손에 죽을 것이다(25:27). 마침내 요아스는 침상에서 죽임을 당하는데(24:25), 이는 성전 안 침실에 숨어 있었던 유년 시절의 비극적인 반전이다(22:11). 어린아이였을 때 침실은 안전한 안식처였지만, 이제는 그의 임종 자리가 되었다. 이로써 요아스 이야기는 "침실에서 시작해 침실에서 끝난다."[2] 요아스는 다윗성에 묻히지만 왕들의 묘실에 묻히는 명예를 얻지는 못한다(24:25; 참조. 21:20). 요아스를 칠 음모를 꾸민 신하들은 비이스라엘 혈통이라(24:26; 참조. 느 13:23-27)[3] 유다의 적들과 동일시된다(참조. 대하 20:1-2, 10, 22). 요아스는 훌륭하게 시작했지만 형편없이 끝마쳤고, 그래서 남왕국 역사에서 비극적 인물이 된다.

이야기 살아내기

경건한 삶의 영향력

요아스의 통치는 한 사람이 자신과 공동체 전체에 미칠 수 있는 영향력을 강조한다. 여호야다가 죽은 후, 하나님의 전은 버려지고 남왕국에 우상 숭배가 성행한다. 요아스는 하나님의 길로 행했으나, 제사장 여호야다가 살아 있어서 그를 가르치는 동안에만 그랬다. 우리는 앞서 (아사의 통치 기간에) 이스라엘에 가르치는 제사장과 하나님의 율법이 없을 때 그 끔찍한 결과를 보았다(대하 15:3-6).[4] 그리고 이 이야기는 또 다른 예를 제시한다. 여호야다의 핵심 역할은, 열왕기에서 그가 네 번만 언급된 것과 대조적으로 역대기 저자가 그를 반복적으로 언급하는 데서 볼 수 있다(그는 24장에서 열 번 언급된다). 이는 그가 "열왕기보다 역대기에서 훨씬 두드러진 역할을 한다"는 것을 시사한다.[5] 여호야다가 죽은 후, 그는 "이스라엘과 하나님과 그의 성전에 대하여" 행한 선을 인정받아 영예롭게 안장된다(24:16). 하나님은 자기 백성을 위해 '선한 일'을 성취하시는데(참조. 대상 17:26; 대하 7:10), 이제 여호야다는 이스라엘에서 행한 "선"으로 인정받는다. 그의 경건한 영향력이 어느 정도인지는 특히 그가 죽은 후 이어진 사건들에서 볼 수 있다. 우리는 주님의 전이 버려지고, 유다에서 우상 숭배가 다시 시작되며, 예언자 스가랴가 살해되고, 유다가 패하고, 요아스가 암살당하는 믿을 수 없는 장면을 목격한다. 여호야다가 죽은 후 이 모든 일이 벌어진다. 경건한 삶은 중요하다.

여호야다는 믿음의 사람이자 지혜로운 모사, 무엇보다 경건한 삶으로 공동체 전체에 영향을 끼친 주님의 신실한 종이었다. 많은 사람들에게 영향을 준 경건한 믿음의 본보기로 선교사이자 전 고든콘웰 신학교 교수였던 크리스티 윌슨(J. Christy Wilson)을 꼽을 수 있다. 아프가니스탄에서 20년 이상 선교사로 봉사한 그가 선교 단체에 미친 광범위한 영향력에 대해서는 켄 윌슨(Ken Wilson)이 기술하고 있다.[6] 그런데 그의 글은 크리스티 인생에서 수백 명의 삶에 영향을 미친 또 다른 측면에 주목한다. 아프가니스탄에서 선교사로 사역한 후 크리스티는 필자가 가르치는 학교인 고든콘웰 신학교에서 교수로 재직했다. 크리스티는 특히 모든 학생을 위해 기도하는 헌신적인 태도로 유명했는데, 그렇게 하기 위해 그는 먼저 자신의 수업을 한 번도 듣지 않은 학생을 포함하여 **모든** 신학생의 이름을 암기했다. 그는 심지어 각 학생의 가족 이름까지 암기했고, 신학교 '페이스북'(매년 제작되는 스프링 제본 소책자로, 모든 학생과 가족들의 이름이 들어 있다)을 이용해 날마다 그들을 위해 기도했다. 켄 윌슨은 이렇게 회고한다.

> 크리스티는 매주 페이스북 전체를 훑으며 각 사람을 위해 개별적으로 기도했다. 학생들이 캠퍼스에서 그를 처음 만났을 때, 한 번도 본 적 없는 교수가 자기 이름을 부르는 것을 듣고 깜짝 놀라곤 했다. 크리스티와 아내 베티가 여행할 때는 페이스북도 챙겨 갔다. 크리스티는 운전을 하고, 베티는 이름을 읽어 주고, 크리스티는 기도하곤 했다. 그는 또한 캠퍼스에 기도실을 마련했다. 매일 정오에 그는 몇몇 학생들과 함께 전 세계 민족과 국가를 위해 한마음으로 기도했다.[7]

고든콘웰 교수인 필자는 크리스티가 죽은 지 20여 년이 지난 지금도 그의 경건한 삶이 계속 영향을 미치는 것을 본다. 옛 학생들은 여전히 그의 기도를 기억한다. 그들은 크리스티가 복도에서 학생들을 세우고 그들의 이름을 부르며 기도해 주었던 때를 기억한다. 그의 유산은 고든콘웰의 크리스티 윌슨 세계 선교 센터(J. Christy Wilson Center for World Missions)를 통해 계속되고 있다. 켄 윌슨은 크리스티가 "영원한 유산을 남겼고, 그의 삶의 파급 효과는 전 세계 곳곳의 사람들과 민족, 국가에 계속 퍼져 나가고 있다"고 지적한다.[8] 지금까지 매주 수백 명의 학생이 매일 이 예배당에 모여 전 세계 열방을 위해 기도 드린다. 제사장 여호야다처럼 크리스티는 "나이가 많고 늙[을]" 때까지 장수했고, '그가 행한 선'으로 인해 영광을 누렸다.

하나님은 우리 각자에게 가정과 직장, 교회, 지역 사회 등 영향력을 발휘할 수 있는 영역을 주셨다. 우리는 속한 자리에서 선한 일을 하여, 생의 마지막에 다가가면서 경건한 유산을 남긴 이들을 떠올릴 수 있다. 필자가 아는 우리 교회의 한 여성은 90대다. 그분은 신실한 하나님의 종이었다. 기도의 여성으로 알려졌고, 교회 공동체에서 경건한 영향력을 계속 미치고 있다. 코로나19 팬데믹 기간 동안 집에 고립되어 가끔 허리 문제로 침대에 누워 있을 때도 그분은 수백 통의 편지와 이메일로 믿음 안에서 굳건하라고 성도들을 격려했다. 그분은 자신이 행한 선한 일로 기억될 것이다. 추도사를 작성할 때 사람들이 **당신**에 대해 어떤 말을 할까? 당신이 지금 그곳에서 하고 있는 선한 일은 무엇인가? 다른 사람들의 삶에 무엇을 쏟고 있는가? 한 사람의 경건한 삶이 중요하다. 우리의 삶도 하나님 나라에서 중요한 의미를 갖게 하자.

역대하 25:1-28

이야기 경청하기

^{1}아마샤가 왕위에 오를 때에 나이가 이십오 세라 예루살렘에서 이십구 년 동안 다스리니라 그의 어머니의 이름은 여호앗단이요 예루살렘 사람이더라 ^{2}아마샤가 여호와께서 보시기에 정직하게 행하기는 하였으나 온전한 마음으로 행하지 아니하였더라 ^{3}그의 나라가 굳게 서매 그의 부왕을 죽인 신하들을 죽였으나 ^{4}그들의 자녀들은 죽이지 아니하였으니 이는 모세의 율법책에 기록된 대로 함이라 곧 여호와께서 명령하여 이르시기를 자녀로 말미암아 아버지를 죽이지 말 것이요 아버지로 말미암아 자녀를 죽이지 말 것이라 오직 각 사람은 자기의 죄로 말미암아 죽을 것이니라 하셨더라 ^{5}아마샤가 유다 사람들을 모으고 그 여러 족속을 따라 천부장들과 백부장들을 세우되 유다와 베냐민을 함께 그리하고 이십 세 이상으로 계수하여 창과 방패를 잡고 능히 전장에 나갈 만한 자 삼십만 명을 얻고 ^{6}또 은 백 달란트로 이스라엘 나라에서 큰 용사 십만 명을 고용하였더니 ^{7}어떤 하나님의 사람이 아마샤에게 나아와서 이르되 왕이여 이스라엘 군대를 왕과 함께 가게 하지 마옵소서 여호와께서는 이스라엘 곧 온 에브라임 자손과 함께 하지 아니하시나니 ^{8}왕이 만일 가시거든 힘써 싸우소서 하나님이 왕을 적군 앞에 엎드러지게 하시리이다 하나님은 능히 돕기도 하시고 능히 패하게도 하시나이다 하니 ^{9}아마샤가 하나님의 사람에게 이르되 내가 백 달란트를 이스라엘 군대에게 주었으니 어찌할까 하나님의 사람이 말하되 여호와께서 능히 이보다 많은 것을 왕에게 주실 수 있나이다 하니라 ^{10}아마샤가 이에 에브라임에서 자기에게 온 군대를 나누어 그들의 고향으로 돌아가게 하였더니 그 무리가 유다 사람에게 심히 노하여 분연히 고향으로 돌아갔더라 ^{11}아마샤가 담력을 내어 그의 백성을 거느리고 소금 골짜기에 이르러 세일 자손 만 명을 죽이고 ^{12}유다 자손이 또 만 명을 사로잡아 가지고 바위 꼭대기에 올라가서 거기서 밀쳐 내려뜨려서 그들의 온 몸이 부서

지게 하였더라 ¹³아마샤가 자기와 함께 전장에 나가지 못하게 하고 돌려보낸 군사들이 사마리아에서부터 벧호론까지 유다 성읍들을 약탈하고 사람 삼천 명을 죽이고 물건을 많이 노략하였더라 ¹⁴아마샤가 에돔 사람들을 죽이고 돌아올 때에 세일 자손의 신들을 가져와서 자기의 신으로 세우고 그것들 앞에 경배하며 분향한지라 ¹⁵그러므로 여호와께서 아마샤에게 진노하사 한 선지자를 그에게 보내시니 그가 이르되 저 백성의 신들이 그들의 백성을 왕의 손에서 능히 구원하지 못하였거늘 왕은 어찌하여 그 신들에게 구하나이까 하며 ¹⁶선지자가 아직 그에게 말할 때에 왕이 그에게 이르되 우리가 너를 왕의 모사로 삼았느냐 그치라 어찌하여 맞으려 하느냐 하니 선지자가 그치며 이르되 왕이 이 일을 행하고 나의 경고를 듣지 아니하니 하나님이 왕을 멸하시기로 작정하신 줄 아노라 하였더라 ¹⁷유다 왕 아마샤가 상의하고 예후의 손자 여호아하스의 아들 이스라엘 왕 요아스에게 사신을 보내어 이르되 오라 서로 대면하자 한지라 ¹⁸이스라엘 왕 요아스가 유다 왕 아마샤에게 사람을 보내어 이르되 레바논 가시나무가 레바논 백향목에게 전갈을 보내어 이르기를 네 딸을 내 아들에게 주어 아내로 삼게 하라 하였더니 레바논 들짐승이 지나가다가 그 가시나무를 짓밟았느니라 ¹⁹네가 에돔 사람들을 쳤다고 네 마음이 교만하여 자긍하는도다 네 궁에나 있으라 어찌하여 화를 자초하여 너와 유다가 함께 망하고자 하느냐 하나 ²⁰아마샤가 듣지 아니하였으니 이는 하나님께로 말미암은 것이라 그들이 에돔 신들에게 구하였으므로 그 대적의 손에 넘기려 하심이더라 ²¹이스라엘 왕 요아스가 올라와서 유다 왕 아마샤와 더불어 유다의 벧세메스에서 대면하였더니 ²²유다가 이스라엘 앞에서 패하여 각기 장막으로 도망한지라 ²³이스라엘 왕 요아스가 벧세메스에서 여호아하스의 손자 요아스의 아들 유다 왕 아마샤를 사로잡고 예루살렘에 이르러 예루살렘 성벽을 에브라임 문에서부터 성 모퉁이 문까지 사백 규빗을 헐고 ²⁴또 하나님의 전 안에서 오벧에돔이 지키는 모든 금은과 그릇과 왕궁의 재물을 빼앗고 또 사람들을 볼모로 잡아 가지고 사마리아로 돌아갔더라 ²⁵이스라엘 왕 여호아하스의 아들 요아스가 죽은 후에도 유다 왕 요아스의 아들 아마샤가 십오 년 간 생존하였더라 ²⁶아마샤의 이 외의 처음부터 끝까지의 행적은 유다와 이스라엘 열왕기에 기록되지 아니하였느냐 ²⁷아마샤가 돌아서서 여호와를 버린 후로부터 예루살렘에서 무리가 그를 반역하였으므로 그가 라기스로 도망하였더니 반역한 무리가 사람을 라기스로 따라 보내어 그를 거기서 죽이게 하고 ²⁸그의 시체를 말에 실어다가 그의 조상들과 함께 유다 성읍에 장사하였더라

이야기 속 다른 본문 경청하기

창세기 27:1-46; 민수기 20:14-21

아마샤는 아버지 요아스가 침상에서 살해된 후 격동의 시기에 왕위에 오른다. 아마샤가 사해 남동쪽에 살고 있는 이웃 국가 에돔과 치를 임박한 전쟁은 그의 통치의 핵심이다. 유다와 에돔 족속 사이의 적대감은 훗날 아하스 통치 기간에 폭발할 것이고(28:17), 왕국의 마지막 시기에 다시 표면화될 것이다(애 4:21-22; 겔 25:12-14; 옵 1:1-21). 형제간 경쟁에 그 뿌리가 있는 이스라엘과 에돔의 오랜 갈등은(창 27장; 민 20:14-21; 참조. 말 1:4) 바벨론의 예루살렘 공격에서 절정에 다다른다. 시편 137편은 하나님께 기억해 달라고 요청한다.

> 여호와여 예루살렘이 멸망하던 날을 기억하시고
>   에돔 자손을 치소서.
> 그들의 말이 헐어 버리라 헐어 버리라
>   그 기초까지 헐어 버리라 하였나이다.
> 멸망할 딸 바벨론아

네가 우리에게 행한 대로

네게 갚는 자가 복이 있으리로다.

네 어린 것들을 바위에 메어치는 자는

복이 있으리로다. (7-9절)

이런 정서가 이어지는 이야기에서 어느 정도 드러난다. 이 시편과 역대하 25:12에서 사용된 바위 이미지에 주목해야 한다. 에돔 사람들은 사해 남쪽의 험준한 산악 지역에서 살았다. "바위"(히. sela')를 의미하는 그들의 요새 도시 셀라는 그 험준한 지형을 증언한다. 1,500미터가 넘는 산의 높이는 그들의 교만을 가리키는 은유가 되었다. 예언자 오바댜가 그들에게 선포한 하나님의 심판은 산악 지형을 그들의 교만과 오만을 가리키는 은유로 사용한다(옵 1:1-21). 예언자는 "너의 마음의 교만이 너를 속였도다. 바위 틈에 거주하며 높은 곳에 사는 자여"라고 선언한다(옵 1:3; 참조. 렘 49:16). 에돔 사람들은 아무도 자신들을 높은 곳에서 끌어내릴 수 없다고 속단했지만, 형제에게 행한 폭력 때문에 그들은 끌려 내려올 것이다(옵 1:8-10; 참조. 욜 3:19).[1] 이런 에돔의 험준한 산악 지형은 이어지는 이야기를 듣는 데 도움이 될 것이다(대하 25:12).

이야기 설명하기

아마샤가 자신의 통치권을 강화하다(25:1-4)

아마샤는 스물다섯 살에 왕이 된다(25:1). 29년이라는 긴 통치 기간에는 아마 아들 웃시야와의 공동 통치 기간이 포함되었을 것이다.[2] 그는 "여호와께서 보시기에 정직하게 행하기는 하였으나 온전한 마음으로 행하지 아니[한]" 왕으로 소개된다(2절). 그의 통치 전반부는 호의적으로 묘사된다. 왕국이 확고히 세워지자 왕은 아버지를 암살한 신하들을 죽임으로써 공의를 실행한다(3절; 참조. 24:25). 아마샤의 조치는 긍정적으로 보인다. 하나님의 율법에 따라 그들의 자녀들은 죽이지 않음으로써 절제력을 갖고 행동하기 때문이다(신 24:16; 참조. 렘 31:29-30; 겔 18:19-24). 그 신하들이 왕실 가문에 속했다는 보다(Boda)의 말이 맞다면, 그의 절제는 한층 중요하다.[3] 다만 왕이 정직했으나 "온전한 마음으로 행하지 아니하였다"라는 간결하면서도 의미심장한 비판적 논평은 이어지는 유감스러운 상황을 예고한다.

아마샤가 에돔을 물리치다(25:5-13)

다음으로 아마샤는 에돔에 맞서 전투를 준비한다(25:5). 그는 유다와 베냐민 지파에서 군대를 소집해 가문에 따라 군 지휘관 밑에서 복무하게 한다. 20세 이상 남성들의 수를 헤아리고(5절; 참조. 민 1:2-3, 20-45; 26:2), 그 결과 수십만 명의 전사들이 전쟁을 위해 소집된다(대하 25:5).[4]

병사의 수가 이전 왕들의 군대보다 적기 때문에(참조. 14:8; 17:14-18), 아마샤가 은 100달란트를 지불해 북이스라엘에서 용병을 확보하려고 애쓰는 것은 당연하다(25:6). 하지만 군사적 승리는 군대의 규모가 아니라 주님을 신뢰함으로써 성취된다는 것을 고려할 때(14:11; 16:8; 20:12), 이것은 왕의 마음이 주님께 온전히 헌신되어 있지 않다는 첫 번째 단서다. 전쟁에 직면했을 때 경건한 왕들이 한 것과 달리(15:4; 20:2-4), 그의 우선순위는 주님을 찾는 것이 아니라 군대를 강화하는 것이다. 그는 왕이 군사력으로 구원받지 못한다는 사실을 마음에 새기지 않았다(시 33:16). 아마샤는 배교한 북왕국 병사들을 동원해서라도 강력한 군대를 만들기 위해 모든 노력을 아끼지 않을 것이다. 아마샤는 분명 그와 같은 동맹이 부정적으로 여겨진다는 사실을 알았을 것이다(참조. 대하 18:1; 19:2; 20:35; 22:1-7). 종교적 타협은 군사적 목적을 위한 것이라고 하더라도 성공으로 이어지지 못할 것이다(25:7; 참조. 14:8-12). 무명의 예언자와 맞닥뜨렸을 때, 아마샤는 "만약 혼자 싸운다면 하나님이 왕의 편이 되시겠지만, 북이스라엘의 도움을 구한다면 실패할 것"이라는 선택지를 받는다.[5] 선택은 간단한 것 같지만 아마샤의 대답은 속내를 드러낸다. 왕은 이미 지출한 돈을 어떻게 회수할 수 있는지를 알기 원한다! 자기가 지불한 것 이상을 돌려받을 것이라는 예언자의 확신을 받은 아마샤는 용병대를 해산하고, 그들은 분노하며 집으로 돌아간다(25:9-10).

아마샤는 군대를 이끌고 에돔을 상대로 결정적 승리를 거두면서 소금 골짜기에서 수만 명을 죽인다(11절).[6] 열왕기 기사는 아마샤가 에돔의 요새 셀라(단순히 바위를 의미함)를 격파했다고 묘사하는 반면(히. *sela‘*; 12절의 "바위"; 왕하 14:7의 "셀라"), 역대기 전투는 하나님의 심판을 연상시키는 언어로 묘사된다. 유다 자손은 그들을 "사로잡아 가지고 바위 꼭대기에 올라가서 거기서 밀쳐 내려뜨려서 그들의 온 몸이 부서지게 하였더라"고 기록한다(대하 25:12; 참조. 시 137:7-9). '절벽, 바위'(히. *sela‘*)라는 용어는 에돔을 꾸짖는 오바댜의 신탁에서 사용된다(옵 1:3; 참조. 시 137:9; 렘 49:16). 이 묘사는 시편 137:7-9에서와 예언자 오바댜가 에돔에 대한 하나님의 심판을 묘사할 때(옵 1:10-14) 사용한 언어와 다르지 않지만, 이 본문들은 바벨론이 예루살렘을 공격하는 동안 에돔이 유다에 대해 보인 태도에 대한 반응이라는 점을 인식해야 한다. 물론 아마샤의 전투는 훨씬 이전에 일어났다.

나아가 다음 절은 아마샤가 에돔 사람들을 죽이는 동안 북왕국 군사들이 유다에서 수천 명을 죽이고 약탈하는 장면을 묘사한다. 히브리어 본문은 동시에 일어난 사건을 전달하기 위해 기록되었는데(NIV, "Meanwhile"; 새번역의 "그러는 동안에"), 이는 무언가 잘못되었음을 암시한다고 할 수 있다. 다시 말해, 아마샤가 에돔 사람들을 절벽 아래로 떨어뜨리는 동안 북쪽 군사들은 여러 유다 성읍을 습격하고 수천 명을 살해한다

(대하 25:13).[7] 군사적 성공이 유다의 영적 상태와 직접적으로 관련되기에 북쪽 군사들이 수천 명을 살해한 사건은 아마샤의 행동에 어두운 그림자를 드리우는 듯 보인다. 게다가 그는 지불한 것을 돌려받는 대신(19절), 유다 성읍에서 귀중한 물건들이 약탈당하는 더 큰 손해에 직면한다(13절; 참조. 28:8). 동시다발적인 줄거리는 아마샤의 과도한 폭력에 대한 하나님의 탐탁지 않아 하시는 마음을 암시하는 것 같다. 왕의 성품에 대한 일말의 의문은 다음에 일어나는 사건에서 완전히 드러난다.

아마샤가 에돔의 신들을 숭배하다(25:14-16)

아마샤는 에돔 사람들을 살해하고 돌아온 후 그들의 신들을 가져오는데, 다윗처럼 그것을 파괴하는 대신(대상 14:12; 참조. 신 7:5) **자기의 신**으로 세운다!(대하 25:14) 그는 심지어 그것들에 절하고 분향까지 한다![8] 하나님은 예언자를 보내 왕을 대면하게 하신다. 하나님은 에돔 족속의 신들, 곧 자기 백성조차 구원하지 못한 신들을 찾은 아마샤왕을 꾸짖으신다(15절). 하나님을 찾는 것은 경건한 지도자의 특징이지만(히. d-r-sh, 대상 22:19; 대하 17:3-4; 18:4, 7; 20:3; 31:21; 34:3), 아마샤는 이제 **이방 신들**의 도움을 구한다. 그가 주님을 찾는 대신 군대를 소집했을 때 보았던 것처럼, 그의 마음이 나뉘어 있었다는 암시는 이미 나왔다. 이제 그의 진정한 충성심이 드러난다.

예언자의 말이 끝나기도 전에, 아마샤는 **그에게** 왕의 모사가 될 권리가 있느냐는 오만한 질문을 던진다(대하 25:16). 그는 예언자에게 말을 그치라고 요구하면서 신체적 보복을 가하겠다고 협박한다. 역대기 전반에서 지혜로운 조언을 듣는 것은 경건한 지도자의 특징이다. 왕에게는 왕실 모사가 있었고(삼하 25:12; 대상 26:14; 27:32-33), 왕의 성공은 대개 그와 같은 조언에 귀를 기울이는 역량에 의해 결정되었다(대하 10:6-8; 22:3-4; 30:2). 예언자는 날카로운 역설을 통해, 왕이 **하나님의** "경고"(counsel, 히.

'etsah)를 듣지 않았기 때문에 하나님은 그를 멸하기로 '작정하셨다'(counseled, 히. y-'-ts)고 담대하게 말한다. 이어지는 사건들은 왕에게 준 이 예언의 말씀에 비추어 해석되어야 한다. 우리는 하나님께서 '작정하신' 바가 반드시 이루어진다는 사실을 깨닫는다.

아마샤가 이스라엘에게 패하다(25:17-28)

동사 '작정하다'(counsel)의 또 다른 언어유희를 사용하면서 왕이 '상의했다'(took counsel)고 기록한다(25:17, ESV). 이어 아마샤는 어리석게도 북왕국의 요아스왕에게 직접 대면을 제안한다(17절). 요아스는 아마샤의 어리석음을 강조하는 비유를 비아냥대는 어조로 말한다. 한낱 엉겅퀴가 레바논의 우뚝 솟은 백향목과 결혼 동맹을 맺을 수 있다고 생각하는 것은 말도 안 되는 미친 짓이다!(18절) 이제 악명 높은 북쪽 왕은 아마샤의 교만과 오만을 조롱하면서 궁에나 머물라고 경고한다(19절). 하지만 교만한 아마샤는 듣지 않고, 하나님은 섭리 가운데 역사하셔서 자기 백성이 에돔 신들을 찾았기 때문에 그들에게 심판을 내리신다(20절; 16절을 보라). 모세 언약에 따르면 하나님의 명령에 순종하지 않을 때 군사적 패배로 이어질 것이고(레 26:17; 신 28:25-26; 참조. 대하 36:14-17), 다음에 벌어지는 일이 바로 이것이다.

전투는 유다 영토의 경계에 있는 성읍 벧세메스에서 발발한다(25:21). 전투에 대한 자세한 설명은 나오지 않지만, 유다는 패하고 백성들은 자기 장막으로 도망친다. 요아스는 아마샤를 사로잡아 예루살렘으로 데려오고, 두 성문 사이의 성벽 일부를 헐어 예루살렘의 방어력을 약화시켰다(23절).[9] 그런 다음 요아스는 오벧에돔(문지기로 섬기면서 창고를 감독하던 레위인 가문; 참조. 대상 15:18; 26:8, 15)이 관리해 오던 금과 은, 기구를 성전에서 가져와 포로들과 함께 사마리아로 가져간다(대하 25:24). 아마샤도 포로들 가운데 있었을 텐데, 어떤 학자들은 이 시점에 웃시야가 공동 통치자로 다스렸을 것이라고 주장한다. 중요한 것은 그의 죽음이 주님에게서 등을 돌렸기 때문이라는 사실이다. 그가 라기스로 도망한 이유는 백성들이 '반역했기' 때문인데(히. q-sh-r, 27절), 아버지의 신하들이 아버지에게 '반역하여'(히. q-sh-r) 죽인 사건을 연상시킨다(24:25-26). 아마샤는 라기스로 도망하던 중에 죽임을 당하고 그의 시신은 예루살렘으로 돌아와 자기 조상들과 함께 묻힌다(25:27-28).

이야기 살아내기

주님을 향한 온전함 마음의 중요성

아마샤는 자신의 능력에 대한 교만과 과신으로 인해 일련의 실수와 판단 착오를 범한 비극적 인물이다. 분명 그는 주님 보시기에 옳은 일을 행한 왕으로 소개되지만, 주의 깊은 독자라면 "온전한 마음으로 행하지 아니하였더라"는 간결하지만 의미심장한 논평이 어떤 의미인지 이해하기 위해 기다릴 것이다(25:2). 처음에 왕은 자제력을 가지고 행동하며 하나님의 율법을 따른다(3-4절). 그의 군사력을 위한 인구 조사는 하나님에 대한 완전한 거역이 아니라서 **다소** 무해한 것 같지만, 세심한 독자라면 역대기에서 주님을 찾는 것이 가장 중요한 덕목이므로 그분을 찾는 것이 그의 **첫** 반응이었어야 함을 알 것이다. 북왕국에서 용병을 데려오는 그의 다음 행동은 인간적 관점에서 보면 논리적이지만, 다시 주의 깊은 독자라면 배교한 북왕국과의 모든 동맹은 실패할 운명이라는 것을 잘 알고 있다. 하지만 아마샤는 이 사실을 간파하지 못했다. 예언자와 대면한 후 왕은 용병들을 집으로 돌려 보내지만, 그 동기는 약간 문제가 되는데, 그는 이미 지불한 돈을 회수할 수 있을 것이라는 전망과 훨씬 많이 돌려받게 될 것이라는 말에 설득되었기 때문이다. 유다 성읍들이 습격당하고 백성들이 죽으면서 상황은 한층 더 꼬이는 것 같다. 왕이 전투를 위해 자리를 비우고 에돔에게 과도한 폭력을 가하는 동안 벌어진 일이기 때문이다. 이런 불길한 예감에도 불구하고 이 인물의 비극은 이후에 일어나는 일에서 명확해진다.

에돔 족속을 물리친 아마샤가 다윗처럼 우상을 파괴하는 대신(대상 14:12; 참조. 신 7:5; 12:3), 그것들을 **자신의** 신으로 세우고, 자기 백성조차 구원하지 못한 허울 좋은 우상 앞에 심지어 절까지 하는 모습을 볼 때 우리는 말문이 막힌다! 전에 하나님을 찾지 않은 데서 암시된 그의 마음 자세가 이제 에돔의 신들을 찾으면서 폭로된다. 이것은 왕의 마음이 처음부터 주님께 온전히 헌신되어 있지 않았음을 시사한다. 예언자의 꾸지람을 들었을 때, 왕은 전에는 예언자의 말을 들었지만(물론 회개는 부족했지만) 이제는 예언자가 왕인 **자신에게** 충고한다는 사실에 격노한다! 예언자의 꾸지람은 하나님에게서 직접 왔으므로, 아마샤의 격노는 **하나님더러** 말을 멈추라고 명령하는 것이나 다름없다.

이 왕의 비극적인 삶을 보여 주는 또 다른 중요한 지표는 승리의 결과 찾아온 교만으로 심각한 판단 착오를 범하는 것이다. 아마샤는 자신의 실수를 의식하지 못하지만, 그 마음의 교만을 알아본 북왕국의 왕이 그에게 알려 준다. "네가 에돔 사람들을 쳤다고 네 마음이 교만하여 자긍하는도다"(대하 25:19). 오래전 모세가 경고한 그대로(신 17:20), 그의 마음은 교만으로 도도해졌다. 그는 자신의 성공에 대해 하나님께 영광을 돌리는 대신 성공을 **자기** 공으로 돌린다. 자신이 이룬 업적을 자축한 오만한 느부갓네살과 다르지 않다(단 4:30). 이와 같은 자만은 특히 하나님 앞에서 **겸손하게** 행하도록 부름받은 사람에게 어울리지 않을 뿐만 아니라, 마땅히 하나님께 돌아가야 할 것을 탈취하는 심각한 명예 훼손을 동반한다. 아마샤는 자신에게 영광을 돌리려고 애쓰지만(대하 25:19), 하나님의 백성은 하나님께 영광과 존귀를 돌려야 한다(시 22:23; 50:23; 86:12).

이것이 바로 언약궤를 예루살렘으로 가져올 때 그들이 부른 노래다. "여러 나라의 종족들아 영광과 권능을 여호와께 돌릴지어다. 여호와께 돌릴지어다. 여호와의 이름에 합당한 영광을 그에게 돌릴지어다. 제물을 들고 그 앞에 들어갈지어다. 아름답고 거룩한 것으로 여호와께 경배할지어다"(대상 16:28-29).

아마샤 이야기는 교만과 자기 우월에 대한 경고지만, 그 교만의 기저에서 우리는 주님께 온전히 바쳐지지 않은 마음을 본다. 그래서 클라인은 다음과 같은 통찰력 있는 논평을 내놓는다. "아마샤의 마음을 들여다보는 역대기 저자의 시선은, 독자에게 아마샤가 인생 후반에 범한 배교와 인생 전반부의 잘못된 용병 고용을 예견하게 한다. 따라서 그는 인생 초기에도 온전한 마음을 갖지 않았다."[10] 이 이야기를 어떻게 적용할지 숙고할 때 예수님이 영광을 자신에게 돌리지 않고, 아버지께서 자신에게 영광을 돌리신다고 강조하셨던 가르침이 떠오를 것이다(요 8:54; 또한 13:32; 14:13; 16:14; 17:1, 5을 보라). 또한 우리는 십자가 죽음을 예고하신 예수님의 감명 깊은 말씀 "아버지여, 아버지의 이름을 영광스럽게 하옵소서"를 생각할 수 있다(12:28; 참조. 23, 27절). 아버지께 영광을 돌리려는 예수님의 열망은 아마샤의 자기 우월과 극명한 대조를 이룬다. 우리는 잘 알려진 웨스트민스터(Westminster) 소요리문답을 떠올릴 수도 있다. "인간의 최고 목적은 하나님을 영화롭게 하고 그분을 영원히 즐거워하는 것이다." 분명 우리는 우리 자신이 아니라 하나님께 영광을 돌려야 한다.

하지만 아마샤 이야기는 실제로 그의 **마음** 상태에 관한 이야기다. 모세는 하나님의 백성이 온 마음을 다해 주 하나님을 사랑해야 한다고 가르쳤고(신 6:5), 예수님은 이것이 모든 계명 중에 가장 크고 으뜸가는 계명이라고 강조하셨다(마 22:37-38). 하지만 우리 마음은 쉽게 흔들릴 수 있고, 우리의 충성은 우리가 신중하게 돌아보는 것보다 훨씬 변덕스럽다. 다른 우선순위와 욕망이 삶의 첫자리를 차지하면서 주님을 향한 헌신을 서서히 잠식할 수 있다. 팀 켈러(Tim Keller)는 『내가 만든 신』(Counterfeit Gods)이라는 책에서, 전 세계 여러 곳에서 외적 숭배 대상을 경배하고 있지만, 인간의 마음속에 자리한 우상 숭배야말로 보편적이라고 지적한다(참조. 겔 14:3). 그는 마음속 깊이 자리 잡은 이런 우상이 어떻게 우리 삶에서 우선순위를 차지하는지 설명한다.

> 하나님께서는 인간의 마음이 성공적 직업, 사랑, 물질적 소유, 심지어 가족 같은 좋은 것을 가져다가 궁극적인 것으로 만든다고 말씀하신다. 우리 마음은 그런 것을 우리 삶의 중심으로 신격화하는데, 그런 것을 얻는다면 의미와 안정, 안전, 성취감을 얻을 수 있다고 생각하기 때문이다.[11]

그는 소설 『반지의 제왕』에 나오는 절대 반지를 예로 든다. 절대 반지는 등장인물이 무엇이든 기꺼이 할 수 있게 해 주고 "좋은 것을 절대적인 것으로 바꾸어 온갖 충성과 가치를 뒤집어 놓는다."[12] 이것이 바로 아마샤의 삶에서 일어난 일이다. 주님을 향한 충성은 뒷전으로 밀려났다. 세속적 성공과 금전적 이익, 명예, 심지어 왕으로서 자신의 지위가 주님을 향한 순종보다 훨씬 중요했고, 그 결과 그의 마음이 완고해졌기 때문이다. 사우론의 반지가 지닌 비인간화 효과처럼, 왕의 성품은 서서히 뒤틀리고 교만으로 인해 그의 현실은 왜곡된다. 이와 대조적으로 하나님의 마음에 합한 사람 다윗은 아들 솔로몬에게 "온전한 마음"으로 주님을 섬기라고 권고하면서, "여호와께서는 모든 마음을 감찰하사 모든 의도를 아시나니"라고 시인한다(대상 28:9). 하나님은 **우리의** 마음을 감찰하시고 **우리의** 열망과 생각을 이해하신다. 이 이야기는 다윗의 기도를 가득 울려 퍼지게 하면서, 하나님은 우리가 온전한 마음으로 주님을 섬기기 원하신다는 것을 상기시킨다. "하나님이여 내 속에 정한 마음을 창조하시고 내 안에 정직한 영을 새롭게 하소서"(시 51:10).

55   역대하 26:1-23

이야기 경청하기

¹유다 온 백성이 나이가 십육 세 된 웃시야를 세워 그의 아버지 아마샤를 대신하여 왕으로 삼으니 ²아마샤 왕이 그의 열조들의 묘실에 누운 후에 웃시야가 엘롯을 건축하여 유다에 돌렸더라 ³웃시야가 왕위에 오를 때에 나이가 십육 세라 예루살렘에서 오십이 년 간 다스리니라 그의 어머니의 이름은 여골리아요 예루살렘 사람이더라 ⁴웃시야가 그의 아버지 아마샤의 모든 행위대로 여호와 보시기에 정직하게 행하며 ⁵하나님의 묵시를 밝히 아는 스가랴가 사는 날에 하나님을 찾았고 그가 여호와를 찾을 동안에는 하나님이 형통하게 하셨더라 ⁶웃시야가 나가서 블레셋 사람들과 싸우고 가드 성벽과 야브네 성벽과 아스돗 성벽을 헐고 아스돗 땅과 블레셋 사람들 가운데에 성읍들을 건축하매 ⁷하나님이 그를 도우사 블레셋 사람들과 구르바알에 거주하는 아라비아 사람들과 마온 사람들을 치게 하신지라 ⁸암몬 사람들이 웃시야에게 조공을 바치매 웃시야가 매우 강성하여 이름이 애굽 변방까지 퍼졌더라 ⁹웃시야가 예루살렘에서 성 모퉁이 문과 골짜기 문과 성굽이에 망대를 세워 견고하게 하고 ¹⁰또 광야에 망대를 세우고 물 웅덩이를 많이 파고 고원과 평지에 가축을 많이 길렀으며 또 여러 산과 좋은 밭에 농부와 포도원을 다스리는 자들을 두었으니 농사를 좋아함이었더라 ¹¹웃시야에게 또 싸우는 군사가 있으니 서기관 여이엘과 병영장 마아세야가 직접 조사한 수효대로 왕의 지휘관 하나냐의 휘하에 속하여 떼를 지어 나가서 싸우는 자라 ¹²족장의 총수가 이천육백 명이니 모두 큰 용사요 ¹³그의 휘하의 군대가 삼십만 칠천오백 명이라 건장하고 싸움에 능하여 왕을 도와 적을 치는 자이며 ¹⁴웃시야가 그의 온 군대를 위하여 방패와 창과 투구와 갑옷과 활과 물매 돌을 준비하고 ¹⁵또 예루살렘에서 재주 있는 사람들에게 무기를 고안하게 하여 망대와 성곽 위에 두어 화살과 큰 돌을 쏘고 던지게 하였으니 그의 이름이 멀리 퍼짐은 기이한 도우심을 얻어 강

성하여짐이었더라 ¹⁶그가 강성하여지매 그의 마음이 교만하여 악을 행하여 그의 하나님 여호와께 범죄하되 곧 여호와의 성전에 들어가서 향단에 분향하려 한지라 ¹⁷제사장 아사랴가 여호와의 용맹한 제사장 팔십 명을 데리고 그의 뒤를 따라 들어가서 ¹⁸웃시야 왕 곁에 서서 그에게 이르되 웃시야여 여호와께 분향하는 일은 왕이 할 바가 아니요 오직 분향하기 위하여 구별함을 받은 아론의 자손 제사장들이 할 바니 성소에서 나가소서 왕이 범죄하였으니 하나님 여호와에게서 영광을 얻지 못하리이다 ¹⁹웃시야가 손으로 향로를 잡고 분향하려 하다가 화를 내니 그가 제사장에게 화를 낼 때에 여호와의 전 안 향단 곁 제사장들 앞에서 그의 이마에 나병이 생긴지라 ²⁰대제사장 아사랴와 모든 제사장이 왕의 이마에 나병이 생겼음을 보고 성전에서 급히 쫓아내고 여호와께서 치시므로 왕도 속히 나가니라 ²¹웃시야 왕이 죽는 날까지 나병환자가 되었고 나병환자가 되매 여호와의 전에서 끊어져 별궁에 살았으므로 그의 아들 요담이 왕궁을 관리하며 백성을 다스렸더라 ²²웃시야의 남은 시종 행적은 아모스의 아들 선지자 이사야가 기록하였더라 ²³웃시야가 그의 조상들과 함께 누우매 그는 나병환자라 하여 왕들의 묘실에 접한 땅 곧 그의 조상들의 곁에 장사하니라 그의 아들 요담이 대신하여 왕이 되니라

이야기 속 다른 본문 경청하기

레위기 13-14장; 민수기 12:1-15; 신명기 17:14-20; 열왕기하 15:1-7; 수메르 왕조의 토리노 파피루스(Turin Royal Canon)

아마샤의 갑작스러운 죽음과 함께, 그의 아들 웃시야의 즉위는 남왕국에 희망을 선사한다. 하지만 그 이전 아버지와 할아버지의 통치와 마찬가지로, 웃시야의 통치는 축복과 승리로 시작하지만 결국 심판과 치욕으로 마친다(24:19-21; 25:15-16; 26:18-19). 이 기사에서 축복이 하나님

의 징계로 바뀌는 전환점은 성전에서의 분향을 둘러싼 왕과 대제사장의 인상적인 대립에서 비롯된다. 이 이야기와 그 역사적 긴장을 이해하기 위해서는 고대 근동에서 왕권의 역할을 고려해야 한다.

고대 근동의 왕권 이데올로기는 왕이 신의 대리인이라고 상정한다.[1] 이 세계관에 의하면 왕권이란 지상에서 '성스러운 왕권'을 행사하는 대리인를 통해서 신적 통치가 반영되는 것이다. 고대 세계에서 왕은 신전을 지어 관리하고, 제사를 드리고, 종교 의식을 주재함으로써 신을 섬겼다. 예배는 하늘과 땅의 연결 고리가 되는 왕이 중재했다. 고대 근동의 왕은 지상에서 신의 통치를 대표하는 온전한 정치적, 종교적 권위를 부여받았다. 반면에 이스라엘의 왕은 특히 권력이나 명성과 관련해 제한을 받았다(신 17:14-20). 왕은 하나님의 율법을 묵상해야 했는데, 율법은 왕의 마음이 교만하여 동료 이스라엘 백성보다 높아지지 않도록 지키는 것을 명시적 목표로 삼는다(20절). 왕은 자신의 직책에 부여된 권력과 명성의 유혹에 취약했기 때문에, 주님을 향한 겸손한 의존을 키우라는 명령을 받는다. 이스라엘의 왕은 열방의 통치자들처럼 무소불위의 권력을 휘두르기보다 자신이 하나님과 그분 말씀의 권위 아래 있다는 사실을 항상 기억해야 했다.

또한 성전에서 이루어지는 집전과 관련해서도 왕에게 제한이 있었다. 이스라엘의 왕은 성전에서 예배하도록 허용되었고 국가를 예배로 인도할 수 있는 권한을 부여받았지만, 고대 근동의 성스러운 왕권과 달리 제단에서 섬기고 분향하는 것은 아론 계통 제사장의 독점적 특권이었다(출 28-29장; 민 3:1-3; 17:40). 제사장만이 이스라엘의 거룩하신 분께 나아갈 수 있는 자격을 부여받았다. 따라서 다윗이 언약궤를 예루살렘으로 가져오는 동안 레위인만이 언약궤를 물리적으로 다룰 수 있도록 허용되었다(대상 15:1-15). 마찬가지로 히스기야왕은 유월절을 경축하라는 칙령을 내리겠지만, 제사장만이 희생 제사를 감독할 수 있도록 허용될 것이다(대하 30:13-21). 이스라엘 왕에게 부여된 제한과 더불어 제사장직의 구체적 역할은 웃시야의 죄의 본질과 그의 분향 행위가 왜 그토록 심한 주님의 꾸지람을 불러일으키는지 이해하는 배경이 된다.

이야기 설명하기

웃시야의 성공적인 통치 초기(26:1-5)

웃시야는 아버지 아마샤가 암살된 후 열여섯 살에 왕이 된다(26:1). 그가 통치한 52년은 유다 역사에서 므낫세의 통치에 이어(33:1) 두 번째로 긴 통치 기간이다. 역대기 저자는 웃시야를 "여호와 보시기에 정직하게 행[한]" 왕으로 평가한다(26:4). 역대기 저자의 인정은 주님을 찾는가(히. d-r-sh) 여부에 달려 있는데, 이는 특히 이스라엘의 초대 왕에게서 전혀 볼 수 없던(대상 10:13-14) 왕의 모범적 태도다. 웃시야가 주님을 경외하며 스가랴의 가르침을 따르는 한(대하 26:5; 참조. 신 17:19), 그는 군사적 성공과 풍요로운 농업 소출로 언약의 축복을 경험한다(참조. 레 26:4-6).

웃시야가 유다의 경계를 확장하다(26:6-15)

웃시야의 국내외 사업은 계속해서 성공을 거둔다. 솔로몬 시대의 명성을 되찾으려는 노력의 일환으로 웃시야는 가드와 아스돗 같은 주요 성을 공격하는 등 블레셋에 맞서 해안 평야에서 군사 작전을 지휘함으로써 유다의 경계를 공격적으로 확장한다(26:6). 그는 남쪽으로 아라비아 사람들을 격파해 시내 반도 지역을 가로지르는 중요한 대상로를 확보한다. 앞서 솔로몬 함대는 남쪽 엘롯 항구에서 출항해 먼 땅으로 무역을 확장했다(8:17-18). 고고학 기록이 입증하듯이 왕국은 분명 확장되고 번영하고 있지만,[2] 웃시야의 성공은 하나님의 도우심으로 인한 것임을 인식해야 한다.[3] 동사 '돕다'(히. '-z-r, 26:7)는 이 이야기의 중심인데 (13, 15절), 이는 제사장 아사랴의 이름에 반영되어 있고('여호와께서 도우셨다' 또는 '여호와는 나의 도움이시다', 참조. 15절), 아사랴는 웃시야의 다른 이름이기도 하다(왕하 15:1). 웃시야는 솔로몬의 영광스러운 시대를 연상시키면서 열방으로부터 조공을 받고, 그의 명성은 이집트 국경까지 확장된다(대하 26:8; 참조. 9:1, 14).

웃시야의 국내 업적도 똑같이 인상적이다. 그는 양 떼와 소 떼를 위해 유대 광야에 물웅덩이를 만들고 산지에 왕실 포도원을 둔다(26:10). 웃시야는 앞선 왕들처럼 전투에 필요한 모든 장비를 구비한 상비군을 징집한다(11절; 참조. 17:12-19). 그는 예루살렘 성벽을 강화하고, 성벽 망루에서 화살을 쏘고 돌을 던지는 혁신적 방어 무기를 구축하도록 명령한다(26:14-15). 하나님의 복이 웃시야에게 임하고, 하나님은 그에게 승리와 성공을 허락하신다(7, 13, 15절). 이 모든 일에서 그는 경이로운 도움을 받았기 때문에 강성해진다(15절).

웃시야가 범죄하고 도를 넘다(26:16-23)

웃시야는 '여호와는 나의 힘이시다'라는 자신의 이름에 걸맞게 살지만, 애석하게도 강해질수록 자신을 강하게 하신 주님께 범죄했다(26:16; 참조. 12:1). 성공의 유혹에 빠진 웃시야는 자신의 권위를 확장할 기회를 잡기 위해 성전에 들어가 금 제단에서 분향한다(26:16). 분향은 제사장에게 맡겨진 성스러운 의식이었다. 매일 아침과 저녁에 금 제단에서 분향하는 것은 제사장이 독점하는 특권이었다(출 30:7-8; 대상 6:49). 웃시야에게 승인되지 않은 권한을 붙잡는 것은 "범죄"(unfaithfulness) 행위로 평가받는다. 그것은 곧 거룩한 것과 관련하여 주제넘은 행위였다(26:16, 18; 참조. 수 7:1).

대제사장은 80명의 다른 제사장들과 함께 성소의 거룩함을 침해할 태세를 취하고 서 있는 왕에게 맞서지만, 완강한 분노에 사로잡힌 웃시야는 왕의 특권을 고집한다(대하 26:18). 향로를 손에 들고 제단 옆에 서 있던 그의 이마에 갑자기 나병이 '생긴다'(히. z-r-kh, 문자적 의미는 '빛나다', 19절). 이것은 누구도 놓칠 수 없는 표징이었다. 웃시야는 합당한 방법으로 견책당한다. 대제사장이 주님께 성별되었음을 표시하는 바로 그 자리에 부정하다는 표시를 받는 것이다. 이스라엘의 대제사장은 "여호와께 성결"이라는 문구가 새겨진 금 패를 이마에 달았다. 이마에 붙이는 패는 대제사장의 성별과 주님 앞에서 이스라엘의 제물의 성별을 나타내는 표시였다(출 28:36-38). 제사장의 이마에 있는 **빛나는** 금 패는 수용을 상징했다. 왕의 이마에 생긴 **빛나는** 나병은 거절을 상징했다.[4] 웃시야는 성전과 예배 공동체에서 자격을 상실한 사람이라는 뚜렷한 낙인을 받는다.

성전에서 분향하려는 웃시야의 시도는 진정한 예배의 표현이 아니라 제사장직의 성스러운 특권을 가로채기 위해 도를 넘은 것임을 이해해야 한다.[5] 비슷하게 도를 넘어서려고 하면서 제사를 드린 사울의 주제넘은 시도는 하나님의 거부로 이어졌다(삼상 13:7-14). 웃시야가 받은 나병이라는 처벌은 그의 특별한 죄를 한층 부각시킨다. 미리암이 광야에서 모세의 리더십에 도전하고 승인되지 않은 권위를 붙잡으려고 했을 때, 하나님은 **나병**이 생기는 벌을 내리셨다(민 12:1-15).[6] 미리암의 피부병은 징계로 해석되고 아버지의 수치에 비유된다(14절). 나병 환자는 의식상 부정한 것으로 간주되어 진영 밖에 격리되어야 한다. 언약 백성으로부터의 분리는 살아 있는 죽음을 상징하고, 그래서 나병 환자는 죽음에 오염된 사람처럼 행동해야 한다. 즉 그는 자기 옷을 찢고 머리를 풀어 헤치고 사람들 앞에서 "부정하다, 부정하다"라고 외쳐야 한다(레 13:45-46). 하지만 언약 공동체로부터의 일시적 소외는 회개와 치유, 회복의 가능성을 허용한다(14:1-32). 따라서 7일이 지난 후 미리암은 치유되어 예배 공동체로 돌아왔다.

하지만 웃시야의 부정한 피부병은 다른 결과를 낳는다. 그는 별도의 궁에 격리되고 공동 통치 기간에 국정을 아들 요담에게 넘겨주어야 했다(26:21). 만일 히스기야처럼 스스로 겸비하고 주님을 찾았다면(32:24-26) 웃시야는 치유되었을지도 모른다. 하지만 이 왕은 회개하지 않고 공동체에서 소외되어 부정하게 죽기 때문에, 왕실에 속한 묘지에 묻히지만 왕들과 함께 묻히지는 못한다(26:23). 웃시야가 죽은 후에도 질병이 여전히 그를 괴롭히고 있다고 증언하는 석회암 비석이 남아 있다. 제2성전기에 예루살렘이 확장되면서 발굴된 그의 뼈는 새로운 도시 경계 밖에 다시 매장되어야 했다. 당시 명판에는 다음과 같은 경고가 새겨졌다. "여기에 유다 왕 웃시야의 뼈가 묻혀 있다. 열지 말라!"[7] 이사야가 부정한 백성을 위한 예언자로 부름받아 이스라엘의 하늘 왕의 거룩함을 선포한 때는 바로 이러한 극적인 국가적 위기의 시기였다(사 6:1-3; 참조. 대하 26:22).

― 이야기 살아내기 ―

교만에 대한 경고

나병에 걸린 유다 왕에 대한 잊지 못할 이야기는 교만이라는 어두운 죄를 폭로한다. 웃시야가 향유한 성공의 물결 속에서, 어느새 그는 하나님을 향한 의존은 약화되고 자신의 힘에 대한 의존은 커졌다. 아마도 그 이유는 웃시야가 주님을 경외하는 가운데 "그의 형제 위에 교만하지 [말라]"는 가르침을 배우지 못했기 때문일 것이다(신 17:20).

교만은 하나님과 다른 사람에 맞서 자기 자신을 높이는 것이다. 교만은 다른 모든 죄의 온상이 되는 인간 마음의 병폐다. 특히 하나님의 복을 받아 성공했을 때, 교만은 지도자에게 가장 위험한 유혹이다. 우리는 우리가 섬기는 것이 자신이 아니라 **주님**이고, 자신의 명성이 아니라 **주님**의 명성이 우리의 가장 큰 기쁨이라는 사실을 깨닫지 못하는 경향이 있다. 우리는 하나님이 주신 성공을 우리 자신의 자원과 능력에서 비롯된 것으로 해석하고, 우리에게 은사를 주시고 부르셔서 주님을 섬기는 영예를 부여하신 분과 상관없이 모든 인정을 독차지하는 경향이 있다.

교만은 필연적으로 우리에게 주어진 경계를 넘어 우리에게 주어지지 않은 것을 움켜쥐도록 몰아간다. 역대기에서 끊임없이 반복되었듯이, 우리는 다른 사람의 재능을 간과하고 지혜로운 조언에 귀 기울이지 않는다. 지도자로 섬기는 특권을 받은 모든 사람은 하나님 나라에서 위대함에 이르는 길은 겸손을 통해서고(마 20:26), 지도자의 가장 중요한 자질은 경건이라는 사실을 상기해야 한다. 우리는 자기 마음을 지키고 성공의 원천이요 결정자이신 주님과의 사귐 안에 머물러야 한다. 우리가 매일 주님을 의지할 수 있는 가장 소중한 방법 중 하나는 옛 왕들처럼 그분의 말씀을 연구하는 것이다. 그 안에서 우리가 만나는 구주의 리더십은 세상의 것과 전혀 다른 차원의 리더십이다.

그리스도는 하나님과 동등하시고 그분의 영광을 함께 나누셨지만, 신성 안에서 자신의 특권적 지위를 인간의 곤경에서 멀리 떨어질 수 있는 신적 권리로 여기지 않으시고, 친히 창조하신 세상에 성육신하기 위해 기꺼이 자신의 지위와 영광을 벗어던지셨다. 그분은 이권을 움켜쥐지 않고 스스로 겸비하여, 심지어 십자가에서 수치스럽게 죽기까지 고난받는 종의 역할을 맡으셨다(빌 2:6-8). 예수님은 모든 기대를 철저히 내려놓고, 아버지의 뜻을 따르는 겸손한 순종과 죽기까지 자신의 생명을 쏟아붓는 복종을 통해 하나님 나라를 얻으셨다. 낮아짐은 그분이 높아지신 길이다(9-11절).

이 메시지는 예수님의 가르침에 스며들어 있다. "너희 중에 누구든지 크고자 하는 자는 너희를 섬기는 자가 되고 너희 중에 누구든지 으뜸이 되고자 하는 자는 모든 사람의 종이 되어야 하리라. 인자가 온 것은 섬김을 받으려 함이 아니라 도리어 섬기려 하고 자기 목숨을 많은 사람의 대속물로 주려 함이니라"(막 10:43-45). 그리스도의 섬기는 자세, 아낌없는 자기 헌신 그리고 희생적 순종은 모든 신자가 품어야 할 마음가짐이다(빌 2:5). 그분을 따르는 자들은 위대함이 아니라 섬김, 특권이 아니라 자기 헌신을 향한 고귀한 소명을 가지고 있다. 십자가의 삶은 교만을 해결하는 최고의 해독제다.

56   역대하 27:1-9

— 이야기 경청하기 —

¹요담이 왕위에 오를 때에 나이가 이십오 세라 예루살렘에서 십육 년 동안 다스리니라 그의 어머니의 이름은 여루사요 사독의 딸이더라 ²요담이 그의 아버지 웃시야의 모든 행위대로 여호와 보시기에 정직하게 행하였으나 여호와의 성전에는 들어가지 아니하였고 백성은 여전히 부패하였더라 ³그가 여호와의 전 윗문을 건축하고 또 오벨 성벽을 많이 증축하고 ⁴유다 산중에 성읍들을 건축하며 수풀 가운데에 견고한 진영들과 망대를 건축하고 ⁵암몬 자손의 왕과 더불어 싸워 그들을 이겼더니 그 해에 암몬 자손이 은 백 달란트와 밀 만 고르와 보리 만 고르를 바쳤고 제이년과 제삼년에도 암몬 자손이 그와 같이 바쳤더라 ⁶요담이 그의 하나님 여호와 앞에서 바른 길을 걸었으므로 점점 강하여졌더라 ⁷요담의 남은 사적과 그의 모든 전쟁과 행위는 이스라엘과 유다 열왕기에 기록되니라 ⁸요담이 왕위에 오를 때에 나이가 이십오 세요 예루살렘에서 다스린 지 십육 년이라 ⁹그가 그의 조상들과 함께 누우매 다윗 성에 장사되고 그의 아들 아하스가 대신하여 왕이 되니라

이야기 속 다른 본문 경청하기

잠언 4:26; 21:29

요담은 아버지의 비루한 삶 마지막 몇 년 동안 공동 통치자로 다스리다가, 웃시야가 죽으면서 단독 군주가 된다. 역대기 저자는 그의 짧은 통치를 긍정적으로 묘사하고, "그의 하나님 여호와 앞에서 바른 길을 걸었으므로" 강해졌다고 기록한다(27:6). 잠언은 악인의 길을 걷는 것에 대해 많이 경고하는데(잠 1:15; 2:12; 4:14, 19; 5:8; 7:25 등), 이 길은 정직하게 걷는 의인의 길과 대조된다(2:20; 9:6; 11:5 등). 의의 길을 걷기 위해서

는 지혜가 필요하고, 그래서 잠언은 이렇게 가르친다. "네 발이 행할 길을 평탄하게 하며 네 모든 길을 든든히 하라"(4:26). 이와 마찬가지로 또 다른 잠언은 "정직한 자는 자기의 행위(ways)를 삼가느니라"고 가르친다(21:29). 이처럼 주님 앞에서 사려 깊은 올곧은 삶이 다음에 나오는 왕의 특징이다.

이야기 설명하기

요담이 왕국을 요새화하다(27:1-9)

요담은 예루살렘에서 다스리고, 그의 어머니 여루사는 사독의 딸로 소개된다(27:1). 이것은 왕실과 제사장 가문 사이의 결혼을 암시할 수 있다(참조. 22:11). 요담왕은 아버지 웃시야에 비유되지만, 그는 주님의 성전에 들어가지 않았다는 논평이 나온다. 바로 자기 아버지가 저질렀다가 신속한 심판으로 이어진 종교적 범죄였다(27:2; 참조. 26:16-21). 요담의 성품은 칭찬을 받지만, 이사야가 호의적이지 않은 어조로 묘사하듯이(사 1:4) 백성들은 "여전히 부패하였[다]"(27:2). 요담은 선대 왕들과 마찬가지로 예루살렘을 요새화하는 데 관심을 기울이는데, 방어용 성벽 건설이 여기에 포함되었다(27:3). 요담은 또한 유다에 성읍들을 건축하고 숲이 우거진 지역에 요새와 망대를 세운다(4절).

요담은 이미 소개된 바 있는 유다의 이웃 나라 중 하나인 암몬 족속과 전쟁을 벌인다(대하 27:5; 참조. 대상 18:11; 19:1-15; 20:1-3; 대하 20:1, 22). 아버지 웃시야의 통치를 연상시키면서(26:8) 암몬은 은 100달란트와 많은 양의 밀과 보리 등을 요담에게 조공으로 바친다(27:5). 그런데 강해진 웃시야는 교만에 빠지고 말았다(26:8, 16). 반면에 요담은 주 하나님 앞에서 바른 길을 걸음으로써 점점 강해진다(27:6). 앞에서 살펴보았듯이 그의 삶에서는 모범적인 지혜의 길이 나타난다(잠 4:26; 21:29). 요담이 **자기 하나님** 여호와 앞에서 바른 길을 걸었다는 마지막 논평은 주님과의 언약 관계를 강조한다. 이것이 하나님 앞에서 올곧은 길을 걷는 그의 힘의 원천이다. 역대기 저자는 요담이 행한 다른 일들이 열왕기에 기록되어 있다고 언급하며 마무리한다(왕하 15:32-38을 보라). 그의 통치기에 있던 전쟁은 아마 북쪽에서 무르익고 있던 충돌을 암시하는 듯하다(15:37; 대하 28장을 보라). 요담은 죽어서 다윗성에 묻힌다.

이야기 살아내기

주님 앞에서 바른 길을 걷는 힘

유다 왕들은 힘과 용기가 필요한 엄청난 압력과 도전에 직면하지만, 그들은 그 힘이 주님께로부터 온다는 사실을 결코 잊지 말아야 한다. 요담은 아버지가 제의적 측면에서 배제된 채 고립되어 죽는 모습을 지켜보았다. 그의 아버지의 힘은 교만으로 이어졌고(대하 26:15-16), 결국 왕권의 경계를 넘고 말았다. 요담은 군사적 성공을 거두고 조공을 받지만(27:5), 그의 명성은 교만으로 이어지지 않는다. 여기서 우리는 명성에 대한 두 가지 다른 반응을 본다. 요담은 교만해지는 대신 "그의 하나님 여호와 앞에서 바른 길을 걸었으므로 점점 강하여졌다"(6절). 동사 '강해지다, 강력해지다'(히. kh-z-q)는 역대기 전반에 등장하는데, 초점은 단순히 어떤 왕의 힘이 아니라 그 힘의 **원천**에 놓인다. 역대기는 하나님의 일을 하기 위해 힘과 용기가 필요하다고 가르치고(대상 22:13; 28:10, 20; 대하 15:7), 우리 중 많은 사람이 분명 이 말에 공감할 것이다. 하지만 우리는 그 힘이 궁극적으로 하나님께서 우리를 돕고 강하게 하실 때 온다는 사실을 잊지 않아야 한다.

우리는 앞서 예언자 하나니의 말에 주목했다. 그는 다음과 같은 말로 하나님의 백성을 격려했다. "여호와의 눈은 온 땅을 두루 감찰하사 전심으로 자기에게 향하는 자들을 위하여 능력을 베푸시나니"(대하 16:9).[1] 이 시의적절한 말씀은 우리의 힘이 주님께로부터 온다는 사실을 기억하도록 권면하는 역할을 한다. 성경에는 하나님께서 자기를 기다리는 백성에게 힘을 주신다는 약속이 크게 울려 퍼진다(시 46:1-3; 사 40:31; 41:10; 고후 12:10; 엡 6:10). 이 약속은 하나님이 주시는 힘으로 삶의 도전에 맞설 수 있는 용기와 힘을 준다. 사도 바울은 자신이 약할 때 참으로 강하다는 것을 깨달았다(고후 12:10). 그는 "내게 능력 주시는" 그리스도 안에서 모든 것을 할 수 있었기 때문이다(빌 4:13; 참조. 엡 6:10; 벧전 5:10). 이것은 주 하나님 앞에서 바른 길을 걸었기에 강해졌던 요담의 간증이기도 하다(대하 27:6).

역대하 28:1-27

이야기 경청하기

¹아하스가 왕위에 오를 때에 나이가 이십 세라 예루살렘에서 십육 년 동안 다스렸으나 그의 조상 다윗과 같이 아니하여 여호와 보시기에 정직하게 행하지 아니하고 ²이스라엘 왕들의 길로 행하여 바알들의 우상을 부어 만들고 ³또 힌놈의 아들 골짜기에서 분향하고 여호와께서 이스라엘 자손 앞에서 쫓아내신 이방 사람들의 가증한 일을 본받아 그의 자녀들을 불사르고 ⁴또 산당과 작은 산 위와 모든 푸른 나무 아래에서 제사를 드리며 분향하니라 ⁵그러므로 그의 하나님 여호와께서 그를 아람 왕의 손에 넘기시매 그들이 쳐서 심히 많은 무리를 사로잡아 다메섹으로 갔으며 또 이스라엘 왕의 손에 넘기시매 그가 쳐서 크게 살육하였으니 ⁶이는 그의 조상들의 하나님 여호와를 버렸음이라 르말랴의 아들 베가가 유다에서 하루 동안에 용사 십이만 명을 죽였으며 ⁷에브라임의 용사 시그리는 왕의 아들 마아세야와 궁내대신 아스리감과 총리대신 엘가나를 죽였더라 ⁸이스라엘 자손이 그들의 형제 중에서 그들의 아내와 자녀를 합하여 이십만 명을 사로잡고 그들의 재물을 많이 노략하여 사마리아로 가져가니 ⁹그곳에 여호와의 선지자가 있는데 이름은 오뎃이라 그가 사마리아로 돌아오는 군대를 영접하고 그들에게 이르되 너희 조상의 하나님 여호와께서 유다에게 진노하셨으므로 너희 손에 넘기셨거늘 너희의 노기가 충천하여 살육하고 ¹⁰이제 너희가 또 유다와 예루살렘 백성들을 압제하여 노예로 삼고자 생각하는도다 그러나 너희는 너희의 하나님 여호와께 범죄함이 없느냐 ¹¹그런즉 너희는 내 말을 듣고 너희의 형제들 중에서 사로잡아 온 포로를 놓아 돌아가게 하라 여호와의 진노가 너희에게 임박하였느니라 한지라 ¹²에브라임 자손의 우두머리 몇 사람 곧 요하난의 아들 아사랴와 무실레못의 아들 베레갸와 살룸의 아들 여히스기야와 하들래의 아들 아마사가 일어나서 전장에서 돌아오는 자들을 막으며 ¹³그들에게 이르되 너희는 이 포로를 이리로 끌어들

이지 못하리라 너희가 행하는 일이 우리를 여호와께 허물이 있게 함이니 우리의 죄와 허물을 더하게 함이로다 우리의 허물이 이미 커서 진노하심이 이스라엘에게 임박하였느니라 하매 ¹⁴이에 무기를 가진 사람들이 포로와 노략한 물건을 방백들과 온 회중 앞에 둔지라 ¹⁵이 위에 이름이 기록된 자들이 일어나서 포로를 맞고 노략하여 온 것 중에서 옷을 가져다가 벗은 자들에게 입히며 신을 신기며 먹이고 마시게 하며 기름을 바르고 그 약한 자들은 모두 나귀에 태워 데리고 종려나무 성 여리고에 이르러 그의 형제에게 돌려준 후에 사마리아로 돌아갔더라 ¹⁶그때에 아하스 왕이 앗수르 왕에게 사람을 보내어 도와 주기를 구하였으니 ¹⁷이는 에돔 사람들이 다시 와서 유다를 치고 그의 백성을 사로잡았음이며 ¹⁸블레셋 사람들도 유다의 평지와 남방 성읍들을 침노하여 벧세메스와 아얄론과 그데롯과 소고 및 그 주변 마을들과 딤나 및 그 주변 마을들과 김소 및 그 주변 마을들을 점령하고 거기에 살았으니 ¹⁹이는 이스라엘 왕 아하스가 유다에서 망령되이 행하여 여호와께 크게 범죄하였으므로 여호와께서 유다를 낮추심이라 ²⁰앗수르 왕 디글랏빌레셀이 그에게 이르렀으나 돕지 아니하고 도리어 그를 공격하였더라 ²¹아하스가 여호와의 전과 왕궁과 방백들의 집에서 재물을 가져다가 앗수르 왕에게 주었으나 그에게 유익이 없었더라 ²²이 아하스 왕이 곤고할 때에 더욱 여호와께 범죄하여 ²³자기를 친 다메섹 신들에게 제사하여 이르되 아람 왕들의 신들이 그들을 도왔으니 나도 그 신에게 제사하여 나를 돕게 하리라 하였으나 그 신이 아하스와 온 이스라엘을 망하게 하였더라 ²⁴아하스가 하나님의 전의 기구들을 모아 하나님의 전의 기구들을 부수고 또 여호와의 전 문들을 닫고 예루살렘 구석마다 제단을 쌓고 ²⁵유다 각 성읍에 산당을 세워 다른 신에게 분향하여 그의 조상들의 하나님 여호와를 진노하게 하였더라 ²⁶아하스의 남은 시종 사적과 모든 행위는 유다와 이스라엘 열왕기에 기록되니라 ²⁷아하스가 그의 조상들과 함께 누우매 이스라엘 왕들의 묘실에 들이지 아니하고 예루살렘 성에 장사하였더

라 그의 아들 히스기야가 대신하여 왕이 되니라

이야기 속 다른 본문 경청하기

열왕기하 16:1-18; 이사야 7:1-9

아하스 통치 기간에 왕국은 점차 우상 숭배에 빠져든다. 아하스는 아버지처럼 하나님 앞에 바른 길을 걷는 대신(27:6), 북이스라엘 왕들의 길을 걷는다(28:2). 그의 통치는 다윗 치하의 번영하던 시기와 극명한 대조를 이루고, 왕국을 가장 암울한 시기로 들어서게 한다. 이 배교의 시기에 유다는 아람 왕 르신과 북이스라엘 왕 베가의 공격을 받는다.[1] 유다가 주님을 버렸기 때문에, 수만 명이 죽고 많은 사람들이 다메섹과 사마리아의 포로로 잡혀간다(5-6절). 이때 하나님께서 예언자 이사야를 일으켜 아하스에게 직접 말씀하셨다는 사실을 명심해야 한다(사 7:1-9). 군사적 공격에 직면했을 때 이사야는 왕에게 이런 말로 권면한다. "너는 삼가며 조용하라. 르신과 아람과 르말리야의 아들이 심히 노할지라도 이들은 연기 나는 두 부지깽이 그루터기에 불과하니 두려워하지 말며 낙심하지 말라"(4절). 역대기에서는 이사야를 언급하지 않지만, 그의 예언자 역할은 하나님께서 아하스를 경건한 조언자 없이 버려두지 않으셨다는 사실을 강조한다. 이사야는 나아가 왕이 굳게 믿지 않으면 서지 못할 것이라고 경고한다(9절). 이야기가 전개되면서, 아하스는 주님을 신뢰하지 않는 완고한 마음을 갖고 있음이 분명해진다. 그는 악한 길에서 돌아서는 대신 우상 숭배에 더욱 깊이 빠져들어 주님의 진노를 불러일으킨다.

이야기 설명하기

아하스 치하에서 왕국의 도덕적 쇠퇴(28:1-4)

이제 아하스는 예루살렘에서 왕위에 앉아 통치하지만, 역대기 저자는 다윗과 달리 아하스가 "여호와 보시기에 정직하게 행하지 아니"했다고 지적한다(28:1).[2] 그는 주님을 찾지 않은 북이스라엘 왕들에 비유되고 바알의 우상을 주조한 장본인이었다(2절). 이런 소개는 여호람(21:5-6, 13) 및 아하시야(22:2-4) 같은 왕들과 그 시기에 만연했던 우상 숭배(21:11; 23:17)를 연상시킨다. 특히 아하스는 역대기에서 드물게 사용된 용어인 "부어 만든 우상"(metal images, NIV 'idols', NASB 'molten images'; 히. *masseka*)을 만든다(28:2; 34:3, 4). 히브리어 단어 '마쎄카'(*masseka*)는 이스라엘이 시내산에서 숭배한 금송아지를 연상시킬 뿐만 아니라(출 32:4, 8; 신 9:12, 16; 느 9:18; 시 106:19) 여로보암이 만든 두 금송아지도 연상시킨다(왕상 14:9; 왕하 17:16). 아하스는 남왕국을 가장 암울한 시기로 몰아넣는다. 그들은 이제 배교한 북왕국처럼 되었기 때문이다. 남왕국 유다가 우상 숭배를 얼마나 깊이 받아들였는지 살펴보면 참 가슴이 아프다. 우상 숭배는 요시야왕 때까지 완전히 근절되지 않을 것이다(대하 34:3-4). 북왕국이 '신이 아닌 것'을 숭배했다는 아비야의 이전 비난은 이제 유다를 꾸짖는 통렬한 고발이 된다(13:8-12; 참조. 사 2:8, 20).

가나안 신 바알에 대한 숭배는 이스라엘 초기부터 만연했지만(삿 2:11, 13; 3:7; 8:33; 10:6; 삼상 7:4; 12:10), 많은 거짓 예언자들이 입증하듯이 북왕국 아합의 통치 기간에 특히 널리 퍼졌다. 무려 450명에 달하는 바알 예언자 사이에서 엘리야만이 하나님의 예언자였다!(왕상 18:22) 이제 남왕국에서도 바알을 숭배하는데, 아하스는 심지어 힌놈 골짜기에서 분향하고 자기 자녀를 제물로 바친다(28:3; 참조. 33:6). 예루살렘 외곽에 위치한 힌놈 골짜기는 폐기물을 태우는 장소였을 뿐만 아니라 인신 제사 장소로도 알려졌다(렘 7:31-32; 겔 16:20-21). 어린이를 제물로 바치는 것은 엄격히 금지되었고 하나님을 향한 극도의 모독이었다(레 20:2-3; 신 18:10; 왕하 17:17; 시 106:37-38). 이런 가증한 관행의 악취가 그 땅 전역에 있는 산당에서 피어올랐다(대하 28:4). 당연히 아하스의 행동은 하나님의 진노를 불러일으켜 그 땅에서 추방된 이방 민족들의 가증한 행위에 비유된다(3절; 참조. 레 18:24-30). 이 불길한 논평은 앞으로 닥칠 유배를 암시한다(대하 28:5, 8).

유다가 아람과 북이스라엘에게 패하다(28:5-8)

하나님은 아하스를 아람 왕 르신의 손에 넘기시고, 유다는 패배하여 결국 많은 포로들이 다메섹으로 끌려간다(28:5). 솔로몬은 성전 봉헌 기도에서 하나님의 백성이 주님께 죄를 범했을 때 그들에게 임할 다양한 시나리오를 나열했다(6장). 이런 상황 중 하나가 적에게 패하여 포로로 잡혀가는 것이었다(36-38절). 그것이 바로 지금 일어나는 일이고, 유다는 아람의 수도 다메섹으로 유배되는 경험을 한다. 하나님은 또한 유다를 북왕국 베가의 손에 넘기시고, 이제는 우상을 숭배하는 북쪽 왕을 심판의 도구로 사용하신다(28:6). 대규모 학살이 일어나고 주요 지도자들이 죽는다(6-7절). 여성과 아이를 포함하여 수십만 명의 유다 백성이 포로로 잡혀 사마리아로 끌려가는데, 한 예언자가 개입한다(8절).[3]

예언자 오뎃이 말하여 포로들이 풀려나다(28:9-15)

오뎃이라는 예언자가 사마리아로 돌아오는 북왕국 군대를 만난다(28:9). 그는 북이스라엘이 승리를 거둔 이유가 유다에 대한 하나님의 심판 때문이었다고 명확히 말하지만, 그들이 분노 중에 행한 폭력은 책망한다(9절). 나아가 유다 포로들을 노예로 삼으려는 그들의 의도가 하나님의 심판으로 돌아올 것이라고 선언한다. 그들은 죄를 가중시키고 있다. 오뎃은 동료 이스라엘 백성을 돌려보내라고 말하고, 하나님의 진노가 그들을 향해 불타고 있다고 경고한다. 에브라임의 일부 지도자들은 자신들의 죄와 허물을 깨닫고 그 응답으로 유다 포로들을 돌려보내라고 지시한다(12-13절). 네 명의 에브라임 지휘관의 명령으로 포로들은 옷을 입고, 음식과 음료를 받고, 기름을 바르고, 여리고로 돌아간다(15절).

아하스가 이방 권력과 우상에게 도움을 구하다(28:16-27)

아하스는 베가와 르신의 침략에 맞서는 동안 예언자 이사야의 말에 귀 기울이지 않고 디글랏빌레셀의 도움을 구했다(왕하 16:7-9; 참조. 사 7-8장). 주전 734-732년 팔레스타인을 향한 디글랏빌레셀의 서진으로 다메섹은 합병되고 르신은 죽었으며, 북왕국 백성들은 유배된다(왕하 15:29; 16:7-9; 또한 대하 5:6, 25-26을 보라).[4] 아하스는 북쪽만이 아니라 동쪽의 치명적 공격에도 직면해 에돔 사람들에게 패하고, 그들은 유다 백성을 사로잡아 간다(대하 28:17). 군사적 위기는 서쪽의 침공으로 더 악화되는데, 골치 아픈 블레셋은 유다의 서부 전선에 있는 여러 성읍을 전복하여 남왕국을 취약하게 만들었다(18절). 여러 전선에서 벌어진 군사적 패배는 아하스의 "범죄"로 인한 것으로(히. *ma'al*, 19절), 이는 역대기 저자가 사울(대상 10:13), 르호보암(대하 12:2), 웃시야(26:16), 므낫세(33:19) 같은 왕들을 묘사할 때 사용한 핵심 용어다. 아하스는 전임 왕들보다 더 범죄했고 유다의 방종을 야기한 책임이 있는데, 이스라엘 백성이 "방자하게" 행한 금송아지 사건을 연상시킨다(출 32:25). 이때 하나님은 군사적 패배를 통해 유다를 낮추시지만, 아하스는 회개하고 주님의 도움을 구하는 대신 앗수르의 도움을 구한다. 초기에 상황이 약간 완화되었지만(참조. 왕하 16:9), 최종 결과는 더 큰 고통뿐이었다고 역대기 저자는 지적한다(대하 28:20). 아하스는 성전과 왕궁의 귀한 물품을 주며 디글랏빌레셀의 호의를 사려고 애쓰지만(21절; 참조. 왕하 16:7-8), 이것은 도움이 되지 않는다(대하 28:21). 아사가 오래전에 기도했듯이 도움은 주님에게서만 온다. "여호와여 힘이 강한 자와 약한 자 사이에는 주밖에 도와 줄 이가 없사오니 우리 하나님 여호와여 우리를 도우소서. 우리가 주를 의지하오며 주의 이름을 의탁하옵고 이 많은 무리를 치러 왔나이다. 여호와여 주는 우리 하나님이시오니 원하건대 사람이 주를 이기지 못하게 하옵소서"(14:11).[5] 하지만 아하스는 하나님께 부르짖지 않는다. 그는 자신의 책략에 의지하기를 좋아해 무슨 일이든 할 것이다.

곤경에 빠진 아하스가 더 많은 범죄를 저지르는 모습을 지켜볼 때 가슴이 아프다. 그는 다메섹 신들에게 제사를 드리면서 **그들의 신**이 자기를 도와주기를 바란다(28:23). 하지만 이것은 그의 몰락으로 이어질 것이고, 상황은 더욱 악화된다. 아하스는 성전의 신성한 물건을 내줄 뿐 아니라, 그가 성전 문을 닫을 때 우리는 불신의 눈으로 바라본다. 이곳은 솔로몬이 백성들에게 기도하라고 권면한 바로 그 장소지만(6장), 아하스는 오만하게 성전 문을 닫는다. 대신 그는 모든 유다 성읍에서 우상숭배를 시작하고, 이제 그 땅 전역에서 다른 신들에게 분향한다(28:24-25). 아하스 이야기는 우리를 여기에 남겨 둔다. 이곳은 이권을 위해 성전 문을 닫았고 우상을 숭배하는 악취가 남왕국에 가득하다. 이것이 아하스가 죽은 후 남긴 왕국의 영적 쇠퇴다(26-27절). 이것은 또한 히스기야가 물려받는 왕국이지만, 곧이어 보게 되듯이 그의 통치는 우리를 남왕국에서 가장 위대한 시기 중 한 때로 안내한다.

이야기 살아내기

우상 숭배로 가득한 마음

아하스는 성공에 휘둘렸다. 그는 특히 주변 나라들의 문화와 종교 관행을 받아들인 것으로 유명하고, 심지어 성공을 얻기 위해 기꺼이 주님을 버리기도 했다. 그는 성공을 위해 어떤 희생도 아끼지 않는다. 이 왕은 기꺼이 자식까지 제단에 제물로 바치기 때문이다. 하지만 결국 그의 왕권은 완전히 실패했다. 그는 이스라엘에 영속적인 유산을 남기지 못하고 돌무더기만 남길 것이다. 놀랍게도 그의 모든 업적은 아들 히스기야에 의해 단 며칠 만에 철회될 것이다. 클라인이 지적하듯 "아하스 통치 16년의 '오물'이 16일 안에 제거된다!"[6] 그의 집은 모래 위에 지어졌고 순식간에 무너져 내렸다. 아하스가 유산으로 남긴 것은 성공을 얻기 위해 기꺼이 영혼까지 팔아넘기려 한 절망적인 왕의 이야기뿐이다. 하지만 그는 그토록 간절히 열망했던 바로 그 성공을 달성할 수 없었고, 그의 통치는 완전한 실패로 기억된다.

앞서 살펴본 것처럼 팀 켈러는 『내가 만든 신』이라는 책에서 우상 숭배의 현대적 형태에 대해 썼다.[7] 오늘날 우리가 대개 우상 숭배에 대해 떠올리는 그림은 사람들이 이교 신상 앞에서 절하는 원시적 관점이다. 켈러는 세계적으로 이교 신상에 대한 숭배가 계속되고 있지만, 서구에서 성행하는 다른 형태의 우상 숭배를 탐구하면서 심지어 이교 신상이 없더라도 우상 숭배는 존재한다고 지적한다. 그의 주장에 따르면, 모든 문화에는 "오피스 타워, 스파와 체육관, 스튜디오나 경기장 등 성지가 있어서, 행복한 삶의 복을 받고 재앙을 막기 위해 그곳에서 제사를 드려야 한다."[8] 우리는 신상 앞에서 절하거나 분향하지 않는 사회에서 살지만, "사업에서 더 높은 지위를 차지하고 더 많은 부와 명성을 얻기 위해 가족과 공동체를 경시하면서, 일종의 인신 유아 제사를 드리고 있다"고 그는 주장한다.[9] 부와 안전, 성공에 휘둘리는 가운데 우리는 하나님과의 관계를 훼손하고 약화시키는 현대 문화의 관행을 쉽게, 때로는 무의식중에 받아들일 수 있다. 삶에서 하나님과의 관계를 최우선에 두는 대신, 자신도 모르는 사이에 행복과 안정의 원천이 되는 다른 것들과 하나님을 동시에 섬기는 혼합주의적 '종교 생활'을 할 수 있다. 그래서 켈러는 "모든 인간은 무언가를 위해 살아야 한다. 무언가가 우리의 상상력과 우리 마음의 가장 근원적 충성심과 희망을 사로잡아야 한다.… 만약 우리가 다른 피조물을 바라보며 하나님만이 주실 수 있는 의미와 희망, 행복을 얻으려고 한다면, 그것은 결국 우리를 구원하지 못하고 우리의 마음을 깨뜨릴 것이다."[10] 아하스는 이방 신들과 이방 왕의 도움을 구했지만, 그들은 구원하지 못했다. 그의 '종교 활동'은 하나님을 향한 것이 아니라 자기 문제의 해답이라고 생각한 이른바 '신들'을 향한 것이었다. 하지만 하나님 없이 성공하려는 그의 시도는 실패와 파멸로 이어졌다.

켈러는 우상을 판별하는 방법에 대해 실제적 조언을 준다. 그는 스스로 다음과 같은 질문을 던져 보라고 제안한다. 당신은 무엇을 꿈꿀 때 즐거운가? 무엇이 당신의 마음을 사로잡고 있는가? 그는 "우리 마음속에 있는 진짜 신이란, 다른 누구도 우리에게 주목하라고 요구하지 않는데 우리의 생각이 자연스럽게 그것을 향하는 것"이라고 통찰력 있게 주장한다.[11] 그가 추천하는 두 번째 우상 판별 방법은 다음과 같은 질문을 던지는 것이다. 당신은 어디에 돈을 쓰고 있는가? 그는 "우리의 돈은 우리가 좋아하는 것으로 가장 자연스럽게 흘러간다"고 지적한다.[12] 세 번째 검증은 우리가 무엇을 위해 살고 있는지 질문하도록 요구하고, 이 경우 이루지 못한 목표나 꿈으로 인해 크게 실망하거나 절망했을 때 우리는 자기 신을 찾은 것이라고 주장한다. 따라서 그는 이렇게 결론을 내린다. "우상 숭배는 단순히 하나님께 순종하는 데 실패한 것이 아니라, 하나님 외에 다른 것에 우리 마음을 두는 것이다."[13]

아하스의 이야기에서 하나님 없는 성공과 안정을 추구하는 우상 숭배로 가득한 인간의 마음이 드러난다. 켈러는 우상이란 단순히 부숴 버려야 할 것이 아니라 다른 것으로 대체되어야 한다고 말한다.[14] 아하스의 아들 히스기야는 실제로 아버지가 세운 우상을 부숴 버릴 것이다. 하지만 이어지는 이야기에는 훨씬 많은 것이 있다. 이어지는 이야기는 우상 숭배라는 교활한 문제를 치료하기 위해 취해야 할 조치들을 보여 준다. 그것은 정화와 성별, 회개를 통해 온다. 하지만 궁극적으로 회복이 가능한 이유는 오직 주 하나님께서 은혜로우시기 때문이다. 그분은 기도를 듣고 응답하신다. 또한 용서하고 회복하고 치유하신다.

역대하 29:1-36

— 이야기 경청하기 —

¹히스기야가 왕위에 오를 때에 나이가 이십오 세라 예루살렘에서 이십구 년 동안 다스리니라 그의 어머니의 이름은 아비야요 스가랴의 딸이더라 ²히스기야가 그의 조상 다윗의 모든 행실과 같이 여호와 보시기에 정직하게 행하여 ³첫째 해 첫째 달에 여호와의 전 문들을 열고 수리하고 ⁴제사장들과 레위 사람들을 동쪽 광장에 모으고 ⁵그들에게 이르되 레위 사람들아 내 말을 들으라 이제 너희는 성결하게 하고 또 너희 조상들의 하나님 여호와의 전을 성결하게 하여 그 더러운 것을 성소에서 없애라 ⁶우리 조상들이 범죄하여 우리 하나님 여호와 보시기에 악을 행하여 하나님을 버리고 얼굴을 돌려 여호와의 성소를 등지고 ⁷또 낭실 문을 닫으며 등불을 끄고 성소에서 분향하지 아니하며 이스라엘의 하나님께 번제를 드리지 아니하므로 ⁸여호와께서 유다와 예루살렘에 진노하시고 내버리사 두려움과 놀람과 비웃음거리가 되게 하신 것을 너희가 똑똑히 보는 바라 ⁹이로 말미암아 우리의 조상들이 칼에 엎드러지며 우리의 자녀와 아내들이 사로잡혔느니라 ¹⁰이제 이스라엘의 하나님 여호와와 더불어 언약을 세워 그 맹렬한 노를 우리에게서 떠나게 할 마음이 내게 있노니 ¹¹내 아들들아 이제는 게으르지 말라 여호와께서 이미 너희를 택하사 그 앞에 서서 수종들어 그를 섬기며 분향하게 하셨느니라 ¹²이에 레위 사람들이 일어나니 곧 그핫의 자손 중 아마새의 아들 마핫과 아사랴의 아들 요엘과 므라리의 자손 중 압디의 아들 기스와 여할렐렐의 아들 아사랴와 게르손 사람 중 심마의 아들 요아와 요아의 아들 에덴과 ¹³엘리사반의 자손 중 시므리와 여우엘과 아삽의 자손 중 스가랴와 맛다냐와 ¹⁴헤만의 자손 중 여후엘과 시므이와 여두둔의 자손 중 스마야와 웃시엘이라 ¹⁵그들이 그들의 형제들을 모아 성결하게 하고 들어가서 왕이 여호와의 말씀대로 명령한 것을 따라 여호와의 전을 깨끗하게 할새 ¹⁶제사장들도 여호와의 전 안에 들어가서 깨끗하게 하여 여호

와의 전에 있는 모든 더러운 것을 끌어내어 여호와의 전 뜰에 이르매 레위 사람들이 받아 바깥 기드론 시내로 가져갔더라 ¹⁷첫째 달 초하루에 성결하게 하기를 시작하여 그 달 초팔일에 여호와의 낭실에 이르고 또 팔 일 동안 여호와의 전을 성결하게 하여 첫째 달 십육 일에 이르러 마치고 ¹⁸안으로 들어가서 히스기야 왕을 보고 이르되 우리가 여호와의 온 전과 번제단과 그 모든 그릇들과 떡을 진설하는 상과 그 모든 그릇들을 깨끗하게 하였고 ¹⁹또 아하스 왕이 왕위에 있어 범죄할 때에 버린 모든 그릇들도 우리가 정돈하고 성결하게 하여 여호와의 제단 앞에 두었나이다 하니라 ²⁰히스기야 왕이 일찍이 일어나 성읍의 귀인들을 모아 여호와의 전에 올라가서 ²¹수송아지 일곱 마리와 숫양 일곱 마리와 어린 양 일곱 마리와 숫염소 일곱 마리를 끌어다가 나라와 성소와 유다를 위하여 속죄제물로 삼고 아론의 자손 제사장들을 명령하여 여호와의 제단에 드리게 하니 ²²이에 수소를 잡으매 제사장들이 그 피를 받아 제단에 뿌리고 또 숫양들을 잡으매 그 피를 제단에 뿌리고 또 어린 양들을 잡으매 그 피를 제단에 뿌리고 ²³이에 속죄제물로 드릴 숫염소들을 왕과 회중 앞으로 끌어오매 그들이 그 위에 안수하고 ²⁴제사장들이 잡아 그 피를 속죄제로 삼아 제단에 드려 온 이스라엘을 위하여 속죄하니 이는 왕이 명령하여 온 이스라엘을 위하여 번제와 속죄제를 드리게 하였음이더라 ²⁵왕이 레위 사람들을 여호와의 전에 두어서 다윗과 왕의 선견자 갓과 선지자 나단이 명령한 대로 제금과 비파와 수금을 잡게 하니 이는 여호와께서 그의 선지자들로 이렇게 명령하셨음이라 ²⁶레위 사람은 다윗의 악기를 잡고 제사장은 나팔을 잡고 서매 ²⁷히스기야가 명령하여 번제를 제단에 드릴새 번제 드리기를 시작하는 동시에 여호와의 시로 노래하고 나팔을 불며 이스라엘 왕 다윗의 악기를 울리고 ²⁸온 회중이 경배하며 노래하는 자들은 노래하고 나팔 부는 자들은 나팔을 불어 번제를 마치기까지 이르니라 ²⁹제사 드리기를 마치매 왕과 그와 함께 있는 자들이 다 엎드려 경배하니라 ³⁰히스기야 왕이 귀인들과 더불어 레위 사람을 명령하여 다윗과 선견자 아삽의 시로 여호와를 찬송하게 하매 그들이 즐거움으로 찬송하고 몸을 굽혀 예배하니라 ³¹이에 히스기야가 말하여 이르되 너희가 이제 스스로 몸을 깨끗하게 하여 여호와께 드렸으니 마땅히 나아와 제물과 감사제물을 여호와의 전으로 가져오라 하니 회중이 제물과 감사제물을 가져오되 무릇 마음에 원하는 자는 또한 번제물도 가져오니 ³²회중이 가져온 번제물의 수효는 수소가 칠십 마리요 숫양이 백 마리요 어린 양이 이백 마리이니 이는 다 여호와께 번제물로 드리는 것이며 ³³또 구별하여 드린 소가 육백 마리요 양이 삼천 마리라 ³⁴그런데 제사장이 부족하여 그 모든 번제 짐승들의 가죽을 능히 벗기지 못하는 고로 그의 형제 레위 사람들이 그 일을 마치기까지 돕고 다른 제사장들이 성결하게 하기까지 기다렸으니 이는 레위 사람들의 성결하게 함이 제사장들보다 성심이 있었음이라 ³⁵번제와 화목제의 기름과 각 번제에 속한 전제들이 많더라 이와 같이 여호와의 전에서 섬기는 일이 순서대로 갖추어지니라 ³⁶이 일이 갑자기 되었으나 하나님께서 백성을 위하여 예비하셨으므로 히스기야가 백성과 더불어 기뻐하였더라

이야기 속 다른 본문 경청하기

레위기 11:44-45

왕국은 아하스 치하에서 밑바닥을 찍은 후 그의 아들 히스기야 치하에서 종교 개혁 시기로 이어진다. 처음에 히스기야는 유다의 제사장과 레위인을 소환하여 그들과 하나님의 전을 성별하고 거룩한 곳에서 오물을 제거하라고 명령한다(29:5). 하나님은 모세 시대에 자신이 거룩하므로 자기 백성도 거룩하게 구별되었다고 계시하셨다(레 11:44-45; 19:2; 20:26). 성전은 하나님이 거하시는 장소였기 때문에, 이스라엘의 제사장과 레위인은 거룩한 하나님 앞에서 섬길 수 있도록 성별되어야 했다(참조.

출 29:1-30; 레 8:1-10:20). 이 장들에서 아주 빈번하게 나오는 동사 '거룩하다, 성별하다'(히. q-d-sh)는 성전 예배를 다시 확립하기 위해 애쓰는 히스기야의 중심 관심사를 강조한다(대하 29:5, 15, 17, 19, 33, 34; 30:3, 8, 15, 17, 24 등). 게다가 아하스의 가증한 행동은 긴급한 주의를 요하는 치명적인 전염병처럼 성소를 오염시켜 공동체 전체를 위험에 빠뜨렸다.[1] 유다 역사에서 이 결정적 순간에 일어난 히스기야의 개혁의 의의는 과소평가될 수 없고, 역대기 저자도 분명 이 점을 충분히 이해했다. 그는 히스기야가 다윗이나 솔로몬과만 견줄 수 있는 이스라엘의 위대한 왕이라고 여겼기 때문이다.

히스기야의 개혁에 한 절만 할애한 열왕기와 대조적으로(왕하 18:4), 역대기 저자는 이 시기에 이루어진 광범위한 종교 개혁을 서술하는 데 **세 장**을 할애한다(대하 29-31장). 히스기야의 통치는 솔로몬과 다윗 치하의 통일 왕국을 연상시키는 언어로 묘사된다.[2] 곧이어 보게 되듯이, 유월절 축제에 합류하라는 북쪽 지파들을 향한 히스기야의 초청은 르호보암 치하에서 시작된 분열의 역전을 상징한다. 북쪽 백성들은 스스로 겸비하여 주님께 돌아오고 형제들과 함께 기쁨으로 경축한다.

이야기 설명하기

히스기야가 유다를 정화하고 성전을 청소하다 (29:1-19)

공동 통치 기간이 끝난 후 아버지 아하스가 죽자, 히스기야는 이제 심각한 영적 쇠퇴 상태에 있던 왕국을 다스리는 단독 통치자가 된다.[3] 이어지는 사건들은 아마 단독 군주로서 다스리던 원년에 일어났을 테지만, 히스기야의 통치 연대는 쉽게 추정할 수 없다는 점을 염두에 두어야 한다.[4] 자펫은 히스기야의 통치 연대가 "성경 연대 재구성에 있어서 가장 논란이 큰 쟁점 중 하나"라고 지적한다.[5] 히스기야는 처음부터 "그의 조상 다윗의 모든 행실과 같이 여호와 보시기에 정직하게 행[한]" 왕으로 호의적으로 묘사된다(대하 29:2). 히스기야의 최우선 사안은 성전 문을 열고 수리하는 것이었다. 아버지 아하스가 성전 문을 닫았던 것을 고려할 때(3, 7절; 참조. 28:24), 이 젊은 왕의 첫 행동은 자기 아버지의 불경건한 유산을 과감하고 용기 있게 거부한 것이었다. 다음으로 그는 제사장과 레위인을 모아 스스로 성별하고 거룩한 성소에서 부정한 것을 제거하라고 지시한다(29:5). 동사 '거룩하게 하다, 성별하다'(히. *q-d-sh*)는 **성소**(5, 7절; 30:19), **성별된** 동물(29:33), **거룩한** 처소(30:27)를 묘사하는 데 사용된 히브리어 명사 '코데쉬'(*qodesh*, '신성한 것, 거룩한 것')와 함께 이 장들 전반에서 사용된다.[6] 따라서 히스기야의 리더십 아래 대대적인 청소가 이루어진다. 그는 자신의 핵심 임무가 수년간 방치된 왕국을 바로 세우는 것이라고 생각한다. 거룩함의 언어가 이 내러티브에 스며들어 있는 것은, 거룩하신 하나님 앞에서 예배가 회복되기 위해서는 유다의 제사장 및 레위인과 더불어 성전이 성별되어야 함을 강조한다.

아하스 치하에서 자행된 광범위한 우상 숭배를 감안하여, 모든 "더러운 것을 성소에서 없애"는 신성한 임무가 레위인에게 부여된다(29:5). '오물, 오염'(히. *nidda*)이라는 용어는 구약성경에 서른 번 이상 나온다. 이 단어는 레위기에서 의례적 부정을 가리킬 때 사용되지만(레 5:3; 7:20-21; 14:19; 15:3; 16:16-19; 18:19; 22:3 등), 또한 왕국 말기에 열방의 부정함에 비견되는(스 9:11) 유다의 불경건한 상태를 묘사할 때도 사용된다(겔 36:18). 역대기에서 이 용어는 이 절에만 나오기 때문에 아하스의 가증한 행위로 발생한 유다의 죄의 심각성을 강조하고, 따라서 이 오염을 빨리 제거하지 않을 경우 유다가 멸망 직전에 있음을 암시한다.

히스기야는 조상의 죄를 고백하면서 그들이 "범죄하여 우리 하나님 여호와 보시기에 악을 행하여 하나님을 버리고 얼굴을 돌려 여호와의 성소를 등[졌다]"고 인정한다(대하 29:6). 역대기의 핵심 용어 "범죄"(히. ma'al)[7]는 주님께 크게 범죄한 아하스왕을 묘사할 때 사용되었다 (28:19, 22). 그런데 히스기야는 이제 그들의 범죄(참조. 레 26:40)와 하나님과 성전에 대한 노골적 반역을 고백한다. 더 이상 사용하지 않는 텅 빈 황폐한 건물처럼 문이 닫히고 불이 꺼져 있는 데서 성전의 비참한 상태를 볼 수 있다. 유다는 주 하나님께 드리는 예배가 자신들의 삶의 중심에 있다는 사실을 잊어버렸다. 그들은 예배하고 증거하는 공동체로 구별되었지만, 열방 가운데서 하나님께 영광을 돌리는 대신 하나님의 진노로 인해 "두려움과 놀람과 비웃음거리"가 되었다(대하 29:8; 참조. 렘 29:18). 아하스 통치 기간에 일어난 재난과 혼란스러운 사건들이 증언하듯이(대하 28:5-8, 17-18, 20-21), 그들의 범죄로 인해 죽음과 유배가 발생했다(29:9). 왕국의 이 결정적인 시점에 많은 것이 위태로웠고, 젊은 히스기야왕도 분명 이 점을 이해했을 것이다.

앞서 경건한 왕들이 그랬듯(15:12; 23:16) 히스기야는 주님과 언약을 맺으면서 변함없는 충성을 맹세한다(29:10). 그는 레위인에게 이와 같은 심각한 상황에서 안주하지 말라고 권면하고, 오히려 아버지처럼 온유하게 그들의 거룩한 소명을 상기시킨다. 즉 그들은 주님 앞에서 섬기고 봉사하기 위해 선택되었다(11절). 왕은 이 위급한 시기에 그들을 소환해 하나님이 정하신 임무를 수행하게 한다. 각 가문을 대표하는 두 명의 이름과 함께 일곱 레위인 가문의 이름이 나열되는데(12-14절), 그핫과 므라리와 게르손의 세 핵심 가문으로 시작하여(12절; 참조. 대상 6:16-48), 엘리사반 가문이 뒤따르고(대하 29:13; 참조. 대상 15:8), 아삽과 헤만, 여두둔의 세 음악가 가문으로 마무리된다(대하 29:13-14; 참조. 대상 25:1-7). 그들은 성별된 후 계속해서 왕의 명령에 따라 주님의 전을 정화한다(대하 29:15). 동사 '깨끗하게 하다, 정화하다'(히. t-h-r)는 레위기에 나오지만, 역대기에서는 두 명의 위대한 개혁자 히스기야(15, 16, 18절; 30:18) 및 요시야(34:3, 5, 8)와 관련해 등장하여, 유다에서 그들의 중요한 임무를 상징한다. 제사장은 성전에 들어가 성전을 정화하고 무엇이든 부정한 것을 제거한다(29:16). 레위인은 부정한 물건을 기드론 시내, 즉 이방 제의 물건을 처리하는 데 사용하던 매장지로 가져간다(16절; 또한 15:16; 30:14; 렘 31:40을 보라). 성전의 성별은 히스기야가 성전을 개관한 날인 첫째 달 초하루에 시작되어(대하 29:3) 16일 동안 계속된다. 앞서 언급했듯이 클라인은 "아하스 통치 16년의 '오물'이 16일 안에 제거된다!"라고 논평한다.[8] 제사장은 성전과 신성한 기물이 완전히 깨끗하게 되었고, 아하스가 버린 기구들을 회수해 성별하고 성전으로 돌려보냈다고 왕에게 보고한다. 이제 '깨끗하다'는 공식 판정이 히스기야에게 전달되었고, 성전에서 제사를 드리고 속죄할 준비를 끝마쳤다.

히스기야가 성전 예배를 회복하다(29:20-36)

히스기야는 다음 날 아침 일찍 일어나는데, 이는 단순히 그가 일찍 일어나는 사람이었음을 가리키는 묘사가 아니라 하나님의 지시를 따르기를 열망하는 사람임을 암시한다(창 20:8; 21:14; 22:3 등). 왕은 성읍의 귀인들(officials)을 성전에 모으고, 그들은 "나라와 성소와 유다를 위하여 속죄제물로" 수송아지와 숫양, 어린 양, 숫염소를 각각 일곱 마리씩 데리고 온다(대하 29:21). 숫자 7은 제사장 의식에 자주 등장하는데, 여기서는 유다의 죄의 심각성과 왕국을 위한 완전한 속죄의 필요성을 강조한다. 제사장은 수송아지와 숫양, 어린 양을 제물로 바친 후, 이전 시대의 제사장이 그랬듯이(레 1:5, 11; 3:2, 8 등) 그 피를 취하여 제단에 뿌린다(대하 29:22; 참조. 35:11). 속죄제물인 숫염소(참조. 레 4:23-24)를 왕과 회중 앞에 가져오고, 고대의 관행대로 숫염소에게 안수한다(대하 29:23-24; 참조. 레 4:4, 15, 16:21 등). 이어 염소를 잡고, 왕의 명령에 따라 그 피는 제단을 정화하고 온 이스라엘을 속죄하는 데 사용된다(대하 29:24).

하나님의 백성이 모여 주님을 찬양했던 때를 연상시키며, 히스기야는 악기를 가진 레위인 성가대를 모은다(25절; 참조. 대상 13:8; 15:16-28; 16:4-43; 대하 5:11-14; 7:6). 다윗왕은 모인 회중을 예배로 인도하기 위해 레위인을 임명했다(29:25-26).[9] 이제 모든 것이 준비되어 제단에서 번제를 드릴 때, 거룩한 회중은 제금과 비파, 수금, 나팔의 반주에 맞추어 하나님을 예배하고 찬양을 드린다.

장면이 바뀌면서 "왕과 그와 함께 있는 자들이 다 엎드려 경배"했다(29절). 솔로몬은 성전 봉헌식에서 기도할 때 하나님 앞에 무릎을 꿇었고, 하나님의 영광이 성전에 충만하자 온 이스라엘은 하나님 앞에 무릎 꿇고 "돌을 깐 땅에 엎드렸다"(7:3). 이제 우리는 주님 앞에 무릎을 꿇고 예배하는 하나님의 백성을 다시 만난다. 왕은 이스라엘의 유명하고 사랑받는 두 음악가 다윗과 아삽이 작곡한 노래로 주님께 찬양을 드리라고 레위인에게 지시한다. 이 예배 장면과 하나님의 백성이 주님께 등을 돌렸던 아하스 치하의 목이 곧은 유다의 자세를 비교해 보자(29:6). 히스기야의 경건한 리더십 아래서 상황은 얼마나 달라졌는가! 백성들은 이제 주 하나님 앞에 무릎을 꿇고 있으니 말이다. 역대기 저자는 이 기쁜 순간에 "그들이 즐거움으로 찬송하고 몸을 굽혀 예배"했다고 요약하면서(30절), 기쁨의 예배의 중요성을 다시 강조한다. 이 주제는 하나님께 올라가는 즐거운 선율처럼 역대기 전반에 울려 퍼진다.[10]

이제 백성들이 주님께 스스로를 바쳤기 때문에, 히스기야는 회중에게 가까이 "나아와"(히. n-g-sh) 주님께 제물과 감사 예물을 바치라고 지시한다(31절). 하나님을 향한 헌신을 묘사하는 히브리어 관용구(히. m-l-' hayyad, 문자적으로 '손을 채우다')는 보통 제사장 문맥에서 '안수하다'로 번역되지만(출 28:41; 29:9, 29, 33 등), 이제는 전체 회중에게 적용된다. 마찬가지로 '나아가다'(히. n-g-sh)라는 단어는 모세가 주님께 '나아갔던' 때를 상기시킨다(출 20:21; 24:2). 이 동사는 시내산에서(19:22) 또한 성막에서 성별된 후(28:43; 30:20; 레 21:21, 23 등) 하나님께 나아간 이스라엘 제사장을 묘사할 때도 사용되었다. 따라서 한(Hahn)의 주장에 따르면, 역대기 저자는 모인 회중(히. *qahal*)을 "'제사장 나라와 거룩한 백성'(출 19:6)이 되라는 시내산의 본래 소명을 회복한 이스라엘 자손"으로 묘사하고 있다.[11] 이것은 모든 하나님의 백성이 그분의 제사장이라고 불릴 때를 예고한다(참조. 사 61:6). 백성들은 주님께 자신을 헌신한 후 제물과 감사 예물을 가져오고, 자원하는 자들은 강압에 의해서가 아니라 자유롭게 주님께 번제를 드린다(대하 29:31; 참조. 출 35:22; 대상 28:21). 백성들은 수소와 숫양, 어린 양을 가져와 주님께 번제로 드리고(대하 29:32), 소 육백 마리와 양 삼천 마리를 제물로 바친다(33절). 모든 지파가 참석한 성전 봉헌식에서 솔로몬이 바친 제물에 비하면 이 숫자는 무색하지만(참조. 7:5), 훨씬 작아진 남왕국에서 가져온 제물이라는 점을 감안할 때 이는 미미한 양이 아니다. 동물, 특히 제단에서 완전히 불태워지는 동물은 값비싼 것이었지만, 이때 많은 제물을 아낌없이 바친다. 모든 동물의 가죽을 벗길 제사장이 부족했기 때문에, 다른 제사장을 성별할 때까지 레위인이 그 일을 도와야 했다. 마지막으로 "이 일이 갑자기 되었으나 하나님께서 백성을 위하여 예비하셨으므로 히스기야가 백성과 더불어 기뻐하였더라"는 기록이 나온다(29:36). "갑자기" 이루어졌다는 것은 하나님의 주권적 손길이 역사했음을 암시한다(참조. 사 29:5-6; 48:3; 렘 6:26; 15:8; 51:8; 말 3:1).

— 이야기 살아내기 —

하나님을 첫자리에 모시다

히스기야의 개혁은 아버지 아하스가 행한 모든 것의 거부를 의미한다. 그의 아버지는 성전 문을 닫았지만, 이제 히스기야는 성전 문을 열고 아버지의 가증한 물건들을 제거한다. 아하스는 성전 그릇을 버렸지만 히스기야는 이제 성전 그릇을 복원한다. 히스기야가 아버지의 유산을 거부할 때 그에게 무엇이 요구되었는지 깨닫지 못한 채 우리가 냉담한 방관자가 되어 그를 지켜본다면, 히스기야의 행동에서 개인적 요소를 놓치기 쉽다. 우리는 아사가 왕이 되었을 때 할머니를 태후 자리에서 끌어내리는 대담한 결정을 내리고 할머니가 세운 아세라상을 파괴한 일을 떠올릴 수도 있다(대하 15:16). 히스기야와 마찬가지로 이로 인해 가족 안에 균열이 생길 것이라 예상할 수 있지만, 자신의 삶에서 하나님을 첫자리에 모시고 우상 숭배가 왕국에 뿌리 내리지 못하도록 하기 위해 왕이 해야 할 일이었다. 십계명은 이스라엘 백성에게 부모를 공경하라고 가르쳤지만(출 20:12), 동일한 율법 아래서 만일 가족 중 누군가가 다른 신을 따르도록 유혹할 경우 가족들은 굽히지 않아야 하고, 대신 가장 가혹한 처벌을 가해야 한다고 가르쳤다(신 13:6-10). 하나님은 심지어 가족까지 넘어서는 절대적 충성을 요구하신다.

　기드온을 부르셨을 때 하나님은 그의 아버지가 세운 바알 제단을 허물라고 말씀하셨다. 히스기야와 마찬가지로, 기드온도 아버지를 거역하는 행동을 함으로써 자기 집안과 성읍 주민들의 분노에 직면해야 했다(삿 6:25-27). 하지만 히스기야와 달리, 하나님은 기드온에게 아버지가 아직 살아 있을 때 이런 행동을 하라고 요구하셨다. 심지어 친부모보다 하나님께 우선순위를 두는 것은, 가족보다 하나님의 거룩하심에 더 큰 관심을 두고 헌신한 레위인들의 사례에서 이미 예고되었다(신 33:8-9; 참조. 출 32:25-29). 레위인은 하나님을 첫자리에 모셨고 하나님을 섬기기 위해 따로 구별되었다. 오늘날 예수님의 제자인 우리에게도 바로 이런 일이 요구되고, 때로는 부모를 거역해야 할 수도 있다.

　예수님은 제자들에게 아들이 아버지에게 등을 돌리고 딸이 어머니에게 등을 돌리게 하려고 자신이 왔고, "아버지나 어머니를 나보다 더 사랑하는 자는 내게 합당하지 아니하[다]"고 가르치셨다(마 10:37; 또한 눅 14:26을 보라). 맥콘빌의 주장에 따르면, 제자도에 대한 예수님의 가르침은 레위기의 원리가 "제자가 되고자 하는 모든 사람에게 확대된다"는 의미다.[12] 따라서 예수님은 절대적 충성을 요구하시고, (오늘날과 마찬가지로) 고대 세계에서는 가족 관계를 매우 중요하게 여겼지만 가족이라도 예수님보다 앞에 오지 않아야 한다. 오늘 우리도 똑같이 행동해야 한다. 히스기야는 하나님에 대한 충성이 아버지에 대한 충성보다 훨씬 컸던 왕의 본보기다. 주님 앞에서 선하고 옳은 일을 하려는 그의 의지 덕분에 유다는 주님께 돌아온다. 이 이야기를 묵상할 때, 그 안에 담긴 인간적 요소와 히스기야가 하나님께 어떤 헌신을 실천했는지를 기억해야 한다. 예수님은 우리 삶에서 주님을 **첫자리**에 두라고 요청하시고, 어떤 이들에게 이 요청은 가족의 경멸이나 조롱을 안고 살아가는 것을 의미한다. 무슬림 세계의 사람들에게 그 위험은 훨씬 크지만, 예수님은 전폭적인 충성을 요구하신다.

나빌 쿠레시(Nabeel Qureshi)의 책 『알라를 찾다가 예수를 만나다』(*Seeking Allah, Finding Jesus*)는 기독교로 개종한 무슬림에게 뒤따르는 대가를 일깨워 준다. 나빌의 가족은 파키스탄에서 미국으로 이주한 후 캘리포니아로 이사했다. 대학교에 다니는 동안, 그는 동료 학생이요 그리스도인인 데이비드 우드(David Wood)와 기독교 신앙의 교리에 대해 논쟁을 벌였다. 나빌은 많은 대화를 나누고 일련의 꿈을 꾼 뒤 어떻게 회심했는지 「크리스채너티 투데이」(Christianity Today)와의 인터뷰에서 회고한다. 신약성경을 열심히 읽던 그는 어머니와 아버지보다 하나님을 더 사랑해야 한다고 가르치는 마태복음 10:37을 접했을 때 성경을 내려놓을 수 없었다. 그의 첫 반응은 이랬다. "저는 '하지만 예수님, 예수님을 받아들이는 것은 죽는 것이나 다름없습니다. 모든 것을 포기해야만 하거든요'라고 말했습니다." 자기 십자가를 지고 예수님을 따라오라는 다음 절을 읽은 후, 그는 이 구절이 자신의 삶에서 갖는 의미를 떠올린다. "예수님은 매우 직설적이셨습니다. 무슬림에게 복음을 따르는 것은 기도하라는 요청 그 이상입니다. 죽으라는 요청이지요." 바로 이때 나빌은 침대 발치에 무릎을 꿇고 자기 삶을 그리스도께 바쳤다. 며칠 후 "이 세상에서 가장 사랑했던 두 사람이 저의 배신으로 인해 무너졌습니다. 지금까지도 우리 가족은 제가 내린 결정으로 인해 상처를 입었고, 제가 치러야 했던 대가를 볼 때마다 매번 몹시 고통스럽습니다."[13] 나빌은 예수님을 따르는 대가를 가늠해 보았고, 그에게 가장 큰 대가는 부모님과의 관계가 깨진 것이었다. 하지만 자기가 사랑하고 아끼는 부모님보다 예수님을 중요하게 여겨야 함을 깨달았다. 그의 믿음의 여정은 전임 사역을 시작하기 위해 의대를 그만두는 등 부모님과 더 멀어지는 결정을 내린다는 의미였다.[14] 나빌은 결국 1년간 암 투병을 했고, 2017년 주님 곁으로 갔다. 그는 예수님을 따르라는 부르심을 진지하게 받아들이고 가족과 친구보다 예수님을 더 중요하게 여기는 전 세계의 많은 형제자매 중 한 명일 뿐이다. 예수님을 첫자리에 모시고 그분을 기쁘시게 하는 삶을 산다고 해서 반드시 가족에게서 멀어진다는 의미는 아니지만, 부모나 형제자매의 훨씬 미묘한 반감에 맞닥뜨릴 수 있다. 어떤 상황이든, 사실 예수님을 따르려면 날마다 자기 십자가를 지고 그분을 따르면서 우리 삶에서 그분을 첫자리에 모셔야 한다. 하나님 나라의 윤리를 따라 살다 보면 우리는 세상 가치와 갈등을 겪고, 때로 이런 갈등은 가족 안에서 일어날 수도 있다. 아버지가 세운 제단을 부수고 우상 숭배적인 통치와 관련된 모든 것을 없애기 위해 히스기야가 취한 행동은 주님을 예배하고 신실하게 섬기기 위해 반드시 필요한 것이었다. 우리는 그리스도인으로서 어떤 대가를 치르더라도 예수님을 첫자리에 모시고 **그분의 나라**를 먼저 구해야 한다.

59 역대하 30:1-27

— 이야기 경청하기 —

¹히스기야가 온 이스라엘과 유다에 사람을 보내고 또 에브라임과 므낫세에 편지를 보내어 예루살렘 여호와의 전에 와서 이스라엘 하나님 여호와를 위하여 유월절을 지키라 하니라 ²왕이 방백들과 예루살렘 온 회중과 더불어 의논하고 둘째 달에 유월절을 지키려 하였으니 ³이는 성결하게 한 제사장들이 부족하고 백성도 예루살렘에 모이지 못하였으므로 그 정한 때에 지킬수 없었음이라 ⁴왕과 온 회중이 이 일을 좋게 여기고 ⁵드디어 왕이 명령을 내려 브엘세바에서부터 단까지 온 이스라엘에 공포하여 일제히 예루살렘으로 와서 이스라엘 하나님 여호와의 유월절을 지키라 하니 이는 기록한 규례대로 오랫동안 지키지 못하였음이더라 ⁶보발꾼들이 왕과 방백들의 편지를 받아 가지고 왕의 명령을 따라 온 이스라엘과 유다에 두루 다니며 전하니 일렀으되 이스라엘 자손들아 너희는 아브라함과 이삭과 이스라엘의 하나님 여호와께로 돌아오라 그리하면 그가 너희 남은 자 곧 앗수르 왕의 손에서 벗어난 자에게로 돌아오시리라 ⁷너희 조상들과 너희 형제 같이하지 말라 그들은 그의 조상들의 하나님 여호와께 범죄하였으므로 여호와께서 멸망하도록 버려 두신 것을 너희가 똑똑히 보는 바니라 ⁸그런즉 너희 조상들같이 목을 곧게 하지 말고 여호와께 돌아와 영원히 거룩하게 하신 전에 들어가서 너희 하나님 여호와를 섬겨 그의 진노가 너희에게서 떠나게 하라 ⁹너희가 만일 여호와께 돌아오면 너희 형제들과 너희 자녀가 사로잡은 자들에게서 자비를 입어 다시 이 땅으로 돌아오리라 너희 하나님 여호와는 은혜로우시고 자비하신지라 너희가 그에게로 돌아오면 그의 얼굴을 너희에게서 돌이키지 아니하시리라 하였더라 ¹⁰보발꾼이 에브라임과 므낫세 지방 각 성읍으로 두루 다녀서 스불론까지 이르렀으나 사람들이 그들을 조롱하며 비웃었더라 ¹¹그러나 아셀과 므낫세와 스불론 중에서 몇 사람이 스스로 겸손한 마음으로 예루살렘에 이르렀고 ¹²하나님의 손

이 또한 유다 사람들을 감동시키사 그들에게 왕과 방백들이 여호와의 말씀대로 전한 명령을 한마음으로 준행하게 하셨더라 [13]둘째 달에 백성이 무교절을 지키려 하여 예루살렘에 많이 모이니 매우 큰 모임이라 [14]무리가 일어나 예루살렘에 있는 제단과 향단들을 모두 제거하여 기드론 시내에 던지고 [15]둘째 달 열넷째 날에 유월절 양을 잡으니 제사장과 레위 사람이 부끄러워하여 성결하게 하고 번제물을 가지고 여호와의 전에 이르러 [16]규례대로 각각 자기들의 처소에 서고 하나님의 사람 모세의 율법을 따라 제사장들이 레위 사람의 손에서 피를 받아 뿌리니라 [17]회중 가운데 많은 사람이 자신들을 성결하게 하지 못하였으므로 레위 사람들이 모든 부정한 사람을 위하여 유월절 양을 잡아 그들로 여호와 앞에서 성결하게 하였으나 [18]에브라임과 므낫세와 잇사갈과 스불론의 많은 무리는 자기들을 깨끗하게 하지 아니하고 유월절 양을 먹어 기록한 규례를 어긴지라 히스기야가 그들을 위하여 기도하여 이르되 선하신 여호와여 사하옵소서 [19]결심하고 하나님 곧 그의 조상들의 하나님 여호와를 구하는 사람은 누구든지 비록 성소의 결례대로 스스로 깨끗하게 못하였을지라도 사하옵소서 하였더니 [20]여호와께서 히스기야의 기도를 들으시고 백성을 고치셨더라 [21]예루살렘에 모인 이스라엘 자손이 크게 즐거워하며 칠 일 동안 무교절을 지켰고 레위 사람들과 제사장들은 날마다 여호와를 칭송하며 큰 소리 나는 악기를 울려 여호와를 찬양하였으며 [22]히스기야는 여호와를 섬기는 일에 능숙한 모든 레위 사람들을 위로하였더라 이와 같이 절기 칠 일 동안에 무리가 먹으며 화목제를 드리고 그의 조상들의 하나님 여호와께 감사하였더라 [23]온 회중이 다시 칠 일을 지키기로 결의하고 이에 또 칠 일을 즐겁게 지켰더라 [24]유다 왕 히스기야가 수송아지 천 마리와 양 칠천 마리를 회중에게 주었고 방백들은 수송아지 천 마리와 양 만 마리를 회중에게 주었으며 자신들을 성결하게 한 제사장들도 많았더라 [25]유다 온 회중과 제사장들과 레위 사람들과 이스라엘에서 온 모든 회중과 이스라엘 땅에서 나온 나그네들과 유다에 사는 나그네들이 다 즐거워하였으므로 ²⁶예루살렘에 큰 기쁨이 있었으니 이스라엘 왕 다윗의 아들 솔로몬 때로부터 이러한 기쁨이 예루살렘에 없었더라 ²⁷그때에 제사장들과 레위 사람들이 일어나서 백성을 위하여 축복하였으니 그 소리가 하늘에 들리고 그 기도가 여호와의 거룩한 처소 하늘에 이르렀더라

이야기 속 다른 본문 경청하기

출애굽기 12:1-28; 신명기 16:1-8; 역대상 13:1-14; 역대하 7:14

히스기야가 유월절을 경축하기 위해 준비하는 동안 흥겨운 예배 분위기는 계속된다. 이스라엘은 매년 첫째 달에 유월절 식사를 하면서 이집트 종살이에서 벗어난 구원을 기념했다(출 12:2). 첫째 달 열나흗날 해질 무렵, 각 가정에서는 흠 없는 어린 양을 잡아 굽고, 무교병과 쓴 나물을 가족 식사로 함께 먹어야 했다(3-6절). 이스라엘 백성 가운데 사는 이방인은 할례를 받은 후에만 참여할 수 있었다(43-49절). 히스기야 통치 기간에 지킨 유월절의 의의는 예루살렘에서 유월절을 기념했고, 북쪽 지파 에브라임과 므낫세, 잇사갈, 스불론을 포함했다는 점이다. 이 기쁨의 축제는 다윗과 솔로몬 치하에서 번영하던 통일 왕국을 연상시키고 지파들의 재통합을 상징한다.

르호보암 시대 이후 지파들이 분열되어 있었다는 점을 고려할 때, 히스기야의 계획은 지파 해체의 역전을 의미하고 하나 된 하나님의 백성에 대한 강력한 비전을 제시한다.[1] 르호보암은 군사적 개입을 통해 왕국을 회복하려고 했지만(대하 11:1), 소원해진 지파들의 연합은 스스로 겸비하여 기도하고 하나님의 얼굴을 찾을 때 성취될 것이다(7:14). 회복과정 배후에는 용서하시고 들으시며 치유하시는 은혜로운 하나님이 계신다. 이런 화해가 유월절에, 이스라엘의 능력의 구원을 기념하는 절기

에 이루어지는 것은 적절하다. 펴신 팔로 이스라엘을 구속하신 동일한 능력의 하나님께서 이제 자기 백성을 회복하기 위해 역사하고 계신다. 이는 실로 큰 기쁨의 때다.

이야기 설명하기

히스기야가 유월절을 경축하고자 온 이스라엘을 초청하다(30:1-9)

하나로 회복 된 하나님의 백성에 대한 비전은 "온 이스라엘과 유다"를 향한 히스기야의 초청으로 시작해(30:1) 이 장 전체에서 울려 퍼진다. "온 이스라엘"이라는 용어는 역대기 전반에서 솔로몬과 다윗 시대처럼 하나 된 하나님의 백성에 대한 비전을 강조하기 위해 사용된다.[2] 이어지는 이야기의 경축 행사는 예루살렘에 살고 있던 북쪽과 남쪽 지파로 구성된 귀환자들에게 동일한 비전을 제시한다(참조. 대상 9:1).

모세는 언젠가 하나님이 택하신 중앙 장소("그곳", 새번역)에서 유월절 식사를 기념할 것이라고 가르쳤다(신 16:1-8). 유월절은 이스라엘 역사에서 이전 사사 시대에도 기념되었지만(왕하 23:22; 대하 35:18), 이제 예루살렘이 모세가 예고한 "그곳"으로 확인되었기 때문에(대상 22:1-2; 대하 3:1) 예루살렘에서 행해진 지파들의 모임은 하나님의 백성 이야기에서 역사적 순간을 나타낸다. 그래서 히스기야는 유월절을 기념하기 위해 "예루살렘 여호와의 전에" 오라고 이스라엘을 소환한다(30:1).

유월절은 첫째 달에 지켜야 했다. 그러나 성별된 제사장이 부족하고 백성들은 아직 예루살렘에 모이지 않은 가운데 벌써 둘째 달이 되었다(30:2-3). 왕과 백성들은 둘째 달에 절기를 지키기로 결정했다. "왕과 온 회중이 이 일을 좋게" 여겼기 때문이다(4절). 히스기야는 이 축제에 유다를 초청할 뿐만 아니라 북쪽 지파 에브라임과 므낫세에게도 초청장을 보내 "브엘세바에서부터 단까지 온 이스라엘에 공포"한다(5절). 대개 역순으로 나오는 '단에서 브엘세바까지'라는 표현은 그 땅의 북쪽과 남쪽 경계를 나타내는데, 히스기야의 광범위한 초청 범위를 강조한다.

히스기야는 이스라엘과 유다 전역을 돌아다닐 보발꾼을 임명한다. 그들은 왕의 편지를 가지고 다니면서 동료 이스라엘 백성에게 주님께, 곧 조상들의 하나님께 돌아오라고 호소한다(6절). 주님께 '돌아오라'(히. sh-w-b)는 요청은 이스라엘 전승에 깊이 내재해 있고(신 30:1-10; 참조. 느 1:8-9; 9:29; 슥 1:4, 6; 말 3:7), 솔로몬의 기도의 핵심이었다(대하 6:24-31). 이 편지는 앗수르 왕의 추방을 피해 도피한 사람들에게 전달되어(30:6; 참조. 왕하 17장; 대상 5:26), 주님께 범죄했던 조상들과 동료 이스라엘 백성처럼 되지 말라고 경고한다(대하 30:7; 28:19, 22을 보라). 그들은 조상들처럼 "목을 곧게" 하지 말고(30:8) 대신 주님께 "돌아와야" 한다. 여기서 "목이 곧다"는 기꺼이 회개하지 않는 사람을 묘사하는 관용구며(신 10:16; 느 9:16, 17, 29), "돌아오다"는 "손을 주다"라는 관용구로 표현된다(히. n-t-n yad, 30:8; 참조. 스 10:19; 애 5:6).[3]

히스기야는 그들에게 주님께 돌아와 성전에 들어가 주님을 섬기라고 권면한다(대하 30:8). 하지만 그들은 먼저 회개해야 하고, 그럴 때에만 억압자들의 자비를 얻은 친족들이 자유롭게 그 땅으로 돌아올 것이라는 희망이 있다. 그가 내놓은 회복 제안의 밑바탕에는 편지에 분명히 명시된 것처럼 변하지 않는 하나님의 성품이 있다. "너희 하나님 여호와는 은혜로우시고 자비하신지라. 너희가 그에게로 돌아오면 그의 얼굴을 너희에게서 돌이키지 아니하시리라"(9절). 이것은 구약성경 전반에서 호소하는 하나님 성품의 특징이다(출 34:6; 느 9:17, 31). 이스라엘을 위해 기도할 때 모세는 이 점을 분명히 이해했고, 히스기야는 이제 주님의 성품을 회고하면서 하나님의 자비는 회개로 이어진다는 점을 강조한다. 하나님께 등을 돌렸던 조상들과 달리(대하 29:6), 하나님은 그들에게서 얼굴을 돌리지 않으실 것이다.

북쪽 지파 일부가 초청에 긍정적으로 응하다(30:10-12)

보발꾼은 에브라임과 므낫세 지역을 지나 스불론 지역까지 갔지만, 그들의 초청은 조롱과 비웃음으로 돌아온다(30:10). 그럼에도 아셀, 므낫세, 스불론의 일부가 스스로 겸비하여 예루살렘으로 오기 때문에 전부를 잃은 것은 아니다(11절). 따라서 예루살렘으로 오는 그들의 물리적 여정은 주님께 영적으로 돌아오는 것을 상징한다.[4] 스스로 겸비하는 것은 회개에서 가장 중요한 필수 단계고(7:14), 역대기 다른 곳에도 그 예가 나온다(12:6-7, 12; 32:26; 33:12; 34:27). 북쪽 지파들의 겸비함은 동료 이스라엘 백성에게 조롱받을 위험이 있는데도 초청에 응하겠다는 결정에서 볼 수 있다. 북쪽 지파는 배교한 왕국에 속해 있었고, 유다 백성을 학대했기 때문에 그들의 최근 역사는 적대감의 강화로 이어졌을 것이다(28장을 보라). 이런 점에 비추어 볼 때, 사랑하는 이들에 대한 학살과 억류가 여전히 민족의식 속에 생생하게 남아 있는 상태에서, 남왕국 백성들이 어떻게 이 귀환자들을 받아들일 수 있었는지 궁금하다. 아마 유다 백성은 앗수르 치하에서 큰 상실과 굴욕을 겪은 동료 이스라엘 백성에게 어느 정도 연민을 느꼈을 것이다.

그들이 어떤 의혹을 갖고 있었든, 역대기 저자는 주권자이신 하나님께서 인간의 마음에 역사하실 때 어떻게 이런 진심 어린 감동적인 화해가 가능한지 볼 수 있는 창을 준다. 따라서 이 결정적 순간에, 하나님의 손이 유다에 임하여 "왕과 방백들이 여호와의 말씀대로 전한 명령을 한마음으로 준행하게" 하셨다(30:12). 이런 종류의 "한마음"은 하나님의 개입을 통해서만 실현될 수 있었다(렘 32:39; 겔 11:19). 이전의 적대감은 한쪽으로 치워져야 하겠지만, 궁극적으로 하나님의 손 덕분에 유다는 소원해진 형제를 받아들일 수 있었다. 오래전 형이 자신을 받아들일 때 야곱이 보았던 것처럼(창 33:10), 아마도 탕자 북이스라엘 백성은 유다의 환영에서 하나님의 얼굴을 보았을 것이다.

온 이스라엘이 모여 유월절을 경축하다(30:13-20)

많은 사람들이 유월절과 무교절을 경축하기 위해 예루살렘에 모이는데, 이 일은 두 절기가 모두 출애굽을 기념한다는 것을 상기시킨다(출 12:8, 39; 신 16:1-4).[5] 이스라엘 백성은 7일 동안 무교병을 먹으라는 지시를 받았지만, 일곱째 날은 주님께 거룩한 경축일이었다(레 23:5-8). 하나님의 백성은 절기를 준비하면서 아하스가 예루살렘에 만든 제단을(대하 28:24) 제거하고, 부정한 물건을 폐기하는 곳인(29:16) 기드론 시내에 던진다(30:14). 그들은 율법이 정한 것보다 한 달 늦은 둘째 달 열넷째 날에 유월절 어린 양을 잡는다(30:15). 제사장과 레위인은 부끄러운 상태였지만, 그들은 성별되어 하나님께 번제를 드린다(15절). 그들은 모세의 율법에 따라 정규 직책을 맡고, 제사장은 레위인에게서 받은 피를 뿌린다(16절; 참조. 35:11). 유월절은 가족 식사였기 때문에(출 12:6; 신 16:6) 일반 백성은 보통 자신의 동물을 희생했지만, 회중의 많은 사람이 자신을 성별하지 않아서 레위인이 의식상 부정한 이들을 위해 이 책임을 맡는다.

이제 히스기야의 초청에 응한 에브라임, 므낫세, 잇사갈, 스불론 지파의 북쪽 백성이 아직 "자기들을 깨끗하게 하지" 않았는데도 어떻게 유월절에 참여할 수 있는지 의문이 제기된다(대하 30:18). 율법은 의식적으로 부정한 사람은 유월절 식사에 참여하도록 허용될 수 없다고 가르쳤지만(민 9:6-7), 그들도 한 달 뒤에 유월절을 지킬 수 있다는 규정이 만들어졌다(9-12절). 그들은 이미 한 달 늦었기 때문에(대하 30:2), 추가 규정은 이 상황에서 문제를 해결하지 못한다. 백성들은 '규례를 어겼지만'(contrary to what was written) 배제되지 않고 유월절 식사를 먹는다(18절). 이는 심각한 문제를 의미하지만, 히스기야는 그들을 위해 중보하면서 이런 기도로 하나님께 직접 호소한다. "선하신 여호와여 사하옵소서"(18절). 히스기야는 용서를 구하면서 주님의 선하심에 호소한다. '사하다'(pardon)로 번역된 동사는 다른 곳에서 종종 '속죄하다'(히. k-p-r)로 번역된다. 이스라엘의 제사장은 백성을 대신해 속죄하는 신성한 임무를 부여받았는데, 여기에는 동물의 피가 필요했다(레 4:20, 26, 31, 35; 참조. 17:11). 그런데 히스기야는 기도하면서 하나님께 직접 "속죄"를 요청하는데, 금송아지 사건에서 모세가 이스라엘을 위해 중보할 때 드린 요청이다(출 32-34장). 모세는 중보 기도를 통해 하나님과 백성 사이를 중재하면서 이스라엘의 죄를 '속하려고' 노력했다(히. k-p-r, 32:30). 하나님의 은혜로운 성품은 히스기야 시대와 마찬가지로 그때도 이스라엘을 보존하셨다. 왕은 의식적으로 정결하지 않았음에도 주님을 찾기로 마음을 정한 사람들을 위해 기도한다(30:19). 히스기야의 기도는 예배가 "완벽한 사람들의 영광스러운 일이 아니라 결함 있는 인간이 하나님께 겸손히 드리는 것"임을 일깨운다.[6]

이 이야기에 역대하 7:14의 메아리가 스며들어 있다는 것을 깨달아야 한다. 다시 말해, 이 장에 기술된 사건들은 역대하 7:14이 **어떻게** 공동체에 적용되어야 하는지를 설명해 준다. 다른 사람을 위해 이렇게 기도하는 것이 아니라, 참여자들이 직접 각각의 행동을 하고 있다. 즉 북쪽 지파들은 **스스로 겸손한 마음으로**(히. k-n-‘, 30:11), 악한 길에서 **돌아오고**(히. sh-w-b, 6-9절), 하나님을 **구했다**(히. d-r-sh, 19절). 히스기야는 그들을 위해 **기도하면서**(히. p-l-l, 18절) 하나님께서 그들을 **사해 주시도록**(동사 '속죄하다'로 표현됨. 히. k-p-r, 18절) 간구했고, 하나님은 **들으셨다**(히. sh-m-‘, 20절). 최종 결과는 백성들을 **고치셨다는**(히. r-p-‘, 20절) 것이다. 동사 '고치다'(히. r-p-‘)는 질병과 질환에서 벗어나는 육체적 치유를 가리킬 수 있지만(예. 레 13:18, 37; 14:3; 신 28:27 등), 육체적 치유는 회복 개념을 포함할 수 있다(일부 질병은 죄의 결과로 오기 때문에).[7] 시편 저자는 이렇게 기도한다. "여호와여 내게 은혜를 베푸소서. 내가 주께 범죄하였사오니 나를 고치소서"(시 41:4; 참조. 103:3). 북쪽 백성들은 유월절 음식 먹는 것을 제대로 준비하지 못했기 때문에, 그들이 치유된 것은 모든 잠재적인 진노를 피하게 되었음을 의미하지만, 이어지는 공동 식사와 화목 제물에서 입증되듯이 그들이 주님과 또한 서로와 나누는 사귐을 회복했다는 의미기도 하다.

기쁨의 경축이 계속되고 수천 마리의 제물을 바치다(30:21-27)

공통 조상의 이름을 따라 "이스라엘"이라고 불리는(30:21) 하나 된 하나님의 백성은 7일 동안 무교절을 기쁨으로 경축한다(21절; 참조. 출 23:15; 레 23:6-8). 이스라엘의 절기는 큰 기쁨의 행사였다(신 16:10-11, 13-14). 따라서 악기 연주를 동반한 그들의 노래는 기쁨의 찬양을 크게 올린다(대하 30:21; 또한 대상 15:16; 대하 20:27; 23:18; 29:30을 보라).[8] 이것은 하나 된 하나님의 백성들이 나누는 식사다. 히스기야는 제의적 의무를 수행하면서 통찰력을 발휘한 레위인을 격려한다. 7일 동안 화목 제물을 드리고 주님께 찬양을 드린다. 전체 회중은 7일간 더 축제를 계속하기로 결정하는데, 솔로몬 시대의 두 주간의 축제를 연상시킨다(7:8-9). 이 절기는 풍성한 제물을 마련한 히스기야왕의 풍성한 헌물로 뒷받침된다(30:24).

예루살렘에 모인 회중에 대한 묘사에서 하나 된 하나님 백성의 모습이 강조된다. 유다 지파 외에도 제사장과 레위인, 북쪽 지파 사람들, 이스라엘 땅에서 온 이방인, 그리고 유다에 살던 이방인이 있었다(25절). 이것은 다민족이 연합한 하나님의 백성에 대한 경이로운 묘사다. 이스라엘 초기부터 이방인도 할례를 받을 경우 유월절에 참여할 수 있었다(출 12:48-49; 민 9:14; 참조. 창 17:12-13). 이스라엘 땅에 살고 있는 많은 이방인이 성전에서 일하기 위해 징집되었지만(대상 22:2; 대하 2:17-18), 여기에는 아마 앗수르의 인구 이동 정책에 따라 북이스라엘로 옮겨 온 사람들도 포함되었을 것이다(왕하 17:24-41). 여기서 우리는 하나 된 하나님 백성의 비전뿐 아니라 예루살렘에서 예배를 드리기 위해 함께 모인 전 세계 백성의 비전을 볼 수 있다. 이것은 모든 지파와 열방에서 나아온 사람들이 주님 앞에서 함께 음식을 먹는 최고의 식탁 교제다. 축제에 대한 묘사는 큰 기쁨을 강조하면서 솔로몬 시대 이후로 이와 같은 일은 없었다는 언급으로 마무리된다(대하 30:26). 이 절기는 레위 제사장의 축복(참조. 민 6:22-27)과 더불어 하나님께서 자신의 거룩한 거처인 하늘에서 그들의 기도를 들으셨다는 확언으로 마무리된다.

이야기 살아내기

화해의 비전

하나 된 하나님 백성의 비전은 역대기 전반에서 두드러진 주제로, 모든 지파의 혈통이 한 조상 이스라엘에게 거슬러 올라간다는 것을 보여 주기 위해 의도된 첫머리 족보에서부터 시작되었다(대상 2-8장).[9] 유월절 경축 행사에서 우리는 소원해진 지파들이 화해하는 어려운 일을 성취하기 위해 무엇이 필요한지를 직접 목격한다. 북쪽 지파들을 향한 히스기야의 초청은 그들의 최근 역사에서 일어난 일을 고려할 때(대하 28:5-15) 놀라운 것이다. 이 이야기의 밑바탕에는 하나 된 하나님의 백성을 향한 하나님의 계획이 있다. 왕국은 200년 동안 분열되었지만, 지금은 화해와 연합이 절정에 이른 순간이고, 앞으로 일어날 일의 전조다. 바로 예언자 에스겔이 예언했던 일이다. "그 땅 이스라엘 모든 산에서 그들이 한 나라를 이루어서 한 임금이 모두 다스리게 하리니 그들이 다시는 두 민족이 되지 아니하며 두 나라로 나누이지 아니할지라"(겔

37:22). 이렇듯 하나로 회복된 왕국에서는 한 다윗 계통의 왕이 그들을 다스릴 것이다. 이것은 역대기를 가득 채운 비전이다. 다윗과 솔로몬의 번성한 왕국에서도 이 비전을 볼 수 있지만, 르호보암 치하에서 비극적인 분열을 겪은 이후 히스기야 통치 기간에도 언뜻 엿볼 수 있다. 화해는 강압이나 군사력에 의해서가 아니라 스스로 겸비함과 회개, 기도, 용서를 통해 성취된다. 이 이야기에서 우리는 역대하 7:14에서 솔로몬에게 주신 하나님의 약속에 따라 **어떻게** 화해가 이루어지는지를 본다.

이 이야기에서 우리는 하나님의 주권적이고 은혜로운 손을 만난다. 회개한 북쪽 백성들이 예루살렘에 도착하자, **하나님의 손**이 유다에 임하여 "그들에게 왕과 방백들이 여호와의 말씀대로 전한 명령을 한마음으로 준행하게 하셨[다]"(30:12). 이런 마음의 하나 됨은 하나님께서 자기 백성을 회복시키시고 그들에게 "한마음"을 주실 때 행하실 일을 예고하는 하나님의 선물이다(렘 32:39; 겔 11:19; 또한 행 4:32을 보라). 유다와 소원해진 형제들의 통합은 하나님의 화해 사역의 핵심으로 우리를 데려간다. 이것은 유다, 베냐민, 레위만이 아니라 에브라임과 므낫세 지파 출신으로 예루살렘에 살고 있던 귀환자들에게 본보기가 된다(대상 9:1). 한(Hahn)이 지적하듯 히스기야는 "귀환 공동체에게도 모범적인 지도자다. 역대기 저자는 동시대 독자들에게 히스기야가 세운 우선순위와 왕국을 새롭게 하기 위해 그가 취한 조치를 따르라고 촉구한다."[10] 그런데 이 이야기는 또한 오랜 적대감이 무너지고 사람들이 그리스도 안에서 **하나** 될 때 예수님을 통해 성취된 연합을 예고하기 때문에(엡 2:11-22) 우리 상황에도 시사하는 바가 크다.

그리스도의 화해 사역의 실제는 야시르 형제(Brother Yassir)라는 한 수단 남성의 이야기에서 감동적으로 나타난다. 어린 시절 독실한 수니파 무슬림 가정에서 자란 야시르는 코란을 암송하고 그 교리를 배우면서 급진적인 코란 교육을 받았다. 학창 시절 어느 날, 그는 다른 남학생과 함께 같은 반 친구 자카리아를 숲으로 데려가 죽이려고 했다. 그들은 비명을 지르는 자카리아를 구타하고 뼈를 부러뜨린 후 그곳에 죽게 내버려두었다. 자카리아는 그리스도인이었고 야시르는 그를 이교도라고 여겼다.

그런데 하나님께서는 야시르의 가족 안에 역사하셨다. 광신적 무슬림이었던 그의 삼촌은 그리스도인들에 대한 핍박으로 유명했다. 그러던 어느 날 삼촌이 예수님을 만나고, 결국 그는 감옥에 갇히고 만다. 일련의 사건을 통해 야시르도 그리스도인이 되었고, 그 결과 그의 가족은 야시르와 인연을 끊었다. 야시르는 수단을 떠나 학업을 계속했고, 마침내 독일에 있는 이주민 교회의 교사와 목회자로 섬겼다. 25년 후 야시르는 이집트에서 열린 목회자 컨퍼런스에서 강연하던 중 청중석에 있던 한 목회자를 주목했다. 그는 한쪽 눈을 실명했고 신체적으로 연약했다. 그 사람은 울고 있었다. 호기심이 생긴 야시르는 나중에 그에게 가서 이야기를 나누었다. 그 남자는 자기가 자카리아, 바로 야시르가 25년 전 죽게 내버려둔 소년이라고 말했다. 자카리아가 성경을 펼쳤을 때 야시르는 첫 장에 자기 이름이 적혀 있는 것을 보았다. 자카리아는 25년 동안 야시르가 그리스도인이 될 수 있도록 기도하면서 그를 위한 기도를 멈추지 않았다고 말했다. 야시르는 자카리아에게 휘두른 폭력의 결과를 보면서 그의 사랑하는 마음에 감동을 받았다. 그는 속으로 "대체 어떤 종교가 원수를 이렇게까지 사랑하게 만들 수 있을까!"라고 생각했다.[11] 이 감동적인 화해 이야기는 복음의 핵심을 보여 주고, 그리스도 안에서 어떤 화해가 가능한지 강조한다. 이것이 바로 하나님의 손이 그분의 백성에게 임하여 "한마음"을 주신 히스기야 이야기에서 예고된 것이다.

'열방의 총회'에 대한 비전

이 장에서 온 이스라엘은 유월절을 경축하는데, 우리는 이방인이 유월절 축제에 합류해 공동 식사에 참여한 것을 본다. 가끔 우리는 옛 언약은 오로지 유대인만을 위한 것인 반면 새 언약은 이제 모든 나라 사람에게 열려 있다고 (잘못) 속단한다. 하지만 이런 생각은 이방인이 항상 하나님의 백성 가운데 있었고(참조. 창 17:13-14; 출 12:38; 수 8:33), 그들도 본토박이와 마찬가지로 율법의 적용을 받았다는 사실을 간과한 것이다(레 16:29; 17:15; 24:22; 민 15:29). 하나님은 이방인을 사랑하셨고, 이스라엘은 자신들도 한때 이방인이었음을 기억하며 똑같이 행동해야 했다(레 19:34; 신 10:18-19). 성전 건축에 많은 이방인들이 참여하여(대상 22:2; 대하 2:17) 이방인이 하나님의 전을 짓고 있다는 주제에 공헌했고, 그들도 주님께 기도하도록 초청받았다(6:32-33). 따라서 이스라엘 초기부터 그랬던 것처럼 이방인도 유월절 축제에 참여한다(출 12:43-49; 민 9:14).

이 절기를 위해 모인 거룩한 회중에는 북쪽 지파와 남쪽 지파, 또한 그들 가운데 있는 이방인이 모두 포함된다(대하 30:25). '성회, 거룩한 회중'이라는 용어는 예배를 위해 모인 사람들을 묘사할 때 사용되고(히. *qahal*, 2, 24, 25), 이스라엘이 '열방의 **공동체**'(히. *qahal*; 창 35:11, 개역개정은 "백성들의 총회")가 될 것이라는 하나님의 약속에 뿌리를 두고 있다. 이 이야기에서 '카할'(*qahal*)을 번역할 때 칠십인역에서 사용한 헬라어 단어가 바로 '에클레시아'(*ekklesia*)라는 점을 명심해야 한다[30:2, 4, 13, 17, 23, 24, 25(2회)]. 바로 신약성경에서 "교회"로 번역한 것과 동일한 헬라어 단어다(마 16:18; 18:17; 행 5:11; 8:1 등).[12] 교회는 건물이 아니라 '모인' 하나님의 백성이다. 히스기야 시대에 거룩한 회중은 예배에 모여 식탁 교제를 나누면서 놀라운 구원을 기억한다. 이 축제는 그리스도 안에서 화해 사역을 예고하고, 통합된 '에클레시아'로서 신자들 가운데 주의 만찬을 기념하는 식탁 교제를 예고한다.

하지만 그레이엄(Graham)은 오늘날 교회가 종종 '유사 사귐'(pseudo-fellowship)이라고 부르는 것에 안주한다고 개탄한다. 이것은 "현실이라기보다 환상에 가깝다. 종교적 의미에 거의 동의하지 않는 비슷한 사회 경제적 기반을 가진 사람들의 짧은 모임이다. 또한 예배는 유행하는 인간적 미학이나 이념, 편의에 호소하기 위해 시장 조사에 근거하여 만들어진다."[13] 그는 역대기가 현대 교회에 줄 수 있는 무언가가 있다고 주장한다. 역대기가 제시하는 예배의 비전은 마음과 관련 있다. 예배란 "기쁨과 감사, 관대함, 치유, 화해의 계기요, 하나님께서 자기 백성에게 능력을 부여하고 그들을 열광하게 만드시는 시간"이다.[14] 예루살렘에 모인 "거룩한 회중"이 나누는 식사는 유대인이나 헬라인, 노예나 자유인의 구분이 더는 없고, 그리스도 안에서 모두 하나인 '에클레시아'에서 현실이 될 것을 예고한다. 그래서 헤이스(Hays)는 "민족 경계를 넘어 식탁에서 형성된 교회의 연합은 이런 장벽이 무너졌다는 외적이고 가시적인 표식이자 하나님 백성의 종말론적 잔치의 전조"라고 쓴다.[15] 히스기야 시대에 하나님의 백성이 나눈 이 유월절 식사는 이스라엘 지파들과 열방이 합류해 하나님의 보좌를 중심으로 함께 예배하는 하늘 잔치의 맛보기다(계 7:4-9). 이것은 매주 갖는 우리의 모임에 의미를 부여한다. 예배란 "인간 마음의 방향 재설정"을 위한 시간이다. "하나님께서 과거에 행하신 일을 기억하고, 하나님과 사귀는 복된 미래의 삶에 대한 소망을 현재에 불어넣는 것"이다.[16] 이스라엘의 예배와 기쁜 찬양은 두 주 동안 지속되었지만, 우리의 예배와 찬양은 영원토록 지속될 것이다. 이것이 역대기가 우리 앞에 제시하는 비전이다. 우리 공동체와 교회가 모든 나라와 족속과 백성과 방언에서 나온 사람들이 함께 모여 예배하고 하나 되어 기쁨으로 주님을 찬양하면서, 그리스도의 구속과 화해 사역을 증거하는 곳이 되기를 바란다.

60　　　　　　　　　　　　　역대하 31:1-21

이야기 경청하기

¹이 모든 일이 끝나매 거기에 있는 이스라엘 무리가 나가서 유다 여러 성읍에 이르러 주상들을 깨뜨리며 아세라 목상들을 찍으며 유다와 베냐민과 에브라임과 므낫세 온 땅에서 산당들과 제단들을 제거하여 없애고 이스라엘 모든 자손이 각각 자기들의 본성 기업으로 돌아갔더라 ²히스기야가 제사장들과 레위 사람들의 반열을 정하고 그들의 반열에 따라 각각 그들의 직임을 행하게 하되 곧 제사장들과 레위 사람들에게 번제와 화목제를 드리며 여호와의 휘장 문에서 섬기며 감사하며 찬송하게 하고 ³또 왕의 재산 중에서 얼마를 정하여 여호와의 율법에 기록된 대로 번제 곧 아침과 저녁의 번제와 안식일과 초하루와 절기의 번제에 쓰게 하고 ⁴또 예루살렘에 사는 백성을 명령하여 제사장들과 레위 사람들 몫의 음식을 주어 그들에게 여호와의 율법을 힘쓰게 하라 하니라 ⁵왕의 명령이 내리자 곧 이스라엘 자손이 곡식과 포도주와 기름과 꿀과 밭의 모든 소산의 첫 열매들을 풍성히 드렸고 또 모든 것의 십일조를 많이 가져왔으며 ⁶유다 여러 성읍에 사는 이스라엘과 유다 자손들도 소와 양의 십일조를 가져왔고 또 그들의 하나님 여호와께 구별하여 드릴 성물의 십일조를 가져왔으며 그것을 쌓아 여러 더미를 이루었는데 ⁷셋째 달에 그 더미들을 쌓기 시작하여 일곱째 달에 마친지라 ⁸히스기야와 방백들이 와서 쌓인 더미들을 보고 여호와를 송축하고 그의 백성 이스라엘을 위하여 축복하니라 ⁹히스기야가 그 더미들에 대하여 제사장들과 레위 사람들에게 물으니 ¹⁰사독의 족속 대제사장 아사랴가 그에게 대답하여 이르되 백성이 예물을 여호와의 전에 드리기 시작함으로부터 우리가 만족하게 먹었으나 남은 것이 많으니 이는 여호와께서 그의 백성에게 복을 주셨음이라 그 남은 것이 이렇게 많이 쌓였나이다 ¹¹그때에 히스기야가 명령하여 여호와의 전 안에 방들을 준비하라 하므로 그렇게 준비하고 ¹²성심으로 그 예물과 십일조와 구별한 물건들을 갖다 두

고 레위 사람 고나냐가 그 일의 책임자가 되고 그의 아우 시므이는 부책임자가 되며 [13]여히엘과 아사시야와 나핫과 아사헬과 여리못과 요사밧과 엘리엘과 이스마야와 마핫과 브나야는 고나냐와 그의 아우 시므이의 수하에서 보살피는 자가 되니 이는 히스기야 왕과 하나님의 전을 관리하는 아사랴가 명령한 바이며 [14]동문지기 레위 사람 임나의 아들 고레는 즐거이 하나님께 드리는 예물을 맡아 여호와께 드리는 것과 모든 지성물을 나눠 주며 [15]그의 수하의 에덴과 미냐민과 예수아와 스마야와 아마랴와 스가냐는 제사장들의 성읍들에 있어서 직임을 맡아 그의 형제들에게 반열대로 대소를 막론하고 나눠 주되 [16]삼 세 이상으로 족보에 기록된 남자 외에 날마다 여호와의 전에 들어가서 그 반열대로 직무에 수종드는 자들에게 다 나눠 주며 [17]또 그들의 족속대로 족보에 기록된 제사장들에게 나눠 주며 이십세 이상에서 그 반열대로 직무를 맡은 레위 사람들에게 나눠 주며 [18]또 그 족보에 기록된 온 회중의 어린 아이들 아내들 자녀들에게 나눠 주었으니 이 회중은 성결하고 충실히 그 직분을 다하는 자며 [19]각 성읍에서 등록된 사람이 있어 성읍 가까운 들에 사는 아론 자손 제사장들에게도 나눠 주되 제사장들의 모든 남자와 족보에 기록된 레위 사람들에게 나눠 주었더라 [20]히스기야가 온 유다에 이같이 행하되 그의 하나님 여호와 보시기에 선과 정의와 진실함으로 행하였으니 [21]그가 행하는 모든 일 곧 하나님의 전에 수종드는 일에나 율법에나 계명에나 그의 하나님을 찾고 한마음으로 행하여 형통하였더라

이야기 속 다른 본문 경청하기

민수기 18:21-32; 신명기 14:22-29

유월절의 기쁜 경축이 하나님 백성의 마음과 생각 속에 울려 퍼지는 가운데, 우상을 숭배하는 제단과 산당이 그 땅에서 제거된다. 히스기야

는 재개된 성전에서 봉사할 수 있도록 제사장과 레위인을 다시 임명하고, 매일 주님께 제사와 찬양을 드리도록 조치한다. 이스라엘 초기부터 레위인은 성막에서 섬기기 위해 구별되었지만, 이렇게 하려면 그들의 섬김이 보상을 받을 수 있도록 이스라엘 백성은 십일조를 드려야 했다(민 18:21-32).[1] 레위인도 십일조를 드려야 했는데, 이것은 제사장에게 공급하기 위한 것이었다(28절; 느 10:35-39; 12:47). 십일조법의 기저에는 하나님께서 자기 백성에게 땅과 풍요로움을 아낌없이 주셨다는 사실이 있었다. 그 보답으로 하나님의 백성은 십일조와 헌금으로 주님께 돌려드림으로써 화답해야 했다. 십일조는 지파들 가운데 흩어져 있는 레위인에게 공급하기 위한 것이었고, 상속받은 땅이 없는 제의 인력으로서 그들은 수입을 얻을 권리가 있었다. 십일조는 소홀히 해서는 안 되는 세금 또는 신성한 부담금의 성격을 지녔다(신 14:27). 십일조 일부는 헌금하는 사람과 그 가족이 주님 앞에서 먹었고, 이는 그들이 하나님의 복에 참여하는 기쁨의 행사였다(22-27절). 셋째 해의 십일조는 레위인에게 공급하는 것 외에 나그네와 고아와 과부에게 공급했고, 그래서 전부 다 바쳐졌다(28-29절).

십일조는 또한 성전이 재건된 이후 귀환 공동체에서도 중요했다(느 10:37-38; 12:44-47; 13:12). 하지만 십일조는 소홀히 취급되어, 결국 레위인과 찬양대원들이 마땅히 받아야 할 몫을 받지 못한 것 같다. 느헤미야는 이런 상황을 바로잡으려고 애썼다(13:10-11). 귀환 시기에 예언자 말라기는 십일조를 보류한 하나님의 백성은 하나님의 소유를 도둑질한 것이라고 꾸짖는다(말 3:8-10). 이런 맥락을 염두에 둘 때, 히스기야의 경건한 리더십 아래 이루어진 십일조 회복과 백성들이 아낌없이 드린 헌금은 귀환 공동체에게 중요한 본보기가 된다. 이 이야기는 오늘 우리의 상황에도 교훈을 준다.

이야기 설명하기

우상 숭배물의 제거로 경축 행사를 마무리하다(31:1)

유월절 경축이 끝난 후 백성들은 그 땅에서 주상과 아세라 목상, 산당, 우상 숭배 제단을 제거한다(31:1).[2] 아하스왕은 그 땅 전역에서 우상 숭배를 실시했지만(28:1-4, 23-25), 모세가 율법에 규정한 대로(신 7:5; 12:3) 이제 이 가증한 물건과 제단을 파괴한다. 이방 숭배물의 파괴는 유다와 베냐민에서만 일어나지 않고 북쪽 에브라임과 므낫세 지역까지 확대된다(대하 31:1). 이들 지파 백성들도 주님께 돌아와 유월절 경축에 참여했고(30:11, 18), 이제 우상 숭배의 잔재를 제거한다. 주 하나님을 참으로 예배하려면 거짓 신들과 그 제단을 파괴해야 한다(33:15; 34:3-7을 보라). 예루살렘에서 시작된 정화 작업은 이제 성 너머에까지 닿아, 예루살렘의 거룩함이 밖으로 확장되어 나머지 땅을 아우른다.[3] 그 땅을 정화한 후 백성들은 고향으로 돌아간다. 이렇게 해서 역대하 29-30장에 기술된 사건들은 종결된다.

히스기야가 제사장과 레위인을 직무에 임명하다(31:2-10)

히스기야는 다윗이 규정한 대로 제사장과 레위인을 갈래(division, 개역개정은 "반열")에 따라 다시 임명한다(31:2; 참조. 8:14; 29:25-30). 유다의 제사장은 번제와 화목제를 드려야 했다. 레위인 찬양대원은 주님을 섬기고 감사하며 찬송해야 했다(31:2). 매일 주님께 번제가 드려졌고(3절; 참조. 2:4; 8:13), 히스기야는 앞서 솔로몬이 그랬던 것처럼 그들을 위해 아낌없이 공급한다(참조. 대하 8:12-13). 왕은 백성들에게 제사장과 레위인이 주님의 율법에 전념할 수 있도록 그들의 몫을 주라고 지시한다(31:4). 이스라엘의 제사장과 레위인은 율법을 가르치는 신성한 임무를 맡았기 때문에(신 17:9-13; 33:9-10; 대하 17:9; 스 7:10)[4] 그들이 받은 십일조는 생계를 위해 반드시 필요했다.

명령을 받자마자 이스라엘 백성은 곡식과 포도주, 기름, 꿀, 밭에서 거둔 소산물의 첫 열매를 바치고, 제사장을 위해 따로 떼어 놓는다(대하 31:5; 참조. 민 18:12-13). 풍성하게 모은 농산물은 하나님께서 그들에게 복을 내리셨다는 증거가 된다(신 12:5-7을 보라). 그들이 몇 달에 걸쳐 성별한 헌물은 산더미처럼 쌓인다. 풍성한 헌물을 본 히스기야와 지도자들은 다윗과 솔로몬의 찬양을 연상시키면서(대상 16:2; 29:10; 대하 6:3) 주님을 찬양한다(31:8). 히스기야가 헌물의 풍성함에 대해 묻자 대제사장 아사랴는 그와 같은 후한 헌물로 인해 제사장과 레위인이 먹을 것이 많았고, 많은 양이 남기까지 했다고 말한다. 이는 하나님의 축복의 표시였다!(31:9-10; 참조. 신 28:11)

제사장과 레위인에게 십일조를 성실히 분배하다(31:11-19)

히스기야는 제사장과 레위인에게 주님의 전 안에 헌금과 십일조, 헌물을 보관할 방을 마련하라고 지시한다(31:11). 헌금을 감독할 권한은 고나냐와 그의 아우 시므이에게 주어지고, 다른 레위인 열 명을 더 임명해 그 수는 열둘이 된다(12-13절). 히스기야와 아사랴는 조화롭게 함께 일하며 "이상적인 권력 분배"를 강조한다.[5] 동문이라는 중요한 문의 문지기였던 레위인 고레는 자발적으로 드리는 헌물과 그 분배를 담당한다(14절; 참조. 대상 9:17-18; 26:16). 다른 레위인들의 성실한 도움으로 성전에서 봉사하는 제사장과 예루살렘 밖에 사는 제사장에게 족보 기록에 따라 공평하게("대소를 막론하고") 헌물을 분배한다(15-16절). 직무별로 등록된 스무 살 이상의 레위인에게[6] 갈래를 따라 나누어 주었다(17-18절).[7] 성읍에 흩어져 있던 제사장도 등록한 레위인과 함께 자기 몫을 받는다(19절).

주님을 향한 히스기야의 진실함 (31:20-21)

이번 장은 히스기야가 유다 전역에서 행한 모든 일을 인정하며 마무리된다. 히스기야는 "그의 하나님 여호와 보시기에 선과 정의와 진실함으로 행하였[다]"(31:20). 그의 진실함은 이어지는 절에서 자세히 설명된다. "그가 행하는 모든 일 곧 하나님의 전에 수종드는 일에나 율법에나 계명에나 그의 하나님을 찾고 한마음으로 행하여 형통하였더라"(21절). 히스기야는 아버지의 불경건한 유산과 대조되는 경건한 명성을 쌓아 가고 있고, 성공적이지 못했던 아버지의 통치와 달리 하나님의 축복 아래 번영하고 있다(21절).

― 이야기 살아내기 ―

아낌없이 드리는 헌금

이스라엘 백성은 레위인의 섬김에 대한 보상으로 소산물의 십일조를 드려야 했다(민 18:21-32; 신 14:22-29). 재개된 성전에서 섬기기 위해 제사장과 레위인이 필요했기 때문에 히스기야는 백성에게 십일조를 드리라고 지시한다. 백성들은 아주 풍성하게 응답하고, 이로 인해 왕은 주님을 찬양한다. '아낌없이 드림'이라는 중요한 주제는 이미 살펴본 바 있고, 이 이야기에서 다시 발견된다.[8] 십일조는 모든 이스라엘 백성에게 요구되었지만, 이 명령에는 아낌없이 드림과 자기희생 개념이 내재해 있다.[9] 십일조는 하나님께서 풍성하게 주신 땅에 대한 응답으로 드린 것이기 때문이다.

십일조에 대한 신약성경의 가르침을 숙고할 때, 예수님은 십일조에 대해 가르치시면서 바리새인의 율법주의를 꾸짖으신다. 율법주의로 인해 그들은 정의와 자비라는 더 중요한 문제를 소홀히 여겼기 때문이다

(마 23:23; 눅 11:42; 18:9-14).[10] 예수님은 십일조에 대해 거의 언급하지 않으시는 반면, 헌금과 관대함에 대해서는 많이 말씀하신다. 예수님은 관대함과 희생적인 헌금의 중요성을 강조하시고(막 12:41-44; 눅 21:1-4; 참조. 6:38), 탐심과 탐욕에 대해 경고하시며(12:13-21), 하늘에 보물을 쌓아 두라고 권고하시고(마 19:16-26; 눅 12:33-34; 18:22), 받는 것보다 주는 것이 더 복이 있다고 가르치신다(행 20:35). 자원을 나누고 도움이 필요한 사람들을 돌보는 등 아낌없이 드리는 헌금의 실천은 초기 교회에서 분명히 나타났다(행 2:43-47; 4:32-37; 11:29-30; 고전 16:1-4; 딤전 6:17-19). 바울은 마게도냐 교회가 가난 속에서도 풍성히 헌금해 고린도 교인들에게 모범이 되었다고 칭찬한다(고후 8:1-9:15).

관대함은 오늘 우리의 삶에서 길러야 할 미덕이다. 바나 그룹의 최근 연구 결과를 보면, 실천적인 그리스도인 10명 중 9명은 관대함이 '극히' 또는 '매우' 중요하다는 데 동의한다. 그런데 같은 연구에 따르면, 밀레니얼 세대의 13퍼센트와 Z세대의 6퍼센트만이 정기적으로 헌금한다. 이 연구는 기부에 대한 세대별 태도를 추적하면서, 학자금 부채와 개인 재정에 대한 양질의 교육 부족이 젊은 그리스도인들의 기부에 부정적인 영향을 미치는 것 같다고 지적한다. 연구는 이렇게 결론을 맺는다. "교회 지도자들은 아낌없이 드리는 것이 단지 재정적인 헌금에 관한 것만이 아니라, 인생의 어느 단계에 있든 장기간에 걸쳐 전심으로 관대함을 표현하도록 그리스도인을 제자로 훈련하는 것에 관련된다는 사실을 회중에게 가르쳐야 한다."[11] 교회 안에 소비주의가 만연하고 개인주의가 우리의 재정 사용에 영향을 미친다고 보이는 시대에, 히스기야와 백성들이 보여 준 아낌없이 드리는 모습과 십일조법에 내재된 자기희생은, 우리가 주님께 드리는 것이 관대함과 자기희생을 특징으로 하는지 신중하게 숙고해 보라고 요청한다. 이렇게 하려면 젊은 세대에게 나눔의 중요성과 개인 재정에 대한 실제적 가르침이 필요할 것이다. 히스기야 시대에 하나님 백성의 아낌없는 헌금으로 결국 제사장과 레위인은 충분히 만족했고, 남은 것이 풍성했다. 이로 인해 왕은 주님을 찬양한다. 이것은 목회자와 직원의 필요를 충족시키기 위해 교회에 헌금해야 한다는 도전이 된다. 맥콘빌이 지적하듯이, 레위인은 "한낱 부스러기를 받지 않았고" 개인이나 가족의 부를 쌓을 가능성도 있었다.[12]

현대의 레위인 후원하기

십일조는 제사장과 레위인의 필요를 채웠지만, 이 본문에서 강조점은 그들의 교사 역할에 놓인다. 따라서 십일조는 그들이 "주님의 율법을 지키는 일에만 전념할 수 있[도록]" 반드시 필요했다(31:4, 새번역).[13] 에스라는 "주님의 율법을 깊이 연구하고 지켰으며, 또한 이스라엘 사람들에게 율례와 규례를 가르치는 일에 헌신"한 레위인의 인상적인 예다(스 7:10, 새번역).

신약성경은 복음 사역자가 복음으로 생계를 유지해야 한다고 가르친다(고전 9:14; 참조. 마 10:10; 눅 10:7). 따라서 바울과 바나바에게 생계를 위해 "일하지 아니할 권리"가 있었지만(고전 9:6), 바울은 이 권리를 자신에게 적용하지 않았다. 바울은 장로들이 말씀과 가르침을 위해 수고한다고 인정하면서(딤전 5:17) 일꾼이 그 삯을 받는 것은 마땅하다고 가르친다(18절). 오늘날 상황에서 신학생들이 진 빚의 액수는 하나님의 말씀을 가르치는 일에 헌신한 이들의 필요를 충족시키지 못한 교회의 실패를 뜻하는 것은 아닌지 의문을 가질 수 있다.[14] 2019년 신학교 졸업생의 40퍼센트는 학부 과정에서 평균 4,700만원의 빚을 졌지만, 45퍼센트는 신대원 재학 중에 평균 4,900만원의 빚이 추가로 늘었다고 답했다.[15] 이스라엘 사회에서 십일조는 이스라엘의 교사들이 율법을 연구하고 가르치는 일에 전념하기 위해 필요한 것들을 제공했지만, 오늘날 하나님의 말씀을 연구하는 부담은 오롯이 신학생들의 몫이 되어, 그들은 신학

교육에 필요한 비용을 지불하기 위해 종종 빚을 진다.

하나님의 말씀이 교회의 생명과 안녕의 중심이라는 점을 감안할 때[16] 이 이야기는 우리 가운데 있는 '레위인'의 필요를 충족시키는 중요한 임무를 소홀히 하지 않았는지 의문을 제기한다. 지역 교회는 십일조와 헌금을 통해 목회자의 필요를 채우지만, 사역을 준비하는 신학생들의 빚이 점점 늘어나는 현실은 교회가 이 학생들을 더 적극적으로 지원해야 하는 것은 아닌지 재고해 보도록 요청한다. 성직자의 고령화와 짝을 이루어서, 이런 필요는 훨씬 긴급하다.[17]

앞서 조지 휫필드의 사역은 복음 후원자인 헌팅턴 부인의 지원을 받았다고 언급한 바 있다.[18] 그녀는 자신의 재정을 신학교 학생들의 생활비를 충당하는 데 사용했다고 알려져 있다. 라인하트는 그녀의 연 수입 중 무려 절반을 신학생의 의식주와 사역 여행에 사용했다고 언급한다.[19] 헌팅턴 부인은 복음 사역자를 준비시키는 일에 자원을 사용하기 위해 의도적으로 자신의 필요에는 '허리띠를 졸라매는' 희생적인 삶을 살았다. 그녀의 관대함과 희생적인 헌금의 밑바탕에는 복음에 대한 확고한 헌신이 있었다. 학생들이 빚 없이 신학교를 졸업해 말씀 사역에 자신을 헌신할 수 있다면 얼마나 큰 축복일까? 이것은 하나님 백성의 아낌없는 드림과 자기희생 없이는 이루어질 수 없는 일이다. 우리가 성경 이야기를 **살아내려고** 노력하면서 더 깊이 생각해 볼 주제다.

역대하 32:1-33

— 이야기 경청하기 —

¹이 모든 충성된 일을 한 후에 앗수르 왕 산헤립이 유다에 들어와서 견고한 성읍들을 향하여 진을 치고 쳐서 점령하고자 한지라 ²히스기야가 산헤립이 예루살렘을 치러 온 것을 보고 ³그의 방백들과 용사들과 더불어 의논하고 성 밖의 모든 물 근원을 막고자 하매 그들이 돕더라 ⁴이에 백성이 많이 모여 모든 물 근원과 땅으로 흘러가는 시내를 막고 이르되 어찌 앗수르 왕들이 와서 많은 물을 얻게 하리요 하고 ⁵히스기야가 힘을 내어 무너진 모든 성벽을 보수하되 망대까지 높이 쌓고 또 외성을 쌓고 다윗 성의 밀로를 견고하게 하고 무기와 방패를 많이 만들고 ⁶군대 지휘관들을 세워 백성을 거느리게 하고 성문 광장에서 자기 앞에 무리를 모으고 말로 위로하여 이르되 ⁷너희는 마음을 강하게 하며 담대히 하고 앗수르 왕과 그를 따르는 온 무리로 말미암아 두려워하지 말며 놀라지 말라 우리와 함께하시는 이가 그와 함께하는 자보다 크니 ⁸그와 함께하는 자는 육신의 팔이요 우리와 함께하시는 이는 우리의 하나님 여호와시라 반드시 우리를 도우시고 우리를 대신하여 싸우시리라 하매 백성이 유다 왕 히스기야의 말로 말미암아 안심하니라 ⁹그 후에 앗수르 왕 산헤립이 그의 온 군대를 거느리고 라기스를 치며 그의 신하들을 예루살렘에 보내어 유다 왕 히스기야와 예루살렘에 있는 유다 무리에게 말하여 이르기를 ¹⁰앗수르 왕 산헤립은 이같이 말하노라 너희가 예루살렘에 에워싸여 있으면서 무엇을 의뢰하느냐 ¹¹히스기야가 너희를 꾀어 이르기를 우리 하나님 여호와께서 우리를 앗수르 왕의 손에서 건져내시리라 하거니와 이 어찌 너희를 주림과 목마름으로 죽게 함이 아니냐 ¹²이 히스기야가 여호와의 산당들과 제단들을 제거하여 버리고 유다와 예루살렘에 명령하여 이르기를 너희는 다만 한 제단 앞에서 예배하고 그 위에 분향하라 하지 아니하였느냐 ¹³나와 내 조상들이 이방 모든 백성들에게 행한 것을 너희가 알지 못하느냐 모든 나라의 신들이 능

히 그들의 땅을 내 손에서 건져낼 수 있었느냐 ¹⁴내 조상들이 진멸한 모든 나라의 그 모든 신들 중에 누가 능히 그의 백성을 내 손에서 건져내었기에 너희 하나님이 능히 너희를 내 손에서 건지겠느냐 ¹⁵그런즉 이와 같이 너희는 히스기야에게 속지 말라 꾀임을 받지 말라 그를 믿지도 말라 어떤 백성이나 어떤 나라의 신도 능히 자기의 백성을 나의 손과 나의 조상들의 손에서 건져내지 못하였나니 하물며 너희 하나님이 너희를 내 손에서 건져내겠느냐 하였더라 ¹⁶산헤립의 신하들도 더욱 여호와 하나님과 그의 종 히스기야를 비방하였으며 ¹⁷산헤립이 또 편지를 써 보내어 이스라엘 하나님 여호와를 욕하고 비방하여 이르기를 모든 나라의 신들이 그들의 백성을 내 손에서 구원하여 내지 못한 것같이 히스기야의 신들도 그의 백성을 내 손에서 구원하여 내지 못하리라 하고 ¹⁸산헤립의 신하가 유다 방언으로 크게 소리 질러 예루살렘 성 위에 있는 백성을 놀라게 하고 괴롭게 하여 그 성을 점령하려 하였는데 ¹⁹그들이 예루살렘의 하나님을 비방하기를 사람의 손으로 지은 세상 사람의 신들을 비방하듯 하였더라 ²⁰이러므로 히스기야 왕이 아모스의 아들 선지자 이사야와 더불어 하늘을 향하여 부르짖어 기도하였더니 ²¹여호와께서 한 천사를 보내어 앗수르 왕의 진영에서 모든 큰 용사와 대장과 지휘관들을 멸하신지라 앗수르 왕이 낯이 뜨거워 그의 고국으로 돌아갔더니 그의 신의 전에 들어갔을 때에 그의 몸에서 난 자들이 거기서 칼로 죽였더라 ²²이와 같이 여호와께서 히스기야와 예루살렘 주민을 앗수르 왕 산헤립의 손과 모든 적국의 손에서 구원하여 내사 사면으로 보호하시매 ²³여러 사람이 예물을 가지고 예루살렘에 와서 여호와께 드리고 또 보물을 유다 왕 히스기야에게 드린지라 이 후부터 히스기야가 모든 나라의 눈에 존귀하게 되었더라 ²⁴그때에 히스기야가 병들어 죽게 되었으므로 여호와께 기도하매 여호와께서 그에게 대답하시고 또 이적을 보이셨으나 ²⁵히스기야가 마음이 교만하여 그 받은 은혜를 보답하지 아니하므로 진노가 그와 유다와 예루살렘에 내리게 되었더니 ²⁶히스기야가 마음의 교만함을 뉘우치고 예루살렘 주민들도 그와 같이 하였으므로 여호와의 진노가 히스기야의 생전에는 그들에게 내리지 아니하니라 ²⁷히스기야가 부와 영광이 지극한지라 이에 은금과 보석과 향품과 방패와 온갖 보배로운 그릇들을 위하여 창고를 세우며 ²⁸곡식과 새 포도주와 기름의 산물을 위하여 창고를 세우며 온갖 짐승의 외양간을 세우며 양 떼의 우리를 갖추며 ²⁹양 떼와 많은 소 떼를 위하여 성읍들을 세웠으니 이는 하나님이 그에게 재산을 심히 많이 주셨음이며 ³⁰이 히스기야가 또 기혼의 윗샘물을 막아 그 아래로부터 다윗 성 서쪽으로 곧게 끌어들였으니 히스기야가 그의 모든 일에 형통하였더라 ³¹그러나 바벨론 방백들이 히스기야에게 사신을 보내어 그 땅에서 나타난 이적을 물을 때에 하나님이 히스기야를 떠나시고 그의 심중에 있는 것을 다 알고자 하사 시험하셨더라 ³²히스기야의 남은 행적과 그의 모든 선한 일은 아모스의 아들 선지자 이사야의 묵시 책과 유다와 이스라엘 열왕기에 기록되니라 ³³히스기야가 그의 조상들과 함께 누우매 온 유다와 예루살렘 주민이 그를 다윗 자손의 묘실 중 높은 곳에 장사하여 그의 죽음에 그에게 경의를 표하였더라 그의 아들 므낫세가 대신하여 왕이 되니라

이야기 속 다른 본문 경청하기
열왕기하 18-19장; 이사야 36-37장; 실로암 비문; 산헤립의 비문

히스기야는 유다에서 우상 숭배를 제거하고 예루살렘 성전에 예배를 재건하면서 매우 진실하게 행동했다(29-30장). 그런데 이런 부흥의 시기에 강력한 앗수르 왕의 사절단이 예루살렘에 도착해 하나님의 백성에게 복종하라고 요구하는 폭압적 공격이 시작된다는 사실은 당혹스럽다. 우연의 일치는 아닐 것이다. 온 이스라엘이 주 하나님을 예배하기 위해 모인 바로 그 장소에서 이런 위협과 모독의 말이 들린다. 우리는 이 이야

기가 열왕기와 이사야서에도 기록되어 있다는 점을 염두에 두어야 한다(왕하 18-19장; 사 36-37장).[1]

이어지는 이야기를 보면 히스기야는 기혼 샘에서 흘러가는 예루살렘 외곽의 물 공급을 차단한다(대하 32:3-4, 30). 그는 예루살렘의 광범위한 급수 시설의 일부인 새로운 터널을 건설해 물의 방향을 바꿀 수 있었다. 놀랍게도 성전 남쪽 아래 입구에 있는 터널 벽에 새겨진 비문(Siloam Inscription)은 이 사건을 기술한다. 돌에 새겨진 비문의 일부는 인부들이 땅을 파는 동안 일어난 일을 기록한다. "터널을 뚫을 때 채석공들은 반대편 동료를 향해 (바위를) 깎았고, 도끼와 도끼가 맞부딪혔다. 샘에서 솟아난 물은 저수지 쪽으로 1,200규빗을 흘러갔고, 바위의 높이는 채석공의 머리 위로 100규빗이나 되었다."[2] 오늘날 예루살렘에 가면 이 터널을 관람할 수 있고, 모험심이 강한 이들은 어두운 통로를 통과할 수도 있다.

이어지는 이야기에서 앗수르 왕 산헤립이 보낸 사절단이 예루살렘에 도착한다. 산헤립 비문(Sennacherib Prism)으로 알려진 고대 문헌은 제국 서쪽 지역 사람들의 반역으로 인해 결국 산헤립이 팔레스타인을 공격하고 유다에 속한 성읍을 격파했다고 기록한다.[3] 이 문헌의 발췌문은 히스기야와 예루살렘에 일어난 일을 강조한다.

> 유대인 히스기야가 내 명에 복종하지 않았을 때, 나는 그의 강한 성읍, 성벽으로 둘러싸인 요새 마흔여섯 개와 그 인근의 수많은 작은 마을을 포위하고, 잘 다져진 흙 경사로와 성벽 가까이 가져간 공성 망치, 굴과 구멍을 이용한 보병의 공격, 그리고 공병의 작업을 병행해 그들을 정복했다. 나는 남녀노소 200,150명과 말, 노새, 나귀, 낙타, 크고 작은 소를 셀 수 없을 만큼 많이 끌어냈고 전리품으로 여겼다. 히스기야를 그의 왕궁 예루살렘에, 새장 속 새처럼 가두었다.[4]

산헤립의 비문은 이스라엘 역사에서 히스기야가 통치하던 이 결정적 순간에 대한 통찰을 제공하고, 임박한 침략의 끔찍한 위협을 강조한다. 히스기야는 주님께 신실함을 보였지만, 산헤립의 협박 전술은 가장 강한 왕이라도, 심지어 히스기야처럼 진실한 왕이라도 두려움에 사로잡히게 했다. 히스기야는 이 국가적 위기의 순간에 어떻게 대응할 것인가?

이야기 설명하기

히스기야가 백성에게 주님을 신뢰하라고 권면하다 (32:1-8)

산헤립의 유다 침공 이야기는 다음과 같이 시작한다. 히스기야가 "이 모든 충성된 일을 한 후에…"(32:1; 참조. 31:20). 이 말은 히스기야의 종교 개혁을 긍정적으로 평가할 뿐 아니라(29-30장), 앗수르의 공격이 하나님의 심판으로 해석되지 않아야 한다는 것을 의미한다. 오히려 이 침략은 히스기야의 **충성된** 행동 이후에 온 것이다. 나아가 주 하나님을 조롱하고 자기 백성을 구원하실 하나님의 능력에 대한 의심을 불러일으키는 산헤립 신하들의 신성 모독적 발언에서 볼 수 있듯이, 이 사건의 표면 아래에 영적 요소가 숨어 있음을 암시하기도 한다.[5] 산헤립의 침략은 히스기야 14년인 주전 701년으로 추정되는데, 이때는 북왕국이 앗수르에게 멸망한 이후다(왕하 18:9-13). 앗수르 왕 산헤립은 유다의 요새화된 성읍들을 포위하여(대하 32:1) 히스기야에게 조공을 강요했고, 히스기야는 성전과 왕궁의 곳간에서 금과 은을 내주었다(왕하 18:14-16).

이야기는 신선한 물 공급을 확보하려는 히스기야의 계획으로 이어진다. 그는 산헤립이 예루살렘을 상대로 전쟁을 벌이려고 한다는 것을 알기 때문이다(대하 32:3). 방백들과 용사들의 조언과 지원 그리고 백성들의 지원에 힘입어, 그들은 놀랍게도 성 밖의 물 공급을 차단하고 이를 통해 앗수르 사람들이 접근하지 못하도록 막을 수 있었다(3-4, 30절). 히스기야는 무너진 성벽을 수리하고 방어용 망대를 쌓아 성벽을 강화한다.[6] 그는 무기와 방패를 만들고, 백성 위에 군대 지휘관을 임명한다(5-6절). 왕은 백성들을 성문으로 모으고 확신에 찬 말로 그들을 격려한다. "마음을 강하게 하며 담대히 하[라]"(7절; 참조. 수 1:5-7; 대상 28:20). 히스기야가 백성들에게 상기시켜 주었듯이, 그들은 두려워하지 않아야 한다. "그와 함께하는 자는 육신의 팔이요 우리와 함께하시는 이는 우리의 하나님 여호와시라. 반드시 우리를 도우시고 우리를 대신하여 싸우시리라"(대하 32:8). 아사가 큰 대적에 맞닥뜨렸을 때 깨달았듯이, 앗수르 군대는 한낱 인간에 불과했지만 주 하나님은 유다와 함께하셔서 그들을 도우셨다. "여호와여 힘이 강한 자와 약한 자 사이에는 주밖에 도와줄 이가 없사오니 우리 하나님 여호와여 우리를 도우소서. 우리가 주를 의지하오며 주의 이름을 의탁하옵고 이 많은 무리를 치러 왔나이다. 여호와여 주는 우리 하나님이시오니 원하건대 사람이 주를 이기지 못하게 하옵소서"(14:11). 하나님은 과거에도 자기 백성을 도우셨으며, 다시 그렇게 하실 것이라고 믿을 수 있다. 앗수르의 군사력과 적을 처리하는 끔찍한 방식을 고려할 때(뒤를 보라), 히스기야가 취한 자세는 놀라운 용기와 믿음의 행동이다.

산헤립의 사신들이 살아 계신 하나님을 조롱하다(32:9-19)

산헤립이 예루살렘에서 남서쪽으로 48킬로미터 떨어진 곳에 있는 유다의 성 라기스를 포위하고 있는 동안 앗수르 사절단이 예루살렘에 도착한다(32:9). 라기스는 막강한 요새와 돌로 쌓은 성벽, 방대한 복합 성문으로 보호되는 잘 방비된 성이었다. 하지만 이런 방대한 요새 시설도 앗수르 군대의 위력으로부터 성을 보호할 수는 없었다(참조. 미 1:13). 니느웨에서 발견된 석벽 부조는 라기스 정복을 이례적으로 상세하게 묘사한다. 열두 석판으로 이루어진 우뚝 솟은 석벽 부조는 길이 24미터, 높이 2.4미터에 달한다. 성벽을 공격하는 공성 기구와 성을 습격하는 보병, 발가벗겨진 죄수, 말뚝에 꽂혀 산 채로 벗겨지는 포로들에 대한 예술적인 묘사와 더불어 여성과 어린이, 귀중한 물건들이 약탈물로 탈취되어 왕좌에 앉은 승리한 산헤립왕 앞에서 전리품으로 행진하는 장면이 석판에 새겨져 있다.[7] 사절단은 강력한 왕 산헤립의 전언을 가져온다. "너희가 예루살렘에 에워싸여 있으면서 무엇을 의뢰하느냐?"(대하 32:10) 산헤립은 히스기야가 백성을 속이고 있다고 암시하면서 조롱한다. 이 조롱에는 하나님이 자기 백성을 구원하실 수 없다는 뜻이 내포되어 있다(11절). 주림과 목마름은 전쟁의 암울한 현실이었고, 이제 사신들은 만약 그들이 산헤립에게 복종하지 않으면 주림과 목마름이 그들의 운명이 될 것이라고 주장한다.

그다음 사신들은 히스기야의 종교 개혁을 조롱하며 예배를 중앙에 집중시킨 그의 역할을 비난한다(32:12). 그들은 그 땅 전역에서 벌어진 산당과 제단의 파괴가 왕에게 좋지 않은 영향을 미쳤다고 틀린 추론을 한다. 하지만 주의 깊은 독자들은 그 땅에서 우상을 제거한 것이 히스기야의 **신실함**의 증거임을 알고 있다(30:14, 31:1). 그들의 거짓 주장은 히스기야의 행동이 "전적으로 받아들일 만한 것"이었음을 강조하고, "앗수르의 신성 모독을 보여 주는" 의도치 않은 효과를 발휘한다.[8] 그들의 신성 모독은 또 다른 심각하고 치명적인 오판으로 이어진다. 그들은 매우 오만하게 산헤립의 군사적 승리를 **자기 신**들이 성취한 것이라고 뽐내고, 그렇게 함으로써 여호와는 그분의 백성을 구원할 수 없다고 속단한다. 심각한 오판이다!(32:13-14) 동사 '구원하다, 구하다'(히. *n-ts-l*)는 이 이야기의 중심 주제다[11, 13, 14(2회), 15(2회), 17절(2회)]. 사신들은 여호와만이 자기 백성을 구원하실 수 있기 때문에 다른 신들과 자신을 차별화하셨다는 사실을 깨닫지 못한다(대상 16:35; 사 44:17, 20). 예언자 이사야는 하나님의 팔이 짧아 구원하지 못하는 것이 아니라고 이해했다(50:2). 주님은 정녕 열방의 신들과 **다르셨고**, 그분과 같은 신은 없다(44:6-8; 45:5-7, 20-25; 46:5-9 등). 주님은 분명 자기 백성을 구원하실 수 있었다.

앗수르가 놀라운 군사적 성공을 거두었고 이것은 패배한 나라의 신들에게 악영향을 미쳤지만, 사신들은 어떤 나라나 왕국의 신도 앗수르의 힘으로부터 백성을 구원할 수 **없다**고 대담하고 호기롭게 주장한다. 그들은 백성들이 히스기야를 **믿지 않는다**고 딱 잘라 말하고(히. 'aman, 참조. 대하 20:20), 그와 같은 믿음은 거짓 희망에 근거한다고 거만하게 주장한다. "하물며 너희 하나님이 너희를 내 손에서 건져내겠느냐!"(32:15) 예루살렘에 대한 산헤립의 공격은 궁극적으로 주님에 대한 공격이고, 따라서 편지 양식으로 계속되는 모욕은 이스라엘의 하나님을 조롱한다(17절). 그들은 앗수르를 이길 수 없던 다른 나라의 신들처럼 "히스기야의 신들도 그의 백성을 내 손에서 구원하여 내지 못하리라"고 자신만만하게 주장한다(17절). 아마 앗수르에게 패한 북왕국을 염두에 두고 있겠지만, 북왕국의 패배는 자기 백성을 구원하지 못하는 하나님의 무능으로 인한 것이 아니었다. 반대로 북왕국은 금송아지('신이 아닌 것')를 숭배했고, 분명 그것은 누구도 구원할 수 없었다(참조. 13:8-9).

사신들은 성벽 위에 있는 이들을 조롱하고, 성벽을 보호할 책임이 있는 이들에게 두려움을 심으면서 큰 소리로 불경스러운 말을 외친다. 역대기 저자는 사신들이 "예루살렘의 하나님을 비방하기를 사람의 손으로 지은 세상 사람의 신들을 비방하듯 하였더라"는 최종 평가를 내린다(32:19). 성경은 열방의 신들이 인간의 손으로 만든 우상에 불과하다는 메시지를 널리 알린다(대상 16:26; 사 2:8, 20; 합 2:18). 오직 한 분 하나님, 주 하나님만 계시고 하나님만 구원하실 수 있기 때문에, 열방의 신들은 결코 신이 아니다(사 43:10-13; 44:6-8; 45:5-7, 21-22).

히스기야의 기도와 하나님의 구원 (32:20-23)

다음에 일어나는 일은 이 이야기의 핵심으로 우리를 데려간다. 바로 **기도**다. 주님의 성품을 공개적으로 비난하려고 의도된 이 협박 전술을 들은 히스기야와 예언자 이사야는 "하늘을 향하여 부르짖어 기도"했다 (32:20; 참조. 왕하 19:1-36; 사 37:1-35). 병행 기사에서 히스기야는 이사야에게 기도를 요청하고(왕하 19:4; 사 37:4) 왕은 성전에서 혼자 기도하지만(왕하 19:14-19; 사 37:14-20), 역대기에서 그들은 한목소리로 하나님께 부르짖으며 연합해 기도한다. 동사 '기도하다'(히. *p-l-l*)는 역대기의 주요 대목, 특히 솔로몬의 기도는 물론이고(대하 6:19, 20, 21, 24 등) 다른 곳에도 나온다(7:1, 14; 30:18; 32:24; 33:13). 두 번째 동사 '부르짖다'(히. *z-ʻ-q*)는 하갈 사람들과의 전쟁 중에 하나님께 부르짖었던 때를 연상시키고(대상 5:20), 도와 달라는 여호사밧의 절박한 외침을 연상시킨다(대하 18:31). 두 상황 모두 하나님은 여호사밧이 공적으로 단언했듯이, 그들의 간구에 응답하셨다. 하나님은 자기 백성이 고통 중에 부르짖을 때 듣고 응답하실 것이다(20:9). 히스기야의 기도 내용은 역대기에 기록되지 않았지만, 중요한 것은 그와 이사야가 주님께 **기도했다**는 사실이다(참조. 왕하 19:20; 사 37:21).

하나님은 히스기야의 기도에 대한 응답으로 천사를 보내 앗수르 군대를 멸하신다(대하 32:21; 참조. 왕하 19:35-36; 사 37:36-37). 단 **한 명의 천사**가 강력한 앗수르 군대를 물리쳤다는 데 주목하자! 산헤립은 수치스러운 상태로 자기 땅으로 돌아간다(대하 32:21; 참조. 왕하 19:37). 따라서 산헤립은 승리를 자랑했지만 예루살렘을 정복할 수 없었고, 히스기야는 해를 입지 않고 살아남았다. 사실 산헤립은 결국 "그의 신의 전"에서 자기 아들들에게 살해되고(대하 32:21), 또 다른 아들 에살핫돈이 그를 대신해 왕이 된다(왕하 19:37).[9] 역설적인 것은 소위 강력한 신으로 일컬어진 앗수르의 신들이 산헤립이 신전에서 예배하는 동안 산헤립을 그의 아들로부터 구원할 수 없었다는 사실이다. 산헤립의 죽음은 그가 예루살렘을 공격하고 20년 후에 일어나지만(주전 681년으로 추정), 그의 죽음이 이 이야기 마지막에 배치된 데는 주 하나님을 조롱한 왕의 운명을 밝히려는 신학적 이유가 있다. 역대기 저자는 주께서 히스기야와 백성들을 산헤립의 손에서 구원하셨다는 단언으로 끝마친다(대하 32:22). 하나님은 **참으로** 자기 백성을 구원하실 수 있다(참조. 단 3:16-18, 25-27; 6:20-22). 마지막으로 주변 나라에서 온 이들이 주님께 예물을 드리고 히스기야에게 값비싼 선물을 가져옴으로써 히스기야는 열방의 목전에서 존귀해진다(32:23; 참조. 대상 14:17; 대하 17:11; 26:8). 이것은 솔로몬 치하에서 번영하던 왕국을 다시 기억하게 하고, 또한 주님께서 열방 중에서 존귀해지심을 나타낸다(참조. 대상 16:28-31).[10]

히스기야의 병과 교만, 그리고 그의 생애 말년 (32:24-33)

다음으로 히스기야의 병에 관한 이야기가 간략히 언급된다(32:24-26). 역대기 저자는 다른 곳에 나오는 여러 세부 사항을 생략함으로써(참조. 왕하 20:1-11; 사 38:1-22) 역대기의 두드러진 두 가지 핵심 주제에 집중한다. 바로 교만과 스스로 낮추는 것이다. 역대기 저자는 "히스기야가 마음이 교만하여 그 받은 은혜를 보답하지 아니"했다고 지적한다(대하 32:25). 히스기야는 주님께 감사로 응답하는 대신 교만해지는데, 역대기에서 성공과 신실함은 쉽게 교만과 독단(self-reliance)으로 이어질 수 있음을 일깨운다. "대개 이런 유혹은 부와 권력 추구 또는 이방 권력과의 군사적 동맹 형태로 온다."[11] 히스기야는 하나님께서 자신에게 베푸신 은혜에 감사로 응답했어야 한다(25절; 참조. 시 103:3-5). 그 결과 하나님의 진노가 임하여, 마음의 교만을 내려놓도록 히스기야와 백성들을 이끈다(35:25-26). '뉘우치다'(repent)로 번역된 동사는 핵심 구절인 역대하 7:14을 떠올리게 하는 동사 '스스로 낮추다'(히. $k\text{-}n\text{-}'$)이다.[12] 그 결과 하나님의 진노를 피한다.

히스기야의 통치는 이제 마무리되어 간다(32:27-33). 히스기야는 다윗과 솔로몬 치하의 번영하던 왕국을 연상시키는 큰 부와 명예를 누린다(대상 29:12, 28; 대하 9:22-28). 이와 같은 부로 인해 히스기야왕은 은과 금, 보석, 향품, 방패, 온갖 귀중품을 보관할 창고를 만들고, 풍성한 농산물과 가축을 위한 곳간을 짓는다(32:27-28). 히스기야는 급수 시설을 확보한 것으로 기억되고, 모든 일에서 번영을 누렸다(30절; 참조. 대상 22:11; 29:23; 대하 7:11). 그 땅의 기적에 대해 묻기 위해 바벨론에서 사신들이 오자(32:31; 참조. 왕하 20:12-13) 히스기야는 어리석게도 왕실 보물을 그들에게 보여 주는데(대하 32:31), 훗날 이 보물들은 바벨론으로 옮겨 간다(참조. 왕하 20:14-19; 사 39:1-8). 하나님께서는 히스기야의 마음에 무엇이 있는지 보기 위해 그를 시험하셨다(대하 32:31; 참조. 신 8:2). 자세한 내용은 나오지 않지만, 역대기 저자는 히스기야 통치 기간의 다른 사건들과 "선한 일"(acts of devotion)이 여러 자료에 기록되었다고 언급한다(대하 32:32). 히스기야의 삶 전체를 돌아볼 때 그는 신실하게 하나님을 섬겼고, 분명 유다의 가장 위대한 왕 중 한 명으로 기억된다. 따라서 히스기야가 죽은 후 다윗 왕실의 무덤에 영예롭게 묻히는 것은 당연하다(33절).

이야기 살아내기

영적 무기로 반대에 맞서다

이번 장을 시작할 때 우리는 히스기야가 "이 모든 충성된 일을 한 후에"(32:1) 산헤립이 유다를 침공했다는 말을 듣는데, 이 어구는 29-31장에 기록된 종교 개혁을 떠올리게 한다. 앞 장들에 묘사된 사건은 르호보암 치하에서 시작된 분열의 역전을 의미하고, 남쪽과 북쪽 지파들이 연합하여 주님을 예배한다. 이런 일은 하나님의 주권적인 손이 백성들에게 "한마음"을 주셨기 때문에 일어났고(30:12), 하나님의 회복 계획의 중심에 있다(겔 37:15-24). 산헤립의 침략이 회개와 화해의 맥락에서 일어난 것은 단지 군사적 전쟁을 넘어선 깊은 차원의 반대를 암시한다. 마찬가지로, 다윗이 온 이스라엘을 다스리는 왕으로 기름 부음받았을 때, 즉 하나님의 구속 계획에서 중요한 순간을 알리는 순간, 그다음에 일어난 일은 블레셋이 다윗을 상대로 전쟁을 일으키는 것이다(대상 14:8). 그와 같은 공격은 단순한 군사적 충돌 이상의 어떤 동기가 작용한 것으로 보인다. 열방이 다윗 계통의 왕과 하나님의 백성을 공격할 때, 왕은 하나님의 왕국을 다스리기 때문에 이것은 하나님 자신을 공격하는 것과 같다는 사실을 기억해야 한다(참조. 시 2:1-12; 83:1-18).

앗수르 침략의 영적 측면은 이스라엘의 하나님을 얕보고 조롱하는 사신들의 시도에서 볼 수 있다. 공포를 불러일으키고 겁을 주려는 협박 전술을 통해 그들은 히스기야의 예배 중앙 집중화를 깔보는 발언을 하는데, 사실 이것은 정말로 히스기야의 신실함에 대한 증언이다. 그들은 아주 오만하게 자기네 신들의 능력을 과대평가하고 여호와는 자기 백성을 구원할 수 없다고 단언한다. 하지만 그들의 주장은 **거짓**으로 드러날 것이다. 주님은 자기 백성을 구원하시지만, 역설적으로 그들의 신들은 왕을 구원할 수 없기 때문이다. 하나님의 백성이 협박 전술 앞에서 하나님께 기도하고 그분을 신뢰해야 했던 다른 때도 있다. 다니엘은 다리오의 신하 세 명이 악의적으로 비난할 때 반대에 직면했지만, 그는 기도하며 하나님을 신뢰한다(단 6:1-24). 느헤미야는 예루살렘 성벽을 재건할 때 반대에 직면했지만, 느헤미야 및 그와 함께한 사람들은 기도하면서 하나님께서 자기들의 싸움을 싸우실 것이라고 믿는다(느 4:1-23). 히스기야 이야기에서도 이런 종류의 겁주기 전술과 거짓 비난이 나오는데, 다른 경건한 지도자들과 마찬가지로 히스기야의 대응은 하나님께 기도하고 부르짖는 것이다.

이 이야기들은 반대에 직면할 때, 우리가 하나님 나라의 시민이기 때문에 갈등에 간혹 영적 실제가 있다는 것을 상기시킨다. 신약성경은 하나님 나라와 어둠의 나라 사이에 영적 전투가 벌어지고 있고, 궁극적인 적은 사탄과 그의 마귀들이라고 가르친다(마 4:1-11; 12:25-26; 눅 10:18-19; 행 26:18; 참조. 살전 2:18). 이런 영적 실제를 염두에 두고, 하나님의 백성은 적의 계략을 알아차리고 사탄에게 어떠한 빌미도 주지 않아야 한다(고전 7:5; 고후 2:10-11; 11:14). 적대적 세력의 활동은 우리에게 영적으로 깨어 항상 기도하도록 경각심을 불어넣어야 한다. 사도 바울은 에베소 교회를 향해 주 안에서 강하고 마귀의 계략에 맞서 굳게 서라고 권면하면서, "우리의 씨름은 혈과 육을 상대하는 것이 아니요 통치자들과 권세들과 이 어둠의 세상 주관자들과 하늘에 있는 악의 영들을 상대"하는 것임을 상기시킨다(엡 6:12). 이런 종류의 영적 전투는 영적 무기를 들고 싸워야 하는데(13-17절), 기도가 그 중심에 있다(18절). 히스기야는 사신들의 조롱하는 말 앞에서 군대를 소집하지 않고 기도했다(대하 32:20; 사 37:21). 마찬가지로 여호사밧은 예루살렘을 치러 오는 대군을 마주했을 때 군대를 소집하지 않고 주님을 찾기로 결심한다(20:3-4). 수산의 유대인을 멸하려고 시도하던 하만의 위협에 직면했을 때 에스더와 하나님의 백성은 기도하고 금식했다(에 4:1-3, 16-17). 구원을 주실 하나님을 의지할 때, 우리는 기도로 전투에 임한다.

바울은 고린도에 있는 신자들에게 "우리가 육신으로 행하나 육신에 따라 싸우지 아니"한다는 것을 상기시켜 준다(고후 10:3). 또한 우리는 '육신에 속한 무기'로 싸우지 않는다(4절). 히스기야는 강력한 앗수르 왕의 힘이 **육신에 불과**하지만 "우리와 함께하시는 이는 우리의 하나님 여호와시라. 반드시 우리를 도우시고 우리를 대신하여 싸우시리라"는 것을 깨달았다(32:8). 마이클 스미스(Michael W. Smith)가 부른 짧은 노래

"서라운디드"(Surrounded)는 반대 앞에서 경험하는 하나님의 임재를 일깨운다. "이것이 내가 싸우는 방식"이라는 가사가 반복된 뒤 후렴구로 이어진다. "포위된 듯 보이지만, 나는 주님께 둘러싸여 있습니다(It may look like I'm surrounded but I'm surrounded by You)."[13] 반대에 직면할 때 우리 안에서 역사하는 하나님의 능력으로 강해지기를 바란다. 깨어서, 적의 계략을 알아차리고, 항상 기도하기를 바란다. 우리도 강하고 담대할 수 있다. 하나님이 우리와 함께하셔서, 그분의 능력으로 우리를 강하게 하시고 전투에서 이미 승리했다는 확신을 주시기 때문이다(골 2:15).

62   역대하 33:1-25

이야기 경청하기

¹므낫세가 왕위에 오를 때에 나이가 십이 세라 예루살렘에서 오십오 년 동안 다스리며 ²여호와 보시기에 악을 행하여 여호와께서 이스라엘 자손 앞에서 쫓아내신 이방 사람들의 가증한 일을 본받아 ³그의 아버지 히스기야가 헐어 버린 산당을 다시 세우며 바알들을 위하여 제단을 쌓으며 아세라 목상을 만들며 하늘의 모든 일월성신을 경배하여 섬기며 ⁴여호와께서 전에 이르시기를 내가 내 이름을 예루살렘에 영원히 두리라 하신 여호와의 전에 제단들을 쌓고 ⁵또 여호와의 전 두 마당에 하늘의 일월성신을 위하여 제단들을 쌓고 ⁶또 힌놈의 아들 골짜기에서 그의 아들들을 불 가운데로 지나가게 하며 또 점치며 사술과 요술을 행하며 신접한 자와 박수를 신임하여 여호와 보시기에 악을 많이 행하여 여호와를 진노하게 하였으며 ⁷또 자기가 만든 아로새긴 목상을 하나님의 전에 세웠더라 옛적에 하나님이 이 성전에 대하여 다윗과 그의 아들 솔로몬에게 이르시기를 내가 이스라엘 모든 지파 중에서 택한 이 성전과 예루살렘에 내 이름을 영원히 둘지라 ⁸만일 이스라엘 사람이 내가 명령한 일들 곧 모세를 통하여 전한 모든 율법과 율례와 규례를 지켜 행하면 내가 그들의 발로 다시는 그의 조상들에게 정하여 준 땅에서 옮기지 않게 하리라 하셨으나 ⁹유다와 예루살렘 주민이 므낫세의 꾀임을 받고 악을 행한 것이 여호와께서 이스라엘 자손 앞에서 멸하신 모든 나라보다 더욱 심하였더라 ¹⁰여호와께서 므낫세와 그의 백성에게 이르셨으나 그들이 듣지 아니하므로 ¹¹여호와께서 앗수르 왕의 군대 지휘관들이 와서 치게 하시매 그들이 므낫세를 사로잡고 쇠사슬로 결박하여 바벨론으로 끌고 간지라 ¹²그가 환난을 당하여 그의 하나님 여호와께 간구하고 그의 조상들의 하나님 앞에 크게 겸손하여 ¹³기도하였으므로 하나님이 그의 기도를 받으시며 그의 간구를 들으시사 그가 예루살렘에 돌아와서 다시 왕위에 앉게 하시매 므낫세가 그제서야 여호와께서 하나님

이신 줄을 알았더라 ¹⁴그 후에 다윗 성 밖 기혼 서쪽 골짜기 안에 외성을 쌓되 어문 어귀까지 이르러 오벨을 둘러 매우 높이 쌓고 또 유다 모든 견고한 성읍에 군대 지휘관을 두며 ¹⁵이방 신들과 여호와의 전의 우상을 제거하며 여호와의 전을 건축한 산에와 예루살렘에 쌓은 모든 제단들을 다 성 밖에 던지고 ¹⁶여호와의 제단을 보수하고 화목제와 감사제를 그 제단 위에 드리고 유다를 명령하여 이스라엘 하나님 여호와를 섬기라 하매 ¹⁷백성이 그의 하나님 여호와께만 제사를 드렸으나 아직도 산당에서 제사를 드렸더라 ¹⁸므낫세의 남은 사적과 그가 하나님께 한 기도와 선견자가 이스라엘 하나님 여호와의 이름으로 권한 말씀은 모두 이스라엘 왕들의 행장에 기록되었고 ¹⁹또 그의 기도와 그의 기도를 들으신 것과 그의 모든 죄와 허물과 겸손하기 전에 산당을 세운 곳과 아세라 목상과 우상을 세운 곳들이 다 호새의 사기에 기록되니라 ²⁰므낫세가 그의 열조와 함께 누우매 그의 궁에 장사되고 그의 아들 아몬이 대신하여 왕이 되니라 ²¹아몬이 왕위에 오를 때에 나이가 이십이 세라 예루살렘에서 이 년 동안 다스리며 ²²그의 아버지 므낫세의 행함같이 여호와 보시기에 악을 행하여 아몬이 그의 아버지 므낫세가 만든 아로새긴 모든 우상에게 제사하여 섬겼으며 ²³이 아몬이 그의 아버지 므낫세가 스스로 겸손함같이 여호와 앞에서 스스로 겸손하지 아니하고 더욱 범죄하더니 ²⁴그의 신하가 반역하여 왕을 궁중에서 죽이매 ²⁵백성들이 아몬 왕을 반역한 사람들을 다 죽이고 그의 아들 요시야를 대신하여 왕으로 삼으니라

이야기 속 다른 본문 경청하기

신명기 30:11-15; 열왕기하 21:10-18; 역대하 7:14

남왕국은 므낫세 통치 기간에 가장 어두운 시기로 추락하면서 우상숭배와 가증한 이교 관행의 확산으로 얼룩지는데, 이는 히스기야 치하

에서 번영하던 왕국의 급격한 반전을 나타낸다. 젊은 므낫세왕은 바알과 아세라, 일월성신 숭배를 확립할 뿐만 아니라 심지어 성전에서 우상숭배를 자행한다. 왕이 유아 인신 제사라는 개탄스러운 관행을 받아들인 것을 볼 때는 가슴이 미어진다. 왕국의 심각한 상태는 므낫세의 죄가 예루살렘과 유다에 대한 하나님의 임박한 심판의 원인으로 나오는 열왕기 기사에서 강조된다(왕하 21:10-16; 참조. 렘 15:4). 하나님은 자기 백성에게 자비로우시지만 결코 죄인을 벌하지 않은 채 두지 않으실 것이고, 분명 곧 하나님의 심판이 있을 것이다.

그런데 이렇듯 암울한 시기에도 하나님이 주시는 회복이 나란히 나와서, 하나님의 자비가 심판을 이긴다는 소망을 일깨운다. 모세는 하나님의 백성이 주님께 돌아오면 주님은 은혜롭게 자기 백성을 회복시키실 것을 내다보았다. "네 하나님 여호와께서 마음을 돌이키시고 너를 긍휼히 여기사 포로에서 돌아오게 하시되 네 하나님 여호와께서 흩으신 그 모든 백성 중에서 너를 모으시리니 네 쫓겨간 자들이 하늘 가에 있을지라도 네 하나님 여호와께서 거기서 너를 모으실 것이며 거기서부터 너를 이끄실 것이라"(신 30:3-4). 이것은 바로 솔로몬이 성전 봉헌 기도에서 이미 반복된 내용이다(대하 6:24-25, 36-39). 또한 곧이어 보겠지만, 므낫세 이야기의 배후에는 역대하 7:14에 나오는 하나님의 약속이 있다. 결론적으로 이 시기는 참담하게 시작하지만, 희망과 회복이 크게 울려 퍼진다. 므낫세의 타락한 마음은 그의 통치 배경이 되지만, 궁극적으로 어두운 땅에 희망의 빛을 비추는 하나님의 은혜를 집중 조명한다. 므낫세의 회복은 심오한 마음의 변화로 이어질 것이고, 이 사건은 귀환자들에게 또한 회개한 죄인이 살아 계신 하나님을 만날 때 일어나는 놀라운 회복을 목격하는 오늘 우리의 삶에 희망을 심어 주기 위한 것이다.

이야기 설명하기

므낫세의 죄 목록 (33:1-9)

므낫세는 열두 살의 어린 나이에 왕이 되어 55년간 통치하는데, 그는 남왕국에서 가장 오래 통치한 군주로 나온다(33:1). 약 10년에 걸친 히스기야와의 공동 통치는 그의 단독 통치가 아직 45년간 이어질 것이라는 의미고[1] 에살핫돈(주전 681-669년; 참조. 왕하 19:37)과 아슈르바니팔(주전 668-633년)이 이 기간 앗수르의 통치자로 등장한다.

므낫세의 이름이 앗수르 왕실 연대기에도 기록되어 있는 것은 주목할 만하다. 한 비문에는 에살핫돈이 스물두 명의 봉신 왕으로부터 왕궁 건축 자재를 받았다고 기록되어 있는데, 그중 한 명이 므낫세로 확인된다. 또 다른 문헌에는 므낫세가 아슈르바니팔에게 조공을 바치고 왕이 이집트를 원정할 때 군사적 지원을 제공한 이들 중 하나로 기록되어 있다.[2] 성경 기사에서는 언급하지 않지만, 이런 이방과의 동맹은 므낫세에 대해 부정적인 그림을 추가한다. 이방 왕에게 의존하는 것은 주님을 신뢰하지 않는다는 의미였기 때문이다(참조. 대하 19:2; 20:35). 역대기 저자는 첫머리에 므낫세가 "이방 사람들의 가증한 일", 즉 하나님께서 결국 그 땅에서 쫓아내셨던 이방 나라들의 관행을 따라 하나님 보시기에 악을 행했다고 언급한다(33:2). 그의 가증한 관행에는 바알을 위해 제단을 쌓고, 아세라 목상을 만들고, 하늘의 일월성신을 숭배하는 것이 포함된다(3절). 바알 숭배는 북왕국에서(왕하 17:16) 특히 아합 통치 기간에 두드러졌을 뿐 아니라(왕상 16:31-32; 18:22), 남왕국에서도 두드러졌다(대하 23:17; 24:7). 마찬가지로 흔히 기단부가 넓은 기둥(pillared base, 개역개정의 "아세라 목상")으로 표현되는 가나안 여신 아세라의 숭배는 아합 통치 기간에 널리 퍼졌지만(왕상 16:33; 18:19) 유다도 이런 우상 숭배에서 예외는 아니었다(왕하 21:2, 7; 대하 24:18; 31:1). 이와 같은 이교 관행은 엄격히 금지되었지만(신 7:5; 12:3; 16:21 등), 고고학 기록에 의하면 이스라엘과 유다에서 수천 개의 테라코타 조각상이 발견되었다.[3] 모든 학자가 이 조각상을 아세라 제의와 동일시하는 것은 아니지만, 조각상의 존재는 유다가 이교의 종교 관행에서 예외가 아니었음을 보여 준다.

므낫세는 하늘의 모든 일월성신을 위해 성전에 두 개의 제단을 쌓는다(대하 33:4). 율법에서 엄격히 금지했던 천체 숭배(신 4:19; 17:3; 참조. 왕하 17:16)가 이제 **성전에서** 일어나는 것은 살아 계신 하나님께 얼마나 큰 모독인가!(참조. 겔 8:16) 성전은 하나님의 이름이 거할 거룩한 장소로 건축되고 성별되었다. 이곳은 하나님의 임재가 언약궤 옆에 서 있는 화려하게 조각된 그룹들 위에 거하시는 거룩한 성소다. 역대기 저자는 성전의 구조물과 성스러운 기물을 상세하게 묘사하기 위해 세심한 주의를 기울였고, 뒤이어 솔로몬의 긴 봉헌 기도가 나온다(대하 1-7장). 그런데 이 영광스러운 성전이 이제 이교 숭배로 끔찍하게 더럽혀진다. 죄의 책임은 므낫세에게만 있다. 바알을 위해 제단을 쌓고, 아세라 목상을 만들고, 천체를 숭배하고, 심지어 성전에 우상 숭배를 위한 제단을 쌓는 등 혐오스러운 관행을 강조하는 일련의 동사의 주어는 므낫세밖에 없기 때문이다(33:2-5).

기나긴 죄 목록은 므낫세가 유아 희생 제사에 사용된 비참한 쓰레기 폐기장인 힌놈의 아들 골짜기에서 자기 자녀를 제물로 바쳤다는 진술에서 절정에 이른다(33:6; 참조. 렘 7:31-32; 겔 16:20-21). 유아 희생 제사는 이방의 특징이었고, 하나님 보시기에 극도로 혐오스러웠다(레 20:2-3; 신 12:31).[4] 그런데 죄 목록은 므낫세가 "점치며 사술과 요술을 행하며 신접한 자와 박수를 신임"했다는 진술로 계속 이어진다(대하 33:6; 참조. 신 18:9-13). 따라서 므낫세가 "여호와 보시기에 악을 많이 행하여 여호와를 진노하게 하였[다]"는 말은 놀랍지도 않다(대하 33:6). 므낫세는 심지어 자신이 만든 신상을 **성전에**, 하나님의 이름이 거할 장소로 선택된 바로 그곳에 두었다(7절). 이 단락은 므낫세가 유다와 예루살렘 주민을 그릇된 길로 인도하여 그들이 "악을 행한 것이 여호와께서 이스라엘 자손 앞에서 멸하신 모든 나라보다 더욱 심하였더라"는 므낫세에 대한 비난으로 마무리된다(9절; 참조. 레 18:24-30). 이것은 분명 비극적 상황이고, 남왕국에서 가장 어두운 시기 중 하나였음을 의미한다.

심판과 회개, 회복 (33:10-20)

하나님은 예언자를 통해 므낫세와 백성에게 말씀하시지만, 그들이 귀를 기울이지 않기 때문에 그들을 치러 앗수르의 군대 지휘관을 데려오신다(33:10-11; 참조. 왕하 21:10-16).[5] 그 뒤에 일어난 굴욕적 사건은 므낫세에게 집중된다. 앗수르 군대는 그의 코에 고리를 걸어 사로잡는다. 그는 쇠사슬에 묶여 바벨론으로 끌려가는데(대하 33:11), 앞으로 시드기야에게 일어날 일을 예고한다(36:6). 이집트에 대한 승리를 기념하는 에살핫돈왕의 비석에는 왕 앞에 있는 두 명의 패배한 적을 묘사하는데, 코나 입술에 구멍을 뚫고 일종의 갈고리나 고리를 건 뒤 적을 끌고 와 굴복시키던 관행을 보여 준다. 므낫세가 사로잡혀 바벨론으로 끌려가는 모습은 두 왕이 강력한 앗수르 왕 앞에서 무릎을 꿇고 복종하는 모습을 묘사한 이 장면과 그리 다르지 않다.[6]

하지만 굴욕적인 상황은 므낫세의 마음을 겸손하게 만들어 인생 궤적의 변화를 가져올 것이다. 우리는 그가 고통 속에서 "그의 하나님 여호와께 간구하고 그의 조상들의 하나님 앞에 크게 겸손하여"라는 기록을 읽는다(33:12). 고통의 시간은 마음의 완고함으로 이어질 수 있지만(28:22), 바람직한 결과는 하나님께 돌아가는 것이다(대상 21:13; 대하 15:4). 이제 므낫세는 오래전 모세가 그랬던 것처럼(출 32:12; 참조. 단 9:13) 하나님의 호의(문자적 의미는 '얼굴')에 호소한다. 그는 역대하 7:14의 중요한 약속을 연상시키며("내 백성이… 스스로 낮추고") 고통 속에서 하나님 앞에 "크게 겸손해졌다."[7]

참으로 경이로운 사실은, 므낫세가 **최악의** 남유다 왕이었고 심지어 그의 긴 죄 목록으로 유명했는데도, 주님께서 그의 기도를 들으신다는 점이다. 므낫세가 기도할 때 "하나님이 그의 기도를 받으시며 그의 간구를 들으시사 그가 예루살렘에 돌아와서 다시 왕위에 앉게" 하셨다(33:13). 이 절은 솔로몬의 봉헌 기도(6:12-42)와 솔로몬에 대한 하나님의 응답(7:14)에 스며들어 있는 신학을 요약한다. 솔로몬은 하나님의 백성이 저지른 죄로 인해 닥칠 여러 가지 불리한 상황을 예상했지만, 그들에게 기도하고 자비를 구하고 회개하라고 권면한다. 하나님의 백성이 멀리 떨어진 땅에 사로잡혀 있는 동안에도 이렇게 하면, 하나님께서 듣고 용서하고 회복해 주실 것이다(6:36-39). 따라서 므낫세가 "기도"했을 때(33:13; 히. p-l-l; 참조. 6:19, 20, 21, 24 등) 하나님은 "그의 간구"(33:13; 참조. 6:19, 29, 35)를 "들으시사"(히. sh-m-', 33:13; 참조. 6:19, 20, 21, 23 등) 그를 "돌아[오게]" 하셨다(히. sh-w-b; 33:13; 참조. 6:25). 므낫세의 죄는 하나님의 과분한 은혜를 만나고, 이로써 그는 "역대기 저술 전체에서 회개의 효력을 보여 주는 가장 분명하고 극적인 예를 제시한다."[8] 므낫세의 회복은 솔로몬의 기도의 결과를 구체적으로 실현하고, 딜라드가 지적했듯이 역대기 저자는 "솔로몬의 기도와 하나님의 응답에서 선포된 원리가 이스라엘 역사에서 실현된 것을 보여 주기 위해 거듭 반복해서 노력할" 것이다.[9] 므낫세의 회복은 회개한 죄인에게 보여 주신 하나님의 자비에 대한 심오한 증언이다.

므낫세의 삶에서 일어난 영적 변화는 이어지는 일에서 볼 수 있다. "므낫세가… 여호와께서 하나님이신 줄을 알았더라"(33:13). 왕은 응답된 기도와 자기에게 베푸신 하나님의 자비를 통해 주님이 하나님이심을 스스로 깨닫는다. 그가 숭배했던 듣지 못하고 말하지 못하는 우상과 달리, 그는 이제 기도를 듣고 응답하시는 살아 계신 하나님을 경험한다.

결국 우상은 신이 아니었다. 응답된 기도는 주님이 하나님이시라는 강력한 증언이고(참조. 왕상 18:37), 오래전 엘리야의 기도에 응답하셨을 때 이스라엘이 했던 선언을 떠올리게 한다. "여호와 그는 하나님이시로다. 여호와 그는 하나님이시로다"(39절).

예루살렘으로 돌아온 므낫세는 성벽을 재건하고 요새화된 유다 성읍에 군대 지휘관을 배치한다(대하 33:14). 그런데 다음에 벌어진 일은 그의 삶에서 일어난 영적 변화에 대한 또 다른 증언이다. 그는 이방 신들과 우상, 그리고 자신이 만든 제단을 성전에서 제거하고, 그것들을 성 밖에 던진다(15절). 이 왕의 삶은 우상 숭배와 주술, 점술, 마술로 가득했고, 자기 아들을 제물로 바치는 등 무고한 피를 많이 흘렸다. 그런데 이제 므낫세는 주님께서 자신의 하나님이 되셨기 때문에 이교 숭배와 관련된 이방 신들을 제거한다(15절; 참조. 창 35:1-4; 수 24:14, 23; 삿 10:16; 삼상 7:3-4).

므낫세는 단지 이방 신들을 제거한 것이 아니라, 우상 숭배를 주님께 드리는 예배로 **대체한다**. 그는 주님의 제단을 보수하고 그 위에서 화목제와 감사제를 드린다.[10] 이것은 주님께 감사로 응답하는 회복된 죄인의 구체적이고 진심 어린 표현이다(33:16). 게다가 앞서 유다를 잘못된 길로 이끌었다가 변화된 이 왕은 이제 백성들에게 주님을 섬기라고 지시한다. 산당은 남아 있지만, 우상 숭배 장소가 되는 대신(21:11; 28:4; 33:3) 주님께 제사를 드리는 장소가 된다(17절). 므낫세의 개혁은 바벨론에서 하나님의 은혜를 경험하기 전 그의 통치 특징이었던 만연한 우상숭배의 중대한 반전을 의미한다. 그럼에도 산당은 몇 년 후 요시야가 파괴할 때까지 남아 있을 것이다(34:3). 아몬의 통치는 일부 신상이 남아 있었음을 보여 주는데(33:22), 이는 종교 개혁의 범위가 제한적이었음을 시사한다.

므낫세의 통치가 막바지에 다다르면서, 역대기 저자는 그의 통치가 다른 곳에 기록되어 있고 예언자들은 주님의 이름으로 그에게 담대히 말했다고 언급한다(대하 33:18-19). 이 예언자들은 하나님께서 끈질기게 므낫세를 추적하셨음을 강조하지만, 므낫세가 바벨론에 사로잡혀 간 뒤에야 비로소 회개했다는 사실이 눈에 띈다. 하나님은 때로 어려운 상황을 통해 자기 백성이 정신을 차리게 하신다. 므낫세는 스스로 낮아지기 전에 범했던 우상 숭배 관행으로만이 아니라, 또한 그의 기도와 하나님께서 그의 간청에 어떻게 감동하셨는지로도 기억될 것이며, 이를 통해 므낫세의 회심의 중요성을 강조한다.[11] 기도와 회개와 회복이 그의 이야기에 아름답게 엮여 있기 때문에, 그의 죄는 최종 결론이 아니다. 그는 하나님의 자비를 얻은 죄인이다. 므낫세는 왕실 무덤이 아니라 자신의 궁에 묻혔는데(20절), 이는 아버지 히스기야보다 덜 명예롭게 죽었음을 시사한다(32:33). 역대기에는 시작은 좋았지만 끝이 형편없는 왕들이 많이 나온다. 므낫세는 시작은 좋지 않았지만 하나님의 자비 덕분에 생을 잘 마무리한다. 이 이야기는 유배 공동체에 희망을 주었고, 분명 오늘 우리에게도 희망을 준다.

아몬의 짧은 통치 (33:21-25)

므낫세가 죽어 자기 궁에 묻힌 후, 그의 아들 아몬이 왕이 된다(33:21). 하지만 왕국은 비극적으로 더 악화된다. 아몬은 므낫세 통치 초기의 특징이었던 하나님 보시기에 악한 일들을 행한다. 그는 아버지가 만든 조각상에 제사를 드리지만, 므낫세와 달리 주님 앞에 스스로 겸손해지지 않고 죄를 더 **키운다**(23절). 스스로 겸손하게 낮추지 않은 아몬의 실패는 그의 몰락으로 이어질 뿐만 아니라, 스스로 겸손하지 않은 마지막 왕 시드기야를 예고한다(36:12). 아몬이 2년간 짧게 통치한 후 반역한 신하들이 그를 암살한다. 백성들은 다시 아몬을 반역한 모든 자들을 죽이고, 그의 아들 요시야를 왕으로 삼는다(33:25).

이야기 살아내기

하나님의 과분한 은혜

므낫세는 이방의 관행을 따라 주님을 거역하며 초기 시절을 보냈다. 이로 인해 그는 무고한 피를 흘리고 자기 자녀를 제물로 바치기까지 했다. 사실 그의 행동은 주님께서 쫓아내신 나라들보다 명백히 **더 악했다**. 하지만 그는 — 왕위에서 쫓겨나 자기 땅에서 추방되고, 코에 고리를 걸고 쇠사슬에 묶여 — 바벨론으로 끌려간 뒤에야 비로소 정신을 차렸다. 끔찍한 상황으로 인해 므낫세는 하나님께 돌아와 기도하며 하나님의 자비를 구했다. 바로 하나님의 백성이 사로잡혀 간 땅에서 "스스로 깨닫고" 하나님께 "간구하[며]", "자기들을 사로잡아 간 적국의 땅에서 온 마음과 온 뜻으로" 하나님께 돌아올 때에 관해 솔로몬이 기도 중에 언급한 상황이다(6:37-39). 이것이 바로 므낫세에게 일어난 일이다. 고통스러운 상황이 그를 주님께 돌아오게 했다.

우리는 누구도 불리한 상황을 바라지 않지만, 하나님은 가끔 사람들을 돌아오게 하기 위해 불리한 상황을 이용하신다. 이것이 바로 예수님이 비유에서 묘사하신 탕자에게 일어난 일이다. 그는 방탕한 생활로 아버지의 재산을 낭비했을 뿐 아니라 결국 돼지를 먹이는 비천하고 저속한 일을 해야 했다(눅 15:11-32). 절망적인 상태에서 그는 돼지가 먹는 쥐엄 열매까지 먹지만, 바로 이때 "제정신이 들[었다]"(17절, 새번역). 역경에 맞닥뜨린 이 잃어버린 아들은 자기가 아버지께 죄를 지었음을 깨닫고, 므낫세처럼 회개하여 아버지의 과분한 은혜를 경험했다.

크리스토퍼 위안(Christopher Yuan)의 믿음의 여정은 하나님께서 어려운 환경을 통해 돌아오게 하신 탕자의 이야기다. 크리스토퍼는 시카고의 부유한 동네에서 자랐다. 고등학교를 졸업한 후, 치과를 운영하던 아버지의 뒤를 잇기 위해 켄터키주 루이빌에 있는 치과 대학에 입학했다. 하지만 대학에 다니는 동안 그는 게이 클럽을 다니고 파티를 전전하며, 가벼운 성관계를 갖고 마약까지 복용해 결국 크게 성공한 운 좋은 마약상이 되는 등 인생을 낭비하기 시작했다.

그러던 중 정서적 파산 상태에서 결혼 생활을 하고 있던 무신론자 어머니 안젤라가 주님을 믿게 되었다. 믿음이 자라면서(그리고 나중에 남편도 믿게 되면서) 안젤라는 탕자 아들에게 책임감을 느꼈고, 기도실로 사용하던 화장실에서 몇 시간씩 보냈다. 안젤라는 아들을 위해 많은 시간 기도하며 아들을 회복시켜 달라고 하나님께 간구했다. 하지만 방탕한 생활 방식에 빠져 있던 크리스토퍼는 경찰의 불시 단속을 받아, 엄청난 양의 불법 마약을 소지하고 있는 것이 발각되어 결국 6년 형을 선고받았다. 보안이 엄격한 애틀랜타 교도소의 작은 감방에 갇혀 있던 중 벽에 있던 낙서가 눈에 띄었다. 고개를 들어 보니 거의 읽을 수 없을 상태로 무언가가 벽에 새겨져 있었다. "지루하거든, 예레미야 29:11을 읽어 보라."

작은 감방에는 바닥에 볼트로 고정한 작은 책상과 의자, 금속 변기와 세면대, 녹슨 낡은 사물함이 있었다. 사물함을 뒤적거리기 시작한 크리스토퍼는 빈 시리얼 상자와 종이, 일회용 그릇, 냅킨을 발견했다. 그러다가 사물함 뒤쪽에서 책 모서리처럼 느껴지는 무언가가 손에 닿았다. **성경**이었다. 그는 페이지를 후다닥 넘기면서 예레미야 29:11을 찾았다. 하나님께서 그에게 희망과 미래를 주려고 계획하신다는 말씀을 읽으면서 마음속에 희미한 희망이 불붙기 시작했다. 그는 계속 읽었다. "너희가 내게 부르짖으며 내게 와서 기도하면 내가 너희들의 기도를 들을 것이요"(12절). 그는 온 마음으로 하나님을 찾으면 하나님께서 "내가 쫓아보내었던 나라들과 모든 곳에서" 돌아오게 하실 것이라는 말씀을 읽었다(14절). 그는 이렇게 회고한다. "하나님께서 나를 회복해 사로잡혀 있던 것들에서 돌아오게 하실 수 있다는 생각이 내 영혼을 울렸다."[12] 하나님은 크리스토퍼를 회복하려고 계획하셨고, 그 뒤의 사건은 『먼 나라에서』(Out of a Far Country)라는 그의 회고록에 하나님을 찾은 두 명의 탕자 이야기로 나온다. 어머니 안젤라는 하나님께서 아들의 수감 생활을 통해 그를 주님께 인도해 주시기를 기도했고, 바로 그런 일이 일어났다. 수감되어 있는 동안 크리스토퍼는 성경을 읽기 시작했고, 심지어 동료 재소자들과 함께 성경 공부를 시작하기도 했다.

여러 가지 감동적인 이야기와 함께, 이 책은 크리스토퍼가 교도소에서 석방된 후 부모님과 함께 시카고로 돌아온 여섯 시간의 여정으로 마무리된다. 마침내 집에 도착한 크리스토퍼는 앞마당에 있는 나무에 노란색 리본이 달린 것을 보았다. 그는 잠시 멈추어 "떡갈나무 고목에 노란색 리본을 달아 주세요"(Tie a Yellow Ribbon Round the Ole Oak Tree)라는 노래에 담긴 친숙한 이야기를 떠올렸다. 그 노래는 교도소에서 돌아오던 한 수감자가 연인에게 지금도 자신을 받아들인다면 앞마당에 있는 나무에 리본을 달아 달라고 부탁했던 사연이 담겨 있었다.[13] 석방된 죄수는 버스 기사에게, 앞마당에 리본이 없으면 그냥 지나가야 한다고 말한다. 놀랍게도 버스가 집 앞에 다다랐을 때 (또한 동승 여행객들과 함께 기쁨의 함성을 외치면서!) 그는 나무에 백 개의 리본이 달여 있는 것을 보았다!

크리스토퍼는 자기 집 앞에 있는 나무에 달린 노란 리본을 보면서, 부모님이 베푸신 사랑을 받을 자격이 없다고 느꼈다. 부모님은 오랫동안 그를 기다리셨다. 크리스토퍼의 눈에는 눈물이 가득 찼고, 그의 마음에는 "내게 베푸신 은혜와 용서에 대한 깨달음이 밀려왔다."[14] 현관문 앞에 다가갔을 때 희미한 음악 소리를 들을 수 있었는데, 복도 안쪽에는 "노란색 리본을 달아 주세요"라는 노래가 흘러나오는 CD 플레이어만 있었다. 집 안으로 들어선 그는 방안 곳곳에 노란색 리본이 백 개 이상 달려 있는 것을 보고 말문이 막혔다. 리본마다 그를 위해 기도해 온 사람들의 서명과 함께 격려의 말이 적혀 있었다. 이것은 하나님의 과분한 은혜와 회복의 이야기다.

하나님과 동행한 크리스토퍼의 여정은 그가 집으로 돌아온 날에 중단되지 않았다. 그날은 시작에 불과했다. 그는 계속해서 무디 성서학원(Moody Bible Institute)에서 학사 학위를 받고 휘튼 칼리지(Wheaton College)에서 석사 학위를 받았기 때문이다. 크리스토퍼는 지금 무디 성서학원에서 가르치고 있고, 여러 환경에 처한 이들에게 탕자가 돌아오기를 바라는 하나님의 열망에 대해 이야기하는 국제 사역에 참여하고 있다. 므낫세 이야기든 크리스토퍼 이야기든 혹은 우리 이야기든, 이런 회복의 이야기는 회개하는 죄인을 과분하게 환영하시는 은혜와 사랑의 아버지에 대한 간증으로 전 세계에 회자되면서 예배로 가득한 마음과 변화로 인도할 것이다.

63 역대하 34:1-33

— 이야기 경청하기 —

¹요시야가 왕위에 오를 때에 나이가 팔 세라 예루살렘에서 삼십일 년 동안 다스리며 ²여호와 보시기에 정직하게 행하여 그의 조상 다윗의 길로 걸으며 좌우로 치우치지 아니하고 ³아직도 어렸을 때 곧 왕위에 있은 지 팔 년에 그의 조상 다윗의 하나님을 비로소 찾고 제십이년에 유다와 예루살렘을 비로소 정결하게 하여 그 산당들과 아세라 목상들과 아로새긴 우상들과 부어 만든 우상들을 제거하여 버리매 ⁴무리가 왕 앞에서 바알의 제단들을 헐었으며 왕이 또 그 제단 위에 높이 달린 태양상들을 찍고 또 아세라 목상들과 아로새긴 우상들과 부어 만든 우상들을 빻아 가루를 만들어 제사하던 자들의 무덤에 뿌리고 ⁵제사장들의 뼈를 제단 위에서 불살라 유다와 예루살렘을 정결하게 하였으며 ⁶또 므낫세와 에브라임과 시므온과 납달리까지 사면 황폐한 성읍들에도 그렇게 행하여 ⁷제단들을 허물며 아세라 목상들과 아로새긴 우상들을 빻아 가루를 만들며 온 이스라엘 땅에 있는 모든 태양상을 찍고 예루살렘으로 돌아왔더라 ⁸요시야가 왕위에 있은 지 열여덟째 해에 그 땅과 성전을 정결하게 하기를 마치고 그의 하나님 여호와의 전을 수리하려 하여 아살랴의 아들 사반과 시장 마아세야와 서기관 요아하스의 아들 요아를 보낸지라 ⁹그들이 대제사장 힐기야에게 나아가 전에 하나님의 전에 헌금한 돈을 그에게 주니 이 돈은 문을 지키는 레위 사람들이 므낫세와 에브라임과 남아 있는 모든 이스라엘 사람과 온 유다와 베냐민과 예루살렘 주민들에게서 거둔 것이라 ¹⁰그 돈을 여호와의 전 공사를 감독하는 자들의 손에 넘기니 그들이 여호와의 전에 있는 일꾼들에게 주어 그 전을 수리하게 하되 ¹¹곧 목수들과 건축하는 자들에게 주어 다듬은 돌과 연접하는 나무를 사며 유다 왕들이 헐어버린 성전들을 위하여 들보를 만들게 하매 ¹²그 사람들이 성실하게 그 일을 하니라 그의 감독들은 레위 사람들 곧 므라리 자손 중 야핫과 오바댜요 그핫 자손들 중 스

가랴와 무술람이라 다 그 일을 감독하고 또 악기에 익숙한 레위 사람들이 함께하였으며 ¹³그들은 또 목도꾼을 감독하며 모든 공사 담당자를 감독하고 어떤 레위 사람은 서기와 관리와 문지기가 되었더라 ¹⁴무리가 여호와의 전에 헌금한 돈을 꺼낼 때에 제사장 힐기야가 모세가 전한 여호와의 율법책을 발견하고 ¹⁵힐기야가 서기관 사반에게 말하여 이르되 내가 여호와의 전에서 율법책을 발견하였노라 하고 힐기야가 그 책을 사반에게 주매 ¹⁶사반이 책을 가지고 왕에게 나아가서 복명하여 이르되 왕께서 종들에게 명령하신 것을 종들이 다 준행하였나이다 ¹⁷또 여호와의 전에서 발견한 돈을 쏟아서 감독자들과 일꾼들에게 주었나이다 하고 ¹⁸서기관 사반이 또 왕에게 아뢰어 이르되 제사장 힐기야가 내게 책을 주더이다 하고 사반이 왕 앞에서 그것을 읽으매 ¹⁹왕이 율법의 말씀을 듣자 곧 자기 옷을 찢더라 ²⁰왕이 힐기야와 사반의 아들 아히감과 미가의 아들 압돈과 서기관 사반과 왕의 시종 아사야에게 명령하여 이르되 ²¹너희는 가서 나와 및 이스라엘과 유다의 남은 자들을 위하여 이 발견한 책의 말씀에 대하여 여호와께 물으라 우리 조상들이 여호와의 말씀을 지키지 아니하고 이 책에 기록된 모든 것을 준행하지 아니하였으므로 여호와께서 우리에게 쏟으신 진노가 크도다 하니라 ²²이에 힐기야와 왕이 보낸 사람들이 여선지자 훌다에게로 나아가니 그는 하스라의 손자 독핫의 아들로서 예복을 관리하는 살룸의 아내라 예루살렘 둘째 구역에 살았더라 그들이 그에게 이 뜻을 전하매 ²³훌다가 그들에게 이르되 이스라엘의 하나님 여호와께서 이같이 말씀하시기를 너희는 너희를 내게 보낸 사람에게 말하라 하시니라 ²⁴여호와께서 이같이 말씀하시기를 내가 이 곳과 그 주민에게 재앙을 내리되 곧 유다 왕 앞에서 읽은 책에 기록된 모든 저주대로 하리니 ²⁵이는 이 백성들이 나를 버리고 다른 신들에게 분향하며 그의 손의 모든 행위로 나의 노여움을 샀음이라 그러므로 나의 노여움을 이 곳에 쏟으매 꺼지지 아니하리라 하라 하셨느니라 ²⁶너희를 보내어 여호와께 묻게 한 유다 왕에게는 너희가 이렇게 전하라 이스라엘의 하나님 여호와께서 이같이 말씀하시기를 네가 들은 말을 의논하건대 ²⁷내가 이 곳과 그 주민을 가리켜 말한 것을 네가 듣고 마음이 연약하여 하나님 앞 곧 내 앞에서 겸손하여 옷을 찢고 통곡하였으므로 나도 네 말을 들었노라 여호와가 말하였느니라 ²⁸그러므로 내가 네게 너의 조상들에게 돌아가서 평안히 묘실로 들어가게 하리니 내가 이 곳과 그 주민에게 내리는 모든 재앙을 네가 눈으로 보지 못하리라 하셨느니라 이에 사신들이 왕에게 복명하니라 ²⁹왕이 사람을 보내어 유다와 예루살렘의 모든 장로를 불러 모으고 ³⁰여호와의 전에 올라가매 유다 모든 사람과 예루살렘 주민들과 제사장들과 레위 사람들과 모든 백성이 노소를 막론하고 다 함께한지라 왕이 여호와의 전 안에서 발견한 언약책의 모든 말씀을 읽어 무리의 귀에 들려 주고 ³¹왕이 자기 처소에 서서 여호와 앞에서 언약을 세우되 마음을 다하고 목숨을 다하여 여호와를 순종하고 그의 계명과 법도와 율례를 지켜 이 책에 기록된 언약의 말씀을 이루리라 하고 ³²예루살렘과 베냐민에 있는 자들이 다 여기에 참여하게 하매 예루살렘 주민이 하나님 곧 그의 조상들의 하나님의 언약을 따르니라 ³³이와 같이 요시야가 이스라엘 자손에게 속한 모든 땅에서 가증한 것들을 다 제거하여 버리고 이스라엘 모든 사람으로 그들의 하나님 여호와를 섬기게 하였으므로 요시야가 사는 날에 백성이 그들의 조상들의 하나님 여호와께 복종하고 떠나지 아니하였더라

이야기 속 다른 본문 경청하기

신명기 28:15-68; 예레미야 11:3

아몬이 살해당한 뒤, 그로 인해 발생한 왕국의 위기는 그 땅 백성들이 나서서 그의 아들 요시야를 왕으로 삼고 반역한 자들을 죽임으로써 해결된다(33:24-25). 이 격동의 시기 한가운데, 어린 소년 요시야는 예기치

않게 왕국을 다스리는 단독 군주가 되어 겨우 여덟 살의 나이에 왕위에 오른다(주전 640년). 그의 통치 이야기는 몇 개의 주요 시기로 나뉠 수 있는데, 젊은 왕이 주님을 찾고 유다와 이스라엘을 정화하는 것으로 시작하여(34:1-7), 그 뒤에 성전에서 발견된 율법책으로 인해 추가적인 개혁과 언약 갱신으로 이어진다(8-33절).

그리고 이는 마침내 유월절 경축에 이른다(35:1-19). 요시야가 하나님의 말씀을 듣지 않은 탓에 이집트 바로의 손에 때 이른 죽음을 맞이하면서 그의 통치는 마무리된다(20-27절).

본문을 경청하려면 이어지는 기사의 중심이 되는 모세 언약을 간단히 되풀이해 보아야 한다. 하나님께서 시내산에서 자기 백성과 언약을 맺으셨을 때, 그들은 하나님의 율법에 순종하기로 동의했다(출 20, 24장). 다른 고대 언약과 마찬가지로 축복과 저주는 법적 구속력을 가진 이 계약의 일부였고, 하나님은 자기 백성이 순종하면 축복하고 불순종하면 저주하겠다고 약속하셨다(레 26:1-39; 신 27-28장). 에발산에서 일련의 저주를 선포한 후, 레위인은 마지막 말을 전한다. "이 율법의 말씀을 실행하지 아니하는 자는 저주를 받을 것이라 할 것이요 모든 백성은 아멘 할지니라"(신 27:26; 렘 11:3을 보라). 모세는 긴 저주 목록(신 28:15-68) 한가운데서 이스라엘이 율법에 순종하지 않으면 이 모든 저주가 그들에게 임할 것이라고 설명한다(45절). 여성 예언자 훌다의 말과 유다에 대한 하나님의 심판이 곧 임할 것이라는 선언 배후에 이런 저주가 있다. 하지만 요시야는 자신을 낮추고, 그의 회개는 하나님의 진노를 막는다. 심판은 분명 다가오고 있지만 몇 해 더 걸릴 것이고, 우리는 이제 남왕국의 말기에 진입한다.

— 이야기 설명하기 —

요시야가 주님을 찾고 유다에서 우상 숭배를 없애다(34:1-7)

요시야는 그의 조상 다윗의 길을 걸으며 주님 보시기에 정직하게 행한 왕으로 소개된다(34:1-2; 참조. 29:2).[1] 그가 좌우로 치우치지 않았다는 것은 주님께 순종해(신 5:32; 17:11) 경건한 왕의 요건에 일치했음을 강조한다(20절). 아직 어렸던 즉위 8년에, 요시야는 주님을 찾기 시작했다(히. *d-r-sh*, 대하 34:3).[2] 다른 곳에서 언급했듯이, 주님을 찾는 것은 경건한 왕의 특징이며 공동체 전체에 기대되는 태도다(대상 22:19; 대하 1:5; 14:4, 6; 15:2, 12; 17:4; 20:3 등). 요시야의 경건은 즉위 12년인 주전 628년에 유다와 예루살렘을 정화하는 것으로 이어지는데(대하 34:3), 이때 왕은 이스라엘 사회에서 책임을 맡게 되는 중요한 나이인 스무 살이었다(민 1:3; 26:2; 대상 23:24; 대하 31:17). 특히 이때는 예레미야에게 하나님의 말씀이 임하기 불과 1년 전이다(렘 1:1-2). 요시야왕은 유다와 예루살렘에서 "산당들과 아세라 목상들과 아로새긴 우상들"을 제거한다(34:3). 산당은 므낫세 통치 기간에 남아 있었지만 그곳에서 주님만 예배했다(33:17). 왕국은 요시야의 아버지 아몬 치하에서 다시 우상 숭배로 치달았다(22-23절). 요시야는 이제 산당을 없애도록 조치하는데, 이전에 했던 것보다 더 광범위한 정화를 의미한다(15:17; 20:33; 33:17). 므낫세의 통치에서 넘어온 것으로 보이는(19, 22절) 아세라 목상과 아로새긴 우상은 파괴된다.

이스라엘 백성이 그 땅에 들어갈 때 모세가 내린 지시를 연상시키면서 바알 제단과 분향단도 파괴한다(34:4; 신 7:5; 12:3을 보라). 모세가 이스라엘이 만든 금송아지에 했던 것처럼(출 32:20) 우상 숭배물을 산산이 부수어 가루로 만든다. 요시야는 이 우상에게 제사를 드린 자들의 무덤에 그 가루를 뿌리고 거짓 제사장의 뼈를 불태운다(34:4-5; 왕상 13:2을 보라). 요시야의 정화는 북쪽 지역으로 므낫세, 에브라임, 시므온, 심지어 멀리 납달리 영토의 성읍까지 확장된다. 북왕국은 거의 100년 전인 주전 722년에 앗수르에게 패배했고, 이방인들이 그 지역에 들어와 다양한 우상 숭배 관행이 남아 있었다(왕하 17장). 이런 요인 외에도 앗수르 제국이 그 지역에서 쇠퇴하고 있었기 때문에 요시야는 북쪽으로 영향력을 확장할 기회를 얻었을 것이다. 요시야는 유다에서 그랬듯이 이스라엘 전역에서 이방 제단과 아세라 목상, 조각한 우상, 분향단을 파괴한 뒤 예루살렘으로 돌아온다(대하 34:6-7).

요시야가 성전을 수리하다(34:8-13)

요시야는 즉위 18년(주전 622년)에 서기관 사반과 시장 마아세야, 서기관 요아를 보내 하나님의 전을 수리한다(34:8). 그들은 레위인이 모은 돈을 대제사장 힐기야에게 가져다준다. 유다와 베냐민만이 아니라 므낫세와 에브라임 그리고 추방당하고도 살아남은 사람들을 가리키는 이스라엘의 남은 자들에게서 헌금을 거두었다(9절). 모인 헌금은 성전 물품과 수리를 위해 사용되는데, 이는 이전 왕들의 소홀함으로 인해 유지 보수가 지연되었음을 시사한다. 일꾼들은 레위인의 지도 아래 성실히 일하는데, 레위인은 고된 노동에 동반되는 음악 연주를 포함해 다양한 책임을 맡는다!

율법책을 발견하고 언약을 갱신하다(34:14-33)

성전에 헌금을 모으자 무언가 놀라운 일이 일어난다. 대제사장 힐기야는 모세가 전한 주님의 율법책을 발견한다(34:14). 발견된 두루마리는 아마 신명기였을 것이다.[3] 지도자들은 이 책을 요시야에게 가져가고, 그동안 이루어진 일과 일꾼들에게 지급한 돈에 대해 왕에게 경과보고를 한다(15-17절). 그때 사반은 발견한 두루마리에서 신명기에 나오는 모세 언약의 저주를 연상시키는(신 27-28장; 29:21; 참조. 레 26:14-39) 내용을 읽는다(18절).[4] 율법을 "모세가 전[했다]"(34:14)는 말은 율법의 고대성과 권위를 강조하고, 모세를 저자로 인정하는 다른 곳의 언급과도 일치한다(예. 레 10:11; 26:46; 민 36:13; 대하 33:8; 느 8:14; 9:14; 10:29).[5]

율법의 말씀을 들은 요시야는 마음을 뒤흔드는 진심 어린 죄의 확신으로 옷을 찢고, 힐기야와 사반, 그의 아들 아히감과 다른 두 지도자에게 주님께 물으라고 명령한다.[6] 왕은 하나님의 큰 진노를 염려했기 때문이다(34:21). 그는 "우리 조상들이 여호와의 말씀을 지키지 아니하고 이 책에 기록된 모든 것을 준행하지 아니하였[다]"는 것을 깨닫는다(21절). 모세 언약은 율법에 순종하도록 요구했고(출 24:3, 7; 레 18:5), 그렇게 하지 않을 경우 저주의 형태로 임하는 하나님의 진노로 이어질 것이다(신 27-28장). 당연히 이 말씀을 들은 요시야는 옷을 찢고 눈물을 흘린다.

왕실 대표단은 예루살렘에 살고 있던 여성 예언자 훌다를 찾아간다(대하 34:22). 그녀의 시할아버지(개역개정은 남편인 살룸)는 의복(아마 제사장의 예복)을 관리하는 일을 했는데, 이 일을 위해 가족들은 성전 근처에서 살아야 했을 것이다(22절). 훌다는 즉시 이스라엘의 주 하나님께서 직접 주신 예언의 말씀을 담은 답을 왕에게 준다. 그녀는 하나님께서 "책에 기록된 모든 저주"의 형태로 예루살렘과 주민들에게 큰 재앙을 내리실 것이라고 왕에게 경고한다(24절). 백성이 하나님을 버리고 다른 신들에게 분향함으로써 하나님의 꺼지지 않는 진노를 불러일으켰다(25절). 하지만 예언자는 요시야의 마음이 온유하고 하나님 앞에서 겸손했기 때문에 그의 부르짖음을 들으셨다고 선포한다(27절). 왕이 하나님 앞에서 겸손한 것을 볼 때, 하나님의 말씀을 듣고 회개하는 요시야의 반응은 역대하 7:14을 떠올리게 한다. 그래서 훌다는 왕이 평안히 장사될 것이라고 선포한다. 왕은 자신이 죽고 몇 년 안에 일어날 예루살렘의 재앙을 보지 않을 것이기 때문이다(36장을 보라).

요시야는 이 말씀을 들은 후 장로들을 모아 성전에 올라간다(34:30). 전체 공동체는 왕과 합류하여 왕이 낭독하는 언약의 두루마리를 듣기 위해 모인다(30절; 참조. 출 24:7). 왕은 자리에 서서 주님을 따르고 "마음을 다하고 목숨을 다하여… 그의 계명과 법도와 율례를 지켜 이 책에 기록된 언약의 말씀을 이루리라"고 주님 앞에서 언약을 맺는다(대하 34:31). 언약 갱신은 하나님의 백성을 주님께로 돌아오게 한 이전 왕들을 연상시킨다(15:12-14; 29:10; 참조. 신 29:10-15). "계명"과 "법도"와 "율례"라는 용어는 신명기에서 언약의 규정을 가리킬 때 두드러지게 사용되는 전문 용어다.[7] 요시야는 주님께 전폭적인 충성('마음과 목숨')을 맹세한다(참조. 신 6:5; 11:13). 백성들은 왕과 함께 언약을 갱신하고(대하 34:32), 뒤이어 가증한 우상을 제거하며 유다 국경 너머로 정화를 확장한다. 요시야 치하의 갱신은 남왕국 역사에서 중요한 순간을 나타내지만, 백성들이 "요시야가 살아 있는 동안에는" 주님을 따랐다는 진술이 시사하듯이(33절, 새번역), 이런 순종이 오래가지 않을 것이라는 암시가 보인다. 우리가 이미 여호야다의 생애에서 보았던 일이다(24:2, 17).[8] 당연히 "가증한 것들"은 제거되었다 하더라도 다시 나타날 것이고(36:8, 14), 미루어진 하나님의 진노는 분명 앞으로 임할 것이다(34:21; 36:16).

이야기 살아내기

청년 시절에 주님을 찾다

요시야는 여덟 살 어린 나이에 왕이 되었지만, 열여섯 살에 주님을 찾는 데 전념했다(34:3). 스무 살이 되었을 때 그는 유다와 예루살렘에서 아버지와 할아버지의 통치 기간에 남아 있던 우상을 제거했다. 이스라엘 사회에서 스무 살은 전쟁에 나갈 자격을 얻고(민 1:3; 대상 27:23; 대하

25:5) 레위인의 경우 성전 인력으로 섬기는(대상 23:24; 대하 31:17) 등, 어떤 사람이 성인의 책임에 들어서는 문턱이었다. 때로 하나님은 특정 임무를 위해 어릴 때 누군가를 부르셨다. 사무엘은 소년이었을 때 하나님의 부르심을 받았고(삼상 2:18, 26; 3:8), 청년 시절에는 엘리와 그 가문에 심판을 선언하는 어려운 임무를 맡았다(10-21절). 예레미야는 청년이었을 때 하나님께서 예언자로 부르셨는데(렘 1:4-7), 그도 유다에 대한 하나님의 심판을 알리는 어려운 임무로 부름받았다. 요시야는 젊은 나이에 주님을 찾았을 뿐만 아니라, 겸손했고 하나님을 향한 마음이 온유했으며 하나님 말씀의 영속적 권위에 복종함으로써(34:19-21, 26-27, 31-33), 이스라엘 역사의 결정적인 시기에 언약을 갱신하고 왕국에 새로운 활력을 불어넣는 결과를 가져왔다.

교회사에는 젊은 나이에 주님을 섬기기 시작한 사람들이 많다. 코트니 앤더슨(Courtney Anderson)은 『금빛 해안으로』(To the Golden Shore)라는 책에서, 매사추세츠주 세일럼에서 파송된 첫 침례교 선교사들의 감동적인 이야기를 들려준다. 선교사 애도나이럼 저드슨(Adoniram Judson, 1788-1850년)은 앤도버 신학교(Andover Theological Seminary)에서 공부하던 스무 살 젊은 나이에 부르심을 받았다. 인도에서 섬겼던 한 영국인 선교사의 설교를 읽고 감동받은 그는 이듬해 소명을 받아들였다.

> 캠퍼스의 숲길을 홀로 산책하면서 이 문제를 두고 묵상하고 기도하던 중 포기하는 쪽으로 반쯤 기운다고 느꼈을 때 "온 천하에 다니며 만민에게 복음을 전파하라"는 그리스도의 명령이 너무나 선명하고 강력하게 마음에 다가왔다. 나는 완전한 결단에 이르렀고, 큰 어려움이 앞길을 막더라도 무슨 일이 있어도 이 명령에 순종하기로 결심했다.[9]

인생의 전성기에 애도나이럼과 그의 아내 앤(Ann)은 선교사로 하나님을 섬기기로 결심했다. 지독하게 춥고 냉랭했던 1812년 2월 6일, 매사추세츠주 세일럼에 있는 역사적인 태버내클 교회(Tabernacle Church)에서 애도나이럼과 다른 네 사람의 안수식이 거행되었다. 인근 마을은 물론이고 보스턴과 멀리 북쪽 글로스터까지 사람들은 말을 타고 걸어서, 차가운 눈발을 헤치고 썰매를 타고 왔다. 태버내클 교회는 사람들로 북적댔고, 통로는 회중으로 가득 찼으며, 높은 강단이 선 단상에는 귀빈들과 성직자들로 가득했다. 감동적인 파송 예배가 진행되는 동안 다섯 사람과 온 회중은 주님 앞에 무릎을 꿇었고, 엄숙한 서약을 할 때 회중 곳곳에서 탄식과 울음소리가 들렸다. 1812년 이 젊은 선교사들은 아내와 함께 복음의 부름에 응답하여 매사추세츠주 세일럼의 더비 부두에서 출항했다.[10] 애도나이럼의 인생 이야기에는 앞으로 힘든 시기가 많이 있었다. 인도에서 추방된 후 애도나이럼은 아내와 함께 미얀마로 떠났고, 섭리 가운데 그곳에서 전도와 미얀마어 성경 번역에 집중했다. 스무 살에 처음 주님의 부르심을 받은 애도나이럼은 그 여정에서 엄청난 희생을 치르고 많은 시련과 고난을 겪으면서 수십 년간 주님을 섬겼다.

이 이야기는 하나님께서 청소년을 포함한 모든 연령의 사람을 하나님 나라를 위해 사용하신다는 것을 상기시키는 역할을 한다(또한 더 많은 이야기가 있다). 때로 부모들은 (종종 그들을 놀라게 할 만큼) 어릴 때부터 주님께 반응하는 자녀들 안에서 이런 소명 의식을 본다. 우리는 이런 일을 무시하기 쉽지만, 하나님은 사건이 전개되고 나서 여러 해가 지난 후에야 이해할 수 있는 방식으로 자녀들의 삶에 역사하실 수 있다. 우리는 어리다는 이유로 누군가를 무시하지 않아야 한다(딤전 4:12; 딤후 3:14-15). 하나님은 부드러운 마음을 가진 젊은이들에게 자기를 계시하실 수 있고, 젊은 시절부터 일평생 섬기도록 그들을 부르실 수 있다. 이처럼 어린아이 같은 믿음이 우리 모두에게 필요하며, 요시야는 주님을 찾고 하나님 나라를 위해 그분께 쓰임받은 젊은이의 한 본보기다.

64   역대하 35:1-27

이야기 경청하기

¹요시야가 예루살렘에서 여호와께 유월절을 지켜 첫째 달 열넷째 날에 유월절 어린 양을 잡으니라 ²왕이 제사장들에게 그들의 직분을 맡기고 격려하여 여호와의 전에서 직무를 수행하게 하고 ³또 여호와 앞에 구별되어서 온 이스라엘을 가르치는 레위 사람에게 이르되 거룩한 궤를 이스라엘 왕 다윗의 아들 솔로몬이 건축한 전 가운데 두고 다시는 너희 어깨에 메지 말고 마땅히 너희의 하나님 여호와와 그의 백성 이스라엘을 섬길 것이라 ⁴너희는 이스라엘 왕 다윗의 글과 다윗의 아들 솔로몬의 글을 준행하여 너희 족속대로 반열을 따라 스스로 준비하고 ⁵너희 형제 모든 백성의 족속의 서열대로 또는 레위 족속의 서열대로 성소에 서서 ⁶스스로 성결하게 하고 유월절 어린 양을 잡아 너희 형제들을 위하여 준비하되 여호와께서 모세를 통하여 전하신 말씀을 따라 행할지니라 ⁷요시야가 그 모인 모든 이를 위하여 백성들에게 자기의 소유 양 떼 중에서 어린 양과 어린 염소 삼만 마리와 수소 삼천 마리를 내어 유월절 제물로 주매 ⁸방백들도 즐거이 희생을 드려 백성과 제사장들과 레위 사람들에게 주었고 하나님의 전을 주장하는 자 힐기야와 스가랴와 여히엘은 제사장들에게 양 이천육백 마리와 수소 삼백 마리를 유월절 제물로 주었고 ⁹또 레위 사람들의 우두머리들 곧 고나냐와 그의 형제 스마야와 느다넬과 또 하사뱌와 여이엘과 요사밧은 양 오천 마리와 수소 오백 마리를 레위 사람들에게 유월절 제물로 주었더라 ¹⁰이와 같이 섬길 일이 구비되매 왕의 명령을 따라 제사장들은 그들의 처소에 서고 레위 사람들은 그들의 반열대로 서고 ¹¹유월절 양을 잡으니 제사장들은 그들의 손에서 피를 받아 뿌리고 또 레위 사람들은 잡은 짐승의 가죽을 벗기고 ¹²그 번제물을 옮겨 족속의 서열대로 모든 백성에게 나누어 모세의 책에 기록된 대로 여호와께 드리게 하고 소도 그와 같이 하고 ¹³이에 규례대로 유월절 양을 불에 굽고 그 나머지 성물은 솥과 가마와 냄비에

삶아 모든 백성들에게 속히 분배하고 [14]그 후에 자기와 제사장들을 위하여 준비하니 이는 아론의 자손 제사장들이 번제와 기름을 저녁까지 드리므로 레위 사람들이 자기와 아론의 자손 제사장들을 위하여 준비함이더라 [15]아삽의 자손 노래하는 자들은 다윗과 아삽과 헤만과 왕의 선견자 여두둔이 명령한 대로 자기 처소에 있고 문지기들은 각 문에 있고 그 직무에서 떠날 것이 없었으니 이는 그의 형제 레위 사람들이 그들을 위하여 준비하였음이더라 [16]이와 같이 당일에 여호와를 섬길 일이 다 준비되매 요시야 왕의 명령대로 유월절을 지키며 번제를 여호와의 제단에 드렸으며 [17]그때에 모인 이스라엘 자손이 유월절을 지키고 이어서 무교절을 칠 일 동안 지켰으니 [18]선지자 사무엘 이후로 이스라엘 가운데서 유월절을 이같이 지키지 못하였고 이스라엘 모든 왕들도 요시야가 제사장들과 레위 사람들과 모인 온 유다와 이스라엘 무리와 예루살렘 주민과 함께 지킨 것처럼은 유월절을 지키지 못하였더라 [19]요시야가 왕위에 있은 지 열여덟째 해에 이 유월절을 지켰더라 [20]이 모든 일 후 곧 요시야가 성전을 정돈하기를 마친 후에 애굽 왕 느고가 유브라데 강 가의 갈그미스를 치러 올라왔으므로 요시야가 나가서 방비하였더니 [21]느고가 요시야에게 사신을 보내어 이르되 유다 왕이여 내가 그대와 무슨 관계가 있느냐 내가 오늘 그대를 치려는 것이 아니요 나와 더불어 싸우는 족속을 치려는 것이라 하나님이 나에게 명령하사 속히 하라 하셨은즉 하나님이 나와 함께 계시니 그대는 하나님을 거스르지 말라 그대를 멸하실까 하노라 하나 [22]요시야가 몸을 돌이켜 떠나기를 싫어하고 오히려 변장하고 그와 싸우고자 하여 하나님의 입에서 나온 느고의 말을 듣지 아니하고 므깃도 골짜기에 이르러 싸울 때에 [23]활 쏘는 자가 요시야 왕을 쏜지라 왕이 그의 신하들에게 이르되 내가 중상을 입었으니 나를 도와 나가게 하라 [24]그 부하들이 그를 병거에서 내리게 하고 그의 버금 병거에 태워 예루살렘에 이른 후에 그가 죽으니 그의 조상들의 묘실에 장사되니라 온 유다와 예루살렘 사람들이 요시야를 슬퍼하고 [25]예레미야는 그를 위하여 애가를 지었으며 모든 노래하는 남자들과 여자들은 요시야를 슬피 노래하니 이스라엘에 규례가 되어 오늘까지 이르렀으며 그 가사는 애가 중에 기록되었더라 [26]요시야의 남은 사적과 여호와의 율법에 기록된 대로 행한 모든 선한 일과 [27]그의 처음부터 끝까지의 행적은 이스라엘과 유다 열왕기에 기록되니라

이야기 속 다른 본문 경청하기

출애굽기 12:1-28; 역대하 30:1-27

모세 언약을 갱신하고 주님께 충성을 맹세한 요시야는 즉위 18년에 유월절을 준비한다(35:19). 유월절은 이스라엘이 종살이에서 벗어난 구원 사건을 기념하고 이스라엘 종교력의 시작을 알렸다(출 12:1-28).[1] 이 절기는 히스기야 통치 기간에 하나 된 하나님의 백성이 경축했던 유월절을 연상시킨다(30:1-27). 그 중요성은 열왕기에서 간단하게만 논평했던 내용을(왕하 23:21-23) 역대기 저자가 의미심장하게 확장했다는 사실에서 확인된다. 곧이어 보게 되듯이 요시야 시대의 유월절과 히스기야 시대의 유월절을 비교해 보면, 절기 분위기는 의외로 예상보다 덜 활기차고, 주님께 드리는 노래와 찬양이 당황스러울 정도로 전무하다. 분명 요시야는 모든 것이 율법에 따라 제대로 이루어지도록 조치하지만 결과적으로 훨씬 침울한 그림이 그려지는데, 아마도 요시야의 임박한 죽음이 유월절 절기에 불길한 그림자를 드리우고 있음을 암시할 것이다.

훨씬 중요한 점은 ― 율법을 따라 이루어지지 않은 측면을 포함해 ― 히스기야의 유월절 경축을 그토록 감동적으로 만들었던 모든 특징은 백성들의 진심 어린 헌신에 집중되었다는 점이다. 그런데 이번에는 흥미롭게도 이런 특징이 빠져 있는데, 이는 아마 왕국의 마지막 날의 특징이 될 영적 열정의 결여를 암시할 것이다. 이 장은 요시야가 이집트 바로에

게 죽임당하고(35:20-24), 뒤이어 예언자 예레미야가 그를 위해 애가를 부르면서(25절) 마무리된다. 따라서 요시야의 죽음이라는 어두운 그림자는 기쁨이 아닌 애도로 이어지고, 이는 왕국의 마지막 날이 가까이 왔음을 알려 준다.

예레미야는 요시야 13년, 곧 주전 627년에 예언 사역을 시작한다는 점을 명심해야 한다(렘 1:2). 하나님은 또한 요시야 시대에 예언자 스바냐를 일으키셔서(습 1:1) 유다와 예루살렘 주민에게 심판을 선포하신다. 특히 스바냐는 바알 및 천체 숭배와 말감에게 절하고 맹세하는 자들에 대해 언급한다(4-5절). 요시야는 통치 초기에 이방 우상과 그 제단을 파괴했지만(대하 34:4-7), 스바냐는 "여호와를 배반하고 따르지 아니한 자들과 여호와를 찾지도 아니하며 구하지도 아니한 자들"에게 심판을 선포한다(습 1:6; 또한 2:3을 보라). 동사 '찾다'(히. b-q-sh)와 '묻다'(히. d-r-sh)는 역대기에 사용된 핵심 용어로, 주님을 찾는 것이 가장 중요한 미덕임을 보여 준다. 백성들이 주님을 찾지 않았다는 고발은 덜 활기찬 유월절 분위기에서 암시되는 왕국의 영적 상태를 가리킨다고 할 수 있다.

― 이야기 설명하기 ―

요시야가 유월절을 지키다(35:1-19)

유월절은 율법에 따라(출 12:6; 레 23:5) 첫째 달 열넷째 날에 지킨다(대하 35:1). 제사장은 각자 임무를 맡고, 왕은 그들의 섬김을 격려한다. 여기서 교사로 등장하는(대하 17:7-9; 스 8:16; 느 8:7을 보라) 레위인들에게 언약궤를 성전으로 가져오라고 지시한다(대하 35:3; 참조. 대상 15:2).[2] 이때 언약궤가 성전에 없던 이유는 분명하지 않지만, 므낫세나 아몬이 우상숭배를 하던 통치 기간에 방치되었거나 심지어 사라졌을 수도 있다. 언궤에 대한 관심은 요시야의 경건을 입증하지만(참조. 13:3), 이것은 언약궤에 관한 역대기의 마지막 언급이다. 바벨론이 언약궤를 약탈품으로 가져갔거나 파괴했을 수도 있지만(아마도 애 2:1), 확신할 수는 없다.

요시야는 게르손, 그핫, 므라리의 세 레위 가문에 근거한 갈래를 따라(대상 23-24장) 유월절을 준비하라고 레위인에게 지시한다(대하 35:5-6). 유월절은 원래 개별 가정에서 지켰지만(출 12:3-6; 신 16:5-6), 히스기야 시대의 중앙 집중화 정책은(대하 30:13-20; 참조. 신 12장) 이제 공식화되었다. 물론 유월절의 가족적 특성은 남아 있지만 말이다. 레위인은 일반 백성을 대표하여 동료 이스라엘 백성을 위해 유월절 짐승을 제물로 바친다. 요시야는 유월절을 위해 많은 양의 어린 양과 염소를 헌물하고(참조. 출 12:5; 신 16:2), 수소를 하나님께 올려 드리는데, 모두 왕실 재산에서 가져온 것이다(대하 35:7). 많은 양을 바친 것은 왕의 아낌없이 드리는 마음, 즉 경건한 리더십의 자질을 보여 준다(대상 29:12-14; 대하 30:24).[3] 요시야의 정치적·종교적 지도자들도 그를 따라 아낌없이 자유롭게 제물을 바친다(35:8-9; 참조. 대상 29:5, 6, 9, 14, 17). 제물의 총수는 이 절기가 히스기야 시대의 유월절보다(대하 30:24) 실질적으로 더 큰 규모였음 보여 준다.[4]

제사장은 지정된 위치에 서고, 레위인이 갈래를 따라 동물을 잡고 가죽을 벗기는 동안 제사장이 그 피를 제단에 뿌리는데(35:10-11), 첫 유월절에 이스라엘 백성이 문간에 뿌린 피를 연상시킨다(출 12:7, 13). 번제물로 사용된 일부를 백성에게 나누어 주고, 백성은 받은 부분을 제사장을 통해 다시 주님께 드린다. 올바른 절차를 따라 유월절 양은 불에 굽지만(대하 35:13; 참조. 출 12:8-9; 신 16:7), 다른 제물은 냄비에서 삶는다(참조. 출 29:31; 레 8:31). 레위인은 신속하게 백성들에게 고기를 가져다주어(대하 35:13) 유월절 식사에 내포된 다급함을 재현한다(출 12:11).

레위인은 백성들을 섬긴 후 자신과 제사장을 위해 유월절을 준비하지만, 이와 같은 큰 절기에는 많은 일을 해야 하기 때문에 저녁까지 기다려야 했다(대하 35:14). 마지막으로 노래하는 자들, 곧 아삽의 자손과 성문에 배치된 문지기가 자리를 지키는 동안 레위인은 그들을 위해 유월절을 준비한다. 모인 백성 가운데는 히스기야 시대의 경우와 마찬가지로 북쪽 지파에서 온 이들도 포함되어 있었다(17절; 참조. 30:6, 18, 21). 율법에 규정된 대로 7일 동안 무교절이 지켜진다(출 23:15). 요시야 즉위 18년(주전 622년)으로 추정되는 이 절기는 남왕국 역사에서 정점을 찍는다(대하 35:18-19). 앞서 히스기야왕이 유월절을 경축했지만(30장), 요시야는 히스기야와 달리 하나님의 율법에 따라 **첫째 달** 열넷째 날에 유월절을 경축한다(35:1; 참조. 민 9:2-5). 하지만 애석하게도 유다는 몇십 년 후에 유배될 것이기 때문에, 이번 절기는 오랫동안 마지막 경축으로 여겨질 것이다.

요시야가 바로 느고에게 죽다(35:20-27)

이제 요시야의 죽음으로 이어지는 사건들을 기술하는데, 그의 죽음은 유월절 후 10년 이상 지난 주전 609년에 일어난다. 이 이야기는 이집트의 바로 느고(주전 609-594년)가 바벨론과 전쟁을 벌이기 위해 갈그미스로 진군하고, 요시야가 그를 막아서면서 시작된다(35:20). 하맛은 이스라엘의 북쪽 국경을 나타내 주지만(대상 13:5; 대하 7:8; 8:3), 갈그미스는 하란 서쪽, 유프라테스강 북쪽 훨씬 먼 곳에 위치해 있었다. 앗수르 제국은 이미 여러 성이 패배한 가운데 기울어 가고 있었다. 느고는 나보폴라사르(느부갓네살의 아버지)가 이끄는 메디아-바벨론 연합군을 진압하려고 노력하면서 쇠약해진 앗수르에 지원군을 보내려고 했다.[5] 이렇게 하려면 느고의 군대는 동쪽과 남서쪽의 두 대제국 사이에 있는 완충지역인 이스라엘 땅으로 진군해야 했다. 요시야는 이집트군을 차단하여 이스라엘을 통과하는 주요 통로를 보호하기 위해 북쪽 므깃도로 이동한다. 보다(Boda)가 지적하듯 "므깃도 고개에 대한 통제권은 분쟁 중이었을 가능성이 높다. 특히 후퇴하게 될 경우를 대비해 이집트로 돌아가는 통신선과 탈출로를 확보하는 데 반드시 필요했기 때문에 이 고개를 통제하는 것은 느고에게 중요했을 것이다."[6] 그런데 느고는 요시야에게 사신을 보내, 다른 나라와 전쟁을 벌이기 때문에 요시야와 싸우려는 것이 아니라고 말한다(35:21). 나아가 느고는 하나님께서 자기에게 속히 행하라고 말씀하셨고, 그분께서 요시야를 멸하시지 않도록 자기와 함께 계신 하나님을 대적하는 행위를 멈추라고 말한다(21절). 요시야는 귀를 기울이지 않고 오히려 변장하는데, 악명 높은 아합왕의 어리석음을 연상시킨다(18:29). 요시야를 비난하는 마지막 논평에서는 느고의 말이 "하나님의 입에서 나온 말"이었다고 지적한다(35:22). 어떤 이들은 이스라엘 백성이 아닌 이방 왕이 하나님을 대신해 말할 수 있는지 의문을 제기하겠지만, 하나님은 자신의 목적을 이루기 위해 이스라엘 백성이 아닌 사람을 사용하신 경우가 있다(36:22-23; 사 44:24-28; 45:1-4). 의심쩍은 이방 사신이 전해 준 것이기는 하지만, 하나님의 명령에 귀 기울이지 않음으로써 요시야는 시작은 좋았으나 끝은 형편없는 다른 왕들(솔로몬, 아사, 여호사밧, 요아스, 웃시야 등)과 동일시된다. 이것은 최고의 왕도 어떤 측면에서 실패한다는 사실을 일깨워 주고, 딜라드가 지적하듯이 "요시야의 실패를 통해 우리는 실수 없이 하나님의 백성을 의로 다스릴 또 다른 다윗의 아들을 바라보게 된다."[7]

요시야는 전투 중에 궁수들의 활에 맞아 중상을 입는데(대하 35:23), 악명 높은 아합과 또 다른 문학적 연관성을 부여함으로써(18:33) 요시야 생애 말년에 부정적인 그림자를 드리운다. 부상을 입은 요시야는 신하들에게 자기를 데려가라고 지시한다. 그들은 요시야를 병거에 태우고 예루살렘으로 데려와 조상들의 무덤에 묻는다(35:24).[8] 요시야의 죽음으로 이집트의 패권은 강화되지만, 그들도 주전 605년 느부갓네살에게 패배할 것이다(렘 46장). 이 분수령과 같은 전투는 고대 근동 정치 지형의 전환점을 표시하고, 가까운 시일 내에 유다에 직접적인 영향을 미칠 것이다. 그동안 온 유다와 예루살렘은 요시야를 애도하고, 예레미야는 이스라엘 전승의 일부가 된 애가를 왕을 위해 짓는다. 역대기 저자는 요시야의 헌신을 비롯한 다른 사건들이 이스라엘과 유다 열왕기에 기록되어 있다고 언급하면서 마무리한다(대하 35:26-27).

― 이야기 살아내기 ―

하나님은 이스라엘의 슬픔을 기쁨으로 바꾸실 것이다

요시야는 모세가 율법에 규정한 내용(35:6, 12)과 다윗이 제의와 관련해 제정한 내용(4, 15절)을 주의 깊게 따른다.[9] 반면 히스기야는 유월절을 경축할 때 몇 가지를 양보하여, 자신을 성별하지 않은 이들을 사해 주시도록 하나님께 요청해야 했다(30:17-18).[10] 요시야왕의 율법 준수는 분명 칭찬받을 만하다. 요시야에 대한 소개는 그가 좌우로 치우치지 않은 왕이었음을 강조한다(34:2; 참조. 신 5:32; 17:11, 20; 28:14; 수 1:7). 하나님의 말씀에 순종하지 않으면 하나님의 진노로 이어질 것이기 때문에(대하 34:21), 요시야가 하나님의 말씀에 순종하는 것은 매우 중요했다. 따라서 역대기 저자는 요시야를 소개하면서 그가 "여호와 보시기에 정직하게 행하여 그의 조상 다윗의 길로" 걸었다고 말한다(2절). 마지막 에피소드를 제외하면, 요시야는 주님을 향한 헌신, 성경의 영속적인 권위에 대한 복종 그리고 하나님의 율법을 신중하게 따르고자 하는 결단에서 모범적이었다.

하지만 이전 히스기야 시대의 경축과 비교할 때 이번 유월절 절기에는 무언가 부족함이 있다. 분명 모든 절차를 철저히 따르고 왕의 헌신에도 의심할 여지가 없지만, 기쁨도 주님을 찬양하는 노래도 기도도 축복도 없다. 다윗왕은 악기를 사용해 "즐거운 소리"를 내도록 레위인 음악가를 임명했고(대상 15:16; 참조. 25절), 하나님의 백성이 모일 때 그곳에는 보통 큰 기쁨이 있었다(29:9, 17, 22). 여호야다가 레위인 제사장을 임명해 번제를 드릴 때도 모세의 율법에 따라 이루어졌지만, 무엇보다 "다윗이… 정한 규례대로 즐거이 부르고 노래"했다(대하 23:18). 히스기야 시대에는 "레위 사람들과 제사장들은 날마다 여호와를 칭송하며 큰 소리 나는 악기를 울려 여호와를 찬양하며" 7일 동안 절기를 지켰다(30:21). 절기는 7일 더 연장되었지만, 이는 단지 "또 칠 일을 즐겁게" 지켰다는 의미였다(23절). 그래서 "예루살렘에 큰 기쁨"의 시기였다고 묘사한다(26절). 역대기에서 기쁨이 중요한 주제라는 점을 고려할 때, 요시야 시대의 침울한 절기 분위기는 한층 두드러진다. 한(Hahn)이 지적하듯이 "역대기는 성경 다른 곳에서 필적할 수 없는 방식으로 하나님께 드리는 예배가 진심으로 즐거운 일이라고 묘사한다."[11] 앞서 언급한 것처럼 히스기야 시대에 예루살렘에서 경험한 기쁨은 모세에게 주신 하나님 약속의 성취였다(신 12:7, 12, 18). 따라서 시편에서는 기쁨의 노래가 크게 울려 퍼진다(시 9:2; 21:1; 32:11; 33:21; 40:16 등).

요시야의 마음은 분명 주님께 헌신되어 있었고 율법이 낭독되었을 때 자신을 낮췄지만, 백성들이 같은 방식으로 응답했다는 암시는 전혀 없다. 요시야는 옷을 찢었지만(대하 34:19), 율법을 들은 백성들은 그와 같은 반응을 전혀 보이지 않았다(30절). 거의 무덤덤한 그들의 반응은, 하나님의 말씀을 들었을 때 울면서(느 8:9) 하나님을 기뻐했던(10, 12, 17절; 참조. 12:27, 44) 귀환자들과 극명한 대조를 이룬다. 이 이야기에서 백성들은 기쁨의 경축 대신, 덜 활기찬 분위기가 애도와 탄식으로 바뀌면서 왕의 죽음을 슬퍼한다. 왕국은 곧 종말에 이를 것이기 때문에 이로써 암울한 시기에 들어선다.

예언자들이 상상한 회복은 그들이 선포하듯이 이스라엘의 슬픔이 기쁨으로 바뀔 것이라는 의미임을 깨달아야 한다. "내가 그들의 슬픔을 돌려서 즐겁게 하며 그들을 위로하여 그들의 근심으로부터 기쁨을 얻게 할 것임이라"(렘 31:13; 참조. 시 14:7). 예언자 이사야도 회복의 특징은 기쁨이 될 것이라고 가르쳤다. "여호와께 구속받은 자들이 돌아와 노래하며 시온으로 돌아오니 영원한 기쁨이 그들의 머리 위에 있고 즐거움과 기쁨을 얻으리니 슬픔과 탄식이 달아나리이다"(사 51:11; 참조. 35:1-10). 저녁에는 울음이 깃들일지라도 아침에는 기쁨이 온다(시 30:5, 11).

유배 후 하나님의 백성이 시온으로 돌아오며 기뻐하는 초기의 회복 기간이 있었지만(느 8:10, 12, 17; 12:27; 12:44), 완전한 회복은 메시아가 오실 때까지 실현되지 않았다. 그분의 탄생을 가리키는 표식은, 그렇다, 기쁨이다! 예수님은 유월절에 일어난 능력의 구속을 통해 세상 죄를 없애는 하나님의 어린양이시다. 예수님은 자기 백성을 구속하고 새 언약을 세우시며, 이것은 분명 큰 기쁨(행 13:52; 16:34; 벧전 1:8), 곧 성령이 주시는 기쁨(눅 10:21; 롬 14:17; 갈 5:22; 살전 1:6)을 가져다준다. 회복은 하나님의 백성에게 기쁨을 주겠지만, 예수님이 성취하신 온전한 회복은 영원한 기쁨을 가져다준다. 이사야서에서 직접 가져온 단순하면서도 심오한 소망의 메시지를 반복하는 오래된 합창이 떠오른다.

> 주께 구속된 자들이 돌아오네.
> 시온으로 오며 노래하네.
> 그 머리 위에 영영한 기쁨을 쓰겠네.
> 즐거움과 기쁨 얻고
> 눈물 근심은 사라지리.

성경에서 직접 가져온 이 노래가 주님이요, 구속자이신 분 안에서 성취된 하나님의 회복 약속을 기뻐하는 우리 마음과 생각 속에서 흘러넘치기를 바란다. **그분의** 기쁨이 우리 머리 위에 있고, 그분의 영원한 나라, 더 이상 슬픔이나 애통이나 고통이 없는 나라가 오기를 기다리는 우리에게 슬픔과 애통이 사라지기를 바란다(계 21:4).

65　　　　　　　　　　　　　역대하 36:1-23

이야기 경청하기

¹그 땅의 백성이 요시야의 아들 여호아하스를 세워 그의 아버지를 대신하여 예루살렘에서 왕으로 삼으니 ²여호아하스가 왕위에 오를 때에 나이가 이십삼 세더라 그가 예루살렘에서 다스린 지 석 달에 ³애굽 왕이 예루살렘에서 그의 왕위를 폐하고 또 그 나라에 은 백 달란트와 금 한 달란트를 벌금으로 내게 하며 ⁴애굽 왕 느고가 또 그의 형제 엘리아김을 세워 유다와 예루살렘 왕으로 삼고 그의 이름을 고쳐 여호야김이라 하고 그의 형제 여호아하스를 애굽으로 잡아갔더라 ⁵여호야김이 왕위에 오를 때에 나이가 이십오 세라 예루살렘에서 십일 년 동안 다스리며 그의 하나님 여호와 보시기에 악을 행하였더라 ⁶바벨론 왕 느부갓네살이 올라와서 그를 치고 그를 쇠사슬로 결박하여 바벨론으로 잡아가고 ⁷느부갓네살이 또 여호와의 전 기구들을 바벨론으로 가져다가 바벨론에 있는 자기 신당에 두었더라 ⁸여호야김의 남은 사적과 그가 행한 모든 가증한 일들과 그에게 발견된 악행이 이스라엘과 유다 열왕기에 기록되니라 그의 아들 여호야긴이 대신하여 왕이 되니라 ⁹여호야긴이 왕위에 오를 때에 나이가 팔 세라 예루살렘에서 석달 열흘 동안 다스리며 여호와 보시기에 악을 행하였더라 ¹⁰그 해에 느부갓네살 왕이 사람을 보내어 여호야긴을 바벨론으로 잡아가고 여호와의 전의 귀한 그릇들도 함께 가져가고 그의 숙부 시드기야를 세워 유다와 예루살렘 왕으로 삼았더라 ¹¹시드기야가 왕위에 오를 때에 나이가 이십일 세라 예루살렘에서 십일 년 동안 다스리며 ¹²그의 하나님 여호와 보시기에 악을 행하고 선지자 예레미야가 여호와의 말씀으로 일러도 그 앞에서 겸손하지 아니하였으며 ¹³또한 느부갓네살 왕이 그를 그의 하나님을 가리켜 맹세하게 하였으나 그가 왕을 배반하고 목을 곧게 하며 마음을 완악하게 하여 이스라엘 하나님 여호와께로 돌아오지 아니하였고 ¹⁴모든 제사장들의 우두머리들과 백성도 크게 범죄하여 이방 모든 가증한 일을 따라서 여

호와께서 예루살렘에 거룩하게 두신 그의 전을 더럽게 하였으며 [15]그 조상들의 하나님 여호와께서 그의 백성과 그 거하시는 곳을 아끼사 부지런히 그의 사신들을 그 백성에게 보내어 이르셨으나 [16]그의 백성이 하나님의 사신들을 비웃고 그의 말씀을 멸시하며 그의 선지자를 욕하여 여호와의 진노를 그의 백성에게 미치게 하여 회복할 수 없게 하였으므로 [17]하나님이 갈대아 왕의 손에 그들을 다 넘기시매 그가 와서 그들의 성전에서 칼로 청년들을 죽이며 청년 남녀와 노인과 병약한 사람을 긍휼히 여기지 아니하였으며 [18]또 하나님의 전의 대소 그릇들과 여호와의 전의 보물과 왕과 방백들의 보물을 다 바벨론으로 가져가고 [19]또 하나님의 전을 불사르며 예루살렘 성벽을 헐며 그들의 모든 궁실을 불사르며 그들의 모든 귀한 그릇들을 부수고 [20]칼에서 살아 남은 자를 그가 바벨론으로 사로잡아가매 무리가 거기서 갈대아 왕과 그의 자손의 노예가 되어 바사국이 통치할 때까지 이르니라 [21]이에 토지가 황폐하여 땅이 안식년을 누림같이 안식하여 칠십 년을 지냈으니 여호와께서 예레미야의 입으로 하신 말씀이 이루어졌더라 [22]바사의 고레스 왕 원년에 여호와께서 예레미야의 입으로 하신 말씀을 이루시려고 여호와께서 바사의 고레스 왕의 마음을 감동시키시매 그가 온 나라에 공포도 하고 조서도 내려 이르되 [23]바사 왕 고레스가 이같이 말하노니 하늘의 신 여호와께서 세상 만국을 내게 주셨고 나에게 명령하여 유다 예루살렘에 성전을 건축하라 하셨나니 너희 중에 그의 백성된 자는 다 올라갈지어다 너희 하나님 여호와께서 함께하시기를 원하노라 하였더라

이야기 속 다른 본문 경청하기

역대하 34:24-25; 예레미야 29:10

요시야가 죽은 후, 이집트 왕 느고는 바벨론의 위협을 억제하는 데 집중한다. 이로 인해 유다에 잠시 유예 기간이 주어져, 백성들은 요시야의

아들 여호아하스를 왕으로 임명할 수 있게 된다. 정치적 불안으로 가득한 격동의 시기로 진입하면서, 바벨론의 마지막 공격에서 절정에 이를 하나님의 심판이 이제 임박해 있음을 알아야 한다. 하나님은 다윗의 아들이 영원한 왕위를 받아 왕국을 다스릴 것이라고 약속하셨지만(대상 17:1-15), 이 약속을 받은 왕은 하나님의 율법에 순종해야 했다(22:11-13; 28:5-7; 대하 7:17-22). 오직 의로운 왕만이 하나님의 영원한 왕국을 다스릴 것이다. 의미심장하게도, 마지막 네 왕은 하나님 보시기에 악을 행하는데(36:5, 9, 12), 겸비하지 않고 목이 곧아 주님께 마음을 완악하게 했던 마지막 왕 시드기야에서 절정에 이른다(12-13절).

요시야 통치 기간에 있었던 율법책의 발견은 이 마지막 시기에 뒤따르는 사건들을 해석하는 중요한 렌즈를 제공한다. 율법의 말씀을 들었을 때 요시야는 "우리 조상들이 여호와의 말씀을 지키지 아니하고 이 책에 기록된 모든 것을 준행하지 아니하였으므로 여호와께서 우리에게 쏟으신 진노가 크도다"는 사실을 깨달았다(34:21). 왕은 여성 예언자 훌다를 통해 확증을 구했고, 훌다는 이렇게 대답했다.

> 여호와께서 이같이 말씀하시기를 내가 이곳과 그 주민에게 재앙을 내리되 곧 유다 왕 앞에서 읽은 책에 기록된 모든 저주대로 하리니 이는 이 백성들이 나를 버리고 다른 신들에게 분향하며 그의 손의 모든 행위로 나의 노여움을 샀음이라. 그러므로 나의 노여움을 이곳에 쏟으매 꺼지지 아니하리라. (24-25절)

요시야의 회개하는 마음은 그가 살아 있는 동안 유다에 대한 하나님의 진노를 막았지만(27-29절), 그의 죽음은 하나님의 진노가 불가피하고(36:16) 언약의 저주가 곧 유다에 임하리라는 것을 의미한다(34:24; 참조. 신 28:15-68). 이것이 우리 앞에 놓인 비극적 이야기다.

하지만 이것은 전체 그림이 아니다. 무언가 다른 것이 역대기 전반에서 울려 퍼지기 때문이다. 곧 하나님의 백성이 주님께 돌아오면 주님은 그들을 회복시켜 예루살렘으로 돌아오게 하실 것이라는 확고한 확신이다(대하 6:24-31, 36-39; 7:14; 참조. 레 26:40-46; 신 30장). 이 확신은 역대기 마지막 장을 조명하는 두 번째 핵심 본문으로 이어진다. 하나님은 예언자 예레미야에게 이렇게 말씀하셨다. "바벨론에서 칠십 년이 차면 내가 너희를 돌보고 나의 선한 말을 너희에게 성취하여 너희를 이곳으로 돌아오게 하리라"(렘 29:10). 주전 539년 고레스왕의 등장과 유배지에서 돌아오는 하나님 백성의 귀환은 예언자를 통한 하나님 말씀의 성취로 실현될 것이다. 역대기 저자는 이 예언을 염두에 두고 자신의 역작을 마무리한다(대하 36:20-21; 참조. 대상 9:1). 결국 이 회복의 소망은 그의 전체 저작을 형성하고, 주권자이신 하나님께서 여전히 자기 백성을 회복하는 일을 하고 계심을 상기시키는 초대장 역할을 한다.

이야기 설명하기

여호아하스, 여호야김, 여호야긴의 불경건한 통치(36:1-9)

요시야의 갑작스런 죽음으로, 넷째 아들 여호아하스(살룸으로도 알려진, 대상 3:15)가 왕위에 앉는다(대하 36:1). 열왕기에서 하나님 보시기에 악을 행한 왕으로 묘사된 그는(왕하 23:32; 참조. 렘 22:11-17) 3개월 동안만 짧게 통치할 것이다. 바로 느고는 처음에 바벨론의 위협에 집중했지만, 그의 관심은 하맛 지역의 립나 북부에 있는 군사 전초 기지와 함께 이스라엘로 향한다(왕하 23:33). 여호아하스왕은 폐위되어 그곳에 감금된 후 이집트로 끌려가 죽는다(대하 36:3-4; 참조. 왕하 23:33-34; 렘 22:11-12). 유다에 조공을 부과한 느고는 여호아하스의 동생 엘리아김을 왕위에 앉힌다.

'꼭두각시 왕'에 대한 강력한 종주권을 증명하기 위해 느고는 엘리아김의 이름을 여호야김으로 바꾼다. 그 역시 조공을 바쳐야 했는데, 예루살렘 주민들에게 세금을 부과하여 그 비용을 지불한다(왕하 23:35). 예레미야는 이 시기에 여호야김을 꾸짖는 말씀을 포함해(렘 22:18-23) 여러 예언 신탁을 전한다(25:1; 26:1; 35:1; 36:1 등). 하나님의 말씀에 대한 왕의 반응은 요시야의 부드러운 마음과 극명한 대조를 이룬다(34:19, 27). 아버지 요시야와 달리 여호야김은 하나님의 말씀을 낭독하는 것을 듣고는 두루마리를 불 속에 던져 성경을 불태워 버린다!(렘 36:1-26) 그러나 하나님은 그와 예루살렘을 향해 심판을 선포하실 것이다. 그들이 하나님의 말씀에 귀를 기울이지 않았기 때문이다(36:31).

한편, 바벨론 왕 느부갓네살이 주전 605년 갈그미스에서 느고를 격파한 사건은 유다에 직접적으로 영향을 미치는 결정적 전환점이 되어, 느부갓네살은 이 지역에서 지배력을 행사할 수 있게 된다. 여호야김은 조공을 바쳐야 했지만, 열왕기 기사에 따르면 그는 반란을 일으켰고, 이로 인해 왕국에 대한 공격으로 이어진다(왕하 24:1-7). 역대기 저자는 느부갓네살이 여호야김을 치러 와서 그를 사슬로 묶어 바벨론으로 끌고 가는 것으로 이야기를 이어 가는데, 앞선 므낫세왕을 연상시킨다(대하 36:6; 참조. 33:11).[1] 느부갓네살은 성전 그릇을 약탈해 바벨론으로 가져가고 그것을 **자기 신전**에 놓는다(36:7). 여호야김의 통치는 "그가 행한 모든 가증한 일들"에 대한 언급으로 마무리되는데(8절), 아마 다른 곳에서 그에 대해 언급한 내용을 요약하는 동시에(렘 22:17) 아하스(대하 28:3) 및 므낫세(33:2; 참조. 34:33)와 그를 동일시하는 것이다. 여호야김이 죽은 후 그의 아들 여호야긴(여고냐로도 알려진)이 왕이 되지만 그의 통치는 짧게 마친다. 그도 "여호와 보시기에 악을 행[한]" 왕으로 묘사된다(36:9; 참조. 렘 22:24-25; 52:31-34).

백성의 범죄로 하나님의 진노가 임하다(36:10-21)

느부갓네살은 주전 597년에 예루살렘을 치러 와서 여호야긴을 바벨론으로 데려간다(36:10). 추방자들 중에는 왕족과 귀족들이 있었고, 성전의 귀중한 그릇도 함께 가져간다(왕하 24:10-16). 바벨론 연대기에서는 이 사건을 기록하면서 느부갓네살과 그의 군대가 유다 성에 맞서 진을 치고 있는 장면을 묘사한다. 그는 여호야긴을 사로잡고 자신이 선택한 왕을 임명한다.[2] 느부갓네살은 여호야긴의 숙부 맛다니야를 왕위에 앉히고 그의 이름을 시드기야로 바꾼다(17절; 참조. 대하 36:10). 그는 요시야의 셋째 아들이다(대상 3:15).

우리는 이제 왕국의 마지막 10년을 지나고 있다. 시드기야는 "그의 하나님 여호와 보시기에 악을 행하고 선지자 예레미야가 여호와의 말씀으로 일러도 그 앞에서 겸손하지 아니하였다"는 평가를 받는다(대하 36:12; 참조. 렘 37:1-2). 역대기 전반에서 우리는 하나님 앞에서 겸손한 것이 얼마나 중요한지를(대하 12:6-7, 12; 32:26; 33:12, 19; 34:27), 또한 그렇게 하지 않으면 심판으로 이어지는 결과를 보았다(28:19; 33:23; 36:12). 시드기야가 겸손하지 않았다는 비난은 참담한 결과를 초래할 것이다. 하나님은 예언자 예레미야를 보내 반드시 심판이 올 것이라고 경고하셨지만(렘 21:1-14; 27:1-22; 37:1-21; 38:1-28), 왕은 주님의 말씀에 귀를 기울이지 않고 강하게 거부한다.

시드기야는 느부갓네살을 배반했고(대하 36:13; 참조. 겔 17:11-17), 그의 완고함은 "목을 곧게 하며"라는 묘사로 더욱 강조되는데(대하 36:13), 이는 금송아지 사건에서 이스라엘 백성에 대한 묘사를 떠올리게 한다(출 32:9; 33:3; 34:9). 시드기야는 하나님이 용서하시고 회복시키기 위해 필요한 회개의 자세인 주님께 '돌아오기'를 거부한다(대하 6:23, 24, 26, 37, 38, 42; 7:14 등). 역대기 저자는 나아가 모든 제사장의 우두머리와 백성들이 "크게 범죄하여 이방 모든 가증한 일을 따라" 행했다고 지적한다

(36:14). 이 진술은 지도자들의 극도의 부패를 입증한다. 그리고 특히 바로 이 시점까지 계속 반복된 "범죄"에 대한 강조에 비추어 볼 때, 그들의 범죄가 최고조에 달했음을 시사한다(참조. 대상 9:1).[3] 그들의 행동을 이방의 가증한 관행에 비유한 것은 그들이 이제 아하스(28:3), 므낫세(33:2), 여호야김(36:8) 같은 **최악의** 왕들처럼 되었음을 의미한다.

마지막으로 역대기 저자는 상상할 수 없는 일을 진술한다. 그것은 바로 그들이 **성전을 더럽혔다**는 것이다(대하 36:14). 이 성전은 솔로몬이 고대 근동의 최고급 자재를 구입하고 주 하나님의 영광에 합당하도록 전문 장인들을 확보해 7년에 걸쳐 건축했다(2-7장). 이 성전은 하나님의 영광스럽고 존귀한 하늘 보좌의 축소판이고, 거룩하신 하나님께서 이스라엘 가운데 거하시는 신성한 공간으로 성별된 곳이다. 그런데 이제 거룩한 백성으로 구별된 하나님의 백성들이 성전을 더럽혔다. 역대기에서 성전의 중요성을 고려할 때 상상할 수 없는 일이다. 예언자 예레미야와 에스겔은 성전에 둔 가증한 우상 때문에 성전이 부정해졌다고 말했다(렘 7:30; 32:34; 겔 5:11). 이스라엘의 우상 숭배는 이집트에 있을 때부터 끊임없이 계속된 문제였다(겔 20:7, 18, 30, 31; 23:3, 5, 7 등). 이것이 누적된 결과, 백성은 부정해졌고 결국 하나님의 임재는 비극적으로 성전을 떠났으며, 예루살렘에 대한 하나님의 심판이 뒤따랐다(8-11장). 이제 참담한 그림이 완성되었다. 즉 하나님께서 성별하여 예루살렘에 두신 거룩한 성전이 **더럽혀졌다**.

역대기 저자는 이스라엘의 반복되는 죄에 대한 하나님의 대응으로 초점을 바꾼다. "그 조상들의 하나님 여호와께서 그의 백성과 그 거하시는 곳을 아끼사 부지런히 그의 사신들을 그 백성에게 보내어 이르셨으나"(대하 36:15). 우리는 왕들의 이야기를 지나오면서 하나님이 얼마나 자주 예언자들을 보내 백성을 꾸짖으며 바로잡고 주님께 돌아오라고 부르셨는지를 보았다. 하나님은 자기 백성과 자신의 거룩한 처소를 아끼셨지만, 이제 더 이상 아끼지 않으실 때가 이르렀다. 예언자 에스겔은 하나님의 백성이 사악한 우상과 가증한 행위로 성전을 더럽혔기 때문에 하나님도 그들을 아끼거나 긍휼을 베풀지 않으실 것이라고 선포한다(겔 5:11; 7:4). 예레미야애가는 하나님의 백성이 긍휼히 여김 없이 하나님의 진노 아래 떨어져 무자비한 바벨론에게 넘겨지는(대하 36:17; 렘 21:7) 참혹한 상황을 보여 준다(애 2:2, 17, 21; 3:43).

백성들은 예언자의 말에 귀 기울이는 대신 "하나님의 사신들을 비웃고 그의 말씀을 멸시하며 그의 선지자를 욕"했다(대하 36:16). 하나님의 예언자와 그분의 말씀에 대한 이 같은 무시는 하나님의 진노가 "회복할 수 없[을]" 때까지 일어났음을 의미한다(16절). 하나님은 앞서 솔로몬 통치 기간에, 만일 자기 백성이 스스로 낮추고 기도하고 악한 길에서 떠나면 그 땅을 고치겠다고 약속하셨다(7:14; 참조. 30:20).[4] 하지만 회개하지 않으면 치유는 없고 하나님의 진노만 있을 것이다(렘 8:14-15; 14:19-20). 잠언에서 현명하게 진술하듯이 "자주 책망을 받으면서도 목이 곧은 사람은 갑자기 패망을 당하고 피하지 못하리라"(잠 29:1).

다음에 바벨론의 예루살렘 포위 공격을 기술하지만, 느부갓네살의 무자비한 군사 전술(특히 시드기야와 그의 아들들에게 일어난 일)은 자세히 다루지 않는다(참조. 왕하 25:1-21). 대신 성전에서 피난처를 찾은 사람들에 대한 학살을 언급하는데, 이는 하나님의 심판으로 인한 것이었다. 즉 **하나님이 그들을 갈대아 왕의 손에 넘기셨다**(대하 36:17). 느부갓네살은 성전과 왕실 곳간을 약탈해 귀중한 그릇을 바벨론으로 가져간다(18절; 참조. 단 1:2; 5:1-5). 칼을 피한 사람들은 바벨론으로 유배된다. 예루살렘과 이집트에서 일어난 이후 사건은 다른 곳에 나오지만(왕하 25:22-26; 렘 40-44장), 역대기 저자는 바벨론에 잡혀간 이들이 "바사국[페르시아]이 통치할 때까지" 느부갓네살과 그 아들들의 종이 되었다고 언급하면서 기사를 마무리한다(대하 36:20). 이것은 회복이 가까이 있음을 의미한다.

주전 539년 페르시아 왕 고레스는 바벨론을 격파한다.[5] 고대 근동 역사에서 분수령이 된 이 순간은 고레스의 원통형 비문(Cyrus Cylinder)에 기록되어 있다.[6] 이때는 하나님의 구속 계획에서 훨씬 더 중요했다. 하나님이 약속하신 회복이 도래했음을 알리고, 이로써 새로운 시작을 표시하기 때문이다. 모세는 오래전에 그 땅이 7년마다 안식을 누려야 한다고 가르쳤다(레 25:1-7; 26:43). 70년은 이 가르침을 고려하여 계산된 것으로(대하 36:21), 이때 하나님은 안식을 되찾으신다(렘 25:11-12; 29:10).[7] 그런데 이것은 역대기 저자의 유배 이해에서 큰 중요성을 갖는다. 유배는 단순히 하나님의 심판으로 해석되기보다는 아마 "안식의 시간, 역대기 저자가 해석한 회복과 정화의 시간"으로 여겨지도록 의도했을 것이고, 이는 페르시아 왕의 등장이 "새로운 시작"을 의미한다는 뜻이다.[8] 또한 욘커(Jonker)의 지적에 따르면, 역대기 저자는 "당대인들이 이 새로운 국면을 — 이번에는 그들 땅 안에서의 — 새로운 유배로 보기를 바라지 않았다. 그는 오히려 페르시아 시대가 새로운 시작임을 깨닫길 바랐다."[9] 귀환자들에 대한 역대기 저자의 이전 기록은 하나님께서 앞으로 행하실 일에 대한 소망과 낙관론으로 가득 차 있었다(대상 9:2).[10] 이제 역대기 저자는 앞으로의 일, 곧 안식 이후 얻은 일종의 새로운 시작에 대한 소망으로 거룩한 역사를 마무리하면서, 함께 예루살렘으로 올라가자고 하나님의 백성을 초대한다.

고레스 칙령으로 회복이 시작되다(36:22-23)

하나님 백성의 예루살렘 귀환은 하나님께서 고레스의 마음을 "감동시키[셨기]" 때문에 혹은 '부추기셨기' 때문에(히. '-w-r, 36:22; 참조. 대상 5:26; 대하 21:16; 스 1:1) 일어난다. 이것은 하나님이 반드시 성취될 주권적 계획을 세우고 계시고, 누구든 선택한 사람을 사용하실 수 있음을 상기시킨다(단 2:21; 4:17, 25-26). 하나님께 직접 감동된 고레스는 포로들에게 예루살렘으로 돌아가도록 허용하는 칙령을 내린다. 페르시아 왕은 하늘의 주 하나님께서 땅의 모든 왕국을 자신에게 주셨고, 예루살렘에 하나님의 전을 짓도록 자신을 임명하셨다고 인정한다(대하 36:23). 이것은 고레스가 예루살렘을 재건할 것이라는 이사야의 예언에 부합한다(사 44:26-28; 45:13). 역대기 저자는 독자들에게 다음과 같은 격려의 말을 남긴다. "너희 중에 그의 백성된 자는 다 올라갈지어다. 너희 하나님 여호와께서 함께하시기를 원하노라"(대하 36:23). 귀환 공동체에 있던 사람들은 이미 언급되었지만(참조. 대상 9장), 역대기 저자는 이제 예루살렘으로 올라가자는 초대로 자신의 역작을 마무리하는데, 이 초대는 하나님께서 자기 백성과 함께 계신다는 확신과 함께 온다!

이야기 살아내기

다윗의 자손이 오셨다!

우리는 이스라엘 왕들의 이야기를 지나오면서, 자기 백성 가운데서 일하신 하나님을 찬양하고 이스라엘의 가장 암울한 시절에는 슬퍼했다. 우리는 이 연구 전반에서 하나님이 다윗에게 주신 약속에 신실하셨음을 보았다. 하나님은 반드시 자신의 왕국을 다스릴 아들을 주실 것이기 때문이다. 다윗 계통 왕들의 이야기는 하나님을 신실하게 섬기는 여러 두드러진 지도자가 있었지만, 모든 왕은, 심지어 가장 훌륭하고 사랑받는 왕도 어떤 측면에서는 실패했다는 것을 보여 준다. 우리는 어린 목동이 왕으로 기름 부음받아 하나님의 도움으로 이스라엘의 대적을 물리치고 난국에 잘 대처하는 것을 지켜보았다. 그는 왕국을 조직하고 신뢰할 만한 지도자들을 임명하기 위해 끊임없이 노력했고, 솔로몬을 전폭적으로 지원하라고 지시했다. 주님을 향한 다윗의 아낌없는 드림과 헌신은 우리의 마음을 감동시키면서 하나님의 위대하심을 되돌아보게 했다. 하지만 다윗의 군대 인구 조사는 애석하게도 수만 명이 죽는 결과를 초래했고, 다윗은 끔찍한 죄의 결과에 직면했다. 솔로몬은 하나님의 성전이 영광스럽고 그분께 합당한 곳이 될 수 있도록 전심전력을 다해 성전을 건축한 왕이다. 매우 감동적인 그의 기도는 우리를 하나님의 하늘 보좌 앞으로 데려갔고, 그의 번영하는 왕국으로 인해 하나님의 이름은 열방 가운데 높아졌다. 하지만 솔로몬은 통치 말기에 하나님을 찾기보다 자신의 부와 명성에 더 관심을 두었다. 아사는 대대적인 종교 개혁을 단행하고 전쟁 중에 하나님을 신뢰했지만, 얼마 뒤 북왕국의 바아사와 동맹을 맺고 예언자 하나니의 말에 귀를 기울이지 않았다. 그는 말년에 위중한 병에 걸렸지만 병중에도 하나님을 찾지 않았다. 여호사밧은 왕국을 강화하고 하나님의 율법을 가르치도록 조치한 또 한 명의 사랑받는 왕이다. 그는 거의 목숨을 잃을 뻔한 심각한 실수를 저지른 후 하나님의 백성을 기도와 금식으로 인도했고, 극복할 수 없는 상황 속에서 하나님을 신뢰한 뛰어난 지도자로 등장한다. 이것은 분명 그의 통치의 정점이었지만, 나중에는 북왕국의 아하시야와 동맹을 맺어 하나님의 심판으로 이어진다. 웃시야, 히스기야, 요시야 등 위대한 업적으로 알려진 다른 왕들의 이야기도 기억할 수 있겠지만, 동시에 모든 왕은 어떤 측면에서 실패했다. 의로운 다윗 계통의 왕에 대한 오랜 소망은 하나님 보시기에 악을 행한 마지막 네 왕으로 인해 완전히 산산조각 나서, 목이 곧고 예언자들을 통해 주신 하나님의 말씀에 귀 기울이지 않는 시드기야 왕에서 절정에 이른다.

   이스라엘 왕들의 이야기는 결국 모든 왕이 부족했다는 사실을 강조한다. 하지만 그들의 실패는 하나님께서 다윗에게 주신 약속을 성취해 의로운 왕을 세우실 것이라는 불멸의 소망을 예언자들 안에 불러일으켰다. 이사야는 언젠가 한 아이가 태어날 것이라고 예언했다. 그는 다윗의 왕위에 앉아 하나님의 영원한 왕국을 다스릴 것이다(사 9:6-7). 그는 "기묘자라, 모사라, 전능하신 하나님이라, 영존하시는 아버지라, 평강의 왕이라" 불릴 것이다(6절; 참조. 사 11:1-5). 예언자 미가는 베들레헴에서 통치자가 나올 것이고, 그의 통치는 땅끝까지 이를 것이라고 예언했다(미 5:2, 4). 예레미야도 하나님께서 의로운 다윗 계통의 왕을 일으키실 것이라고 예언했다.

> 여호와의 말씀이니라. 보라 때가 이르리니
> 내가 다윗에게 한 의로운 가지를 일으킬 것이라.
> 그가 왕이 되어 지혜롭게 다스리며
> 세상에서 정의와 공의를 행할 것이며
> 그의 날에 유다는 구원을 받겠고
> 이스라엘은 평안히 살 것이며
> 그의 이름은 여호와 우리의 공의라
> 일컬음을 받으리라. (렘 23:5-6)

하나님은 다윗의 아들 중 하나가 하나님의 영원한 나라를 다스릴 것이며 그의 왕위가 **영원히** 세워질 것이라고 약속하셨다(대상 17:11, 14). 역대기 저자는 그 과정에서 심각한 위협이 있었음에도 다윗의 혈통이 보존되었고, 따라서 다윗의 "등불"이 꺼지지 않았음을 강조했다(왕상 11:36; 왕하 8:19; 대하 21:7; 참조. 대상 3:1-24). 귀환자들은 현재 왕위에 앉은 왕이 없는 예루살렘에서 살고 있지만, 하나님은 그 약속을 잊지 않으셨다. 예언자 스가랴는 언젠가 한 왕이 예루살렘으로 돌아올 것을 내다보았다. 겸손하여 나귀를 탄 이 왕은 하나님으로부터만 올 수 있다고 다윗이 생각했던 바로 그 구원을 베풀 것이다. 이 왕은 열방에 평화를 말하고 그의 통치는 땅끝까지 이를 것이다(슥 9:9-10). 그분이 바로 이스라엘이 기다리고 있는 왕이다. 이스라엘의 사랑받는 왕들의 이야기를 기술하는 역대기 전반에서 이 기대가 울려 퍼진다. 다윗과 솔로몬, 히스기야 같은 왕들은 하나 되어 번영하는 왕국의 비전을 제시했다. 이 비전은 하나님께서 다윗의 아들을 일으켜 하나님 나라를 다스리게 하겠다는 약속을 성취하실 그때를 예고하는 일종의 종말론적 비전이다. 따라서 역대기 저자는 다윗에게 주어진 확실한 약속이 언젠가 성취될 것이라는 소망 속에서 살았다.

의로운 다윗 계통의 왕을 일으키시겠다는 하나님의 약속은 메시아의 탄생으로 성취되는데, 마태는 다윗 왕실의 혈통을 통해 예수님의 조상을 추적한다(마 1:1-17). 예수님은 미가를 통해 주신 약속의 성취로 베들레헴에서 태어나신 왕이다(2:1-12). 그분은 "지극히 높으신 이의 아들이라 일컬어질 것"이며 "주 하나님께서 그 조상 다윗의 왕위를 그에게 주[실]" 것이다(눅 1:32). 그분은 오랫동안 기대해 온 왕이고, **자기** 왕국으로 들어오라고 사람들을 부르신다.

역대기는 이 이야기를 아름답고 끈기 있게 추적해 왔다. 귀환자들은 왕위에 앉은 왕이 없는 시대에 살고 있었고, 광대한 페르시아 제국에서도 작은 예후드 속주민으로 힘겹게 살아가고 있었지만 낙심하지 않아야 했다. 그들은 처한 상황 너머로 눈을 들고 하나님의 하늘 나라 표지를 보아야 했다. 그들은 자신들의 거룩한 역사, 즉 **성경**으로 돌아가야 했고, 하나님이 주권적으로 일하셔서 역사를 통해 자신의 계획을 성취하고 계신다는 사실을 알아야 했다. 보컴과 하트가 쓰는 것처럼 우리는 항상 "예수 그리스도의 미래와 함께 우리 자신의 미래에 대한 가능성을 열어 주는 성경 내러티브에서 출발한다." 따라서 이것은 우리가 "상징적으로 다시 예루살렘에서 시작해 땅끝으로 가는 길 위에 있다"는 의미다.[11] 역대기 저자는 예루살렘으로 올라가자는 초대로 저술을 마무리한다. 즉 항상 예루살렘에서 시작한 후에야 세상으로 보내진다. 그의 초대는 궁극적으로 (페르시아 왕이 아니라) 자기 백성을 용서하고 회복하려는 계획을 세우고 이 초대 뒤에 서 계신 만왕의 왕에 대한 **소망**을 가득 울려 퍼지게 한다.

그리스도인에게 구속의 이야기는 다시 오실 메시아와 함께 절정에 이르고, 우리는 그분의 하늘 나라 시민이 되도록 초대받는다. 우리는 기도와 예배, 하나님의 얼굴 찾기, 겸손, 회개, 하나님을 향한 신뢰, 그분의 말씀에 대한 순종, 성령의 음성 듣기 등의 미덕을 기르면서 바로 이 나라를 구현하기 위해 힘쓴다. 우리는 예배하고 증거하는 공동체, 곧 새로운 이야기가 절실히 필요한 세상에서 열방 가운데 거룩한 회중이 되도록 구별되었다. 우리는 일이 잘못될지라도 낙심하지 않는다. 박해와 어려움 속에서도 하나님 나라는 계속 성장하고 하나님의 통치는 확립되고 있기 때문이다. 우리는 **먼저** 그분의 나라를 구하고 모든 민족에게 그 나라의 복음을 선포하도록 부름받았다(마 6:33; 24:14). 우리에게는 세상을 위한 메시지가 있다. "우리 하나님이 통치하신다!" 또한 우리는 귀환자들처럼 하나님이 다시 오셔서 만물을 회복하실 것이라는 소망 속에 살면서 소망의 메시지를 전파한다. "오시옵소서, 주 예수여, 오시옵소서!"

주 / 찾아보기

주

서론

1. Andrew Delbanco, *The Real American Dream: A Mediation on Hope* (Cambridge: Harvard University Press, 2019), 106.
2. 같은 책, 107.
3. Robert W. Jenson, "How the World Lost Its Story," *First Things*, March 2010 (https://www.firstthings.com/article/2010/03/how-the-world-lost-its-story).
4. 다음을 보라. Mark J. Boda, *1-2 Chronicles*, CBC (Carol Stream, IL: Tyndale House, 2010); Roddy L. Braun, *1 Chronicles*, WBC (Waco, TX: Word, 1986), 『역대상: WBC 성경주석 14』(솔로몬); Raymond B. Dillard, *2 Chronicles*, WBC (Waco, TX: Word, 1987), 『역대하: WBC 성경주석 15』(솔로몬); Sara Japhet, *I & II Chronicles*, OTL (Louisville: Westminster John Knox, 1993); Ralph W. Klein, *1 Chronicles: A Commentary*, Hermeneia (Minneapolis: Fortress, 2006); Ralph W. Klein, *2 Chronicles: A Commentary*, Hermeneia (Minneapolis: Fortress, 2012); H. G. M. Williamson, *1 and 2 Chronicles*, NCBC (Grand Rapids: Eerdmans, 1982).
5. Martin J. Selman, *1 Chronicles: An Introduction and Commentary*, TOTC (Downers Grove, IL: InterVarsity Press, 1994), 29. 『역대상: 틴데일 구약주석 시리즈 10』(CLC).
6. 이 주제에 관한 자료 목록과 함께 저자에 대한 유용한 요약은 Eugene H. Merrill, *A Commentary on 1 & 2 Chronicles* (Grand Rapids: Kregel, 2015), 43-44를 보라. Selman, *1 Chronicles*, 65-75도 보라.
7. Sara Japhet, "The Supposed Common Authorship of Chronicles and Ezra-Nehemiah Investigated Anew," *VT* 18 (1968): 332-372.
8. H. G. M. Williamson, "Did the Author of Chronicles also Write the Books of

Ezra and Nehemiah?" *Bible Review* 3 (1987): 56-59.
9. 대상 29:7에 관한 29장의 논의(779쪽의 6번 주)를 보라.
10. 만약 족보의 마지막 구성원인 아나니가 다리우스 2세 통치 기간으로 추정되는 엘레판티네 파피루스(Elephantine papyri)의 아나니("아나니의 형제 오스탄")와 동일하다면, 이는 최종 시기가 주전 407년임을 시사한다(대상 3:24에 대한 3장의 '이야기 설명하기' 논의를 보라). 이 마지막 몇 명의 이름은 족보를 업데이트하기 위해 후대의 편집자가 추가했을 가능성이 있고, 따라서 역대기 저자가 수십 년 전에 기록했을 가능성을 배제하지 않는다.
11. Williamson, *1 and 2 Chronicles*, 3에서 인용.
12. 같은 책, 3-4.
13. Gary N. Knoppers and Paul B. Harvey, Jr., "Omitted and Remaining Matters: On the Names Given to the Book of Chronicles in Antiquity," *JBL* 121 (2002): 227-243.
14. 그런데 이 문제는 겉보기만큼 간단하지 않다. 마태복음에서 사가랴는 여호야다의 아들이 아니라(참조. 대하 24:20) 바라갸의 아들로 나온다(참조. 슥 1:1). Klein, *1 Chronicles*, 1n15를 보라.
15. 첫 번째 성문서 책인 역대기의 위치에 대해서는 Klein, *1 Chronicles*, 2를 보라. 더 광범위한 논의는 Edmond L. Gallagher, "The End of the Bible? The Position of Chronicles in the Canon," *TynBul* 65:2 (2014): 181-199를 보라.
16. 자료 목록과 그에 대한 유용한 분석은 Boda, *1-2 Chronicles*, 13-16과 Merrill, *1 & 2 Chronicles*, 45, 54-55, 71-77를 보라.
17. 역대기 저자가 모세와 율법을 얼마나 자주 언급하는지 보면 놀랍다. 이를 통해 귀환자들에게 토라의 지속적인 권위를 강조한다. Simon J. De Vries, "Moses and David as Cult Founders in Chronicles," *JBL* 107:4 (1988): 619-630를 보라. De Vries는 자신의 논문에서 율법에 대해 모세의 권위를 강조하고, 제의에 대해 다윗의 권위를 강조한다.
18. Selman, *1 Chronicles*, 43-44.
19. Carol M. Kaminski, *Cultivating Godliness: An Eight-Week Bible Study on 1-2 Chronicles* (n.p.: Casket Empty Media, 2023).
20. 일부 학자들은 책 전체(또한 작은 문학 단위)에 대해 교차 대구(chiastic) 구조를 주장하지만, 일부의 제안과 달리 항상 깔끔하게 들어맞는 것은 아니다. Merrill의 신중한 비평(*1 & 2 Chronicles*, 53-54)을 보라. 해석에 도움이 되는 문학적

패턴은 주석 본문에서 언급하겠다.
21. Richard Bauckham and Trevor Hart, *Hope Against Hope: Christian Eschatology at the Turn of the Millennium* (Grand Rapids: Eerdmans, 1999), 21. 65장, '이야기 살아내기'의 742-746쪽도 보라.
22. 이 시기의 역사에 대해서는 65장, '이야기 설명하기'의 736-737쪽을 보라.
23. 페르시아 시대에 관한 탁월한 자료로는 Edwin M. Yamauchi, *Persia and the Bible* (Grand Rapids: Baker Books, 1990)이 있다. 좀 더 최근의 연구도 있지만 (아래를 보라), 이 책은 그 시기에 대한 유용하고 이해하기 쉬운 소개를 제공한다. Yamauchi는 페르시아의 주요 도시와 함께 각 왕에 대해 자세히 설명하고, 이 시기에 대한 우리의 이해를 풍성하게 하는 역사와 고고학 정보를 제공한다. 페르시아 시대에 대한 최근의 포괄적 역사에 대해서는 Pierre Briant, *From Cyrus to Alexander: A History of the Persian Empire*, translated by Peter T. Daniels (Winona Lake, IN: Eisenbrauns, 2002)를 보라.
24. 400개 이상의 인장 자국이 라맛-라헬(Ramat-Rahel), 예루살렘, 미스바, 여리고 등 네 개의 주요 도시에서 집중적으로 발견되었다. Oded Lipschits, *The Fall and Rise of Jerusalem: Judah under Babylonian Rule* (University Park: Pennsylvania State University Press, 2005), 175-178를 보라.
25. Yamauchi, *Persia and the Bible*, 265-266. 고고학에 근거한 페르시아 시대의 정착 패턴에 대한 자세한 분석은 Lipschits, *The Fall and Rise of Jerusalem*, 206-271를 보라.
26. J. A. Thompson, *1, 2 Chronicles*, NAC (Nashville: Broadman & Holman, 1994), 31.
27. Lipschits, *The Fall and Rise of Jerusalem*, 217-218.
28. Yamauchi는 성경에서 입증되지 않은 다른 총독들의 이름을 제시한다(*Persia and the Bible*, 265). 문헌 증거에 대한 상세하고 전문적인 분석은 H. G. M. Williamson, "The Governors of Judah under the Persians," *TynBul* 39 (1988): 59-82를 보라.
29. Lipschits, *The Fall and Rise of Jerusalem*, 175.
30. Yamauchi, *Persia and the Bible*, 274.
31. 같은 책, 275-276. 니푸르에서 발견된 무라슈 텍스트(약 730개의 토판)는 주전 454년부터 404년(번역된 텍스트)에 쓰인 것이다. Yamauchi는 2,500명의 개인 이름 중 약 70명이 유대인이라고 지적한다. 니푸르는 디아스포라 거주지 중 하

나였고, 200개 정착지 중 28곳에서 유대인이 확인되어 그들의 다양한 직업 범위를 보여 주는데, 아마 그들이 예루살렘으로 돌아가지 않은 이유를 시사할 것이다(같은 책, 242-244를 보라).

32. 같은 책, 244.
33. 같은 책, 265. Knoppers는 유다와 사마리아의 관계를 연구했고, 페르시아 시대에 두 지역 사이에 상당한 문화적·종교적 중첩이 있었다고 결론을 내렸다. Gary N. Knoppers, *Jews and Samaritans: The Origin and History of Their Early Relations* (Oxford: Oxford University Press, 2013), 102-134를 보라. 그의 논점은 타당하지만, 그렇다고 유다 재건 과정에서 주변 나라들이 원수라고 언급되는 데서 볼 수 있듯이(느 4:11; 5:9; 6:1, 16) 갈등의 정도를 약화해서는 안 된다(참조. 느 2:19; 4:1-6, 15; 6:1-9 등). Briant, *From Cyrus to Alexander*, 586-587도 보라.
34. 이 주제에 대해서는 3장, '이야기 설명하기'의 82-86쪽을 보라.
35. Yamauchi, *Persia and the Bible*, 265n103. Block은 페르시아 시대의 이름, 특히 아랏과 브엘세바의 도기 조각에서 '코스(Qos)'가 신명(神名)의 요소로 등장한다고 지적한다. 브엘세바의 명단 중 적어도 3분의 1 이상에 코스 신이 포함되어 있다. Daniel I. Block, *The Gods of the Nations: A Study in Ancient Near Eastern National Theology*, ETS Studies; 2nd ed. (Grand Rapids: Baker Academic, 2013), 42-43를 보라.
36. 사마리아 동전 및 비문과 주전 4세기 사마리아 파피루스에 사용된 이름에 대한 조사로는 Knoppers, *Jews and Samaritans*, 109-134를 보라. Yamauchi, *Persian and the Bible*, 247도 보라.
37. 예를 들어, 엘레판티네에는 여호와에 대한 숭배 외에도 아람 신들을 숭배했다는 증거가 있다. Briant, *From Cyrus to Alexander*, 586; Yamauchi, *Persia and the Bible*, 244-245를 보라.

1장

1. 학자들은 두 가지 유형의 족보를 구분한다. 단선 족보(linear genealogy)는 각 세대에 한 명의 아들만 열거하는 반면(창 5:1-32; 11:10-26), 다선 족보(segmented genealogy)는 각 세대에 한 명 이상의 아들을 열거한다(예. 창 10:1-32). 족보의

유형을 파악하는 게 중요한데, 그것은 족보의 기능과 직접적인 관련이 있기 때문이다. 예를 들어, 아담의 단선 족보는 아담과 열 번째 구성원인 노아 사이의 연결고리를 형성하는 반면, 창 10:1-32의 다선 족보는 개인과 그들이 대표하는 국가 간의 관계를 보여 준다. 자세한 논의는 Robert R. Wilson, "The Old Testament Genealogies in Recent Research," *JBL* 94 (1975), 169-189를 보라.

2. 나는 창조의 복이 '열방의 표'에서 성취되지 않고 오히려 이스라엘에서 먼저 성취되고 있다고 주장해 왔다. 창조의 복은 뒤이어 아브라함의 후손을 통해 **열방으로** 확장된다. Carol M. Kaminski, *From Noah to Israel: Realization of the Primaeval Blessing After the Flood* (JSOTSup, 413; London: T&T Clark, 2004)를 보라.

3. 숫자 7은 고대 세계에서 완전성 또는 완벽함을 나타내는 데 사용되었다. 고대의 문학적 관습에 따라, 고도로 양식화된 '열방의 표'에는 총 70개의 이름이 나온다.

4. 2장, '이야기 살아내기'의 76-78쪽을 보라.

5. "공동체"로 번역된 히브리 단어 '카할'(qahal)은 '성회'를 의미할 수 있다. 이 용어의 중요성에 대해서는 59장, '이야기 살아내기'의 668쪽을 보라.

6. 대상 18:12-13에 대한 논의인 257쪽과 대하 25장에 관한 논의인 607-610쪽을 보라.

7. 앞서 서론의 37쪽에서 언급한 것과 마찬가지다.

8. Kenneth G. Hoglund, "Edomites," in *Peoples of the Old Testament World*, eds. Alfred J. Hoerth, Gerald L. Mattingly, and Edwin M. Yamauchi (Grand Rapids: Baker Books, 1994), 343-345를 보라.

9. 족보의 많은 이름이 모호하고 이 통치자들과 그들의 성읍에 대해 알려진 바가 거의 없다는 점에 처음부터 유의해야 한다. 불확실한 부분이 많이 있지만, 일부는 행정 구역의 지도자였을 수 있다. Klein, *1 Chronicles*, 77-81를 보라.

10. 같은 책, 81.

11. Todd Bolsinger, *Canoeing the Mountains: Christian Leadership in Unchartered Territory* (Downers Grove, IL: IVP Books, 2018), 29에서 다음을 인용함. *Lesslie Newbigin, Unfinished Agenda: An Updated Autobiography*, 2nd ed. (Edinburgh: St. Andrews Press, 1993), 236. 『아직 끝나지 않은 길』(복있는사람).

12. 같은 곳.

13. Phillip Jenkins, *The Next Christendom: The Coming of Global Christianity* (Oxford: Oxford University Press, 2002). 『신의 미래』(도마의길).

2장

1. Kenneth A. Mathews, *Genesis 11:27-50:26*, NAC (Nashville: Broadman & Holman, 2005), 705-710를 보라. 『NAC 창세기 2』(부흥과개혁사).
2. Victor P. Hamilton, *The Book of Genesis: Chapters 18-50*, NICOT (Grand Rapid: Eerdmans, 1995), 433n20. 『NICOT 창세기 2』(부흥과개혁사).
3. 2장, '이야기 살아내기'의 76-78쪽을 보라.
4. 동사 '마알'(*ma'al*)의 의미는 대상 10:13에 관한 10장의 논의(119쪽)를 참고하라.
5. 다윗은 삼상 16:10에서 여덟째 아들로 나오는 반면 역대기에서는 일곱째 아들인데, 아마 다윗을 중요한 일곱 번째 구성원으로 표현하려는 신학적 이유에서 비롯되었을 것이다.
6. 삼하 17:25의 히브리어는 예델(개역개정은 "이드라")을 이스라엘 사람으로 표현한다. Knoppers는 역대기 저자가 대상 2:17과 일치하는 삼하 17:25의 변형에 의존하고 있다고 주장한다. 나아가 탈굼 역대기(탈굼은 히브리어 구약의 아람어 번역으로, 때로는 해석적으로 번역한다)는 두 본문을 조화시키려고 한다고 지적한다. Gary N. Knoppers, "Intermarriage, Social Complexity, and Ethnic Diversity in the Genealogy of Judah," *JBL* 120: 1 (2001), 19n21를 보라.
7. 2장, '이야기 살아내기'의 76-78쪽을 보라.
8. Boda, *1-2 Chronicles*, 47.
9. Knoppers, "The Genealogy of Judah," 15-30; 2장 '이야기 살아내기'의 76-78쪽을 보라.
10. 더 광범위한 명단은 Braun, *1 Chronicles*, 41-42를 보라.
11. 같은 책, 42.
12. Klein, *1 Chronicles*, 107.
13. Braun, *1 Chronicles*, 42. 에돔 사람과 유배 후 팔레스타인 내에서 그들의 존재에 대한 상세한 정보는 대상 1:34b-54에 관한 1장의 논의(55-57쪽)를 보라.
14. Scott W. Hahn, *The Kingdom of God as Liturgical Empire: A Theological Commentary on 1-2 Chronicles* (Grand Rapids: Baker Academic, 2012), 37.
15. Selman, *1 Chronicles*, 96.
16. 이 주제에 관한 통찰력 있는 논문으로 Knoppers, "Genealogy of Judah," 15-30를 보라(특히 본문상의 쟁점에 관해서는 19-25를 보라).
17. Hahn, *The Kingdom of God*, 34.

18. 이 주제에 관한 최고의 저서 중 하나는 Christopher J. H. Wright, *The Mission of God: Unlocking the Bible's Grand Narrative* (Downers Grove, IL: InterVarsity Press, 2006)다.『하나님의 선교』(IVP).
19. 대상 18-20장에 관한 18-20장의 논의를 보라.

3장

1. 대상 17장에 관한 17장의 논의를 보라.
2. 앞서 69-71쪽에서 갈렙의 계보가 강조되었다고 언급한 바 있다(참조. 대상 2:18-24). 헤브론은 갈렙 족속에 속해 있었기 때문에, 헤브론 성읍에 대한 언급은 갈렙과의 깊은 연관성을 보여 준다(참조. 수 14:13-15). 갈렙과의 연관성에 대해서는 Jon D. Levenson and Baruch Halpern, "The Political Import of David's Marriages," *JBL* 99 (1980): 507-518를 보라.
3. 솔로몬이 이 명단에서 **네 번째**라는 사실은 장자 상속을 따르지 않는 하나님의 선별과 선택을 강조한다(참조. 삼하 12:24-25에서는 솔로몬의 다른 세 형제가 아닌 솔로몬만을 언급한다).
4. 숫자 10은 족보에서 중요하다. 예를 들어, 노아는 아담의 족보에서 열 번째 구성원이고(대상 1:1-4; 참조. 창 5:1-32), 아브라함은 셈의 족보에서 열 번째 구성원이며(대상 1:24-27; 참조. 창 11:10-26), 다윗은 베레스의 족보에서 열 번째 구성원이다(룻 4:18-22).
5. Klein, *2 Chronicles*, 116.
6. NIV에서는 (아마 독자들의 혼동을 피하기 위해) 그냥 밧세바라고 하지만, 역대기 저자는 밧수아(Bath-shua)라는 이름을 사용해 족장 유다와 중요한 문학적 연결고리를 설정한다.
7. Boda의 논의, *1-2 Chronicles*, 427를 보라. 대하 36:22-23에 관한 65장의 논의 741-742쪽도 보라.
8. 마지막 왕 시드기야의 정체에 대해 다소 의문이 생긴다. 시드기야라는 이름의 아들이 족보에 두 명 나오기 때문이다(3:15의 요시야의 아들, 3:16의 여호야김의 아들). 게다가 첫 번째 시드기야의 이름의 철자는 긴 형태이고(히. *tsidqiyyahu*), 두 번째 이름의 철자는 짧은 형태다(히. *tsidqiyyah*). 시드기야왕이 요시야의 아들이었을 가능성이 가장 커 보인다(참조. 렘 37:1). 다시 말해 왕위에 오른 마지막 왕은 여

호야긴의 삼촌이었다(왕하 24:17, 히. *tsidqiyyahu*로 표기). 자세한 논의는 Japhet, *I & II Chronicles*, 97-99를 보라.
9. "The Court of Nebuchadnezzar," trans. A. Leo Oppenheim (*ANET*, 308); 다음도 보라. Isaac Kalimi, "Placing the Chronicler is His Own Historical Context: A Closer Examination," *JNES* 68:3 (2009), 186.
10. 상세한 논의는 Klein, *1 Chronicles*, 120를 보라.
11. 혹은 스알디엘은 스룹바벨의 생물학적 아버지였을 수 있지만, 아마 스알디엘과 그의 아내의 죽음으로 인해 형제 브다야가 아들을 키웠을 수도 있다. 삼촌 모르드개가 에스더를 보살펴 주었던 것과 비슷하다고 볼 수 있다(에 2:7).
12. 여호야긴부터 족보 끝까지 정확한 세대 수에 대해서는 의견이 분분해, 7세대에서 14세대로 다양하게 추정한다.
13. Klein, *1 Chronicles*, 123n81의 인용과 같다.
14. "Petition for Authorization to Rebuild the Temple of Yaho," trans. H. L. Ginsberg (*ANET*, 492); 참조. Kalimi, "Placing the Chronicler in His Own Historical Context," 186.
15. 일부 학자들은 대상 3:19의 아들과 딸은 바벨론에서 태어난 이들을 가리키는 반면, 3:20에 있는 이들은 귀환 후에 태어난 이들을 가리킨다고 본다(Klein, *1 Chronicles*, 120-121를 보라). 또한 Klein의 지적에 따르면 슬로밋이라는 이름은 주전 6세기 후반으로 추정되는 인장에 등장하는데, 이는 그녀가 고위 관리였을 수도 있음을 시사한다.
16. Boda, *1-2 Chronicles*, 56에서 다음을 인용, Klein, *1 Chronicles*, 121.
17. 출 34:6-7에 대한 상세하고 풍부한 신학적 분석은 Mark J. Boda, *The Heartbeat of Old Testament Theology: Three Creedal Expressions*, Acadia Studies in Bible and Theology (Grand Rapids: Baker Academic, 2017), 29-44를 보라.
18. 같은 책, 34.

4장

1. '고통'을 가리키는 히브리어 단어(그리고 10절의 동사)의 기초 역할을 하는 어근의 세 자음('-ts-b)은 우리말로 번역된 히브리어 이름 '야베스'에도 나온다. 마지

막 두 자음이 바뀌긴 했지만(이름의 자음은 y-'-b-ts), 이름에 대한 언어유희를 명확히 의도하고 있다.
2. 2장, '이야기 살아내기'에서 "모든 민족을 포용하시려는 하나님의 계획과 유다의 위치"를 보라.
3. 아인과 림몬은 가끔 두 성읍으로 나오지만(수 19:7; 대상 4:32), 느 11:29에서는 하나의 성읍인 에느림몬으로 나온다. 이 장소의 정체에 대해서는 Klein, *1 Chronicles*, 150를 보라.
4. Boda, *1-2 Chronicles*, 59.
5. Bruce Wilkinson, *The Prayer of Jabez: Breaking through to the Blessed Life* (Colorado Springs: Multnomah Books, 2000). 『야베스의 기도』(디모데); *The Prayer of Jabez Devotional* (Colorado Springs: Multnomah Books, 2006). 『묵상을 위한 야베스의 기도』(디모데).
6. Tim Challies의 블로그, "The Best Sellers: The Prayer of Jabez," May 4, 2014 (www.challies.com)를 보라.
7. Hahn, *The Kingdom of God*, 41.
8. Wilkinson의 "아프리카를 위한 꿈"(Dream for Africa) 그리고 "아프리카 꿈의 마을"(African Dream Village) 기획으로 알려져 있다. Tim Challies의 블로그, "The Best Sellers: The Prayer of Jabez," May 4, 2014를 보라.
9. 고난받는 교회의 이야기를 들려주어 시사점이 많은 책으로는 Nick Ripken and Greg Lewis, *The Insanity of God: A True Story of Resurrected Faith* (Nashville: B&H, 2013)를 보라.

5장

1. Thomas D. Petter, *The Land between the Two Rivers: Early Israelite Identities in Central Transjordan* (Winona Lake, IN: Eisenbrauns, 2014), 100.
2. "The Moabite Stone"[메사 비문(Mesha Inscription)으로도 알려짐], trans. W. F. Albright (*ANET*, 320-332)를 보라.
3. Petter, *The Land between the Two Rivers*, 100.
4. 예를 들어, Selman은 이 구절이 이전 르우벤 지파의 확장을 가리키고 후에 모압 왕 메사가 이 영토를 점령했다고 주장한다(Selman, *1 Chronicles*, 105-106). 더

자세한 전문적 논의는 Japhet(*I & II Chronicles*, 135)과 Klein(*1 Chronicles*, 162-163)을 보라.
5. 예를 들어, Boda가 제시하는 유용한 목록을 보라(*1-2 Chronicles*, 14).
6. 대상 10:13에 관한 10장의 논의(164-165쪽)를 보라.
7. 47장의 논의(538-539쪽)와 50장의 논의(570-571쪽)를 보라.
8. Selman, *1 Chronicles*, 43-44.
9. 이 통속적 격언의 역사에 대해서는 43장 '이야기 살아내기'의 대하 14장에 대한 논의(504-506쪽)를 보라.
10. 대상 12장에 관한 12장의 논의를 보라.

6장

1. Williamson, *1 and 2 Chronicles*, 68.
2. Tremper Longman이 지적하듯이, 야곱은 세겜 사람들에게 행사한 폭력 때문에 시므온과 레위에게 심판을 선포해 그들이 이스라엘 가운데 흩어지는 결과를 낳았지만(창 49:5-6), 두 지파의 역사는 크게 다르다. 시므온은 유다에 흡수되지만(대상 4:24-43에 관한 4장의 논의를 보라), 레위 지파는 모든 지파 중에 가장 중요해졌다. Longman의 주장에 따르면, 금송아지 이야기(출 32장)에서 레위 지파의 행동 덕분에 하나님께서 저주를 축복으로 바꾸셨고, 봉사를 위해 그들을 구별하셨다(참조. 출 32:29). Tremper Longman III, *Immanuel in Our Place: Seeing Christ in Israel's Worship* (Phillipsburg, NJ: P&R, 2001), 131-134를 보라. 『우리 안에 거하시는 하나님』(CLC).
3. John A. Davies, *A Royal Priesthood: Literary and Intertextual Perspectives on the Image of Israel in Exodus 19:6* (JSOTSup 395; London: T&T Clark, 2004), 156-157.
4. Williamson(*1 and 2 Chronicles*, 70-71)은 아론부터 성전 건축까지 열두 세대가 있고, 여호사닥의 아들 여호수아를 통한 성전 재건까지 또 다른 열두 세대가 있다고 제안한다.
5. 같은 책, 69.
6. 본문에 등장하는 이름에 관한 유용한(또한 과도하게 전문적이지 않은) 비교로는 Merrill, *1 & 2 Chronicles*, 126-127과 Braun, *1 Chronicles*, 84의 도표를 보라.

7. Merrill, *1 & 2 Chronicles*, 126-127를 보라.
8. 사무엘의 아버지 엘가나는 에브라임 산지에 살았다(참조. 삼상 1:1). Selman의 주장에 따르면 사무엘서의 에브라임에 대한 언급은 지파보다는 **지리적**인 것일 수 있다(*Chronicles*, 111).
9. 기쁨이라는 주제에 대해서는 34장 '이야기 살아내기'의 415-417쪽을 보라.
10. 대상 25장에 관한 25장의 논의를 보라.
11. 레위인의 성 배정과 관련된 여러 역사적 쟁점(특히 여호수아 시대에 레위인들이 실제로 성에 정착했는지 아니면 단지 배정만 했던 것인지의 여부)에 대해서는 Sara Japhet, "Conquest and Settlement in Chronicles," *JBL* 98 (1979): 205-218를 보라. Japhet은 레위인이 다윗 시대에 이 성들에 정착했다고 주장한다.
12. Japhet이나 Klein 같은 여러 주석에는 본문의 재구성 가능성을 포함해 이 장에 대한 상세한 논의가 나온다. 성읍에 대한 덜 전문적이고 유용한 비교는 Merrill, *1 & 2 Chronicles*, 127-129를 보라.
13. 다양한 견해에 대한 요약은 Klein, *1 Chronicles*, 186-189를 보라.
14. Braun, *1 Chronicles*, 98-99을 따른다.
15. 같은 책, 99.
16. Japhet, *1 & II Chronicles*, 160-161에서 언급한 내용과 같다.
17. 대상 7:12에 관한 7장의 논의(130쪽)를 보라.
18. 멜기세덱의 제사장직에 대한 유용한 요약은 Eugene H. Merrill, "Royal Priesthood: An Old Testament Messianic Motif," *BSac* 150 (1993): 50-61(특히 51-57)를 보라. 십일조에 대한 요약은 대하 31장에 관한 60장의 논의를 보라.
19. 구약성경의 제사 및 영단번의 제물이신 예수님에 대해 평신도와 목회자를 위해 마련된 유용한 연구로는 Longman, *Immanuel in Our Place*, 77-115를 보라.

7장

1. Boda, *1-2 Chronicles*, 83.
2. 같은 곳.
3. NIV에서는 대상 7:12에 'Hushim' 대신 'Hushites'가 나온다. NIV 각주에서는 'Hushim'을 대안적 읽기로 제안하고 있다. "단의 아들"로 소개하는 창 46:23을 따라, 대하 7:12에서는 "후심"으로 읽는 것이 바람직하다.

4. Boda, *1-2 Chronicles*, 86. Boda가 대상 7장에 관해 쓴 이 전체 단락은 통찰력 있고 신학적으로 풍성하다(특히 82-87를 보라).
5. Scott B. Noegel, "The Samaria Ostraca," first published in *The Ancient Near East: Historical Sources in Translation*, ed. Mark W. Chavalas (London: Blackwell, 2006), 397, 이제 온라인으로도 볼 수 있다(https://faculty.washington.edu/snoegel/PDFs/articles/Noegel%2048%20-%20ANEHST%202006c.pdf).
6. 단 지파는 자기들에게 배정된 땅에 정착하는 대신 북쪽의 영토를 선택했다(수 19:40-48; 삿 18:1-31). 게다가 단 성읍은 우상 숭배의 주요 장소가 되었다(왕상 12:28-29; 단을 언급하지 않은 채 묘사한 우상 숭배에 관해서는 대하 13:8-9을 보라; 참조. 삿 18:30-31). 역대기 저자는 이 지파를 고발하기 위해 의도적으로 단을 누락한 것 같다.
7. 스불론 지파는 나중에 언급되겠지만(대상 12:33; 대하 30:10-11, 18), 그들이 명단에서 누락된 것은 두 지파의 상실로 이어진 불순종의 파괴적 결과에 대해 경고하기 위한 것일 수 있다(Boda, *1-2 Chronicles*, 87).
8. Boda, *1-2 Chronicles*, 87.
9. 대하 30장에 관한 59장의 논의(659-660쪽)를 보라.
10. 대하 7:14과 히스기야 이야기의 연관성에 대해서는 36장의 논의(442쪽)를 보라.
11. Hahn, *The Kingdom of God*, 40.
12. Ben Sasse, *Them: Why We Hate Each Other — and How to Heal* (New York: St Martin's, 2018).
13. 전체 이야기는 Kari Costanza, "Rwanda: 20 Years Later," World Vision, 2014에서 들을 수 있다. https://www.worldvision.org/disaster-relief-news-stories/rwanda-20-years-later를 보라.
14. 같은 곳.
15. 59장 '이야기 살아내기'의 "화해의 비전"(665-667쪽)을 보라.

8장

1. Selman, *1 Chronicles*, 118.
2. Boda, *1-2 Chronicles*, 87.

3. Lipschits, *The Rise and Fall of Jerusalem*, 237-239.
4. 같은 책, 245-248.
5. Selman, *1 Chronicles*, 118.
6. Japhet, "Conquest and Settlement in Chronicles," 218.
7. Boda, *1-2 Chronicles*, 92-93의 자세한 논의를 보라.
8. Japhet, *I & II Chronicles*, 195.
9. 게바, 기브온, 기브아(사울의 고향, 삼상 10:26; 15:34) 성읍의 관계에 대해서는 Boda, *1-2 Chronicles*, 89-90를 보라.
10. Lipschits, *The Rise and Fall of Jerusalem*, 243-244.
11. 저널리스트요 주석가인 Kenneth A. Briggs의 중요한 연구, *The Invisible Best Seller: Searching for the Bible in America* (Grand Rapids: Eerdmans, 2016)를 보라.
12. 같은 책, 44.
13. 같은 책, 9. 최근 Andy Stanley는 설교 중에 교회에서 구약성경을 "떼어 내자"고 주장했고, 이는 기독교 지도자들의 거센 반발로 이어졌다. Michael J. Kruger, "Why We Can't Unhitch from the Old Testament," *Gospel Coalition*, October 22, 2018, https://www.thegospelcoalition.org/reviews/irresistible-andy-stanley/를 보라.
14. 편지 전문(앞에서는 일부만 발췌)과 틴데일의 생애에 대한 유용한 요약은 John Rinehart, *Gospel Patrons: People Whose Generosity Changed the World* (n.p.: Reclaimed, 2013), 53를 보라. www.gospelpatrons.org도 보라.
15. 같은 책, 54.

9장

1. 사용된 자료에 대해서는 서론의 '장르'(30-31쪽)를 보라.
2. Selman, *1 Chronicles*, 96.
3. 이 시기의 역사적 배경에 대해서는 서론의 33-34쪽을 보라.
4. 서론의 "페르시아 치하의 유다 속주와 디아스포라의 삶"(34-37쪽)을 보라. Lipschits는 정착 패턴의 고고학적 증거를 바탕으로 유다 속주의 인구를 약 3만 명으로 추정하는데, 이는 예루살렘에 살고 있던 이들만 나오는 느 11장의 숫자와 부합

한다고 언급한다(전체 인구의 10분의 1이 예루살렘에 거주). Lipschits, *The Rise and Fall of Jerusalem*, 270를 보라.
5. Boda, *1-2 Chronicles*, 99.
6. Selman, *1 Chronicles*, 127.
7. 대상 25장에 관한 25장의 논의(321-323쪽)를 보라.
8. 대상 26장에 관한 26장의 논의(332-333쪽)를 보라.
9. 서론의 "페르시아 치하의 유다 속주와 디아스포라의 삶"(34-37쪽)을 보라.
10. J. Gordon McConville, *1 & 2 Chronicles*, Daily Study Bible Series (Philadelphia: Westminster, 1984), 12. 『역대상·역대하: 바클레이 패턴 구약주석』(기독교문사)
11. 같은 책, 13.

10장

1. 역대기 저자는 에스바알이라고도 알려진 사울의 아들 이스보셋을 이미 언급한 바 있다(참조. 8:33; 9:39).
2. "범죄"(히. ma'al, 동사형과 명사형으로 모두 등장)라는 용어는 구약성경에서 일반적으로 죄를 지칭할 때 사용되지만(레 5:15; 6:2; 26:40), 구체적으로 간음(민 5:12, 27), 우상 숭배(민 31:16; 대상 5:25; 대하 28:22-23), 진멸할 물건을 취하는 행동(수 7:1; 대상 2:7), 하나님의 거룩하심에 대한 침해(대하 26:16, 18) 등의 행동을 가리킬 때도 사용된다. 이 용어는 르호보암(12:2), 아하스(28:22), 므낫세(33:19) 같은 왕을 묘사할 때 사용되었고, 범죄 때문에 유배당한 남왕국 유다를 묘사할 때도 사용되었다(대상 9:1).
3. 대하 1:5에 관한 30장의 논의(380-382쪽)를 보라.
4. Yonat Shimron, "New poll shows growing view that clergy are irrelevant," 2019; https:// religionnews.com/2019/07/16/new-poll-shows-growing-view-that-clergy-are-irrelevant/를 보라.
5. Megan Brenan, "Nurses Again Outpace Other Professions For Honesty, Ethics," n.p. https://news.gallup.com/poll/245597/nurses-again-outpace-professions-honesty-ethics.aspx?utm _source=alert&utm_medium=e-mail&utm_content=morelink&utm_campaign=syndication.

11장

1. Robert D. Bergen, *1, 2 Samuel*, NAC (Nashville: Broadman & Holman, 1996), 441. 삼하 23:8-9은 다윗의 통치 마지막에 자리 잡고 있지만, 마지막 네 장은 보통 다윗 생애에서 이전의 여러 시기를 포괄하는 에필로그 또는 부록으로 인정된다. 『NAC 사무엘상하』(부흥과개혁사).
2. Bergen, *1, 2 Samuel*, 441.
3. 몇몇 이름에 관한 본문상의 쟁점을 다루는 논의는 Klein, *1 Chronicles*, 292-295를 보라.
4. 2장, '이야기 살아내기'의 "모든 민족을 포용하시려는 하나님의 계획과 유다의 위치"(76-78쪽)를 보라.
5. Joel Osteen, *I Declare: 31 Promises to Speak Over Your Life* (New York: Faith Words, 2012), 102.
6. 같은 책, 118.

12장

1. 고고학자들은 시글락에 대해 최근에 키르벳 알 라이(Khirbet al Ra`I) 등 다양한 유적지를 제안했지만, 성경에 나오는 시글락의 정확한 위치에 대해서는 여전히 논쟁이 분분하다.
2. 하나님의 도우심이라는 개념은 역대기 전반의 주요 주제다(예. 대상 5:20; 15:26). 특히 아사(대하 14:11, 43장의 503-504쪽), 여호사밧(대하 18:31, 47장의 542-543쪽), 히스기야(대하 32:8, 61장의 685-686쪽)에 대한 주석을 보라.
3. 격려하시는 성령의 역할에 대해서는 대하 15:1-7(44장의 510-511쪽)과 20:14-17(49장의 562-563쪽)에 관한 논의를 보라.
4. 하나님 나라와 열방 사이의 영적 갈등에 관한 논의는 대상 14장과 19장의 '이야기 살아내기'(208-210, 267-269쪽)를 보라.
5. Klein, *1 Chronicles*, 321.
6. Braun, *1 Chronicles*, 169-170를 보라. 구약의 큰 숫자 문제는 쉽게 해결되지 않지만, 군용 인구 조사 명단과 군사적 맥락에서 히브리어 '엘레프'(*'eleph*)는 아마도 문자 그대로의 인원수가 아니라 부대의 단위나 파견대를 가리킬 것이라는 학

계의 합의가 어느 정도 이루어져 있다[George E. Mendenhall, "The Census Lists of Numbers 1 and 26," *JBL* 77:1 (1958): 52-56를 보라]. 학계의 일반적 접근 방식은 다음과 같다. 1) '엘레프'라는 용어는 사회적 단위 또는 (군대의) 하위 지파 단위로, 이 경우 숫자는 훨씬 작을 것이다. 2) '엘레프'라는 용어는 '천'을 의미하지만 이 숫자는 문자 그대로의 인원수가 아니라 과장이다. 3) '엘레프'라는 용어는 '지휘관, 대령'을 의미하는 '알루프'(*alluf*)로 재해석된다. 이런 접근 방식 외에 일부 큰 숫자는 필경사의 오류로 인한 것일 수 있다. 다양한 접근 방법에 대한 유용한 요약은 Dillard, *2 Chronicles*, 106-107, 135; Klein, *1 Chronicles*, 314-316를 보라. 과장의 해석과 고대 근동의 사례에 대해서는 David M. Fouts, "A Defense of the Hyperbolic Interpretation of Large Numbers in the Old Testament," *JETS* 40:3 (1997): 377-387를 보라. 역대기의 숫자에 대해서는 J. Barton Payne, "The Validity of Numbers in Chronicles," *BSac* 136 (1979), 109-128, 206-220를 보라. 관련 본문의 쟁점과 큰 숫자에 대한 포괄적 분석은 John W. Wenham, "Large Numbers in the Old Testament," *TynBul* 18 (1967): 19-53를 보라.
7. 사독은 나중에 제사장 역할을 위해 구별된다(대상 15:11; 16:39; 24:3, 6, 31 등).
8. Boda, *1-2 Chronicles*, 124.

13장

1. 역대기 저자는 이 장들에서 연대 순서를 엄격하게 따르지 않고 대신 신학적·주제적 관심에 따라 이야기를 배치한다. 역대기에서는 언약궤가 예루살렘에 최종적으로 도착하는 장면과 그 이후의 축하 행사가 연이은 하나의 내러티브로 나온다(대상 15-16장; 참조. 삼하 5-6장).
2. Christopher T. Begg, "The Ark in Chronicles," in *The Chronicler as Theologian: Essays in Honor of Ralph W. Klein*, eds. M. Patrick Graham, Steven L. McKenzie, and Gary N. Knoppers (JSOTSup 371; New York: T&T Clark, 2003), 133-145, 특히 133-134.
3. 구약성경의 측정은 규빗 단위로 이루어진다(출 25:10). 1규빗은 약 45.7센티미터에 해당한다.
4. Aland Millard, "Tutankhamun, the Tabernacle and the Ark of the Covenant,"

BSP 7:2 (1994): 49-55를 보라.

5. 성막과 관련된 다양한 수준의 거룩함에 대해서는 Phillip P. Jenson, *Graded Holiness: A Key to the Priestly Conception of the World* (JSOTSup 206; Sheffield: JSOT Press, 2020), 89-114를 보라.
6. 동사 '묻다'(히. *d-r-sh*)의 의미에 대해 380-382쪽의 논의를 보라.
7. 물론 백성들은 경축하고 있지만, 여기서는 노래와 기쁜 예배를 가리키는 역대기의 일반적인 용어를 사용하지 않고 대신 덜 일반적인 동사 '뛰놀다, 경축하다'(히. *s-h-q*; 참조. 대상 15:29)를 사용하는데, 이를 통해 무언가 잘못되었음을 암시하는 것 같다.
8. 블레셋 사람들이 언약궤를 빼앗은 이야기는 언약궤의 신성한 성격을 보여 주는 또 하나의 사례다(삼상 4-6장). 하나님은 종양으로 블레셋 사람들을 치시고, 그들은 죽음이 두려워 언약궤를 돌려보낸다.
9. 출 19:22과 19:24에 나오는 '치다'(히. *p-r-ts*)라는 용어는 하나님이 웃사의 "몸을 찢으셨[다]"라고 묘사할 때 사용한 동사와 동일하다(13:11; 15:13).
10. Jay Sklar, *Leviticus: An Introduction and Commentary*, TOTC (Downers Grove, IL: InterVarsity Press, 2014), 37-49를 보라.
11. Hahn, *The Kingdom of God*, 56.
12. David F. Wells, *God in the Whirlwind: How the Holy-love of God Reorients Our World* (Wheaton: Crossway, 2014), 103; 특히 5장, "The Splendor of Holiness," 101-127를 보라. 『하나님의 거룩한 사랑』(부흥과개혁사). 하나님의 거룩하심에 대한 간결한 요약은 Sklar, *Leviticus*, 39-41를 보라.
13. 웰스는 하나님의 사랑과 거룩하심을 분리하지 않아야 한다고 주장했다. 그는 하나님의 사랑을 **거룩한 사랑**(holy-love)으로 부르자고 제안한다(그래서 이 표현이 그의 책 원서의 부제다).
14. 앞서 언급했듯이 Briggs는 성경에 대한 연구를 통해 미국에서의 구약성경이 소홀히 다루어져 왔다고 개탄한다(*The Invisible Bestseller*, 9).

14장

1. 2장, '이야기 살아내기'의 "모든 민족을 포용하시려는 하나님의 계획과 유다의 위치"(76-78쪽)를 보라.

2. 페니키아에 대한 상세한 배경은 대하 2장에 관한 31장의 논의를 보라.
3. Jon D. Levenson and Baruch Halpern, "The Political Import of David's Marriages," *JBL* 99 (1980): 507-551; Abraham Malamat, "Aspects of the Foreign Policies of David and Solomon," *JNES* 22:1 (1963): 1-17를 보라.
4. 대상 10장에 관한 10장의 논의를 보라.
5. Japhet, *I & II Chronicles*, 287.
6. Merrill, Excursus 6, "The Theological Ethics of Holy War," *1 & 2 Chronicles*, 256-261를 보라. 이 까다로운 주제에 관한 네 가지 접근 방법은 '카운터포인트'(Counterpoint) 시리즈의 유용한 책, *Show Them No Mercy: Four Views on God and Canaanite Genocide*, ed. Stanley N. Gundry (Grand Rapids: Zondervan, 2003)에 나온다.
7. 이 주제에 대해 19장의 '이야기 살아내기'(267-269쪽)를 보라.
8. 2장 '이야기 살아내기'의 "모든 민족을 포용하시려는 하나님의 계획과 유다의 위치"(76-78쪽)를 보라.
9. 적그리스도에 대한 간결하면서도 신학적으로 풍부한 요약은 Bauckham and Hart, *Hope against Hope*, 110-116를 보라.
10. 13장, '이야기 살아내기'의 "교회에서 하나님의 거룩하심 되찾기"(200-201쪽)를 보라.
11. Daniel L. Gard, "The Case for Eschatological Continuity," in *Show Them No Mercy: Four Views on God and the Canaanite Genocide*, ed. Stanley N. Gundry (Grand Rapids: Zondervan, 2003), 129.

15장

1. 언약궤에 대한 배경 정보는 대상 13장에 관한 13장의 논의를 보라.
2. 시 132:8-10은 성전을 봉헌할 때 솔로몬의 기도에서 회고된다(참조. 대하 6:41-42).
3. 기쁨이라는 주제에 대해서는 대하 5장에 관한 34장의 '이야기 살아내기'(415-417쪽)를 보라.
4. 대상 25장에 관한 25장의 논의(319-321쪽)를 보라.
5. 이 주제에 대해서는 Merrill, "Royal Priesthood," 50-61; William M. Schnied-

ewind, "King and Priest in the Book of Chronicles and the Duality of Qumran Messianism," *JJS* 45 (1994): 71-78를 보라.
6. Hahn, *The Kingdom of God*, 57.
7. 같은 책, 54-55의 논의를 보라.
8. 기쁨이라는 주제에 대해서는 34장의 '이야기 살아내기'(415-417쪽)를 보라.
9. Hahn은 "회중"(히. *qahal*)이라는 용어가 역대기에 37회 나온다고 지적한다. 신학적으로 풍부한 이 주제에 대한 자세한 논의는 Hahn, *The Kingdom of God*, 56를 보라.
10. Gordon D. Fee, *Jesus the Lord according to Paul the Apostle: A Concise Introduction* (Grand Rapids: Baker Academic, 2018), 10.
11. 같은 곳.
12. Block은 초기 교회에서 노래와 음악의 역할에 관한 유용한 조사를 제시했고, 여기에는 바울의 두 주요 본문(엡 5:18-20; 골 3:15-17)에 대한 논의가 포함되어 있다. Daniel I. Block, *For the Glory of God: Recovering a Biblical Theology of Worship* (Grand Rapids: Baker Academic, 2014), 230-234를 보라. 『영광의 회복』(성서유니온).
13. Fee, *Jesus the Lord*, 24.
14. 같은 책, 22.
15. 같은 곳. 특히 제자들이 예수님을 하나님의 아들로 인정할 때 그들은 **예수님을 예배한다**(마 14:33; 참조. 마 28:9, 17; 눅 24:52; 요 9:38). 히브리서 저자에 따르면, 하나님은 맏아들을 세상에 보내실 때 "하나님의 모든 천사들은 **그에게 경배할지어다**"라고 말씀하신다(히 1:6).
16. Fee, *Jesus the Lord*, 10.
17. 같은 곳.

16장

1. Boda, *1-2 Chronicles*, 148.
2. Merrill, *1 & 2 Chronicles*, 203.
3. Ralph W. Klein, "Psalms in Chronicles," *Currents in Theology and Mission*, 32:4 (2005): 266.

4. 번제의 기능에 대해 Sklar, *Leviticus*, 87-95(특히 94-95)를 보라.
5. 같은 책, 101-107.
6. 기쁨이라는 주제에 대해서는 34장의 '이야기 살아내기'(415-417쪽)를 보라.
7. 대하 7:14에 관한 36장의 논의(339-440쪽)를 보라.
8. 이스라엘의 전승(과 설교)에서 기억의 핵심 역할에 대해서는 Jeffrey D. Arthurs, *Preaching as Reminding: Stirring Memory in an Age of Forgetfulness* (Downers Grove, IL: IVP Academic, 2017)를 보라.
9. 38장의 '이야기 살아내기'(464-466쪽)를 보라.
10. Klein, "Psalms in Chronicles," 268.
11. A. W. Tozer, *Knowledge of the Holy* (New York: Harper One, 1961), 4. 『하나님을 바로 알자』(생명의말씀사).
12. Block, *For the Glory of God*, 236. 현대 예배에 관한 장의 제목은 "The Importance of Song in Worship Today," 236-245다.
13. 같은 곳. 블록은 또한 '예배'(worship)라는 용어가 종종 찬양 음악과 동일시되지만, 이 용어의 의미는 더 광범위하여 선포도 포함한다는 사실에 주목한다. 따라서 그는 그리스도 중심적 예배는 **말씀**이 이끌어 간다고 주장한다(241). 나아가 사도행전 2:42에서는 교육, 사귐, 떡을 뗌, 기도를 포함하는 **훨씬 폭넓은** 예배 개념을 시사하고, **음악**에 대한 언급이 전혀 없다고 지적한다(241).
14. 60장, '이야기 살아내기'의 "현대의 레위인 후원하기"(678-679쪽)를 보라.
15. Block, *For the Glory of God*, 236.
16. 다윗 시대 이후로 음악가와 언어 예배(oral worship)의 중심적 역할은 대상 25장에 관한 25장의 논의(321-323쪽)와 대하 5장에 관한 34장의 논의(415-417쪽)를 보라.

17장

1. Henri Frankfort, *Kingship and the Gods: A Study of Ancient Near Eastern Religion as the Integration of Society & Nature* (Chicago: University of Chicago Press, 1962), 295-312를 보라.
2. 이 시편 및 다른 다윗 계통의 본문에 암시된 왕의 신적 지위에 관해서는 Markus Zehnder, "The Question of the 'Divine Status' of the Davidic Messiah," *BBR*

30:4 (2002): 485-514를 보라.
3. 38장의 '이야기 살아내기'(464-466쪽)를 보라.
4. 다윗은 나중에 자신이 하나님의 집을 짓지 못한 이유가 피를 많이 흘린 전쟁의 사람이었기 때문이라고 설명할 것이다(22:8, 28:3). 대상 28:3에 관한 28장의 논의 (350-352쪽)를 보라.
5. Boda, *1-2 Chronicles*, 155.
6. Gary N. Knoppers, *1 Chronicles 10-29: A New Translation with Introduction and Commentary*, Anchor Yale Bible (New Haven: Yale University Press), 668.
7. 아담의 왕적 지위에 대해서는 Catherine L. McDowell, *The Image of God in the Garden of Eden: The Creation of Humankind in Genesis 2:5-3:24 in Light of* mīs pî pīt pî *and* wpt-r *Rituals of Mesopotamia and Ancient Egypt* (Winona Lake, IN: Eisenbrauns, 2015), 136-142를 보라.
8. 성경 본문 목록은 Merrill의 보론 5: "David and Royal Sonship" (*1 & 2 Chronicles*, 254-256)를 보라.
9. 다윗의 아들에 관한 이 약속은 영원한 보좌 위에서 통치하시는 하나님의 아들 예수 그리스도 안에서 궁극적으로 성취되지만(히 1:1-14; 2:6-8), 예수님은 또한 제사장적 왕인 멜기세덱의 반차를 따르는 큰 대제사장이시다(히 5:5-6; 7:17; 참조. 시 110:4). 6장의 '이야기 살아내기'(122-124쪽)를 보라.
10. '언약적 신의', '신실함', '한결같은 사랑' 등 다양한 용어로 번역되는 단어 '헤세드'(hesed)는 구약성경에 약 250회 나온다. 하나님은 자신이 언약적 사랑으로 **풍성하다고** 계시하시고(출 34:6; 민 14:18; 참조. 신 7:9, 12), 하나님의 백성은 그분의 '헤세드'가 영원히 지속되기 때문에 그분을 찬양해야 한다(시 136편). 이스라엘의 가장 암울한 시절에, 하나님의 백성이 비참하게 실패했을 때에도 그들을 보존하신 것은 하나님의 '헤세드'에 기인한다(출 34:6-7; 민 14:18-19; 느 9:17; 애 3:22, 32). 희망 없는 상황으로 보일 때 하나님의 백성은 그분의 변함없는 '헤세드'에 의지할 수 있다.
11. Williamson, *1 and 2 Chronicles*, 136.
12. 65장의 '이야기 살아내기'(745-746쪽)를 보라.
13. 바울의 핵심 본문에 대한 간결하면서도 신학적으로 풍부한 설명은 Fee, *Jesus the Lord*, 93-116를 보라.
14. N. T. Wright, *The Resurrection of the Son of God*, Christian Origins and the

Question of God, Vol. 3 (Minneapolis: Fortress Press, 2003), 147-150를 보라. 『하나님의 아들의 부활』(CH북스).
15. 하나님께서 다윗에게 한 의로운 가지를 "일으킬" 것이라고 예언자가 선포하는 렘 23:5에도 동일한 동사가 등장한다(헬. *anistemi*).
16. Wright, *The Resurrection of the Son of God*, 726.
17. Robert Jenson, "How the World Lost Its Story," *First Things*, March 2010 (https://www.firstthings.com/article/2010/03/how-the-world-lost-its-story).
18. Wright, *The Resurrection of the Son of God*, 726.
19. 필자가 David Palmer와 공동 집필한 성경 공부 시리즈는 성경 내러티브에서 부활의 중요성을 강조한다. 이 시리즈는 예수님의 빈 무덤이 성경 이야기의 중심이라고 증언하는 약어, CASKET EMPTY를 따라 구성되었다(자세한 내용은 www.casketempty.com을 보라).
20. Bauckham and Hart, *Hope Against Hope*, 114-115.

18장

1. 서론의 "페르시아 치하의 유다 속주와 디아스포라의 삶"(34-37쪽)을 보라.
2. 다윗이 성전 건축에서 배제된 이유를 설명하는 대상 22:8에 관한 22장의 논의(294-295쪽)를 보라.
3. 가드 성읍은 블레셋의 다섯 도시(Pentapolis)에 속한 것으로 확인되지만, 일부 학자들은 더 북쪽의 게셀 인근에 위치한다고 본다(Klein, *1 Chronicles*, 391를 보라).
4. 같은 책, 390.
5. Malamat, "Aspects of Foreign Policies," 11-12를 보라.
6. Boda, *1-2 Chronicles*, 160-161.
7. 다윗이 아람에 대해 승리한 기사와 정치적 배경에 대한 자세한 설명은 Malamat, "Aspects of the Foreign Policies," 1-17를 보라.
8. Klein은 이 지역에서 나온 주전 8세기 문헌에 두 개의 '여호와 이름' 증거가 있는데, 이는 북쪽에 이스라엘 백성이 존재했음을 시사한다고 추가로 언급한다(Klein, *1 Chronicles*, 395n46).
9. 같은 책, 396.
10. 에돔 사람들에 대한 자세한 배경에 대해, 대상 1장에 대한 1장의 논의, 53-57쪽

과 대하 25장에 대한 54장의 논의, 607-612쪽을 보라.
11. 아비아달 제사장 계보에 대한 요약, 특히 그의 족보가 다양한 자료에서 어떻게 등장하는지에 대해서는 Merrill의 유용한 요약(*1 & 2 Chronicles*, 193)을 보라.
12. 대상 27장에 관한 27장의 논의(314쪽)를 보라.
13. 거룩한 전쟁에 관한 유용한 요약은 Merrill, *1 & 2 Chronicles*, 256-261를 보라.
14. 바울 문헌에서 구주 예수님에 대한 유용한 개요는 Fee, *Jesus as Lord*, 106-108를 보라. 그는 예수님의 사명은 하나님의 영원한 아들이신 그분의 정체성과 분리될 수 없고, 따라서 그분은 온전히 신적인 구주시라고 언급한다.

19장

1. 사무엘서에서 암몬 전쟁은 다윗이 밧세바를 범한 간음 이야기의 배경이다. John I. Lawlor, "Theology and Art in the Narrative of the Ammonite War (2 Samuel 10-12)," *Grace Theological Journal* 3 (1982): 193-205를 보라.
2. Wayne T. Pitard, "Arameans," in Hoerth, Mattingly, and Yamauchi, *Peoples of the Old Testament World*, 207-230를 보라.
3. 같은 책, 211.
4. Tiglath-Pileser I (1114-1076): "Expeditions to Syria, the Lebanon, and the Mediterranean Sea," trans. A. Leo Oppenheim (*ANET*, 275); 다음을 보라. Pitard, "Arameans," in Hoerth, Mattingly, and Yamauchi, *Peoples of the Old Testament World*, 211. Pitard는 디글랏빌레셀의 아들 아슈르-벨-칼라(Ashur-bel-kala)도 아람과 싸웠다고 지적한다.
5. 다윗이 정확히 어떤 호의를 염두에 두었는지는 알기 어렵지만, 나하스의 아들 소비가 다윗과 그의 부하들에게 음식과 물자를 제공했던 일은 다윗이 받은 호의의 한 예다(삼하 17:27-29).
6. Boda, *1-2 Chronicles*, 166.
7. Klein, *1 Chronicles*, 403.
8. 모든 학자들이 메드바와 이곳을 동일시하는 것은 아니다(Klein, *1 Chronicles*, 404를 보라).
9. 대상 14장에 관한 14장의 논의(204쪽)를 보라.
10. 주요 성경 본문에 대해서는 서론의 "장르"(30-31쪽)를 보라.

11. Bauckham과 Hart는 현대 상황에서 종말론적 소망과 초월이 진보의 신화로 대체되었다고 지적한다. 그들은 서구 교회가 일종의 진보주의적 유토피아를 수용함으로써 종말론을 각색했지만, 그와 같은 '유토피아'는 역사를 통해서가 아니라 역사의 **구속**을 통해서 성취된다고 주장한다(*Hope Against Hope*, 26-43).
12. Merrill, *1 & 2 Chronicles*, 261. 다음도 보라. Gard, "The Case for Eschatological Continuity," in Gundry, *Show Them No Mercy*, 113-141; Tremper Longman III, "The Case for Spiritual Continuity," in Gundry, *Show Them No Mercy*, 161-195.
13. 서론의 23-27쪽을 보라.

20장

1. 역대기 저자는 왕위를 찬탈하려는 압살롬의 시도를 포함하여 다윗의 가족 분쟁을 생략했다. Braun의 자세한 분석(*1 Chronicles*, 201)과 이 장들에 대한 Merrill의 요약(*1 & 2 Chronicles*, 272-273)을 보라.
2. Klein, *2 Chronicles*, 406.
3. Siegfried H. Horn, "The Crown of the King of the Ammonites," *AUSS* 11 (1973): 170-180를 보라.
4. NASB의 20:3 번역("He brought out the people who were in it, and he cut *them* with saws and with sharp instruments and with axes")은 다윗이 백성들의 신체를 절단했다고 시사하지만, (NASB에서 '*them*'을 강조한 데서 알 수 있듯이) 히브리어 본문에는 동사의 직접 목적어(them)가 없다. 앞에서 지적했듯이 NIV가 더 바람직한 읽기다.
5. 역대기 이야기는 여러 곳에서 삼하 21:18-22과 다르다[예를 들어, 게셀은 삼하 21:19에서 곱이고, 십배는 삼하 21:18에서 삽으로 나오며, 삽은 대상 20:4의 르바임(개역개정은 "키가 큰 자")의 후손이 아니라 삼하 21:18에서 라파(개역개정은 "거인족")의 후손이다]. Merrill은 역대기 저자가 다른 자료를 사용했을 것이라고 주장한다(*1 & 2 Chronicles*, 240-241). Braun, *1 Chronicles*, 209도 보라.
6. 삼하 21:19 본문은 엘하난에 대해 다른 출신 가문을 제시하고, 골리앗의 동생 대신 골리앗이 죽는다(새번역 참조). 몇 가지 잠정적인 본문상의 문제가 있기는 하지만, 골리앗은 다윗에게 먼저 죽었기 때문에(삼상 17장) 골리앗의 동생을 염두

에 두고 있을 가능성이 더 높을 것이다(Merrill, *1 & 2 Chronicles*, 241를 보라).
7. 유다 지파에서 하나님의 은혜 주제에 대해서는 2장, '이야기 살아내기'의 "하나님의 은혜가 무대 중심에 있다"(73-76쪽)를 보라.
8. Selman, *1 Chronicles*, 196.
9. Hahn, *The Kingdom of God*, 40.
10. McConville, *I & II Chronicles*, 64.

21장

1. Williamson은 이런 병행을 언급하면서 다음과 같이 지적한다. "다윗이 오르난의 타작마당을 구입한 것은 창 21장에서 아브라함이 에브론에게 막벨라굴을 구입한 사건을 역대기 저자가 본뜬 것이다"(Williamson, *1 and 2 Chronicles*, 149-150를 보라).
2. 어떤 이들은 아브라함의 협상에 헷 족속의 법이 반영되어 있다고 언급하면서, 그 땅을 헷 족속 에브론에게 구입했다는 점도 지적한다(Hamilton, *Genesis*, 123-136를 보라).
3. 같은 책, 136.
4. 대부분의 영어 성경은 욥기와 스가랴서의 이 명사를 '사탄'으로 번역하지만, 이들 본문에서 고유 명사가 사용되지 않았기 때문에 모든 학자가 사탄을 고려했다는 것에 동의하지는 않는다['사탄'(satan)은 정관사와 함께 'the satan'으로 나온다].
5. Williamson, *1 and 2 Chronicles*, 143.
6. 학자들의 견해에 대한 요약은 Paul Evans, "Divine Intermediaries in 1 Chronicles 21: An Overlooked Aspect of the Chronicler's Theology," *Bib* 85:4 (2004): 545-565; Ryan E. Stokes, "The Devil Made Me Do It...or Did He? The Nature, Identity, and Literary Origins of the Satan in 1 Chronicles 21:1," *JBL* 128 (2009): 91-106를 보라.
7. Klein, *1 Chronicles*, 418-419의 유용하고 간결한 논의를 보라.
8. 역대기 저자의 자료에서는 **여호와**가 이스라엘을 향해 진노하시고 다윗으로 하여금 이스라엘의 수를 헤아리도록 부추기시지만(삼하 24:1), 역대기에서 다윗을 충동하는 것은 **사탄**이다. 일부 학자들의 주장처럼, 만약 **사탄**이 하나님을 대신하여 행동하는 하나님의 하늘 회의의 일원이라면(참조. 민 22:22, 32), 그 행동에 대한

책임은 여전히 여호와께 있기에 두 본문은 양립할 수 있다(Braun, *1 Chronicles*, 216를 보라). 하지만 이 해석은 하나님이 악을 충동하실 수 있느냐는 신학적 문제를 제기한다.

9. Robert P. Gordon, *I & II Samuel: A Commentary*. Library of Biblical Interpretation (1986; repr., Grand Rapids: Zondervan, 1999), 317.
10. 같은 곳.
11. Williamson, *1 and 2 Chronicles*, 144-145.
12. Merrill, *1 & 2 Chronicles*, 245.
13. 삼하 24:9 기사에서 이스라엘의 인구는 80만 명으로 상당히 적고 유다는 50만 명으로 비슷하여 총수는 130만 명이 된다. 학자들은 다양한 해법을 제안하지만 (예를 들어, *1 and 2 Chronicles*, 145에 있는 Williamson의 추정치를 보라), 창의적인 해법을 사용하더라도 전체 인구의 일부에 불과했던 다윗의 군대 숫자는 여전히 많다. Yigal Shiloh, "The Population of Iron Age Palestine in Light of a Sample Analysis of Urban Plans, Areas, and Population Density," *BASOR* 239 (1980): 25-35(특히 32)를 보라. 구약성경의 큰 숫자에 대해, 특히 (문자 그대로의 인원수가 아니라) 군대 단위인 히브리어 단어 '엘레프'의 의미에 대해서는 대상 12:23-40에 관한 12장의 논의(189-190쪽)를 보라.
14. Williamson, *1 and 2 Chronicles*, 145.
15. 삼하 24장에는 아라우나라는 이름이 등장하지만, 역대기에는 오르난이라는 대체 철자가 나온다. ESV와 NASB는 오르난이라는 이름을 유지한 반면, NIV는 아마도 일관성을 위해 사무엘서에 나오는 아라우나라는 이름을 사용했다.
16. 삼하 24:24에서 다윗은 (은) 50세겔을 지불했던 반면, 역대기에서는 (금) 600세겔을 지불한다. 21:25에서 다윗은 '부지'를 매입하는데, 이는 아브라함이 동굴과 그 주변 밭을 모두 매입한 것처럼, 다윗이 타작마당과 소를 위해 지불한 50세겔 외에 성전 부지가 될 더 넓은 지역을 오르난에게서 매입했음을 시사한다(Williamson, *1 and 2 Chronicles*, 149-150).
17. 같은 책, 151.

22장

1. "The Journey of Wen-Amon to Phoenicia," trans. John A. Wilson (*ANET*, 25-29).

2. Esarhaddon (680-669): "The Syro-Palestinian Campaign," Prism B, trans. A. Leo Oppenheim (*ANET*, 291); 참조. Ashurnasirpal II (883-859): "Expedition to Carchemish and the Lebanon," trans. A. Leo Oppenheim (*ANET*, 275-276).
3. 페니키아에 대한 상세한 정보는 대하 2장에 관한 31장 논의(380-390쪽)를 보라.
4. Donald F. Murray, "Under Yhwh's Veto: David as Shedder of Blood in Chronicles," *Bib* 89 (2001): 457-467를 보라.
5. 같은 글, 475.
6. 이 약속에 대한 설명은 대상 17장에 관한 17장의 논의(242-244쪽)를 보라.
7. 하나님의 도우심 주제에 대해서는 5장의 '이야기 살아내기'(107-109쪽)와 대상 12장에 관한 12장의 논의(특히 185-186쪽)를 보라.
8. 이와 비슷한 다른 통계와 사려 깊은 글은 Jeff Haanen, "Don't Waste Your Retirement," March 15, 2019 (https://www.thegospelcoalition.org/article/dont-waste-your-retirement/)를 보라.
9. 크리스천 포스트(Christian Post)에 실린 John Stonestreet과 Warren Cole Smith의 글, "What should Christians do with their retirement?"에서 저자들은 "은퇴 개혁 선언문"(Retirement Reformation Manifesto)을 인용하고 인생 후반기를 하나님 나라를 섬기는 데 사용하겠다는 Chuck Colson의 결단을 상기시키면서, 우리의 일은 끝날 수 있지만 하나님 나라의 일은 결코 끝나지 않는다고 지적한다(https://www.christianpost.com/voice/what-should-christians-do-with-retirement.html).

23장

1. 레위 지파의 배경에 대해서는 대상 6장에 관한 6장의 논의를 보라.
2. 솔로몬의 공동 통치에 대한 논의는 Merrill, *1 & 2 Chronicles*, 272-273를 보라. Ball은 이집트에서 있었던 공동 통치의 유용한 목록을 제시하면서, 다윗의 공동 통치가 이집트 모델에 기초했을 수 있다고 주장한다. 확신을 갖고 단정하기는 힘들지만, 그의 논문은 공동 통치가 고대 세계에 존재했다는 사실을 강조한다. E. Ball, "Co-Regency of David and Solomon (1 Kings 1)," *VT* XXVII (1977): 268-279를 보라.

3. Merrill, *1 & 2 Chronicles*, 273.
4. 다양한 시기의 레위인 숫자에 대한 비교는 Klein, *I Chronicles*, 451를 보라.
5. 여기 나온 명단의 복잡성과 본문상의 쟁점을 고려할 때, 필자는 Klein, *I Chronicles*, 443-459과 같이 구체적 쟁점을 다루는 더 전문적인 주석을 독자들에게 추천한다.
6. 예를 들어 여히엘, 세담, 요엘(23:8)은 성전 곳간을 담당했다(26:22; 참조. 29:8). 요엘은 앞서 언급한 족장일 수도 있지만(15:7, 11), 일반적인 이름이기 때문에 확신할 수는 없다.
7. 이스라엘 전통에 근거한 역대기 저자의 제사장 언어 사용과 그의 변용을 포함하여 레위인의 임무에 대한 자세한 분석은 Gary N. Knoppers, "Hierodules, Priests, or Janitors? The Levites in Chronicles and the History of the Priesthood," *JBL* 118:1 (1999): 49-72를 보라.
8. 예배 주제에 대해서는 대상 15-16장에 관한 15장과 16장의 논의(212-234쪽)와 34장의 '이야기 살아내기'(415-417쪽)를 보라.
9. 에덴동산과 예루살렘 성전의 연관성은 대하 3-4장에 관한 32장과 33장의 논의(397-401, 405-410쪽)를 보라.
10. Gordon J. Wenham, "Sanctuary Symbolism and the Garden of Eden," in *I Studied Inscriptions from before the Flood*, ed. Richard S. Hess and David T. Tsumara (Winona Lake, IN: Eisenbrauns, 1994), 401; https://www.godawa.com/chronicles_of_the_nephilim/Articles_By_Others/Wenham-Sanctuary_Symbolism_Garden_of_Eden.pdf를 보라. Greg K. Beale, *The Temple and the Church's Mission: A Biblical Theology of the Dwelling Place of God*, NSBT (Downers Grove, IL: InterVarsity Press, 2004), 77-78도 보라. 『성전 신학』(새물결플러스).
11. John A. Davies, "A Royal Priesthood: Literary and Intertextual Perspectives on the Image of Israel in Exodus 19:6," *TynBul* 53:1 (2002): 157-159.
12. 대하 3-4장에 관한 32-33장의 논의를 보라.
13. Christopher J. H. Wright, *Exodus*, SGBC (Grand Rapids, Zondervan Academic, 2021), 339-345의 논의를 보라.
14. 대하 29장에 관한 58장의 논의(650-651쪽)를 보라.
15. 신학적으로 풍부하고 자세한 분석은 Hahn, *Kingdom of God*, 174를 보라. 대하 29장에 관한 58장의 논의(650쪽)를 참조하라.

16. 예수님의 대제사장 역할은 6장의 '이야기 살아내기'(122-124쪽)를 보라.
17. Hahn, *The Kingdom of God*, 127.

24장

1. 24개 갈래의 기원은 상당한 논쟁이 오가는 주제였다(Selman, *1 Chronicles*, 229-230를 보라).
2. NIV는 이런 구절에서 (아마 제비에 친숙하지 않은 현대 독자들이 본문을 쉽게 읽을 수 있도록) "제비"라는 용어를 항상 번역하지는 않지만, 그럼에도 이 구절들은 성을 배정할 때 제비뽑기가 사용되었다고 증언한다.
3. Williamson, *1 and 2 Chronicles*, 164에서 지적한 내용과 같다.
4. Boda, *1-2 Chronicles*, 193.
5. 6장의 '이야기 살아내기'(122-124쪽)를 보라.
6. Japhet, *I & II Chronicles*, 423-424.

25장

1. De Vries의 논문 "Moses and David as Cult Founders," 619-630를 보라.
2. 제의 받침대는 이스라엘 박물관에 소장되어 있다. www.imj.org.il/en/collections/369806을 보라.
3. 이스라엘 박물관; https://www.imj.org.il/en/collections/370866을 보라.
4. 이스라엘 박물관; https://www.imj.org.il/en/collections/369521을 보라.
5. 현악기, 관악기, 타악기의 세 가지 기본 유형에 따른 고대 악기에 대한 유용한 요약은 Phillip J. King and Larry E. Stager, *Life in Biblical Israel*, Library of Ancient Israel (Louisville: Westminster John Knox Press, 2001), 290-300를 보라. 『고대 이스라엘 문화』(CLC).
6. Merrill, *1 & 2 Chronicles*, 281.
7. 갓(삼하 24:11; 대상 21:9; 대하 29:25), 잇도(대하 9:29; 12:15), 예후(대하 19:2) 같은 예언자는 이스라엘의 예언자를 묘사할 때 사용된 또 다른 용어인 "선견자"로 표현된다.

8. Boda의 유용한 요약을 보라(*1-2 Chronicles*, 185-186).
9. 제비의 용도와 목적에 대해서는 대상 24:7-19에 관한 24장의 논의(313쪽)를 보라.
10. 대상 27:1-15에 관한 27장의 논의(340-342쪽)를 보라.
11. 이스라엘에서 음악과 노래의 위상에 대한 탁월한 개관은 Block, *For the Glory of God*, 222-230를 보라.
12. Block은 초기 교회에서 노래와 음악의 위상에 대한 유용한 조사를 진행했는데, 여기에는 바울의 두 주요 본문(엡 5:18-20; 골 3:15-17)에 대한 논의가 포함된다. Block, *For the Glory of God*, 230-234를 보라. Allen P. Ross, *Recalling the Hope of Glory: Biblical Worship from the Garden of Eden to the New Creation* (Grand Rapids: Kregel, 2006), 262-268도 보라.
13. Fee, *Jesus the Lord*, 24.
14. Block, *For the Glory of God*, 240-241. 성경에 뿌리를 둔 예배라는 주제에 대해서는 16장, '이야기 살아내기'의 "하나님께 드리는 예배는 성경에 뿌리를 두고 있다"(232-233쪽)를 보라.
15. Dietrich Bonhoeffer, *Life Together*, trans. John W. Doberstein (New York: Harper Collins, 1954), 59. 『성도의 공동생활』(복있는사람).
16. Fee, *Jesus the Lord*, 23.

26장

1. "Instructions for Temple Officials," trans. Albrecht Goetze (*ANET*, 207-210).
2. 같은 글(*ANET*, 208).
3. 같은 글(*ANET*, 209).
4. 문지기의 책임에 대해서는 대상 9:17-34에 관한 9장의 논의(155쪽)를 보라.
5. Japhet, *I & II Chronicles*, 451.
6. Wright는 레위인이 군인이라고 설득력 있는 주장을 한다. John W. Wright, "Guarding the Gates: 1 Chronicles 26:1-19 and the Role of Gatekeepers in Chronicles," *JSOT* 48 (1990): 69-74를 보라.
7. 구약성경에서 제비의 용도에 대해서는 대상 24:7-19에 관한 24장의 논의(313쪽)를 보라.

8. Wright, "Guarding the Gates," 74-76.
9. 같은 글, 76.
10. 고대 이스라엘의 사법 절차에 대한 자세한 내용은 Roland De Vaux, *Ancient Israel: Social Institutions*, Vol. 2 (New York: McGraw-Hill, 1965), 152-163를 보라.
11. Boda, *1-2 Chronicles*, 201를 보라.
12. 재판관 임명과 그것이 오늘날에 갖는 함의에 대해서는 대하 19:4-11에 관한 48장의 논의(550-551쪽)를 보라.
13. Japhet, *I & II Chronicles*, 217.
14. Selman, *1 Chronicles*, 237.

27장

1. 두 명단은 동일하지 않은데(철자와 가족 관계에 차이가 있다), 이는 명단이 후대 시기를 반영하여 갱신되었음을 시사한다(Selman, *1 Chronicles*, 245를 보라). 이름에 대한 유용한 비교는 Braun, *1 Chronicles*, 259-260를 보라.
2. "The Gezer Calendar," trans. W. F. Albright (*ANET*, 320).
3. King and Stager, *Life in Biblical Israel*, 86. 고대 이스라엘의 농업에 관한 탁월한 요약은 Stager의 3장을 보라("The Means of Existence," 85-122).
4. Japhet, *I & II Chronicles*, 468.
5. Boda, *1-2 Chronicles*, 205.
6. King and Stager, *Life in Biblical Israel*, 241. 히브리어 단어 '엘레프'에 대한 다양한 접근 방법은 대하 14:8-9에 관한 43장의 논의(502쪽)를 보라.
7. 고대의 전쟁 무기에 대한 설명은 King and Stager, *Life in Biblical Israel*, 224-231를 보라.
8. 족보에서 이들에게 거의 주목하지 않았기 때문에(갓은 5:11-16; 아셀은 7:30-40) 아마 놀라운 일은 아닐 것이다. Merrill은 이들이 명단에서 빠진 것은 역대기 저자 시대의 역사적·영토적 상황을 반영한 것일 수 있다고 주장한다(*1 & 2 Chronicles*, 293).
9. 대상 21장에 관한 21장의 논의(278-286쪽)를 보라.
10. King and Stager, *Life in Biblical Israel*, 91.

11. Alfred J. Hoerth, *Archaeology & the Old Testament* (Grand Rapids: Baker Academic, 1998), 344 (fig. 17.3)를 보라. 『고고학과 구약성경』(미스바).
12. King and Stager, *Life in Biblical Israel*, 96.
13. 다윗이 이스마엘 사람을 지도자 자리에 앉힌 것은 비이스라엘 사람들을 포함하고 있는 유다 지파 족보에서 이미 예고되었다. 2장, '이야기 살아내기'의 "모든 민족을 포용하시려는 하나님의 계획과 유다의 위치"(76-78쪽)를 보라.
14. 하갈 사람에 대해서는 대상 5:10에 관한 5장의 논의(104-105쪽)를 보라. 그들의 이름은 하갈에서 유래되었고, 따라서 그녀의 아들 이스마엘과 관련 있다(Klein, *1 Chronicles*, 511).
15. 지혜로운 모사라는 중요한 주제에 대해서는 39장의 '이야기 살아내기'(473-474쪽)를 보라.
16. Barna, "The Aging of Amercia's Pastors," March 1, 2017; https://www.barna.com/research /aging-americas-pastors/를 보라.
17. 같은 글.
18. 이 주제(와 십일조)에 대해서는 50장의 '이야기 살아내기'(574-576쪽)를 보라.
19. 복음 후원자인 헌팅턴 부인(Lady Huntington)의 후한 헌금을 기술하는 29장의 '이야기 살아내기'를 보라. 그녀는 신학생들의 학비를 충당하기 위해 연간 수입의 절반을 사용해 옷과 음식, 사역지 이동 경비를 제공하는 등 그들에게 아낌없이 헌금했다. 오늘 우리에게도 본보기가 되는 놀라운 이야기다.
20. John W. Wright, "The Legacy of David in Chronicles: The Narrative Function of 1 Chronicles 23-27," *JBL* 110:2 (1991): 229-242.

28장

1. 대상 17:10b-15에 관한 17장의 논의(242-244쪽)를 보라.
2. Wright, "The Legacy of David," 230-231를 보라. 59장, '이야기 살아내기'의 "열방의 총회에 대한 비전"(668-669쪽)도 보라. 거기서 우리는 히브리어 명사 '카할'이 70인역에서 '에클레시아'(*ekklesia*)로 번역된다는 점에 주목한다.
3. 대상 22:8에 관한 논의(292-294쪽)를 보라.
4. 대상 17장에 관한 17장의 논의를 추가로 보라.
5. 한 명의 지도자가 왕국의 영적 상태에 끼치는 중요한 영향에 대해서는 53장의 '이

야기 살아내기'(600-602쪽)를 보라.
6. 온전한 마음이라는 주제에 대해서는 54장의 '이야기 살아내기'(612-615쪽)를 보라.
7. 이 동사에 대한 요약은 30장, '이야기 살아내기'에 있는 논의(380-382쪽)를 보라.
8. 성막과 성전의 연관성에 대해서는 대하 3장에 관한 32장의 논의, 특히 '이야기 살아내기'를 보라.
9. Victor Hurowitz, *I Have Built You an Exalted House: Temple Building in the Bible in the Light of Mesopotamian and North-West Semitic Writings* (JSOTSup 115; Sheffield, JSOT Press, 1992), 168-170에 있는 예를 보라. 학자들은 히브리어 '타브니트'(*tabnit*)의 의미에 대해, 그것이 설계도를 가리키는지 아니면 실제 복제품을 가리키는지 견해가 다르다. Hurowitz는 모세가 모형을 받았지만, 대상 28장의 일차적 의미는 청사진인 것 같다고 주장한다(그가 실제 복제품이라고 생각하는 수레는 제외하고서 말이다, 28:18).
10. Beale, *The Temple and the Church's Mission*, 31-45. 성전과 하나님의 하늘 보좌와의 연관성은 대하 3장에 관한 32장의 논의를 보라.
11. 대상 22:13에 관한 22장의 논의(293-295쪽)를 보라.
12. John W. Wright, "Beyond Transcendence and Immanence: The Characterization of the Presence and Activity of God in the Book of Chronicles," in *The Chronicler as Theologian: Essays in Honor of Ralph W. Klein*, ed. M. Patrick Graham, Steven L. McKenzie, and Gary N. Knoppers (London: T & T Clark International, 2003), 246.
13. 이 주제에 대해서는 32장의 '이야기 살아내기'(399-402쪽)를 보라.

29장

1. Braun은 성막 및 제사장 의복과 관련하여 사용된 귀금속에 대해 유용한 개요를 선보인다(*1 Chronicles*, 279-280).
2. 성막과 성전의 기타 연관성은 대하 3장에 관한 32장의 논의를 보라.
3. Jenson, *Graded Holiness*, 103.
4. 같은 책, 101; 특히 성막 재료의 단계적 차이에 대한 Jenson의 단락, 101-103를 보라.
5. 29:4과 29:7에 나오는 수량에 대한 현대의 추정치는 Merrill을 보라(Merrill, *1 &*

2 Chronicles, 302-303). Japhet은 3천과 7천이라는 숫자가 문자적인 것이 아니라 상징적인(typological) 것이라고 주장한다(Japhet, *I & II Chronicles*, 507). 고대의 금의 양에 대해서는 A. Millard, "King Solomon in his Ancient Context," in the volume edited by Lowell K. Handy, *The Age of Solomon: Scholarship at the Turn of the Millennium* (Leiden: Brill, 1997), 31-42를 보라. Millard는 오빌의 정확한 위치는 지금도 알려지지 않았지만, 그 역사성은 텔 카실레(Tel Qasile)에서 발견된 주전 8세기 영수증에서 오빌의 금을 언급하고 있는 데서 확증된다고 지적한다. 금에 대한 자세한 논의는 대하 9:13-24에 관한 38장의 주석(462-463쪽)을 보라.

6. 29:7에 사용된 "다릭"이라는 용어는 다리우스 1세의 이름을 따서 주전 6세기 후반에 주조된 동전을 가리킨다(참조. 스 2:69; 8:27; 느 7:70-72). 이 용어는 다윗 시대 훨씬 이후까지 사용되지 않았기 때문에, 역대기 저자는 다윗이 바친 금화의 양을 설명하기 위해 자기 시대의 용어를 사용한 것이다. H. G. M. Williamson, "Eschatology in Chronicles," *TynBul* 28 (1977): 123-126를 보라. 현대의 수치로 환산된 여러 수량에 대해서는 Merrill, *I & 2 Chronicles*, 302-303을 보라.

7. 하나님이 이스라엘에게 주신 풍성한 땅 선물에 근거한 호혜의 신학에 대해서는 J. Gordon McConville의 통찰력 있는 연구, *Law and Theology in Deuteronomy* (JSOTSup 33; Sheffield: JSOT Press, 1984), 15-20, 82-86를 보라.

8. 같은 책, 18.

9. Sklar, *Leviticus*, 94.

10. 같은 곳.

11. 기쁨이라는 주제에 대해서는 34장의 '이야기 살아내기'(415-417쪽)를 보라.

12. 열왕기 기사에서 솔로몬은 아버지의 노새를 타고 다윗성 동쪽에 있는 기혼샘으로 내려간다(왕상 1:33). 제사장 사독과 예언자 나단, 브나야는 기름을 붓는 의식에서 중심 역할을 맡는다(32-40절). Boda는 두 번의 기름 부음이 사울(삼상 10:1; 11:12-15)과 다윗(삼상 16:13; 삼하 2:1-7; 5:1-5)의 패턴을 따른다고 지적한다. Boda, *1-2 Chronicles*, 221를 보라.

13. Schniedewind, "King and Priest," 71-78를 보라. https://www.academia.edu/326665/King_and_Priest_In_the_Book_of_Chronicles_and_the_Duality_of_Qumran_Messianism.

14. Åke Viberg, *Symbols of Law: A Contextual Analysis of Legal Symbolic Acts in the Old Testament*, Coniectanea Biblica Old Testament Series 34 (Stock-

holm: Almqvist & Wiksell International, 1992), 107.
15. 같은 책, 45-51.
16. 역대기 저자가 사용한 자료에 대해서는 서론의 "장르"(30-31쪽)를 보라.
17. William Wilberforce, *A Practical View of Christianity* (1797; annotated repr., Peabody, MA: Hendrickson, 1996), 255.
18. 험프리 몬머스(Humphrey Monmouth)의 후원을 받은 윌리엄 틴데일 이야기는 8장의 '이야기 살아내기'(144-146쪽)를 보라. 찬송가 작가 존 뉴턴을 후원한 세 번째 복음 후원자 존 손턴(John Thorton)의 이야기는 37장의 '이야기 살아내기'(453-456쪽)를 보라.
19. Rinehart, *Gospel Patrons*, 88.
20. Gospel Patrons 웹사이트에는 『복음의 후원자들』에서 강조하는 종류의 헌금을 각 교회에서 실행하는 방법을 포함해 유용한 자료가 많다. https://www.gospelpatrons.org/를 보라.

30장

1. Frankfort, *Kingship and the Gods*, 267. 고대 근동에서 신전 건축의 중요한 역할은 Mark J. Boda와 Jamie Novotny가 편집한 훌륭한 저서 *From the Foundations to Crenellations: Essays on Temple Building in the Ancient Near East. Alter Orient und Altes Testament, Band 366* (Münster: Ugarit Verlag, 2010)에서 강조되었다. 역대기의 성전 건축 기사에 대한 분석은 이 책에 있는 Mark Boda의 글 "Legitimizing the Temple: The Chronicler's Temple Building Account," 303-318를 보라.
2. 앞서 우리는 다윗이 성전의 청사진을 받았다고 언급했다(대상 28:11-19). 신전 설계도를 들고 앉아 있는 구데아 동상이 루브르 박물관에 있다. 이 점을 알려 준 Tremper Longman 에게 감사한다. https://louvrebible.org.uk/oeuvre/102/louvre_departement_antiquites_orientales를 보라.
3. *The Building of Ningirsu's Temple* (Gudea, Cylinders A and B): http://etcsl.orinst.ox.ac.uk/cgi-bin/etcsl.cgi?text=t.2.1.7#.
4. Hurowitz, *I Have Built You an Exalted House*, 130-322.
5. 상세한 논의는 Boda, "Legitimizing the Temple," 313-316를 보라.

6. 학자들은 이 장들에 교차 구조가 존재한다고 주장했다. 자세한 분석은 Dillard, *2 Chronicles*, 5-7를 보라. 이런 문학 구조는 독자들이 문학적 대칭을 위해 반복되는 병행 단락을 파악하고(예. 1:14-17과 9:25, 28), 이 내러티브에서 기도의 중심 역할을 인식하는 데 도움이 되기 때문에 중요하다.
7. 고대의 금 사용과 백향목에 대해서는 대하 2장과 3장에 관한 31장과 32장의 논의를 보라.
8. Yutaka Ikeda의 탁월한 논문 "Solomon's Trade in Horses and Chariots in Its International Setting," in *Studies in the Period of David and Solomon and Other Essays*, ed. Tomoo Ishida (Winona Lake, IN: Eisenbrauns, 1982), 215-238를 보라.
9. 같은 글, 223-225.
10. 같은 글, 226-231.
11. NIV는 'inquire'(삼상 9:9; 28:7), 'find out'(삼상 11:3)으로 번역.
12. 예. 왕상 14:5(NIV, 'ask about'); 22:5(NIV, 'seek'), 7, 8(NIV, 'inquire').
13. 예. 대상 16:11; 22:19; 28:8, 9; 대하 12:14; 14:4, 7; 15:2, 12, 13; 17:4; 18:4; 19:3; 20:3; 22:9; 26:5; 30:19; 31:21; 34:3. *d-r-sh*의 번역은 번역본에 따라 다양하지만, 전반적으로 동일한 히브리어 단어가 사용된 것은 역대기에서 이 동사의 중요성을 강조한다.
14. Jeanet Sinding Bentzen가 주도한 연구 제목은 "In crisis, we pray: Religiosity and the COVID-19 pandemic," *Journal of Economic Behavior & Organization* 192 (December 2021): 541-583이다. doi.org/10.1016/j.jebo.2021.10.014.
15. "Time Flies: U.S. Adults Now Spend Nearly Half A Day Interacting with Media," Nielson, July 31, 2018; https://www.nielsen.com/us/en/insights/news/2018/time-flies-us-adults-now-spend-nearly-half-a-day-interacting-with-media.html.
16. John Jefferson Davis, *Worship and the Reality of God: An Evangelical Theology of Real Presence* (Downers Grove, IL: InterVarsity Press, 2010), 15. 『복음주의 예배학』(CLC).
17. 같은 책, 17.

31장

1. 22장의 '이야기 경청하기'(292-293쪽)를 보라.
2. 같은 곳을 보라. 참조. "The Journey of Wen-Amon to Phoenicia," trans. John A. Wilson (*ANET*, 25-29).
3. Herbert Donner, "The Interdependence of Internal Affairs and Foreign Policy during the Davidic-Solomonic Period," in Ishida, *Studies in the Period of David and Solomon*, 205-214.
4. Glenn E. Markoe, "The Emergence of Phoenician Art," *BASOR* 279 (1990), 13-26.
5. Patricia M. Bikai, "Rich and Glorious Traders of the Levant," *Archaeology* 43:2 (1990): 22-30; R. R. Stieglitz, "Long-distance Seafaring in the Ancient Near East," *BA* 47 (1984): 134-142.
6. Jonathan Laden, "The Royal Purple of David and Solomon," *BAS*, 31 January 2021, https://www.biblicalarchaeology.org/daily/biblical-artifacts/artifacts-and-the-bible/the-royal-purple-of-david-and-solomon/.
7. Christine Palmer, "Israelite High Priestly Apparel: Embodying an Identity between Human and Divine," in *Fashioned Selves: Dress and Identity in Antiquity*. Megan Cifarelli, ed. (Oxford: Oxbow Books, 2019), 118-227 (120).
8. Williamson, *1 and 2 Chronicles*, 200.
9. Bikai, "Rich and Glorious Traders," 27.
10. Peter J. Leithart, *1 & 2 Chronicles*, BTCB (Grand Rapids, Brazos Press, 2019), 102.
11. 같은 곳.
12. I. Mendelson, "On Corvee Labor in Ancient Canaan and Israel," *BASOR* 167 (1962): 31-35.
13. Jan A. Soggin, "Compulsory Labor under David and Solomon," in Ishida, *Studies in the Period of David and Solomon*, 259-266를 보라.
14. William A. Ward, "Phoenicians," in Hoerth, Mattingly, and Yamauchi, *Peoples of the Old Testament World*, 202.
15. 서론의 "페르시아 치하의 유다 속주와 디아스포라의 삶"(34-37쪽)을 보라.

32장

1. 창 22장과 대상 22장의 연관성에 대해서는 대상 21:18-30에 관한 21장의 논의 (284-286쪽)를 보라.
2. 이 내용은 성전이 이방 민족처럼 되려는 이스라엘의 시도였지 하나님의 계획이 아니었다고 주장하는 Andy Stanley의 대중적 가르침과 상반된다. 그의 견해는 그렇지 않다는 것을 암시하는 아주 많은 성경 구절을 놓치고 있다(특히 대상 17:12; 22:19을 보라). 다만 그는 "성전은 '있으면 좋은 것'이었다. 하지만 성전은 필요하지 않았다. 성전은 하나님의 생각이 아니었다"라고 쓰고 있다[Andy Stanley, *Irresistible: Reclaiming the New that Jesus Unleashed for the World* (Grand Rapids: Zondervan, 2018), 41, 『교회를 살리는 불가항력의 복음』(디모데)].
3. Block, *For the Glory of God*, 303.
4. Beale, *The Temple*, 61.
5. Hahn, *The Kingdom of God*, 114-124를 보라. 대하 4장에 관한 33장의 논의도 보라.
6. 모리아와 시온의 연관성에 대해서는 Tremper Longman III, *Genesis*, SGBC (Grand Rapids: Zondervan, 2016), 302를 보라.
7. Christopher J. Davey, "Temples in the Levant and the Buildings of Solomon," TynBul (1979), 107-146.
8. 규빗의 길이에 대해서는 Dillard, *2 Chronicles*, 28를 보라.
9. A. Millard, "King Solomon in his Ancient Context," 31-36.
10. 고대에 금의 양과 용도와 출처에 대한 자세한 설명은 같은 글, 31-42를 보라. 오빌에 대해서는 대상 29:4-5에 관한 29장의 논의(362-363쪽)를 보라.
11. Hahn, *The Kingdom of God*, 116-120를 보라.
12. 이 이름과 그 의미에 대한 학자들의 견해는 Dillard, *2 Chronicles*, 30를 보라.
13. Palmer, "Israelite High Priestly Apparel," 117.
14. Palmer의 주장에 따르면, 이스라엘의 대제사장 의복은 제사장이 "같은 옷감과 같은 목적으로 만들어진" 회막의 연장임을 보여 준다. 그녀는 하나님의 임재가 제사장을 통해 일반 이스라엘 백성에게 매개된다고 주장한다(같은 책, 124-126).
15. 같은 책, 126.

33장

1. 이 주제에 대한 통찰력 있는 논의는 Beale, *The Temple*, 66-80를 보라. 그는 동산과 비슷한 특징을 지닌 성전을 묘사하는 고대 근동 문헌을 인용한다. Wenham, "Sanctuary Symbolism and the Garden of Eden," 400-401도 보라.
2. 규빗의 길이에 대해서는 대하 3:3에 관한 32장의 논의(397쪽)를 보라.
3. Dillard, *2 Chronicles*, 35.
4. Hahn, *The Kingdom of God*, 117-118.
5. Braun, *2 Chronicles*, 36.
6. 페니키아인의 예술적 공헌에 대해서는 대하 2장에 관한 31장의 논의(387-388쪽)를 보라.
7. Block, *For the Glory of God*, 310.
8. 방대한 묘사에 대해서는 Beale, *The Temple*, 29-80를 보라.
9. Hahn, *The Kingdom of God*, 119; 다음도 보라. Block, *For the Glory of God*, 297-314.
10. Beale, *The Temple*, 367를 보라.
11. 같은 책, 370.
12. Matt Gillman, *New Jerusalem* (https://www.youtube.com/watch?v=5-4R7r-VaV2w).

34장

1. 대상 13장과 15장에 관한 13장과 15장의 논의를 보라.
2. Beale, *The Temple*, 370.
3. 같은 책, 36-37.
4. Hahn, *Kingdom of God*, 127. Block은 성막에서 예배에 대한 언급이 없다고 해서 다윗 시대까지 예배가 존재하지 않았던 것은 아니라고 주의를 준다(Block, *For the Glory of God*, 222-231). 그의 주장을 받아들이더라도, 예배가 다윗 시대에 공식화되었고 따라서 이전 시대와 구별된다는 점은 분명하다. 제사에서 침묵의 역할에 대해서는 Israel Kohl, "Between Voice and Silence: The Relationship between Prayer and Temple Cult," *JBL* (1996): 17-30를 보라.

5. Hahn, *Kingdom of God*, 127. 즐거운 예배를 언급하는 성경 본문 목록은 Hahn을 보라.
6. Wright는 시사하는 바가 많은 논문에서, 역대기 저자는 (화자로서) "독자들은 달리 알아챌 수 없었을 때, 세상에서 하나님의 임재와 활동을 분별하고 식별하는 능력을 가지고 있다"라고 지적한다. 이 핵심 논점은 귀환자들에게 (또한 우리의 현 상황에서) 매우 중요하다. 역대기 저자는 (상황은 다르게 암시할지라도) 하나님이 세상에서 **지금** 하고 계신 일에 대한 통찰력을 가지고 있기에, 특히 선포된 말씀에서 나타난 그분의 역동적인 임재를 인식하도록 하나님의 백성을 초대한다. Wright, "Beyond Transcendence," 259.

35장

1. Dillard, *2 Chronicles*, 7.
2. Beale, *The Temple*, 36-37.
3. 같은 책, 37.
4. 대상 17장에 관한 17장의 논의에서 다윗 언약에 대해 다룬 긴 논의(238-246쪽)를 보라.
5. Beale, *The Temple*, 370.
6. Boda, *1-2 Chronicles*, 259.
7. 오경에 나오는 죄와 속죄에 대한 Jay Sklar의 통찰력 있는 논의를 보라. 그는 세 가지 유형의 죄(고의적이지 않은 죄, 고의적이지만 반드시 악의적이지는 않은 죄, 악의적인 죄)를 요약하면서, 오경에서는 제물을 바치지 않고도 악의적인 죄에 대한 속죄가 성취된 일곱 가지 예를 찾을 수 있다고 설명한다. 이 같은 경우에 주요 인물(모세, 아론, 비느하스 등)의 중재로 인해 이스라엘과 하나님의 관계는 회복된다. 분명 그와 같은 속죄는 하나님의 징계를 배제하지 않지만, 하나님의 백성이 완전히 거부되지도 않는다. 이것은 하나님의 은혜로운 성품에서 기인하지만, Sklar가 지적하듯 회복의 과정에는 고백과 회개가 필요했다. Jay Sklar, "Sin and Atonement: Lessons from the Pentateuch," *BBR* 22:4 (2012): 467-491를 보라.
8. 같은 글, 488.
9. 유용한 요약은 Boda, *1-2 Chronicles*, 261-263를 보라.
10. 역대기의 열방 주제에 대해서는 서론의 "증거하는 하나님 백성의 비전"(42-43쪽)

과 2장, '이야기 살아내기'의 "모든 민족을 포용하시려는 하나님의 계획과 유다의 위치"(76-78쪽)를 보라.
11. Boda, *1-2 Chronicles*, 265-266.
12. Sklar, "Sin and Atonement," 485-490를 보라.
13. Laura Hillenbrand, *Unbroken: A World War II Story of Survival, Resilience, and Redemption* (New York: Random House, 2014). 『언브로큰』(21세기북스).
14. "Be Hardy," by Louis Zamperini, January 2012 (https://www.coachayers.com/blog/2015/1/27/be-hardy-by-louie-zamperini#). Icons of the Faith Series에서 그와 나눈 인터뷰도 보라(https:// www.youtube.com/watch?v=S-8Jq3_3DdxM).
15. Wade Joye, Christopher Brown, Mack Brock, and Steven Furtick, "O Come to the Altar" by Elevation Worship, ⓒ Be Essential Songs. https:// www.youtube.com/watch?v=rYQ5yXCc_CA에서 이 찬양의 공연을 볼 수 있다.

36장

1. Wright, "Beyond Transcendence," 246.
2. Williamson, "Eschatology in Chronicles," 146.
3. 본문에는 소 2만 2천 마리와 양 12만 마리를 제물로 바쳤다고 적혀 있다. Wenham은 이 수치를 달성하기 위해서는 12일 동안, 하루에 10시간씩, 1분에 20마리를 제물로 바쳐야 한다고 지적했다. 따라서 그는 이것이 문자적 표현이 아니라 과장된 표현이라고 주장한다(Wenham, "Large Numbers," 49; 다음도 보라. Dillard, *2 Chronicles*, 57).
4. 기쁨이라는 주제에 대해서는 34장의 '이야기 살아내기'(415-417쪽)를 보라.
5. Williamson, "Eschatology in Chronicles," 150.
6. 여러 주석가들이 여기 사용된 용어에 대해 유용한 요약을 제시했다. 특히 Dillard, *2 Chronicles*, 77-78; Klein, *2 Chronicles*, 111를 보라.
7. 회개의 중요성에 대해서는 35장의 '이야기 살아내기'(430-433쪽)를 보라.
8. 대하 6:21에 관한 35장의 논의(424-429쪽)와 Sklar의 논문, "Sin and Atonement," 467-491를 보라.
9. 대하 7:14의 실질적인 결과는 대하 30:18-21에 관한 59장의 논의(659-661쪽)를 보라.

10. 대상 17장에 관한 17장의 논의를 보라.
11. Merrill, *1 & 2 Chronicles*, 360.
12. Williamson, "Eschatology in Chronicles," 153.
13. David Brooks, *The Road to Character* (New York: Random House, 2015), 6. 『인간의 품격』(부키).
14. 회개에 대해서는 35장의 '이야기 살아내기'(430-433쪽)를 보라.
15. Williamson, *1 and 2 Chronicles*, 225.
16. 같은 곳.
17. 다큐멘터리: *Russ Taff: I Still Believe*, released October, 2018; https://www.youtube.com/watch?v=yJHiOeIDspg를 보라.
18. 같은 곳.

37장

1. Hoerth, *Archaeology & the Old Testament*, 284.
2. Williamson, *1 and 2 Chronicles*, 228.
3. Ikeda, "Solomon's Trade in Horses and Chariots," 234-238를 보라.
4. 이 성들에 대한 유용한 논의는 Dillard, *2 Chronicles*, 65를 보라.
5. Hoerth, *Archaeology & the Old Testament*, 286-288를 보라. King and Stager, *Life in Biblical Israel*, 186-189도 보라.
6. 이와 같은 정치적 동맹에 대해서는 Malamat, "Aspects of the Foreign Policies," 8-17를 보라.
7. 성전 인력에 대한 폭넓은 설명은 대상 23-26장에 관한 23-26장의 논의를 보라.
8. 다양한 견해는 Dillard, *2 Chronicles*, 66를 보라. 또한 대하 29:4-5에 관한 29장의 논의(362-363쪽)를 보라.
9. Kenneth A. Kitchen, "Sheba and Arabia," in Handy, *The Age of Solomon*, 143-145.
10. 페니키아의 해상 무역에 대해서는 대하 1-2장에 관한 30장과 31장을 보라.
11. Robert R. Stieglitz, "Long Distance Seafaring in the Ancient Near East," 134-142, 특히 139.
12. 예언서와 시편에서 말에 대한 부정적 견해는 King and Stager, *Life in Biblical*

Israel, 115를 보라. 그들은 또한 이스라엘 왕들이 왕의 직무를 수행할 때 나귀나 노새를 탔다고 언급하면서(참조. 왕상 1:33; 슥 9:9; 마 21:5), 이것이 이스라엘 밖에서 알려진 관행이었음을 시사하는 마리(Mari) 문헌을 인용한다. 마리는 주전 3천 년대로 거슬러 올라가는 유구한 역사를 지닌 시리아 북부의 고대 도시다. 이 유적지에서 발굴된 수천 개의 행정 및 경제 문헌은 이 지역의 경제, 정치, 종교 생활에 대한 중요한 정보를 제공한다.

13. J. Gordon McConville, *Deuteronomy*, Apollos Old Testament Commentary (Downers Grove, IL: InterVarsity Press, 2002), 294.
14. 같은 곳.
15. Rinehart, *Gospel Patrons*, 107에서 인용.
16. 같은 곳. 자세한 정보는 https://www.gospelpatrons.org/를 보라.

38장

1. 스바와 아라비아의 유구한 역사, 특히 왕정 시대와 관련된 역사는 Kitchen, "Sheba and Arabia," in Handy, *The Age of Solomon*, 126-153를 보라. Kitchen은 또한 스바 여왕의 정체와 오빌의 위치에 대해서도 논한다. 대상 29:4-5에 관한 29장의 논의(362-363쪽)도 보라.
2. Kitchen, "Sheba and Arabia," 142.
3. 같은 글, 128.
4. 같은 글, 135-136.
5. 같은 글, 138-139.
6. Dillard, *2 Chronicles*, 72.
7. Boda는 솔로몬의 666달란트가 현재 환율로 무려 8억 7912만 달러의 가치가 있고(2015년 기준), 솔로몬의 큰 방패는 개당 6만 달러였을 것이라고 추정한다 (Boda, *1-2 Chronicles*, 371).
8. Kitchen, "Sheba and Arabia," in Handy, *The Age of Solomon*, 147.
9. Millard, "King Solomon in his Ancient Context," 30-42를 보라.
10. 같은 글, 40.
11. 같은 글, 37.
12. 같은 글, 37-38.

13. 같은 글, 36-37.
14. 역대기 저자는 열왕기의 두 절을 결합한 듯 보인다[왕상 4:26(MT 5:6); 10:26]. 이 절과 일부 본문상의 쟁점에 대해서는 Japhet, *I & II Chronicles*, 642-643를 보라.
15. Selman, *1 Chronicles*, 251.
16. 공유 자료: https://www.jubilate.co.uk/songs/o_worship_the_king_all_glorious_above를 보라.

39장

1. 대하 26:16-23에 관한 55장의 논의(621-623쪽)를 보라.

40장

1. 본문에서는 르호보암이 18만 명의 군사를 소집했다고 진술하지만, 다른 곳에서 언급했듯이 "천"(히. *'eleph*)으로 번역된 히브리어 단어는 지파 내의 더 작은 단위를 가리킬 수 있고, 이 경우 본문은 르호보암이 180개의 군 부대를 소집했다고 읽을 수 있다. 대상 12:23-40에 관한 12장의 논의(189-190쪽)를 보라.
2. Klein, *2 Chronicles*, 169를 보라.
3. Japhet, *I & II Chronicles*, 665. 나중에 구스 사람들이 아사를 치러 올 때 그들은 마레사에 도착하는데(14:10), 이는 마레사의 전략적 위치를 암시한다(11:8).
4. 학자들의 견해에 대한 논의는 같은 책, 665-668를 보라. Japhet은 11:5-12에 나오는 요새화된 성읍들에 대한 묘사가 르호보암의 건축 활동의 요약이라고 주장한다.
5. Merrill, *1 & 2 Chronicles*, 389.
6. 대하 30장에 관한 59장의 논의를 보라.

41장

1. 그의 원정에 대한 묘사와 그림은 https://daahl.ucsd.edu/DAAHL/Shishak.php

를 보라.
2. 셰숑크(Sheshonq, Shishak 등으로도 표기)의 원정에 대한 광범위한 요약과 이 주제에 대한 학술적 연구는 Klein, *2 Chronicles*, 182-183을 보라.
3. 이집트 상형문자 증거에 대한 논의는 Kenneth A. Kitchen, *On the Reliability of the Old Testament* (Grand Rapids: Eerdmans, 2003), 32-34를 보라. "The Campaign of Sheshonk I," trans. John A. Wilson (*ANET*, 263-64)도 보라.
4. Kitchen, *On the Reliability*, 34.
5. 대하 7:14에 관한 36장의 논의(439-442쪽)를 보라.
6. 히브리어 동사 *d-r-sh*는 역대기에 40회 이상 나온다. 대하 1:5에 관한 30장의 논의(380-382쪽)를 보라.

42장

1. 큰 숫자(13:3)와 군 부대를 가리키는(문자적인 인원수 1천 명이 아니라) 히브리어 용어 '엘레프'의 의미에 대해서는 대상 12:23-40에 관한 12장의 논의(189-190쪽)를 보라.
2. Klein, *2 Chronicles*, 200. 그는 스마라임산(대하 13:4)의 위치가 불확실하다고 지적한다.
3. Cole은 민 18:19의 소금 언약과 관련해 "고대 근동 사회에서 소금의 기능은 보존과 영속성 개념을 전달한다"고 지적하면서, 제사 제도에서 풍미 향상을 위한 용도뿐 아니라 보존제로서 소금의 용도를 언급한다. Dennis R. Cole, *Numbers*, NAC (Nashville: Broadman & Holman, 2000), 290을 보라.
4. Dillard, *2 Chronicles*, 105.
5. 같은 책, 109.
6. "천"(히. *'eleph*)이라는 용어의 의미에 대해서는 대상 12:23-40에 관한 12장의 논의(189-190쪽)를 보라.

43장

1. 아사의 연대는 특히 열왕기의 연대 표시와 비교할 때(왕상 15:9-10, 33; 16:8) 쉽

게 해결되지 않는다. 학자들은 연대를 조화하기 위해 다양한 시도를 해 왔다. 여러 접근 방법에 대한 요약은 Japhet, *1-2 Chronicles*, 703-704를 보라. 보다 전문적인 논의는 Raymond B. Dillard, "The Reign of Asa (2 Chr 14-16): An Example of the Chronicler's Theological Method," *JETS* 23, 1980: 207-218를 보라.

2. 30장, '이야기 살아내기'에 있는 논의(380-382쪽)를 보라.

3. 종종 (그리스어 Aethiopa에 근거하여) 에티오피아로 번역되지만(참조. NASB, 14:9), 구스는 에티오피아 국가가 아니라 누비아(Nubia)로 알려진 고대 이집트 남쪽의 아프리카 지역과 동일시되어야 한다. 구스 사람들에 대한 유용한 요약은 Kevin Burrell, "Representing Cush in the Hebrew Bible," *BAR*, Winter, 2020 (https://www.baslibrary.org/biblical-archaeology-review/46/5/24); Kevin Burrell, "The Cushites: Race and Representation in the Hebrew Bible, *ASOR* 8:1 (2020) (https://www.asor.org/anetoday/2020/12/cushites-hebrew-bible)을 보라.

4. Dillard, *2 Chronicles*, 119-120의 논의를 보라.

5. 구약성경의 큰 숫자에 대해서는 대상 12:23-40에 관한 12장의 논의(189-190쪽)를 보라.

6. Boda, *1-2 Chronicles*, 293를 보라.

7. 하나님의 도우심이라는 주제에 대해서는 대상 12장에 관한 12장의 논의를 보라.

8. 비슷한 주제를 가진 이야기로는 대상 4:10; 5:20; 대하 13:14-15; 18:31; 20:5-20; 32:20-22을 보라.

9. Japhet, *I & II Chronicles*, 792.

10. Barna, "Competing Worldviews Influence Today's Christians," May, 9, 2017 (https://www.barna.com/research/competing-worldviews-influence-todays-christians/).

11. Clarence L. Haynes Jr. "Why 'God Helps Those Who Help Themselves' Is Presumed to Be Biblical," July 7, 2020 (https://www.christianity.com/wiki/christian-life/why-god-helps-those-who-help-themselves-is-presumed-to-be-biblical.html)를 보라.

44장

1. 이 두 가지 관점에 대해서는 Klein, *2 Chronicles*, 226-227를 보라.
2. Braun, *2 Chronicles*, 121.
3. 서론의 "역대기 저술의 역사적 배경"(33-34쪽)과 7장의 '이야기 살아내기'를 보라.
4. 대하 1:5에 관한 30장의 논의(377-379쪽)를 보라.
5. 대상 21장에 관한 주석과 '이야기 살아내기'(286-289쪽)를 보라.
6. 이 연대 표시와 관련하여, 대하 16:1에 관한 45장의 논의(520쪽)를 보라.
7. Braun, *2 Chronicles*, 121.
8. Longman, *Immanuel in Our Place*, 140-143도 보라. 그는 이스라엘의 제사장이 하나님을 외면하여(참조. 삿 17-21장) 하나님의 율법이 더 이상 가르쳐지지 않을 때의 끔찍한 결과를 언급한다.
9. Klein, *2 Chronicles*, 226.
10. 제사장의 결정적 역할은 요아스왕의 통치에서도 볼 수 있다. 여호야다는 이 시기에 제사장으로 섬겼지만, 그가 죽은 후 백성들은 "조상들의 하나님 여호와의 전을 버리고 아세라 목상과 우상을 섬겼으므로 그 죄로 말미암아 진노가 유다와 예루살렘에 임"했다(24:18). 대하 24장에 관한 53장의 논의(595-598쪽)를 보라.
11. Briggs, *The Invisible Best Seller*.
12. 예를 들어, 2016년의 바나 연구 "The Bible in America: 6-Year Trends," June 15, 2016 (https://www.barna.com/research/the-bible-in-america-6-year-trends/)과 2019년의 바나 연구 "State of the Bible 2019: Trends in Engagement," April 18, 2019 (https://www.barna.com/research/state-of-the-bible-2019/)를 보라.
13. Briggs, *The Invisible Bestseller*, 57.
14. 같은 책, 58.
15. 8장의 '이야기 살아내기'(144-146쪽)를 보라.
16. 아낌없이 드리는 헌금과 신학생의 빛, 다음 세대 교회 지도자 훈련의 중요성이라는 주제에 대해서는 27장의 '이야기 살아내기'(344-346쪽), 60장의 "아낌없이 드리는 헌금"(676-678쪽), "현대의 레위인 후원하기"(678-679쪽)를 보라.
17. 대상 29장의 '이야기 살아내기'에 있는 십일조에 관한 논의를 보라(29장, 368-371쪽). 사역을 위해 훈련받고 있는 이들에게 의식주를 제공한 헌팅턴 부인의 후한 헌금을 언급했다.

18. Rinehart, *Gospel Patrons*, 43.

45장

1. "Treaty between Hattusilis and Ramses II," trans. Albrecht Goetze (*ANET*, 202).
2. 다른 곳에 나온 연대에 비추어 볼 때 연대 표시는 해결하기 어렵다(참조. 왕상 15:33; 16:6, 8). 학자들은 다양한 해결책을 제시했지만 어떤 합의도 나오지 않았다. 역대기에 나오는 6개의 연대 표시(대하 14:1; 15:10, 19; 16:1, 12, 13)에 대한 유용한 개요와 학자들이 제안한 세 가지 서로 다른 해결책에 대한 요약은 Dillard, *2 Chronicles*, 123-125를 보라. 36년이라는 숫자가 필사 오류의 결과일 가능성도 배제할 수 없는데, 이 경우 원래는 '16년'으로 읽는다(Boda, *1-2 Chronicles*, 311n2).
3. 자세한 분석은 Klein, *1 Chronicles*, 237-238를 보라.
4. 벤하닷이라는 이름은 고대 비문에서 입증된다(그의 이름은 단순히 '하닷 신의 아들'을 의미한다). 왕의 가능한 정체성에 대한 논의는 위의 같은 곳을 보라.
5. 같은 책, 240.
6. 능력이라는 주제에 대해서는 41장의 '이야기 살아내기'(487-489쪽)를 보라.
7. Gordon D. Fee, *God's Empowering Presence: The Holy Spirit in the Letters of Paul* (Peabody, MA: Hendrickson, 1994), 804. 『성령: 하나님의 능력 주시는 임재』(새물결플러스).
8. 같은 곳.
9. 같은 책, 816.

46장

1. Klein, *2 Chronicles*, 246.
2. Yamauchi, *Persia and the Bible*, 256-257.
3. 산당과 아세라 목상에 대한 묘사는 대하 14:2-5에 관한 43장의 논의(501-502쪽)를 보라.

4. 이 본문은 오경의 늦은 연대를 주장하는 학자들에게 문제를 야기하지만(일부 학자들은 이것이 왕실 법전에 대한 언급이라고 주장한다), Klein은 "율법책"이 (오경이라고도 알려진) 토라를 가리킨다고 설득력 있게 증명했다. 따라서 그는 역대기 저자가 "오경의 연대에 대한 비평 이전의(precritical) 관점"을 가지고 있다고 주장한다(*2 Chronicles*, 251, 특히 각주에 있는 여러 성경 참고 구절을 보라).
5. 38장에 있는 대하 9장의 '이야기 살아내기'(464-466쪽)를 보라.
6. ("천"으로 번역된) 히브리어 단어 '엘레프'의 의미와 (문자적 인원수가 아니라) 훨씬 작은 부대 단위를 가리키는 의미에 대해서는 대상 12:23-40에 관한 12장의 논의(189-190쪽)를 보라.
7. 44장에 있는 대하 15장의 '이야기 살아내기'(513-516쪽)를 보라.
8. 유용한 비판으로는 Michael J. Kruger, "Why We Can't Unhitch from the Old Testament," Gospel Coalition, October 22, 2018, https://www.thegospelcoalition.org/reviews/irresistible-andy-stanley/를 보라.
9. Andy Stanley, *Irresistible*.
10. Briggs는 이렇게 개탄한다. "수백 년 동안 인쇄된 말씀을 강조한 후 성경 없는 기독교, 또는 그에 가까운 기독교의 유령이 곧 닥칠 것이다.… '솔라 스크립투라'가 일종의 '놀라 스크립투라'로 바뀌고 있다"(*The Invisible Bestseller*, 58). 8장의 '이야기 살아내기'(144-146쪽)도 보라.
11. Ed Stetzer, "The Epidemic of Biblical Illiteracy in our Churches," *Christianity Today*, July 2015, https://www.christianitytoday.com/pastors/2017/bible-engagement/epidemic-of-bible-illiteracy-in-our-churches.html.
12. 같은 글.
13. Lead Pastor, Travis Simone, Williamsburg Community Chapel, Williamsburg, VA, USA.

47장

1. 여호사밧은 아들 여호람과 아합의 딸 아달랴의 결혼을 통해 아합과 동맹을 맺는다(참조. 21:6; 22:2).
2. Hoerth, *Archaeology & the Old Testament*, 312-313.
3. 남왕국에 미친 아합 집안의 영향력에 대해서는 대하 21장에 관한 50장의 논의

(572-573쪽)를 보라.
4. Klein, *2 Chronicles*, 261.
5. 동사 '묻다'(히. *d-r-sh*)는 역대기에 40회 이상 나온다. 대하 1:5에 관한 30장의 논의(380-382쪽)를 보라.
6. Ruth Graham, "Christian Prophets are On the Rise. What Happens When They're Wrong," February 11, 2021, https://www.nytimes.com/2021/02/11/us/christian-prophets-predictions.html. Craig Keener가 *Christianity Today*에 쓴 글 "When Political Prophecies Don't Come to Pass," November 11, 2020, https://www.christianitytoday.com/ct/2020/november-web-only/political-prophecy-false-bible-scholar-trump-election.html도 보라.
7. Ruth Graham이 *New York Times*에 쓴 "Christian Prophets are On the Rise"에서 인용.
8. Colin Smith, "7 Traits of False Teachers," March 18, 2012, https://www.thegospelcoalition.org/article/7-traits-of-false-teachers/.

48장

1. Japhet, *I & II Chronicles*, 775.
2. Klein, *2 Chronicles*, 276.
3. 27장의 '이야기 살아내기'(344-346쪽)를 보라.
4. 이런 통계에 대해 Alex Berezow가 쓴 글 "Blame and Claim: Can We Fix America's Uniquely Litigious Society?," *American Council on Science and Health*, December 28, 2019 (https://www.acsh.org/news/2019/12/27/blame-and-claim-can-we-fix-americas-uniquely-litigious-culture-14477)를 보라.
5. Bruce W. Winter, "Civil Litigation in Secular Corinth and the Church: The Forensic Background to 1 Corinthians 6:1-8," *NTS* 37:4 (1991), 561.
6. 같은 글, 561-564.
7. 같은 글, 567-568. 기독교 공동체 내의 분쟁이 교회 공동체 안에서 사적으로, 사랑 가운데, 서로 얼굴을 맞대고 해결되는 대신, 분열시키는 수사로 공공연히 표출되는 소셜 미디어가 이런 기능을 한다고 주장할 수도 있다. 분노를 표출하기 위해 소셜 미디어를 사용하는 것은 여러 차원에서 문제가 있지만, 그중에 가장 중요한

것은 복음 증거에 미치는 영향이다.
8. 같은 글, 572.
9. Fee, *God's Empowering Presence*, 804.
10. Winter, "Civil Litigation," 571.
11. 이 단체에 대한 자세한 정보는 www.peacemakerministries.org를 보라.

49장

1. 히브리어 본문은 세 번째 그룹을 이미 목록에서 언급된 민족인 암몬 족속으로 표현한다. 칠십인역을 따라 세 번째 그룹을 다른 곳에서 언급된(대하 26:7) 마온 사람들(Meunites)로 보는 것이 바람직하다(NIV, ESV, NASB). 마온 사람들에 대한 본문상의 쟁점과 가능한 정체성에 대해서는 Williamson, *1 and 2 Chronicles*, 293-294를 보라.
2. Japhet, *I & II Chronicles*, 791.
3. 같은 곳.
4. 이스라엘 전투의 영적 본질에 대해서는 14장의 '이야기 살아내기'(208-210쪽)와 19장의 '이야기 살아내기'(267-269쪽), 그리고 61장의 '이야기 살아내기'(691-694쪽)를 보라.
5. 구원이라는 주제에 대해서는 대상 16:34-36에 관한 16장의 논의(231쪽)와 특히 18장의 '이야기 살아내기'(259-261쪽)를 보라.
6. 동사 '시작하다'(히. *h-l-l*)는 다른 곳에서 활동의 시작을 묘사할 때 사용된다(대상 27:24; 대하 3:1, 2; 29:17).
7. 역대기에 나오는 기쁨이라는 주제에 대해서는 34장의 '이야기 살아내기'(415-417쪽)를 보라.
8. 65장의 '이야기 살아내기'(742쪽)를 보라.
9. Japhet, *I & II Chronicles*, 792.
10. 같은 곳.
11. 영적 전쟁과 예수님의 승리라는 주제는 14장의 '이야기 살아내기'(208-210쪽)를 보라.
12. McConville, *I & II Chronicles*, 195.
13. Japhet, *I & II Chronicles*, 787.

50장

1. Martin J. Selman, *2 Chronicles: A Commentary*, TOTC (Downers Grove, IL, InterVarsity Press, 1994), 437-438.
2. 같은 책, 437.
3. 같은 책, 434.
4. 에돔에 대한 자세한 정보는 대상 1:35-42에 관한 1장의 논의(54-57쪽)와 18:12-13에 관한 18장의 논의(257쪽), 그리고 대하 25장에 대한 54장의 논의(607-612쪽)를 보라.
5. Japhet, *I & II Chronicles*, 811.
6. Japhet, *I & II Chronicles*, 812의 논의를 보라.
7. 히브리어 본문에서는 여호아하스인데, 이는 22:1에서 여호람의 막내아들로 확인되는 아하시야의 변형된 이름이다. 대부분의 영어 번역본은 21:17에서 여호아하스라는 이름을 사용하지만(ESV, KJV, NASB), NIV에는 아하시야로 나온다(아마 혼동을 피하려는 시도일 것이다). 두 이름은 영어로 다르게 보일 수 있지만, (히브리어에서 나타나듯이) Jeho-*ahaz*와 *Ahaz*-iah라는 두 이름 모두 '아하스'(*ahaz*)라는 요소를 사용한다는 것을 안다면 도움이 된다.
8. 27장의 '이야기 살아내기'(344-346쪽)를 보라.
9. 47장의 '이야기 살아내기'(543-546쪽)를 보라.

51장

1. 히브리어 본문에는 마흔두 살로 나오지만, 왕하 8:26을 고려할 때(스물두 살로 나옴) 또한 그의 아버지 여호람이 마흔 살에 죽었기 때문에(대하 21:5, 20) 이런 읽기는 가능하지 않다. NIV를 비롯한 다른 영어 번역본에는 '스물두 살'로 나오지만(ESV, NIV, NASB; 참조. LXX, '스무 살'), KJV에는 '마흔두 살'로 나온다.
2. Kitchen, *On the Reliability*, 36-37를 보라. Bryant G. Wood, "The Tel Dan Stela and the Kings of Aram and Israel," *BAR*, 4 May 2011, https://biblearchaeology.org/research/topics/amazing-discoveries-in-biblical-archaeology/2233-the-tel-dan-stela-and-the-kings-of-aram-and-israel도 보라.
3. Klein, *2 Chronicles*, 314.

4. 예후에 의한 요람의 죽음(왕하 9:14-26)과 이세벨의 죽음(30-37절) 등. 이 이야기의 일부 세부 사항은 왕하 9장의 기사와 다르다. 같은 책, 312-331과 Japhet, *I & II Chronicles*, 820-824를 보라. 열왕기와 달리, 아하시야의 죽음은 피비린내 나는 일련의 사건 끝에 나온다. 결론부에 나오는 문학적 배치로 인해 그의 죽음은 내러티브 절정에 해당하고, 이어지는 사건으로 바뀌는 전환점을 제공한다(22:10을 보라).
5. Klein, *2 Chronicles*, 322.

52장

1. 3장의 '이야기 살아내기', "하나님의 은혜가 무대 중심에 있다"(73-76쪽)를 보라.
2. 레위인 문지기의 중요한 역할에 대해서는 대상 26장에 관한 26장의 논의를 보라.
3. "Church Rarely Reprimands Members, New Survey Shows," Lifeway Research, April 5, 2018, https://lifewayresearch.com/2018/04/05/churches-rarely-reprimand-members-new-survey-shows/.

53장

1. 아세라 목상과 우상에 관한 묘사는 대하 33장(699-701쪽)을 보라.
2. Klein, *2 Chronicles*, 348.
3. 다양한 이름 및 왕하 12:21과 그들의 관계에 대해서는 같은 책, 349을 보라.
4. 44장의 '이야기 살아내기'(513-516쪽)를 보라.
5. Klein, *2 Chronicles*, 334.
6. Ken Wilson, "Life of J. Christy Wilson Jr. (1921-1999) and His Worldwide Discipling Ministry," *Knowing & Doing* (C. S. Lewis Institute), Summer 2017, 1-7, https://www.cslewisinstitute.org/resources/life-of-j-christy-wilson-jr-1921-1999-and-his-worldwide-discipling-ministry/.
7. 같은 글, 4.
8. 같은 글, 5.

54장

1. 에돔에 대한 자세한 정보는 대상 1:35-42에 관한 1장의 논의(54-57쪽), 18:12-13에 관한 18장의 논의(257쪽), 대하 21:8-11에 관한 50장의 논의(573-574쪽)를 보라.
2. 연대에 대한 논의, 공동 통치의 가능성, 그리고 학자들의 다양한 견해는 Klein, *2 Chronicles*, 354-355를 보라.
3. Boda, *1-2 Chronicles*, 361.
4. 히브리어 용어 '엘레프'와 (문자적인 인원수가 아닌) 군 부대를 가리키는 그 의미에 대해서는 대상 12:23-40에 관한 12장의 논의(189-190쪽)를 보라.
5. Japhet, *I & II Chronicles*, 863.
6. 소금 골짜기는 아마 대지구대(Great Rift Valley) 안에, 사해 남쪽에 위치했을 것이고, 아라바에 해당한다. 셀라의 가능한 위치에 대해서는 Dillard, *2 Chronicles*, 200를 보라.
7. Japhet은 유다 성읍들이 북왕국 영토 안에 위치했을 것이라고 주장하지만(참조. 대하 17:2; 19:4), 모두가 동의하는 것은 아니다(Japhet, *I & II Chronicles*, 865).
8. 이것은 종교적 타협의 위험에 처한 귀환 공동체에 아마 경고 역할을 할 것이다(서론의 "페르시아 치하의 유다 속주와 디아스포라의 삶", 특히 12-13쪽을 보라).
9. 두 문의 가능한 위치에 대한 논의는 Klein, *2 Chronicles*, 362를 보라.
10. Klein, *2 Chronicles*, 355.
11. Timothy Keller, *Counterfeit Gods: The Empty Promises of Money, Sex, and Power, and the Only Hope that Matters* (New York: Penguin Books, 2011), xvi. 『내가 만든 신』(두란노).
12. 같은 책, ivii.

55장

1. *Sumerian King List* (수메르 문헌의 전자 문헌집, *Sumerian King List*, http://etcsl.orinst.ox.ac.uk/section2/tr211.htm) 혹은 *Turin Royal Canon* (http://www.ancient-egypt.co.uk/turin/pages/turin_royal_canon.htm)을 보라.
2. Hoerth, *Archaeology & the Old Testament*, 330.

3. 하나님의 도우심이라는 주제에 대해서는 다윗(대상 12장에 관한 12장의 논의, 179-181쪽)과 아사(대하 4:11에 관한 43장의 논의, 503쪽), 여호사밧(대하 18:31에 관한 47장의 논의, 542쪽), 히스기야(대하 32:8에 관한 61장의 논의, 685-686쪽)를 보라.
4. 이 단락과 이어지는 내용에 대한 Christine Palmer의 통찰에 감사한다.
5. Merrill은 특히 다윗의 제사장 역할을 살피지만, 이번 경우 웃시야는 제사장 사역의 경계를 넘어섰다고 지적한다. "이 위반은 왕이 제의적 역할을 한 것에 관한 것이 아니라, 왕이 제사장 계급에만 국한된 제의적 사역을 수행한 것에 대한 위반이었다"(Merrill, "Royal Priesthood," 61).
6. 성경의 나병은 한센병과 동일시되지 않고, (아마 건선이나 곰팡이 감염, 습진과 같이) 피부가 벗겨지는 훨씬 일반적인 피부 질환이다.
7. *Epitaph of King Uzziah of Judah*, 예루살렘의 이스라엘 박물관에 전시됨. https://www.imj.org.il/en/collections/353190.

56장

1. 지도자의 힘(strength)이라는 주제에 대해서는 대하 12장에 관한 41장의 논의와 대하 14장에 관한 43장의 논의를 보라.

57장

1. 열왕기 기사에 따르면, 르신과 베가는 유다에 맞서 동맹을 맺는다(시리아-에브라임 전쟁으로 알려짐; 왕하 16:5-6을 보라). 역대기에서는 아람이 먼저 공격한 다음 이스라엘이 공격하여 수십만 명의 사상자와 포로가 생긴다. 심층적인 역사 분석과 함께 사건에 대한 유용한 개요는 Merrill, *1 & 2 Chronicles*, 487-491를 보라. Oded는 북부 동맹의 동기는 요단 동쪽 지역에 대한 통제권을 되찾으려는 열망이었다고 주장하면서, 북왕국과 유다 사이의 적개심은 요담 통치 기간에 이미 시작되었다고 지적한다(왕하 15:37). Bustenay Oded, "The Historical Background of the Syro-Ephramite War Reconsidered," *CBQ* 34 (1972): 153-164를 보라.

2. 아하스의 통치 연대와 주전 735-732년 요담과의 공동 통치에 대해서는 Edwin R. Thiele, *The Mysterious Numbers of the Hebrew Kings* (Grand Rapids: Zondervan, 1983), 133-134를 보라. 『히브리 왕들의 연대기』(CLC).

3. 본문에서는 하루에 12만 명의 군인이 죽었다고 기록한다(28:6). (문자적 인원수가 아니라) 부대 단위를 가리키는 히브리어 단어 "천"(히. *'eleph*)의 의미에 대해서는 대상 12:23-40에 관한 12장의 논의(189-190쪽)를 보라. 20만 명의 포로를 사로잡았다고 진술하는 28:8에도 동일한 원칙이 적용되어, (문자적 인원수가 아니라) 더 작은 사회적 단위의 여성과 어린이를 가리킨다.

4. 추방과 이주, 총독 임명 등 디글랏빌레셀의 성공적인 팔레스타인 원정의 영향은 Bustenay Oded, "Observations of the Methods of Assyrian Rule in Transjordanian after the Palestine Campaign of Tiglath-Pileser III," *JNES* 29 (1970): 177-186를 보라.

5. 하나님의 '도우심'이라는 중요한 주제에 대해서는 대상 12장에 관한 12장의 논의를 보라.

6. Klein, *2 Chronicles*, 419. 대하 30장에 관한 59장의 논의도 보라.

7. Keller, *Counterfeit Gods*. 54장의 '이야기 살아내기'(612-615쪽)를 보라. 이 주제에 관한 또 다른 유용한 책은 Christopher J. H. Wright, *"Here Are Your Gods": Faithful Discipleship in Idolatrous Times* (Downers Grove, IL: IVP Academic, 2020)다. 『이것이 너희 신이다』(IVP).

8. Keller, *Counterfeit Gods*, xiv.

9. 같은 곳.

10. 같은 책, 3.

11. 같은 책, 168.

12. 같은 곳.

13. 같은 책, 171.

14. 같은 책, 93. 우상을 제거하고 주님의 제단으로 대체한 므낫세도 보라(33:15-16).

58장

1. 거룩함의 의미와 레위기에 사용된 다른 제의 용어에 대한 유용한 논의는 Gordon J. Wenham, *Leviticus*. NICOT (Grand Rapids: Eerdmans, 1979), 19-25를 보

라, 『NICOT 레위기』(부흥과개혁사).
2. 비슷한 특징의 목록은 Klein, *2 Chronicles*, 413를 보라. 대하 30장에 관한 59장의 논의도 보라.
3. 날짜와 연대에 대해서는 대하 28:1에 관한 57장의 각주(635쪽 2번 주)를 보라.
4. 열왕기 기사에 따르면 사마리아는 히스기야 통치 6년에 앗수르에게 함락되는데(왕하 18:9-10), 이는 히스기야의 통치가 북왕국이 멸망하기 6년 **전에** 시작되었음을 시사한다. 이 경우 히스기야의 초기 개혁과 유월절은 사마리아 멸망 이전 시기에 놓이지만, 본문은 북왕국이 이미 멸망했다고 암시한다(대하 30:6, 9). 그래서 Merrill은 (다른 이들과 마찬가지로) 공동 통치 기간이 있었을 것이라고 주장한다(*1 & 2 Chronicles*, 501). 따라서 히스기야의 단독 통치는 주전 715년에 시작되었고, 역대기 저자는 이때를 히스기야의 (단독) 통치 원년으로 표현한다. 이 쟁점에 대한 더 광범위한 논의는 Japhet, *1 & II Chronicles*, 935-936를 보라.
5. 같은 책, 935.
6. 성구 목록은 앞의 '이야기 경청하기'를 보라.
7. "범죄"(unfaithfulness)에 대한 간단한 연구는 대상 10:13에 관한 10장의 논의(164-166쪽)를 보라.
8. Klein, *2 Chronicles*, 419.
9. 음악가와 고대 악기에 대한 설명은 대상 25장에 관한 25장의 논의를 보라.
10. 기쁨이라는 주제에 대해서는 34장의 '이야기 살아내기'(415-417쪽)를 보라.
11. Hahn, *The Kingdom of God*, 174.
12. McConville, *Deuteronomy*, 297.
13. Justin Taylor의 블로그, "Nabeel Qureshi (1983-2017), The Gospel Coalition, September 16, 2017 (https://www.thegospelcoalition.org/blogs/justin-taylor/nabeel-qureshi-1983-2017/)를 보라.
14. 전체 이야기는 Nabeel Qureshi, *Seeking Allah, Finding Jesus: A Devout Muslim Encounters Christianity* (Grand Rapids: Zondervan, 2014)를 보라. 『알라를 찾다가 예수를 만나다』(새물결플러스).

59장

1. 이 이야기에 대한 통찰력 있는 분석은 M. Patrick Graham, "Setting the Heart to

Seek God: Worship in 2 Chronicles 30.1-31.1," in *Worship and the Hebrew Bible: Essays in Honor of John T. Willis*, eds. M. Patrick Graham, et al., JSOTSup 284 (Sheffield: Sheffield Academic Press, 1999): 124-141, 특히 130-135를 보라.
2. 7장의 '이야기 살아내기'(133-137쪽)를 보라.
3. 관용구 '손을 채우다'에 대해서는 대상 29:5에 관한 29장의 주석(362-363쪽)과 대하 29:31에 관한 58장의 주석(650-651쪽)을 보라.
4. Graham, "Setting the Heart to Seek God," 135.
5. 유월절과 무교절에 대한 유용한 논의(와 학문적 연구의 역사)는 McConville, *Law and Theology in Deuteronomy*, 99-123를 보라.
6. Graham, "Setting the Heart to Seek God," 136.
7. 예를 들어, 하나님의 진노가 미리암에게 임해 그녀의 몸에 피부병이 생겼다. 모세는 미리암을 치유해 주시도록 하나님께 간구하지만, 이 경우 미리암의 질병은 하나님의 진노의 결과였다. 따라서 '치유'는 신체적 회복을 동반하지만 또한 하나님의 진노가 중단되는 것을 의미한다(민 12:11, 13; 참조. 창 20:17; 출 15:26; 삼상 6:3).
8. 34장의 '이야기 살아내기'(415-417쪽)를 보라.
9. 서론의 "장르"(30-31쪽)와 7장의 '이야기 살아내기'(133-137쪽)를 보라.
10. Hahn, *The Kingdom of God*, 173.
11. 이 이야기는 Hikmat Kashouh, *Following Jesus in Turbulent Times: Disciple-Making in the Arab World* (Cumbria, CA: Langham Global Library, 2018), 23-25에 나온다.
12. 이 주제에 대해서는 15장의 '이야기 살아내기', "하나님을 향한 예배는 교회에서 계속된다"(219-222쪽)를 보라.
13. Graham, "Setting the Heart to Seek God," 141.
14. 같은 글.
15. Richard B. Hays, *The Moral Vision of the New Testament: A Contemporary Introduction to New Testament Ethics* (New York: Harper Collins), 440. 『신약의 윤리적 비전』(IVP).
16. Graham, "Setting the Heart to Seek God," 141.

60장

1. McConville은 십일조 해석의 역사(그리고 해석에 문제가 되는 몇 가지 쟁점)를 추적하면서, 오경에서 반복되는 십일조법은 각각 부분적인 그림만을 제공하고, 각각의 본문에는 특정한 측면이 생략되었다고 결론을 내린다(십일조법은 독자들에게 전제되어 있었을 것이기에). 통찰력 있는 논의는 McConville, *Law and Theology in Deuteronomy*, 68-87를 보라.
2. 이 종교 물품에 대한 묘사는 대하 34:3-7에 관한 63장의 논의(714-715쪽)를 보라.
3. Graham, "Setting the Heart to Seek God," 135-136.
4. 하나님의 말씀을 가르치는 일의 우선순위에 대해서는 46장의 '이야기 살아내기'(531-534쪽)를 보라.
5. Klein, *2 Chronicles*, 451. 왕과 제사장의 이중 리더십에 대해서는 학 1:1, 12; 2:4; 슥 4:14; 6:11-15 등을 보라.
6. 레위인이 직무를 시작한 나이는 다양한 것 같다(참조. 민 4:3; 8:24; 대상 23:3, 24; 스 3:8). 이 장에서도 제사장직을 받을 수 있는 연령은 이유식과 관련 있는 나이인 세 살이다(31:16). 세 살은 이례적으로 보일 수 있지만, 이유기가 지난 유아는 아마 제사장 가족을 위한 예비 서임자 목록에 포함되었을 것이다.
7. 갈래에 따른 레위인의 다양한 직무는 대상 25-26장에 나오는데, 찬양대(25장), 문지기(26:1-19), 곳간 관리인(20-28절), 관원과 재판관(29-32절)이 포함된다.
8. 대상 29장에 관한 29장의 논의와 특히 '이야기 살아내기'(368-371쪽)를 보라.
9. McConville, *Law and Theology in Deuteronomy*, 82-86.
10. 십일조에 대한 두 가지 주요 견해의 유용한 요약은 William Barcley, "The Bible Commands Christians to Tithe," The Gospel Coalition, March 28, 2017, https://www.thegospelcoalition.org/article/bible-commands-christians-to-tithe/와 Thomas Schreiner, "7 Reasons Why Christians Are Not Required to Tithe," The Gospel Coalition, 28 March 2018, https://www.thegospelcoalition .org/article/7-reasons-christians-not-required-to-tithe/를 보라.
11. 연령대에 따른 헌금에 대한 유용한 분석은 2019년 바나 그룹 연구, "Why the Generations Approach Generosity Differently," June 19, 2019 (https://www.barna.com/research /generations-generosity/)를 보라.
12. McConville, *Deuteronomy*, 297.

13. 제사장과 레위인의 가르치는 역할에 대해서는 46장의 '이야기 살아내기'(531-534쪽)를 보라.
14. 학생과 교육 기관이 학생들의 부채를 경감할 수 있는 방법에 대한 제안과 더불어 몇 가지 유용한 통계는 Sharon L. Miller, Kim Maphis Early, Anthony T. Ruger의 보고서, "A Call to Action: Lifting the Burden," April 2014, Auburn Center for the Study of Theological Education, chrome-extension://efaid-nbmnnnibpcajpcglclefindmkaj/https://auburnseminary.org/wp-content/uploads/2016/05/LiftingTheBurden-Final.pdf를 보라.
15. JoAnn Deasy, "How Seminaries are Addressing Students' Ballooning Debt," *Good Faith Media*, August 29, 2019 (https://goodfaithmedia.org/author/jo-ann-deasy/)에서 인용.
16. 하나님의 율법을 가르치지 않을 때의 끔찍한 결과(대하 15:3-6)에 대한 설명은 44장의 '이야기 살아내기'(513-516쪽)를 보라.
17. 개신교의 성직자의 고령화에 대한 바나 연구는 27장의 '이야기 살아내기'(346쪽)를 보라.
18. 29장의 '이야기 살아내기'(368-371쪽)를 보라.
19. Rinehart, *Gospel Patrons*, 87.

61장

1. 기사들의 유사점과 차이점에 대한 자세한 분석은 Japhet, *I & II Chronicles*, 974-998과 Klein, *2 Chronicles*, 456-470를 보라.
2. "The Siloam Inscription," trans. W. F. Albright (*ANET*, 321). 비문에 대한 설명과 사진은 Hoerth, *Archaeology & the Old Testament*, 342-347를 보라.
3. 이 시기에 형성된 정치적 환경과 동맹에 대한 유용한 개요는 같은 책, 341-353를 보라. Hoerth의 논의에는 산헤립의 비문과 라기쉬 부조(Lachish Reliefs) 사진과 더불어 상세한 사건 연표가 포함되어 있다. Merrill은 앗수르 정복에 대해서도 자세히 설명했다(*1 & 2 Chronicles*, 548-553를 보라).
4. Sennacherib (704-681): "The Siege of Jerusalem," trans. A. Leo Oppenheim (*ANET*, 288).
5. 이스라엘의 전투의 영적인 본질에 대한 상세한 논의는 14장의 '이야기 살아내

기'(208-210쪽)와 19장(267-269쪽)을 보라.
6. 학자들은 히스기야의 요새화로 인해 예루살렘의 크기가 16만 제곱미터에서 56만 6천 제곱미터로 3배 이상 늘어났으리라 추정했다(Merrill, *1 & 2 Chronicles*, 531n59).
7. Osama S. M. Amin, "Siege of Lachish Reliefs at the British Museum," 7 February 2017, https://etc.worldhistory.org/photos/siege-lachish-reliefs-british-museum/을 보라.
8. Richard J. Coggin, *The First and Second Books of the Chronicles*, The Cambridge Bible Commentary (Cambridge: Cambridge University Press, 1976), 282.
9. 에살핫돈의 비문은 왕과 그의 형들 사이의 적대감을 묘사한다(산헤립이 에살핫돈을 후계자로 선택했기 때문이다). 이 비문은 아들들이 산헤립을 살해한 사건에 반영되어 있다고 보이는 일부 가족 갈등을 암시한다["The Fight for the Throne," trans. A. Leo Oppenheim (*ANET*, 289-290)을 보라].
10. 대하 9장에 관한 38장의 논의와 특히 '이야기 살아내기'(464-466쪽)를 보라.
11. Hahn, *The Kingdom of God*, 168. 교만의 위험에 대해서는 45장의 '이야기 살아내기', "겸손 없는 성공의 위험"(524-525쪽)을 보라.
12. 대하 7:14에 관한 36장의 논의(439-442쪽)를 보라.
13. Michael W. Smith, "Surrounded (Fight My Battles)"; https://www.youtube.com/watch?v=WamhEa4M7us를 보라.

62장

1. 히스기야와의 잠정적인 공동 통치를 포함하여 므낫세의 통치 연대에 대한 논의는 Klein을 보라(Klein, *2 Chronicles*, 478).
2. Essarhaddon (680-669): "The Syro-Palestinian Campaign," Prism B, trans. A. Leo Oppenheim (*ANET*, 291, 294)을 보라.
3. King and Stager, *Life in Biblical Israel*, 348-351.
4. 대하 28:3에 관한 57장의 논평(635쪽)을 보라.
5. 학자들은 이 사건이 언제 일어났는지 또한 당시의 정치 상황과 어떤 관련이 있는지 확신하지 못한다. (여덟 가지 가능한 재구성을 포함해!) 학문적 연구에 대한 요약은 Klein, *2 Chronicles*, 473-477를 보라. 정확한 상황은 여전히 불확실하지만,

그렇다고 해서 이 기사가 역사적이지 않다고 배제할 필요는 없다. 이사야는 이미 히스기야의 아들 중 몇 명이 바벨론으로 끌려갈 것이라고 예언했다(왕하 20:16-19).

6. Hoerth, *Archaeology & the Old Testament*, 355를 보라. 참조. *ANEP*, 447.
7. 역대기에서 이 동사(히. *k-n-'*)의 등장은 대하 7:14에 관한 36장의 논의(504-506쪽)를 보라.
8. Williamson, *1 and 2 Chronicles*, 389.
9. Dillard, *2 Chronicles*, 7.
10. 이 주제에 대해서는 57장의 '이야기 살아내기'(638-641쪽)를 보라.
11. Selman, *2 Chronicles*, 524.
12. Christopher and Angela Yuan, *Out of a Far Country: A Gay Son's Journey to God. A Broken Mother's Search for Hope* (Colorado Springs: Waterbrook Press, 2011), 149.
13. 같은 책, 199. 이 노래는 교도소에서 돌아오던 남북전쟁 병사의 실화를 바탕으로 하지만, 본래 이야기에서는 노란색 리본 대신 노란색 손수건이 떡갈나무에 달려 있었다.
14. 같은 책, 200.

63장

1. 요시야와 히스기야 사이에 유사점이 있지만, 역대기에서 히스기야에게 할애된 분량은 그에게 두드러진 지위를 부여한다. 게다가 요시야의 죽음은 아합 같은 왕들을 연상시키면서, 덜 호의적인 빛을 비춘다(Boda, *1-2 Chronicles*, 412-413).
2. 열왕기 기사에서는 이 초기 시기를 언급하지 않지만, 역대기에서는 왕이 주님을 찾은 후 초기의 정화 시기가 시작되었다고 암시하는 것 같다(34:1-7). 따라서 개혁의 두 번째 단계는 율법책 발견과 관련이 있고, 이때는 공동체 전체가 동참한다(29-33절). Klein은 초기 개혁에 이어 예언자의 말씀 전언의 결과로 두 번째 개혁 국면이 뒤따르는 다른 왕의 사례가 있다고 지적한다(Klein, *2 Chronicles*, 393-394).
3. Dillard, *2 Chronicles*, 280-281를 보라.
4. "율법책"은 더 큰 문헌집을 가리킬 수도 있다(참조. 신 31:26; 대하 17:9; 느 8:3).
5. 일부 학자들은 요시야가 자신의 개혁을 뒷받침하기 위해 신명기를 기록했다고

주장하지만(따라서 신명기의 연대는 주전 7세기다), 신명기를 모세의 저작으로 인정하는 것이 더 바람직하고(물론 후대의 일부 편집 작업과 함께), 모세가 저자라는 역대기의 강조점과도 일치한다("모세의 손으로", 34:14). 그렇다고 해서 후대의 편집 작업과 개정을 배제하는 것은 아니다(예. 신 34:1-12). Merrill의 논의, *1 & 2 Chronicles*, 614-617를 보라.
6. Klein이 지적한 대로(*2 Chronicles*, 503n79), 이 가문의 지도자 역할은 나중에 총독으로 봉사한 아히감의 아들 그달리야의 두드러진 활약에서 볼 수 있다(왕하 25:22; 렘 39:14; 40:5, 9, 11).
7. Merrill, *1 & 2 Chronicles*, 583.
8. 53장의 '이야기 살아내기'(600-602쪽)를 보라.
9. C. Anderson, *To the Golden Shore: The Life of Adoniram Judson* (Boston: Little, Brown and Company, 1956; repr., Valley Forge, PA: Judson Press, 1987), 57에서 인용.『이도니람 저드슨의 생애』(좋은씨앗).
10. 이 감동적인 이야기는 같은 책 "Ordination"(103-114)과 "Embarkation"(115-121)이라는 장에 나온다.

64장

1. 유월절의 배경은 대하 30장에 관한 59장의 논의(723-724쪽)를 보라.
2. 언약궤와 그 운반 방법에 대한 설명은 대상 13장에 관한 13장의 논의(195-198쪽)와 대상 15장에 관한 15장의 논의(214-218쪽)를 보라.
3. 이 주제에 대해서는 29장의 '이야기 살아내기'(368-371쪽)를 보라.
4. 일부 학자들은 이 수치가 과장되었을 수 있다고 생각하지만, Dillard는 약 30만 명으로 추정되는 인구 규모를 고려할 때 이 수치는 합리적이라고 주장한다(Dillard, *2 Chronicles*, 290).
5. 바벨론의 부상에 관한 간략한 역사는 Merrill, *1 & 2 Chronicles*, 617-619를 보라.
6. 경로를 요약하는 유용한 지도, Boda, *1-2 Chronicles*, 420도 보라.
7. Dillard, *2 Chronicles*, 293.
8. 열왕기 기사에서는 요시야가 므깃도에서 죽은 뒤 그의 시신이 예루살렘으로 옮겨진다(왕하 23:30). Merrill은 열왕기 내러티브에서 그의 죽음을 초래한 타격은 므깃도에서 가해졌지만 왕의 실제 죽음은 예루살렘에서 있었다고 해석함으로써

이 문제를 해결한다(Merrill, *1 and 2 Chronicles*, 596n87).
9. De Vries, "Moses and David as Cult Founders," 619-630를 보라.
10. 히스기야에 대해서는 대하 30장에 관한 59장의 논의(659-665쪽)를 보라.
11. Hahn, *The Kingdom of God*, 127. 역대기에서 기쁨의 예배가 언급되는 방대한 본문 목록은 Hahn을 보라. 기쁨이라는 주제는 34장의 '이야기 살아내기'(415-417쪽)를 보라.

65장

1. 히브리어 본문은 느부갓네살의 의도가 여호야김을 바벨론으로 데려가는 것이었다고 언급한다(36:6). 여호야김이 바벨론으로 **끌려갔다**고 직접 언급하지는 않지만 암시된 것으로 보인다(참조. 단 1:2). 왕은 일시적으로 바벨론으로 끌려갔다가 알 수 없는 이유로 돌아왔을 가능성이 있다. 열왕기 기사는 그가 조상들과 함께 잤다고 기록하지만(왕하 24:6), 역대기에는 일반적인 사망 고지가 없어서(대하 36:8) 유배라는 주제에 기여하고, 어느 정도 모호함을 남긴다.
2. 바벨론 연대기는 영국 박물관에 전시되어 있다(https://www.britishmuseum.org/collection/object/W_1896-0409-51).
3. "범죄"에 대해서는 대상 10:13에 관한 10장의 논의(164-166쪽)를 보라.
4. 동사 "고치다"에 대해서는 대하 7:14에 관한 주석(439-442쪽)을 보라.
5. 이 시기의 간략한 역사는 서론의 "페르시아 치하의 유다 속주와 디아스포라의 삶"(34-37쪽)을 보라.
6. 고레스의 원통형 비문은 영국 박물관에 소장되어 있다(www.britishmuseum.org/collection /object/W_1880-0617-1941).
7. 학자들은 70년을 어떻게 계산해야 하는지에 대해 다양한 견해를 제안한다(참조. 슥 1:12; 7:5). 다음과 같은 견해가 있다. (1) 주전 609년 요시야의 죽음부터 주전 539년 고레스의 통치까지, (2) 주전 586년 예루살렘 패망부터 주전 516년 예루살렘 재건까지, (3) 완전성 개념을 담은 비문자적인 70년, (4) 70년은 메시아의 오심으로 성취되는 "일흔 이레"까지 연장된다(단 9:24). 하지만 Japhet의 주장에 따르면, 역대기 저자에게 70년은 "다양한 계산으로 설명할 수 있는 연대기적 자료가 아니라 역사적이고 신학적인 개념이다. 즉 예언자를 통해 주신 하나님의 말씀으로 정해진 그 땅의 황폐 기간을 가리키는 시한이다"(Japhet, *I & II Chronicles*, 1076).

8. Louis Jonker, "The Exile as Sabbath Rest: The Chronicler's Interpretation of the Exile," *OTE* 20:3 (2007): 703-719, 특히, 715.
9. 같은 책, 714.
10. 9장의 '이야기 살아내기'(156-158쪽)를 보라.
11. Bauckham and Hart, *Hope Against Hope*, 21.

찾아보기

거룩한/거룩함 195, 196-201, 209, 215, 621-623, 647-648
겸비함/겸손 427-428, 437-443, 473-474, 486-489, 524, 624, 661, 663, 690, 701, 715-718, 738
관대함(아낌없이 드림) 287-289, 345, 362-366, 369-371, 453-454, 676-679, 725
교만 444, 486, 487-489, 524, 607, 611-615, 623-625, 629, 690-691
구원 231, 259-261, 558-559, 562, 744
기도 41, 94-99, 107-108, 231, 244-246, 364-365, 376-377, 380-382, 422-433, 436-445, 504-506, 561-562, 566-567, 663, 689-690, 701-702
기쁨/기쁜 39-41, 119, 214, 216-219, 324-326, 345, 415-417, 664-665, 669, 728-731

노래 119, 216-222, 227-228, 323-325, 414-417, 564, 650, 664, 728-731

다민족의 55, 76-78, 664-667
대제사장 116-118, 122-124, 200, 308, 311-313, 399, 619, 621, 715
도우심 70-73, 174-175, 185-186, 191-192, 495-497, 503-506, 559, 561-562, 621-622, 637-638, 685-686

레위/레위 지파 114-124, 214-218, 231, 233, 301, 303-308, 314-315, 319-323, 330-334, 479, 645-651, 674-675, 678-679, 724-726
리더십 166-169, 303, 361-368, 553, 574-576, 589-591

메시아 74-78, 86, 238-239, 247-251, 260, 447, 464-466, 745
멜기세덱 123-124, 243, 308
문학적 구조 32-34

바사(페르시아) 제국 40, 34-37, 133-135, 391, 464
바알 숭배 530, 570, 589
범죄 69, 74, 106, 150-153, 621-622, 637, 738-741

성경에 대한 무지 144-145, 233, 513-515, 533-534
성령(의 역할과 활동) 70, 176, 188-189, 321-322, 354, 432, 510, 522-524, 543-545, 562, 597-598, 730
성막 115-116, 196, 227, 301, 361, 376-377, 395-396, 405-410, 415
성전 39-41, 239-240, 292-296, 305, 353-357, 374-377, 395-401, 405-410, 621-622, 646-652, 714-717, 739
시편/시 204, 214, 217-218, 220, 226-233, 238, 319, 324, 450, 496, 500, 558-559, 729
십일조 123, 234, 530, 675-679

아론 40, 114-124, 301-305, 311-314, 342, 494, 519
아삽 40, 119-120, 154, 226, 227, 231, 234, 321-323, 324, 378, 414, 562, 648, 650, 726
악기 119, 216-218, 227, 319-323, 325, 414-417, 438, 650
약속
  다윗과의 74, 81-82, 173, 191, 238-251, 254, 273, 275, 280, 294, 350-351, 386, 423-424, 442, 461
  모세/이스라엘과의 87, 109, 150, 156-157, 241, 273, 427-428, 713, 729, 740-741
  족장들과의 52, 54-57, 60, 74-75, 156-157, 177, 229-230, 238, 240-242, 256, 273, 343, 668
언약
  다윗 86-87, 238-251, 350, 443-444, 571-572
  모세 431, 441, 572, 611, 713, 715-717
  옛 123-124, 400, 431, 532, 668
  갱신된 34, 512-513, 715-717
언약궤 40-41, 119, 195-201, 214-218, 227, 353-354, 406, 413-414

에덴/에덴의 196, 306-307, 397-401, 405-410
에스라 27-29, 36-37
역사적 배경 33-37
열방 37, 42-43, 57-61, 76-78, 78, 254-258, 264-267, 280-281, 307-308, 296-301, 450-453, 460-461, 485-487, 519-522, 665, 667-669, 726-728, 734-737
영적 전쟁 208-210, 267-269, 280-283, 683-694
예루살렘 35, 39-43, 81-82, 141-143, 151-155, 177-178, 214, 217-219, 284, 293, 365, 396, 388, 407-410, 460-462, 465, 478, 486, 502, 550, 683-690, 736-739
예배 39-41, 54-61, 119, 219-222, 226-234, 308, 319-326, 364-367, 377, 400, 415-417, 464-466
예후드/유다 속주 34-37, 85, 153, 745
용서 134-137, 374-376, 426, 430-433, 441, 445-447, 663, 707
우상 숭배/이교 신들 37, 106, 391-392, 469, 493, 501, 510, 513, 538-539, 550-553, 589, 598, 612, 634-641, 674, 697-701, 703, 714-715
유다 지파 38, 55, 67-78, 82-86, 93-96, 204, 351
유배 28, 35-36, 81, 84-86, 104, 106, 118, 141, 143, 150-152, 156, 428-430, 637, 701, 740-741
유월절 658-659, 723-726, 728-731
율법/모세 율법 27, 234, 258, 294, 485, 511, 529-534, 549-551, 662, 674, 678, 714, 715, 729-731
이스라엘/온 이스라엘 38, 54-56, 65-67, 144, 152, 173-178, 214, 228, 246, 470, 477, 659

창조 52-54, 76, 230, 238, 243-244, 375, 395-397, 405-408
천('큰 숫자'를 보라)
출애굽 108, 246, 259, 667

큰 숫자 341, 505

하나님을 증거하는 백성 57-61, 390-392
하나님을 찾다/하나님께 묻다 165, 196-197, 206, 228, 295-296, 352-353, 380-382, 441, 487, 488, 512-513, 540, 560-561, 566, 610, 620, 663, 716-719, 724
하나 된 하나님의 백성/연합 38-39, 133-137, 480-481, 658, 665-666
하나님의 나라 39, 59, 83, 208-210, 243-244, 267-269, 302, 351, 445, 465, 493, 692-694
하나님의 은혜 68, 73-76, 134, 272, 274-276, 705-708
하나님의 임재 294-295, 377, 399-402, 407-410
화해 39, 133-137, 480-481, 661, 665-667
회개 134, 274-275, 283, 422-433, 440-441, 444-445, 590, 661-663, 701-708, 738-739
회복/귀환 84-86, 152-158, 241, 260-261, 274-275, 427, 431, 440, 442, 698, 701-704, 730-731, 740-742

저자와 연대 27-29
정경성과 제목 29-30
제사/제사 제도 124, 285-286, 304, 437-439, 512, 648-651, 662-665
제사장/제사장직 114-124, 215, 304-308, 311-314, 367, 377, 414, 438, 513-514, 528-531, 551, 586-589, 595-697, 600, 614, 615, 620-651, 662-663, 672-676, 678, 716, 724-726
족보 50-158
  단선 51-54, 67, 69, 71, 83, 117-118, 120
  다선 51-54, 82
족장들 50-57, 67, 76-77, 176, 241, 240-242, 280-281, 286, 343, 365, 395-396, 470, 563

찬양대 114, 215-218, 226, 324, 414-415, 564, 650, 674, 726

역대기
하나님의 이야기 주석

지은이 캐롤 카민스키 • 옮긴이 이철민
펴낸곳 (사)한국성서유니온선교회 • 등록 제14-6호(1978. 10. 21.)
판권 ⓒ (사)한국성서유니온선교회 2025 • 초판 발행 2025년 5월 26일
주소 05663 서울시 송파구 오금길 22길 13 • 전화 02-2202-0091 • 팩스 02-2202-0095
이메일 edit02@su.or.kr • 홈페이지 www.su.or.kr

ISBN 978-89-325-2172-5 04230
ISBN 978-89-325-2171-8 04230 (세트)

성서유니온선교회(Scripture Union)는 1867년에 영국에서 어린이 전도와 성경읽기
사역을 시작하여, 현재 120여 개국에서 다양한 사역을 펼치고 있는 국제 선교단체입니다.

한국성서유니온선교회는 1972년에 시작되어 한국 교회에 성경묵상(QT)을 소개하였고,
현재 전국 12개 지부에서 성경읽기, 어린이ㆍ청소년 전도, 캠프, 개인성경공부(PBS),
그룹성경공부(GBS), 지도자 훈련, 기독교 서적 출판 등의 사역에 힘쓰고 있습니다.

성서유니온선교회의 목적은 어린이와 청소년 그리고 그들의 가정에 하나님의 복음을
전하는 한편, 모든 그리스도인이 규칙적이고 체계적인 성경묵상을 통해 온전한 믿음에
이르도록 돕는 것입니다.